THOMAS-MANN-STUDIEN

NEUNZEHNTER BAND

THOMAS-MANN-STUDIEN

HERAUSGEGEBEN VOM THOMAS-MANN-ARCHIV
DER EIDGENÖSSISCHEN TECHNISCHEN HOCHSCHULE
IN ZÜRICH

NEUNZEHNTER BAND

VITTORIO KLOSTERMANN · FRANKFURT AM MAIN

WOLFGANG SCHNEIDER

LEBENSFREUNDLICHKEIT UND PESSIMISMUS

THOMAS MANNS FIGURENDARSTELLUNG

VITTORIO KLOSTERMANN · FRANKFURT AM MAIN

Die Deutsche Bibliothek – CIP-Einheitsaufnahme

Schneider, Wolfgang: Lebensfreundlichkeit und Pessimismus :
Thomas Manns Figurendarstellung / Wolfgang Schneider. –
Frankfurt am Main : Klostermann, 1999
(Thomas-Mann-Studien ; Bd. 19) ISBN 3-465-02793-0

© Vittorio Klostermann GmbH Frankfurt am Main 1999
Alle Rechte vorbehalten, insbesondere die des Nachdrucks und der Übersetzung.
Ohne Genehmigung des Verlages ist es nicht gestattet, dieses Werk oder Teile in
einem photomechanischen oder sonstigen Reproduktionsverfahren zu verarbeiten,
zu vervielfältigen oder zu verbreiten.
Gedruckt auf alterungsbeständigem Papier. ISO 9706
Druck: Hubert & Co., Göttingen
Printed in Germany

Inhalt

IV. "Sympathie mit dem Menschlichen": *Joseph und seine Brüder*

Einleitung

a) Zur Rezeptionsgeschichte: Hundert Jahre 'kalter Künstler'

Es sei Carl Busse gewesen, schreibt Thomas Mann im August 1904 an Katia Pringsheim, "der das alte Gewinsel von der Herzenskälte [...] begonnen hat, der selbe, der so ausgezeichnet triviale Gedichte macht. Ich bin nämlich herzenskalt, müssen Sie wissen – und Sie können dies ja aus eigenster Erfahrung bestätigen".[1] (Br I, 52) Der Kälte-Vorwurf, auf den der neunundzwanzigjährige Thomas Mann hier bereits mit Überdruß zu sprechen kommt, wird ihm bis ans Lebensende zu schaffen machen, und auch nach fast einem Jahrhundert ist er in gewandelter Form in der Diskussion über Thomas Mann so gegenwärtig wie zu Zeiten der *Buddenbrooks*, als vor allem die Lübecker – ob zu Recht oder nicht – den "Humor des Dichters als Spott, sein verstehendes Lächeln als Verhöhnung"[2] auffaßten. Ebenfalls im August 1904 schreibt Thomas Mann an Ida Boy-Ed: "Ich bin ein 'kalter Künstler', es steht in mehr als einer Zeitschrift. Ich habe durch eine übertriebene Anbetung der Kunst jedes Verhältnis zum Gefühl und zum lebendigen Leben verloren. [...] Dummheit! Was Ironie ist, und daß sie nicht nothwendig aus einer vereisten Psyche hervorzugehen braucht, das wissen in Deutschland fünf, sechs Leute, mehr nicht. Und wenn einer zu pointieren und mit seinen Mitteln zu wirtschaften versteht, so stimmen alle guten Leute und schlechten Musikanten das Gewinsel vom herzlosen Charlatan an."[3]

Das Stichwort liefert in diesem Fall der einige Monate zuvor erschienene Aufsatz Karl Muths *Vom kalten Künstler*.[4] Thomas Manns Klage über das Mißverständnis schlechter Musikanten verwundert insofern, als Muth ausgiebig aus jener Novelle zitiert, in der so viel von der Kälte und der

---

[1]   Carl Busse: *Literarische Monatsberichte*, in: *Deutsche Monatsschrift für das gesamte Leben der Gegenwart* (Berlin) 4, 1903, S. 634f.

[2]   Gero von Wilpert: *Die Rezeptionsgeschichte*, in: *Buddenbrooks-Handbuch*, hrsg. v. Ken Moulden und Gero v. Wilpert, Stuttgart 1988, S. 319-341, hier S. 324.

[3]   Brief an Ida Boy-Ed vom 19.8.1904, in: Thomas Mann: *Briefe an Otto Grautoff 1894-1901 und Ida Boy-Ed 1903-1928*, hrsg. v. Peter de Mendelssohn, Frankfurt a. M. 1975, S. 150f.

[4]   Karl Muth: *Vom kalten Künstler*, in: *Hochland* (München) 2 (1904), S. 614-616. Wiederabgedruckt in: *Thomas Mann im Urteil seiner Zeit*, hrsg. v. Klaus Schröter, Hamburg 1969, S. 37-40.

menschlichen Verödung des Künstlers die Rede ist: dem *Tonio Kröger*. Es verärgerte Thomas Mann offenbar, daß Muth umstandslos die im Kunstgespräch mit Lisaweta Iwanowna thematisierte Kälte als vom Autor selbst praktiziertes Kunstprinzip verstand: "Alle persönliche Herzenswärme, Güte und Liebe scheinen bei ihm [dem kalten Künstler] unterdrückt, ausgeschaltet, kalt gestellt zu sein im Interesse dessen, was er seine '*Kunst*' nennt. Er ist ängstlich bedacht, für keine Gestalt seiner Phantasie auch nur die geringste Sympathie fühlbar werden zu lassen. Und um diesem Vorhaben ja treu zu bleiben, verschmäht er nicht, eine leise und feine Ironie wie einen Nesselschleier über alle Gestalten seiner Schöpfungen gleichmäßig auszubreiten."[5] Aufmerksam registrierte Thomas Mann Stimmen, die solchen Auffassungen widersprachen. "Und nicht minder dankbar bin ich Ihnen für den Schutz, den Sie mir gegen den immer wiederkehrenden Vorwurf der 'Kälte und Mache' gewähren", heißt es in einem Brief an Samuel Lublinski vom 23.5.1908.[6] Fünfzig Jahre später, 1952, übersandte ihm Frank D. Hirschbach seine Dissertation *The Role of Love in the Works of Thomas Mann*. Das Antwortschreiben vom 14.6.1952 versäumt nicht die Gelegenheit, die 'Rolle der Liebe' gegen den immer noch nagenden Kälte-Vorwurf zu stellen: "Das Thema war originell gewählt, gewissermaßen überraschend und, wie das Ergebnis zeigt, glücklich; denn es war da wirklich, bei aller berüchtigten Kühle, eine recht stattliche kritische Ernte einzubringen." (Br III, 262)

Als kalter, unerbittlicher Beobachter erschien Thomas Mann vor allem denjenigen, die sich in den Porträts der Roman- und Novellenfiguren wiedererkannten. Die Typenkomik des Frühwerks ist denn auch nicht zu verwechseln mit dem Humor eines Sterne, Dickens oder Fontane, sie ist schärfer, fast immer herabsetzend. Selbst über Tony Buddenbrook – von der Forschung meist als positive, liebenswürdige Figur gewertet[7], die "in vielen Zügen eine rührende Ähnlichkeit mit Effi Briest"[8] aufweise – äußerte das 'Vorbild' Elisabeth Mann lakonisch: "Solch eine dumme Gans [...] war ich doch wohl nicht."[9] Gerade im Vergleich mit der wesentlich komplexeren Figur Fontanes wird das reduzierte Format der so naiven wie lebensrobusten

---

[5]   Karl Muth: *Vom kalten Künstler*, in: K. Schröter (Hrsg.): *Thomas Mann im Urteil seiner Zeit*, S. 38.

[6]   DüD I, 143. Vgl. Samuel Lublinski: *Die Bilanz der Moderne*, Berlin 1904, S. 224ff.

[7]   Insbesondere Jürgen Scharfschwerdt: *Thomas Mann und der deutsche Bildungsroman*, Stuttgart 1967, S. 48ff.

[8]   Peter de Mendelssohn: *Nachbemerkungen des Herausgebers*, in: Thomas Mann: *Buddenbrooks*, Gesammelte Werke in Einzelbänden, Frankfurt a. M. 1981, S. 675-812, hier S. 805.

[9]   Gero von Wilpert: *Die Rezeptionsgeschichte*, in: *Buddenbrooks-Handbuch*, S. 322.

Tony deutlich; gegenüber den meisten Nebenfiguren des Mannschen Frühwerks erscheint die bis zuletzt aufrecht inmitten des Verfalls stehende Familienheldin jedoch als vergleichsweise sympathisch gezeichnete Gestalt. Nichts Gewinnendes konnte der Schriftsteller Arthur Holitscher an dem mit seinen Zügen versehenen Detlev Spinell entdecken, jenem schönheitstrunkenen Dichter mit den großen Füßen, der von den Mitpatienten des Sanatoriums Einfried schlichtweg "der verweste Säugling" genannt wird. (*Tristan*, VIII, 223) Über den *Tristan*-Band schreibt Holitscher in seinen Erinnerungen: "In den [...] Novellen aber tummelte sich eine groteske Schar von Karikaturen, [...] die ihre Lebensuntauglichkeit in Situationen von kläglicher Komik bewiesen. Sofort erkannte ich mich in einer dieser bösartig verzerrten Gestalten wieder [...]. Auch in den anderen Novellen erkannte ich die Urbilder aus Münchens Straßen, aus dem 'engeren Kreis', sie waren mit allen Einzelheiten deutlich erkennbar dem Gelächter der lesenden und schreibenden Spießerwelt preisgegeben."[10] Holitscher berichtet, wie Thomas Mann ihn, nach einem freundschaftlichen Besuch, vom Fenster seiner Schwabinger Wohnung aus mit dem Opernglas beobachtet habe.[11] Gleichgültig, ob solche Anekdoten im Einzelfall stimmen oder nicht – die Zahl der 'Opfer', die über den scharfen, auf komische Züge fixierten Blick des 'kalten Künstlers' Klage geführt haben, ist beträchtlich.

Aber es handelt sich nicht nur um überempfindliche Reaktionen der unfreiwillig Porträtierten. Menschenverachtung und im Gegenzug eine "wüthende Leidenschaft für das eigene Ich" wurden Thomas Mann selbst von vertrautester Seite vorgehalten, vom Bruder Heinrich Mann: "Dieser Leidenschaft verdankst du einige enge, aber geschlossene Hervorbringungen. Du verdankst ihr zudem die völlige Respektlosigkeit vor allem dir nicht Angemessenen, eine 'Verachtung', die locker sitzt wie bei keinem, kurz, die Unfähigkeit, den wirklichen Ernst eines fremden Lebens je zu erfassen. Um dich her sind belanglose Statisten [...]."[12] Klaus-Jürgen Rothenbergs Studie über die *Buddenbrooks*, die nach wie vor zum Besten gehört, was über diesen Roman geschrieben wurde, läßt sich als Bestätigung dieses Charakterprofils lesen. "Locker sitzende Verachtung" kennzeichnet danach vor allem die Menschendarstellung Thomas Manns; Rothenberg spricht von der "Hinterhältigkeit" der Beobachterposition und kommt zu dem Schluß: "Die Dinge

---

10 Arthur Holitscher: *Lebensgeschichte eines Rebellen. Meine Erinnerungen*, Berlin 1924, hier zitiert nach: K. Schröter (Hrsg.): *Thomas Mann im Urteil seiner Zeit*, S. 18.

11 Arthur Holitscher: *Lebensgeschichte eines Rebellen*, S. 16f.

12 Nicht abgeschickter Briefentwurf vom 5.1.1918, in: *Briefwechsel Thomas Mann – Heinrich Mann 1900-1949*, hrsg. v. Hans Wysling, Frankfurt a. M. 1984, S. 141.

so betrachten, heißt in der Tat, sie zu genau betrachten. Es ist nicht der genaue, es ist der übergenaue, der 'böse' Blick [...], der dem Dichter Thomas Mann eignet. Die Objektivität, die seinem kühl distanzierten Sehen innezuwohnen scheint, sie liegt der Bosheit so nahe, daß beide zuletzt ununterscheidbar ineinander übergehen."[13] – Thomas Mann hat den Opfern des 'kalten' Blicks im späten Krull Abbitte zu leisten versucht. Das Autoporträt als Lord Kilmarnock soll nicht zuletzt demonstrieren, daß der Autor sich selbst nicht geschont hat. Tief melancholisch, mit einer karikaturhaften, "schwer starrende[n] Nase" gezeichnet (VII, 488, vgl. 480), macht der Lord dem Kellner Felix vergebliche Avancen, in komischem Wettstreit mit dem "Klein-Mädchen-Wildfang" Eleanor Twentyman. Krull hütet sich höflich, die Gefühle Kilmarnocks zu verletzen, verwundert sich jedoch im stillen: "Wie kann man nur, dachte ich, einen so feinen Mund und eine so klobige Nase haben?" (VII, 483)

Eine andere Spielart des Kälte-Vorwurfs wertet die Werke Thomas Manns als "Mache"[14], als sterile Schreibtischprodukte ab, bei denen der Griff ins volle Leben vermißt wird. Hämisch beginnt Alfred Kerr seine *Fiorenza*-Kritik: "Was man aus Geschichtsbüchern über die Renaissance kennengelernt hat, kommt hier in einer blassen, doch fleißigen, durch selbständige Kraft nicht bestürzenden, doch wenigstens manchmal geschmackvollen Auswahl, nur etwas langwierig, zur Wiederholung. Der Verfasser ist ein feines, etwas dünnes Seelchen, dessen Wurzel ihre stille Wohnung im Sitzfleisch hat. Was zu ersitzen war, hat er hier ersessen."[15] Vor allem die Figuren seien "mehr Gemäldebeschreibung als Blutempfundenes"[16]; Kerr vergleicht Thomas Mann mit der Erzählerin und Lyrikerin Irene Forbes-Mosse, "die stärker ist als er, insofern sie, diese prachtvolle Frau, [...] ohne Umstände mehr Dichterblut, mehr Allblut (kurz: mehr Kraft) hat."[17]

Solche Einwände haben Zukunft. In den zwanziger Jahren wird der Gegensatz von kühl kalkulierter, intellektueller Schriftstellerei und warm inspiriertem Dichtertum lebhaft diskutiert. Obwohl Thomas Mann die "heillose Abgeschmacktheit" dieses vermeintlichen Gegensatzes beklagt (X, 432), wird er vor allem durch den befreundeten Josef Ponten in die Debatte

---

[13] Klaus-Jürgen Rothenberg: *Das Problem des Realismus bei Thomas Mann. Zur Behandlung von Wirklichkeit in den Buddenbrooks*, Köln/Wien 1969, S. 178.

[14] Vgl. DüD I,143.

[15] Alfred Kerr: *Thomas Mann. Fiorenza*, in: *Der Tag*, 5.1.1913, zitiert nach: K. Schröter (Hrsg.): *Thomas Mann im Urteil seiner Zeit*, S. 61.

[16] Alfred Kerr: *Thomas Mann. Fiorenza*, S. 61.

[17] Alfred Kerr: *Thomas Mann. Fiorenza*, S. 62.

hineingezogen und zu Stellungnahmen und Rechtfertigungen genötigt. Der 'Dichter' Ponten sieht bei Thomas Mann eine bedenkliche Entwicklung zum ganz und gar 'Schriftstellerischen'. 1924 veröffentlicht er einen *Offenen Brief an Thomas Mann*[18], in dem seitenlange Antithesen aufgebaut werden. "Eine schriftstellerische Darstellung kann formal ersten Ranges, vollkommen sein, – und doch gänzlich hohl, nichtssagend, wertlos, eine vergoldete aber taube Nuß. [...] Dichterisch dagegen: das ist ein Inhalt, das Substantielle."[19] Der Schriftsteller biete vor allem "entbehrliches Äußeres", der Dichter dagegen ein "unentbehrliches Inneres".[20] Obwohl Ponten Thomas Mann als 'lieben, verehrten Freund'[21] anspricht, mußten einige der ganz auf dessen Produktionsweise zugeschnittenen Aufzählungen angesichts der klaren Wertung als persönlicher Angriff wirken: Das Schriftstellerische sei "Arbeit, Ernst, Eifer, Geduld, Erfahrung, Wissen, Belesenheit, Reife, Talent; das Dichterische ist nichts als Gnade. – Das Schriftstellerische ist Geschmack, Zucht, Opfer, Entsagen, Fleiß, Vernunft [...]; das Dichterische ist Wunder."[22] Der "naturhafte Dichter" habe, so Ponten, "den Primat vor dem naturfremden Schriftsteller".[23] Thomas Mann versucht, die höflich verpackten Attacken Pontens anfangs mit Ironie zu nehmen; er lege gerade letzte Hand "an das naturferne Geschwätz [s]einer beiden Bände", schreibt er ihm am 24.9.1924 über die Fertigstellung des *Zauberberg*. (Br I, 217) Eine Woche später, in einem Brief vom 1.10.1924, heißt es entschiedener: "Ich weiß in aller Ruhe, daß ich nicht naturfern bin. Ich bin kein Literat, sondern ich *bin*. Ich besitze natürliches Schwergewicht, und was ich mache, hat Charakter, das heißt: es hat Natur." (Br I, 217) Die Rezeption des *Zauberberg* verlief in nicht unbeträchtlichem Ausmaß entlang der von Ponten gezogenen Fronten[24]; Thomas Mann sah sich von einigen Kritikern als "restlos durch-rationalisierten Schriftsteller", seinen Roman als "Eisgebilde" hingestellt.[25]

---

18 Josef Ponten: *Offener Brief an Thomas Mann*, in: *Deutsche Rundschau* (Berlin), Oktober-November-Dezember 1924, Bd. 101, S. 64-83, wiederabgedruckt in: *Dichter oder Schriftsteller? Der Briefwechsel zwischen Thomas Mann und Josef Ponten 1919-1930*, hrsg. v. Hans Wysling unter Mitwirkung von Werner Pfister, Bern 1988 (= Thomas-Mann-Studien VIII), S. 90-115.

19 Hans Wysling (Hrsg.): *Dichter oder Schriftsteller?*, S. 93.

20 Hans Wysling (Hrsg.): *Dichter oder Schriftsteller?*, S. 93.

21 Hans Wysling (Hrsg.): *Dichter oder Schriftsteller?*, S. 95.

22 Hans Wysling (Hrsg.): *Dichter oder Schriftsteller?*, S. 94.

23 Hans Wysling (Hrsg.): *Dichter oder Schriftsteller?*, S. 114.

24 Vgl. Hans Wißkirchen: *Thomas Manns Romanwerk in der europäischen Literaturkritik*, in: TMHb, 875-924, hier S. 887f. u. 894.

25 So Thomas Mann in einem Brief an Korfiz Holm vom 31.12.1924; DüD I, 484.

Er fühlte sich gar in die Rolle des Bösewichts Franz Moor gedrängt: "Ich bin der Mann der spröden Sachlichkeit, unlyrisch, amusisch, an Seele arm. Die Kritik weiß es. Ich bin der kalte, trockene, hölzerne Franz." (XI, 620) Wolfgang Schumann schrieb 1925, der *Zauberberg* sei ein Werk "auf dem Markt der Alten"; die Stimme der Jungen werde dagegen im Offenen Brief Josef Pontens vernehmbar: "Mit Macht" führe dieser "das Ursprüngliche, die Gewalt schaffender Natur wider Thomas Manns blasse Geistigkeit ins Feld. [...] alles, was zutiefst den 'Dichter' macht, hat der 'Zauberberg' nicht einmal in Anklang und Ahnung".[26]

Mit charakteristischem Pathos kündigt sich hier bereits die Tonlage der völkischen Literaturkritik an; die Dichter-Schriftsteller-Antithese erfährt zunehmend eine ideologische Aufladung. "Drängenden Blutes" bekennt sich die nationalistische Jugend zum Dichter Josef Ponten als dem "Sprecher der im Kriege erwachten, aufsteigenden deutschen Lebenswelle". (Karl Rauch: *Die Jungen mit Josef Ponten gegen Thomas Mann*[27]) Thomas Mann dagegen habe sich spätestens mit dem Bekenntnis zur Republik im Jahr 1922 auf die Seite der "kalten Vernunft"[28] geschlagen und den Kontakt zum dionysischen Urgrund deutschen Wesens verloren: "In Thomas Manns Werken war dieses Element sehr verdünnt, und völlig 'verbürgerlicht', zahm und gesittet gewesen. Er konnte den wirklichen Aufbruch [...] nicht mitfühlend begreifen an dieser neuen Jugend nach dem Kriege – er rettete sein zahmes Naturell zu den fadenscheinigen 'Geistigen' hinüber, die angstvoll nach 'Demokratie' und Vernunftherrschaft riefen – blutsfremd, volksfremd, undeutsch und berechnend."[29] Dementsprechend werden die erste Bände des Josephsromans im Deutschland von 1933/34 als 'kalte' Gelehrsamkeit ohne Blut- und Bodenhaftung abgelehnt. Dettmar Heinrich Sarnetzki, der sich noch um eine vergleichsweise sachliche Literaturkritik bemüht, bemängelt an erster Stelle, "daß das warme Zwielicht des Mythos durch das harte Licht der Forschung aufgehoben, die naive Klarheit durch eine bewußte wissenschaftliche, die legendäre Schönheit [...] durch eine geistig kühle, hochkultivierte, dem Mythos durchaus abträgliche ersetzt

---

26 Wolfgang Schumann: *Zwischen Gestern und Morgen*, in: *Kunstwart und Kulturwart* (München), Februar 1925 (5), S. 201-205; zitiert nach Hans Wysling: *Glück und Ende einer Freundschaft*, in: Ders. (Hrsg.): *Dichter oder Schriftsteller*, S. 7-24, hier S. 18.

27 Erschienen 1925 in der Zeitschrift *Vorhof*, in: *Thomas Mann im Urteil seiner Zeit*, S. 119.

28 Curt Hotzel: *Thomas Manns Kampf gegen das Leben. Ein Versagen vor der Forderung der Nation*, in: *Deutsche Tageszeitung*, 6.11.1930, zitiert nach: K. Schröter (Hrsg.): *Thomas Mann im Urteil seiner Zeit*, S. 181.

29 Curt Hotzel: *Thomas Manns Kampf gegen das Leben*, S. 181.

14

worden ist".[30] Andere Rezensenten stellen schlicht und einfach fest, daß bei diesen Büchern "der Rasseninstinkt rebelliert"[31], daß "die wunderbar einfältige Handlung durch wichtigtuerische Bildungstunke versabbert"[32] worden sei.

Offenbar entdeckt jede Epoche einen anderen Aspekt an Thomas Manns 'Kälte'. Nach 1968 rückt der 'klassenbewußte', gegenüber dem sozialen Elend der Arbeiterschaft kühl gebliebene Bürger ins Fadenkreuz der Kritik. Den *Tod in Venedig* wiederlesend, kommentiert Yaak Karsunke: "Von am *Rande der Erschöpfung* Arbeitenden, *Überbürdeten* und *schon Aufgeriebenen* ist da die Rede, den *Helden des Zeitalters*. Also etwa vom Proletariat, aus dessen unbarmherziger Ausbeutung sich der auf den ersten Weltkrieg zurüstende deutsche Imperialismus finanziert?"[33] – "Schlechtes soziales Gewissen kommt gar nicht erst auf: Figuren aus dem Volk werden mit Leitmotiven abgespeist", schrieb auch Hanjo Kesting zum hundertsten Geburtstag des Autors in einem spektakulären *Spiegel*-Artikel, der "zehn polemische Thesen" gegen "einen Klassiker" richtete.[34] Thomas Manns Sprache sei ein "Herrschaftsinstrument", sein Werk ein "umständlicher und dünner Klassizismus, dem durch ironische Menschenverachtung fragwürdige Reize hinzugefügt werden".[35] In einem Sonderheft der Reihe *Text und Kritik*[36] wie auch in einer von Marcel Reich-Ranicki veranstalteten Umfrage *Was halten Sie von Thomas Mann?* waren eine ganze Reihe solcher Stimmen zu hören, die

---

[30] Dettmar Heinrich Sarnetzki: *Ein biblisches Epos von Thomas Mann*, in: *Kölnische Zeitung*, 15.10.1933, zitiert nach: K. Schröter (Hrsg.): *Thomas Mann im Urteil seiner Zeit*, S. 217.

[31] Eugen Kalkschmidt: *Thomas Mann schreibt biblische Geschichte*, in: *Deutsches Volkstum* 16, Juli 1934, zitiert nach: Hans Wißkirchen, *Thomas Manns Romanwerk in der europäischen Literaturkritik*, TMHb, 894.

[32] Joachim Wecker: *Thomas Manns Alterswerk. Eine notwendige Abrechnung*, in: *Die literarische Welt*, 27.10.1933, in: K. Schröter (Hrsg.): *Thomas Mann im Urteil seiner Zeit*, S. 219.

[33] Yaak Karsunke: *"...von der albernen Sucht, besonders zu sein." Thomas Manns "Der Tod in Venedig" – wiedergelesen*, in: *Text und Kritik. Sonderband Thomas Mann*, München 1976, S. 85-93, hier S. 88.

[34] Hanjo Kesting: *Thomas Mann oder der Selbsterwählte. Zehn polemische Thesen über einen Klassiker*, in: *Der Spiegel* Nr. 22/1975, S. 144-148, dieses Zitat S. 148. – Offensichtlich bewegte sich Kesting hier in den Fußstapfen der Thomas Mann-Kritik Martin Walsers. Seine polemischen Thesen forderten eine Flut von Leserbriefen heraus und einen Gegenartikel von Rolf Hochhuth: *Thomas Mann oder Undank vom Urenkel*, in: *Der Spiegel* Nr. 24/1975, jetzt wiederabgedruckt in: R. H.: *Täter und Denker. Profile und Probleme von Cäsar bis Jünger*, Hamburg 1990, S. 311-324.

[35] Hanjo Kesting: *Thomas Mann oder der Selbsterwählte*, S. 148.

[36] Siehe Fußnote 33.

versicherten, daß kein Autor sie so kalt lasse wie Thomas Mann.[37] Peter Rühmkorf berief sich dabei auf die von Döblin, Jahnn und Brecht herreichende "Aversionslinie" und fühlte sich durch eine "Klassenschranke" von der "oblatendünnen Ironie" und den "gestelzten Manierlichkeiten" der Prosa Thomas Manns getrennt.[38]

Neue Zufuhr erhielt die Rezeptionslinie des 'kalten Künstlers' durch die Veröffentlichung der Tagebücher. – "Seit dem 'Kleinen Herrn Friedemann' vermag ich plötzlich die diskreten Formen und Masken zu finden, in denen ich mit meinen Erlebnissen unter die Leute gehen kann", schrieb der junge Thomas Mann an Otto Grautoff.[39] Daß die Tagebücher auf diese Formen und Masken (weitgehend) verzichten, daß sie ungeschönte Alltagsprotokolle bieten, macht ihren kontrastiven Reiz gerade bei einem Autor aus, der ansonsten jede schriftliche Äußerung genau kontrolliert. Je perfekter die Selbststilisierung ins Große, desto lebhafter allerdings auch die Neugierde nach der menschlich-allzumenschlichen Rückseite der öffentlichen Person. In diesem Sinn hat Thomas Mann durch den Entschluß, die Tagebücher zur Veröffentlichung zuzulassen, seine eigene "Entmonumentalisierung", einen "postumen Revisionsprozeß"[40] eingeleitet: "[...] es kenne mich die Welt, aber erst wenn alles tot ist. Heitere Entdeckungen dann." (13.10.1950) Bereits in seinem Platen-Vortrag hatte Thomas Mann den Vers zitiert, auf den diese Tagebuchnotiz anspielt: "Es kenne mich die Welt, auf daß sie mir verzeihe." (Vgl. IX, 275)[41] Heiterkeit und Verzeihen bestimmten allerdings nicht den Tenor der Tagebuch-Besprechungen, vielmehr dominierte – neben einer unterhaltsamen Präsentation des Kuriosen – das verständliche, aber zwangsläufig zu Einseitigkeiten führende Interesse an jenem Notizenmaterial, mit dem sich dunkle Gegenakzente langweilig gewordenen Bild des humanistischen Repräsentanten in der Goethe-Nachfolge setzen ließen. Ich-Besessenheit, Eitelkeit, depressive Wehleidigkeit, Gefühllosigkeit selbst gegenüber den nächsten Angehörigen, unstillbare Ruhmgier und immer wieder Kälte: so lauten die am häufigsten geäußerten Stichworte, der Ton

---

[37] Vgl. Marcel Reich-Ranicki: *Thomas Mann und der Alltag*, in: Ders.: *Nachprüfung. Aufsätze über deutsche Schriftsteller von gestern*, München 1984, S. 94-128, hier S. 110.

[38] Peter Rühmkorf: *Gestelzte Manierlichkeiten*, in: Marcel Reich-Ranicki (Hrsg.): *Was halten Sie von Thomas Mann? Achtzehn Autoren antworten*, Frankfurt 1986, S. 69f.

[39] Brief vom 6.4.1897, in: Thomas Mann: *Briefe an Otto Grautoff 1894-1901 und Ida Boy-Ed 1903-1928*, S. 90.

[40] Marcel Reich-Ranicki: *Die ungeschminkte Wahrheit*, in: *Frankfurter Allgemeine Zeitung* vom 11.3.1978, wiederabgedruckt in: Ders.: *Thomas Mann und die Seinen*, S. 29-50, hier S. 30 u. 32.

[41] Vgl. Inge und Walter Jens: *Die Tagebücher*, in: TMHb, S. 721-741, hier S. 729.

schwankt zwischen Feststellung und Vorwurf. Selbst Eckhard Heftrich stört
sich zunächst an "Bemerkungen, die eine so extreme wie kleinliche
Egozentrik zu beweisen scheinen".[42] "Der leidenden Besessenheit entspricht
die Ungehemmtheit, mit der er, schamlos vor sich selbst, gelegentlich dem
Neid wie der Schadenfreude das Wort überläßt."[43] Hermann Kurzke spricht
von "unsympathischen Charakterzügen", er sieht "herzlose Bosheiten gegenüber verdienten Freunden" und "ungehemmte Haßausbrüche gegenüber
vermeintlichen Feinden".[44] Er warnt allerdings auch davor, die Tagebücher
als realistisches Dokument der Persönlichkeit Thomas Manns zu verstehen,
"als ob wir jetzt endlich die Wahrheit über Thomas Mann wüßten".[45]

Tatsächlich liegt die keineswegs diskreditierende Entlastungsfunktion
des Tagebuchs für negative Affekte auf der Hand; es fängt jene Art von
Klagen und Mißstimmungen auf, mit denen die Umgebung nicht behelligt
werden möchte, es dient der psychischen Hygiene. "Diese Tagebuch-
aufzeichnungen, wieder aufgenommen in Arosa, in Tagen der Krankheit
durch seelische Erregung und durch den Verlust der gewohnten Lebensbasis,
waren mir ein Trost und eine Hülfe seither", schreibt Thomas Mann am
11.2.1933. Aber nicht nur diese einseitige Beschaffenheit der Tagebücher
gilt es zu berücksichtigen; die erhaltenen Bände entstammen einesteils
ausgesprochenen Krisenzeiten (1918-21; 1933/34), zum anderen spiegeln
sie das Lebensgefühl eines Sechzig- bis Achtzigjährigen – die häufigen
Klagen über genauestens verzeichnete körperliche Beschwerden, über
Müdigkeit und melancholische Verstimmung[46] entsprechen da wohl mehr
dem Altersüblichen, als es die von Narzißmus-Psychologie und Kälte-
Klischee geleitete Rezeption wahrnehmen wollte. Die 'Herzlosigkeiten'
bleiben jedenfalls weit seltener, als die Rezensionen erwarten ließen. Man
muß sie nicht als Charakterschwäche oder Schamlosigkeit deuten, sondern
kann darin auch die unverkrampfte Wahrhaftigkeit des Tagebuchschreibers
sehen, der darauf verzichtet, sich in seinen intimen Aufzeichnungen besser
und gerechter zu machen, als er ist. Mißtrauisch stimmt dagegen die
Urteilssicherheit, mit der die Vorwürfe der Boshaftigkeit, Kälte etc. erhoben
werden; die Kritiker des Tagebuchschreibers erwarten vom Autor scheinbar

---

[42] Eckhard Heftrich: *Vom Verfall zur Apokalypse. Über Thomas Mann*, Bd. II, Frankfurt 1982,
S. 104.

[43] Eckhard Heftrich: *Vom Verfall zur Apokalypse*, S. 138.

[44] Hermann Kurzke: *Thomas Mann. Epoche – Werk – Wirkung*, München 1985, S. 294f.

[45] Hermann Kurzke: *Thomas Mann. Epoche – Werk – Wirkung*, S. 295.

[46] Vgl. z.B. 20.4.1933.

nicht nur einwandfreies Verhalten, sondern auch das moralisch korrekte Seelenleben.[47]

Zum Schlüsselbegriff der jüngeren Forschung ist der Narzißmus Thomas Manns geworden. Das vor allem von Hans Wysling mit nachhaltiger Wirkung in die Diskussion eingeführte Narzißmusmodell ist zugleich Deutungsversuch wie auch Weiterführung des Kälte-Motivs (der Narziß liebt sich, nicht die anderen). Kaum ein thematischer und biographischer Aspekt, der von Wysling nicht in den Zusammenhang des Narzißmus ge-

---

[47] Ein aufschlußreiches neueres Beispiel für die Überstrapazierung des Kälte-Motivs ist Michael Maars Besprechung: *Die Stewardeß berühmte Jodlerin. Thomas Manns Tagebücher der Jahre 1951 und 1952,* in: *Frankfurter Allgemeine Zeitung* vom 7.12.1993, Literaturbeilage, S. 9. "Thomas Mann hat in dem Teufelsgespräch [des *Dr. Faustus*; der Verf.] nichts anderes abgebildet als die eigene Konstitution, die seine Kunst unlöslich mit dem Zwang verband, der Seelenwärme zu entsagen. [...] Der kalte Blick wandert und kann nicht ausruhen [...]. Sohn Klaus hätte den Selbstmord spätestens dann verübt, wenn er gelesen hätte, was der Vater in diesen Tagebüchern über den 'Wendepunkt' schrieb; nichts Unwahres, nur Schlimmes und Eisiges." Dann führt Maar ein Tagebuch-Zitat über den Sohn Michael an: "Gestehe mir, daß ich froh sein werde, wenn er weg ist. Sein Wesen ist mir nicht lieb, einschließlich seines Lachens." (2.11.1951) Maar fährt fort: "Das schreibt der Vater über den Sohn Bibi, der die Tagebücher später lesen konnte, was ihm, falls er so weit kam, den Rest gegeben haben muß. [...] Aber kann es nicht vorkommen, daß der Vater den Sohn nicht mag? Jedenfalls würde es sich keiner so leicht gestehen." Hier scheint Maar selbst Zweifel zu bekommen, ob die von ihm zitierten Passagen auf eine einzigartige 'Kälte' Thomas Manns schließen lassen. Gerade bei diesem Beispiel fällt auf, wie durch das bewußte Aussparen des Kontexts dem Kälte-Klischee gehuldigt wird. Am Tag vor dieser Aufzeichnung über 'Bibi' traf bei Thomas Mann eine "teleph. Schreckensnachricht" ein: Der zum Jähzorn neigende Michael Mann hatte auf der Fahrt zum Auftritt mit seiner Konzertpartnerin Yalta Menuhin, Schwester des von Thomas Mann verehrten Yehudi Menuhin, eine tätliche Auseinandersetzung gehabt. "Yalta überm Auge verwundet, beim Arzt und bettlägrig. Bibi zunächst abgängig. K., die mir innig leid tat, mit Eva zu im Geräuf zu Schaden Gekommener [...]." (4.11.51) Yaltas Ehemann "betrachtet B[ibi] als mental case und läßt über Fortsetzung des ausgedehnten Konzertprogramms [...] nicht mit sich reden. Die Lage sehr schwierig, ohne [daß] der Zügellose und durch extreme Anstrengungen Überreizte sich schon Rechenschaft davon gäbe. Auch die Frau verängstigt. Ratlosigkeit." (Ebd.) Vorhergehende Eintragungen des Bandes 1951/52 über Michael hatten sich wohlwollend über seine Konzertleistungen geäußert (vgl. S. 62, 120, 123, 126, 130); jetzt fragt sich Thomas Mann mit Sorge: "Was soll mit dem jungen Menschen werden, dessen ganze nächste Zukunft auf die Zusammenarbeit mit der 'sister of' gestellt war, der es aber, verwildert durch die Huldigungen, die ihm von der Familie M., selbst von Yehudi, entgegengebracht wurden, unglaublich an Beherrschung hat fehlen lassen." (5.11.51) Gleichwohl heißt es unmittelbar in Anschluß an die von Maar zitierte Stelle: "Aber ich redete ihm bei Tische gut zu und sagte, er brauche die Verbindung mit Yalta nicht." Nicht nur Michael, auch die Yalta-Seite wird kritisch betrachtet: "Yalta's Familie gibt maßlos an mit Michaels freilich unmöglichem Benehmen. Angst vor ihm." (5.11.51) "Unverschämter Anruf des Attorneys der Yalta-Leute. Fragt nach Michael, der sobald er sich im Lande zeigte, wegen Irrsinns festgesetzt werden müßte." (7.11.51) – Dieser Fall steht für andere: Betrachtet man die Umstände, wirken die Tagebucheintragungen keineswegs so unerhört 'kalt', wie die Kritiker vorgeben.

stellt würde: "Mit ihm hängt Thomas Manns eigenste Thematik zusammen, jener Komplex von Auserwähltheit, Andersartigkeit und Isoliertheit. Mit ihm jene aus prinzlicher Lebensängstlichkeit stammende Kontaktscheu und Beziehungslosigkeit, die allenfalls zu homoerotischen und inzestuösen Neigungen führt. Mit ihm der Komplex von Ästhetizismus, Asozialität und Apolitie. Mit ihm der mit der prinzipiellen Unfähigkeit zur Objektliebe verbundene 'Liebesanspruch' an alle Welt. Mit ihm schließlich der Versuch, die verhängte Liebelosigkeit durch Menschenliebe zu transzendieren, sei es durch die eigene Person (Krull) oder durch das 'Sprachwerk' (Thomas Mann)."[48] Wyslings Buch ist ohne Zweifel ein 'opus magnum'; der in ihm vorgetragene Kenntnisreichtum fügt sich zu einer Gesamtdeutung von Leben und Werk. Auf den zweiten Blick wirkt jedoch manche Behauptung nicht recht überzeugend, vor allem wird wohl allzuviel auf den Grundnenner des Narzißmus gebracht; fragwürdig schließlich – und das gilt noch mehr für die Narzißmusdeutungen von Manfred Dierks – das ungebrochene Vertrauen zu psychoanalytischen Hypothesen traditionellen und neueren Zuschnitts (Kohut).[49]

---

[48] Hans Wysling: *Narzißmus und illusionäre Existenzform. Zu den Bekenntnissen des Hochstaplers Felix Krull*, Bern/München 1982 (= Thomas-Mann-Studien V), S. 92.

[49] Siehe insb. Manfred Dierks: *Über einige Beziehungen zwischen Sprachwerk und psychischer Konstitution bei Thomas Mann*, in: *Thomas-Mann-Studien VII*, Bern 1987, S. 273-290 u. *Thomas Manns "Doktor Faustus" unter dem Aspekt der neuen Narzißmustheorien*, in: *Thomas Mann Jahrbuch* 2 (1989), S. 20-40. – Meines Erachtens sind es vor allem zwei Punkte, an denen die Problematik der Narzißmus-Interpretation deutlich wird:
1) Die von Wysling immer wieder (im Narzißmus-Buch vor allem auf Seite 232f.) dargelegte Narzißmus-Symptomatik Thomas Manns verschwimmt auf den zweiten Blick ins Vage, Nichtssagende. Stimmungsschwankungen und das Gegenbemühen um seelisches Gleichgewicht, Empfindlichkeit, eine Neigung zu Depressivität oder Melancholie, Störungsanfälligkeit bei der künstlerischen Arbeit, deshalb in den Arbeitsstunden "Abschirmung von der Außenwelt", guter Schlaf als 'Kraftquelle', Verstörung bei der politischen "Atrozität" von 1933 etc. – all diese vermeintlichen "Symptome und Mechanismen" des Narzißmus sind für den unbefangenen Blick nicht unbedingt auf die Narzißmus-Kategorie zu reduzieren, oder sie sind gänzlich unspezifisch. Mit Recht hat schon Karl Werner Böhm einigen dieser Schein-Charakteristika entgegengehalten: "Auf wen trifft das eigentlich nicht zu?" (Böhm: *Zwischen Selbstzucht und Verlangen*, Würzburg 1991, S. 49.) Entsprechend beliebig hat sich die Narzißmuspsychologie inzwischen ja auch auf die verschiedensten Autoren anwenden lassen: Schopenhauer (Dierks, *Über einige Beziehungen...*), Goethe, Kafka (die Narzißmusproblematik läßt sich offenbar ebenso umstandslos in Kafkas Werk hineinlesen wie vormals die 'ödipale', vgl. u.a. Grunberger u. Kohut), der George-Kreis u. Hofmannsthal (vgl. Stefan Breuer: *Ästhetischer Fundamentalismus*, Darmstadt 1995), Proust, Musil, Nabokov oder gar die gesamte Schweizer Gegenwartsliteratur (vgl. Hans Wysling 1996) – es fragt sich, was der omnipräsente Narzißmusbefund dann noch im Fall Thomas Manns Spezifisches zu sagen hat, da sich offenbar bei fast jedem bedeutenden Autor ein 'narzißtisches' Profil 'nachweisen' läßt.

Während Wysling das Moralisieren vermeidet, wird der populär gewordene Narzißmusbegriff von anderen Autoren wieder zum Kälte-Vorwurf gewendet. Deutlichstes Beispiel hierfür sind die umfangreichen Biographien von Klaus Harpprecht und Donald A. Prater (1995). Die Kälte-Schuld Thomas Manns steigt in beiden Biographien in neue Höhen. "Aber dann wird keine Gelegenheit versäumt, ihm Kälte, Teilnahmslosigkeit, Egoismus, ja selbst Geiz vorzuhalten oder anzudichten", schrieb Eckard Heftrich in einer Doppelrezension.[50] "In der trockenen Manier Praters wirkt die Repetition des Sündenregisters noch unbarmherziger als bei Harpprecht. Schon früh verrate sich der Egoismus als 'hervorstechender Charakterzug', 'die Sucht, auf sich aufmerksam zu machen', das Bedürfnis, sich unentwegt vorzuführen und zu erklären, all dies ist noch nicht einmal das Schlimmste. So richtig entrüstet sich Prater erst, wenn er daran geht, die 'Gefühllosigkeit' des vom 'Panzer der Selbstzufriedenheit' Geschützten vorzuführen." Auch wenn Heftrich Prater Ignoranz der neueren Forschungs-

---

2) Die Stichhaltigkeit traditioneller und neuerer psychoanalytischer Annahmen, auf denen die Arbeiten von Wysling und Dierks zum Teil basieren, läßt sich nicht dadurch erweisen, daß man in vertrautem psychoanalytischem Jargon behauptet, sie seien "klinisch gut überprüft" (so Dierks: *Über einige Beziehungen...*, S. 283). Wer heute psychoanalytisch argumentiert, kann die gewachsenen und wohlfundierten Einwände gegen große Teile der psychoanalytischen Lehre nicht ignorieren. Auch wenn kritische, den konkurrierenden wissenschaftlichen Forschungsstand referierende Bücher wie das von Dieter E. Zimmer (*Tiefenschwindel. Die endlose und die beendbare Psychoanalyse*, erweiterte Ausgabe Hamburg 1990), der umfangreiche Forschungsbericht von Franz Kiener *Empirische Kontrolle psychoanalytischer Thesen* (in: K. Gottschaldt u.a.: *Handbuch der Psychologie*, Bd. 8, *Klinische Psychologie*, 2. Halbband, Göttingen 1978, S. 1200-1241) oder auch die Arbeiten von Jeffrey Masson (s. Literaturverzeichnis) ihrerseits nicht ganz unanfechtbar sein mögen – unverkennbar scheint mir, daß zentrale Hypothesen der Psychoanalyse, die auch noch den neueren Narzißmus-Theorien zugrunde liegen, angesichts des psychologischen und biologischen Erkenntnisstands kaum noch haltbar sind und daß sich nicht mehr in der unkritischen Weise etwa mit dem 'Ödipus-Komplex' argumentieren läßt, wie es Wysling tut, wenn es z.B. darum geht, Thomas Manns 'Rivalitäten' mit anderen Schriftstellern zu interpretieren. – Andernorts sind die entsprechenden Konsequenzen gezogen worden. Hartmut Binder, dessen Kafka-Biographie von 1979 noch mit psychoanalytischen Mustern operiert, kommt in einem neuen Buch ("*Vor dem Gesetz*", Stuttgart/Weimar 1993) zu dem Schluß, es sei "nicht mehr zulässig, eine Lehre wie Freuds Ödipus-Komplex, in welcher Fassung auch immer, einem literarischen Text zu unterlegen", solche Versuche seien "spekulativ und wissenschaftsgeschichtlich überholt" (S. 74f.). Daß die 'neuen' Narzißmustheorien v.a. in ihren Annahmen über das Ich- und Welterleben des Kleinkinds nicht weniger unsicher und spekulativ sind, macht die Lektüre von Kohut deutlich; sie sind auch innerhalb der Psychoanalyse umstritten, vgl. z.B. *Die neuen Narzißmustheorien: zurück ins Paradies*, hrsg. v. Psychoanalytischen Seminar Zürich, Frankfurt a. M. 1981.

50 Eckhard Heftrich: *Von jeher gerade hindurchgekommen. Thomas Mann und das gute Gewissen der Nachgeborenen: Zwei schreibfreudige Biographen suchen eine Moral*, in: *Frankfurter Allgemeine Zeitung* vom 3.6.1995, Beilage "Bilder und Zeiten".

literatur vorhält – solche Sündenregister erinnern nicht nur von fern an das narzißtische Persönlichkeitsprofil Thomas Manns, das mit Hilfe der Psychoanalyse in den höheren Etagen der Forschung entworfen wurde.

b) Lebens- und Menschenfreundlichkeit

Thomas Mann hat sich über den Kälte-Vorwurf oft beklagt, er hat unter ihm gelitten. "Wie weit und tief solche Reaktionen auf die Rezeption seines Werkes auf seine weitere Entwicklung gewirkt haben, läßt sich vorläufig nur ahnen", schreibt Hans Rudolf Vaget.[51] Ohne diese Rezeption, soviel ist gewiß, hätte der Autor das 'warme' Begriffs- und Motivfeld der 'Menschenfreundlichkeit' und 'Lebenssympathie' nicht in einem Ausmaß, das an Beschwörung grenzt, sowohl seinem künstlerischen Werk wie den Essays und Briefen eingeschrieben – zunehmend seit 1919, noch einmal verstärkt durch die 'Wandlung' der zwanziger Jahre. "Wenn ich einen Wunsch für den Nachruhm meines Werkes habe, so ist es der, man möge von ihm sagen, *daß es lebensfreundlich ist, obwohl es vom Tode weiß*" – so Thomas Mann in der *Tischrede bei der Feier des fünfzigsten Geburtstags*, 1925, ein halbes Jahr nach Erscheinen des *Zauberberg*, dessen kursiv gedruckter Moralsatz hier variiert wird. (XI, 368) Ob er die "Ehrungen" denn, abgesehen von seinen künstlerischen Leistungen, "menschlich-persönlich" verdient habe, fragt der gefeierte Autor und entschuldigt sich dafür, kein guter Schriftsteller-Kollege, sondern ein Ungeselliger gewesen zu sein: "Nehmen Sie es als Scheu, als Befangenheit, als Zeichen großer Ermüdbarkeit und Kräfte-Ökonomie, als Bedürfnis nach Einsamkeit [...] – aber nehmen Sie es *nicht* als Menschenunfreundlichkeit und Kälte, denn das war es nicht!" (XI, 366) Nicht Rangfragen oder ästhetische Qualitäten scheinen dem Autor an erster Stelle zu stehen, sondern die 'menschliche' Wirkung der Kunst. Zu den ersten Rezensenten des *Zauberberg* gehörte Ernst Robert Curtius. In einem Brief vom 19.1.1925 bedankt sich Thomas Mann für die "Wärme" der Besprechung: "Es ist ganz offenbar das Menschliche an dem Buche, was Sie besonders anzieht, und damit kann ich umso zufriedener sein, als ich persönlich das Menschliche vom Künstlerischen immer weniger zu trennen weiß und das deutliche Gefühl habe, daß man das Zweite heutzutage als selbstverständlich zu betrachten hat und das Erstere als ausschlaggebend." (Br I, 224)

---

51 Hans Rudolf Vaget: *Thomas-Mann-Kommentar zu sämtlichen Erzählungen*, München 1984, S. 75.

Das sind Äußerungen, denen sich unschwer eine Vielzahl ähnlich gestimmter Passagen aus den Essays, Reden und Briefen, aber auch den Tagebüchern hinzufügen ließe. Das Künstlerische ist – jedenfalls für Thomas
Mann – selbstverständlich, nicht ganz so sicher ist sich der Autor hinsichtlich der 'menschlichen' Wirkung seines Werkes; dankbar verzeichnet er hier
jede Bestätigung und gibt bei allen Gelegenheiten seine 'Gutwilligkeit' zu
erkennen. "Liebe zum Menschlichen", "Liebe zum Organischen", "Güte",
"Lebensdienst", "Lebenspflichtgefühl", "Lebensfreudigkeit", "Lebensfreundschaft", "Lebensbereitwilligkeit", "wissendes Wohlwollen für das Menschliche" (IX, 304), gar "lebensgutwillige Bravheit" (VIII, 1072; X, 201) oder
"gute Erdenkameradschaft"[52] – seit Anfang der zwanziger Jahre laufen die
meisten Texte Thomas Manns früher oder später auf solche mitunter
sperrigen Begriffskompositionen zu. Es handelt sich dabei nicht nur um das
plakative Vokabular eines 'neuen Humanismus', sondern immer auch um
Kommentare zur eigenen Künstlerexistenz, zum eigenen Werk: "Aber die
Kunst, trotz des Zusammenhanges von Tod und Schönheit wunder-
barerweise doch lebensverbunden, liefert aus sich auch wieder die Anti-
toxine; Lebensfreundlichkeit und Lebensgutwilligkeit bilden doch auch einen der Grundinstinkte des Künstlers; ein gewisser Einschlag von Lebensbürgerlichkeit und Ethik macht ihn jedenfalls, so wenig Kunst und Tugend
von Hause aus [...] zusammengehören, unter Menschen erst möglich [...]."
(*Über die Ehe*, 1925; X, 199)
Die hundertfach auftretenden Lebensfreundlichkeits-Formeln sind mit
einer gewissen Ratlosigkeit aufgenommen worden: schöne Worte, die ein
wenig nach Sonntagsrede klingen. Klaus Harpprecht sieht sie "wie stolze
Fregatten einhersegeln"; Thomas Mann bediene sich "der deutschen Eigen-
und Unart, Begriffe in einer Vokabel aneinanderzubinden, ohne die geringste Hemmung, um Klarheit wenig besorgt".[53] Mögen diese Begriffe, für sich
genommen, unverbindlich oder vage erscheinen, im Fall Thomas Manns
erhalten sie Gewicht und Bedeutung durch ihr Spannungsverhältnis zur
'dunklen' Gegenseite: der Sympathie mit dem Tode, dem Ästhetizismus und
Pessimismus, der "berüchtigten Kühle". Diese Spannung ist auch den beiden
zitierten Sätzen abzulesen: das Werk soll lebensfreundlich sein, "obwohl es
vom Tode weiß", die Kunst ist lebensverbunden, "trotz des Zusammenhanges von Tod und Schönheit", der Künstler erweist seine Lebens-

---

[52] Thomas Mann verwendet diese Formulierung u.a. in einem Brief an Irita Van Doren
vom 28.8.1951; Br III, 220.

[53] Klaus Harpprecht: *Thomas Mann. Eine Biographie*, Hamburg 1995, S. 540.

22

bürgerlichkeit, "so wenig Kunst und Tugend von Haus aus zusammengehören".

Die Humanitätsideen hatten in Untersuchungen über Thomas Mann lange Zeit ihren festen Platz; das vom Autor häufiger verwendete Wortfeld der Menschenfreundlichkeit ist, wenn überhaupt, nur beiläufig berücksichtigt worden, als handelte es sich bei seinen Varianten bloß um weniger präzise Ableger des Humanitätsbegriffes. Während Humanität jedoch nach abstrakter Programmatik klingt, schafft Menschen- und Lebensfreundlichkeit einen persönlichen, existentiellen Bezug. Humanität leitet sich her aus weiter und hoher geistesgeschichtlicher Tradition, sie ist mit der Würde, aber auch der Unverbindlichkeit des klassischen Bildungsideals behaftet; Lebensfreundlichkeit zielt gleichsam voraussetzungslos auf das Leben, wie es ist. Der Begriff der Humanität verlangt Definitionen: das gemessene 'klassische' Ideal unterscheidet sich von der Humanität einer ungeduldigen Aufklärung; die aktivistische Humanität des 'Zivilisationsliteraten' ist das Gegenteil jener 'pessimistischen Humanität', die Thomas Mann Schopenhauer zuschreibt. Was Menschenfreundlichkeit meint – mag es auch im Vergleich mit der Fracht des Humanitätsbegriffs wenig sein – ist dagegen unmittelbar verständlich. Menschenfreundlichkeit ist die alltägliche, unaufwendige Form der Humanität; sie ist von einer Überhöhung durch humanistische Ideale nicht abhängig; der Humanist, der sie nicht aufbringen kann, macht sich jedoch unglaubwürdig.

Der 'kalte Künstler', der schopenhauerbegeisterte Ästhet, der pessimistische Décadence-Darsteller Thomas Mann hat diesen Wert der Menschenfreundlichkeit zu programmatischem Rang erhoben. Die biographische Entwicklung, die politischen Zeitumstände nach dem Ersten Weltkrieg, aber auch der dargelegte Strang der Rezeptionsgeschichte seines Werkes spielen dabei eine motivierende Rolle. Auch wenn das 'Verhältnis des Künstlers zum Leben' niemals ganz ohne Vorbehalt bleibt, eine skeptische Grundstimmung jeder überschwenglichen Lebensbejahung Grenzen setzt und manche lebensfreundliche Versicherung eher gewunden klingt – ernstzunehmen ist die Dringlichkeit, mit der sich dieser Autor um ein Gegengewicht zur Verfallsfaszination bemüht. Thomas Mann richtet sich nicht mit einem bequemen Pessimismus ein. Während mancher Künstler eher die eigene Harmlosigkeit fürchtet und sich nach Kräften müht, die Pose des Tabubrechers anzunehmen, Morbidität pflegt und den Vorwurf der Negativität als Kompliment empfindet, bescheinigt Thomas Mann seinem Werk lieber Güte und Menschlichkeit. Hier verläuft die Anstrengung umgekehrt: von "locker sitzender Verachtung" zu Sympathie, von Todesromantik zu nicht immer unangestrengter Lebensbejahung. Von daher hat

Thomas Manns Menschenfreundlichkeit nichts mit lauer Gutartigkeit zu tun, sie ist eine errungene Lebensleistung.

Wenn von der 'Wandlung' Thomas Manns die Rede ist, denkt man zuerst an das im erhitzten politischen Klima der zwanziger Jahre absolvierte Bekenntnis zur Republik, an die in Frontstellung zum Nationalsozialismus vertretenen Ideen eines neuen Humanismus.[54] Während des Zweiten Weltkriegs wird Thomas Mann zum inoffiziellen, doch "unumstrittenen Oberhaupt der deutschen Emigration".[55] In dieser Funktion hat er nicht nur zahlreiche kämpferische Vorträge und die berühmten BBC-Radioansprachen (*Deutsche Hörer!*) gehalten, sondern auch praktisch, durch seinen Einfluß, mittels finanzieller Unterstützung, Menschen aus bedrängter Lage zu helfen versucht.[56] Aber die 'Wandlung' betrifft nicht nur politische Auffassungen, sondern auch die erzählerischen Arbeiten. Sie wird erkennbar in der gedanklichen Struktur, dem ideellen Gehalt der Werke, etwa im "Schnee"-Kapitel des *Zauberberg*, deutlicher dann in *Joseph und seine Brüder*. Bei einem Erzähler stellt sich allerdings sogleich die Frage, ob eine solche Wandlung im Ideengehalt auch in der Behandlung des Romanpersonals zum Ausdruck kommt. Philosophien lassen sich leichter austauschen als der tief persönlich geprägte Blick des Autors auf die Menschen. Die naheliegende Fragestellung, inwiefern sich die von Thomas Mann so nachdrücklich proklamierte Menschenfreundlichkeit in der Figurendarstellung seiner Werke wiederfinden läßt, ist in der Forschung jedoch weitgehend unbeachtet geblieben, obwohl sich die Vorwürfe der 'locker sitzenden Verachtung' und 'Kälte' doch vor allem an der Menschendarstellung Thomas Manns entzündeten.

Hier wird eine die Literaturwissenschaft überhaupt kennzeichnende Vernachlässigung deutlich: Nichts ist offensichtlicher, als daß Romane von Menschen erzählen, daß die Kunst des Schriftstellers vor allem anderen in der Darstellung literarischer Figuren besteht. Dennoch tut sich die Forschung gerade mit der Erschließung literarischer Figuren schwer[57]; oft hin-

---

54 Vgl. Thomas Manns Brief an Walter Rehm vom 26.6.1930; Br I, 301.

55 Marcel Reich-Ranicki: *Thomas Mann und die Seinen*, Stuttgart 1987, S. 81.

56 Klaus Harpprecht schreibt: "Zum anderen kann gesagt werden, daß er sich dem Elend selten verschloß. Thomas Mann gab [...] ein kleines Vermögen für die Kollegen hin, mit denen es das Geschick nicht so gut gemeint hatte wie mit ihm. Oft glückte es ihm, den Bittstellern kleine Stipendien zu verschaffen. Der Thomas-Mann-Fonds fing nach der Bedrohung Prags manchen deutschen Schriftsteller auf, der in der Tschechoslowakei Zuflucht gesucht hatte." K. H.: *Thomas Mann*, S. 1036.

57 "Die eklatante Vernachlässigung der Illusionsmächtigkeit literarischer Figuren ist offensichtlich einer der Nachteile einer zu sehr auf das literarische 'Werk' fixierten Literaturwissenschaft", schreibt Herbert Grabes in: *Wie aus Sätzen Personen werden... Über die Erfor-*

terläßt die Sekundärliteratur den Eindruck, als sei nicht ein Roman, in dem Menschen beschrieben werden, Gegenstand der Untersuchung gewesen, sondern eine Abhandlung, die einen theoretischen Diskurs verfolgt. Meist werden die Figuren eines Romans nicht als dargestellte Menschen, sondern lediglich als Problemträger analysiert, und das literaturwissenschaftliche Vorgehen, das oft genug Abstraktionshöhe mit Wissenschaftlichkeit gleichsetzt, verliert bei der theoretischen Erörterung des 'Problems' schnell die gestaltete *Figur* aus dem Blick. Daß die literarische Figur mehr ist als der in sie eingegangene problematische Gehalt, mit dessen Hilfe sie profiliert wird, dafür fehlt vielen Untersuchungen der Sinn. Insbesondere die Thomas-Mann-Forschung hat gegenwärtig einen Stand erreicht, wo angesichts einer Vielzahl von philosophischen und psychoanalytischen Deutungen, von quellenkritischen Untersuchungen und Strukturanalysen der Erzähler und Menschendarsteller Thomas Mann neue Aufmerksamkeit verdient. Mit Recht hat Hubert Ohl deshalb jüngst betont: In der "Figurendarstellung liegt ohne Zweifel Thomas Manns eigentliche Leistung als Erzähler – von *Buddenbrooks* über den *Zauberberg* bis in die *Joseph*-Romane hinein. Viel weniger als die dort erörterten Probleme ist es die unvergleichliche Lebendigkeit und Individualität vieler seiner Figuren, die seinem Werk die anhaltende Neigung seiner Leser erhalten hat".[58] Freilich geht es nicht bloß um die Neigungen des Lesepublikums, dem sich der in die 'doppelte Optik' eingeweihte Thomas Mann-Kenner möglicherweise überlegen fühlt, sondern tatsächlich um 'eigentliche Leistungen' des Erzählens. Nicht die oft allzu mechanisch gegeneinandergestellten Antithesenbildungen – Konstruktionshilfen des Erzählers –, sondern die nuancierte Darstellungskunst verleiht der Prosa Thomas Manns ihren hohen Rang.[59] Darauf hat schon vor Jahr-

---

schung literarischer Figuren, in: *Poetica* 10 (1978), S. 405-428, hier S. 405. – Autoren, die auf dieses Dilemma zu sprechen kommen, stellen regelmäßig das Fehlen hilfreicher theoretischer Ansätze fest. "Angesichts der grundlegenden Wichtigkeit der Charakterdarstellung für einen großen Teil der schönen Literatur" sei es überraschend, "wie wenig allgemein Wichtiges zur Theorie der literarischen Charaktere bis jetzt veröffentlicht wurde", schreibt Joseph Strelka in: *Methodologie der Literaturwissenschaft*, Tübingen 1978, S. 129. – Fast gleichlautend noch der Befund von Jörn Stückrath: "Die Forschungslage ist paradox: In Erzählungen und Dramen lernen wir vor allem interessante Menschen kennen, und gleichwohl weiß die Forschung zur historisch-systematischen Erschließung literarischer Figuren wenig zu sagen." J. St.: *Figur und Handlung*, in: *Literaturwissenschaft. Ein Grundkurs*, hrsg. v. Helmut Brackert u. Jörn Stückrath, Hamburg 1992, S. 40-54, hier S. 40.

[58] Hubert Ohl: *Thomas Manns Frühwerk und die Wiener Moderne. Eine Revision*, Freiburg i. Breisgau 1995, S. 91.

[59] Nicht zufällig hat etwa Martin Walser, auf der Suche nach Angriffsflächen und Schwachstellen, seine Thomas-Mann-Polemik insbesondere gegen den mitunter schablonenhaften Ordnungssinn der Antithesen-Konstruktionen gerichtet, am ergiebigsten am

zehnten Theodor W. Adorno hingewiesen, als er der Forschung anriet, sich auch um das zu kümmern, "was nicht im Baedecker steht", um das erzählerische Detail: "Die Beschreibung der kalten Funkenschwärme der Münchener Trambahn, oder des Stotterns von Kretzschmar – 'so etwas können wir', wehrte einmal der Dichter ein Kompliment ab, das ich ihm deswegen machte – dürfte alle offizielle Künstlermetaphysik seiner Texte, alle Verneinung des Willens zum Leben darin, selbst den in fetten Lettern gedruckten Satz aus dem Schneekapitel des Zauberbergs aufwiegen. [...] Besser, dreimal das Gedichtete sich anzuschauen als immer mal wieder das Symbolisierte."[60]

c) Figurendarstellung und 'Verhältnis zum Leben' im Frühwerk

Die Entwicklung und die Veränderungen der Menschendarstellung Thomas Manns sollen im Hinblick auf das 'Programm' der Menschen- und Lebensfreundlichkeit untersucht werden. Dabei empfiehlt es sich, den Blick nicht allein auf die Hauptfiguren zu richten, die mit Liebe und Einfühlung gezeichneten Sensiblen, Besonderen, Erwählten. "Liebe zum Leben", "Menschenfreundlichkeit", "Sympathie" hätten sich gerade an den weniger exponierten Gestalten zu bewähren, den Nebenfiguren. Denn leicht ist ja der Fall denkbar, daß mit größter Anteilnahme und Sympathie ein Protagonist geschildert wird, der sich vor allem durch seine "locker sitzende Verachtung" des Neben-Personals profiliert. – Wie es meist um das Verhältnis von Haupt- und Nebenfiguren in den Werken Thomas Manns bestellt zu sein scheint, hat Reinhard Baumgart beschrieben: "In diesen Romanen dürfen die Hauptfiguren tatsächlich noch Helden genannt werden. [...] Wie früher im feudalen Epos, so läßt sich noch in den Bildungsromanen Thomas Manns eine Hierarchie entdecken, denn erhöht steht nur, wer be-

---

Beispiel des *Tonio Kröger*: "Die Erzählung [...] lädt förmlich dazu ein, ihre Haupt- und Eigenschaftswörter auf zwei Kolumnen aufzuteilen. Der Autor selbst empfiehlt ausdrücklich, seinen Wörterbau in zwei Säulen entstehen zu sehen". Tonio sei ein "aus nördlichen Vaterklötzchen und südlichen Mutterklötzchen zusammengesetzte[s] Kind". (M. W.: *Selbstbewußtsein und Ironie. Frankfurter Vorlesungen*, Frankfurt 1981, S. 82ff.) Ähnlich Walsers Spott über die Diskussionen des *Zauberberg*: "Nach kurzem Anlauf ist Naphta, als wüßte er, daß er hier in einen Zirkel kommt, in dem man in gegeneinander gesetzten Hauptwörtern denkt, so weit, dem *Kopernikus Ptolemäus* entgegenzusetzen und vorauszusagen, daß Ptolemäus siegen werde!" – M. W.: *Ironie als höchstes Lebensmittel oder: Lebensmittel der Höchsten*, in: *Text und Kritik. Sonderband Thomas Mann*, München 1976, S. 5-26, hier S. 7.

[60] Theodor W. Adorno: *Zu einem Porträt Thomas Manns*, in: Ders.: *Noten zur Literatur*, Gesammelte Schriften, Bd. 2, hrsg. v. Rolf Tiedemann, Frankfurt 1974, S. 336.

wußt teilnimmt am Kombinationsgeschehen der Ideen, während 'ehrlos' alles am Rande zurückbleibt, seit den *Buddenbrooks* und dem *Tonio Kröger*, was nur bewußtlos mitlebt, mithandelt, mitgenießt. Dort am Rande herrscht zwar, ironisch bewundert, der ungebrochene Instinkt, doch es fehlt diesen Figuren die klassische Fallhöhe. Sie sind schicksalslos, ohne Aussicht auf Katastrophe oder Bewährung. Lange können sie den Erzähler selten interessieren."[61]

Der Ehrlosigkeit und Schicksalslosigkeit der Nebenfiguren entspricht im Frühwerk die fast durchgehend zum Karikaturistischen tendierende Darstellungsweise. Der Erzähler wahrt ironische, spöttische Distanz. Dies heißt jedoch nicht, daß er sich, selbst bei der Zeichnung von 'ehrlosen' Randgestalten, mit wenigen Strichen begnügen würde. Kennzeichnend ist, daß der distanzierten Erzählhaltung zugleich eine geradezu genießerische Detailgenauigkeit entspricht. Sie kann wie ein sachliches Inspizieren wirken, ein Protokollieren von eigenartigen Zügen und Verhaltensweisen, welche mehr als derjenige, den sie charakterisieren sollen, Aufmerksamkeit und Neugier auf sich ziehen. "Es ist, als sei hier ein Anatom und nicht ein Porträtist am Werk", schreibt Klaus-Jürgen Rothenberg.[62] Die so verengte wie präzise Perspektive auf das physiognomische Detail läßt allerdings stets den erweiternden Rückschluß auf die Defizienz und das klägliche Format der dahinterstehenden 'Persönlichkeit' zu. Das physiognomische Verfahren tendiert prinzipiell zum Komischen. "Wir lachen immer dann, wenn unsere Aufmerksamkeit auf das Äußere einer Person gelenkt wird, während es sich um ihr Inneres handelt", schreibt Henri Bergson in *Das Lachen*[63], einer lebensphilosophischen Theorie des Komischen, die ein Jahr vor den *Buddenbrooks* veröffentlicht wurde.

Oft werden die Figuren gerade im Augenblick einer ungesteuerten, peinlichen oder entlarvenden Gemütserregung 'eingefroren' und gründlich beschrieben; ihr Kontrollverlust steht in scharfem Kontrast zur Souveränität des Erzählers. Das Talent zur komischen Nachahmung, das schon der Schüler Thomas Mann entwickelt hatte, findet hier seine zur Kunst gesteigerte Anwendung. Die Komik des 'Nachmachens' besteht ja nur darin, daß ein Mensch auf meist wenig schmeichelhafte Automatismen und Einzelheiten reduziert wird – ein körperliches Gebrechen, ein Makel in der

61 Reinhard Baumgart: *Thomas Mann von weitem*, in: Ders.: *Literatur für Zeitgenossen*, Frankfurt 1966, S. 157.

62 Klaus-Jürgen Rothenberg: *Das Problem des Realismus bei Thomas Mann*, S. 150.

63 Henri Bergson: *Das Lachen. Ein Essay über die Bedeutung des Komischen*, Darmstadt 1988 (Originalausgabe *Le rire* 1900), S. 77.

äußeren Erscheinung, eine Fehlleistung, eine wiederkehrende Sprachmarotte. Im Beobachten und wirkungssicher pointierenden Darstellen solcher Defekte erscheint der Erzähler mitleidlos, auf die 'treffende' Formulierung folgt im Frühwerk oft das schwebende, gleichsam nachkostende Pausenzeichen der drei Punkte. Dazu noch einmal Bergson: "Jemanden nachahmen heißt, den Teil Automatismus, der sich in ihm festgesetzt hat, von seiner Person abtrennen. Und das heißt nichts anderes, als ihn lächerlich machen."[64] Instrument dieser 'Abtrennung' ist der distanzierte Blick des Künstlers, der "zum Menschlichen in einem seltsam fernen und unbeteiligten Verhältnis" steht (*Tonio Kröger*; VIII, 296), dem sich die lebendigen Zusammenhänge zu erstarrten Grimassen des Lebens verfremden. Die Nebenfiguren (aber auch die Hauptfiguren einer ganzen Reihe von Novellen) werden auf diese Weise durch leitmotivische Merkmale stigmatisiert, mit denen sie in Abständen ihre kleinen Auftritte haben. Der Erzähler will, daß sie sich automatenhaft verhalten, auf Kosten ihrer 'Menschlichkeit', und der Effekt ist für den Leser bald voraussehbar. "Wo eine Wiederholung stattfindet, wo es eine vollständige Gleichheit gibt, da vermuten wir einen hinter dem Lebendigen tätigen Mechanismus. [...] Hier ist das Leben in die Richtung des Mechanischen umgebogen worden, und das ist der wahre Grund Ihres Gelächters."[65] Für manche Figuren hat Thomas Mann im übrigen schon Karikaturen als Vorlage benutzt; der Hopfenhändler Permaneder wurde nach dem Abbild "eines beleibten und betrunkenen Bayern aus dem *Simplicissimus*" beschrieben.[66]

Gestalten mit karikaturhaften Zügen finden sich allerdings in den meisten großen Romanen: in Fontanes *Effi Briest* z.B. die penetrant moralisierende Sidonie von Grasenabb, in Kellers *Grünem Heinrich* der atheistische Schwärmer Peter Gilgus, der – wie viele Nebenfiguren Thomas Manns – stets seine fixe Redewendung ("Es ist eine Freude zu leben!") zu wiederholen hat. Es handelt sich dabei jedoch eher um Ausnahmefiguren, um Komik mit einer klaren satirischen Tendenz. Für die anderen Nebengestalten sind die Borniertheiten und Unzulänglichkeiten dieser Figuren nicht weniger deutlich als für den Leser; Lindequist lächelt über das Verhalten Sidonies[67]; der

---

64 Henri Bergson: *Das Lachen*, S. 30.

65 Henri Bergson: *Das Lachen*, S. 31.

66 Klaus Schröter: *Thomas Mann*, Hamburg 1977, S. 52.

67 Theodor Fontane: *Effi Briest*, Romane und Erzählungen in acht Bänden, hrsg. v. Peter Goldammer, Gotthard Erler, Anita Golz und Jürgen Jahn, Bd. 7, Berlin/Weimar 1984, S. 161.

Ortskaplan erkennt in dem eifernden Gilgus sogleich die "Karikatur".[68] In den *Buddenbrooks* wird das Karikaturistische dagegen zum Prinzip der Menschendarstellung, es bestimmt nicht nur die Gestaltung der meisten Nebenfiguren, sondern spielt auch bei der Darstellung von Tony und Christian Buddenbrook eine Rolle; vor jeder Komik bewahrt bleiben nur die Helden Thomas und Hanno. Aber nicht nur im Ausmaß, auch in der Schärfe unterscheidet sich die Darstellungsweise Thomas Manns: die Reduktion auf die Automatismen des Verhaltens, der Gesten und der Redeweisen wird mit größter Konsequenz durchgeführt; das Kuriose und Abnorme, das Lächerliche und Defiziente dominieren allenthalben[69], sobald der Erzähler den Blick vom Darstellungszentrum der Heldenfiguren abwendet. Mit menschenfreundlicher Humoristik hat diese Komik wenig zu tun: "Eine mit negativen, mit Abwehrgefühlen beladene Komik beherrscht die [...] eingestandenermaßen 'satirische Charakteristik' des Romanerstlings, die Nietzsches Erklärung des Komischen 'als die künstlerische Entladung vom Ekel des Absurden' unablässig zu beweisen scheint und ein Panoptikum des Nicht-Erhabenen, Un-Schönen, normales Maß exzentrisch Überschreitenden zusammenträgt."[70] Der Roman praktiziert damit eine strikte und eigenwillige Stiltrennung: Realistischen und naturalistischen Vorbildern folgend, wird nicht eine von den Schlacken des Niedrigen und Gemeinen gereinigte Welt dargestellt, sondern die Lebenswirklichkeit; gleichzeitig wird die Lebenswirklichkeit aber – und hier steht der Roman quer zu jedem Naturalismus – nur unter dem Vorzeichen abwehrender Komik zugelassen, als 'un-schön' und 'nicht-erhaben' denunziert. An der Spitze der Hierarchie dagegen, wo Reflexivität, ästhetische Sensitivität und das "Gefühl der Separation", wo "Müdigkeit und Überdruß" (I, 615) einen Abstand zur Wirklichkeit geschaffen haben, wo Heroismus und Traum mit der Wirklichkeit im Kampf liegen, ist für komische Detailaufnahmen kein Platz. Dem geschärften Leidensbewußtsein von Thomas und dann vor allem Hanno Buddenbrook entspricht eine Weltsicht, wie sie düsterer kaum sein könnte: "Das Leben ist hart und kalt und damit grausam, es ist robust und laut, derb und plump, roh und brutal, böse und feindselig, es beleidigt die Nase und beschmutzt Hand und Seele, und mit dem allen ist es für jede zar-

---

68 Gottfried Keller: *Der grüne Heinrich* ("Der gefrorne Christ"), Sämtliche Werke und ausgewählte Briefe, Bd. 1, hrsg. v. Clemens Heselhaus, München/Wien 1958, S. 1059.

69 Vgl. Klaus-Jürgen Rothenberg: *Das Problem des Realismus bei Thomas Mann*, S. 76ff. u. 150-155.

70 Reinhard Baumgart: *Das Ironische und die Ironie in den Werken Thomas Manns*, München 1964, S. 104f.

tere Menschheit unerträglich: Die Welt fällt rundweg der ästhetischen und sittlichen Verdammung anheim."[71] Während die leidenden Protagonisten weder zu lachen geben noch Grund zum Lachen haben, dient die komische Darstellungskunst dem überlegenen Erzähler zur Kritik jenes 'Lebens', das ihnen mit seiner Feindseligkeit und Härte zusetzt.

Dementsprechend kommt in Thomas Manns frühen poetologischen Äußerungen ein ausgesprochen aggressives Wirklichkeitsverhältnis zum Ausdruck. In *Bilse und ich* wird die Sprachkunst mit einer "Waffe" gleichgesetzt:

Die einzige Waffe aber, die der Reizbarkeit des Künstlers gegeben ist, um damit auf die Erscheinungen und Erlebnisse zu reagieren, sich ihrer damit auf schöne Art zu erwehren, ist der Ausdruck, ist die Bezeichnung, und diese Reaktion des Ausdrucks, die [...] eine sublime *Rache* des Künstlers an seinem Erlebnis ist, wird desto heftiger sein, je feiner die Reizbarkeit ist, auf welche die Wahrnehmung traf. Dies ist der Ursprung jener kalten und unerbittlichen Genauigkeit der Bezeichnung, dies der zitternd gespannte Bogen, von welchem das *Wort* schnellt, das scharfe, gefiederte Wort, das schwirrt und trifft und bebend im Schwarzen sitzt... (X, 20f.)

Auch im *Tonio Kröger* ist die Rede von der kalten Leidenschaft des 'Erledigens', die mit dem "Vollgefühl der sittlichen Überlegenheit über die abscheuliche Erfindung des Seins" einhergeht. (VIII, 300) "Im Ernst, es hat eine eisige und empörend anmaßliche Bewandtnis mit dieser prompten und oberflächlichen Erledigung des Gefühls durch die literarische Sprache." (VIII, 301) Gerade weil bei einem solchen schriftstellerischen Verfahren der Eindruck einer "*Feindseligkeit* des Dichters gegenüber der Wirklichkeit" kaum ausbleiben kann (X, 18), spart der Autor in diesen Formeln den Begriff der Wirklichkeit aus und setzt an seine Stelle subjektive Bestimmungen: die Rache ziele auf das *Erlebnis* des Künstlers, die Erledigung auf das eigene *Gefühl*. Das klingt fast so, als würde sich der Künstler gegen sich selbst wehren. Daß die Pfeile des treffenden Ausdrucks jedoch nach außen, auf die 'Wirklichkeit' – und das heißt vor allem: auf die 'wahrgenommenen' Menschen – gerichtet sind, macht eine andere Passage von *Bilse und ich* deutlich, in der Thomas Mann der Frage nachgeht, wie der Ankläger im Lübecker Skandalprozeß die *Buddenbrooks* mit dem kleinen Schlüsselroman Fritz Oswald Bilses habe gleichsetzen können. Wo es sich bei Bilse doch lediglich um einen "Winkel-Pasquillanten" handelte, der "sein bißchen subalterne Gehässigkeit in falsches Deutsch brachte". (X, 12) Offenbar deshalb, weil die Betroffenen nicht recht zwischen dieser schlecht geschriebenen Ge-

---

71 Klaus-Jürgen Rothenberg: *Das Problem des Realismus bei Thomas Mann*, S. 147.

hässigkeit und der 'Kunst des Erledigens' zu unterscheiden wissen: "Ich kenne solche, die heute jenen Ankläger einen Tropf heißen und nächstens vielleicht selber mir zurufen: 'Bilse! Schmähschreiber! Höchst anstößiger Gesell!' Dann nämlich, wenn ich bei der künstlerischen Erledigung irgendeines Erlebnisses ein wenig rücksichtslos gegen *sie* gewesen sein werde..." (X, 12f.) Wie die "*Rache* des Künstlers an seinem Erlebnis" konkret zu verstehen ist, geht aus einem Brief Thomas Manns an Otto Grautoff vom 14.5.1898 hervor: "Die Hinterlassenschaft meines Vaters wird zu Lübeck von dem ehrenfesten und in jedem Betrachte ausgezeichneten Herrn Krafft Tesdorpf 'verwaltet' – insofern sie nämlich nicht durch die Tölpelhaftigkeit eben desselben Herrn (an dem ich in meinem Roman subtile Rache zu nehmen gedenke) zum Teufel gegangen ist."[72] Tesdorpf konnte sich dann in der Gestalt des so wichtigtuerischen wie unfähigen Testamentsvollstreckers Stefan Kistenmaker wiederfinden. (Vgl. I, 695)

Den Zustand, den es mit den Waffen des Ausdrucks und der 'erledigenden' Komik zu verteidigen galt, hat Thomas Mann wiederholt als 'Wirklichkeitsreinheit' bezeichnet. Sie meint vor allem die Ungebundenheit, den Möglichkeitssinn, die Künstler-Träume und die kühnen Überlegenheitsgefühle der Jugend über alle Anforderungen der plumpen und häßlichen Wirklichkeit. In *Vom Beruf des deutschen Schriftstellers in unserer Zeit. Ansprache an den Bruder* (1931) schreibt Thomas Mann: "Brüder sein, das heißt: Zusammen in einem würdig provinziellen Winkel des Vaterlandes kleine Jungen sein und sich zusammen über den würdigen Winkel lustig machen; heißt: die Freiheit, Unwirklichkeit, Lebensreinheit, die absolute Boheme der Jugend teilen." (X, 306) Jede Form der Wirklichkeit wird als Kompromittierung und Verrat empfunden: "Aber auch wie Verrat mutet es uns nicht selten an, zu leben, das heißt wirklich zu werden, – wie Verrat und Untreue an unserer wirklichkeitsreinen Jugend. Ja, man war jung, – schwank, rein und frei, voll Spott und Scheu und ohne Glauben, daß Wirklichkeit einem je in irgendeinem 'Verstande' zukommen könne. Gleichwohl trug dann das Leben seine Wirklichkeiten heran, eine nach der anderen, kopfschüttelnd entsinnt man sich dessen." (*Russische Anthologie*; X, 591) Wirklichkeitsreinheit bleibt jedoch nicht beschränkt auf die Jugend, in gewissem Maß kennzeichnet sie auch die 'träumerische' Grundverfassung des Künstlers: "Wenn der Mann ein Schriftsteller, ein Dichter, ein Künstler und Träumer ist, so liegt das 'feindliche Leben', in das er hinaus muß, im Geistigen. Da liegen seine Abenteuer, da bewährt sich [...] sein Mut, seine Kraft, da wirkt und strebt und pflanzt und schafft er, und auf die wirkliche Wirklichkeit, wo

---

72 Thomas Mann: *Briefe an Otto Grautoff und Ida Boy-Ed*, S. 103.

hart im Raume sich die Sachen stoßen und wo man sich mit den Menschen herumstößt, versteht sein Träumersinn sich schlecht." (*Katia Mann zum siebzigsten Geburtstag*; XI, 524)

'Lebensreinheit', 'Träumersinn', 'Wirklichkeitsscheu' – solche Formeln lassen, aus dem Zusammenhang genommen, sogleich an die weiche, weltflüchtige Sensibilität eines Hanno Buddenbrook denken. Hans Wysling interpretiert den Komplex der 'Wirklichkeitsreinheit' psychoanalytisch als narzißtischen Rückzug der 'Libido' von den Objekten; Thomas Mann wird dabei die "prinzliche Lebensängstlichkeit"[73] Hannos attestiert, das Psychogramm der Romanfigur als unmittelbares Bekenntnis verstanden. Hier habe Thomas Mann "in kaum verhüllter autobiographischer Direktheit das beschrieben, was Psychologen einen Kälteschock nennen würden".[74] Schlüsselszene sei die Beschreibung von Hannos morgendlichem Erwachen: "Draußen ist alles kalt, hell, pünktlich. Dort werden Forderungen gestellt, von der Schule, von der Familie. Drinnen aber, vor allem unter der Bettdecke, ist es warm und dunkel, hier fühlt er sich geborgen, hier kann er träumen."[75] Durch seine schriftstellerische Arbeit versuche Thomas Mann dann zeitlebens, sich den narzißtischen Zustand der 'Wirklichkeitsreinheit' wiederzuverschaffen: "Was Thomas Mann in seinem Werk immer wieder zu verwirklichen sucht, ist der Traum einer 'wirklichkeitsreinen' Sphäre, die unbeschwert und schlackenlos über den Dingen schwebt. Die Angst vor der Wirklichkeit führt ihn dazu, diese als trügerische Maja-Welt von sich abzurücken [...]."[76]

Hier wird das Wirklichkeitsverhältnis des jungen Thomas Mann wohl allzusehr ins Weichliche, Ängstliche, Verträumte verzeichnet. Die oben zitierten Passagen machen deutlich, daß, wo Thomas Mann von 'Lebensreinheit' und jugendlicher Scheu spricht, zugleich auch stets von Sich-lustig-Machen und Freiheitsgenuß, von Überlegenheitsgefühlen und spöttischer Boheme die Rede ist. Der autobiographische Bezug der Leiden Hannos ist keineswegs von 'kaum verhüllter Direktheit', sondern künstlerisch vermittelt; die 'Wirklichkeitsreinheit' wird in dieser Figur gänzlich ins "Kränklich-Lebensuntaugliche [...] stilisiert".[77] Seine eigene Schulzeit hat der Autor eher in Parallele zum jungen Kai Graf Mölln beschrieben:

---

[73] Hans Wysling: *Narzißmus und illusionäre Existenzform*, S. 92.

[74] Hans Wysling: *Thomas Mann heute. Sieben Vorträge*, Bern 1976, S. 8.

[75] Hans Wysling: "*Buddenbrooks*", in: TMHb, 363-384, hier S. 372.

[76] Hans Wysling: *Narzißmus und illusionäre Existenzform*, S. 211.

[77] Helmut Haug: *Erkenntnisekel. Zum frühen Werk Thomas Manns*, Tübingen 1969, S. 47.

Ich verabscheute die Schule und tat ihren Anforderungen bis ans Ende nicht Genüge. Ich verachtete sie als Milieu, kritisierte die Manieren ihrer Machthaber und befand mich früh in einer Art literarischen Opposition gegen ihren Geist, ihre Disziplin, ihre Abrichtungsmethoden. Meine Indolenz, notwendig vielleicht für mein besonderes Wachstum; mein Bedürfnis nach viel freier Zeit für Müßiggang und stille Lektüre [...] machten mir den Lernzwang verhaßt und bewirkten, daß ich mich trotzig über ihn hinwegsetzte. [...]
Ich habe diese Zeit in heiterer Erinnerung. Die 'Anstalt' erwartete nichts mehr von mir, sie überließ mich meinem Schicksal, das mir selbst durchaus dunkel war, dessen Unsicherheit mich aber, da ich mich trotz allem gescheit und gesund fühlte, nicht zu bedrücken vermochte. Ich saß die Stunden ab, lebte aber im übrigen sozusagen auf freiem Fuß und stand mich gut mit den Pensionskameraden, an deren verfrühten Studentenkommersen ich zeitweise mit leutseligem Übermut teilnahm. (*Lebensabriß*, X, 99ff.)

Für überlegenen Übermut und nicht für 'prinzliche Lebensängstlichkeit' spricht es, daß Thomas Mann bedenkenlos, ohne Scheu vor Konsequenzen, in völligem Vertrauen auf seine Fähigkeiten, an die 'Erledigung' seiner Lübecker 'Erlebnisse' ging. Dem "Traum von einer wirklichkeitsreinen Sphäre" entsprechen die *Buddenbrooks* gewiß nicht. Das Bemerkenswerte ist vielmehr, daß Thomas Mann, bei aller Wirklichkeitsverachtung, in künstlerischer Hinsicht kaum die 'wirklichkeitsreinen' Wege einschlägt, die der zeitgenössische Ästhetizismus angeboten hätte. Seine Kunst tritt von Anfang an nicht wirklichkeitsflüchtig und träumerseelenhaft auf, sondern wirklichkeitsmächtig. Dies wird leicht übersehen, wenn einseitig *nur* die Rede ist von narzißtischer Scheu und Selbstbezogenheit, von 'Wirklichkeitsreinheit' und der mit Schopenhauer ins Illusionäre entrückten Maja-Welt, von Märchenseligkeit und metaphysischem Zaubertrank.
Eine ausgesprochene Fixierung auf die 'Wirklichkeit' gibt der Künstler Thomas Mann in mehrfacher Hinsicht zu erkennen:
— An erster Stelle ist die Entscheidung für die Prosa, die große, welthaltige epische Form zu nennen; 'Träumersinn' und 'Wirklichkeitsreinheit' allein ließen eher einen Lyriker erwarten.
— Der 'treffende Ausdruck' besitzt für Thomas Mann präzisen und geradezu aggressiven Wirklichkeitsbezug; in *Bilse und ich* heißt es: "Die Wirklichkeit wünscht mit schlappen Phrasen angesprochen zu werden; künstlerische Genauigkeit in ihrer Bezeichnung macht ihr Gift und Galle." (X, 21)
— Selbstverständlichen Wirklichkeitsbezug des Erzählens schafft die Schulung an den Realisten des neunzehnten Jahrhunderts. "Das *große* 19. Jahrhundert, dessen Herabsetzung und Schmähung zu den insipidesten Gewohnheiten eines modernen Literatentums gehört" (X, 262), hat Thomas Mann als geistige und künstlerische Heimat empfunden, das sogenannte

"Fin de siècle" sei dagegen ein "recht klägliches Schauspiel der kleinen Zeit". (IX, 367) In *Leiden und Größe Richard Wagners* bekennt er seine "Liebe" zu diesem Jahrhundert, in dem epische "Riesenlasten" getragen wurden (IX, 363f.); das "naturalistisch Umfangsmächtige" (IX, 365) verbinde sich mit den Reizen des Romantischen. "Nacht- und Todverbundenheit" (IX, 363) erscheine hier aber nicht als schwächliche Wirklichkeitsflucht, sondern gepaart mit "der strengen Wahrheitsliebe eines Jahrhunderts, das den Idealismus *aus* Idealismus bekämpfte". (IX, 484) "Ja, Größe, und zwar eine düstere, leidende, zugleich skeptische und wahrheitsbittere, wahrheitsfanatische Größe [...] ist sein Wesen und Gepräge". (IX, 364) Wahrheitsbitterkeit und Skepsis – die "Größe" des neunzehnten Jahrhunderts entwickelt sich für Thomas Mann aus der Konfrontation mit der 'Wirklichkeit'.

– Dasselbe gilt für Thomas Manns Mentorphilosophen Schopenhauer und Nietzsche. Nicht bloße Theorie, sondern Welt- und Menschenkenntnis sucht und findet er bei ihnen. Schopenhauer und Nietzsche gehen nicht 'wirklichkeitsfernen' Problemstellungen nach, sie bieten eine wirklichkeitsgesättigte Lebensphilosophie desillusionierenden Charakters, mit psychologischem Grundzug. In der Ablehnung gewisser Nietzsche-Moden macht sich allerdings wieder Thomas Manns Verpflichtung auf die 'nüchterne' Wirklichkeit geltend: "Schon der Zwanzigjährige verhielt sich zur Mode- und Gassenwirkung des Philosophen, zu allem simplen 'Renaissancismus', Übermenschenkult, Cesare-Borgia-Ästhetizismus, aller Blut- und Schönheitsgroßmäuligkeit, wie sie damals bei groß und klein im Schwange war, durchaus verachtungsvoll." (XIII, 143)

– Wirklichkeit ist menschliche Wirklichkeit, mag sie auch häßlich und verächtlich sein. Thomas Mann weicht nicht 'wirklichkeitsrein' aus in Landschafts- und Naturschilderung, in 'träumerische' Stimmungsbilder. Jener Kritik, die in seinen Romanen den Mangel an gemütvoller Landschaftsschilderung beklagte, hat er nicht widersprochen: "sie spielen unter Menschen und handeln vom Menschlichen, auf dieses ist fast alles Interesse gesammelt, alle Blickschärfe gerichtet". (XI, 394) "Meine Bücher haben fast keine Landschaft [...] Aber Menschen leben eine Menge darin, und man sagt, daß sie 'liebevoll' beobachtet und dargestellt seien." (XII, 448) Tatsächlich hat wohl kaum ein anderer deutscher Autor dieses Jahrhunderts eine solche Fülle 'plastischer' Figuren geschaffen wie der Menschendarsteller Thomas Mann.

– Das 'Menschliche' als Hauptgegenstand, das heißt aber auch: Psychologie. Sie ist vielleicht das deutlichste Mittel des Wirklichkeitsbezuges. Realistische Psychologie verbietet eine 'schlackenfreie' Veredelung des Menschlichen. Mit ihr verbunden sind auch die entscheidenden künstleri-

schen Qualitäten Thomas Manns: die Ironie, die Komik, der Humor. Ein 'wirklichkeitsreiner' Humor ist kaum denkbar; das humoristische Erzählen lebt seit je vom 'treffenden' Ausdruck und genauen Wirklichkeitsbezug.
– Das 'Menschliche' ist für Thomas Mann keine abstrakte Idee. "*Die Menschheit* – ich gebe zu, daß mein Verhältnis zu dieser Abgezogenheit zweifelhaft ist; der Mensch aber hat von jeher mein ganzes Interesse in Anspruch genommen [...]." (XII, 448) Auch wenn der Schriftsteller von seinem "Träumersinn" spricht und sich auf die "illusionäre Existenzform" versteht: politische Utopien, 'wirklichkeitsreine' Menschheitsträume sind seine Sache nicht gewesen.

Die Liste ließe sich fortsetzen. Sie bestätigt das vor allem die *Buddenbrooks* bestimmende Spannungsverhältnis: einerseits eine psychische Verfassung, die von 'Träumersinn', vom Verlangen nach Wirklichkeitsreinheit gekennzeichnet ist, andererseits ein schriftstellerisches Verhalten, das auf engen Wirklichkeitsbezug setzt. In dieser Spannung ist die eigenwillige 'Stiltrennung' des Romans begründet. Ganz entgegen der in Hanno Buddenbrook *dargestellten* Tendenz träumerischer Wirklichkeitsflucht hält der Autor aus der Perspektive einer stolzen, 'wirklichkeitsreinen' Überlegenheit den Blick scharf und ablehnend auf das 'Leben' fixiert, seine Kunst sucht nicht wirklichkeitsreine Räume auf, sondern will durch die Darstellung der Wirklichkeit über die Wirklichkeit triumphieren. Für Thomas Mann bedeutet Kunst nicht den "Traum einer 'wirklichkeitsreinen' Sphäre, die unbeschwert und schlackenlos über den Dingen schwebt" (Wysling), vielmehr entwickelt der 'Träumer' eine geradezu irritierende Faszination für alles 'Schlackenhafte' und 'Beschwerende' und macht es zum Gegenstand komischer, spöttischer Darstellung. Die in dieser Dualität verankerten Beschreibungsprinzipien sind verantwortlich für das negative Vorzeichen in der Darstellung der Nebenfiguren; das Zusammentreffen von Wirklichkeitsreinheit und Wirklichkeitsbezug erzeugt den Eindruck der Verachtung und Kälte.

Ausgehend von dem skizzierten 'Verhältnis des Künstlers zum Leben', wie es vor allem in den *Buddenbrooks* zum Ausdruck kommt, wird die vorliegende Studie die Entwicklung der Menschendarstellung Thomas Manns bis zu den Josephsromanen untersuchen. In den auf sie folgenden Spätwerken sind keine prinzipiellen Änderungen der Beschreibungsverfahren mehr zu erkennen; wo aber aufschlußreiche Zusammenhänge zu verfolgen sind, werden v.a. *Doktor Faustus* und *Felix Krull* in einer Reihe von Exkursen berücksichtigt.

Der erste Teil der Arbeit beschäftigt sich mit einigen Stationen auf dem Weg zur 'Menschenfreundlichkeit': der Idee der 'Lebensliebe' im *Tonio Krö-*

ger, den Gedanken über die 'Menschlichkeit' in den *Betrachtungen eines Unpolitischen*, der politischen – und nicht nur politischen – 'Wandlung' der zwanziger Jahre. Vor detaillierten Untersuchungen zu *Der Zauberberg* und *Joseph und seine Brüder* im dritten bzw. vierten Teil geht der zweite ausführlich der Frage nach, ob Thomas Manns Werke, wie so oft in der neueren Forschung behauptet, auf dem 'Grund' eines geradezu systematischen Schopenhauerianismus entstanden sind. Die Diskussion des Pessimismus gehört zentral zur Problematik der 'Lebensfreundlichkeit' bei Thomas Mann, Schopenhauer muß ein fester Bezugspunkt dieser Untersuchung sein.

Dieses Buch ist die überarbeitete und gekürzte Fassung meiner im Sommersemester 1996 dem Fachbereich Germanistik der FU Berlin eingereichten Dissertation. Mein Dank gilt an erster Stelle Prof. Dr. Hans-Jürgen Schings, der das Projekt mit Wohlwollen betreut und durch Gutachten gefördert hat; sein Oberseminar zu den Josephsromanen gab den ersten Anstoß, über Thomas Mann zu arbeiten. Der Freien Universität bin ich verpflichtet durch ein Stipendium. Für Gespräch und Unterstützung, Kritik und Korrekturen möchte ich den Berliner Freunden danken, insbesondere Pascal Martin, Claudia Berger und Dirk Janke. Für die Aufnahme der Arbeit in die Reihe der Thomas-Mann-Studien danke ich dem Leiter des Thomas-Mann-Archivs Zürich, Dr. Thomas Sprecher, und dem Präsidenten des Kuratoriums, Prof. Dr. Roland Ris, für die abschließende genaue Durchsicht Martina Peter und Claire Wysling. Dank gilt schließlich Prof. Dr. Reinhard Baumgart, der das Korreferat übernommen hat.

I. Voraussetzungen: Von der ästhetizistischen 'Lebensidee' zur Ethik des 'Lebensdienstes'

1. "Meine Bürgerliebe zum Menschlichen" – Künstlerprogramm und Menschendarstellung im *Tonio Kröger*

a) Verachtung, Komik und Elend

Als ihm 1906 wieder einmal, in einem Zeitungsaufsatz von Kurt Martens, Menschenverachtung und Nihilismus vorgehalten werden, antwortet Thomas Mann mit einem ausführlichen, im Ton ungewöhnlich erregten Verteidigungsbrief. Einer nicht immer überzeugenden Widerlegung der offenbar 'treffend' formulierten Kritikpunkte des Martens-Artikels – "Du erklärst, daß ich grundsätzlich jeder Art von Lebenslust den Stempel der Niedrigkeit aufdrücke" – wird der Hinweis auf den *Tonio Kröger* vorangestellt:

Es geht nicht an, mir "eisige Menschenfeindschaft" und "Lieblosigkeit gegen alles Fleisch und Blut" nachzusagen [...]. "Tonio Kröger" sowohl wie "Fiorenza" sind voll von Ironie gegen das Künstlerische, und in den "Tonio Kröger" ist das Geständnis einer Liebe zum Leben hineingeschrieben, die in ihrer Deutlichkeit bis zum Unkünstlerischen geht. Ist dieses Geständnis unglaubwürdig? Ist es nur Rhetorik?? (Brief an Kurt Martens vom 28.3.1906; Br I, 61-65)

Tonio Kröger enthält das erste programmatische Bekenntnis zur Lebensverbundenheit. Die stimmungsvolle, dem Künstlerkult der Jahrhundertwende verpflichtete Novelle ist zugleich ein das bereits entstandene und das noch folgende Werk kommentierender Literaturessay, eine rezeptionssteuernde Maßnahme des Autors[1], deren Erfolg – jedenfalls bei der auf das 'Positive' eingeschworenen Kritik – außerordentlich war. Von den Einwänden gegen den 'kalten Künstler', die sich auf die übrigen Novellen des *Tristan*-Bandes richteten, wurde *Tonio Kröger* "ausdrücklich ausgenommen".[2] Der Tenor der

---

[1] So schreibt auch Helmut Jendreiek: "Tonios Bekenntnis zum Leben hat für Thomas Mann autobiographische Bedeutung, es richtet sich gegen die Kritik vor allem an seinen 'Buddenbrooks' [...]." – H. J.: *Der demokratische Roman*, Düsseldorf 1977, S. 184.

[2] Hans Rudolf Vaget: *Die Erzählungen*, in: TMHb, 534-618, hier S. 564.

Kritik war enthusiastisch: "unzweifelhaft das Reifste und Tiefste, was Mann geschrieben hat."[3] Diese durchschlagende Wirkung hatte die Novelle trotz ihrer "offensichtlichen Schwächen"[4]. In der "Jahrhunderterzählung" sei "jedes Kapitel angreifbar", resümiert Marcel Reich-Ranicki: "Mit Novellen wie *Der Tod in Venedig* oder *Mario und der Zauberer* und, von den frühen, *Tristan* läßt sich *Tonio Kröger*, als episches Kunstwerk betrachtet, [...] überhaupt nicht vergleichen."[5] Thomas Mann wäre allerdings nicht der Künstler der 'doppelten Optik' gewesen, der sowohl die "gröbsten" wie auch die "raffiniertesten" Bedürfnisse der Leserschaft im Blick behält[6], wenn er den Einwänden nicht vorgebaut hätte. Wer sich am sentimentalen Tonfall, an der Jugendstil-Preziosität von 'alten Walnußbäumen', 'plätschernden Springbrunnen' und 'weichen Geigentönen' stört, bekommt im Lisaweta-Gespräch einen deutlichen Hinweis, daß Ton und Stil kalkuliert sind: "Sehen Sie", sagt Tonio, "auch mich macht der Frühling nervös, auch mich setzt die holde Trivialität der Erinnerungen und Empfindungen, die er erweckt, in Verwirrung; nur, daß ich es nicht über mich gewinne, ihn dafür zu schelten und zu verachten [...]." (VIII, 295)

Die Leitmotivketten der Erzählung lassen sich den Kälte- und Wärmemetaphern zuordnen: hier die warmen Frühlingsgefühle (VIII, 295), die "Wärme" in der Liebe zum 'Gewöhnlichen' (338), der simple, rechtschaffene Normalbürger mit seinem "warmen Herzen" (299), die "erhitzten Gesichter" der Tanzenden (332), der Klang "von warmem Leben" in Ingeborgs Stimme (286) – dort die "Stolzen und Kalten" (337), der Künstler als "kalte[r] und eitle[r] Scharlatan", die "Fröste des Schaffens" (336), die "kalten Extasen unseres verdorbenen, unseres artistischen Nervensystems" (295), das "kühle und wählerische Verhältnis zum Menschlichen" (296), das "Aufs-Eis-Legen der Empfindung" (301), kurz: "Erstarrung; Öde; Eis; und Geist! Und Kunst!..." (336) Betrachtet man die Künstlerprogrammatik der Novelle in Zusammenhang mit der Aufnahme der ersten Arbeiten Thomas Manns, insbesondere der *Buddenbrooks*, so rückt die Beschreibung der Rezeptionsweisen von Kunst ins Zentrum der Aufmerksamkeit; und auch hier steht einer 'warmen', enthusiastischen Haltung eine 'kältere', kritische gegenüber. To-

---

3 Heinrich Meyer Benfey: *Thomas Mann*, in: *Allgemeine Zeitung* (München), 22.3.1904. Vgl. H. R. Vaget: *Die Erzählungen*, TMHb, 564.

4 Hans Rudolf Vaget: *Die Erzählungen*, TMHb, S. 564.

5 Marcel Reich-Ranicki: *Eine Jahrhunderterzählung: "Tonio Kröger"*, in: Ders.: *Thomas Mann und die Seinen*, S. 93-108, dieses Zitat S. 100.

6 Vgl. Hermann Hesse – Thomas Mann: Briefwechsel, hrsg. v. Anni Carlsson, Frankfurt a. M. 1968, S. 6.

nio erhält "Lob- und Dankschreiben" von seinen Lesern, "bewunderungs-
volle Zuschriften ergriffener Leute":

Ich lese diese Zuschriften, und Rührung beschleicht mich angesichts des warmen
und unbeholfenen menschlichen Gefühls, das meine Kunst hier bewirkt hat, eine
Art von Mitleid faßt mich an gegenüber der begeisterten Naivität, die aus den
Zeilen spricht, und ich erröte bei dem Gedanken, wie sehr dieser redliche Mensch
ernüchtert sein müßte, wenn er je einen Blick hinter die Kulissen täte, wenn seine
Unschuld je begriffe, daß ein rechtschaffener, gesunder und anständiger Mensch
überhaupt nicht schreibt [...]. (VIII, 296)

Ganz ähnlich sei die Wirkung, die "ein so morbides und tief zweideutiges
Werk wie *Tristan und Isolde* [...] auf einen jungen, gesunden, stark normal
empfindenden Menschen ausübt. Sie sehen Gehobenheit, Gestärktheit,
warme, rechtschaffene Begeisterung, Angeregtheit vielleicht zu eigenem
künstlerischen Schaffen... Der gute Dilettant! In uns Künstlern sieht es
gründlich anders aus, als er mit seinem 'warmen Herzen' und 'ehrlichen Enthusiasmus' sich träumen mag." (VIII, 299) Mit Überraschung nimmt man
zur Kenntnis, daß sich Hans Hansen (oder der Typus, für den er steht) offensichtlich nicht nur für Pferdebücher interessiert – denn es ist ja der Redliche, Unschuldige, Gesunde, der 'stark normal' Empfindende, der als begeisterter, wenn auch naiver Kunstfreund geschildert wird. Immerhin macht
hier schon die Erzählung selber deutlich, daß die ins schematische Extrem
getriebene Gegenüberstellung von Künstler und Bürger, wobei dieser als
liebenswürdig, aber leider an Kunstdingen gänzlich desinteressiert gedacht
wird, in nicht unwesentlichem Maß eine den Weltschmerz fördernde
Konstruktion des Künstlers ist. "Was er noch nicht wußte oder vorläufig
ganz beiseite ließ", schreibt Thomas Mann dann auch später in den
Betrachtungen, "war die Tatsache, daß nicht nur der Geist nach dem Leben,
sondern auch das Leben nach dem Geiste verlangt, und daß sein Erlösungs-
bedürfnis, seine Sehnsucht, sein Schönheitsgefühl [...] vielleicht ernster, [...]
vielleicht weniger hoch- und übermütig ist als das des 'Geistes'." (XII, 90)
Der jugendliche Tonio dagegen treibt seine wehmütige Sehnsucht nach den
'Gewöhnlichen' auch mit der Vorstellung an, daß die 'geliebten' Menschen
nicht einmal durch seinen künftigen Ruhm zu erreichen seien: "Es kam der
Tag, wo er berühmt war, wo alles gedruckt wurde, was er schrieb, und dann
würde man sehen, ob es nicht Eindruck auf Inge Holm machen würde... Es
würde *keinen* Eindruck machen, nein, das war es ja. Auf Magdalena
Vermehren, die immer hinfiel, ja, auf die. Aber niemals [...] auf die blauäugige, lustige Inge. Und war es also nicht vergebens..." (VIII, 287) Tonio
Kröger *will*, daß Unerreichbarkeit bestehe zwischen ihm und den

Gesunden, Normalen, Blauäugigen. Die Erzählung führt dann – vielleicht unbeabsichtigt – vor, daß die Kunst offenbar doch einen nachhaltigen, wenn auch auf Mißverständnis beruhenden "Eindruck" auf die Lebensmenschen macht. – Ein ähnliches Mißverständnis der 'Naiven' liege, so hat Thomas Mann später in *On Myself* festgestellt, auch dem Erfolg der *Buddenbrooks* zugrunde; der junge Autor konnte schon hier die Wirksamkeit der 'doppelten Optik' erfahren:

Man muß nicht so weit gehen zu sagen: Erfolg ist Mißverständnis, aber ohne Zweifel wohnt der Wirkung in die Weite und Breite das Element des Mißverständnisses inne. Der Erfolg der "Buddenbrooks" ist dafür ein recht anschauliches Beispiel. Sie wurden als Produkt der sogenannten "Heimatskunst" verstanden, als ein norddeutsch-bürgerliches Erzählwerk auf der Linie der von Reuters plattdeutschem Humor geprägten Tradition. Diese [...] Züge haben meinem Buch trotz seiner Düsterkeit zum Durchbruch beim deutschen Lesepublikum verholfen [...]. (XIII, 141)

An anderer Stelle gibt Tonio Kröger eine konsequentere Beschreibung seines Publikums, hier besteht es tatsächlich aus einer Ansammlung von Magdalena Vermehrens. Dieses mit dem Leiden auf vertrautem Fuß stehende Publikum kann wiederum nicht als naiv und treuherzig bezeichnet werden: hier ist die Wirkung der Kunst nicht rechtschaffene Gehobenheit, sondern 'Verständnis' und die Erfüllung eines sublimen Bedürfnisses nach 'Rache am Leben'. Abgewertet wird auch diese Gruppe; sind jene Leser "ergriffene Leute", so sind diese Zuhörer ungeschickte Leute, eine unschöne "Herde":

Sehen Sie, dann geschieht es, daß ich mich bei einer Umschau im Publikum beobachte, mich ertappe, wie ich heimlich im Auditorium umherspähe [...]. Ich finde nicht, was ich suche, Lisaweta. Ich finde eine Herde und Gemeinde, die mir wohlbekannt ist, eine Versammlung von ersten Christen gleichsam: Leute mit ungeschickten Körpern und feinen Seelen, Leute, die immer hinfallen, sozusagen, [...] und denen die Poesie eine sanfte Rache am Leben ist, – immer nur Leidende und Sehnsüchtige und Arme und niemals jemand von den anderen, den Blauäugigen, Lisaweta, die den Geist nicht nötig haben!... (VIII, 303)

Dieser Künstler ist durch eine bemerkenswerte Verachtung seines Publikums gekennzeichnet, die einen "Leute" sind ihm so wenig recht wie die anderen. Der Vorwurf der 'Verachtung' wird Tonio Kröger nun gerade von professionellen Lesern, von den Kritikern entgegengebracht:

Ich bin am Ziel, Lisaweta. Hören Sie mich. Ich liebe das Leben, – dies ist ein Geständnis. Nehmen Sie es und bewahren Sie es, – ich habe es noch keinem gemacht. Man hat gesagt, man hat es sogar geschrieben und drucken lassen, daß ich das Leben hasse oder fürchte oder verachte oder verabscheue. Ich habe dies gern gehört, es hat mir geschmeichelt; aber darum ist es nicht weniger falsch. Ich liebe das Leben... (VIII, 302)

Versteht man die Künstlerprogrammatik des *Tonio Kröger* als erste Ausein-andersetzung mit der sich bereits früh abzeichnenden Rezeptionslinie des 'kalten Künstlers', so erweist sich diese Passage als Mittelpunkt der Novelle. Neben dem bürgerlichen Publikum und seiner naiven Begeisterung gibt es die Leidenden, vom Leben Gebeutelten mit ihrem feineren Verständnis; Tonios Kunst dient ihnen insgeheim dazu, Rache am 'Leben' zu nehmen. Die 'Kritiker' unterscheiden sich von ihnen dadurch, daß sie diesen Zusam-menhang durchschauen und dem Autor anlasten. Ihre Reaktion ist die ein-zige, die von Tonio Kröger nicht mit überlegener Gebärde abgetan, sondern ernstgenommen wird; er empfindet sie als kritische Würdigung: "Ich habe dies gern gehört, es hat mir geschmeichelt." Zu diesem Ernstnehmen gehört aber auch, daß er die Gefahr solcher Kritik sieht und zu einer großangeleg-ten Verteidigung ansetzt; es ist ja kein Zufall, daß das so gewichtig klin-gende "Geständnis" der Lebensliebe an dieser Stelle steht, unmittelbar neben der überraschend zwischen all den Spiegelungen einer ruhmvollen Schriftstellerexistenz erwähnten Kritik. Die Bezeichnung dessen, was 'man' geschrieben hat, geschieht dabei so beiläufig wie eindringlich ("daß ich das Leben hasse oder fürchte oder verachte oder verabscheue"). – Wie Tonio Kröger empfand offenbar auch Thomas Mann die kritischen Stimmen, die aus dem Werk Verachtung, Abscheu vor dem Leben und 'Kälte' herausla-sen, die aber angesichts der erfolgreichen Aufnahme der *Buddenbrooks* sicher-lich nicht den Tenor bestimmten, als die ernstzunehmenderen. Sie wurden dem pessimistischen Buch eher gerecht als der Erfolg beim Lesepublikum. Die Sensibilität und Betroffenheit gegenüber dem 'Kälte'-Vorwurf erklärt sich aber aus dem Umstand, daß er schon vor aller kritischen Rezeption das 'bürgerliche' Gewissen des Künstlers selbst beschäftigt.

Im *Tonio Kröger* läßt sich nun eine doppelte Strategie der Rechtfertigung erkennen, entsprechend der zwiespältigen Künstler-Bürger-Verfassung des Helden. Das offene "Geständnis" der Lebensliebe, die ja auch als "meine Bürgerliebe zum Menschlichen, Lebendigen, Gewöhnlichen" bezeichnet wird, geht auf die nie abgerissene bürgerliche Verwurzelung Tonios zurück. (VIII, 338) Zugleich wird 'Kälte' aber auch – wie später ausgiebig im *Doktor Faustus* – als unausweichliches "Schicksal" des Künstlers *thematisiert* und da-mit legitimiert.[7] Die Literatur sei "überhaupt kein Beruf, sondern ein Fluch"

---

7 Wie überhaupt gerade diese Novelle einiges von dem späten Roman vorwegnimmt. Die im *Doktor Faustus* dargelegte Theorie der musikgeschichtlichen Entwicklung, der aus der Musikphilosophie Adornos stammende "Kanon des Verbotenen", nach dem sich der Bereich

(VIII, 297), erklärt Tonio Kröger. Understatement oder Selbstironie sind dem in den Worten so 'wählerischen' Schriftsteller gänzlich fremd: Die Kunst verlange von dem, der sie ausübt, daß er "irgend etwas Außermenschliches und Unmenschliches sei", "irgend etwas Fremdes, Befremdendes, anderes"; um zum Dichter zu werden, sei es nötig, in "irgendeiner Art von Strafanstalt zu Hause zu sein". (VIII, 296, 298) "Unerbittlich" fordere die Kunst ihr "Entgelt", und immer wieder demonstriert die Erzählung, daß es an erster Stelle der Künstler selbst ist, der unter diesen Unkosten, dem Defizit an warmer Menschlichkeit leidet: "Sie sind einsam, und fortan gibt es keine Verständigung mehr. Was für ein Schicksal! Gesetzt, daß das Herz lebendig genug, *liebevoll* genug geblieben ist, es als furchtbar zu empfinden!" (Ebd.) Wer wollte dem Künstler noch seine Kälte und Lebensdistanz zum Vorwurf machen, wenn er sie doch selber als Martyrium erleidet: denn man müsse "gestorben" sein, "um ganz ein Schaffender zu sein". (VIII, 292)

Diese dramatischen Bekenntnisse nehmen sich eigenartig aus im Mund eines Künstlers, der, wie die Erzählung fortwährend behauptet, seine Kunst als "Kaltstellen und Aufs-Eis-Legen der Empfindung" versteht, als "Erledigen des Gefühls durch die literarische Sprache" (VIII, 301), der "durch die psychologische Hellsicht ganz einfach aufgerieben" wird (VIII, 300), dessen Scharfblick sich vor allem darin geübt hat, "die großen Wörter [zu] durchschauen, die der Menschen Busen blähen". (VIII, 290) Von allen Helden Thomas Manns ist Tonio selber derjenige, der die entschiedenste Neigung zu den großen Worten hat. Helmut Haug, dessen Studie *Erkenntnisekel* nach wie vor zum Aufschlußreichsten über Thomas Manns Frühwerk gehört, stellt fest: "Tonio Krögers 'psychologische Hellsicht' scheint sich an ihm selbst kaum zu bewähren." Bei allem Reden von Psychologie trete in der Künstlernovelle "an die Stelle der psychologischen Analyse der pathetisch-verschwommene Rekurs" auf das 'Künstlerschicksal'.[8] Tonio Kröger erscheine "allzu eindeutig ins Leidend-Sentimentale stilisiert".[9] Die als Lösung des Kunst-Leben-Dilemmas verkündete 'Liebe zum Menschli-

---

diskreditierender Banalität ständig ausbreitet, findet sich z.B. im Ansatz, auf die Literatur bezogen und dekadenzpsychologisch begründet, bereits im *Tonio Kröger*: "Aber in dem Maße, wie seine Gesundheit geschwächt ward, verschärfte sich seine Künstlerschaft, ward wählerisch, erlesen, kostbar, fein, reizbar gegen das Banale und aufs höchste empfindlich in Fragen des Taktes und Geschmacks." (VIII, 291) Umgekehrt verraten z.B. die Leipziger Lieder Adrian Leverkühns die vertraute Sehnsucht nach dem 'Gewöhnlichen': "Denn es ist ja so, daß diese wissende, wahre und überkluge Musik um die Volksweise hier immerfort in Schmerzen wirbt." (VI, 244)

[8] Helmut Haug: *Erkenntnisekel*, S. 42.

[9] Helmut Haug: *Erkenntnisekel*, S. 47.

42

chen' bleibt davon nicht unberührt. "Ist dies Geständnis unglaubwürdig? Ist es nur Rhetorik??" fragt Thomas Mann in dem Brief an Kurt Martens und möchte die 'unkünstlerische Direktheit' des 'Geständnisses' als Ausweis seiner Glaubhaftigkeit verstanden wissen. Gelegentlich drängt sich jedoch eher der Eindruck auf, daß hier die Rhetorik und das Unglaubwürdige mit dem allzu 'Direkten' zusammengehen.

Dieser Eindruck bestätigt sich beim Blick auf die Darstellungen jenes 'Menschlichen', das der Held – und mit ihm der Autor – zu lieben behauptet. Der von Psychologie, Kunst, Erkenntnis und Einsamkeit zermürbte Tonio Kröger sehnt sich verständlicherweise nach "ein wenig Freundschaft, Hingebung, Vertraulichkeit". (VIII, 303) Das klingt nach einem bescheidenen Liebesanspruch. Tonio richtet ihn allerdings gezielt dorthin, wo seiner Lebensform am wenigsten Freundschaft und Vertrauen entgegengebracht wird: auf das "Leben in seiner verführerischen Banalität" (VIII, 302), auf die gänzlich von Reflexion unbeschwerten "Blauäugigen", die "den Geist nicht nötig haben", weil sie die "Wonnen der Gewöhnlichkeit" genießen können. (VIII, 303) Schon das Stilmittel des Oxymorons zeigt, daß Tonios 'Liebe' darauf bedacht ist, Abstand zu halten. Überhaupt erst aus der Distanz verklärt sich ihm das "plumpe und niedrige Dasein" der Heimatstadt – das hier für das 'Leben' im allgemeinen steht – zu einem Bild des "Glücklichen, Liebenswürdigen und Gewöhnlichen", weicht der "Spott" über die Niedrigkeit einem 'schluchzenden Heimweh'. (VIII, 289, 338 u. 336) Das bleibt reine Stimmungssache und erinnert an eine frühere Äußerung Thomas Manns aus einem Brief an Otto Grautoff: "Es war eine Stimmung, wie sie den modernen Taugenichts erfaßt, wenn plötzlich die Sehnsucht ihm kommt nach einem braven und tüchtigen Dasein unter den Leuten – wenn der Philister in ihm aufsteht."[10] Nur die Kontrastsehnsucht des Künstlers verleiht dem 'Gewöhnlichen' einen Wert, den es, für sich genommen, offensichtlich *nicht* hat; die Erzählung macht dies deutlich, indem sie, unbeirrt durch Tonios Liebeserklärungen, die 'Gewöhnlichkeit' weiterhin konsequent abwertet. Der schmerzliche Selbstgenuß des Ästheten hängt wesentlich davon ab, daß die Liebe im Illusionären bleibt; dies ist der Grund, weshalb schon der jugendliche Tonio, obwohl er doch eine Weile "für die lustige Inge zu sterben bereit war" (VIII, 288), jede wirkliche Annäherung vermeidet. Die 'Liebe zum Gewöhnlichen' läßt sich von der Gewöhnlichkeit gerne enttäuschen, weil sie deren Nähe nicht ertragen könnte. Den Leiden der Ausgeschlossenheit und des Verschmähtwerdens kommt dagegen eine Katalysatorfunktion für die künstlerische Entwicklung

---

10 Thomas Mann: *Briefe an Otto Grautoff und Ida Boy-Ed*, S. 47.

zu: "Man würde vielleicht einmal aufhören zu lachen! Hatte nicht etwa kürzlich eine Zeitschrift ein Gedicht von ihm angenommen [...]?" (VIII, 287) Im Grunde ist Tonio gar nicht interessiert an der 'gewöhnlichen' Person Inge Holm; ihre impressionistische Beschreibung läßt keinen Zweifel, daß er sich in einige flüchtige Wirkungen und Stimmungen verliebt hat, für die Inge nur beiläufiger Anlaß bleibt. Seine Liebe entzündet sich während der Tanzstunde:

Wie geschah das? Er hatte sie tausendmal gesehen; an einem Abend jedoch sah er sie in einer gewissen Beleuchtung, sah, wie sie im Gespräch mit einer Freundin auf eine gewisse übermütige Art lachend den Kopf zur Seite warf, auf eine gewisse Art ihre Hand, eine gar nicht besonders schmale, gar nicht besonders feine Kleinmädchenhand zum Hinterkopfe führte, wobei der weiße Gazeärmel von ihrem Ellenbogen zurückglitt, hörte, wie sie ein Wort, ein gleichgültiges Wort, auf eine gewisse Art betonte, wobei ein warmes Klingen in ihrer Stimme war, und ein Entzücken ergriff sein Herz [...]. (VIII, 281f.)

Dies ist eine der wenigen Passagen der Erzählung, in denen die Liebe Tonios, von der so viel die Rede ist, nicht bloß Rede bleibt, sondern mit Darstellung verknüpft wird. Es handelt sich hierbei jedoch kaum um eine "Bürgerliebe zum Menschlichen", sondern um eine erotische Betrachtung, die – wie auch später in Aalsgaard – an der 'Menschlichkeit' der Betrachteten wenig interessiert ist. Angesichts der aufwendigen Beschreibung von Lichteffekten, Bewegungen und Stimmklängen fällt auf, daß man über Inge Holm ansonsten überhaupt nichts erfährt. (VIII, 281) Hier läßt die Erzählung nicht zufällig eine Leerstelle, jede Beschreibung liebenswürdiger 'Gewöhnlichkeit' wird ausgespart – und auch im Gespräch mit Lisaweta fallen Tonio Kröger dann wieder nur die "Pferdebücher" Hans Hansens ein.

Wenn das 'Leben' verführerisch wirkt, dann gerade nicht in seiner alltäglichen Banalität und 'Gewöhnlichkeit', sondern in seinen Festtagsstunden. Dementsprechend bildet die Beschreibung von Festlichkeiten immer wieder einen Mittelpunkt in den frühen Erzählungen, das Fest ist die exemplarische Situation, in der der von Kunst und Erkenntnis Beschwerte dem angeschwärmten 'Leben' begegnet. Fern des alltäglichen, realen bürgerlichen Lebensvollzugs wird es zum fremden, phantastischen Schauspiel, es zerfällt zu einer schier endlosen Folge bizarrer Eindrücke, besonders eindrucksvoll in einer Beschreibung der Erzählung *Die Hungernden*, der Vorstudie zu *Tonio Kröger*:

Das Fest war auf seiner Höhe. In den Hintergründen der bauchigen Logen ward an gedeckten Tischen gespeist und getrunken, indes an den Brüstungen sich Herren in

44

schwarzen und farbigen Fräcken, riesige Chrysanthemen im Knopfloch, zu den gepuderten Schultern phantastisch gewandeter und ausschweifend coiffürter Damen niederbeugten und plaudernd hinabwiesen auf das bunte Gewimmel im Saal, das sich in Gruppen sonderte, sich strömend dahinschob, sich staute, in Wirbeln zusammenquirlte und sich in raschem Farbenspiel wieder lichtete...
Die Frauen in fließenden Roben, die schutenartigen Hüte in grotesken Schleifen unterm Kinn befestigt und gestützt auf hohe Stöcke, hielten langgestielte Lorgnons vor die Augen, und der Männer gepuffte Ärmel ragten fast bis zu den Krempen ihrer grauen Zylinderhüte empor... [...] Man drängte sich zurückgelegten Hauptes vor der offenen Bühne, auf welcher sich, bunt und kreischend, irgend etwas Exzentrisches vollzog. (VIII, 263f.)

Das sehnsüchtige Verlangen nach Teilnahme richtet sich nicht auf das "Simple, Treuherzige, Angenehm-Normale" (VIII, 337), sondern auf eine die bürgerliche Alltagsgewöhnlichkeit gänzlich hinter sich lassende, dynamische 'Lebenstotalität': das fließt, strömt, schiebt, staut sich, quirlt in Wirbeln. Alle Details unterliegen der Verfremdung ins Exzentrische, kaum eins, bei dem nicht durch ein starkes Adjektiv vermittelt würde, daß hier das Maß des 'Gewöhnlichen' überschritten wird: die Chrysanthemen sind riesig, die Gewänder phantastisch, die Frisuren ausschweifend, die Schleifen grotesk. Das 'Leben' ist hier *zugleich* ein alle – außer Detlev/Tonio – mitreißender Lebensstrom, wie auch sehnsüchtig angeschautes 'Blendwerk'. Die Verfremdung der Fest-Vorgänge zur irrationalen Lebenstotalität verläuft in entgegengesetzten Extremen: Zum einen geschieht sie, mit einer Formulierung Adornos über Proust, durch eine "ins Schimärische getriebene Präzision"[11], eine detailreiche Übergenauigkeit, bei der die Proportion zwischen der Einzelheit und ihrem Kontext verzerrt wird, zum anderen durch eine Auflösung ins Vage ("irgend etwas Exzentrisches") oder in bloße Bewegung und "Farbenspiel" – eine solche Auflösung war ja schon bei der Darstellung Inge Holms zu erkennen. Diese Optik holt die Dinge entweder allzu nah und scharf heran, oder sie läßt sie unscharf verfließen, eine mittlere Einstellung, die sinnhafte Konstellationen, den sozialen, 'menschlichen' Aspekt des Festes erfassen würde, wird vermieden. "Charakteristisches Kennzeichen der Details ist ihre fetzenhafte Isoliertheit. Sie sind nicht in einen logischen Zusammenhang eingebunden, sondern die Fülle der unverbundenen Eindrücke bildet den Begriff 'Leben'."[12] Offensichtlich, daß mit einem solchen Lebensbegriff 'Freundlichkeit' in der Darstellung des 'gewöhnlichen' einzelnen Menschen kaum zu realisieren ist.

---

11 Theodor W. Adorno: *Noten zur Literatur* II, S. 44.

12 Hermann Kurzke: *Auf der Suche nach der verlorenen Irrationalität. Thomas Mann und der Konservatismus*, Würzburg 1980, S. 82.

So behandelt dann auch kaum ein anderes Werk Thomas Manns die Nebenfiguren so herablassend wie der *Tonio Kröger*. In ihrer nüchternen Alltagswirklichkeit ziehen sie nicht Sympathie, sondern distanzierte Belustigung auf sich. Hermann Kurzke schreibt: "Ironisch auf ihr wahres Sein, auf 'Komik und Elend', [...] auf ihr vitales Interesse reduziert werden fast durchgehend alle Nebengestalten: François Knaak auf seinen eitlen Selbstgenuß, [...] Magdalena Vermehren mit ihrer unerwiderten Liebe zu Tonio auf ihre mangelnde Vitalität (was eigentlich ziemlich gemein ist)."[13] Es handelt sich um eine schematische, schnellfertige Psychologie, die allerdings in *Tonio Kröger* und *Die Hungernden* stets als ins Innerste der Welt blickende "psychologische Hellsicht" angekündigt wird. (VIII, 300)

Sicherlich, andere zeitgenössische Autoren – etwa Heinrich Mann – haben ebenfalls mit Vorliebe das Mittel der Karikatur eingesetzt, wenn die 'treffende' Kunstfertigkeit Thomas Manns auch auf diesem Gebiet wohl herausragend ist. Dies ist ein Grund dafür, daß der Vorwurf der 'Kälte' häufiger ihm, als dem Verfasser des *Untertan* entgegengebracht wurde; ein anderer, daß die karikierenden Darstellungen Heinrich Manns viel deutlicher durch moralisch-satirische oder politische Absichten legitimiert erscheinen, während das Frühwerk Thomas Manns keineswegs satirische Zeitkritik, sondern eine generelle Lebenskritik intendiert. Vor allem aber entsteht hier der Eindruck von 'Kälte' und 'Verachtung' nicht durch eine karikierende Menschendarstellung allein; wichtiger noch ist der Unterschied, der gemacht wird, der Kontrast zum mit liebevoller Einfühlung beschriebenen Helden. Dessen Seelenregungen werden aufs Genaueste registriert, die Nebenfigur muß als bloße Allegorie des naiv-gesunden Lebens herhalten.

Da das Leben als "ewiger Gegensatz dem Geiste und der Kunst gegenübersteht" (VIII, 302), kommt allen seinen Vertretern eine diskreditierende Geistlosigkeit zu. Ihr Charme wird zumindest behauptet. Umstandslos 'erledigt' werden jedoch die Figuren, die den ihnen zugewiesenen Bereich des 'unbewußten Lebens' verlassen und auf dem Gebiet der Kunst und der "außerordentlichen Stimmungen" dilettieren. (VIII, 319) Der Lübecker Polizist bringt zwar nur mit Mühe einige Sätze zustande und empfindet, ungeachtet seiner "gutmütigen [...] Stimme", allzuviel "Genugtuung" bei der Aussicht auf eine Verhaftung, so daß auch in dieser Szene das Bieder-Treuherzige nicht hochgehalten, sondern ironisch entlarvt wird – dennoch zollt Tonio den "Männer[n] der Ordnung" ironischen Respekt und meint, daß sie "im Grunde ein wenig im Recht" seien, wenn sie ihm mit Mißtrauen begeg-

---

[13] Hermann Kurzke: *Thomas Mann. Epoche – Werk – Wirkung*, S. 101.

nen. (VIII, 315 u. 317) Der dichtende Leutnant dagegen blamiert sich gründlich und wird mit Verachtung für seine künstlerische Ambition gestraft. Tonio beschreibt die "seelische Tatsache", daß "dieser Mensch, vor dessen Sein und Wesen ich soeben noch den ehrlichsten Respekt empfand, in meinen Augen plötzlich sinkt, sinkt, sinkt..." (VIII, 304) Ganz und gar der Lächerlichkeit preisgegeben wird der junge Hamburger, der Tonio Krögers lyrische Assoziationen durch eine dem Kaufmann nicht zukommende Ergriffenheit stört:

> Die Ostsee! Er lehnte den Kopf gegen den starken Salzwind, der frei und ohne Hindernis daherkam, die Ohren umhüllte und einen gelinden Schwindel [...] hervorrief [...]. Und in dem Sausen, Klatschen, Schäumen, Ächzen rings um ihn her glaubte er das Rauschen und Knarren des alten Walnußbaums [...] zu hören.
> "Die Sderne, Gott, sehen Sie doch bloß die Sderne an", sagte plötzlich mit schwerfällig singender Betonung eine Stimme, die aus dem Innern einer Tonne zu kommen schien. [...] Sie gehörte einem rotblonden [...] Mann mit geröteten Augenlidern und einem feuchtkalten Aussehen, als habe er soeben gebadet. Beim Abendessen in der Kajüte war er Tonio Krögers Nachbar gewesen und hatte mit zagen und bescheidenen Bewegungen erstaunliche Mengen von Hummer-Omelette zu sich genommen. (VIII, 319)

Auf nicht gerade originelle Weise, aber ganz im Sinne des Simplen, Treuherzigen, des Ungenialen und Anständigen, für das Tonio Kröger eine "verliebte Schwäche" hat, äußert sich hier eine jener "festlich-beschaulichen Stimmungen" (VIII, 319), die den 'gewöhnlichen' Menschen gelegentlich beim Anblick des Sternenhimmels überkommen:

> "Da sdehen sie und glitzern, es ist, weiß Gott, der ganze Himmel voll. Und nun bitt' ich Sie, wenn man da hinaufsieht und bedenkt, daß viele davon doch hundertmal größer sein sollen als die Erde, wie wird einem da zu Sinn? [...] wenn wir da hinaufsehen, so müssen wir doch erkennen und versdehen, daß wir im Grunde Gewürm sind, elendes Gewürm und nichts weiter [...]." (VIII, 319)

Daß solche Nichtigkeits-Empfindungen, so komisch sie hier vorgeführt werden, nicht notwendig 'entlarvend' oder degradierend sind, dafür mag der Hinweis genügen, daß Schopenhauer sie in der *Welt als Wille und Vorstellung* – von den sprachlichen Unbeholfenheiten einmal abgesehen – ganz ähnlich beschrieben hat:

> [...] wenn der nächtliche Himmel uns zahllose Welten wirklich vor Augen bringt und so die Unermeßlichkeit der Welt auf das Bewußtsein eindringt – so fühlen wir uns selbst zu nichts verkleinert, fühlen uns als Individuum, [...] als vergängliche

Willenserscheinung wie ein Tropfen im Ozean dahinschwinden, ins Nichts zerfließen.[14]

Nach dem Geist-Leben-Antagonismus Tonio Krögers sind aber selbst solche allgemein 'menschlichen' Empfindungen und Betrachtungen für das 'unbewußte und stumme' Leben nicht vorgesehen. Im Äußerlichen, im Verhalten, in der Sprechweise wird der Kaufmann deshalb durch Karikatur 'erledigt'. Aber damit nicht genug. Tonio wird von einem geradezu schmerzhaften Reflex des Widerwillens erfaßt: "Au ... nein, der hat keine Literatur im Leibe! dachte Tonio Kröger. Und alsbald fiel ihm etwas ein, was er kürzlich gelesen hatte, der Aufsatz eines berühmten französischen Schriftstellers über kosmologische und psychologische Weltanschauung; es war ein recht feines Geschwätz gewesen." (VIII, 320) Auch dieser scheinbar zusammenhanglose Einfall ist bezeichnend: Tonio Kröger, der sich selber soeben noch der sentimentalen Reminiszenz an den 'alten Walnußbaum' hingegeben hat, wechselt angesichts des zudringlichen 'Lebens' jäh und distanzierend hinüber auf die intellektuelle Ebene der 'Erkenntnis' und 'Psychologie'. Von dieser überlegenen Warte kann er dem Hamburger dann wieder mit herablassender 'Lebensliebe' begegnen: "Tonio Kröger lauschte all dieser zutunlichen Torheit mit einem heimlichen und freundschaftlichen Gefühl." – "Sicherlich schreibt er Verse [...] tief ehrlich empfundene Kaufmannsverse..." (ebd.) Liebe ist üblicherweise mit der Aufwertung ihres Gegenstandes verbunden, hier stellt sich jedoch, wie schon gegenüber dem dichtenden Leutnant, "mitleidiges Wohlwollen" ein, dessen Voraussetzung gerade die "seelische Tatsache" ist, daß der Mensch in der Achtung "plötzlich sinkt, sinkt, sinkt..."

Beinahe aufdringlich wird das Naturerlebnis des Hamburgers mit dem Tonio Krögers kontrastiert. Dort sprachliche Unbeholfenheit und eine Selbstverkleinerung zum "Gewürm", hier heroische Größe und eine demonstrative Beschreibungskunst aus der Helden-Perspektive:

Wolken jagten am Monde vorbei. Das Meer tanzte. Nicht runde und gleichmäßige Wellen kamen in Ordnung daher, sondern weithin, in bleichem und flackerndem Licht, war die See zerrissen, zerpeitscht, zerwühlt, leckte und sprang in spitzen, flammenartigen Riesenzungen empor, warf neben schaumerfüllten Klüften zackige und unwahrscheinliche Gebilde auf und schien mit der Kraft ungeheurer Arme in tollem Spiel den Gischt in alle Lüfte zu schleudern. Das Schiff hatte schwere Fahrt;

---

14 Arthur Schopenhauer: *Die Welt als Wille und Vorstellung I*, Sämtliche Werke, 5 Bde., hrsg. v. Wolfgang Frhr. v. Löhneysen, Stuttgart – Frankfurt a. M., 1960-1965, Bd. 1, S. 292. Im folgenden abgekürzt als W I; dementsprechend dann auch W II (= *Die Welt als Wille und Vorstellung II*), P I (= *Parerga und Paralipomena I*) und P II.

stampfend, schlenkernd und ächzend arbeitete es sich durch den Tumult, und manchmal hörte man den Eisbären und den Tiger, die unter dem Seegang litten, in seinem Innern brüllen. [...]

Tonio Kröger hielt sich an irgendeinem gestrafften Tau und blickte hinaus in all den unbändigen Übermut. In ihm schwang sich ein Jauchzen auf, und ihm war, als sei es mächtig genug, um Sturm und Flut zu übertönen. Ein Sang an das Meer, begeistert von Liebe, tönte in ihm. Du meiner Jugend wilder Freund, so sind wir einmal noch vereint... [...] Sein Herz lebte... (VIII, 321f.)

Während sich der Kaufmann, mit Schopenhauer gesprochen, als Atom der unermeßlichen Erscheinungswelt "zu nichts verkleinert" fühlt, erlebt Tonio die ungeheuren Naturkräfte des 'Willens' als erhabenes Schauspiel. Sein Selbstgefühl *entgrenzt* sich ins Unermeßliche, ihn erfaßt, in der Begrifflichkeit Nietzsches, dionysische Euphorie, der "Tiger" hat Signalcharakter. Für Schopenhauer ist der Eindruck des Erhabenen von einer kontrastiven "Duplizität des Bewußtseins"[15] bedingt. "Häuserhohe Wellen steigen und sinken, gewaltsam gegen schroffe Uferklippen geschlagen, spritzen sie den Schaum hoch in die Luft, der Sturm heult, das Meer brüllt, Blitze aus schwarzen Wolken zucken und Donnerschläge übertönen Sturm und Meer": "Unsere Abhängigkeit, unser Kampf mit der feindlichen Natur [...] tritt uns jetzt anschaulich vor Augen". Wenn der Mensch bei diesem Willensspektakel jedoch "in ästhetischer Beschauung" bleibt, stelle sich das Gefühl des Erhabenen ein.[16] Einerseits werde der Betrachter durch die "Unermeßlichkeit" zwar "niedergedrückt", andererseits aber auch "gehoben"[17]. Letzteres wird von Schopenhauer dreifach begründet: erstens durch die Abhängigkeit auch des übermächtigsten Eindrucks vom 'vorstellenden' Subjekt, zweitens durch "ein nur gefühltes Bewußtsein, daß man in irgendeinem Sinne [...] mit der Welt eines ist", drittens – und hier wirkt die Kant-Schillersche Theorie des Erhabenen nach – durch den Umstand, daß "der Wille nicht erregt wird durch Gegenstände, welche allerdings geeignet wären, ihn zu erregen; sondern das Erkennen auch dabei die Oberhand erhält."[18] Tonios Machtgefühl entspricht dem ersten, seine Liebes- und Lebenseuphorie, die 'Vereinigung' mit dem "wilden Freund" dem zweiten, seine Furchtlosigkeit dem dritten Argument. Entscheidend ist jedoch, daß die "Duplizität des Bewußtseins", daß Erhöhung und Erniedrigung säuberlich aufgeteilt werden auf den Helden und den karikierten Kaufmann.

---

15 Arthur Schopenhauer: W I, 291.
16 Arthur Schopenhauer: W I, 291.
17 Arthur Schopenhauer: W I, 292.
18 Arthur Schopenhauer: W I, 293.

Dessen Selbstgefühl hat unterdessen den Tiefpunkt der Jämmerlichkeit erreicht: "Aber dort hinten stand, tief über Bord gebeugt, der junge Mann aus Hamburg und ließ es sich schlecht ergehen." (VIII, 321) Mit dieser Szene spricht die Erzählung ein konsequentes Urteil aus. Der Hamburger hat durch seine Bemerkungen über den nächtlichen Sternenhimmel, durch seine Empfindungen, die Tonio als Kaufmannspoesie disqualifiziert, zu erkennen gegeben, daß er im 'unbewußten und stummen' Leben nicht sicher verwurzelt ist. Dementsprechend wird ihm nun auch die Haupteigenschaft des 'Lebens' vorenthalten, eine robuste Vitalität, mit der sich der Seegang unbeschadet überstehen ließe. Der Dichter Tonio Kröger dagegen hat, als wäre vorher nie von seiner 'geschwächten Gesundheit' die Rede gewesen, ein Verhältnis zum Elementaren; heroisch trotzt er dem Sturm, während selbst Tiger und Eisbären vor Qualen brüllen.

Das blauäugige 'Leben' wird von Tonio Kröger angeschwärmt und durch die ihm zugeschriebene völlige Geistlosigkeit zugleich entwertet. Jene Figuren, die sich weder eindeutig dem glücklichen Bereich des 'Lebens', noch dem heroischen des 'Geistes' zuordnen lassen, der dichtende Leutnant, der empfindsame Kaufmann, die ungeschickte Magdalena Vermehren, werden durch karikierende, abschätzige Darstellung und die Wertungen Tonio Krögers 'erledigt'. Es sind die undankbaren Rollen im weiten Zwischenreich von "Komik und Elend" (VIII, 302), die sowohl die 'Wirklichkeitsreinheit' des Geistes wie den Sehnsuchtstraum vom 'Leben' stören. Dies zeigt sich am deutlichsten an Tonios Willen, die Lebensmenschen vor dem Absinken in das traumlose Zwischenreich zu bewahren. Sein jugendlicher Schmerz darüber, daß Hans und Inge sich nicht für Literatur interessieren, gehört zu den Wonnen des Selbstmitleids, seine spätere Haltung ist da aufrichtiger: "Das Reich [...] der Gesundheit und Unschuld nimmt ab auf Erden. Man sollte, was noch davon übrig ist, aufs sorgfältigste konservieren, und man sollte nicht Leute, die viel lieber in Pferdebüchern mit Momentaufnahmen lesen, zur Poesie verführen wollen!" (VIII, 303) Diese Liebe hat wenig 'Menschliches', sie ähnelt eher der eines Zoodirektors zur seltenen, aussterbenden Art, die "aufs sorgfältigste konserviert" werden muß.

b) François Knaak. "Tonio Kröger" und "Wie Jappe und Do Escobar" sich prügelten

Die berühmteste Karikatur der Erzählung ist wohl die des Tanzlehrers Knaak. In seiner Beschreibung geht der elegisch-sentimentale Ton der Jugenderinnerungen unvermittelt ins Hämische über: "François Knaak war sein Name, und was für ein Mann war das!" (VIII, 282) Der naive Ton wandelt sich zu Hohn angesichts des lächerlichen Namens und der Tatsache, daß der vermutlich homosexuelle Tanzlehrer dann als städtische Anstandsdame dargestellt wird. Dasselbe Prinzip findet sich wenige Zeilen darauf noch einmal: "Wie wunderbar der seidig schwarze Gehrock sich an seine fetten Hüften schmiegte." (VIII, 283) Knaak wird von Tonio Kröger schlichtweg als "unbegreiflicher Affe" tituliert. (VIII, 284) Diese eindeutige Verachtung ist nach dem oben Gesagten keineswegs selbstverständlich, denn der Tanzlehrer scheint ja ganz auf die Seite des unbewußten, unbeschwerten 'Lebens' zu gehören:

Wie ruhevoll und unverwirrbar Herrn Knaaks Augen blickten! Sie sahen nicht in die Dinge hinein, bis dorthin, wo sie kompliziert und traurig werden; sie wußten nichts, als daß sie braun und schön seien. Aber deshalb war seine Haltung so stolz! Ja, man mußte dumm sein, um so schreiten zu können wie er; und dann wurde man geliebt, denn man war liebenswürdig. (VIII, 284)

Der Tanzlehrer zieht den aggressiven Spott von Held und Erzähler auf sich, weil auch er, dem Anschein von 'unbewußtem Leben' entgegen, eine Gestalt aus dem Zwischenreich von Komik und Elend ist. Die Erzählung gibt eine Andeutung, daß Tonios Psychologie, nach der Herrn Knaaks 'stolze Haltung' auf Dummheit und Unverwirrbarkeit beruhe, wohl doch nicht ganz hellsichtig ist. "Jedermann ward erdrückt durch das Übermaß seiner Sicherheit und Wohlanständigkeit", heißt es an einer Stelle. (VIII, 283) Das Forcierte, das 'erdrückende Übermaß' an Sicherheit, Stolz, Anständigkeit läßt darauf schließen, daß nicht naive Unkompliziertheit hinter dieser Haltung steht, sondern daß sie gesucht und mit ihr etwas kaschiert wird. Die Erzählung zeigt sich, entgegen ihrer Programmatik, nicht interessiert an der 'Problematik' solcher Menschen wie François Knaak, das Leiden und Lieben des Helden steht jederzeit im Vordergrund. Dennoch geht die gefährdete Stellung Knaaks deutlich aus der Beschreibung seiner Tanz- und Anstandsdemonstrationen hervor:

Aber jenseits der Portieren, in der anstoßenden Stube, saßen auf Plüschstühlen die Mütter und Tanten und betrachteten durch ihre Lorgnetten Herrn Knaak, wie er, in gebückter Haltung, den Saum seines Gehrockes mit je zwei Fingern gefaßt hielt und mit federnden Beinen die einzelnen Teile der Mazurka demonstrierte. Beabsichtigte er aber, sein Publikum gänzlich zu verblüffen, so schnellte er sich plötzlich und ohne zwingenden Grund vom Boden empor, indem er seine Beine in der Luft umeinanderwirbelte, gleichsam mit denselben trillerte, worauf er mit einem gedämpften, aber alles in seinen Festen erschütternden Plumps zu dieser Erde zurückkehrte... (VIII, 283f)

Immerhin bietet der Tanzlehrer hier in seiner Berufsausübung ein Bild, daß der abschließenden Entwürdigungsszene von *Luischen* – ebenfalls die Tanzvorführung eines Mannes – nicht unähnlich ist. Es findet sich dieselbe degradierende Geste des 'Rockhebens'. Dort wird beschrieben, wie Rechtsanwalt Jakoby "sich mühsam von einem Bein auf das andere warf, wobei er [...] mit beiden Händen sein Kleid erfaßt hielt". (VIII, 184) Bewundert wird Knaak von den Mädchen; scharf beobachtet von den Müttern und Tanten; daß seine Stellung bei der 'männlichen Jugend' mehr als unsicher ist, deutet die Reaktion Tonios an. Die Bezeichnung "Affe" ist eine Assoziation zur "gebückte[n] Haltung" des Tanzenden. Wenn Knaak im Gegenzug eine "stolze Haltung", ein 'bedrückendes Übermaß' an Sicherheit hervorkehrt, so ist das unmißverständliche Kompensation, berechnet nicht zuletzt auf die Tonios der Stadt.

Sein Beruf sichert ihm gewiß nicht die Achtung der männlichen Mitbürgerschaft. Auch sonst werden, nicht ohne Häme, feminine Züge herausgestellt: neben dem 'Rockheben' wiederholt die "fetten Hüften", Knaak schreitet "mit bebenden Hüften davon", er trägt "breite Atlasschleifen" auf seinen Schuhen. (VIII, 283) Knaaks Männlichkeit soll in Frage gestellt werden. Damit besitzt die verächtlichste Figur der Erzählung jedoch eine irritierende Nähe zum Helden. Auch Tonio sieht in seinem Künstlerberuf ja etwas "tief Zweideutiges" (VIII, 337), kaum geeignet, bürgerliche Achtung einzutragen; jedenfalls deutet er sein kleines Erlebnis mit der Polizei großzügig in diesem Sinn: "[...] die Bürger sind versucht, mich zu verhaften". (VIII, 337) Und auch hinsichtlich seiner eigenen Männlichkeit hegt Tonio Zweifel: "Ist der Künstler überhaupt ein Mann? Man frage 'das Weib' danach! Mir scheint, wir Künstler teilen alle ein wenig das Schicksal jener präparierten päpstlichen Sänger... Wir singen ganz rührend schön. Jedoch –". (VIII, 297) Und ausgerechnet von François Knaak wird Tonio, als er beim Tanzen auf die falsche Seite gerät, öffentlich beschämt: "Halt, halt! Kröger ist unter die Damen geraten. En arrière, Fräulein Kröger, zurück, fi donc! Alle haben es nun verstanden, nur Sie nicht. Husch! Fort! [...] Und er zog ein gelbseidenes Taschentuch und scheuchte Tonio Kröger [...] zurück." (VIII, 286f.) Handelt es sich bei dem Zwischenfall tatsächlich nur um "etwas gar zu Drolliges" (ebd.), oder hat hier nicht vielmehr ein Außenseiter mit geschärftem Blick den anderen erkannt und bloßgestellt? Liegt nicht auf der anderen Seite der abwehrenden Komik in der Darstellung Knaaks wie auch dem Spott Tonios eine ähnliche Regung zugrunde?

Die Problematik der Knaak-Figur wird von der Erzählung eher zugedeckt als herausgearbeitet. Entgegen den Andeutungen, welche die Darstellung des Tanzlehrers selber gibt, soll es sich um eine unproblematische

Figur handeln, selbstzufrieden, schönäugig und "dumm", ohne jeden Blick in die Dinge hinein, "bis dorthin, wo sie kompliziert und traurig werden". Daraus ergibt sich der Widerspruch, daß Knaak einerseits die Attribute des 'unbewußten Lebens' zugeschrieben werden, er andererseits aber 'erledigt' wird wie all jene Verachteten, für die zwischen der Naivität des Lebens und dem Heroismus des Geistes nur "Komik und Elend" übrigbleiben.

Möglicherweise hat diese Unstimmigkeit Thomas Mann veranlaßt, den Tanzlehrer acht Jahre später noch einmal auftreten zu lassen: eine ausführliche Beschreibung François Knaaks steht in der Mitte der 1911 enstandenen Erzählung *Wie Jappe und Do Escobar sich prügelten*.[19] Die rituelle Mutprobe gibt Anlaß zur Darstellung unterschiedlicher Typen jugendlicher Männlichkeit. Der Ich-Erzähler, kein Künstler-Außenseiter wie Tonio Kröger, aber doch "unkriegerisch und wenig beherzt" (VIII, 431), reagiert auf die körperliche Gewalt mit wechselnden Gefühlen der Erschütterung, des Schreckens und der Faszination und befürchtet, sich selbst "als schneidiger Bursche erweisen" zu müssen. Ein Erweis, den er einerseits "wie nichts zweites" verabscheut (ebd.), gleichzeitig aber herbeisehnt (vgl. VIII, 442). Grund hierfür ist seine heimliche Liebe zur schillerndsten Figur der Novelle, Johnny Bishop. Johnny ist ein elfjähriger, androgyner "Amor" (VIII, 428), dabei keine Verfallsschönheit wie Tadzio, sondern ein kleiner "Dandy", dessen reizvolle Kindlichkeit mit einer irritierenden Freude an der Brutalität einhergeht.[20] Er wartet nur darauf, daß andere Jungen "sich zu seinem Privatvergnügen die Nasen entzweischlagen". (VIII, 431) François Knaak ist als "Schiedsrichter" auf dem Kampfplatz anwesend. (VIII, 433 u. 442) Wie schon im *Tonio Kröger* ist auch in dieser Erzählung eine verdeckte Parallelität zwischen der Hauptfigur des Ich-Erzählers und dem Ballettmeister zu beob-

---

[19] 1911 enstanden, das längste Stück des im selben Jahr erschienenen Novellenbandes *Das Wunderkind*, wird die Erzählung gelegentlich beiläufig als "Vorspiel" zum *Tod in Venedig* angesprochen. (Hans Rudolf Vaget: *Thomas-Mann-Kommentar zu sämtlichen Erzählungen*, S. 139) Mit dieser Unterordnung wird man ihr jedoch nicht gerecht. Nicht die unverkennbaren Anklänge an die Venedig-Novelle – die homoerotische Faszination durch das Jungmännliche, eine gewisse Ähnlichkeit Johnny Bishops mit Tadzio – sind das Auffälligste, sondern der ganz eigene, sonst nirgendwo im Frühwerk vernehmbare Ton dieser Geschichte, der Umstand, daß die üblichen thematischen Muster (Künstlerproblematik, Künstler-Bürger-Gegensatz, Dekadenz, Pessimismus, Tod) hier keine oder kaum eine Rolle spielen; und dies mag der Grund sein, warum die Novelle, die ein Jugenderlebnis in einem "Travemünde ganz ohne Endzeitstimmung" schildert, kaum beachtet worden ist. (Vgl. Hans Rudolf Vaget: *Die Erzählungen*, TMHb, 574.) – Im Kommentar spricht Vaget von der "gewöhnlich unterschätzten Bedeutung dieser Novelle" und stellt fest: Es "liegen keine nennenswerten Deutungen und Kommentare vor". (S. 139f.)

[20] Vgl. Karl Werner Böhm: *Zwischen Selbstzucht und Verlangen. Thomas Mann und das Stigma Homosexualität*, Würzburg 1991, S. 314.

achten, und dies ist wohl der Grund dafür, daß ein ausführliches 'Nachdenken' über François Knaak im Zentrum der Novelle steht.

Während er im *Tonio Kröger* sogleich als lächerliche Erscheinung eingeführt wurde, erfolgt die knappe Schilderung seines Äußeren hier ohne herabsetzende Tendenz:

> Dann kam Herr Knaak, – noch sehe ich ihn in seinem Morgenanzug aus gestreiftem Flanell beschwingten Schrittes aus der Richtung des Kurhauses daherkommen und, den Strohhut lüftend, außerhalb unseres Kreises stehenbleiben. Daß er gern kam, glaube ich nicht, bin vielmehr überzeugt, daß er in einen sauren Apfel biß, indem er einer Prügelei seine Gegenwart schenkte; aber seine Stellung, sein schwieriges Verhältnis zu der streitbaren und ausgesprochen männlich gesinnten Jugend nötigte ihn wohl dazu. (VIII, 435)

Die Knaak-Darstellung des *Tonio Kröger* blieb einer distanzierten Außenperspektive verhaftet, um das Kuriose und 'unbegreiflich' Läppische seines vermeintlich bloß eitlen Gebarens herauszustellen; hier bemüht sich der Erzähler sogleich um *Einfühlung*, indem er die Motive, die hinter Knaaks Teilnahme an dem pubertären Spektakel stehen, nachzuvollziehen sucht. Vor dem Hintergrund dieser Motive erscheint Knaaks sicheres, formbewußtes Auftreten nicht bloß als Eitelkeit, sondern immer deutlicher als Manier, die der Selbstbehauptung, dem Selbstschutz eines Gefährdeten dient: in den "sauren Apfel" beißend, kommt er gleichwohl "beschwingten Schrittes" daher. Sogleich rückt hier die Problematik der Figur in den Mittelpunkt, die sich aus dem *Tonio Kröger* nur *gegen* die Darstellungstendenz erschließen ließ, u.a. sein "schwieriges Verhältnis" zur "männlich gesinnten Jugend":

> Braun, schön und fett (fett namentlich in der Hüftengegend), erteilte er zur Winterszeit Tanz- und Anstandsunterricht [...] und versah im Sommer den Posten eines Festarrangeurs und Badekommissärs im Kurhause zu Travemünde. Mit seinen eitlen Augen, seinem wogenden, wiegenden Gang, [...] seiner selbstgefälligen und studierten Sprechweise, der bühnenmäßigen Sicherheit seines Auftretens, der unerhörten, demonstrativen Gewähltheit seiner Manieren war er das Entzücken des weiblichen Geschlechts, während die Männerwelt, und namentlich die kritische halbwüchsige, ihn bezweifelte. (Ebd.)

Das sind, in vergleichsweise sachlicher Aufzählung, dieselben Einzelheiten, die im *Tonio Kröger* grotesk überspitzt den Eindruck der Karikatur ergaben. Was hier neu hinzukommt, der Kommentar über die 'Bezweiflung' Knaaks durch die 'kritische halbwüchsige Männerwelt', bestimmte dort unausgesprochen die spöttische Ausrichtung der ganzen Darstellung. War der Tanzlehrer dort als "unbegreiflicher Affe" keines weiteren Nachdenkens

54

wert, so gewinnt er hier für den Erzähler gerade durch seine problematische 'Stellung im Leben' eine eigentümliche Faszination. Es folgen biographische Informationen, die für ein Verständnis der Figur eigentlich unerläßlich sind:

> Ich habe oft über die Stellung François Knaaks im Leben nachgedacht und sie immer sonderbar und phantastisch gefunden. Kleiner Leute Kind, wie er war, schwebte er mit seiner Pflege der höchsten Lebensart schlechthin in der Luft, und ohne zur Gesellschaft zu gehören, wurde er von ihr als Hüter und Lehrmeister ihres Sittenideals bezahlt. (Ebd.)

Das Desinteresse der Künstlernovelle an der 'Menschlichkeit' der Nebenfiguren ist so tonbestimmend, daß derartige Sätze dort ganz undenkbar wären. Im folgenden werden die femininen Züge Knaaks und die effeminierende Wirkung seines Berufs angesprochen, die vor allem für die "schärfste Abschätzung von seiten der jungen Leute" verantwortlich ist (VIII, 436); die Groteskszene der Tanzvorführung aus dem *Tonio Kröger* wird wieder aufgenommen, insbesondere die Entwürdigungs-Gebärde des Rockhebens. Dem Erzähler kommt es nicht auf belustigende Effekte an, vielmehr gibt er die auf Komik fixierte Sichtweise der "jungen Leute" wieder; durch diese perspektivische Bindung, die dann ausdrücklich benannt wird, ändert die Komik ihre Qualität. Sie dient hier nicht dazu, die Figur durch 'treffende' Beschreibung zu 'vernichten', sondern charakterisiert das Verhältnis zwischen dem Tanzlehrer und seinen witzelnden Schülern:

> Ein Kerl, der den zierlichen Umgang mit kleinen Mädchen lehrte, ein Kerl, über den das unwiderlegliche Gerücht in Umlauf war, daß er ein Korsett trage, der mit den Fingerspitzen den Saum seines Gehrocks erfaßte, knickste, Kapriolen schnitt und unversehens in die Lüfte sprang, um dort oben mit den Füßen zu trillern und federnd auf das Parkett zurückzuplumpsen: war das überhaupt ein Kerl? Dies der Verdacht, der auf Herrn Knaaks Person und Dasein lastete [...]. (VIII, 436)

Daß ein solcher "Verdacht" nicht harmloser Jugendspaß ist, sondern von François Knaak als ernsthafte Bedrohung seiner Existenz empfunden werden muß, zeigt die nächste Passage. Sie macht nun unmißverständlich klar, daß das 'erdrückend' selbstsichere Auftreten des Ballettmeisters dem Schutz vor der 'Entlarvung' dient:

> Sein Vorsprung an Jahren war bedeutend, und es hieß, daß er (eine komische Vorstellung!) in Hamburg Frau und Kinder besitze. Diese seine Eigenschaft als Erwachsener und der Umstand, daß man ihm immer nur im Tanzsaal begegnete, schützte ihn davor, überführt und entlarvt zu werden. [...] war er als honorig zu betrachten? Er kam nicht in die Lage, sich über die soliden Eigenschaften auszu-

weisen, die seinen Salonkünsten die Waage hätten halten müssen, um ihn respektabel zu machen. (Ebd.)

Das Stichwort der 'Entlarvung' läßt an die Knaak-Darstellung des *Tonio Kröger* denken, und an dieser Stelle folgt dann auch eine Anspielung auf den schwermütig "seiner Wege" gehenden jungen Künstler (vgl. VIII, 288; 'Gehen' ist ein Leitmotiv Tonio Krögers). Bemerkenswerterweise steht sie am Ende dieser Darlegung der Männlichkeitsproblematik, hier wird deren gefährlichste Zuspitzung angesprochen. Tonio erscheint in der Sicht François Knaaks damit nicht als feinsinniger Jüngling, von dem, weil er *Don Carlos* liest und bereits ins 'Innerste' der Menschen blickt, mehr 'Verständnis' und 'Menschlichkeit' zu erwarten wären, sondern als *ein* Vertreter der bedrohlichen Jungenwelt, der sich durch seine 'geraden', 'treffenden' Worte als besonders unnachsichtig erweist – daß Knaak wohl ein Auge auf Tonio hat, legte ja bereits die Bloßstellungsszene während der Tanzstunde nahe:

[...] es gab Jungen, die umhergingen und ihn geradeheraus einen Affen und Feigling nannten. Wahrscheinlich wußte er das, und darum war er heute gekommen, um sein Interesse an einer ordentlichen Prügelei zu bekunden und es als Kamerad mit den jungen Leuten zu halten, obgleich er doch eigentlich als Badekommissär den ungesetzlichen Ehrenhandel nicht hätte dulden dürfen. Aber nach meiner Überzeugung fühlte er sich nicht wohl bei der Sache und war sich deutlich bewußt, aufs Glatteis geraten zu sein. Manche prüften ihn kalt mit den Augen, und er selbst sah sich unruhig um, ob auch Leute kämen. (VIII, 436)

Tonio Kröger unterstellte Knaak eine ahnungslose Selbstgefälligkeit, bezeichnete ihn als "dumm", die Augen des Tanzlehrer "wußten nichts, als daß sie braun und schön seien". (VIII, 284) Auch zu diesem Punkt des 'unbewußten Lebens' setzt die zweite Darstellung einen Gegenakzent; der vermeintlich 'unverwirrbare' Knaak weiß über die umlaufenden Verdächtigungen und Denunziationen Bescheid, und er ist "sich deutlich bewußt", in eine heikle Lage geraten zu sein, indem er, wiederum aus einem keineswegs vordergründigen Kalkül, an dem fragwürdigen "Ehrenhandel" teilnimmt. Schließlich wechselt die Erzählung wieder zur szenischen Darstellung:

Höflich entschuldigte er sein verspätetes Eintreffen. Eine Unterredung mit der Kurhausdirektion in betreff der Reunion am Sonnabend, sagte er, habe ihn aufgehalten. "Sind die Kombattanten zur Stelle?" fragte er hierauf in strammem Ton. "Dann können wir anfangen." Auf seinen Stock gestützt und die Füße gekreuzt, stand er außerhalb unseres Kreises, erfaßte seinen weichen braunen Schnurrbart mit der Unterlippe und machte finstere Kenneraugen. (VIII, 436f.)

Knaaks Verhalten ist nun nicht mehr befremdend komisch, sondern vor dem Hintergrund seiner 'Stellung im Leben' verständlich. Zunächst macht er durch Höflichkeit und eine 'studierte' Sprechweise ("eine Unterredung mit der Kurhausdirektion in betreff der Reunion") seine schützende "Eigenschaft als Erwachsener" geltend, dann bemüht er sich um Anpassung an den jugendlich 'strammen' Umgangston, gebraucht ein verbindendes 'Wir'. Sein 'Stand' ist allerdings alles andere als stramm und männlich, er steht gestützt und mit gekreuzten Füßen, außerhalb des Kreises. Der weiche, braune Schnurrbart ist in Thomas Manns Werken meist physiognomisches Zeichen der Verfeinerung. Die knappe Gesichtsbeschreibung macht den Gegensatz noch einmal anschaulich: einerseits das Spiel mit dem Schnurrbart – eher eine Gebärde der Verlegenheit oder Nervosität –, andererseits vorsätzlich 'finstere' Kenneraugen.

Während des Kampfes wird dann mit keineswegs abschätziger Komik deutlich, daß der Ballettmeister dem Kampfsport befremdet gegenübersteht, dies jedoch zu überspielen sucht. Gelegentlich arbeitet Do Escobar mit unfairen Mitteln:

Eine große Bewegung entstand. "Nicht festhalten!" riefen viele und sprangen auf. Herr Knaak eilte erschrocken ins Zentrum. "Nicht festhalten!" rief auch er. "Sie halten ihn ja fest, lieber Freund! Das widerspricht jedem Komment." Er trennte sie und belehrte Do Escobar nochmals, daß Festhalten völlig verboten sei. Dann zog er sich wieder hinter die Peripherie zurück. (VIII, 439)

Als Do Escobar, bereits aus der Nase blutend, den Kampf aufgibt, zeigt Knaak, unabhängig davon, daß er die lästige Angelegenheit zu Ende bringen will, eine einnehmende 'Menschlichkeit', die mit dem Voyeurismus Johnny Bishops kontrastiert wird:

Herr Knaak kam in den Kreis und erklärte den Kampf für beendet. "Der Ehre ist Genüge geschehen", sagte er. "Beide haben sich vorzüglich gehalten." Man sah ihm an, wie erleichtert er sich fühlte, weil die Sache so glimpflich abgelaufen war. "Aber es ist ja keiner gefallen", sagte Johnny erstaunt und enttäuscht. [...] Herrn Knaaks so zarte Fiktion, daß der Zweikampf unentschieden geblieben sei, wurde allgemein angenommen. (VIII, 441)

Erst jetzt erreicht die Erzählung ihren Spannungshöhepunkt: "Was ich gefürchtet hatte, war eingetreten: die Anforderungen griffen auf die Zuschauer über." (VIII, 442) Der Kampf ist allzu schnell und unblutig verlaufen, die unbefriedigte Erwartung verlangt nach weiteren Aufregungen: "Man war einmal da, man hatte noch Zeit, man mußte doch etwas vornehmen! Zwei andere also, und in die Arena, wer ebenfalls zeigen wollte, daß er ein Junge zu heißen verdiene!" Das Herz des Erzählers schlägt bei diesem "Aufruf [...] wie eine kleine Pauke". (ebd.)

Hier erweist sich die sonst untypische Novelle doch als 'musterhaft': Hans Rudolf Vaget hat darauf aufmerksam gemacht, daß im Zentrum fast aller Erzählungen Thomas Manns Aufführungs- und Veranstaltungsszenen stehen.[21] Das reicht von Tanz- und Varieté-Abenden über Lesungen, Konzerte, esoterische Zusammenkünfte, als "Aufführung präsentierte Erzählungen"[22] vor Freunden oder Unbekannten bis zu theatralischen Reden und Zusammenbrüchen vor zufälligem Publikum (*Der Weg zum Friedhof*). Dem entspricht die vor Zuschauern ausgetragene Prügelei zwischen Jappe und Do Escobar. Die Aufführungen werden aber nicht um ihrer selbst willen erzählt, sondern um die – unter Umständen verborgene – "Interaktion"[23] zwischen den auftretenden Akteuren bzw. dem exponierten Geschehen und den Zuschauern zu verfolgen; deutlichstes Beispiel hierfür ist *Mario und der Zauberer*. Der Höhe- und Umschlagspunkt wird meistens mit einem oft unscheinbaren, auf wenige Augenblicke beschränkten Ereignis verknüpft. In *Luischen* ist dies z.B. der Moment des unerwarteten Akkordwechsels von h zu F-Dur, der als "vollkommen verblüffende Überrumpelung", als "jähe Berührung der Nerven" wirkt (VIII, 185), in *Wie Jappe und Do Escobar sich prügelten* ist es nicht der Kampf selber, sondern der "große Augenblick", wo die "Anforderungen" auf die Zuschauer übergreifen und die Erzählerfigur "in einen Strudel widerstrebender Empfindungen" stürzen. (VIII, 442) In "traumhafter Anstrengung" überwindet er seine Scheu und will sich gerade melden, um seine 'Männlichkeit' unter den Augen Johnny Bishops einer kämpferischen Probe auszusetzen, als der auf "Herrn Knaaks Person und Dasein" lastende "Verdacht" in ebendiesem Spannungsmoment zur 'dreisten' Herausforderung wird: "Jetzt soll Herr Knaak sich mal hauen!" (Ebd.) Auch hier also wiederum die Parallelität zwischen dem Erzähler und der Figur des Tanzlehrers. Jener ist nun vor der wahrscheinlichen Blamage bewahrt, stattdessen muß sich Knaak der öffentlichen Bloßstellung erwehren:

Alle Augen richteten sich scharf auf Herrn Knaak. Sagte ich es nicht, daß er sich aufs Glatteis begeben, sich der Gefahr einer Prüfung auf Herz und Nieren ausgesetzt hatte? Aber er antwortete:
"Danke, ich habe in meiner Jugend genug Prügel bekommen."
Er war gerettet. Aalglatt hatte er sich aus der Schlinge gezogen, hatte auf seine Jahre hingewiesen und zu verstehen gegeben, daß er früher einer ehrlichen Prügelei

---

[21] Hans Rudolf Vaget: *Thomas-Mann-Kommentar zu sämtlichen Erzählungen*, S. 42-47.

[22] Hans Rudolf Vaget: *Thomas-Mann-Kommentar zu sämtlichen Erzählungen*, S. 44.

[23] Hans Rudolf Vaget: *Thomas-Mann-Kommentar zu sämtlichen Erzählungen*, S. 43.

keineswegs ausgewichen sei, und dabei nicht einmal geprahlt, sondern seinen Worten das Gepräge der Wahrheit zu geben gewußt, indem er mit sympathischer Selbstverspottung eingestand, daß er verhauen worden sei. Man ließ ab von ihm. Man sah ein, daß es schwer, wenn nicht unmöglich war, ihn zu Fall zu bringen. (VIII, 442f.)

Die schon aus dem *Tonio Kröger* vertraute Schlagfertigkeit Knaaks, hier ausdrücklich positiv gewertet, wendet die Bedrohung ab. Der eigentliche 'Sieger' der Kampfveranstaltung ist der Tanzlehrer, dessen "Stellung" nun "sehr gefestigt" erscheint. (Ebd.) Seine Fähigkeit zur Selbstironie, seine Ehrlichkeit trägt ihm 'Sympathie', auch die des Lesers, ein.[24]

Hier soll nicht behauptet werden, *Wie Jappe und Do Escobar sich prügelten* sei eine bessere oder gar bedeutendere Erzählung als *Tonio Kröger*. Diese ist ein novellistisches Hauptwerk, jene eine Gelegenheitsarbeit, bei der die reizvolle und ungewöhnliche Erzählerstimme nicht immer überzeugt. Die Kriterien, vor denen der *Tonio Kröger* im Vergleich allerdings schlecht abschneidet, werden von seiner Künstlerprogrammatik selber an die Hand gegeben, wenn Tonio am Ende die Qualitäten aufzählt, die ein von der "Bürgerliebe zum Menschlichen" getragenes Erzählen auszeichnen sollen: "Wärme", "Güte" und "Humor". (VIII, 338) Einfühlsame Wärme, wenn auch keinen

---

24 Karl Werner Böhm, in dessen Untersuchung *Zwischen Selbstzucht und Verlangen* sich ein kleines Unterkapitel über die Erzählung findet, macht in ihr unter dem "Überthema Männlichkeit" drei Jungen- bzw. Männer-Typen aus: "einen ironisierten, einen denunzierten, einen idealisierten". (S. 313) Böhms Wertungen sind allerdings kaum nachzuvollziehen. Die zwiespältige Figur des Johnny Bishop wird, *obwohl* der Ich-Erzähler ihr mit Liebe begegnet, sicherlich nicht "idealisiert", und sie ist auch nicht rein "positiv besetzt" (S. 314); es ist ferner nicht zu erkennen, warum der Erzähler den 'brutalen' Jappe dem 'eitlen', im übrigen viel ausgiebiger beschriebenen Escobar vorziehen soll, wie Böhm behauptet (S. 313), vor allem aber steht François Knaak gewiß nicht am "deutlich denunzierten Ende des Männer-Spektrums" (S. 314) — offensichtlich verwechselt Böhm die Wertungen der Knaben-Welt mit denen des Autors; der Vergleich mit dem *Tonio Kröger* macht hingegen deutlich, daß Knaak *hier* nicht denunziert wird. Böhm kommt zu seiner Wertskala aufgrund eines eigenartigen Kriteriums: er sieht die Jungen- und Männer-Typen daraufhin an, inwieweit sie wohl den homoerotischen Sehnsüchten Thomas Manns entsprochen hätten, und nimmt an, daß sich solche Entsprechungen dann proportional als Wertungen in der Darstellung umsetzen. Johnny Bishop kommt demnach am besten weg, da er "natürlich dem kindlichen Androgyn der Tagebücher" entspricht (S. 314), Jappe verkörpert immerhin noch den "aus den Tagebüchern bekannten Typ des Gutgewachsenen, Sportlichen, Muskulösen, der seinem Liebhaber eine vorwiegend passive Haltung abverlangt" (S. 313f.), während der hüftfette François Knaak in dieser Hinsicht natürlich am schlechtesten abschneidet. — Das Bemerkenswerte an der Erzählung ist wohl eher, daß sie die Figuren viel weniger eindeutig bewertet, als dies sonst in den frühen Novellen üblich ist, sie versucht sich nicht an einer Rangordnung, sondern bemüht sich darum, den vier grundverschiedenen Jungen- bzw. Männer-Typen jeweils gerecht zu werden — mit 'Sympathie'. Abgewertet oder gar denunziert wird keine der Figuren.

Humor, verwendet die Künstler-Novelle lediglich auf die Schilderung und Darlegung der Künstlerproblematik des Helden: Selbstliebe war mit der "Liebe zum Menschlichen" aber wohl nicht gemeint. Bei allen anderen Figuren überwiegt entweder die schematische Allegorie die Darstellung, oder sie werden karikiert und simplifiziert. Die beinahe aufdringlich verkündete und geforderte "Liebe zum Menschlichen" führt hier noch nicht zu einem 'menschenfreundlichen' Erzählen; wie dieses aussehen könnte, zeigt dann die spätere Erzählung gerade anhand einer Figur des *Tonio Kröger*. In der Künstlernovelle dagegen ist das geliebte 'Leben' noch nicht viel mehr als eine Idee, parodierter Nietzsche, wie Thomas Mann später geschrieben hat: "Es ist wahr, die 'blonde Bestie' spukt auch in meiner Jugenddichtung, aber sie ist ihres bestialischen Charakters so ziemlich entkleidet, und übriggeblieben ist nichts als die Blondheit zusammen mit der Geistlosigkeit, – Gegenstand jener erotischen Ironie [...], durch die der Geist, wie er genau wußte, sich im Grunde so wenig vergab." (*On Myself*, XIII, 143)

2. Gegenwelten: Kunst und Politik

a) Von der Apolitie zur Antipolitik

Der frühe Thomas Mann war unpolitisch.[25] Die kritischen Züge vor allem der *Buddenbrooks* richten sich nicht gegen politische Realitäten, sondern gegen die Lebensrealität überhaupt. Wenn schon der unangekränkelte Mensch der 'Wirklichkeit' in Durchsetzung seiner Interessen als 'gewöhnlich' empfunden und drastisch abgewertet wird – "Vitalität ist hier eine Erscheinungsform des Trivialen"[26], schreibt Joachim Fest –, wie erst das Handeln, Interessenvertreten und Parteiergreifen im Großen, Politik! Der "Begriff der Politik meint für Thomas Mann jenes Unironisch-Eindeutige, von sich selbst platt Überzeugte, Voluntaristische, Aktivistische, dem aller Abstand, alle vornehme Reserve fehlt".[27] Der Künstler hat über den Machtkämpfen zu stehen; politisches Desinteresse ist geradezu eine Bedingung künstlerischer Weltauffassung. Das erscheint nur logisch: die überlegene

---

[25] Vgl. Hermann Kurzke: *Die politische Essayistik*, in: TMHb, 696-706, insb. S. 696.

[26] Joachim Fest: *Die unwissenden Magier. Über Thomas Mann und Heinrich Mann*, Berlin 1985, S. 38.

[27] Hermann Kurzke: *Auf der Suche nach der verlorenen Irrationalität*, S. 110.

Ironisierung der Wirklichkeit hat die Vorstellung einer 'Lebenstotalität' zur Voraussetzung, die von politischen Wertungen aufgebrochen würde. In der politischen Sphäre lacht man über die parteiische Satire, nicht die umfassende Ironie. Demnach ist ein gewisser Geschichtsfatalismus[28], eine Tendenz zur Rechtfertigung des Bestehenden die Konsequenz der künstlerischen Haltung des frühen Thomas Mann. Sein durchaus aggressives Verhältnis zur Wirklichkeit ist, nur oberflächlich paradox, auf politische Ruhe und Stabilität angewiesen; den Wilhelminischen Staat hat er deshalb, ungeachtet mancher Schönheitsfehler, als "stabilen Lebensrahmen"[29] gutgeheißen. Geist und Kunst bieten einen Freiraum oberhalb gesellschaftlicher und politischer Zwänge.

Mit seinem Desinteresse am Politischen befand sich Thomas Mann im Einklang mit der apolitischen Haltung der meisten Künstler der Jahrhundertwende.[30] Dieses Einverständnis löste sich jedoch in den Jahren vor dem Ersten Weltkrieg allmählich auf, die 'Politisierung' der Literatur, die die zwanziger Jahre kennzeichnen sollte, kündigte sich bei einigen Autoren durch eine meist satirische Gesellschaftskritik an – zu denken ist vor allem an Heinrich Mann, dessen *Professor Unrat* bereits 1905 erschien. Auch wenn es sich dabei nur um eine Nebenströmung der Vorkriegsliteratur handelte, so war sie für Thomas Mann in der nahen Gestalt des Bruders doch unübersehbar geworden: Heinrich sei "ein leidenschaftlicher Demokrat der neuesten Prägung", schreibt er in einem Brief an Kurt Martens vom 11.1.1910. (Br I, 79) Noch längst nicht mit dem späteren antipolitischen Affekt, sondern irritiert und wohl auch etwas amüsiert beobachtete er die Entwicklung des Bruders vom Ästhetizisten zum politisch Entschiedenen. Nach Lektüre der Novelle *Fulvia* schreibt er in einem Brief an Heinrich vom 27.2.1904:

[...] seltsam interessant, für mich immer noch ein bischen unwahrscheinlich ist die Entwicklung Deiner Weltanschauung zum Liberalismus hin, die sich auch in dieser Arbeit ausspricht. Seltsam, wie gesagt, und interessant! Du mußt Dich wohl ganz ungeahnt jung und stark damit fühlen? Wirklich, ich würde Deinen Liberalismus als eine Art bewußt eroberte Jugendlichkeit auffassen, wenn er nicht, wahrscheinlicher, ganz einfach "Reife des Mannes" bedeutete. Reife des Mannes! Ob ich's auch soweit bringen werde? Fürs Erste verstehe ich wenig von "Freiheit". Sie ist für mich ein rein moralisch-geistiger Begriff, gleichbedeutend mit "Ehrlichkeit". (Einige

28 Vgl. Hans Wißkirchen: *Zeitgeschichte im Roman. Zu Thomas Manns "Zauberberg" und "Doktor Faustus"*, Bern 1986 (= Thomas-Mann-Studien VI), S. 35f.

29 Hans Wißkirchen: *Zeitgeschichte im Roman*, S. 32.

30 Vgl. Hans Wysling: *Narzißmus und illusionäre Existenzform*, S. 195f.

Kritiker nennen es bei mir "Herzenskälte".) Aber für politische Freiheit habe ich gar kein Interesse. [...] Was ist überhaupt Freiheit? Schon weil für den Begriff soviel Blut geflossen ist, hat er für mich etwas unheimlich *Un*freies, etwas direkt Mittelalterliches... Aber ich kann da wohl nicht mitreden.

Als "bewußt eroberte Jugendlichkeit" wäre Heinrichs Liberalismus durch einen überlegenen spielerischen Unernst ausgezeichnet, eine willkommene Auffrischung der "Freiheit, Unwirklichkeit, Lebensreinheit" (X, 306), wie sie Thomas Mann an der gemeinsamen Jugendzeit mit ihren künstlerischen Anfängen geschätzt hat. Mit dieser eigenartigen Deutung verspottet der Briefschreiber, der sich hier so naiv und ahnungslos gibt, die Ambitionen des Bruders, zum anderen macht er ihm insgeheim den Vorwurf, durch seine 'Politik' die gemeinsamen Ursprünge zu verraten. Durch 'Politik' wächst Heinrich in das "eben noch radikal ironisierte *Leben*" hinein (X, 306) und erlangt – so dann die eigentliche Lesart – eine "Reife des Mannes", von der Thomas Mann "fürs erste" jedenfalls noch nichts wissen will.[31] Er stellt seinen "moralisch-geistigen" Freiheitsbegriff, der mit einer so lauteren Kategorie wie 'Ehrlichkeit' verbunden wird, dem politischen gegenüber. Heinrichs 'Reife des Mannes' erhält dabei einen Geschmack von unfreier und zudem blutiger 'Wirklichkeit'.

Aber bei aller Fremdheit gegenüber politischen Fragen sieht sich Thomas Mann dennoch veranlaßt, mit der neuen Zeitströmung "Fühlung"[32] aufzunehmen und in seinem in den darauffolgenden Jahren entstehenden Roman *Königliche Hoheit* die 'soziale Problematik' zu berücksichtigen. In den *Betrachtungen* vertritt er die Auffassung, der Wert dieses – vielgeschmähten, aber erfolgreichen – Werks beruhe "ganz und gar in seiner Eigenschaft als Zeit-Symptom, als Merkmal deutscher Entwicklung"; der Kritiker Hermann Bahr habe den Roman gar als "Fanal der neuen Demokratie" bezeichnen können. "Mit Unrecht? Wurde in 'Königliche Hoheit' nicht ein kleiner einsamer Ästhet zum Volkswirt und zu 'tatkräftiger Menschlichkeit', wie man heute sagen würde, erzogen?" (XII, 97) Tatsächlich ist *Königliche Hoheit*, wie schon der *Tonio Kröger*, ein Versuch zur "Versöhnung mit der *Menschlichkeit*". (XII, 96) Allerdings, so räumt Thomas Mann dann ein, sei der Roman "ungeachtet seiner demokratischen Lehrhaftigkeit [...] eine wahre Orgie des Individualismus [...], dessen Noblesse in vielfältigen Erscheinungen unermüdlich abgewandelt wird" (XII, 97f.) – und es kann kein Zweifel darüber bestehen, daß der Reiz des Werks vor allem in dieser Darstellungsleistung liegt, dem liebevoll geformten "Kunstspiel" der Künstler-

---

31 Briefwechsel TM-HM, S. 48.

32 Vgl. den Brief Thomas Manns an Kurt Martens vom 11.1.1910; Br I, 79.

Fürst-Allegorie.[33] (XII, 96) Die politisch-soziale Thematik gelangt dagegen nicht über das 'Familienblattmäßige' hinaus, soll es wohl auch nicht. (Vgl. XII, 97) Allzu konsequent wird sie von den Schlacken des Realen befreit und im Sinne der 'Wirklichkeitsreinheit' behandelt, als daß die zu diesem Roman immer wieder geäußerten Vorwürfe, der Verfasser sei politisch naiv und blind für die sozialen Realitäten, nicht ihrerseits naiv anmuten würden. Die Nähe zum Illustriertenkitsch ist dem Ironiker gewiß nicht entgangen, vielmehr hat er sich, laut eigener Aussage, in den politischen und 'volkswirtschaftlichen' Passagen stilistisch am "gravitätischsten Zeitungsstil" orientiert (XII, 97) und bereitwillig zugestanden, daß der Schluß des Buches "ein bischen populär verlogen" sei[34]; die "Wendung zur Gemeinsamkeit und Menschlichkeit" werde hier "eigentlich nur humoristischerweise, nur ironice vollzogen". (XII, 98) Die Apolitie des frühen Thomas Mann hat in der *Königlichen Hoheit* die Zwischenform einer noch milde gestimmten, sich sogar aufgeschlossen gebenden politischen Ignoranz angenommen, bevor sie sich in den *Betrachtungen* zum antipolitischen Affekt steigert. Der Roman kann in dieser Hinsicht als Vorstufe zum Monumentalessay betrachtet werden. Der 'reaktionäre Trotz', mit dem Thomas Mann auf die Politisierung der Zeit bzw. die Politisierung des Bruders reagiert, bestimmt untergründig schon die Ausmalung der "romantischen Kulisse aus Residenz und Jagdschlössern, Internatsschulen und Waldschenken", die "für heutige Leser etwas von der Butzenscheibenromantik der Wilhelminischen Zeit" hat.[35]

Von Radikalisierung und 'Parteien-Gezänk' ist um 1910 freilich noch nicht viel zu spüren, stattdessen kommen sich – so scheint es – eine behutsam politisierte literarische Öffentlichkeit und eine reformbereite Monarchie einvernehmlich entgegen. Der 'stabile Lebensrahmen' bleibt damit gewahrt, Thomas Mann begegnet dem Politischen jetzt sogar weniger befremdet als zuvor:

Politisch ist die Demokratie bei uns sicher im Avancieren, und eine gewisse Teilnahme der Schönen Litteratur läßt sich nicht verkennen. Ist Dir nicht aufgefallen, daß fast alle unsere "Intellektuellen" den Aufruf des Berliner Tageblatts zugunsten der preußischen Wahlrechtsreform unterzeichnet haben? Sie unterzeichnen freilich

---

33 Eine prägnante Interpretation bietet Jendreiek: *Der demokratische Roman*, S. 201-219.

34 So in einem Brief an Ernst Bertram vom 28.1.1910; Br I, 81. – Noch 1954, im *Vorwort zu dem Hörspiel "Königliche Hoheit"*, spricht Thomas Mann von einem "Roman ostentativ hergebrachter Art", erzählt mit "bewußter, ja parodistischer Banalität". (XI, 579)

35 Hellmuth Karasek: *Königliche Hoheit*, in: *Thomas Mann Jahrbuch* 4 (1991), S. 29-44, hier S. 35f.

so ziemlich Alles, was man ihnen vorlegt; aber daß die Politiker sie zu engagieren suchen, ist immerhin ein Zeichen der Zeit. Das zunehmende Interesse ist gegenseitig. Die Politiker ihrerseits kümmern sich um uns![36]

Dieses harmonische Arrangement, dem beinahe selber etwas von der Idyllik des Fürstenromans anhaftet, bricht 1914 unter dem Druck von 'Geschichte' und 'Politik' zusammen. Am Ende der Juli-Krise, zwei Tage nach der Kriegserklärung Österreich-Ungarns an Serbien, zwei Tage vor der deutschen Mobilmachung und der Kriegserklärung an Rußland, schreibt Thomas Mann an den Bruder Heinrich: "Ich muß sagen, daß ich mich erschüttert und beschämt fühle durch den ungeheuren Druck der Realität [...] – man ist zu civilen Gemütes um das Ungeheuerliche für möglich zu halten."[37] Das feine Einvernehmen mit "gewissen Zeittendenzen"[38] weicht, sobald das 'civile Gemüt' abgestreift ist, der eindeutigen Konfrontation: Demokratie ist das westliche politische Prinzip, die Staatsform des Gegners. Das unpolitische, romantische Deutschland steht, aus der Perspektive des Literaten, der die andrängende Wirklichkeit geistesgeschichtlich bewältigt, wieder im "Kampf gegen die Ideen der französischen Revolution"[39]; 'Kultur' steht gegen 'Zivilisation', das "soldatische Moralität" beweisende Deutschland gegen das "weiblich" taktierende Frankreich. (XIII, 545 u. 541f.) Die schleichende politische Kontroverse im Inneren wendet sich nach außen und gewinnt dadurch die Deutlichkeit von "nationalen Sinnbildern". (XIII, 535) Dementsprechend versuchen sich Thomas Manns erste Kriegsschriften und die Anfangskapitel der *Betrachtungen* nicht in politischer Analyse, sondern in einer "Psychologie der Völker". (XIII, 539) Der Krieg wird konsequent antipolitisch als Naturmacht, als 'reinigendes Gewitter' gesehen. Die frankophobe Wortwahl der im November 1914 veröffentlichten *Gedanken im Kriege* macht deutlich, daß es sich für Thomas Mann nur um eine gesunde Abstoßung des Fremdartigen handelt. In perspektivischer Verzerrung erscheint dem Kriegsschriftsteller die mit einem Schlag vergangene Epoche so gräßlich, wie sie nie gewesen war:

Wir kannten sie ja, diese Welt des Friedens und der cancanierenden Gesittung [...]: Gräßliche Welt, die nun nicht mehr ist – oder doch nicht mehr sein wird, wenn das große Wetter vorüberzog! Wimmelte sie nicht von dem Ungeziefer des Geistes wie

---

36 Aus dem Brief an Kurt Martens vom 11.1.1910; Br I, 79f.
37 Brief an Heinrich Mann vom 30.7.1914; Briefwechsel TM-HM, S. 130.
38 Br I, 80.
39 Hermann Kurzke: *Thomas Mann. Epoche – Werk – Wirkung*, S. 132.

von Maden? Gor und stank sie nicht von den Zersetzungsstoffen der Zivilisation? [...]
Krieg! Es war Reinigung, Befreiung, was wir empfanden, und eine ungeheure Hoffnung. [...] Was die Dichter begeisterte, war der Krieg an sich selbst, als sittliche Not. Es war der nie erhörte, der gewaltige und schwärmerische Zusammenschluß der Nation in der Bereitschaft zu tiefster Prüfung [...]. (XIII, 532f.)

Der Lebensrahmen scheint nun so stabil wie ehedem, in der apolitischen Zeit der *Buddenbrooks*; der "Zusammenschluß der Nation" regeneriert auch die 'Lebenstotalität'. Thomas Mann übersieht beim Schwärmen aber offenbar, daß seine Auffassungen in brüderlicher Nähe nicht geteilt werden. Dem pazifistischen Verfasser des *Untertan*, der nicht ohne Grund annimmt, daß seine "Produktion" nun auf lange Zeit in Deutschland "unverwendbar"[40] sei (tatsächlich wurde der Vorabdruck des Romans bei Kriegsbeginn sogleich eingestellt), schreibt er am 18.9.1914 die aufmunternden Zeilen: "Kannst du wirklich glauben, daß durch diesen großen, grundanständigen, ja feierlichen Volkskrieg Deutschland in seiner Kultur oder Gesittung so sollte zurückgeworfen werden, daß es Deine Gaben dauernd abweisen könnte?"[41] Mit diesem Satz bricht der Briefwechsel der Brüder für vier Jahre ab.

Im ersten Kriegsjahr wechselt der Ironiker zum Propagandaton. Stellungnahmen wie *Gedanken im Kriege* und *An die Redaktion des 'Svenska Dagbladet'* bieten vor allem der nationalen Presse gläubig nachgesprochene "Leitartikelweisheiten".[42] Anspruchsvollere Passagen, die "gleichnishafte Beziehungen" von Kunst und Krieg verfolgen oder die Geist-Leben-Problematik des Frühwerks auf die Kriegswirklichkeit zu übertragen versuchen, bestärken nur den Eindruck des auf Abwege geratenen Literaten. In Friedenszeiten, im künstlerischen Text mag der Soldat sinnbildlich für ein asketisches Künstlertum bemüht werden; angesichts des Sterbens auf den Schlachtfeldern wirkt es nicht sehr überzeugend, wenn der Schriftsteller, der dank wohlgesonnener Ärzte den Kriegsdienst glücklich umgehen konnte, sich in ausführlicher Aufzählung dessen gefällt, was das Sitzen am Schreibtisch alles mit dem Liegen im Schützengraben gemeinsam habe[43]:

---

[40] Briefwechsel TM-HM, S. 133 (Handschriftlicher Entwurf Heinrich Manns vom September 1914).

[41] Briefwechsel TM-HM, S. 134.

[42] Hermann Kurzke: *Thomas Mann. Epoche – Werk – Wirkung*, S. 132 u. 139.

[43] Immer wieder hat Thomas Mann in diesen Jahren seine Schriftsteller-Arbeit in pathetischer Identifikation mit dem Kampf der Soldaten verglichen. An Annette Kolb schreibt er am 28.10.1914: "Es that so sanft, in dem Buch zu lesen, gerade jetzt und gerade mir, der ich seit Monaten fast ausschließlich der wüsten, heißen, blöden Zeitungslektüre obliege, –

Das Ineinanderwirken von Begeisterung und Ordnung; Systematik; das strategische Grundlagen Schaffen, weiter Bauen und vorwärts Dringen mit 'rückwärtigen Verbindungen'; [...] Tapferkeit, Standhaftigkeit im Ertragen von Strapazen und Niederlagen [...]; Verachtung dessen, was im bürgerlichen Leben 'Sicherheit' heißt ('Sicherheit' ist Lieblingsbegriff und lauteste Forderung des Bürgers), die Gewöhnung an ein gefährdetes, gespanntes, achtsames Leben; Schonungslosigkeit gegen sich selbst, moralischer Radikalismus, Hingebung bis aufs Äußerste, Blutzeugenschaft, voller Einsatz der Grundkräfte des Leibes und der Seele [...]; als Ausdruck der Zucht und Ehre schließlich der Sinn für das Schmucke, das Glänzende [...]. (XIII, 530)

In den *Betrachtungen eines Unpolitischen* bemüht sich Thomas Mann um eine komplexere Argumentation, die dem Buch auch heute noch den Reiz der unzeitgemäßen Betrachtung verleiht. Es ist der Angriff Heinrich Manns, der dazu nötigt, die eigenen Argumente zu verbessern, der zu weitausholenden Rechtfertigungen und einer gewissenhaften, sechshundertseitigen Umständlichkeit zwingt. Thomas Mann empfindet den im November 1915 erschienenen *Zola*-Essay als eine Art familiären 'Dolchstoß'; Worte, die er für das blutige Geschehen auf den Schlachtfeldern nie verwendet, scheinen ihm hier angebracht: Schon der zweite Satz von *Zola* sei ein gegen ihn, Thomas Mann, gerichteter "unmenschlicher Exzeß" gewesen.[44] Er scheint nicht erwartet zu haben, daß seine Propagandaaufsätze mit einem großangelegten, auch von ihm selbst immerhin als "glanzvolle[s] Machwerk"[45] empfundenen Essay beantwortet werden würden, der für die weitere Auseinandersetzung der Brüder den Maßstab eines doppelbödigen Schreibens setzte. Heinrich Mann beschreibt die Rolle Émile Zolas im Dreyfuß-Prozeß und verbindet die Darstellung des engagierten Intellektuellen mit gezielten Seitenhieben gegen die aktuellen literarischen Gegner, gegen "die politisch Ahnungslosen, die Mitläufer, die das Unrecht verteidigen, die

---

wahrhaftig, man verwildert als läge man selbst im Schützengraben." – "Ach, diese Politik! Ich bin schon ganz erschöpft und verschwitzt davon, und doch verlangt es mich immer wieder zurück in den *Schützengraben*, ganz wie es jenen Verwundeten mit den sonderbaren Augen ergeht, denen man jetzt überall begegnet, und die auch fast immer durchaus wieder hinaus wollen, wo der große Blutrausch ist." – Thomas Mann: *Briefwechsel mit Autoren*, hrsg. v. Hans Wysling, Frankfurt a. M. 1988, S. 265f.

[44] Der Satz lautet: "Sache derer, die früh vertrocknen sollen, ist es, schon zu Anfang ihrer zwanzig Jahre bewußt und weltgerecht hinzutreten." H. M.: *Zola*, in: *Die weißen Blätter* 2, 1915, S. 1312-1382, dieses Zitat S. 1312. Auch in: Heinrich Mann: *Macht und Mensch. Essays*, Studienausgabe in Einzelbänden, hrsg. v. Peter-Paul Schneider, Frankfurt 1989, S. 43-128, hier S. 43.

[45] So Thomas Mann in einem Brief vom 3.1.1918; Briefwechsel TM-HM, S. 137.

Streber, die Nationaldichter werden wollen"[46], kurz: gegen Thomas Mann. Damit kehrt die abgedrängte 'Politik' herausfordernd zurück; die offenbar planlose längere Abhandlung, an der Thomas Mann bereits arbeitet, bekommt durch den *Zola*-Essay Anschub und Kontur. Die Attacken des 'Unpolitischen' richten sich nicht mehr an erster Stelle gegen Frankreich, gegen die, wie Thomas Mann in der Vorrede von 1918 schreibt, "respektvolle Feindschaft draußen" (XII, 33); Hauptgegner ist jetzt der "deutsche Vertreter des politischen Geistes". (XII, 32) Vor der kriegerischen Weltkulisse führen der 'Unpolitische' und der 'Zivilisationsliterat', der 'Ästhet' und der 'Sozialaktivist', der 'Mitläufer' und der 'Verräter' in diesem Buch eine Debatte weniger um "politische Wirklichkeiten als um politische Utopien"[47], um den Anspruch der Politik auf die Literatur. Kurt Sontheimer hat das von Thomas Mann mit zwei Stimmen geführte Literaten-Streitgespräch als "Geisterkampf in der Luft"[48] bezeichnet.

Die *Betrachtungen* sind sicherlich mehr Experiment als Bekenntnis. Wäre es Thomas Mann nur auf "erzkonservatives Rumpeln"[49] (Martin Walser) angekommen, so hätte er bei den Pamphleten bleiben können und nicht einen Essay von solch wucherndem Umfang verfassen müssen. Anstatt jahrelang alle Kräfte auf "die schädliche und kompromittierende Galeeren-fron dieses Buches, die niemand von mir verlangte noch erwartete" (XII, 40), zu verwenden, hätte er, gesichert durch den stabilen Lebensrahmen einer rigiden politischen Weltanschauung, den unterbrochenen *Zauberberg* fortschreiben können. Daß er sich indessen zur "Revision aller Grundlagen" aufgefordert sah, hat er mit eindringlichen Worten in der Vorrede glaubhaft gemacht:

[...] ein Fortarbeiten an jenen Dingen [...] erwies sich, bei wiederholten Versuchen, als ganz unmöglich: dank nämlich den geistigen Zeitumständen, der Bewegtheit alles Ruhenden, der Erschütterung aller kulturellen Grundlagen, kraft eines künstlerisch heillosen Gedankentumults, der nackten Unmöglichkeit auf Grund eines *Seins* etwas zu *machen*, der Auflösung und Problematisierung dieses Seins selbst durch die Zeit und ihre Krisis, der Notwendigkeit, dies in Frage gestellte, in Not gebrachte und nicht mehr als Kulturgrund fest, selbstverständlich und unbewußt ruhende Sein zu begreifen, klarzustellen und zu *verteidigen* [...]. (XII, 12)

---

[46] Hermann Kurzke: *Thomas Mann. Epoche – Werk – Wirkung*, S. 143. (Dort auch S. 143-145 ein Abdruck wichtiger Passagen aus dem *Zola*-Essay.)

[47] Kurt Sontheimer: *Thomas Mann und die Deutschen*, München 1961, S. 44.

[48] Kurt Sontheimer: *Thomas Mann und die Deutschen*, S. 45.

[49] Martin Walser: *Selbstbewußtsein und Ironie*, Frankfurt a. M. 1981, S. 104

Die *Betrachtungen* dienen dazu, den "heillosen Gedankentumult" anhand der ins Extrem getriebenen Gegensätze zu ordnen; sie sollen keine gesicherten Überzeugungen demonstrieren. Der Weltkrieg ist Projektionsfläche für den Bruderzwist; der Streit der Brüder wiederum erhält seine Dynamik und Vehemenz aber auch dadurch, daß Thomas Mann die Position Heinrichs dazu benutzt, *eigene* Widersprüchlichkeiten auszutragen. Diese innere Zwiespältigkeit macht sich immer wieder und oft überraschend geltend, etwa wenn Thomas Mann über seine eigene Teilhabe an der 'Zeittendenz' spricht, wie oben schon an dem Selbstkommentar zu *Königliche Hoheit* deutlich wurde, wenn er gar, innehaltend, der eigenen 'Entschlossenheit' mit dem Gestus des 'Was-mache-ich-hier-eigentlich?' begegnet:

Was habe ich im Grunde gemein mit diesem strotzenden Volk, dessen ungeheure Tüchtigkeit heute den Schrecken und die Bewunderung derer bildet, die sich zusammentaten, um es zugrunde zu richten? Chronist und Erläuterer der Décadence, Liebhaber des Pathologischen und des Todes, ein Ästhet mit der Tendenz zum Abgrund: wie käme *ich* dazu, mich mit Deutschland zu identifizieren, wie komme *ich* zur positiven Kriegsteilnahme, zum patriotischen Enthusiasmus? Steht er mir an? Kommt er mir zu? Kann er echt sein?[50] (XII, 153f.)

Daß der scharfe Ton der *Betrachtungen* nicht Ausdruck der Entschiedenheit, sondern einer krisenhaften, gereizten Lebensstimmung ist, zeigt dann Thomas Manns Unbehagen angesichts manch beifälliger Aufnahme des Buches, keineswegs bloß in nationalistischen Kreisen. Am 15.4.1919 wurde in der Berliner *Täglichen Rundschau* eine Rezension von Karl Strecker veröffentlicht, die eigentlich ganz nach dem Geschmack des 'Unpolitischen' sein mußte.[51] Strecker pries die *Betrachtungen* enthusiastisch, bescheinigte ihnen "fast Lessingsche Dialektik" und an Nietzsche geschulten Stil, stellte sie – was Thomas Mann selbst gern tat – neben das Nietzsche-Buch Ernst Bertrams, lobte vor allem die Analysen von Wagner, Nietzsche, Schopenhauer, fand auch die "Zergliederung und Durchleuchtung" der eigenen Werke Thomas Manns fesselnd und versicherte dem Autor, "Wertvolleres gegeben" zu ha-

---

[50] Nicht zufällig zitiert der nationalsozialistische *Völkische Beobachter* am 16.1.1932 gerade diese Passage, um Thomas Mann mit seinen eigenen Worten 'das Urteil zu sprechen': "Thomas Mann *überlebt* seinen 'Tod in Venedig' samt seinen antidemokratischen 'Betrachtungen' [im Gegensatz zu Kleist, der nach der *Hermannschlacht* 'zerbrochen' sei; d. Verf.], um die heutige völkische Jugend zu verlästern. Das Urteil hat er sich wider Willen selbst geschrieben, als er in seinen Betrachtungen die rhetorische Frage aufwarf: '[...] Was habe ich im Grunde gemein mit diesem strotzenden Volk [...]'" usw. – In: Klaus Schröter (Hrsg.): *Thomas Mann im Urteil seiner Zeit*, S. 196.

[51] Karl Strecker: *Thomas Mann und Heinrich Mann. Ein Vergleich nach ihren beiden letzten Werken*, in: *Thomas Mann im Urteil seiner Zeit*, S. 87ff.

ben als einen Roman. Er sei, verglichen mit dem Bruder Heinrich Mann, "der selbständigere Denker, der feinere Kopf, der ernstere Arbeiter, der tiefer Gebildete, der größere Mensch". In seinem am 18.4.1919 geschriebenen Antwortbrief verbindet Thomas Mann Dank mit Kritik: "Sie werten ab zwischen meinem Bruder und mir, stellen den Einen über den Anderen. Das ist Ihr gutes Recht, das Recht des Kritikers. Aber der Wunsch und die Meinung des Buches ist dies nicht, und der Gegensatz selbst scheint mir zu wichtig und symbolisch, als daß mir die Stellung der Wert- und Rangfrage eigentlich willkommen sein könnte." (Br I, 160) Ungeachtet seiner gerade zu dieser Zeit heftigen antidemokratischen Ressentiments verteidigt Thomas Mann damit schon 1919 die Position des Bruders gegen einseitige Abwertung[52]. Wiederholt machte er darauf aufmerksam, daß auch die *Betrachtungen* das Werk eines Romanschriftstellers, nicht das eines Ideologen seien. So schreibt er am 11.9.1919 an Kurt Martens: "Ich muß wünschen, daß man das Buch im rechten Sinn und Geiste liest, d.h. nicht eigentlich als 'Buch', welches irgendwie führen und zu Meinungen überreden will, sondern als Roman, als die Darstellung eines bewußt erlebten und dabei schon innerlich distanzierten geistigen Schicksals."[53] (Br I, 147)

Es sind auch nicht an erster Stelle die demokratischen 'Meinungen' des Zivilisationsliteraten, die den Unpolitischen zu bissiger Polemik herausfordern. Daß Thomas Mann solche Überzeugungen zumindest gelten lassen kann, zeigen Passagen wie die folgende: Der Zivilisationsliterat "ist nicht Sozialdemokrat, natürlich nicht. Wie hätte schon vor dem Kriege die nüchtern-sachliche Tätigkeit der Gewerkschaften seinen Feuergeist nicht langweilen und anwidern sollen". (XII, 383) Was ihn herausfordert, ist vor allem der Umstand, daß der Zivilisationsliterat *als Künstler* politisch wirken will, daß er das, was für Thomas Mann Anlaß einer schweren Irritation ist: die Erschütterung stabil geglaubter Fundamente, das Eindringen der Politik in die autonome Kunstsphäre, zu seinem Geschäft macht, daß er von der quälenden "Bewegtheit alles Ruhenden" (XII, 12) profitiert. Die Vermischung von Literatur und Politik empfindet der Unpolitische als Heuchelei; die 'Politik' des Zivilisationsliteraten bleibt für ihn gerade ästhetizistischer Effekt, ein neuer Reiz, der Erfolg beim Publikum verspricht. Kritisiert wird nicht so sehr der demokratische Inhalt, sondern die Form der Zivilisations-

---

[52] Vgl. Herbert Lehnert/Eva Wessell: *Nihilismus der Menschenfreundlichkeit. Thomas Manns "Wandlung" und sein Essay "Goethe und Tolstoi"*, Frankfurt a. M. 1991 (= Thomas-Mann-Studien IX), S. 82f. u. André Banuls: *Thomas Mann und sein Bruder Heinrich – "eine repräsentative Gegensätzlichkeit"*, Stuttgart 1968, insb. S. 149.

[53] Fast gleichlautend enthält diese Leseanweisung auch bereits der Brief an Julius Bab vom 21.2.1919; DüD I, 672.

literaten-Gesinnung, vor allem ihre doktrinäre Selbstzufriedenheit. Anstatt ebenfalls angemessen verstört zu reagieren, blicke der Zivilisationsliterat auf die "Zeit und ihre Krisis" (XII, 12) mit der Genugtuung desjenigen, der es schon immer gewußt hat und sich gewiß ist, auf der richtigen Seite zu stehen. Schon vorher, vermutlich in Zusammenhang mit der Lektüre des *Zola*-Essays Anfang 1916, hatte Thomas Mann im Notizbuch 10 festgehalten:

Rede ich gegen die Demokratie? Was mich empört, was mich anwidert, ist die gefestigte Tugend, die doktrinäre, selbstgerechte u. tyrannische Hartstirnigkeit des Civilisationsliteraten, der den Grund gefunden hat, der ewig seinen Anker hält, und verkündigt, daß jedes Talent verdorren müsse, das sich nicht der Demokratie verschwört. Dann will ich lieber in Freiheit und Melancholie verdorren, als durch politische Borniertheit blühen u. selig werden. – Hingabe an eine Doktrin mag mit 20 Jahren ein schönes Zeichen sein. Mit 45 ist es das Philisterium, die Unterkunft.[54]

In Friedenszeiten konnte auch Thomas Mann der 'demokratischen Tendenz', immer ein wenig ironisch, Zugeständnisse machen; wenn sie jedoch nicht mehr im Zeichen von Korrektur und Kooperation, sondern als seligmachende Utopie für verwirrte Zeiten auftritt – so sieht es Thomas Mann offensichtlich, und der Utopismus ist noch zu Zeiten des *Zauberberg* ein Haupteinwand gegen Settembrini –, wird sie als gefährliche Bedrohung der Künstlerfreiheit empfunden, der aufs entschiedenste entgegenzutreten ist.

b) Antihumanitäre Humanität. "Einiges über Menschlichkeit" in den "Betrachtungen eines Unpolitischen"

Die *Betrachtungen* gehören nicht zu den vielgelesenen Werken Thomas Manns, und wer eher mit seinen Bekenntnissen zur Humanität vertraut ist, kann darüber erstaunen, daß 'Menschlichkeit' hier zum meist in Anführungszeichen gesetzten Kampfbegriff geworden ist. Immer wieder ist von der "entschlossene[n] Menschenliebe" des Zivilisationsliteraten die Rede (u. a. XII, 311, 508, 543), für Thomas Mann die "grauenhafteste Wortkoppelung [...], die je erfunden wurde"[55] (XII, 311), von einer "reklamehaften Art von Menschlichkeit" (477), von der "*Gassenmenschlichkeit*" gewisser Romane (438), von "Humanitätsbetulichkeiten recht abgeschmackter Art"

---

54 Thomas Mann: *Notizbücher* 7-14, hrsg. v. Hans Wysling und Yvonne Schmidlin, Frankfurt a. M. 1992, S. 239.
55 Erfunden wurde sie natürlich von Heinrich Mann im *Zola*-Essay: "Der Geist ist kein Wiesenbach, entschlossene Menschenliebe geht nicht friedlich in Gartenwegen." H. M.: *Zola*, S. 1357 (a. *Macht und Mensch*, S. 97).

(387), von "Menschheitszähren", die angesichts des Krieges "aus den Augen von Kerlen rinnen, die es im 'Frieden' nichts kostete, ihrem Nächsten das Herz aus der Brust zu reißen". (469) Der Unpolitische sieht einen gefährlichen Prozeß der "*Vermenschlichung* Deutschlands" im Gange, den "anzufeuern die eigentliche Angelegenheit und Sendung des Zivilisationsliteraten ist". (70) Ja, ihm dreht sich geradezu der Magen um bei dem "Begriffe und Wortschall 'Menschlichkeit' [...], diesem mit allen Ölen französischer Schönrednerei und angelsächsischen Cants gesalbten Lieblingswort der rhetorischen Demokratie [...]." (XII, 444f.) Thomas Mann befindet sich in einem Dilemma: Er, der selber seine 'Liebe zum Menschlichen' gerne betont, sie gar als "Geständnis" verstanden wissen will (VIII, 302), sieht das ganze Begriffsfeld usurpiert von einer Seite, die ihm wenig genehm ist. Daraus ergibt sich die Notwendigkeit, die eigenen Humanitäts-Vorstellungen und Bemühungen um die 'Menschlichkeit' abzugrenzen von denen des Zivilisationsliteraten. Es entsteht der heikle Entwurf einer 'nicht humanitären' oder sogar 'antihumanitären' Humanität.

Menschlichkeit und Menschenwürde sind für den Unpolitischen unabhängig von Zeitumständen und Lebensbedingungen: "es ist eine Albernheit, zu glauben, daß unter einer Republik 'menschenwürdiger' gelebt werde, als unter einer Monarchie. Dennoch ist man Politiker nur um den Preis, daß man dies glaubt." (XII, 436) Die Existenz eines Gefangenen im sibirischen Straflager ist in diesem Sinn, bei aller 'Unmenschlichkeit', die der Zivilisationsliterat beanstanden würde, ebenso 'menschlich' wie jede andere. "Soziale Umstände" vermögen vor allem das Glück, das der "Eudämonismus" der Aufklärung mehren wollte, weder zu "fördern" noch "hintanzuhalten": "Gab es im Ghetto kein Glück? Ich bin überzeugt, daß es dort welches gab. Gibt es im Deportationssibirien kein Glück? Ich habe das 'Totenhaus' immer als *eine Lebensform* empfunden, [...] und jede überhaupt menschenmögliche Lebensform ist zuletzt etwas Akzeptables, das Leben füllt sie aus, wie es ist, in seiner Mischung, seiner Relativität von Pein und Behagen, Lust und Qual..." (XII, 325) Hier steht der Unpolitische bei seinem 'Rückzugsgefecht' schon mit dem Rücken an der Wand; immerhin räumt er sogleich ein: "Es ist einwandfrei zutreffend, daß schon ein Gedanke wie dieser ein nur durch soziale Gunst ermöglichter Luxus ist, und daß man, um Lust und Kräfte für ihn zu haben, ein warmes Frühstück im Leibe haben müsse." (Ebd.)

Solche riskanten Erwägungen über das Glück im Unglück haben auch kaum noch etwas mit politischem Konservatismus zu tun. Die *Betrachtungen eines Unpolitischen* tragen ihren Titel zu Recht; das Argumentationsprinzip besteht häufig darin, daß der Autor die vom Zivilisationsliteraten aufgeworfenen politischen Fragen ganz bewußt als Künstler beantwortet. Während jener 'Humanität' politisch erst einfordert, fordert dieser auf zum "Erlebnis des Ewig-Menschlichen durch die Kunst". (XII, 435) Das Ästhetizistische an der 'unpolitischen' Auffassung von 'Menschlichkeit' fällt ins Auge. Sie ist durch dieselbe vollkommene Gleichgültigkeit gegenüber den Individuen gekennzeichnet wie die ästhetische Betrachtungsweise Schopenhauers. Wer die Idee von der Erscheinung zu unterscheiden weiß, heißt es im dritten Buch der *Welt als Wille und Vorstellung*, der "wird nicht mit den Leuten glauben, daß die Zeit etwas wirklich Neues und Bedeutsames hervorbringe". Vielmehr wird er

in den mannigfachen Gestalten des Menschenlebens und dem unaufhörlichen Wechsel der Begebenheiten [...] als das Bleibende und Wesentliche nur die Idee betrachten, [...] welche ihre verschiedenen Seiten zeigt in den Eigenschaften, Leidenschaften, Irrtümern und Vorzügen des Menschengeschlechts, in Eigennutz, Haß, Liebe, Furcht, Kühnheit, Leichtsinn, Stumpfheit, Schlauheit, Witz, Genie usw., welche alle, zu tausendfältigen Gestalten (Individuen) zusammenlaufend und gerinnend, fortwährend die große und die kleine Weltgeschichte aufführen, wobei es an sich gleichviel ist, ob, was sie in Bewegung setzt, Nüsse oder Kronen sind.[56]

Aus solch hoher Perspektive meint 'Menschlichkeit' natürlich nicht die engagierte Zuwendung zum Einzelnen und seinen Nöten, sondern den freien Blick auf ein Welttheater, dem nichts Menschliches fremd ist. Die 'Menschlichkeit' des Zivilisationsliteraten ist dagegen darauf aus, eine Welt herbeizuschreiben, in der, mit Schopenhauer gesprochen, die "Irrtümer [...] des Menschengeschlechts" eliminiert sind. Deshalb zieht er sich den Vorwurf zu, ein "Menschheitsschmeichler" zu sein, der, "wenn er von Menschlichkeit spricht, ausschließlich des Menschen Hoheit und Würde im Sinn hat, während sein Widerspiel [...] beim Worte 'Menschlichkeit' mehr des Menschen Schwäche, Ratlosigkeit und Erbärmlichkeit zu meinen geneigt ist". (XII, 444) Der Zivilisationsliterat betreibe eine "moralische Verkitschung der Welt und des Lebens", die "nicht Sache des Künstlers sein sollte: welcher nämlich das stärkste Interesse daran hat, daß dem Leben die schweren, todernsten Akzente nicht völlig abhanden kommen, und mit einer moralisch verschnittenen Welt nichts anzufangen wüßte". (Ebd.)

Trotzig versucht Thomas Mann nun alles, was der Zivilisationsliterat verdammt und abgeschafft sehen möchte, in sein Konzept der Humanität zu integrieren, ja, mehr noch, es als unverzichtbare Bedingung der Humanität zu begreifen. Er zitiert Sätze Dostojewskis, nach denen

---

[56] Schopenhauer: W I, 262f.

Jahrhunderte voller Leiden die Hauptschule des Christentums gewesen seien. Und im Anschluß fragt er: "Die *Entstehungsgeschichte* deutscher und russischer Humanität, – ist nicht auch sie dieselbe, – eine Leidensgeschichte nämlich?" (XII, 440f.) Ein zentrales Motiv im erzählerischen Werk Thomas Manns ist die Verfeinerung durch Leiden und Krankheit. So erscheint es durchaus als konsequenter Zug seines Denkens und nicht bloß als 'kalte' Apologie des Krieges, wenn er nun auch dem Weltkrieg, der grausame Leiden über Millionen bringt, sublimierende Wirkungen abgewinnen will. "Ist eine Humanität, eine philosophische Verantwortlichkeit für das Schicksal der Menschheit [...] denkbar, die *antihumanitär* genug wäre, den Krieg grundsätzlich gutzuheißen und für unentbehrlich zu erklären?" (XII, 456; Hervorh. d. Verf.) In einer bei Nietzsche abgeschauten "pädagogischen Härte und Denker-Unempfindlichkeit" (ebd.) befindet der Unpolitische, es sei eine Illusion, zu glauben, der Tod werde schrecklicher durch das Massensterben auf den Schlachtfeldern. "'Menschlichkeit' hindert nicht, daß wir alle zum bitteren Tode verurteilt sind; und es gibt Bett-Tode, so gräßlich wie nur irgend ein Feldtod. Auch ist jedes Herz nur eines begrenzten Maßes an Schrecken fähig, – worüber hinaus anderes beginnt: Stumpfheit, Ekstase, oder noch etwas anderes, [...] eine religiöse Freiheit und Heiterkeit, eine Gelöstheit vom Leben, ein Jenseits von Furcht und Hoffnung [...]."[57] (XII, 458)

Die vermeintliche 'Außerordentlichkeit' des Kriegs-Leides wird also bestritten; auf der anderen Seite sieht der Autor Gewinne: "Es kann, nach der Aussage vertrauenswürdiger Beobachter, von individueller Verrohung durch den Krieg keine Rede sein. Nach ihnen liegt *die Gefahr* vielmehr in einer *Verfeinerung* des einzelnen Mannes durch ein so langes Kriegsleben, geeignet, ihn seinem Alltag auf immer zu entfremden. [...] Es ist nicht Dichter-Einbildung erforderlich, um ahnungsweise zu ermessen, welche seelisch-geistige, religiöse Erhöhung, Vertiefung, Veredelung die jahrelang-tägliche Nähe des Todes im Menschen hervorbringen [...] kann. Das kümmerliche Weib des aus der Welt heimkehrenden Kriegers wird einen anderen Mann wiederempfangen, als den, der auszog." (XII 460) Viele kehren jedoch gar nicht heim oder gräßlich verstümmelt; ein Anblick, der den "humanitären Sinn" mehr noch als die fernabliegenden Frontgesche-

---

[57] Offensichtlich ist dies mit Anklang an eine Passage aus Goethes *Wahlverwandtschaften* geschrieben: "Glücklicherweise kann der Mensch nur einen gewissen Grad des Unglücks fassen; was darüber hinausgeht, vernichtet ihn oder läßt ihn gleichgültig. Es gibt Lagen, in denen Furcht und Hoffnung eins werden, sich einander wechselseitig aufheben und in eine dunkle Fühllosigkeit verlieren." Goethe: *Hamburger Ausgabe in 14 Bänden*, hrsg. v. Erich Trunz, München 1981, Bd. 6, S. 376.

nisse empören muß. Aufschlußreich schildert der Autor seine Begegnung mit zwei Kriegsinvaliden. Seine erste Reaktion entspricht der des Zivilisationsliteraten: "Auch ich bin ein Mensch, und mir schauderte. Euch haben sie zugerichtet! dachte ich. Nein, es ist unglaublich, Wahnsinn, Verbrechen und Schande." (XII, 471) Bei längerem Hinschauen aber vergehen die pathetischen Empfindungen. Aus der Nähe ist das Leben "schlichter, bescheidener, unrhetorischer, kaum je ohne humoristischen Einschlag, und kurzum viel menschlicher [...]." Die nun folgende Beschreibung will ausdrücklich die "Sympathie" und "Wahrheitsliebe" des Betrachters und die "Menschlichkeit" der Betrachteten herausstellen. (Ebd.) Sie zeigt aber erneut, wie schon der *Tonio Kröger*, daß gerade die Nähe des 'Menschlichen' eine Irritation entstehen und die 'Sympathie' in Verachtung umschlagen läßt:

Die Verstümmelten waren schweigend marschiert, und das hatte unzweifelhaft die tragische Würde ihrer Erscheinung verstärkt. Würdig, schön, als ästhetisch beunruhigende Erscheinung wirken Menschen fast immer nur, solange sie schweigen. Tun sie den Mund auf, so ist es meist aus mit der Achtung vor ihnen. Die Würde und Schönheit der Tiere ist sehr an die Tatsache gebunden, daß sie nicht sprechen können. – Eben jetzt fingen sie an zu reden, die beiden. Sie sprachen miteinander in ihren kopfigen oberbayrischen Schmalzlerstimmen, in ihrem dumpf polternden Dialekt voll mittelhochdeutscher Diphtonge wie oa und üa. (XII, 472)

Die Beobachtung der beiden Kriegsversehrten kommt zu dem Schluß, daß ein Aufschrei im Namen der 'Menschlichkeit' fehl am Platz sei; auch ihnen sind gewisse 'Wonnen der Gewöhnlichkeit' nicht verschlossen: Die Schmerzen sind "fast schon vergessen", sie machen Spaziergänge in der Sonne, sie lachen, und sie führen ihr kleines Gespräch, das wahrscheinlich "an das Mittagessen, die Verdauung anknüpft". (XII, 472f.) Die erzählerische Skizze soll illustrieren, daß der Unpolitische ein 'Verhältnis zum Menschlichen' besitzt, das ohne 'Reklamehaftigkeit' auskommt, vielmehr von selbstverständlicher Sympathie getragen ist. Gegen das Humanitätspathos des Zivilisationsliteraten wird das 'Gewöhnlich'-Menschliche zur Geltung gebracht; die menschliche Normalität jedoch – das zeigt die Passage ganz deutlich – verdient keine Achtung, sie ist ohne "Würde". Der Text beweist mehr die "Wahrheitsliebe" als die "Sympathie" des Autors. Seine 'Menschlichkeit' will nicht Partei ergreifen, sondern objektiv sein; diese forcierte Objektivität geht aber mit einer Distanz des Betrachters einher, die in ihrem nüchternen Aufrechnen immer wieder den Eindruck des "Kaltstellen[s] der Empfindung" (VIII, 301) macht: "Der Einarmige, nun, er hatte ja immerhin noch einen Arm, und zwar den rechten. Auf allen möglichen Feldern, in der

Landwirtschaft, der Industrie und als Handwerker konnte er noch seinen Mann stehen, und dann, bis zu welcher Vollendung hatte die fortschreitende Technik es nicht auf dem Gebiet der künstlichen Gliedmaßen gebracht!" (XII, 474) Aus dem Zusammenhang genommen, könnte der Satz als Beispiel schwarzen Humors gelten ("Vollendung"), gar seinen Platz in einer pazifistischen Satire finden. Ebenso die Begründung, weshalb "grenzenloses Mitleid" mit den Kriegsblinden unangebracht sei:

> Blinde, hörte ich, seien meist milde, gelassene, heitere Menschen [...]. Ich machte die Bekanntschaft eines liebenswürdigen Herrn, der seit Kindheitstagen stockblind ist. Leicht und anmutig sein Stöckchen vor sich herbewegend geht er [...] in den Straßen Berlins seinen Geschäften nach, – durch die Tunnel der Untergrundbahn, über den Potsdamerplatz. Pfützen umgeht er, wie er es macht, weiß niemand. [...] Außerdem besitzt er eine Repetieruhr mit wohlklingendem Glockenspiel, um die ich ihn immer beneidet habe. (XII, 474)

Auch diese Prosaminiatur bekommt im Zusammenhang der *Betrachtungen* eine befremdliche Komik, durch den beschwingten Ton und schließlich den offenkundigen Sprung ins Unsinnige: daß der heitere Mann auch noch eine beneidenswerte Uhr mit Glockenspiel besitzt, kann die 'Empörung' über das Schicksal der Kriegsblinden gewiß nicht beruhigen. Noch in jüngster Zeit hat insbesondere dieses Kapitel Thomas Mann den Vorwurf 'kalter' Unmenschlichkeit eingetragen.[58] Seitenlang zeigt sich der immer wieder mit seinem Autor hadernde Biograph Klaus Harpprecht bestürzt darüber, daß Thomas Mann 'es wagen konnte', solche Sätze zu schreiben; "geliehener Heroismus" verbinde sich da mit "klebrigem Kitsch"; Ernst Jünger hätten "kaum kältere Worte in die Feder geraten" können.[59] Der Umstand, daß Thomas Mann, von der antipolitischen Leidenschaft getrieben, sich immer wieder gezwungen sah, 'scheinbar' die "Sache der Inhumanität" (XII, 446) zu führen, ist sicherlich *ein* Grund für das Unbehagen, das die Niederschrift der *Betrachtungen* wie die keines anderen Werkes begleitete. "Ich habe mich [...] in manche Position drängen lassen, die zu halten ich wenig Lust habe", schrieb er bereits am 21.2.1919 an Julius Bab.[60] Wenn er bei Erscheinen des Buches eine romanhafte Lesart empfahl, die hinter den 'Meinungen' die "Darstellung eines [...] schon innerlich distanzierten geistigen Schicksals" nachvollzieht, so scheint er der polemischen Leidenschaft des Werks eine

---

[58] Bereits Alfred Baeumler erwähnt die "Episode des Einarmigen und des Blinden, der ein [...] Kritiker des Buches Ungeheuerlichkeit vorwarf". A. B.: *Metaphysik und Geschichte. Offener Brief an Thomas Mann*, in: *Neue Rundschau* 31 (1920), S. 1113-1129, dieses Zitat S. 1119.

[59] Klaus Harpprecht: *Thomas Mann. Eine Biographie*, S. 419ff.

[60] DüD I, 672.

konträre Wirkungsabsicht zu unterlegen. "Reinigung" und "Befreiung" hat Thomas Mann in seiner ersten patriotischen Begeisterung dem Kriegsausbruch 1914 zugeschrieben; es scheint eher, als wären dies treffende Bezeichnungen für die jahrelange Arbeit an den *Betrachtungen*. Dies gilt insbesondere im Verhältnis zum unterbrochenen *Zauberberg*. Schon 1917 bemerkte Thomas Mann in einem Brief an Paul Amann, daß er die *Betrachtungen* vor allem deshalb schreiben müsse, "weil infolge des Krieges der Roman sonst intellektuell unerträglich überlastet worden wäre".[61]

Wie wenig die Defensivposition der ästhetizistisch-'antihumanitären' Humanität überzeugen kann, ist deutlich geworden; der 'unpolitischen' Sympathie mit dem 'Menschlichen' steht die Verachtung des Gewöhnlich-Menschlichen entgegen. Die Verbindung von konservativem Skeptizismus und humoristischer Menschenfreundlichkeit, die Thomas Mann auch in den *Betrachtungen* bei Fontane bewundert[62], scheitert daran – um so problematischer, weil sich der Unpolitische ja nicht, wie der Zivilisationsliterat, auf ein Zukunftsbild vom Menschen herausreden kann, dem seine 'Liebe' gelte. Er sucht stattdessen eine rückwärtsgewandte Zuflucht. Am Ende des Kapitels "Einiges über Menschlichkeit" wird das Ewig-Menschliche nun gänzlich als Entronnensein vom Gewöhnlich-Menschlichen verstanden; die vergangenheitsfromme Menschlichkeit, die der Unpolitische vorbehaltlos bejahen kann, findet er schließlich in der Kirche:

Daß es noch heute [...] Stätten gibt, die ihren Besuchern ein gut Teil solchen Anstandes auferlegen, Orte, an denen auch der ehrfurchtsloseste Lümmel das Hutfabrikat herunterzunehmen, die Stimme zu dämpfen, die Visage ruhig, ernst, beinahe nachdenklich und jedenfalls ehrerbietig zu machen [...] gehalten ist; daß es *heilige* Orte gibt, heute noch, gefriedete Freistätten der Seele, wo der Mensch, dem üblen Gebrodel irgend einer Großstadtstraße entronnen, umgeben plötzlich von hallender Stille, farbigem Dämmer, angehaucht vom Duft der Jahrhunderte, dem Ewigen, Wesentlichen, kurz dem Menschlichen Aug in Aug gegenübersteht – das hat etwas Phantastisches, Unglaubwürdiges und ist ein großes herrliches Labsal. (XII, 479)

Die Suche nach dem 'Menschlichen' geht über das banale, alltägliche Leben mit seinen 'Visagen' hinweg und findet es, befreit aufatmend, in einem 'wirklichkeitsreinen' Raum: "Zwei Schritte seitwärts von der amüsanten Heerstraße des Fortschritts, und ein Asyl umfängt dich, wo der Ernst, die

---

61 Brief vom 25.3.1917. – *Briefe an Paul Amann 1915-1952*, hrsg. v. Herbert Wegener, Lübeck 1959, S. 53.
62 Vgl. XII, 435. An einer Szene des *Stechlin* rühmt Thomas Mann hier die "Vernichtung der Politik durch Freiheit, Resignation und Güte".

Stille, der Todesgedanke im Rechte wohnen und das Kreuz zur Anbetung erhöht ist. Welche Wohltat! Welche *Genugtuung!*" (XII, 480) Eine augen-labende Menschlichkeit von der Art, wie sie auf der Großstadtstraße nicht zu finden ist, rühmt der Unpolitische auch an den Gemälden Böcklins sowie denen Ludwig von Hofmanns (vgl. XII, 478f.), die später im *Zauberberg* als Vorlage zur Beschreibung der Sonnenleute dienen. "Ich liebe sehr seinen Strich und seine arkadische Schönheitsphantasie", notiert Thomas Mann am 3.3.1919 im Tagebuch.[63] In den *Betrachtungen* werden solche Phantasien wiederum der verächtlichen 'Gewöhnlichkeit' entgegengesetzt: Sie bieten "dem von Frechheit, Schlechtigkeit und Pöbel-Gier gehetzten Blick eine Vision und Traumzuflucht würdevoll-demütigenden Menschenanstandes." (XII, 479) Die 'Menschlichkeit', für die Thomas Mann in den *Betrachtungen* eintritt, bleibt noch ganz in der Traum-Wirklichkeit-Problematik des Frühwerks befangen. Nach wie vor stehen sich das verachtete 'Leben' und die wirklichkeitsreine "Traumzuflucht" wie zwei Welten gegenüber, eine weite Kluft dazwischen. "Die große Mehrzahl der Menschen bedarf der Gebundenheit durch Ehrfurcht, um einen erträglichen [...] Anblick zu bieten", hieß es (XII, 481); "tun sie den Mund auf, ist es meist aus mit der Achtung vor ihnen". 'Locker sitzende Verachtung' kennzeichnet die anti-humanitäre Humanität der *Betrachtungen eines Unpolitischen* ebenso, wie sie die 'Liebe zum Menschlichen' im *Tonio Kröger* beeinträchtigte.

3. Moralische Vereinfachung – Die umstrittene politische 'Wandlung'

a) Unrettbar fremd im Politischen?

Die Formel von der politischen 'Wandlung' Thomas Manns hat zweifellos etwas Unbefriedigendes. Sie verführt dazu, Damaskuserlebnisse zu erwarten und langwierige, schwerer faßbare Entwicklungsprozesse zu vernachlässigen.

---

[63] Vgl. den Brief Thomas Manns an Ludwig von Hofmann vom 27.6.1914 (Br I, 110) sowie den Aufsatz v. Hanno-Walter Kruft: *Thomas Mann und die bildende Kunst*, in: TMHb, 343-357, insb. S. 344f. – Abbildungen der für Thomas Mann wichtigen Hofmann-Bilder finden sich bei Heinz Saueressig: *Die Bildwelt von Hans Castorps Frosttraum*, Biberach a. d. Riß 1967 u. Hans Wysling (Hrsg.): *Bild und Text bei Thomas Mann. Eine Dokumentation*, Bern 1989, S. 178-183. Zum Thema Hofmann jetzt auch der Aufsatz von Thomas Sprecher: "*Une promesse de bonheur" – Thomas Manns Neigung zum Œuvre Ludwig von Hofmanns*, in: Jahrbuch 10 der Bayerischen Akademie der Schönen Künste (München), Schaftlach 1996, S. 147-178.

Sie weckt zudem die Erwartung des Eindeutigen: daß der unpolitische Konservative jenseits der Wasserscheide von 1922 zurückbleibt und der politische Republikaner diesseits seine klarumrissene demokratische Identität zu erkennen gibt. Damit macht sich das Sprechen von der 'Wandlung' natürlich angreifbar, und an leicht zu führenden Nachweisen, daß der Demokrat Thomas Mann deswegen kein solcher sei, weil er in vielem seiner alten Ideenwelt verhaftet bleibe, hat es nie gefehlt.

In der jüngeren Literatur zu Thomas Mann wird die 'Wandlung' überwiegend als Oberflächenphänomen dargestellt, das eine fortwirkende romantisch-ästhetische Grundhaltung kaum berühre, das vor allem in den Romanen und Erzählungen ohne Niederschlag bleibe. So schreibt Joachim C. Fest: "In seinem gesamten erzählerischen Werk jedenfalls hat die so spektakulär empfundene Wandlung von 1922 keinen merkbaren Widerhall gefunden."[64] Sowohl Heinrich wie Thomas Mann seien "unrettbar fremd im Politischen gewesen"[65], ihre Briefe und während der Emigration verfaßten "Kommentare zum Tage" als "eine einzigartige Sammlung von Fehlurteilen und Wunschbildern"[66] zu begreifen. Auch für Marcel Reich-Ranicki ist Thomas Mann zeitlebens der Unpolitische geblieben, dessen politische Reden und Aufsätze sofort erkennen lassen, "wie wenig ihn im Grunde derartige Fragen interessieren".[67] Nach Hans Wißkirchen "betreibt Thomas Mann eine besonders subtile Form des Etikettenschwindels, wenn er seine konservativen Vorstellungen von Deutschland als republikanische bezeichnet".[68] Hermann Kurzke vertritt eine Sicht, "die die antiaufklärerischen, antipolitischen und antidemokratischen Elemente als tragende sehen lernte, denen die spätere demokratische Politik Thomas Manns nur mühsam und nie mit durchschlagendem Erfolg abgerungen wurde".[69] Immerhin: "Die Tapferkeit mit der er seine Rolle spielte [...], verdient nicht unseren Hohn, sondern unseren Respekt."[70] Martin Walser gehört zu denen, die eher mit Hohn über den demokratischen Thomas Mann urteilen: "Er hat manchen fortschrittlicheren Ton probiert, keiner gelang so, wie der konservative der *Betrachtungen*."[71] Auch Eckhard Heftrich betont die Kontinuität von

---

64 Joachim C. Fest: *Die unwissenden Magier*, S. 24.

65 Joachim C. Fest: *Die unwissenden Magier*, S. 14.

66 Joachim C. Fest: *Die unwissenden Magier*, S. 13.

67 Marcel Reich-Ranicki: *Thomas Mann und die Seinen*, S. 178f.

68 Hans Wißkirchen: *Zeitgeschichte im Roman*, S. 101.

69 Hermann Kurzke: *Auf der Suche nach der verlorenen Irrationalität*, S. 8f.

70 Hermann Kurzke: *Thomas Mann. Epoche – Werk – Wirkung*, S. 295.

71 Martin Walser: *Selbstbewußtsein und Ironie*, S. 104.

Thomas Manns Ästhetizismus, die gleichbleibend 'unpolitischen' Züge.[72] Børge Kristiansen schließlich sieht in den politischen Bemühungen der zwanziger Jahre kaum mehr als bloße Anpassung an die neuen politischen Gegebenheiten.[73] Thomas Manns "Schopenhauersche Menschenauffassung"[74] führe ihn zu einem "Geschichtsdenken [...] von lebensfatalistischer Observanz", entsprechend sei "in der Rede *Von deutscher Republik* das Argument gegen die Monarchie und für die Demokratie, daß jene vom 'Schicksal' beseitigt worden ist, während dagegen diese die 'Wahrheit und das Leben' für sich" habe.[75] Das Mißtrauen in die "conditio humana", die "Verzweiflung" über die "Ausweglosigkeit des Menschen, dessen geistige, humane und kulturelle Bemühungen durch die triebhafte Natürlichkeit entmachtet werden" disponiere Thomas Mann grundsätzlich nicht für die Demokratie, sondern "für den Gedanken einer totalitären Humanität".[76] Während die anderen Autoren das Bekenntnis zur Republik immerhin, bei aller festzustellenden Politikfremdheit Thomas Manns, als hochherzige Entscheidung gegen den Totalitarismus würdigen, macht Kristiansen in den durchweg gegen den aufstrebenden bzw. zur Macht gelangten Nationalsozialismus gerichteten Essays und Reden untergründige 'totalitäre Strukturen'[77] aus.

Die skeptische Haltung gegenüber dem Republikaner Thomas Mann, die sich in den letzten zwei Jahrzehnten durchgesetzt hat, ist auch als Reaktion auf ein allzu affirmatives Thomas Mann-Verständnis zu begreifen, das die humanistischen Formeln des Demokraten bereitwillig nachsprach, als Gegenentwurf zum respektheischenden Bild des Praeceptor Germaniae. Thomas Mann hat es denen, die den Wandlungsprozeß relativieren oder gar bestreiten wollen, allerdings leicht gemacht. Schon angesichts der aufgereg-

---

72 Eckhard Heftrich: *Zauberbergmusik. Über Thomas Mann*, Frankfurt 1975, S. 1-32.

73 Børge Kristiansen: *Freiheit und Macht. Totalitäre Strukturen im Werk Thomas Manns. Überlegungen zum "Gesetz" im Umkreis der politischen Schriften*, in: *Internationales Thomas Mann Kolloquium 1986 in Lübeck*, Bern 1987 (= Thomas-Mann-Studien VII), S. 53-72.

74 Børge Kristiansen: *Freiheit und Macht*, S. 67.

75 Børge Kristiansen: *Freiheit und Macht*, S. 69.

76 Børge Kristiansen: *Freiheit und Macht*, S. 67.

77 In der Erzählung *Das Gesetz*, schreibt Kristiansen, "kristallisieren sich die Sympathien für Form und Struktur des Totalitarismus aus, die auch in der Essayistik der zwanziger und dreißiger Jahre deutlich genug vorhanden sind". (*Freiheit und Macht*, S. 67) Sinnvoller erscheint hier die Bezeichnung Herbert Lehnerts; er spricht von Thomas Manns "autoritäre[m] Demokratiebegriff". Der Unterschied zwischen 'autoritär' und 'totalitär' entspricht jedenfalls dem Unterschied zwischen einer Haltung, die noch innerhalb des republikanisch-demokratischen Spektrums, und einer, die deutlich außerhalb desselben anzusiedeln ist. H. L./Eva Wessell: *Nihilismus der Menschenfreundlichkeit*, S. 15.

ten Reaktionen der zeitgenössischen konservativen Presse, von der die Republikrede durchaus als 'Wandlung', mehr noch, als Verrat, "Überläuferei", "Umfall" gewertet wurde, bestritt er schlichtweg, daß von einer "Sinnesänderung", einem "Gesinnungswechsel" überhaupt die Rede sein könne (XI, 809); er selbst führte die verwischende Unterscheidung von Sinn und Gedanke, Sein und Meinen in die Debatte ein. "Aber Gedanken, möge das auch sophistisch klingen, sind immer nur Mittel zum Zweck, Werkzeug im Dienst eines Sinnes, und gar dem Künstler wird es viel leichter, als unbewegliche Meinungswächter wissen können, sich anders denken, anders sprechen zu lassen als vordem, wenn es gilt, einen bleibenden Sinn in veränderter Zeit zu behaupten." (XI, 809) Das sind in der Tat sophistische Unterscheidungen. Mit gleichem, ja mit größerem Recht läßt sich behaupten, daß in der Republikrede die romantische Gedankenwelt noch ziemlich unverändert geblieben ist, daß ihr jedoch ein veränderter Sinn unterlegt wird. Der Sinn der Rede ist unmißverständlich das Bekenntnis zur vom Extremismus bedrängten Weimarer Republik; diese Unmißverständlichkeit ist der Grund für die Aufregung im rechten Spektrum der Republikfeinde, die sich des Autors der *Betrachtungen* sicher zu sein glaubten. Die Begrifflichkeiten des Fortschritts und der demokratischen Tradition faßt Thomas Mann nach wie vor nur mit den Fingerspitzen an; er will stattdessen zeigen, daß sich die Republik mit seinen im wesentlichen gleichgebliebenen Vorstellungen von Humanität vereinbaren, sich mit ihnen erfüllen lasse, und daß dieser Versuch größeren Wert habe als ein verneinender konservativer Hochmut, dem nur die Wahl bleibt zwischen der Wirklichkeitsreinheit utopischer Träume und der schmutzigen Wirklichkeit terroristischer Gewalt. Vor dem Hintergrund der Wirklichkeits-Problematik des Frühwerks erscheint dieser neue, pragmatische Weg durchaus als 'Wandlung'.

Nicht demokratiebegeisterte Gesinnungsethik, sondern ein verantwortungsethisches Gegensteuern kennzeichnet von Anfang an Thomas Manns Hinwendung zur Republik[78]. Die 'sittliche Notwendigkeit' seiner politischen Auftritte hat für ihn nie in Frage gestanden[79], seine politischen Argumente dagegen beobachtete er selbst immer wieder mit Zweifeln. Vor allem in seinen späten Briefen finden sich Äußerungen, die rückblickend ein Unbehagen an der öffentlichen Rolle zum Ausdruck bringen. So schreibt er am 13.3.1952 an Ferdinand Lion: "[...] meine demokratische Attitüde ist nicht recht wahr, sie ist eine bloße Gereiztheitsreaktion auf den deutschen

---

[78] Vgl. Hans Wißkirchen: *Zeitgeschichte im Roman*, S. 131ff.

[79] Vgl. Hermann Kurzke: *Thomas Mann. Epoche – Werk – Wirkung*, S. 179.

Irrationalismus und Tiefenschwindel [...] und auf den Faschismus überhaupt, den ich nun einmal wirklich und ehrlich nicht leiden kann. Er hat es fertiggebracht, mich zeitweise zum demokratischen Wanderredner zu machen, – ein Rolle, in der ich mir oft wunderlich genug vorkam. Ich fühlte immer, daß ich zur Zeit meines reaktionären Trotzes in den 'Betrachtungen' viel interessanter und der Platitüde ferner gewesen war." (Br III, 248) Auch aus einem Brief an Agnes E. Meyer vom 22.1.1938 geht hervor, daß Thomas Mann das Politische als bisweilen lästige Pflichtaufgabe empfunden hat, die er nicht überbewertet wissen wollte, jedenfalls dann nicht, wenn sie die Aufmerksamkeit vom künstlerischen Werk abzog: "Es freut mich sehr zu hören, daß Sie [...] das Hauptgewicht auf meine künstlerischen, kulturellen Bemühungen zu legen beabsichtigen, in einem richtigstellenden Protest gewissermaßen gegen die allzu starke Hervorhebung des Politischen an meiner Erscheinung. Ins Politische bin ich allein durch die Umstände getrieben worden, sehr gegen meine Natur und gegen meinen Willen."[80]

Wer also die Auffassung vertritt, daß Thomas Manns Entscheidung für die Republik innerste 'unpolitische' Überzeugungen unberührt läßt, findet zahlreiche Anhaltspunkte in dessen eigenen Äußerungen. Aber läßt dies seine politischen Bemühungen unglaubhaft, sein Eintreten für die Demokratie als gering zu achtenden Etikettenschwindel, als bloß äußerlichen Anpassungsversuch an das 'Gegebene' erscheinen? Daß gerade ein eigentlich 'Unpolitischer' der einzige bedeutende Schriftsteller war, der der bedrohten Weimarer Republik seinen entschiedenen Beistand gegeben hat, während 'politische' Autoren, rechte wie linke, sie nur verachteten, daß gerade ein 'Unpolitischer' von Anfang an ein sicheres Gespür für die Gefahren des Nationalsozialismus hatte und ihn durch zahlreiche Reden, Aufsätze und tagespolitische Stellungnahmen mit den eigenen schriftstellerischen Mitteln bekämpfte, bis er schließlich in der amerikanischen Emigration als "weithin sichtbare und repräsentative Gegenfigur"[81] Adolf Hitlers gelten konnte – dies wäre dann doch wohl als um so eindrucksvollere politische Leistung zu würdigen, als Musterbeispiel demokratischer Verantwortlichkeit, die das Politische nicht den Berufspolitikern überläßt, sondern sich 'einmischt', ungeachtet aller Skrupel vor dem Platitüdenhaften und der unvermeidlichen Vorwürfe, unberufen, inkompetent, ein politischer

---

80 Thomas Mann – Agnes E. Meyer: *Briefwechsel 1937-1955*, hrsg. v. Hans R. Vaget, Frankfurt a. M.1992, S. 112.

81 Marcel Reich-Ranicki: *Thomas Mann und die Seinen*, Stuttgart 1987, S. 91.

Dilettant zu sein.[82] Auch wenn Thomas Mann die Politik nie zur Hauptsache werden ließ: sein nebenherlaufendes 'politisches' Werk umfaßt weit über tausend Seiten der dreizehnbändigen Gesamtausgabe, daneben enthalten die meisten großen Essays und Reden über Lessing, Goethe, Freud, Wagner, Nietzsche politische Bezüge und Stellungnahmen; die Hauptwerke *Der Zauberberg*, *Joseph und seine Brüder*, erst recht dann der *Doktor Faustus* nehmen die zeitgenössischen politischen Kontroversen, meist im Licht geistesgeschichtlicher Perspektiven, ins Erzählerische auf. Das vermeintliche Desinteresse am Politischen läßt sich angesichts der fortlaufenden Auseinandersetzung Thomas Manns mit Politik und Zeitgeschichte, auch seiner regelmäßigen politischen Kommentare im Tagebuch, nicht aufrechterhalten. Ob man Thomas Manns – allzu sehr an der eigenen Künstlerproblematik orientierte – Analyse des Faschismus im *Doktor Faustus* zureichend, überzeugend oder literarisch befriedigend findet, ist eine andere Frage; eine anregende Ergänzung üblicher Perspektiven ist sie in jedem Fall.

Diese politische Leistung wird noch erstaunlicher, wenn man sieht, daß Thomas Mann noch in den Tagebüchern 1918-21 nicht willens und wohl auch nicht in der Lage ist, das Politische und Soziale als ein – wie er später sagt – wichtiges "Teilgebiet des Menschlichen" (XII, 853) anzuerkennen. Die politischen Ereignisse werden vor allem auf die Kalkulationen des Bruderzwists bezogen. Die Ausschaltung des Zivilisationsliteraten ist hier offenbar noch Thomas Manns angelegentlichste Forderung an eine künftige politische Gestaltung Deutschlands: "Wird nicht das radikale Literatentum, der expressionistische Terror, der Unfug der Ekstase etc. in kulturellen Mißkredit kommen?" schreibt er am 2.5.1919 im Tagebuch. Orientierungslos träumt er von geistigen Synthesen ohne Bodenhaftung (vgl. TB 17.4.1919), schwankt in unkontrolliert ausbrechenden Sympathien zwischen linken und rechten Extremismen, um dann wieder zu einer Betrachtungsweise von harschem Realismus überzuwechseln, und immer steht im Hintergrund das Schreckgespenst des "Rhetor-Bourgeois". Fast grotesk die Notiz vom 24.3.1919: "Aufstand gegen den Rhetor-Bourgeois! Nationale Erhebung, nachdem man sich von den Schwindel-Phrasen dieses Gelichters das Mark hat zermürben lassen, in Form des Kommunismus dann meinetwegen, ein neuer 1. August 1914! Ich bin imstande, auf die Straße

---

82 Solche Vorwürfe gegen den politischen 'Amateur' stellten sich schon nach der Republik-Rede ein. Die *Münchner Zeitung* schrieb am 16.10.1922: "Der Dichter und Mitbürger Thomas Mann hat in Berlin Betrachtungen angestellt, in denen er nicht zu versichern brauchte, daß sie dem Mund eines Unpolitischen entströmten. So kann nur jemand sprechen, der in den Wolken schwebt, der von den Dingen, wie sie sind, nichts weiß und nichts wissen will." Zitiert nach Kurt Sontheimer: *Thomas Mann und die Deutschen*, S. 55.

zu laufen und zu schreien: 'Nieder mit der westlichen Lügendemokratie! Hoch Deutschland und Rußland! Hoch der Kommunismus!'" Fünf Wochen später ist dann jedoch von der "Kirgisen-Idee des Rasierens und Vernichtens" die Rede: "Wir sprachen auch von dem Typus des russischen Juden, des Führers der Weltbewegung, dieser sprengstoffhaften Mischung aus jüdischem Intellektual-Radikalismus und slawischer Christus-Schwärmerei. Eine Welt, die noch Selbsterhaltungsinstinkte besitzt, muß mit aller aufbietbaren Energie und standrechtlichen Kürze gegen diesen Menschenschlag vorgehen." (2.5.1919) Hinter Thomas Manns 'Hochrufen' sind weder politische Naivität noch ernstgemeinte Sympathien mit dem Kommunismus auszumachen[83], sondern weiterhin nur die antidemokratischen Antipathien und Ressentiments, die seine politische Phantasie in diesen Monaten abenteuerlich schweifen lassen.

b) Kompromittierung des Konservatismus. Rathenau

Wo liegen die Ursachen dafür, daß der Autor, der eben noch die Demokratie als Lüge und Gemeinheits-Betrieb abqualifiziert hat, in der 1922 gehaltenen Rede *Von deutscher Republik* die Zuhörer für den demokratischen Staat zu gewinnen sucht? Das in den *Betrachtungen* geführte Rückzugsgefecht der 'unpolitischen' deutschen Innerlichkeit war verloren. Die Position des Unpolitischen ließ sich nicht mehr aufrechterhalten. Die Nachkriegsjahre erlebten eine bis dahin nicht gekannte Politisierung, eine Ideologisierung, die den Charakter von Glaubenskämpfen annehmen konnte. Politik war nicht mehr, wie Thomas Mann noch in den *Betrachtungen* empfand oder empfinden wollte, "untergeordnet[e]" Sphäre (XII, 255), sie war zum "bestimmenden Element der Epoche" geworden (*Zu Lessings Gedächtnis*, 1929; X, 255). Thomas Mann ist in den ersten Jahren der Weimarer Republik ein suchender Konservativer[84], der einerseits die politischen Ereig-

---

[83] Der Kommunismus, den Thomas Mann hier zu billigen bereit scheint, wird von ihm als Gegenteil von politischem Totalitarismus, wird als Abschaffung der Politik gedacht. Die 'unpolitischen' Ideen der *Betrachtungen* werden jetzt einfach mit diesem in der Luft liegenden Etikett versehen. An Joseph Ponten schreibt Thomas Mann fünf Tage später, am 29.3. 1919: "Der Kommunismus, wie ich ihn verstehe, enthält viel Gutes und Menschliches: Sein Ziel ist am Ende die Auflösung des Staates überhaupt, [...] die Vermenschlichung und Entgiftung der Welt durch ihre Entpolitisierung. Wer wollte im Grunde dawider sein? Freilich, vor der 'Proletarierkultur' bekreuze auch ich mich doppelt und dreifach." (Br I, 158)

[84] Vgl. hierzu die Darstellung Terence J. Reeds: *Thomas Mann. The Uses of Tradition*, London 1974, S. 283-291.

nisse und öffentlichen Debatten daraufhin anschaut, wo sich Anknüpfungs-
punkte für seine Vorstellungen von einem romantisch-bürgerlichen
Deutschland finden lassen, der andererseits über einen "eigentümlichen
Weg", eine neue mittlere Rolle grübelt, die Deutschland zwischen westlicher Aufklärung und Demokratie und östlicher Religiosität und 'Menschlichkeit' erfüllen soll (u.a. X, 421).[85] Vage Aufbruchsstimmung verbindet
sich dabei schon bald mit der Gefahr, in ein utopisches Abseits zu
geraten[86], eine Isolation, die dem um 'Lebensverbundenheit' bemühten
Schriftsteller Unbehagen bereitete. Während Heinrich Mann den Ruhm des
Untertan auskosten konnte, Versammlungen und Salons besuchte, Reden
hielt, mußte Thomas Mann im Tagebuch feststellen: "Wurde mir bewußt,
daß ich eine einsame, abgesonderte, grüblerische, wunderliche und trübe
Existenz führe. H.'s Leben dagegen ist jetzt sehr sonnig." (TB, 29.12.1918)
Die Wiederherstellung der Monarchie kam für Thomas Mann nicht
ernsthaft in Frage, eine andere wirklichkeitsfähige Grundlage für einen
Konservatismus jenseits der Republik war nicht in Sicht. Kontakte zu
politischen Zirkeln wie dem Berliner Ring-Kreis blieben unbefriedigend,
zum einen sicherlich wegen des für den 'Repräsentanten' Thomas Mann
wenig reizvollen esoterischen Charakters solcher Zusammenschlüsse, zum
anderen aufgrund der ideologisch starren Haltung der Mitglieder, die mit
einem kreativen Aufbruch auf neuen Wegen wenig zu tun hatte und die
sich dann ja auch anläßlich der Republik-Rede in feindseliger Deutlichkeit
zeigen sollte.[87]
    Für weitere Verunsicherung hinsichtlich einer zukunftsfähigen 'unpoli-
tisch'-konservativen Orientierung sorgte dann der Umstand, daß die von
Thomas Mann im Namen von Kunstfreiheit und Romantik geführten
Attacken gegen die Demokratie auf den Straßen zunehmend blutig
ausgetragen wurden. Demokratiehaß war zur Parole sowohl der Freikorps
wie der zahlreichen bürgerlich-nationalistischen Vereinigungen geworden.
Wollte er nicht unfreiwillig zum Wortführer solcher unliebsamen Gruppierungen werden, konnte sich Thomas Mann die höhnende Kritik an der

---

[85] Einen einordnenden Überblick über Thomas Manns politische Gedankenspiele dieser
Zeit bietet Hermann Kurzke: *Thomas Mann. Epoche – Werk – Wirkung*, "Affinitäten zu
Theorien der 'konservativen Revolution'", S. 173ff. Vgl. auch Ders.: *Auf der Suche nach der
verlorenen Irrationalität*, S. 141-145.

[86] Vgl. hierzu Herbert Lehnert/Eva Wessell: *Nihilismus der Menschenfreundlichkeit*, "Isolierung und Anschluß, das Intime und die Welt", S. 73-84.

[87] Vgl. Herbert Lehnert/Eva Wessell: *Nihilismus der Menschenfreundlichkeit*, das Kapitel
"Näherung an den Berliner Ring-Kreis der Konservativen", S. 61-73. Vorher bereits knapp
hierzu Kurt Sontheimer: *Thomas Mann und die Deutschen*, S. 56.

republikanischen 'Tugend', an den 'Humanitätsphrasen' des Zivilisationsliteraten kaum mehr leisten. Sie findet sich gelegentlich noch in den
Tagebüchern; in den öffentlichen Äußerungen tritt dagegen das Bemühen
um Vermittlung hervor; es wird bereits begleitet von der Rechtfertigung der
Betrachtungen und der Warnung vor Mißverständnissen. Schon in *Klärungen*,
dem offenen Brief an Hermann Graf Keyserling von 1920, steht neben den
Ausführungen über die Kultur als "menschliche Ganzheit und Harmonie"
und eine anzustrebende "Synthese von Seele und Geist" (XII, 603) die
scharfe Absage an die gewaltbereiten Republikfeinde: "Man verwechsle auch
nicht Gemüt und Roheit! Denn Reaktion und Obskurantismus sind Roheit
– sentimentale Roheit; und wenn ich mich in den 'Betrachtungen' gegen die
Geistestugend auf die Seite der Romantik schlug, so ist es nur darum
unnötig, unsere Pogrom-Monarchisten und Patrioten-Lümmel vor Ver-
wechslungen zu warnen, weil sie die 'Betrachtungen' nicht lesen können."
(XII, 601f.)

Der Kapp-Putsch vom März 1920 bereitet Thomas Mann Verlegenheit:
"Politisch unwillkommener und störender konnte mir nichts sein, als der
Berliner Streich", notiert er am 20.3.1920 im Tagebuch. In einem Brief an
Ernst Bertram spricht er in diesem Zusammenhang von einer "schwere[n]
Kompromittierung der konservativen Idee".[88] Im Verlauf des Putsches
kommt es in München zu einem Regierungswechsel. Die sozialdemokra-
tisch-bürgerliche Regierung Hoffmann wird durch eine rechtsgerichtete
Führung unter dem 'starken Mann' Gustav von Kahr ersetzt[89]; "fraglich, ob
das klug", schreibt Thomas Mann im Tagebuch. (17.3.1920) Durch die
neuen Regierungsverhältnisse wird Bayern mehr noch als bisher zum
Sammelpunkt der rechten Republikfeinde: "Zu den Einwohnerwehren und
privaten Wehrverbänden, die bereits über dreihunderttausend Mann
zählten, stießen nach und nach auch alle jene unversöhnlichen Gegner der
Republik, die in anderen Teilen des Reiches mit staatlichen Interventionen
oder gar Strafverfolgungen zu rechnen hatten: Geflüchtete Anhänger
Kapps, unentwegte Resteinheiten aufgelöster Freikorps aus den Ostgebie-
ten, der 'Nationalfeldherr' Ludendorff, Fememörder, Abenteurer, nationale
Revolutionäre der unterschiedlichsten Richtung – sie alle aber geeint in der
Absicht, die verhaßte 'Judenrepublik' zu stürzen."[90]

---

[88] Brief vom 16.3.1920. *Thomas Mann an Ernst Bertram*, hrsg. v. Inge Jens, Pfullingen
1960, S. 88.

[89] Vgl. Joachim C. Fest: *Hitler. Eine Biographie*, Frankfurt/Berlin/Wien 1973, S. 193.

[90] Joachim C. Fest: *Hitler*, S. 194 – Vgl. auch Golo Mann: *Deutsche Geschichte des 19. und
20. Jahrhunderts*, Frankfurt 1958, S. 706.

In diesem gereizten Klima bereitet sich die 'Wandlung' Thomas Manns vor. Seine Annäherung an die Weimarer Republik ist nicht bloße 'Anpassung an das Gegebene'; das in München miterlebte Zeitgeschehen setzt ein Umdenken in Gang, in dem freilich nicht die Liebe zur Romantik vorbehaltlos durch republikanische Ideale ersetzt wird, jedoch ein zunehmendes Bewußtsein politischer Verantwortlichkeit entsteht. 'Anpassung an das Gegebene' ist die Hinwendung zur Republik schon deshalb nicht, weil in Bayern, noch verstärkt durch das "traditionelle bajuwarische Sonderbewußtsein", die scharfe Abneigung gegen das preußisch-protestantische Berlin, der Antirepublikanismus beinahe zur offiziellen Haltung geworden war[91], er besaß die Gunst der zivilen und militärischen Machtträger, die, selber mit dem hochverräterischen Gedanken eines 'Marsches auf das rote Berlin' spielend, auch den agitierenden Hitler nicht ohne Wohlwollen betrachteten. Ohne das Gefühl, im Bund mit der etablierten konservativen Macht zu sein, hätte Hitler nicht den Novemberputsch von 1923 gewagt; der anschließende, von ihm selber als Triumph empfundene Münchner Prozeß, von Zeitzeugen als 'politischer Karneval'[92] bezeichnet, spricht für sich: An seinem Ende "zeigte Hitler von einem Fenster des Gerichtsgebäudes aus sich der jubelnden Menge. Im Raum hinter ihm häuften sich die Blumen".[93]

Äußerer Anstoß für Thomas Manns Entschluß, mit einer politischen Stellungnahme in die Öffentlichkeit zu treten, ist die Ermordung Rathenaus am 24.6.1922 durch republikfeindliche Fanatiker. Politische Morde – fast immer trafen sie Demokraten oder Sozialisten – waren in der Weimarer Republik alles andere als eine Seltenheit, im Jahr zuvor war bereits der Zentrumspolitiker und ehemalige Finanzminister Matthias Erzberger einem Attentat zum Opfer gefallen. Anders jedoch als der "Politikertypus Erzberger" – Thomas Mann bezeichnet ihn im Tagebuch abschätzig als "fidelen Schieberkönig, diese echte Blüte der Republik" (29.2.1920)[94] – war Walther Rathenau für Thomas Mann eine Integrationsfigur wie Ebert und bald darauf Stresemann.[95] Das kompetente und redliche Bemühen dieser

---

91 Joachim C. Fest: *Hitler*, S. 194.

92 Vgl. Joachim C. Fest: *Hitler*, S. 274-278, hier S. 275.

93 Joachim C. Fest: *Hitler*, S. 278.

94 Tatsächlich hatte Erzberger wegen "zwielichtiger Finanzmanipulationen" zurücktreten müssen. Vgl. Harry Wilde: *Walther Rathenau*, Hamburg 1971, S. 133.

95 Thomas Mann erweist Stresemann seine Reverenz in der *Deutschen Ansprache* (1930). Sein Lebensweg wird dort, mit deutlichen Anklängen an die eigene Entwicklung, in *einem* weitgespannten Satzbogen dargestellt, fast als handle es sich um die Selbstüberwindungsgeschichte einer Heldenfigur des künstlerischen Werks. (Vgl. XI, 886)

Politiker um Aufbau und Ansehen der gefährdeten Republik mußte auch einem Demokratieskeptiker, sofern er nicht von Haß verblendet war, Achtung abnötigen. Rathenau selber war eine eindrucksvolle Gestalt, Mann der 'Synthesen' schon durch die Vielfalt seiner Tätigkeitsfelder: Groß-industrieller, Präsident der AEG, Organisator der Kriegswirtschaft, Sozial- und Wirtschaftspolitiker, 1922 schließlich Außenminister, nebenbei Maler und Zeichner und vor allem Erfolgsschriftsteller, der in seinen vielgelesenen populärphilosophischen Betrachtungen den seinerzeit heftig diskutierten Geist-Seele-Gegensatz mit politischen Fragestellungen verband, weite Bö-gen von der Ökonomie zur Mystik schlug, die Robert Musil als "Schwindel in der Vereinigung von Kohlenpreis und Seele"[96] empfand. Im *Mann ohne Eigenschaften* ist Rathenau unschwer hinter der Arnheim-Figur zu erkennen; als "Mann mit *allen* Eigenschaften"[97] ist er die Gegenfigur des Helden.

Thomas Mann war gegenüber der Verbindung von Neuidealismus und Lebensphilosophie, kennzeichnend für die Schriften Rathenaus[98], in diesen Jahren ausgesprochen empfänglich, und auch Rathenaus Kapitalismuskritik, seine sozial- und wirtschaftspolitische Programmatik mußte ihn ansprechen. Sie verband eine scharfe Ablehnung des Sozialismus, der als Glauben an "unausweichliche materielle Menschheitsgesetze und an ein mechanisches Erdenglück"[99] kritisiert wird, mit der ebenso entschiedenen Forderung nach Reformen und einer sozial gelenkten Wirtschaft: "Ausgleich des Besitzes und Einkommens ist ein Gebot der Sittlichkeit und der Wirtschaft. [...] Verschiedenheit der Einkünfte und Vermögen ist zulässig, doch darf sie nicht zu einseitiger Verteilung der Macht und der Genußrechte führen. [...] Die heutigen Quellen des Reichtums sind Monopole im weitesten Sinne [...]. Der Monopolist, Spekulant und Großerbe hat in der künftigen Wirtschaftsordnung keinen Raum."[100] Die vagen wirtschaftspolitischen Vorstellungen Thomas Manns weisen dieselben festen Konstanten auf: Abneigung einerseits gegen den sozialistischen Materialismus, andererseits

---

96 Robert Musil: *Der Mann ohne Eigenschaften*, hrsg. v. Adolf Frisé, Hamburg 1978, S. 281. – Schon sein erstes Zusammentreffen mit Rathenau im Jahr 1914 regte Musil zu einem der eindrucksvollsten Porträts der literarischen Moderne an. Vgl. Robert Musil: *Tagebücher, Aphorismen, Essays und Reden*, hrsg. v. Adolf Frisé, Hamburg 1955, S. 166. Dazu: Peter v. Matt: *...fertig ist das Angesicht. Zur Literaturgeschichte des menschlichen Gesichts*, München/Wien 1983, "Musil und das mathematische Gesicht", S. 175-179.

97 Peter v. Matt: *...fertig ist das Angesicht*, S. 175.

98 Vgl. Ernst Schulin: *Walther Rathenau. Repräsentant, Kritiker und Opfer seiner Zeit*, Göttin-gen 1979, insb. S. 51-62.

99 Walther Rathenau: *Von kommenden Dingen*, Berlin 1916, S. 16.

100 Walther Rathenau: *Von kommenden Dingen*, S. 139.

gegen das 'Großkapital' und die 'Schieberkönige'. Ganz im Sinne Rathenaus schreibt er am 15.4.1919 im Tagebuch: "Meine Zweifel und mein Abscheu vor einer Tyrannis der materialistisch-aufklärerischen sogen. Proletarier-Kultur sind lebhaft genug. Aber nichts ist gewisser, als daß die alte Gesellschafts- und Wirtschaftsform zu Ende u. irreparabel ist"; die "soziale Revolution" sei unausweichlich. Ein Interesse Thomas Manns an der Person, der politischen Arbeit und den in rascher Folge veröffentlichten Schriften und Zeitungsaufsätzen Rathenaus ist demnach vorauszusetzen, um so mehr, als sich hier ein Mann mit Patriotismus und Entschiedenheit für die neue Republik einsetzte, der nicht gesinnungstreuer Parteipolitiker oder 'Zivilisationsliterat' war[101], sondern noch 1916 mit Skepsis der westlichen parlamentarischen Demokratie gegenübergestanden und sie, fast in der Tonlage des Unpolitischen, als "Börse der Parteien" bezeichnet hatte.[102]

Tatsächlich kommt Thomas Mann bereits in den *Betrachtungen* ausführlich auf Rathenaus Vorstellungen eines nationalen 'Volksstaats' zu sprechen, offensichtlich anhand des 1916 erschienenen Rathenau-Werkes *Von kommenden Dingen*.[103] Schon hier geht es Thomas Mann darum, eine akzeptable Form von Demokratie der Menschheitsrhetorik des Zivilisationsliteraten gegenüberzustellen: "Die biedere und ernste Stimme des nationaldemokratischen Mannes" sei weit entfernt, ihm, dem Unpolitischen, "widrig ins Ohr zu lauten". (XII, 245) So wie in der Republikrede dann dem Wort 'Demokratie' das Wort 'Humanität' vorgezogen wird, "aus Abneigung gegen die humbughaften Nebengeräusche, die jenem anderen Worte anhaften" (XI, 819), wird schon in den *Betrachtungen* Rathenaus Bezeichnung 'Volksstaat' positiv abgesetzt "von dem Worte 'Demokratie' mit

---

[101] In diesem Sinn schrieb schon Harry Graf Kessler in seiner Rathenau-Biographie (1928) über den in *Von kommenden Dingen* und *Die neue Wirtschaft* konzipierten wirtschaftspolitischen Aufbauplan: "Er ist nicht das Projekt eines Stubengelehrten oder Demagogen, und noch weniger der geistvolle Einfall eines nebenbei in Weltbeglückung machenden Dilettanten, sondern der ernsteste Teil der Lebensarbeit eines ungewöhnlich ernsten und seiner Verantwortung bewußten Mannes, der die moderne Welt und vor allem die moderne Wirtschaft wie nur wenige kannte. Ein großer Wirtschaftsorganisator redet über den Umbau der Wirtschaftsorganisation." – Kessler: *Walter Rathenau. Sein Leben und sein Werk*, Gesammelte Schriften in drei Bänden, hrsg. v. Cornelia Blasberg und Gerhard Schuster, Bd. 3, Frankfurt a. M. 1988, S. 180. – Kesslers Biographie hat bis heute ihren maßgeblichen Rang behalten; Golo Mann urteilt in *Erinnerungen und Gedanken*, sie "dürfte das Beste sein, was über diesen weit vorausschauenden, tragischen Politiker geschrieben wurde". (G. M.: *Erinnerungen und Gedanken. Eine Jugend in Deutschland*, Frankfurt 1991, S. 256)

[102] Walther Rathenau: *Von kommenden Dingen*, S. 323.

[103] Vgl. Hermann Kurzke: *Die Quellen der "Betrachtungen eines Unpolitischen". Ein Zwischenbericht*, in: *Internationales Thomas-Mann-Kolloquium 1986 in Lübeck*, S. 291-310, hier S. 297.

seinen humbughaften Nebengeräuschen". (XII, 245) In den Jahren 1918-1920 verfolgt Thomas Mann die Publikationen Rathenaus mit kontinuierlichem Interesse. "Rathenaus Vorschläge für ein Ministerium der nationalen Verteidigung bemerkenswert", notiert er am 7.10.1918, kurz vor Kriegsende. In seinem aufsehenerregenden, am selben Tag in der *Vossischen Zeitung* erschienenen Artikel *Ein dunkler Tag* bekundet Rathenau Friedenswillen, hält aber zugleich die "verfrühte Bitte um Waffenstillstand"[104] für einen drastischen Fehler, der Deutschlands Verhandlungsposition untergrabe – ein Standpunkt, den der 'Unpolitische' allerdings als "bemerkenswert" empfinden mußte.[105] – Am 17.1.1919 verzeichnet das Tagebuch: "Lektüre: Zeitungen und zwei Hefte der 'Zukunft' mit eindrucksvollen Artikeln von Rathenau." Am 2.4.1919 vermutet Thomas Mann einen Einfluß von *Königliche Hoheit* auf die Rathenau-Schrift *Der Kaiser*: "Las noch längere Zeit in einer Broschüre 'Der Kaiser' von Rathenau [...]. Sympathischer Wille zur Gerechtigkeit, in der Psychologie, wie mir schien, etwas von K. H. beeinflußt." Rathenaus Kritik gilt in den Publikationen dieser Monate neben Wilhelm II. vor allem dem "unpolitischen Bürgertum"[106] der Vorkriegszeit; hier reagiert Thomas Mann gelegentlich unwillig: "Durchblätterte noch eine neue Schrift Rathenau's. Deprimierend in jeder Hinsicht. Muß ich mir alles als bittere Wahrheit gesagt sein lassen? Auf den Grund geht es kaum. Und die Mischung von Wirtschaft und Religiosität kann ich auch nicht lieben." (28.2.1919) Das erinnert an Musils Hohn über die Verbindung von Geschäft und Seele; Thomas Mann stört sich offenbar vor allem an dem prophetenhaften Ton des Vielschreibers: "[...] neue Aufsätze von Rathenau, die viel Wahres aussprechen und deren süffisante Prophetie dennoch unsympathisch berührt." (5.5.1920) Anders aber als Musil läßt Thomas Mann keinen Zweifel an seiner Achtung für den Menschen und Politiker: "Vormittags und abends im Park Rathenau's neue Schrift über die Revolution und seine 'Apologie' gelesen. Auch ein sonderbarer Heiliger, halb echt, halb falsch, halb rein, halb trüb, aber er plagt sich redlich – und um wen stünde es besser?" (13. 8.1919)

In seiner Gedenkrede von 1923 spricht Thomas Mann von dem "Andenken eines hochgesitteten und hochbemühten Mannes, der ein Opfer

---

[104] Walther Rathenau: *Schriften aus der Kriegs- und Nachkriegszeit*, Berlin 1929, S. 258.

[105] Harry Wilde schreibt: "Wohl kein anderer Artikel hat in jenen Tagen so viel Staub aufgewirbelt und wurde auf so verschiedene Art gedeutet wie Rathenaus *Ein dunkler Tag*." – H. W.: *Walther Rathenau*, S. 109, vgl. Harry Graf Kessler: *Walther Rathenau*, S. 237f.

[106] Ernst Schulin: *Walther Rathenau*, S. 102.

der wüsten anarchisch-ratlosen Zeiten wurde; eines Mannes, der, da er Europa wohl gefiel, uns allen noch großen Nutzen hätte erwirken können und der im Dienste der allgemeinen Sache ein sinnlos-gräßliches Ende fand". (XI, 853) Als Wiederaufbauminister hatte sich Rathenau 1921 massiven Angriffen ausgesetzt, weil er in der Frage der überzogenen Reparationsforderungen an Deutschland zunächst nachgegeben hatte, um eine Vertrauensbasis für spätere Verhandlungen zu schaffen. 'Erfinder' einer mißverstandenen 'Erfüllungspolitik'[107], war er der Hauptfeind der Nationalisten geworden, die ihm mit vulgärstem Antisemitismus zusetzten. Daß er sich in seiner kurzen Zeit als Außenminister große Verdienste um das Ansehen Deutschlands erwarb, wurde von dieser Seite gar nicht erst wahrgenommen. Erstmals wieder wurde – auf der Konferenz von Genua im Mai 1922 – der Rede eines deutschen Außenministers von den Delegierten aus 29 Staaten stehend applaudiert. Nebenbei schloß Rathenau hier mit der Sowjetunion den Rapallo-Vertrag ab, eine außenpolitisch "bedeutende Tat, weil er das vorbildliche Muster einer Kriegsbereinigung zwischen zwei großen Mächten auf der Basis haßlosen Interessenausgleichs [...] darstellte und weil er eine erste Bresche in die Isolation Deutschlands schlug, das sich erstmals nach 1918 wieder als handelndes Subjekt zeigte".[108] Diese Leistung Rathenaus war gewiß auch für Thomas Mann eindrucksvoll, der Deutschlands Platz seit je an der Seite Rußlands sah, von "deutscher und russischer Humanität" in einem Zug sprach (XII, 440) und im Jahr zuvor erst den großen 'deutsch-russischen' Essay *Goethe und Tolstoi* geschrieben hatte.

Angesichts des bereits bestehenden Unmuts Thomas Manns über den grassierenden "Obskurantismus", die "Pogrom-Monarchisten" und die ganze rechte Szene, die den Konservatismus kompromittierte, mußte die Ermordung *dieses* Mannes einschneidend wirken und eindringlich verdeutlichen, daß es jetzt Wichtigeres gab, als Synthesen eines Zukunftsstaates zu erträumen, in denen möglichst wenig Zugeständnisse an die parlamentarische Demokratie nach westlichem Muster zu machen wären, daß es gefährlichere Feinde gab als den überlebensgroß dämonisierten Popanz des Zivilisationsliteraten. Thomas Mann mochte seine Empfindungen und Gedanken wiederfinden in den Reden des Reichskanzlers Wirth vom 24. u. 25.6.1922:

Das Werk, das Dr. Rathenau sich vorgesetzt hat, die Rettung des deutschen Volkes unter der Staatsform der Republik, darf durch diesen Mord nicht unterbrochen

---

107 Vgl. Walter Tormin: *Die Weimarer Republik*, "Reparationen und Konferenzen", Hannover 1977, S. 111-121.

108 Harry Wilde: *Walther Rathenau*, S. 140. – Vgl.: Peter Krüger: *Die Außenpolitik der Republik von Weimar*, Darmstadt 1985, S. 173-183.

werden. Alle wahren Republikaner, alle, die es gut meinen mit ihrem Vaterland, werden aus diesem Tod die größte Kraft schöpfen, um mit denen abzurechnen, die unserem Volk den Tod bereiten wollen. [...]

In diesem Sinne sollen alle Hände und jeder Mund sich regen, um endlich in Deutschland diese Atmosphäre des Mordes, des Zornes, der Vergiftung zu zerstören. Da steht der Feind, wo Mephisto sein Gift in die Wunde eines Volkes träufelt, da steht der Feind, und darüber ist kein Zweifel: dieser Feind steht rechts.[109]

Wirths Rede, die den Motiven der politischen 'Wandlung' Thomas Manns genau entspricht, brachte freilich keineswegs eine allgemeine Empörungsstimmung der deutschen Bevölkerung zum Ausdruck. Golo Mann schreibt in der *Deutschen Geschichte des 19. und 20. Jahrhunderts*:

Ein Teil der Nation war ehrlich empört – die sozialdemokratischen Arbeiter vor allem, jene, die man gern wegen ihres 'Materialismus' und mangelnden Christentums verachtete. Ein anderer aber und sehr beträchtlicher Teil der Nation war gar nicht empört; zuckte die Achseln; schmunzelte heimlich; jubelte laut. Es gab Damen der Großbourgeoisie, gute Christinnen muß man annehmen, welche die Nachricht von Rathenaus Ermordung sehr lustig stimmte. War der Mann nicht Demokrat? 'Erfüllungspolitiker?' Jude obendrein? [...] Daß er nebenbei der heißeste Patriot war und einer der ganz wenigen schöpferischen Staatsmänner dieser Epoche, daß seine große Planleistung die deutsche Industrie 1914 erst kriegsfähig gemacht hatte – es ging unter in der entmenschten Hetze gegen ihn, fand nicht Eingang in die verrohten, vergifteten Seelen.[110]

Die Rede des Reichskanzlers wurde heftig attackiert von *Gewissen*, der Zeitschrift des von Thomas Mann vorübergehend mit Sympathie beobachteten Berliner Ring-Kreises; die Folge war ein Publikationsverbot.[111] Solche konservativen Peinlichkeiten im Zusammenhang mit dem Rathenau-Mord dürften die Verärgerung über die 'Obskuranten' weiter gesteigert haben. Wirths

---

[109] Zitiert nach Walter Tormin: *Die Weimarer Republik*, S. 119ff.

[110] Golo Mann: *Deutsche Geschichte des 19. und 20. Jahrhunderts*, S. 701. Ähnlich auch: G. M.: *Erinnerungen und Gedanken. Eine Jugend in Deutschland*, S. 219. Golo Mann berichtet hier, wie die Mutter Katia Manns mit einer alten Freundin brach, weil diese den Mord an Rathenau "freudig" kommentierte. – Walter Tormin: *Die Weimarer Republik*, S. 114, beschreibt die Stimmungslage – bereits anläßlich des Mordes an Erzberger zehn Monate zuvor – ganz ähnlich: "Bedenklicher fast noch als der Mord selbst war die Begeisterung, mit der das nationale Bürgertum ihn aufnahm. Die *Christliche Welt* schrieb: *Ungeheuerlich ist es, mit welchem Jubel ungezählte evangelische Christenleute diese Nachricht begrüßt haben. Ungeniert macht sich die Stimmung laut, auf den Straßen, in den Eisenbahnen, in den Familien.*" – Die republikfeindliche, von 'dämonischer Heiterkeit' erfüllte Münchner Atmosphäre der Nachkriegsjahre schildert schließlich auch Thomas Mann selbst im *Doktor Faustus*, Kapitel XXXIV, insb. S. 484f.

[111] Vgl. Herbert Lehnert/Eva Wessell: *Nihilismus der Menschenfreundlichkeit*, S. 71.

Rede ist, über Parteizugehörigkeiten hinweg, ein Appell an die persönliche Verantwortlichkeit eines jeden. Persönliche Ethik, Verantwortung, Gewissen – das sind die Begriffe, die Thomas Mann noch in den *Betrachtungen* als die entscheidende *eigene* Wert-Formation dem sozialen Ideal des Zivilisationsliteraten entgegengehalten hatte. (Vgl. XII, 291) Über den "Gegensatz von moralisch und politisch" (XII, 292) entpuppte sich dort der vermeintlich verantwortungslose, unpolitische Ästhet als ernster Ethiker, der sozialkritische Literat dagegen als wirkungssüchtiger Ästhetizist. Nun war eine Situation entstanden, die vom Ethiker gerade das Eintreten für die Republik verlangte; in diesem Sinn kann Thomas Mann davon sprechen, daß es nun gelte, "einen bleibenden Sinn in veränderter Zeit zu behaupten". (XI, 809) Während das Reden von Ethik und Verantwortlichkeit vorher jedoch gerade dazu diente, das politische Desinteresse zu legitimieren, erhält es nun eine unerwartete, auch politische Verbindlichkeit. Der Eintritt in die politische Sphäre bekommt die Bedeutung der Wirklichkeits- und Lebensbejahung, des ethischen 'Lebensdienstes'. Träumer und "idealistisch Verirrte" sind jetzt diejenigen, die die Realität der Republik nicht akzeptieren wollen. In einem Brief an Ernst Bertram vom 8.7.1922 teilt Thomas Mann die wesentlichen Motive der Republikrede mit:

Rathenaus Ende bedeutete auch für mich einen schweren Choc. Welche Finsternis in den Köpfen dieser Barbaren! Oder dieser idealistisch Verirrten. Nachgerade bekomme ich Einsicht in die Gefahren der Geschichte, die durch falsche Analogien die Einzigartigkeit der Situation verdunkelt und eine gewisse Jugend zum Wahnsinn verführt. Ich leide unter der Verzerrung des deutschen Antlitzes [...] die mechanische Reaktion habe ich schon einmal sentimentale Roheit genannt, und die neue Humanität mag denn doch auf dem Boden der Republik nicht schlechter gedeihen, als auf dem des alten Deutschland. Es ist ein Scheuen und Ausbrechen vor Worten. Alsob nicht 'die Republik' immer noch das deutsche Reich wäre, das thatsächlich heute weit mehr, als zur Zeit, da ins banal Theatralische entartete historische Mächte darüber thronten, in unser aller Hände gelegt ist, – und das eben ist die Demokratie. [...] Die jungen Leute sollen teils geistig-unpolitischer, teils vernünftig-politischer sein und sich ein wenig unbefangen positiv zu den Gegebenheiten verhalten.[112]

In der überraschenden Betonung der historischen "Einzigartigkeit der Situation", in der 'schockhaft' aufgegangenen Einsicht in die Gefahren eines 'falschen' Analogiedenkens, kündigt sich ein verändertes Verhältnis zur Geschichte an. In *Von deutscher Republik* wird diese Kritik noch zugespitzt: "[...] nur zu wahr ist, daß die Geschichte sich nicht wiederholt, daß es höchst le-

---

[112] *Thomas Mann an Ernst Bertram*, S. 112f.

benswidrig sein kann, in historischen Analogien zu denken und zu fühlen!
Mir graut zuweilen vor den Irrtumsgefahren solchen Spiels." (XI, 820) Die
"zum Wahnsinn" verführte Jugend identifiziere sich mit "den Märtyrern von
damals, den hochherzigen Opfern der Demagogenverfolgungen" (ebd.); in
diesem Sinn lassen sich die Gewalttaten gegen die Republik als 'idealistische
Verirrung' verstehen. Aber Thomas Mann kritisiert hier nicht nur von
überlegener Warte 'die Jugend', er kritisiert unüberhörbar auch sich selbst.
Ein geistvolles Musterbeispiel für 'falsche Analogien' war sein Essay *Friedrich
und die große Koalition* (1915), der den Einfall Deutschlands in das neutrale
Belgien als Wiederkehr einer historischen Konstellation beschrieb, ihn mit
dem 'Verteidigungsangriff' Friedrichs auf das neutrale Sachsen legitimierte.
Auch in den *Gedanken im Kriege* verschwamm der Blick über den
Zeitkulissen: "Deutschland ist heute Friedrich der Große. Es ist sein Kampf,
den wir zu Ende führen [...]. Es ist auch seine Seele, die in uns aufgewacht
ist." (XIII, 533f.) Solches Analogiedenken wurde natürlich gefördert durch
die Geschichtsverachtung Schopenhauers, die Philosophie des 'semper idem',
nach der nur "die Leute" glauben können, daß "die Zeit etwas wirklich
Neues und Bedeutsames hervorbringe".[113]

Wenn Thomas Mann Geschichte nun nicht bloß als Wiederholung,
sondern in ihrer situativen "Einzigartigkeit", mehr noch: als "gerichtete
Bewegung"[114] verstanden wissen will, so ist diese Öffnung gegenüber einer
historischen Denkweise auch als Nachwirkung von Alfred Baeumlers Essay
Metaphysik und Geschichte. Offener Brief an Thomas Mann von 1920 zu
verstehen. Der Hegelianer Baeumler hatte in dieser Kritik der *Betrachtungen*
bereits das geschichtliche Denken ihres Autors gelobt, das über Schopenhauer hinausweise. Thomas Manns Ironie wurde dialektische Zukunftsfähig-
keit attestiert ("Die Ironie ist das Stimmungskorrelat der Dialektik"[115]),
während Spenglers *Untergang des Abendlandes* nur "eine historisch reich
illustrierte Metaphysik" liefere; mehr noch: "Bei Spengler verschlingt die
Metaphysik die Geschichte."[116] Nicht nur, daß Thomas Manns Wendung
vom Spengler-Enthusiasmus zur scharfen Spengler-Kritik hier die entschei-

---

[113] Schopenhauer: W I, 262f.

[114] Hans Wysling: *Narzißmus und illusionäre Existenzform*, "Der Übergang vom Individuellen
zum Sozialen", S. 204.

[115] Alfred Baeumler: *Metaphysik und Geschichte*, S. 1117. – Näheres zu diesem Thema bei
Hubert Brunträger: *Der Ironiker und der Ideologe. Die Beziehungen zwischen Thomas Mann und
Alfred Baeumler*, Würzburg 1993, S. 6-29.

[116] Alfred Baeumler: *Metaphysik und Geschichte*, S. 1124.

denden Anstöße erhielt[117]; seitdem läßt sich im Denken Thomas Manns auch eine kontinuierliche, gewissermaßen 'hegelianische' Spur verfolgen, die als historisches Korrektiv in einem produktiven Spannungsverhältnis zum metaphysischen Erbe Schopenhauers steht. Baeumler sieht in der Menschheitsgeschichte eine sinnvolle Bewegung, die er nicht mit zielgerichtetem Fortschritt verwechselt wissen will. Am Ende des Essays heißt es: "Was sind diesem gewaltigen sinnvollen Zusammenhang gegenüber Begriffe wie [...] Fortschritt und Rückschritt, Optimismus und Pessimismus. Sie verblassen wie Lichter im Tagesschein. Im Schein der Geschichte, nicht im blauen Dämmer mystischer Träume laßt uns unseren Garten bauen, 'in brüderlicher Qual fortarbeiten im Dienste Gottes' – der höchsten regulativen Idee des historischen Bewußtseins."[118] Diese eigentümliche Verknüpfung von Hegel mit Kant: die regulative 'Gottesidee' als Postulat der 'historischen Vernunft', hat sich Thomas Mann tief eingeprägt. Baeumlers Formulierung läßt bereits an das "geschichtsphilosophische Grundwort"[119] der Josephsromane denken, die Gottesklugheit bzw. Gottessorge, die ja nichts anderes meint, als das aufmerksame Sehen und Hören darauf, welche Stunde der 'Weltgeist'[120] eingeläutet hat. Der Gegenbegriff der 'Gottesdummheit', die Wiederholung des 'Überständigen'[121], kann mit der Begrifflichkeit der Republikrede als 'lebenswidriges' Denken in 'falschen Analogien' gefaßt werden. Diese geschichtsphilosophischen Grundbegriffe bleiben nicht auf die Josephsromane beschränkt, sie werden von Thomas Mann auch in Briefen zur Kommentierung des Zeitgeschehens gebraucht[122], vor allem aber bestimmen sie später die historische Perspektive des *Doktor Faustus*, des Ro-

---

[117] Vgl. Herbert Lehnert/Eva Wessell: *Nihilismus der Menschenfreundlichkeit*, S. 51 u. Hubert Brunträger: *Der Ironiker und der Ideologe*, S. 30-45.

[118] Alfred Baeumler: *Metaphysik und Geschichte*, S. 1129.

[119] Eckhard Heftrich: *Geträumte Taten. Über Thomas Mann*, Bd. III, Frankfurt a. M. 1993, S. 115.

[120] 'Weltgeist' ist dementsprechend ein Begriff, den Thomas Mann gelegentlich in den Essays, Reden und Briefen vor allem der dreißiger und vierziger Jahre verwendet, u. a. XII, 777 u. 857.

[121] Auch die Formel des 'Überständigen', die im Josephsroman all das bezeichnet, was die 'Gottesklugheit' hinter sich läßt, taucht erstmals um 1920 im Werk Thomas Manns auf, in *Anzeige eines Fontane-Buches*. Thomas Mann hat sie offensichtlich der in diesem Essay besprochenen Fontane-Darstellung Conrad Wandreys entnommen. Wandrey verwendet das Wort, ebenfalls formelhaft, genau im Sinn des späteren geschichtsphilosophischen Konzepts der Josephsromane, u.a. S. 51 u. 270. Conrad Wandrey: *Theodor Fontane*, München 1919.

[122] So schreibt Thomas Mann z.B. an Hermann Graf Keyserling am 30.7.1932: "[...] heute sehen wir [Deutschland] den krassesten nationalistischen Unfug treiben, ohne Gefühl dafür, daß Gott das Überständige ekelt, über das er mit uns hinauswill [...]." Br I, 321.

mans also, der die zunehmende Bedeutung des Geschichtlichen im Werk Thomas Manns am eindringlichsten zeigt. In der *Josephs*-Tetralogie behalten die 'Gottesklugen' die Oberhand, der *Doktor Faustus* ist der Roman der 'Gottesdummheit' un der verhängnisvollen Fehlentwicklung; als solcher nur in seiner rückwärtigen Anbindung an das geschichtsphilosophische Konzept der 'Gottesklugheit' zu verstehen, das dem Buch die entschiedene Moralität sichert. Der *Faustus* ist, bei aller Verdüsterung vor dem Hintergrund der zeitgeschichtlichen Katastrophe, kein pessimistisches Werk im Sinn der *Buddenbrooks*.

Der Vorgriff auf die Josephsromane macht deutlich, welches Gewicht der Auseinandersetzung mit mythischen Denkmustern schon in der Wandlungsphase Anfang der zwanziger Jahre zukommt. Daß sich die "verführte Jugend" mit den "Märtyrern von damals" identifiziert, heißt mit den Worten der Tetralogie: sie geht in 'Spuren', wenn auch in abwegigen, falschen. Und ganz im Sinne der mythischen Wiederkehr hatte Thomas Mann über das Deutschland von 1914 geschrieben: "Deutschland ist heute Friedrich der Große." Angesichts des Schocks über den Rathenau-Mord stellt er nun fest: "Mir graut zuweilen vor den Irrtumsgefahren solchen Spiels". Das Denken in Analogien, in mythischen Mustern also, kann "höchst lebenswidrig" sein. Damit ist nicht gesagt, daß es grundsätzlich falsch ist, daß es lebenswidrig sein *muß*, sondern lediglich seine – nun vermeidbare – Gefahr erkannt. In den Josephsromanen ist es die leitende Gottessorge, der Entwicklungsgedanke der 'Gottesklugheit', der das mythische "Spiel" vor den "Irrtumsgefahren" schützt; dieses an eine Perspektive geschichtlicher Bewegung gebundene Korrektiv geht aber zurück auf den im Verlauf der politischen Auseinandersetzungen der frühen zwanziger Jahre gewonnenen Wirklichkeitssinn, der die Wirklichkeit der Republik als einzigartige Herausforderung zu begreifen lernt, welcher mit 'Analogien' nicht beizukommen ist. Das mythische Analogiedenken bleibt dabei für Thomas Mann nicht nur interessant, es gewinnt zunehmend an Faszinationskraft. Der vorab durchlaufene politische Klärungsprozeß ermöglicht ihm, reflektiert und abgesichert das große Mythos-Projekt der Josephsromane in Angriff zu nehmen, ohne es als fortwährende störende Interferenz zu empfinden, daß im "irrational beschwatzten Deutschland" (XII, 664) gleichzeitig die Mythos-Mode grassiert und vor allem der Nationalsozialismus ein trübes mythisches Selbst- und Seinsverständnis empfiehlt. Insofern besitzt die politische 'Wandlung' entscheidende Bedeutung für das nachfolgende mythische Romanwerk.

c) Kopf und Herz. Anfangsschwierigkeiten des 'Vernunftrepublikaners'

Dennoch ist eine überlegte Trennung von Politik und Kultur für das pragmatische Bekenntnis zur Demokratie wesentlich. Sie ist allerdings nicht zu verwechseln mit der antipolitischen Kultur-Emphase der *Betrachtungen*. Thomas Mann überwindet seine 'romantischen' Widerstände und brüderlichen Ressentiments und wird wie Meinecke, Rathenau und Stresemann 'Vernunftrepublikaner'.[123] Gegen die Vorbehalte des 'Herzens' setzt sich ein neues Bewußtsein von Verantwortlichkeit durch:

[...] der Staat, ob wir wollten oder nicht, – er ist uns zugefallen. In unsere Hände ist er gelegt, in die jedes einzelnen; er ist unsere Sache geworden, die wir gut zu machen haben, und das eben ist die Republik [...]: die sogenannte Freiheit ist kein Spaß und kein Vergnügen [...]. Ihr anderer Name lautet Verantwortlichkeit [...]. (*Von Deutscher Republik*, XI, 821f.)

Nach Meinecke hat der Begriff des 'Vernunftrepublikaners' sein Komplement in dem des 'Herzensmonarchisten'. Die suggestive Gegenüberstellung will in diesem Teil jedoch nicht auf Thomas Mann passen. Die Monarchie gehörte für ihn unwiederbringlich der Vergangenheit an – das geht aus den Tagebüchern ebenso hervor wie aus den öffentlichen Äußerungen, und er sah den monarchischen Staat rückblickend keineswegs im Licht der Verklärung. Beinahe verächtlich war im Brief an Bertram vom 8.7.1922 von den "ins banal Theatralische entarteten historischen Mächten" die Rede. (Fast gleichlautend *Von Deutscher Republik*; XI, S. 821.) Dieser Umstand verleiht der *Republik*-Rede den zwiespältigen Charakter. Neben den Vernunftentschluß tritt das angestrengte Bemühen, die Leerstelle im 'Herzen' zu besetzen, indem der geschmähte, zerstrittene, von Morden heimgesuchte, um Stabilität ringende Weimarer Staat mit der Utopie eines romantischen Deutschlands und den vagen Synthesewünschen verbunden wird.

Daß Thomas Mann sein Bekenntnis den Zuhörern kaum plausibler macht und den Kritikern Angriffsflächen bietet, wenn er es durch eine demokratisch frisierte Romantik von "fast amerikanischer Frische" (XI, 839) zu untermauern versucht, ist offensichtlich. Anstatt, mit den Worten des

---

[123] Vgl. Terence J. Reed: *The Uses of Tradition*, S. 292 u. Hermann Kurzke: *Thomas Mann. Epoche – Werk – Wirkung*, S. 179. Kurzke zitiert, wie Reed, den prägenden Meinecke-Satz: "Ich bleibe, der Vergangenheit zugewandt, Herzensmonarchist und werde, der Zukunft zugewandt, Vernunftrepublikaner." – Friedrich Meinecke: Werke II, Darmstadt 1958, S. 281 (zuerst veröffentlicht in *Neue Rundschau*, Januar 1919). Reed weist a.a.O. auf die Parallelen zur Entwicklung Stresemanns hin, bald darauf ja ebenfalls – als Fortführer der Außenpolitik Rathenaus – eine wichtige 'Integrationsfigur' für Thomas Mann.

Bertram-Briefs, die Haltung des 'geistig-unpolitischen' Künstlers durch die des 'vernünftig-politischen' Staatsbürgers zu ergänzen, versucht er auf dieser Argumentationslinie dann doch, den Staat zur "Herzensangelegenheit" zu machen. (XI, 853) Die Idee der Republik sei "diejenige menschlicher Ganzheit und Vollständigkeit. Die Republik, das ist [...] die *Einheit von Staat und Kultur*". (XI, 854) Als gäbe es nur das Entweder-Oder einer völligen Politikabstinenz des Kulturschaffenden und eines gänzlichen Ineinanderaufgehens von Staat und Kultur, legt er seinen Zuhörern jetzt nahe: "Die unzweifelhaft höchste Stufe des Menschlichen – der Staat. Als Anfänger des Lebens hätte ich mir nicht träumen lassen, daß ich jemals so sprechen würde." (XI, 831) Auch wenn solche Ausführungen nicht überzeugen können: den 'Vernunftrepublikanismus' Thomas Manns diskreditieren sie nicht. Die zweifelhaften gedanklichen Verknüpfungen der Republikrede haben allerdings sein gesamtes politisches Engagement in Verruf gebracht. Der Umstand, daß er sein Bekenntnis zum demokratischen Staat nicht mit Argumenten aus der aufklärerischen Tradition fundiert und keine wohldefinierte politische Terminologie verwendet, lasse auf Halbherzigkeit oder gar Unglaubwürdigkeit schließen. So schreibt Joachim C. Fest:

Aber diese Kombination aus Walt Whitman, Novalis und "Vater Ebert", aus Romantik und Humanität, Lust und Menschenbrust, sind weit eher Lyrik als Gedanke, eher Reim als Argument, und durchweg werden in dieser, wie in den weiteren, ähnlich gestimmten Reden aus späterer Zeit, die politischen Begriffe mit einer so souveränen Eigenmacht gehandhabt, daß den Zuhörern damit gewiß nicht mehr gesagt war, als daß hier einer guten, wenn auch weltfremden Willens war.[124]

Die Republikrede ist Thomas Manns erster Gehversuch im öffentlichen politischen Raum, ihre Bedeutung besteht vor allem darin, daß sie einen Einschnitt in der Entwicklung des Autors markiert; inhaltlich wird sie von allen späteren Aufsätzen und Reden zur Politik übertroffen. Fest möchte sie jedoch als "Thomas Manns bedeutendstes Bekenntnis zur Republik" verstanden wissen und fällt damit ein implizites Urteil über das gesamte politische Werk Thomas Manns, wenn er feststellt: "fast jeder Satz offenbart nicht nur die Mühe der Selbstverleugnung, sondern auch die Distanz zwischen dem Autor und seinem Gegenstand".[125] Ähnlich äußerte sich Martin Walser:

Da macht ein Volk endlich seine Revolution. Ein wenig Befreiung. Ein Anfang usw. Und dann kommt ein Herr und sagt: man kann mitmachen, das hat *Niveau*. Er will ja auch, aber es fällt ihm einfach nichts ein *für* die Demokratie. Furchtbar mühsam

---

[124] Joachim C. Fest: *Die unwissenden Magier*, S. 52.
[125] Joachim C. Fest: *Die unwissenden Magier*, S. 52.

zwingt er ein Gemisch aus Novalis und Whitman herbei, ein Musterbeispiel für Klitterung.[126]

Die politische Vernunft, die hinter den 'Klitterungen' steht, gilt Fest und Walser so wenig wie das keineswegs selbstverständliche demokratische Verhalten Thomas Manns. Die "unzulänglichen Mittel" des politischen "Versuchs", die er in der Vorrede bereitwillig eingesteht (XI, 811), sprechen nach dieser Auffassung gegen die Sache selbst. Walser verzeichnet zudem den historischen Hintergrund der Rede; bei ihm hat es den Anschein, als hätte Thomas Mann im November 1918 gesprochen. Manns Formulierung vom "unseligen Staatswesen, das keine Bürger hat" (aus der Vorrede zu *Von Deutscher Republik*; XI, 811) bezeichnet den Zustand der Weimarer Republik im Jahr 1922 jedoch zutreffender als Walsers Idylle vom auf Befreiung gestimmten Volk, dem der konservative Dichter bloß im nachhinein die höhere Erlaubnis erteilen wolle. Der pragmatische Gestus des Vortrags ist vom Bemühen bestimmt, gegen das antidemokratische Ressentiment im Land anzureden. Thomas Mann zielt nicht in erster Linie auf den Applaus der Demokraten, er versucht diejenigen für die Republik zu gewinnen, die sich ihr verweigern: "Die Republik ... wie gefällt euch das Wort in meinem Munde? Übel, – bestimmten Geräuschen nach zu urteilen, die man leider als Scharren zu deuten genötigt ist." (XI, 817) Das Publikum, das sich zur Festrede zusammenfand, hat freilich kaum aus einer Schar junger Republik-feinde bestanden; hier muß die Inszenierung von Trotz und Gegnerschaft mitunter komisch gewirkt haben. Friedrich Hussong nannte den Vortrag in einer Besprechung vom 15.10.1922 eine etwas "papierene" Angelegenheit, "noch dazu, wenn der Aufsatz in diesem Fall mit der Form eines Vortrags spielt, auf fingierte Begleitumstände und Zwischenäußerungen eines vorge-stellten Publikums Bezug nimmt und antwortet, von denen beim wirklich anwesenden Publikum gar nicht die Rede ist. 'Zornige Freunde!' Wo doch kein Mensch zürnte. 'Ich höre Scharren.' Wo doch keine Katze scharrte. 'Es wird Stille im Saal; ich bin dieser Stille etwas schuldig.' Wo doch gar nichts im Saal sich änderte."[127]

Über den Festsaal hinaus, bezogen auf die deutsche Wirklichkeit von 1922, hat die Beschwörung eines bockenden und scheuenden, raunenden und scharrenden Publikums allerdings ihre Berechtigung; sie erst verschafft dem 'geklitterten' Argumentationsgang eine situative Stimmigkeit, deshalb

---

[126] Martin Walser: *Ironie als höchstes Lebensmittel oder: Lebensmittel der Höchsten*, S. 10.

[127] Friedrich Hussong: *Saulus Mann*, in: *Der Tag*, 15.10.1922, zitiert nach: *Thomas Mann im Urteil seiner Zeit*, S. 99-102, hier S. 99.

hat sie Thomas Mann wohl ungeachtet 'papierener' Nebenwirkungen im Vortrag beibehalten. Denn angesichts dieses imaginierten Publikums hätte es wenig Sinn, nur aufklärerische Argumente anzuführen, die allein die bereits überzeugten Republikaner beeindrucken, für andere aber gerade gegen die Demokratie sprechen. Stattdessen werden die verschlungenen Wege eröffnet, auf denen sich der 'Unpolitische' selbst der Republik angenähert hat. So gesehen ist es nicht Weltfremdheit oder Naivität, sondern eine plausible Strategie, wenn Thomas Mann einem 'Publikum', das die Demokratie für 'undeutsch' und 'kulturlos' hält, das Neue mit Novalis schmackhaft zu machen sucht, nicht mit politischer Theorie der Demokratie.[128] Hinzu kommt die Künstler-Scheu vor ideologischen Fixierungen. So wie er mit Novalis zur Demokratie aufruft, wird er sich später mit Nietzsche zum Sozialismus bekennen. Das geistige Brückenschlagen erfolgt nicht nur im Interesse der Vermittlung, sondern auch des Vorbehalts; es erlaubt zu sagen: "In diesem Sinne bin ich *Sozialist*." (XII, 681)

Wer dem Autor vorwirft, er habe in seinen politischen Reden und Aufsätzen keine exakt definierte Begrifflichkeit verwendet, sollte schließlich bedenken, daß Thomas Mann weder auf vertraute republikanische Traditionen noch auf tiefergehende demokratische Erfahrungen in Deutschland zurückgreifen konnte. Daß seine Demokratie-Äußerungen wenig mit den Vorstellungen von Demokratie zu tun haben, die einem Bewohner der Bundesrepublik mittlerweile selbstverständlich geworden sind, ist von daher weder spektakulär noch kritikbedürftig. Selbstverständlich erscheint auch, daß der Schriftsteller wenig Interesse daran zeigt, als Staatsrechtler zu dilettieren. Ihm geht es nicht um politisch-juristische Definitionsfragen, sondern um das Verhältnis von Politik und Gesellschaft, Politik und Kultur – "ich rede jetzt nicht von staatsrechtlichen Fixierungen", heißt es ausdrücklich. (XI, 824) Die Fronten der Auseinandersetzung um die Republik sind allerdings klar umrissen; die Eindeutigkeit der Stellungnahme in pro und contra wird durch unscharfe Begriffe keineswegs vernebelt. Die 'literaturgeschichtliche' Herangehensweise erscheint insofern gerechtfertigt, als Thomas Mann seine Autorität als Redner nicht aus staatsrechtlicher

---

[128] Daß auch diese Strategie wenig Aussicht auf Erfolg besaß, darauf hat Terence J. Reed hingewiesen: "[...] to give the Republic a 'warming' association with Romanticism, is wasted effort. For unliterary reactionaries, it would have no meaning; while the more literate would be aware – as Mann really was himself – of the cavalier way he was manipulating these oddly assorted quotations." T. J. R.: *The Uses of Tradition*, S. 294. – Die 'reactionaries' waren wohl überhaupt schwerlich durch Künstler-Reden von der Demokratie zu überzeugen, ob literarisch gebildet oder nicht. Immerhin hat Thomas Mann die 'reaktionäre' Front auf diese Weise herausgefordert – mit einem Settembrini-Tonfall hätte er nur Hohn geerntet.

Kompetenz, sondern aus der Wirkung seines schriftstellerischen Werks bezieht. Die definitorische Unschärfe des Demokratiebegriffs ist darüber hinaus kein spezielles Problem des vermeintlich politisch ahnungslosen Künstlers. Frank Fechner schreibt: "Wirft man Thomas Mann vor, er habe den Begriff 'Demokratie' unjuristisch gebraucht, so ist [...] zu bedenken, daß es einen juristisch klar definierten Begriff der Demokratie weder in den zwanziger Jahren gegeben hat, noch daß es ihn heute gibt. [...] Wenn selbst der Staatslehre der Weimarer Zeit der Begriff der Demokratie schillernd erschien, braucht die Unsicherheit Thomas Manns in der Begriffsbestimmung nicht zu verwundern."[129] Fechner kommt zu dem Schluß: "Thomas Manns Methode durch Gleichsetzungen (z.B. von Demokratie und Humanität), die Bildung von Gegensatzpaaren (Demokratie und Volksstaat, Demokratie und Faschismus) und adjektivischen Erweiterungen [...] die Demokratie zu umschreiben, ist vor diesem Hintergrund ein überzeugender Ansatz zur Konkretisierung der eigenen Aussagen."[130]

Die Verbindung von 'Vernunft' und 'Lebensfreundlichkeit' bildet die Mitte aller politischen Aktivitäten Thomas Manns, die ihre Impulse nicht durch demokratische Ideale, sondern die Frontstellung zum "deutschen Irrationalismus und Tiefenschwindel" erhalten. In diesem Kontext besitzt die Forderung nach lebensfreundlicher Vernunft unmißverständliche Deutlichkeit; auf der anderen Seite ist eine solche Bestimmung unscharf genug, um den Eindruck parteipolitischer Gebundenheit zu vermeiden. Gegenüber Kritikern, die durch einen demokratischen Novalis, einen demokratischen Goethe kaum zu beeindrucken waren, hebt Thomas Mann deshalb den einfachen Kern seiner politischen Absichten hervor. So schreibt er an den späteren Schopenhauer-Herausgeber Arthur Hübscher, mit dem sich 1927 eine Debatte über die vermeintlich "demokratische Bearbeitung"[131] der *Betrachtungen* ergeben hatte:

Sie halten mich für einen Parteimenschen und einen Parteischriftsteller [...]. Ich habe weder von Natur viel Neigung zur Politik, noch bin ich gläubig auf eine Parteidoktrin eingeschworen. Ich meine und will, in politicis, nichts, als das

---

[129] Frank Fechner: *Thomas Mann und die Demokratie*, Berlin 1990, S. 288f.

[130] Frank Fechner: *Thomas Mann und die Demokratie*, S. 291. – Thomas Manns Unbehagen am Begriff Demokratie scheint angesichts dieser Definitionslage mehr politischen Instinkt zu beweisen als der pathetische Gebrauch der Leerformel Demokratie, wie er ihn beim Zivilisationsliteraten kritisiert hatte.

[131] Vgl. Arthur Hübscher: *Metamorphosen... Die "Betrachtungen eines Unpolitischen" einst und jetzt*, in: *Münchner Neueste Nachrichten*, 23.8.1927, zitiert nach: *Thomas Mann im Urteil seiner Zeit*, S. 155-158, hier S. 158.

100

Vernünftige, Notwendige, Lebensfreundliche, Menschenwürdige. [...] Gewissen Borniertheiten und Bösartigkeiten widerstrebt meine Intelligenz und mein Charakter. Ich mache keinen Hehl daraus, daß ich mit Leuten, die bei Rathenaus Ermordung sagten: 'Bravo, einer weniger!' (Münchener Universitätsprofessoren!) nichts zu schaffen haben will [...]. (27.6.1928; Br I, 280.)

d) *Klärungen. Die Ibel-Kontroverse um die "Deutsche Ansprache"*

Politische Vernunft soll nicht zuletzt die Freiheit des Künstlers bewahren helfen. Ob es ihm gefiel oder nicht, auch dem Künstler blieb nur die Fest-stellung: "Es ist politische Zeit, die Politik ist das bestimmende Element der Epoche". (*Die Bäume im Garten*; XI, 866) Der an einer freien Kunst-Sphäre interessierte Schriftsteller konnte jedoch für eine gemäßigte Politik eintreten, bei der weite Lebensbereiche dem Zugriff des 'bestimmenden Elements' entzogen blieben. Die radikalen Ideologien der Linken und Rechten setzten Politik absolut, das mußte zwangsläufig die Zerstörung kultureller Freiräume zur Folge haben. So erscheint es konsequent, daß Thomas Mann sich aufgefordert sah, eine die Radikalismen abwehrende Politik der Mitte und des Ausgleichs zu unterstützen. Das Verbindende zwischen den *Betrachtungen* und den Aufsätzen und Reden seit *Von deutscher Republik* besteht darin, daß beide Positionen defensiv ausgerichtet sind. In jedem Fall geht es um die Verteidigung des freien Kultur-Bereichs. Am klarsten drückt dies der einleitende Satz von *Kultur und Politik* (1939) aus: "Mein persönliches Bekenntnis zur Demokratie geht aus einer Einsicht hervor, die gewonnen sein wollte [...]: die Einsicht, daß das Politische ein Teilgebiet des Menschlichen ausmacht, daß es der Totalität des humanen Problems angehört [...] und daß diese Totalität eine gefährliche, die Kultur gefährdende Lücke aufweist, wenn es ihr an dem politischen, sozialen Element gebricht." (XII, 853) Gerade die Vernachlässigung des Politischen führe nun zur Totalität des Politischen: "Das politische Vakuum des Geistes in Deutschland, die hoffärtige Stellung des Kultur-Bürgers zur Demokratie, seine Geringschätzung der Freiheit, in der er nichts als eine Phrase westlicher Zivilisationsrhetorik sah, hat ihn zum Staats- und Machtsklaven [...] gemacht". (XII, 857)

Daß das Menschliche und damit auch die Kunst, die Literatur nicht "zur bloßen Funktion der totalen Politik" (ebd.) degradiert werde – dies ist das weiterhin 'unpolitische' Grundmotiv der Vernunftpolitik Thomas Manns.[132]

---

[132] Vgl. hierzu Lothar Pikulik: *Die Politisierung des Ästheten im Ersten Weltkrieg*, in: *Stationen der Thomas-Mann-Forschung*, hrsg. v. Hermann Kurzke, Würzburg 1985, S. 61-74.

Der ihr zugewiesene Ort sind die Reden und Essays; von einer aktivistischen Politisierung der Literatur, die seinen politischen Zielen gerade zuwiderliefe, hat Thomas Mann auch in der Zeit der nationalsozialistischen Wahlerfolge nichts gehalten. 1930 äußert er in *Die geistige Situation des Schriftstellers in unserer Zeit*: "Wir lehnen den Aktivismus ab. Wir glauben an den Ernst im Spiel und an die Würde des Spiels. Wir glauben noch an Geheimnisse, an das menschliche Geheimnis der Kunst, das der sozial-rationalen Versuche, ihr das Gewissen zu vergiften, spottet und ewig spotten wird." (X, 302) Wenn der Umstand, daß politisch-soziale Detailfragen kaum Eingang in das künstlerische Werk Thomas Manns gefunden haben, von einigen Interpreten als Beleg für dessen völlige Politikfremdheit verstanden wird, so ist dem entgegenzuhalten, daß gerade eine Kunst, die sich vom Politischen nicht vereinnahmen läßt – und sei es nur durch den Gewissensdruck, 'relevante' soziale Probleme zu behandeln –, den politischen Bemühungen Thomas Manns genau entspricht. Tagespolitische Stellungnahme und 'überzeitliches' Kunstwerk, im Ästhetischen geschieden, besitzen gleichwohl immer wieder eine ähnliche moralische Zielrichtung.

Die Wiedergeburt der Anständigkeit von 1931 enthält die deutlichste Klärung der politischen Intentionen Thomas Manns. In einer sechsseitigen Polemik begegnet er hier, indem er einen "gewissen Rudolf Ibel" (XII, 640) zum exemplarischen Gegner macht, der Kritik an seiner wenige Monate zuvor gehaltenen *Deutschen Ansprache. Ein Appell an die Vernunft*. Mit dieser letztgenannten Rede – eine seiner bedeutendsten politischen Schriften und wohl überhaupt eine der bemerkenswertesten Analysen des Faschismus, die vor 1933 geschrieben wurden – hatte Thomas Mann auf den Durchbruch der Nationalsozialisten bei den Reichstagswahlen vom 14. September 1930 zur zweitstärksten Partei reagiert. Es spricht gegen die Annahme eines narzißtischen Lavierens und Taktierens mit der Zeitgeschichte, daß in dieser letzten Phase der Republik das politische Engagement des Schriftstellers eine neue Dimension und Intensität annimmt; der Agonie des Weimarer Staates sieht Thomas Mann keineswegs 'fatalistisch' zu. In der Absicht, "dem Bürgertum die Ursprünge der nationalsozialistischen Welle [zu] erläutern" (XII, 661), bezieht die politische Analyse der *Deutschen Ansprache* eine Vielzahl von Faktoren und Aspekten ein. Von Wirtschaftskrise und Arbeitslosigkeit, von innenpolitischen Zusammenhängen und "außenpolitischen Reizungen und Leiden", von der "Seelenlage" und dem "Gemütszustand" des deutschen Volkes (XI, 876f.) ist ebenso die Rede wie von den geistigen Hintergründen bzw. den "pseudogeistigen Zuströmen" einer "romantisierenden Philosophie" (XI, 878), die bei den nationalsozialistischen Sympathien des Bildungsbürgertums eine Rolle spielen. Die Massenwirksamkeit des Nationalsozialismus verdanke sich einem Zusammenspiel von romantischer Reaktion und technischer Moderne[133], von hektischem Traditionsbruch und Regression: "Eine gewisse Philologen-Ideologie, Gemanisten-Romantik und Nordgläubigkeit aus akademisch-professoraler Sphäre, die in einem Idiom von mystischem Biedersinn [...] mit Vokabeln wie rassisch, völkisch, bündisch, heldisch auf die Deutschen von 1930 einredet", vermische sich

mit der Riesenwelle exzentrischer Barbarei und primitiv-massendemokratischer Jahrmarktsroheit, die über die Welt geht, als ein Produkt wilder, verwirrender und zugleich nervös stimulierender, berauschender Eindrücke, die auf die Menschheit einstürmen. [...] Der exzentrischen Seelenlage einer der Idee entlaufenen Menschheit entspricht eine Politik im Groteskstil mit Heilsarmee-Allüren, Massenkrampf, Budengeläut, Halleluja und derwischmäßigem Wiederholen monotoner Schlagworte, bis alles Schaum vor dem Munde hat. Fanatismus wird Heilsprinzip, Begeisterung epileptische Ekstase, Politik wird zum Massenopiat des Dritten Reichs oder einer proletarischen Eschatologie, und die Vernunft verhüllt ihr Antlitz. (XI, 879f.)

Rudolf Ibel versucht in seiner 1931 erschienenen Kritik[134] der *Deutschen Ansprache*, die politische Intention Thomas Manns zur Nebensache zu erklären. Obwohl in dieser Rede die Synthese-Ideen einer Vereinigung von Staat und Kultur, deutscher romantischer Tradition und Demokratie keine wesentliche Rolle spielen – sie verzichte auf die sonst üblichen "geistesgeschichtlichen Konstruktionen", schreiben Kurzke und Stachorski im Kommentar ihrer Essayausgabe[135] –, richtet er seine Vorwürfe gerade gegen diese Seite der Demokratie-Bekenntnisse Thomas Manns, als handelte es sich bei der Rede von 1930 nur um eine Fortsetzung des Republikvortrags. Thomas Mann erwidert darauf in *Die Wiedergeburt der Anständigkeit*: "Ausdrücklich erklärt er [Ibel], die politische 'Seite' der Rede solle außer Betracht bleiben; es handele sich nur um die geistige Haltung. Und dann ruft er alle Tiefen

---

[133] Den Riß zwischen "nationalsozialistischer Ideologie und Praxis" (S. 146), das Nebeneinander von Reaktion und Modernitätsbewußtsein, vermittelt durch Technik, Sportbetrieb, neuer (durchaus auch schon 'amerikanisierter') Massenkultur und der 'proletarischen Eschatologie' einer Wirtschaftswunder-Mentalität beschreibt Hans Dieter Schäfer: *Das gespaltene Bewußtsein. Deutsche Kultur und Lebenswirklichkeit 1933-1945*, Frankfurt a. M./Berlin/Wien 1981. – Dieser Mischcharakter der nationalsozialistischen Wirklichkeit wird von Thomas Mann schon 1930 treffsicher erkannt.

[134] Rudolf Ibel: *Thomas Manns "Deutsche Ansprache". Eine Entgegnung*, in: *Der Kreis*, Jg. 8, H. 1, Hamburg 1931. – Zu Thomas Manns Auseinandersetzung mit Rudolf Ibel vgl. Hans Wißkirchen: *Zeitgeschichte im Roman*, S. 111-113.

[135] Thomas Mann: *Ein Appell an die Vernunft. Essays 1926-1933*, hrsg. u. kommentiert v. Hermann Kurzke und Stephan Stachorski, Frankfurt a. M. 1994, S. 456.

des Lebens auf, von denen er je gehört hat, um mir in triumphierendem Besserwissen die humanistische Seichtheit meiner Weltanschauung nachzuweisen. Nun hatte die Rede aber gar keine politische 'Seite', sondern sie war eine vom brennenden Augenblick diktierte politische Aktion und nichts weiter; eine nach ihren praktischen Absichten sehr klar umgrenzte Aktion [...]." (XII, 660) Die konservativ-nationale Kritik, als deren Vertreter Rudolf Ibel angegriffen wird, argumentiert auf der Linie der *Betrachtungen* gegen den Demokraten Thomas Mann, sie unterstellt ihm genau das, was der Unpolitische dem Zivilisationsliteraten vorgehalten hatte: die Vermischung von Politik und Kultur, eine vermeintliche Verflachung durch demokratischen 'Optimismus'. Natürlich lag nichts näher, als Thomas Mann immer wieder mit Zitaten seines Kriegsbuches zu konfrontieren; es ist die übliche Strategie der nationalistischen Publizistik.[136] Übersehen wurde dabei, daß Thomas Mann ja keineswegs als leidenschaftlicher 'Rhetor-Bourgeois' auftrat und daß er erst recht nicht für eine aktivistisch politisierte Literatur plädierte. Mit seinen Äußerungen über die Einheit von Staat und Kultur und der ideellen Unterfütterung der republikanischen Ansprachen hatte er Mißverständnissen jedoch Vorschub geleistet. Das angestrengte Bemühen, Einklänge zu schaffen zwischen der vertrauten geistigen Welt und dem politisch Notwendigen, weicht deshalb in der Auseinandersetzung mit Ibel einer klärenden Scheidung der Bereiche. Angesichts der zugespitzten Lage bedarf die 'politische Vernunft' nicht mehr der Legitimation durch Novaliszitate, sie besitzt ihr volles Eigenrecht. So, wie die Politik als ein Teil, aber auch nur ein *Teil* der 'humanen Totalität' begriffen und bejaht wird, sollen die politischen Appelle als ein Teil, aber eben auch nur ein Teil der schriftstellerischen Leistung verstanden werden, der nicht die von Ibel gezogenen geradlinigen Rückschlüsse auf die dahinterstehende Künstlerpersönlichkeit erlaubt:

In unserem irrational beschwatzten Deutschland glaubt man, ein Dichter vergebe sich etwas, wenn er sein Wort in den Dienst [...] aufklärerischer Ziele stellt. Vor allem glaubt man sofort, er wisse überhaupt von keinem anderen, kenne und verkörpere nichts als Intellekt und Bewußtheit; denn man verwechselt den Augenblick mit einem Leben, eine sittliche Handlung mit der Persönlichkeit, aus der sie kommt; man isoliert diese Handlung [...] und hält sich versichert, wo ein Wille zur

---

[136] U.a. *Völkischer Beobachter* vom 16.1.1932: Immer stehe Thomas Mann "*im Vordertreffen, so oft es gilt, die junge völkische Bewegung herabzuwürdigen, die nach seiner perversen Auffassung dem 'orgiastischen Naturkult des Moloch und der Astarte' entspringt.* Aber es gab eine Zeit, wo er *wesentlich anders* dachte. Im Weltkrieg brachte er hinter der Front 'Betrachtungen eines Unpolitischen' heraus [...]" usw. Es folgen zahlreiche Zitate aus der Erstauflage der *Betrachtungen.* In: *Thomas Mann im Urteil seiner Zeit*, S. 194.

Vernunft und Ordnung sich äußere, da könne kein Dichtertum sein [...] und man brauche nur mit dem Tiefenstrom der Kräfte seelischen Dunkels anzurücken, um [...] seinen ganzen vitalen Vorrang über den klapperdürren Seichtling zu erweisen. [...] Ich wollte sagen: Man gibt also bei einer guten Zurede an Mitbürger [...] nicht alles, was man ist, weiß, kann und hat. (XII, 664f.)

Zur Zeit der Republikrede stand Thomas Mann diese klare Unterscheidung noch nicht zur Verfügung. Mit ihr wird eine Flexibilität, ein Spielraum politischer Beurteilung gewonnen, in dem nicht mehr auf die ästhetischen Maßstäbe des künstlerischen Werks Rücksicht genommen werden muß. Alles, was einen Roman auszeichnen kann, der Vorbehalt der Ironie, weltanschauliche Subtilität und Perspektiven-Vielfalt, ist diesem Rahmen ebenso unangemessen wie die 'Sympathie mit dem Tode'. Die politische Rede als 'sittliche Handlung' hat stattdessen "eine gewisse gutwillig-zweckhafte Vereinfachung zur Voraussetzung". (XII, 662) Damit ist eine Eigengesetzlichkeit des Politischen erkannt; "Vereinfachung" besagt jedoch nicht, daß Thomas Mann an die Intentionen seiner politischen Schriften selbst nicht recht glauben und die 'eigentliche' Wahrheit der Kunst seiner Romane anvertrauen würde. Die ästhetizistischen Reize der 'Sympathie mit dem Tode' widerlegen nicht den ethischen Ernst, mit dem er "in einer von lebensbedrohender Unvernunft starrenden Welt zum Guten, zum rettend Vernünftigen zu reden versucht". (XII, 662)

Die Spannung von Ethik und Ästhetizismus kennzeichnet Thomas Manns Werk seit dem *Tonio Kröger*. Bis in die zwanziger Jahre bleibt das Gegengewicht der 'Lebensliebe' jedoch weitgehend eine Ideen-Formation *innerhalb* der Kunst, eine ethische Programmatik mit dem Vorzeichen des Ästhetischen. In den politischen Krisen der Weimarer Republik erlebt Thomas Mann, wie diese vertraute Polarität seines künstlerischen Werks die Kämpfe der politischen Wirklichkeit bestimmt. Für Hitler und Goebbels, die beide mit dem Sendungsbewußtsein des verkannten Künstlers in die Politik wechselten, zählten nicht Argumente, sondern Wirkungen, die Dramaturgie eines Auftritts, die effektvolle Inszenierung. "Wagnerisch, auf der Stufe der Verhunzung", gab sich insbesondere die theatralische Gefühlspolitik des Dritten Reiches. (XII, 848) Thomas Manns Bezeichnung "ästhetizistische Politik" (XII, 537), ursprünglich allerdings auf die Demokraten gemünzt, trifft diese Wesensart des Nationalsozialismus genau. Erst gegenüber diesem Ästhetizismus, den Thomas Mann vor allem auch bei den bürgerlichen Sympathisanten der nationalsozialistischen Bewegung beobachtet, erhält das Korrektiv der 'Liebe zum Leben', der Sympathie für das 'Normale', 'Anständige' eine Dringlichkeit und Verbindlichkeit, die es vordem als ironische Bestimmung des 'bürgerlichen' Künstlers nicht besessen hatte. Humanität und Vernunft, vorher kaum mehr als aufklärerische Relikte, gewinnen Inhalt und ethisches Gewicht angesichts einer Politik, die sich mit solchen Maßstäben nicht mehr messen lassen will. Mit Abscheu kritisiert Thomas Mann das Zeit-Symptom eines verwirrten Sprachgebrauchs, der auf politischem Gebiet mit existentialistischen[137], lebensphilosophischen, ästhetizistischen Schlagworten hantiert:

Ich hasse die aristokratischen Quertreiber, die Pest des konservativen Literatentums, dessen halb sympathisierende Apathie der schimpflichsten Reaktion freie Bahn schafft und das, wenn es sich um das Vernünftig-Notwendige, das menschlich Anständige handelt, aufsteht und von immanenter Tragik und vom Irrationalen zu schwatzen beginnt. Was diese Leute von Tod, Vornehmheit, Überlieferung wissen, weiß ich auch; nur daß ich, wenn ich mein Wort zur Politik spreche, es vorziehe, dem Leben und der Zukunft zugunsten zu reden, – unbekümmert darum, ob die Snobs das ordinär finden oder irgendein Ibel es für liberalen Optimismus hält. (XII, 663)

Die seit der *Deutschen Ansprache*, seit dem Wahltriumph der Nationalsozialisten gefestigte politische Grundhaltung ermöglicht es Thomas Mann, den Angriff Ibels mit Entschiedenheit und Spott zu parieren. Der tiefere Grund, weshalb die Erwiderung so ausführlich und leidenschaftlich gerät, liegt darin, daß er an die eigene Vergangenheit und ihre 'Irrtumsgefahren' rührt. Die Vorwürfe mußten wie ein hohles Echo der *Betrachtungen* klingen. Auch die Kriegsaufsätze und die *Betrachtungen* waren ein Versuch gewesen, Geschichte und Politik mit dem Blick des Künstlers ästhetisch und lebensphilosophisch zu sehen. Die *Betrachtungen* pflegten die Auffassung, daß der Künstler, der der Politik auch nur den Finger reicht, Gefahr laufe, zum "klapperdürren Seichtling" zu werden. Und noch *Von deutscher Republik* war durch das Bemühen gekennzeichnet, die Politik 'ästhetizistisch' mit der Romantik zu verbinden, um auf diese Weise das Bekenntnis zur Republik der 'Künstlerpersönlichkeit' akzeptabel zu machen. Erst mit der *Deutschen Ansprache* und der an sie anschließenden *Wiedergeburt der Anständigkeit* zieht Thomas Mann die Konsequenzen, die im Bekenntnis des Vernunftrepublikaners von 1922 angelegt waren.

---

[137] Dem Hauptvertreter der Existenzphilosophie, Heidegger, brachte Thomas Mann offenbar eine instinktive Abneigung entgegen. Im Tagebuch schreibt er später: "In der Neuen Rundschau über Heidegger, einen mir schrecklichen Geist." (8.2.1952) Schon 1925 äußerte er sich reserviert-spöttisch über ein seinerzeit populäres Schlagwort, das immerhin eine Formel des *Tod in Venedig* gewesen war und das zwei Jahre später durch *Sein und Zeit* zu philosophischen Weihen kam: "Ich habe es immer gesagt: der Zweifel ist das produktive Prinzip. Die jungen Leute sollen einpacken mit ihrer 'Entschlossenheit' – ich weiß nicht, wozu." ('*Blau oder braun?*'; XI, 617)

e) Politische Schizophrenie?

Meist haben die Schriftsteller des zwanzigsten Jahrhunderts die Perspektive und die Motivation ihrer politischen Aktivitäten aus gesellschaftlichen Utopien bezogen. Die in *Von deutscher Republik* anvisierte Kulturstaat-Utopie bleibt in diesem Rahmen. Die Leistung Thomas Manns besteht dann jedoch darin, eine Form des Engagements zu entwickeln, die politischen Wirklich-keitssinn und Verantwortungsethik deutlich von utopischen Wünschbar-keiten, pessimistischem Lebensgefühl und romantischer Todessympathie zu unterscheiden weiß. In der neueren Forschung wird diese Differenzierungs-leistung allerdings meist als Entfremdungserscheinung gewertet. Der Autor wird im 'Innersten' und 'Eigentlichen' auf eine stabile schopenhauerianische Weltanschauung festgelegt, die seine gesamte Realitätswahrnehmung bestimmt habe[138], also auch das Verhältnis zu Historie und Politik, die in Schopenhauers System verächtlich beiseite bleiben. Hans Wißkirchen geht so weit, von einer "auf Schopenhauer und Nietzsche basierenden Ich-Struktur Thomas Manns"[139] zu sprechen. Solche weltanschauliche Rigidität und weltanschauliche Bedürftigkeit, eine derartig geleitete Realitätswahr-nehmung will nicht recht passen zu einem Lebenswerk, das auf beinahe jeder Seite den Ironiker und Humoristen zu erkennen gibt, zu einem Autor, der sogar den *Betrachtungen* die Mahnung voranstellte, auch dort, wo der Künstler "unmittelbar selber zu reden scheint *und meint*", mache sich "ein Rest von Rolle, Advokatentum, Spiel, Artisterei, Über-der-Sache-Stehen, ein Rest von Überzeugungslosigkeit" geltend. (XII, 11)

Von der Annahme einer festgezimmerten, alle Lebensbereiche abdecken-den Weltanschauung Thomas Manns ausgehend, kann Wißkirchen dessen politische Entwicklung nicht als eigenständige Leistung auf einem anderen Gebiet als dem angestammten der Kunst, sondern nur als "Entfernung vom Eigentlichen"[140] verbuchen, als Verlust an weltanschaulicher Geschlossen-heit; mit den politischen Reden ab 1930 habe Thomas Mann "die Einheit seines Lebens [...] preisgegeben".[141] Wißkirchen folgt der Narzißmusthese Hans Wyslings und unterstellt Thomas Mann eine "radikale Reduktion der Zeitgeschichte auf die eigene Person".[142] Zwar sieht wohl niemand in seinen politischen Erwägungen ganz von der eigenen Person ab, und erst recht für

---

[138] Vgl. Hans Wißkirchen: *Zeitgeschichte im Roman*, S. 17-23.

[139] Hans Wißkirchen: *Zeitgeschichte im Roman*, S. 91.

[140] Hans Wißkirchen: *Zeitgeschichte im Roman*, S. 110.

[141] Hans Wißkirchen: *Zeitgeschichte im Roman*, S. 113.

[142] Hans Wißkirchen: *Zeitgeschichte im Roman*, S. 8.

Thomas Mann soll das nicht behauptet werden; im Vergleich mit den *Betrachtungen*, bei denen Heinrich Mann dem Bruder nicht zu Unrecht unterstellte, "Elend u. Tod der Völker auf die Liebhabereien [s]eines Geistes zuzuschneiden"[143], erscheint die Hinwendung zur Republik jedoch von einem neuen Wirklichkeitssinn getragen, der über die eigenen 'Liebhabereien' hinausblickt.

Laut Wißkirchen bewahrt sich der Schopenhauerianer Thomas Mann jedoch eine "geheime, eigentliche Sicht der Geschichte", lediglich "nach außen hin war er der Demokrat, der aufrechte Hitler-Gegner". Nach dieser Auffassung meint Thomas Manns Unterscheidung des 'zur Politik gesprochenen Wortes' von künstlerischen, romantisch-philosophischen Erfahrungen dann allerdings nicht eine Abgrenzung verschiedener Sach- und Wirklichkeitsbereiche, sondern nur die einer 'uneigentlichen' von der 'eigentlichen' Sprechweise. Öffentlich spielte er die Rolle des Demokraten und polemisierte gegen die Nationalsozialisten, "in seinem Inneren freilich dominierte weiter die romantische Welt". Wißkirchen meint damit mehr als nur die Selbstverständlichkeit, daß sich der Künstler Thomas Mann die Liebe zur Romantik, zu Wagner und Schopenhauer von den Zeitumständen nicht austreiben läßt – er unterstellt vielmehr, daß die 'innere Ebene' der romantischen Welt sich weiterhin auch "als die eigentliche für das Verhältnis zur Geschichte" ausweise.[144] So wie "1922 die ästhetische Struktur des *Zauberberg* die Wendung zum Demokratischen endgültig als eine oberflächliche" entlarvt habe[145], enthülle auch der Blick auf die heimliche 'romantische' Sicht der Geschichte die Reden und Aufsätze Thomas Manns als "oberflächliche politische Aktion".[146] Die Konsequenzen dieser Auffassung werden u.a. an der Interpretation der Ibel-Kontroverse deutlich. Wißkirchen versteht die Einwände Ibels gegen die *Deutsche Ansprache* als "vollkommen angemessene Analyse des Thomas Mannschen Dilemmas", Ibel kritisiere die "Syntheseidee Thomas Manns an der Wurzel".[147] Dessen polemische Reaktion mache nur deutlich, wie sehr Ibel mit seinen Vorwürfen "die inneren Schwierigkeiten Thomas Manns getroffen hatte".[148] Die

---

[143] Aus dem nicht abgeschickten Briefentwurf vom 5.1.1918. Briefwechsel TM-HM; S. 141.

[144] Hans Wißkirchen: *Zeitgeschichte im Roman*, S. 108f.

[145] Hans Wißkirchen: *Zeitgeschichte im Roman*, S. 134. Wißkirchen bezieht sich hier auf die *Zauberberg*-Deutung Børge Kristiansens.

[146] Hans Wißkirchen: *Zeitgeschichte im Roman*, S. 113.

[147] Hans Wißkirchen: *Zeitgeschichte im Roman*, S. 112.

[148] Hans Wißkirchen: *Zeitgeschichte im Roman*, S. 112.

Differenzierungsbemühungen Thomas Manns werden als bloße Verteidigungsstrategie gewertet, mit der er sich den besseren Argumenten Ibels entziehe: "Indem Thomas Mann die 'zweckhafte Vereinfachung' der Ansprache hervorhebt, will er einer tiefergehenden Interpretation das Wasser abgraben."[149] Damit wiederholt Wißkirchen nur das Mißverständnis Ibels.

Schließlich stellt Wißkirchen auch die offensichtlichste Kontinuität im politischen Verhalten Thomas Manns, die eindeutige Gegnerschaft zum Nationalsozialismus, in Frage. Da er die von Thomas Mann vorgenommene Differenzierung nicht auf eine Scheidung der Politik von der Kunst, des 'sittlich Handelnden' von der 'Künstlerpersönlichkeit' bezieht, sondern sie als eine Zweisträngigkeit der politischen Wahrnehmung selbst begreift, liegt die Schlußfolgerung nahe, daß Thomas Manns "Haltung gegenüber den faschistischen Tendenzen in Deutschland so eindeutig gar nicht war, nach allem bisher Gesagten so eindeutig gar nicht sein konnte".[150] Überzeugende Belege für die These der politischen Schizophrenie Thomas Manns bleibt Wißkirchen schuldig. Da sowohl die umfangreichen essayistischen wie brieflichen Kommentierungen des Nationalsozialismus von größter Eindeutigkeit sind, macht er das Tagebuch als "Ort des Geheimnisses"[151] aus. Das ist schon insofern fragwürdig, als das Tagebuch vor allem Stimmungslagen und ihnen entsprechende gedankliche Assoziationen wiedergibt; es erhebt keinerlei Anspruch auf politische Verantwortlichkeit; die von Thomas Mann umrissenen 'Spielregeln' des politischen Sprechens gelten hier nicht. Es wäre demnach geradezu erstaunlich, wenn sich der private Thomas Mann auch in diesen persönlichen Aufzeichnungen durch sämtliche Nachrichten aus Deutschland zu antifaschistischen Selbstermunterungen, kritischen Kommentaren und Abscheubekundungen bewegen ließe. Dennoch ist dies sogar meist der Fall. Lediglich in den ersten Monaten nach der Machtergreifung finden sich neben den üblichen kritischen Notaten einige nachfragende, verunsicherte Bemerkungen: "Eine Ansprache des Reichs-

---

[149] Hans Wißkirchen: *Zeitgeschichte im Roman*, S. 112.

[150] Hans Wißkirchen: *Zeitgeschichte im Roman*, S. 111. – Natürlich meint Wißkirchen damit nicht, daß Thomas Mann zum Sympathisanten des Nationalsozialismus wird. Gerade deshalb ist seine Behauptung einer "gar nicht so eindeutigen" Haltung gegenüber dem Faschismus schwer nachzuvollziehen. Denn auch mit einer schopenhauerianisch-fatalistischen Hinnahme des 'Faktischen', für Wißkirchen wie Kristiansen der zentrale Punkt in der Politik- und Geschichtswahrnehmung Thomas Manns, hat die politische Verstörung, wie sie dem Tagebuch 1933 abzulesen ist, nichts zu tun. Wißkirchen läßt sich von seinen Prämissen zu der Annahme führen, daß es Thomas Mann stets enorme Schwierigkeiten bereitet haben müsse, sich von den faschistischen Tendenzen abzugrenzen; dies ist jedoch zu keiner Zeit der Fall gewesen.

[151] Hans Wißkirchen: *Zeitgeschichte im Roman*, S. 120.

innenministers Goering an Arbeiter schlägt in die gleiche wacker marxistische Kerbe. Welche Komik! Aber geht dennoch Bedeutendes und Groß-Revolutionäres vor in Deutschland? [...] Geheime, bewegte, angestrengte Gedanken. Widrig-Feindseliges, Niedriges [...] bleibt auf jeden Fall bestehen. Aber ich fange an zu argwöhnen, daß der Prozeß immerhin von dem Range derer sein könnte, die ihre zwei Seiten haben." (10.4.1933)

Für Wißkirchen sind solche seltenen, auf das Jahr 1933 beschränkten Notizen das Indiz für die 'eigentliche', 'heimliche', der 'romantischen Welt' verpflichtete politische Wahrnehmung Thomas Manns. Aber es zeugt wohl eher von der Bestimmtheit und Eindeutigkeit seiner politischen Haltung, daß er solche zuwiderlaufenden 'Ahnungen', die sich seinerzeit beinahe jedem aufdrängen mußten, der nicht etwa durch marxistische oder katholische Prinzipienfestigkeit gebunden war, sogar *vor sich selbst* im 'geheimen' Tagebuch als 'geheim' und 'anstrengend' bezeichnet. Was Wißkirchen durch die 'Tiefenschicht' der Persönlichkeit Thomas Manns zu begründen versucht, erklärt sich einfacher durch die veränderten historischen Umstände selbst, die unerwartete nationalsozialistische Wirklichkeit, das trügerisch freundliche Gesicht des Dritten Reichs, das die Gegner Hitlers verwirrte und nicht selten zu Anhängern machte. Joachim C. Fest beschreibt die Stimmung des Jahres 1933:

Das Gefühl der Zeitenwende, das sich vage und als euphorische Erwartung schon beim Regierungsantritt Hitlers eingestellt hatte, erfaßte jetzt immer breitere Schichten. Im Begriff der "Märzgefallenen" ist mit verächtlichem Tonfall das massenhafte Überläufertum jener Tage gekennzeichnet. [...] Die sichtlich zusammenschrumpfende Minderheit derer, die dem wie eine Sucht um sich greifenden Anschlußbedürfnis widerstand, geriet zusehends in die Isolierung und verbarg ihre Verbitterung, ihren einsamen Ekel angesichts einer offenbar 'von der Geschichte selbst' erteilten Niederlage. Das Alte war tot. Die Zukunft, so schien es, gehörte dem Regime, das immer mehr Anhänger, Jubel und plötzlich auch Gründe für sich hatte. "Einen entschlossen ablehnenden Eindruck machen, obwohl sie schweigen, nur noch die Dienstmädchen", notierte Robert Musil im März 1933 ironisch; aber auch er bekannte, ihm fehle zum Widerstand die Alternative [...].[152]

Genau diese Stimmungslage spiegelt sich in den gelegentlichen Zweifeln, die das Tagebuch von 1933 einige Male neben der ganz überwiegenden 'Minderheitenempfindung' des 'einsamen Ekels' zum Ausdruck bringt. Eine kontinuierliche Dualität von 'oberflächlicher' und 'eigentlicher' Wahrnehmung des Politischen läßt sich daraus ebensowenig konstruieren wie aus dem Umstand, daß Thomas Mann später, in der amerikanischen Emigra-

---

[152] Joachim Fest: *Hitler*, S. 569.

tion, mit schmeichelhaften Lobreden auf die Demokratie durchs Land zog, die ihn in ihrer 'advokatenhaften' Einseitigkeit selbst nicht recht überzeugten: "Amerika, du hast es besser / Als unser Kontinent, der alte! / Hast keine verfallenen Schlösser / Und keine Basalte."[153] So der oft angestrengte Tenor dieser Reden. "Wird mir immer schwerer, diese Dinge meinem Kopf abzugewinnen", schreibt Thomas Mann im Tagebuch am 9.1.1939. Daß er sie sich trotzdem abgewann, wieder und wieder, um die kriegsunwillige amerikanische Bevölkerung für ein stärkeres Engagement der U.S.A. gegen Deutschland zu gewinnen, erklärt sich nur durch eine im wesentlichen unangefochtene Sicht der politischen Wirklichkeit, von deren Richtigkeit er sowohl im 'Öffentlichen' wie im 'Eigentlichen' überzeugt gewesen sein muß. Andernfalls bliebe die Frage offen, warum er denn unausgesetzt politische Vorträge, Essays, Zeitungsbeiträge und Radioreden verfaßte und durch eine kompromißlose Kritik des Nationalsozialismus und seiner Führer, meist verbunden mit treffsicheren Schmähungen[154], sich selbst und seine Familie in eine Gefahr brachte, die ihm u.a. die Ermordung Theodor Lessings deutlich genug vor Augen führte. Wißkirchens These einer "Unterwürfigkeit vor der Macht des Faktischen, die Thomas Manns Verhältnis gegenüber der Geschichte auch angesichts der faschistischen Wirklichkeit noch bestimmt"[155], wird durch Thomas Manns neuerliche Frontstellung gegen den Zeitgeist widerlegt. Vor 1933 befand er sich im Gegensatz zum modischen Irrationalismus, zur Neuen Unsachlichkeit; die Agonie des Weimarer Staates führte nicht zu einem Nachlassen, sondern einer Verstärkung seines politischen Engagements; während der zweiten Hälfte der dreißiger Jahre widersprachen seine Warnungen vor den Gefahren des Hitler-Regimes der auf Appeasement eingestimmten europäischen Politik.[156]

Gegen die These einer schwerwiegenden Selbstentfremdung durch 'politische Aktion' spricht schließlich, daß Thomas Mann sich mit seinem pragmatischen Bekenntnis zur Demokratie gar nicht so weit von seiner weltanschaulichen Herkunft entfernte, wie es scheint. In einer Politik der Vorsicht und Rationalität, die nicht das Glück auf Erden schaffen, sondern größeres Unglück verhindern will, die nicht schöne gesellschaftliche Zu-

---

[153] Thomas Mann zitiert die Goethe-Verse u.a. in *Das Problem der Freiheit* (1939); XI, 954.

[154] Vgl. etwa *Was wir verlangen müssen* (1932); XIII, 623-625.

[155] Hans Wißkirchen: *Zeitgeschichte im Roman*, S. 119.

[156] Hierauf hat in jüngerer Zeit Kurt Sontheimer aufmerksam gemacht: *Die Emanzipation aus der Sphäre des Unpolitischen*, in: *Thomas Mann und München. Fünf Vorträge von Reinhard Baumgart, Joachim Kaiser, Kurt Sontheimer, Peter Wapnewski und Hans Wysling*, Frankfurt a. M. 1989, S. 51-77, hier S. 61f.

kunftsprospekte vor die unvollkommene Gegenwart hält, sondern von der Sorge bestimmt ist, daß das Unvollkommene sich zum vollends Schlechten und Katastrophalen entwickeln könnte, findet sich das skeptische Menschenbild der Philosophie Schopenhauers eher wieder als in Kulturstaat-Utopien und der großen Geistesregie der 'Synthesen'.

Für das Unbehagen des 'Vernunftrepublikaners' beim Politisieren ist nicht eine 'geheime', anderslautende Grundüberzeugung verantwortlich, sondern die Scheu des Künstlers und Ironikers, in die meist humorfreien Ebenen des Meinungsstreits hinabzusteigen. Auch in der Auseinandersetzung mit dem Faschismus konnten diese Künstler-Skrupel niemals ganz verschwinden, aber das Zusammenspiel von nationalsozialistischer Brutalität und intellektuellem "Tiefenschwindel" lehrte den Ästheten die einfachen Grundwerte schätzen, die er – solange sie nicht ernsthaft bedroht waren – so oft als phrasenhaft empfunden hatte. Am Ende des Essays *Nietzsche's Philosophie im Lichte unserer Erfahrung* schreibt Thomas Mann: "Wie zeitgebunden, wie theoretisch auch, wie unerfahren mutet uns Nietzsche's Romantisierung des Bösen heute an! Wir haben es in seiner ganzen Miserabilität kennengelernt und sind nicht mehr Ästheten genug, uns vor dem Bekenntnis zum Guten zu fürchten, uns so trivialer Begriffe und Leitbilder zu schämen wie Wahrheit, Freiheit, Gerechtigkeit." (IX, 710) Der Schlüsselbegriff für die politische Entwicklung Thomas Manns ist diese 'moralische Vereinfachung', von der auch in einem Brief an Hermann Hesse vom 8.4.1945 die Rede ist:

Wir haben alle, unter argem Druck, eine Art von Vereinfachung erfahren. Wir haben das Böse in seiner ganzen Scheußlichkeit erlebt und dabei – es ist ein verschämtes Geständnis – unsere Liebe zum Guten entdeckt. Ist 'Geist' das Prinzip, die Macht, die das *Gute* will, die sorgende Achtsamkeit auf Veränderungen im Bilde der Wahrheit, 'Gottessorge' mit einem Wort, die auf Annäherung an das zeitlich Rechte, Befohlene, Fällige dringt, dann ist er politisch, ob er den Titel nun hübsch findet oder nicht.[157]

Solche "Vereinfachung" läßt an die Problematik der zweiten, oft gewaltsam erzwungenen 'Unbefangenheit' denken. Tonio Krögers Sehnsucht nach den 'Wonnen der Gewöhnlichkeit', das "Wunder der wiedergeborenen Unbefangenheit" in *Fiorenza* (VIII, 1064), Aschenbachs Absage an den 'unanständigen Psychologismus der Zeit', Naphtas Ideen des Gottesstaates, Peeperkorns Verlangen nach dem Elementaren, die Darstellung der prie-

---

[157] *Briefwechsel Hermann Hesse – Thomas Mann*, hrsg. v. Anni Carlsson, Frankfurt a. M. 1968, S. 102f.

sterlichen, politischen und intellektuellen Reaktion und ihrer Verherrlichung des Ursprünglichen, Barbarischen in den Josephsromanen und im *Doktor Faustus* – das Thema der 'Vereinfachung' spielt im gesamten Werk Thomas Manns eine zentrale Rolle. Was als künstlerischer oder politischer Voluntarismus jedoch scheitert bzw. ins Bösartige führt, ergibt sich als 'moralische Vereinfachung' ohne Selbstverleugnung, Geistfeindlichkeit und inneren Zwang durch den 'argen Druck' der politischen Realität: eine 'sittlich-entschlossene' Lebenshaltung, eine moralisch nicht länger unberatene Kunst. An die Stelle des ertrotzten moralischen Rigorismus im Sinne Aschenbachs tritt eine einfache, 'verschämte Liebe zum Guten'.

In diesem weiteren Sinn bleibt die 'Wandlung' der zwanziger Jahre nicht auf den Bereich des Politischen beschränkt. Sie bringt das thematische Zentrum des künstlerischen Werks in Bewegung, sie wirkt sich aus auf das 'Verhältnis des Künstlers zum Leben' und damit auch die Menschendarstellung der Romane und Erzählungen. Das Zitat aus dem Brief an Hesse zieht nicht zufällig eine Linie von der Politik über die Moral zu zentralen Gedanken und Motiven des Josephsromans. Der wesentliche Impuls der politischen Bemühungen Thomas Manns ist ethischer Art; lieber als von 'Demokratie' spricht er deshalb vom "Lebensnotwendigen", von "Lebensdienst", von "Sympathie mit dem Leben".[158] Gegenüber denjenigen, die in seinen Anschauungen Kontinuität vermißten, hat er den Einsatz für die Humanität als Konstante hervorgehoben (z.B. *Meine Zeit*; XI, 314). Aber auch die Bedeutung von Humanität verschiebt sich. Der Bruder-Streit um die 'richtige' Humanität wird sekundär angesichts des "Anti-Humanismus der Zeit"; aus den Zwängen der defensiven Abgrenzungsbemühungen entlassen, kann die Humanitätsidee offener, lebenszugewandter und menschenfreundlicher werden. Das 'Bekenntnis zum Leben', das im *Tonio Kröger* noch abstrakte, gegen die Dekadenz gerichtete Künstler-Programmatik blieb, in der *Königlichen Hoheit* dem Autor selber "ein bischen populär verlogen"[159] erschien, in den *Betrachtungen* ins Abseits der 'antihumanitären Humanität' geriet, gewinnt erst durch die 'moralische Vereinfachung' und die Ethik der 'Wandlung' Überzeugungskraft.

---

[158] Alle drei Formulierungen aus einem Brief an Richard Graf Coudenhove-Kalergi vom 17.9.1926; Br I, 257.

[159] Brief an Ernst Bertram vom 28.1.1910; Br I, 81.

II. Fragwürdiges:
Systematischer Schopenhauerianismus

1. Nichtigkeit der Vorstellungswelt?
Zur Leitmotiv–Philosophie

'Lebensfreundlichkeit' wird zur zentralen Formel in den öffentlichen Äußerungen Thomas Manns zur Zeit der Weimarer Republik. Aber gelangt das so nachdrücklich proklamierte 'freundliche' Verhältnis zum Leben im Roman dieser Jahre, dem *Zauberberg*, über das Formelhafte hinaus? Die Forschung der letzten beiden Jahrzehnte beantwortete diese Frage meist skeptisch. Man sieht die Programmatik, sieht den guten Willen, weist jedoch sogleich darauf hin, daß es dem Autor nicht gelungen sei, ihn überzeugend in Gestaltung umzusetzen. Der 'Schneetraum' etwa falle "ästhetisch völlig aus dem Rahmen des sonst bei Thomas Mann Üblichen", schreibt Hermann Kurzke.[1] Thomas Mann hätte demnach eine eigenartige Doppelstrategie verfolgt: "Der Ästhet dementiert das, was der Ethiker unbedingt sagen wollte."[2] Hier erscheint das "Lebensja" beinahe schon als störender Zwischenruf. In den Selbstkommentaren zum *Zauberberg* überwiegt demgegenüber ganz eindeutig die Stimme des 'Ethikers', der immer wieder die lebensfreundliche Tendenz des Buchs herausstreichen möchte: es wolle "eine Verspottung des Todes sein, eine antiromantische Desillusionierung und ein europäischer Ruf zum Leben".[3] Auch der *Zauberberg* war bei Teilen der Kritik wieder den Kälte- und Nihilismusvorwürfen ausgesetzt, und so werden solche Verständnishilfen des Autors von der neueren Forschung als rezeptionssteuernde Maßnahmen begriffen, von denen wenig Zutreffendes über den Roman zu erwarten sei. Hans Wysling schreibt im *Thomas-Mann-Handbuch*: "Thomas Mann hat mit diesen Hinweisen die Forschung wohl mehr verwirrt als geführt. Der Gedanke der Lebens- und Menschen-freundlichkeit bleibt eine Velleität."[4] Diese Auffassung stützt Wysling dann aber wiederum auf eine Äußerung Thomas Manns, einen jener Kommen-

---

1   Hermann Kurzke: *Thomas Mann. Epoche – Werk – Wirkung*, S. 204.
2   Hermann Kurzke: *Thomas Mann. Epoche – Werk – Wirkung*, S. 205.
3   Brief an Arthur Schnitzler vom 9.1.1925; DüD I, 487.
4   Hans Wysling: "*Der Zauberberg*", in: TMHb, 397-422, hier S. 400.

tare, in denen der sonst so selbstgewisse Autor Unzulänglichkeitsgefühle, Zweifel an den Plänen und Werk-Überdruß zum Ausdruck bringt. Thomas Mann schreibt am 14.12.1921 an Philipp Witkop: "Vom *Zauberberg* machen Sie sich, fürchte ich, unrichtige Vorstellungen. Dieser wunderliche Bildungsroman führt doch eigentlich auch wieder aus dem *Verfall* nicht heraus, er wird das, was den guten Hans Castorp vor der Bergverzauberung geschützt hätte, [...] kaum noch aufnehmen, und zwar, weil mein eigenes Leben es wahrscheinlich nicht mehr aufnimmt [...]."[5]

Diese uncharakteristische Bemerkung gibt in lapidarer Kürze das Paradigma vor für jene Untersuchungen, die den *Zauberberg* gegen den Strich der Bildungsroman-Tradition als Verfalls- bzw. Entbildungsroman gelesen haben. Mit den früheren, auf humanistische Belehrungen setzenden Interpretationen verbindet sie das Bestreben, die Komplexität des Romans auf eine eindeutige Tendenz reduzieren zu wollen. Nur die Vorzeichen werden vertauscht. Unter völliger Vernachlässigung der humoristischen Erzählhaltung, die, anders als z.B. in den Hanno-Kapiteln der *Buddenbrooks*, stets souveränen Abstand zur geschilderten Verfallswelt wahrt, wird das Buch vor allem in der Interpretation Børge Kristiansens bewußt konträr zu jenem Verständnis gedeutet, das Thomas Mann nach der Veröffentlichung empfahl. Der *Zauberberg*, schreibt Kristiansen resümierend, fördere "keineswegs humane Lebensverantwortlichkeit, sondern legitimiert umgekehrt die totale Indifferenz und Gleichgültigkeit dem Leben gegenüber".[6]

Alle 'lebensfreundlichen' Akzente, mit denen sich der Roman vom Frühwerk absetzt: die Desillusionierung der Todesromantik im Sanatoriums-Betrieb; die der von Hans Castorp gesuchten Todes-Pietät nachhaltig entgegenwirkende "Verspottung des Todes"[7]; die vom Erzähler immer wieder betonte "Menschenfreundlichkeit" der neuen Heldenfigur; das "neue Humanitätsgefühl"[8], das im Schnee-Kapitel schließlich direkt ausgesprochen wird - all dies wird von Kristiansen entweder nicht wahrgenommen oder der Oberflächenschicht des Romans zugewiesen, die von einer philosophischpessimistisch bestimmten Tiefenstruktur fortwährend "unterwandert"[9] und widerlegt werde. Diese Abgrenzung einer tieferen Wahrheit der Struktur

---

5 DüD I, 465.

6 Børge Kristiansen: *Thomas Manns "Zauberberg" und Schopenhauers Metaphysik*, 2. Aufl. Bonn 1985, S. 305.

7 S. Fußnote 3.

8 DüD I, 503.

9 Børge Kristiansen: *Das Problem des Realismus bei Thomas Mann. Leitmotiv – Zitat – Mythische Wiederholungsstruktur*, in: TMHb, 823-835, hier S. 829.

von den vermeintlichen Vordergrundseinsichten ähnelt Kurzkes Unterscheidung von Ästhet und Ethiker. In beiden Fällen handelt es sich um eine Zwei-Stimmen-Theorie, von denen nur eine die wahrhaft gültige sein soll.

Kein anderes Werk Thomas Manns unterlag jedoch im Schaffensprozeß so sehr dem "Zeitenwandel und Bedeutungswandel"[10], und es ist eine zusätzliche bemerkenswerte Kunstleistung, daß der Autor in einem Jahrzehnt der Umorientierungen seinem Roman den Anschein sinnfälliger Geschlossenheit verleihen konnte. Dieser Eigenart des *Zauberberg* versucht die Herangehensweise Terence J. Reeds gerecht zu werden: sie zielt nicht darauf ab, eine untergründige Einheit des Romans herauszuarbeiten, sondern macht die Gegenläufigkeiten und Verschiebungen in der Konzeption zur Voraussetzung der Deutung. So gelingt es Reed beispielhaft, die bis ins Konträre reichenden Bedeutungsverlagerungen des Krankheits- bzw. Sanatoriumsmotivs nachzuzeichnen.[11] Von Kristiansens Untersuchung dagegen wird die Glättung, die man den Verständnishinweisen Thomas Manns vorwirft, fortgeführt: Indem er die in der 'Tiefe' angeblich einsinnig durchgehaltene Struktur loslöst von der 'aufgesetzten' humanistischen Zutat, stellt er ebenfalls Harmonie in der Deutung her.

Die Tiefenstruktur manifestiere sich vor allem in der Leitmotivik, die als raffiniert vermitteltes Bekenntnis zur Willensmetaphysik Schopenhauers verstanden wird. Das komplexe, verschiedene Erzählfunktionen erfüllende Leitmotivverfahren[12] dient nach Kristiansen vor allem dem erzählerisch-philosophischen Versuch einer Aufhebung von Raum und Zeit, wodurch die 'Scheinbarkeit' und 'Unzuverlässigkeit' der Welt der Vorstellung, die

---

10 So der Titel eines längeren Aufsatzes von Terence J. Reed (Übersetzung eines Kapitels von *The Uses of Tradition*): "Der Zauberberg" – *Zeitenwandel und Bedeutungswandel 1912-1924*, in: *Stationen der Thomas-Mann-Forschung. Aufsätze seit 1970*, hrsg. v. Hermann Kurzke, Würzburg 1985, S. 92-134.

11 Reed unterscheidet zusammenfassend vier Konzeptionsphasen: "Ganz am Anfang war die Krankheitswelt ein Mittel, die scheinbar gesunde Normalität eines jungen Norddeutschen sardonisch aufzuheben", die Krankheit wurde in diesem Sinn positiv gesehen. "Danach wurde sie zum allegorischen Mittel, die größere Subtilität und Tiefe der deutsch-romantischen Tradition gegen die Oberflächlichkeit der westlichen Aufklärung und allen vernunftseligen Aktivismus auszuspielen." Nach dem Krieg begannen "die Versuchungen und Verführungen der romantischen Sphäre zu weichen [...]; dadurch nahm die Gebirgswelt, in der sie hausten, eine negative Färbung an. [...] Zu guter Letzt mußte noch der Berghof zu einer weiteren allegorischen Prozedur herhalten, diesmal als Typisierung einer ganzen zum Untergang verurteilten politischen Gesellschaft." T. J. R.: *"Der Zauberberg" – Zeitenwandel und Bedeutungswandel 1912-1924*, S. 124.

12 Einen zusammenfassenden Überblick über die ältere Forschung zum Thema 'Leitmotiv' bietet Francis Bulhof: *Transpersonalismus und Synchronizität, Wiederholung als Strukturelement in Thomas Manns "Zauberberg"*, Groningen 1966, S. 7-28.

'Nichtigkeit' alles Individuellen vor dem 'Willen' für den Leser erfahrbar werden sollen.[13] Thomas Mann selbst sprach zwar später, bei der Erläuterung der Leitmotivik des *Zauberberg*, von einem Versuch der "Aufhebung der Zeit"[14]; im Kontext ist dann aber weder von der Desillusionierung der 'nichtigen' Wirklichkeit, noch vom zeitlosen 'Willen', sondern vom Stiften lebensumgreifender Zusammenhänge, von 'Steigerung' und der inneren Einheit des Lebenswerks die Rede.[15]

Immer wieder betont Kristiansen den angeblich durch die Leitmotivtechnik gewährten Effekt der Desillusionierung, als bestünde die Kunst des Autors nicht vor allem anderen darin, die raum-zeitliche 'Illusion' einer Romanwirklichkeit überzeugend aufzubauen und darzustellen, ungeachtet aller nebenherlaufenden parodistischen und humoristischen 'Kompromittierung der Produktion'.[16] Die Leitmotivik zerstört nicht diese illusionäre Realität, wie Kristiansen meint; vielmehr ahmt sie durch die Hervorhebung sprechender bzw. signifikanter Details die Funktionsweise realer Wahrnehmungsprozesse nach, die mittels Informationsselektion Chaos und Desorientierung vermeiden. Entsprechend trägt die Leitmotivik – auch in ihrer erweiterten Form als "musikalisch-ideeller Beziehungskomplex" (XI, 611) – zum Orientierungsgewinn des Lesers bei; sie strukturiert eine Romanwelt, die sich bei allen 'Heimsuchungen', allen Drohungen der Unform durchaus geordnet präsentiert und in der z.B. die Identitätsverwischung des 'tat twam asi' zwischen einer Frau Stöhr und den höhergelegenen Existenzen ebenfalls

---

13 Børge Kristiansen: *Das Problem des Realismus bei Thomas Mann*, S. 833.

14 So u. a. in der 1939 vor Studenten in Princeton gehaltenen *Einführung in den "Zauberberg"*, insb. XI, 603f.

15 Das Stichwort der Zeitaufhebung ist bereits vor Kristiansen in den Untersuchungen von Hans Robert Jauß und Francis Bulhof aufgenommen worden. Dort wird es jedoch nicht in den Zusammenhang der Schopenhauerschen Philosophie gestellt. H. R. Jauß: *Zeit und Erinnerung in Marcel Prousts "A la recherche du temps perdu". Ein Beitrag zur Theorie des Romans*, Heidelberg 1955, auch Frankfurt a. M. 1986, S. 40-49. – F. Bulhof: *Transpersonalismus und Synchronizität*, S. 112-147.

16 In einem Brief an Theodor W. Adorno vom 30.10.1952 schreibt Thomas Mann: "Aber der illusionäre Charakter des Kunstwerks als eines Wirklichen ist mir ganz fremd und hat nie meinen Ehrgeiz wachgerufen. Dazu war mein Verhältnis zum 'Werk' zu ehrlich-ironisch, und gern habe ich immer die Produktion humoristisch kompromittiert." (Br III, S. 274) – Gegenüber dem Kunstphilosophen hat Thomas Mann freilich stets die modernen Züge, den Montage-Charakter seiner Werke etc. herausgestrichen. Im übrigen richtet sich seine Äußerung keineswegs gegen künstlerische Mimesis, sondern gegen die unbedarfte *Verwechslung* von künstlerischer 'Illusion' und Wirklichkeit. Ein Jahr zuvor hatte er im Tagebuch notiert: "Schrieb [an Henry Hatfield; der Verf.] über den Realismus aller guten Kunst und meinen im Joseph und dem Erwählten. Merkwürdig die thematische Berührung mit Lukács, für den Realismus freilich nur Gesellschaftsbezogenheit ist." (7.11.1951)

schon durch die Motiv-Signale ausgeschlossen erscheint. Nach Kristiansen erzeugt die Leitmotiv- und Zitattechnik jedoch grundsätzlich Desorientierung: "Die Handlung in der 'Walpurgisnacht' imitiert deutlich genug die Kirke-Episode bei Homer, aber da die Berghof-Welt doch nicht ganz und gar in der Homer-Welt aufgeht, [...] ruft das leitmotivische Erzählarrangement beim Leser die Frage hervor, wo er sich in aller Welt denn eigentlich befinde."[17] Wieder sei ihm die "Nichtigkeit" einer Welt, "die lediglich Vorstellung ist", erfahrbar geworden. Die Absicht des Interpreten, auf jeden Fall bei Schopenhauer anzukommen, zwingt hier eine eigenartige Lektüre herbei. Derart ungefestigt ist die Romanwirklichkeit, bei allen Verwirrungen des Zeitsinns, gewiß nicht, und keinem Leser wird zwischen der Fülle von Zitaten entgehen, daß auf dem Berghof "Faschingszeit" ist (III, 448), in der es, auch ohne Schopenhauer, traditionsgemäß zaubertoll hergeht.

Ohne Zweifel schafft Thomas Mann mit den Mitteln der Leitmotivik werkübergreifende Figurenreihen, und bei den Rand- und Nebenfiguren erzeugt die Verwendung derselben Attribute und Motive gelegentlich den Effekt eines 'Verschwimmens' des Individuellen ins Typische. Das auffälligste und deshalb stets in diesem Zusammenhang angeführte Beispiel entstammt dem *Tod in Venedig*, wo sich auf diese Weise die Züge des Wanderers, des falschen Jünglings, des Gondoliers und des gitarrespielenden Volkssängers verwischen; sie stehen in einer Reihe als Figurationen des Todes. Identische Motive machen aber noch keine identischen Figuren. Die statisch-mythologische Gestalt des Wanderers unterscheidet sich deutlich genug von der farcenhaft drastischen Figur des Sängers; der obszöne Alte auf dem Schiff steht wiederum in einem vorausweisend (zerr)spiegelbildlichen Verhältnis zu Aschenbach und erscheint in dieser Hinsicht separiert von den übrigen Vertretern der Figurenreihe – die Einsicht, daß der Alte deshalb insgeheim mit Aschenbach identisch sei, soll daraus wohl nicht folgen. Was wäre auch von den philosophischen Anstrengungen eines Autors zu halten, der Schopenhauers Gedanken einer gänzlich unvorstellbaren Identität alles Seienden als 'Wille-an-sich' dadurch bekräftigen wollte, daß er dem Leser diese Identität 'anschaulich' auch in der 'Welt als Vorstellung' vorführt, wo sie ja definitiv nichts zu suchen hat? Die Einheit des Willens gibt sich, so Schopenhauer, "durch eine innere Verwandtschaft zwischen allen seinen Erscheinungen zu erkennen", d.h. sie offenbart sich "durch die allgemein durchgreifende Analogie aller Formen"[18], und sie erschließt sich im moralischen Affekt des Mitleids – aber gewiß nicht durch die Identität der Erscheinungen *als*

---

17 Børge Kristiansen: *Das Problem des Realismus bei Thomas Mann*, S. 831f.
18 Arthur Schopenhauer: W I, 213.

Erscheinungen; di‹ s wäre eine merkwürdige Art, das principium individuationis und den in ihm wirksamen inneren Widerstreit des Willens zu umgehen. Auch Schopenhauer schränkt seine harmonieverdächtigen Ausführungen über die innere Verwandtschaft der Erscheinungen und die Analogien ihrer Formen sogleich ein: "Jene Harmonie geht nur so weit, daß sie den Bestand der Welt und ihrer Wesen möglich macht, welche daher ohne sie längst untergegangen wären. Daher erstreckt sie sich nur auf den Bestand der Spezies und der allgemeinen Lebensbedingungen, nicht aber auf den der Individuen", die vielmehr "im unaufhörlichen Vertilgungskriege" gegeneinander stünden.[19] Vor dem Hintergrund der Willensmetaphysik erschiene der Versuch, zwischen den geschiedenen Individuen 'Identitäten' herzustellen, als Verharmlosung Schopenhauers.

Das Phänomen der individualitätsverwischenden 'Transpersonalität' bleibt im übrigen auf einige Rand- und Nebengestalten beschränkt; die herausgehobenen Figuren präsentieren sich als markante, klar umrissene Individuen, und erst recht die 'aristokratischen' Helden werden vom übrigen, 'gewöhnlichen' Personal scharf abgegrenzt. Insbesondere die Menschendarstellung der Werke bis einschließlich des *Zauberberg* zielt nicht darauf ab, eine untergründige 'transpersonale' Einheit des Menschlichen herauszustellen; sie ist in einem Maß, wie es bei kaum einem anderen zeitgenössischen Schriftsteller zu beobachten ist, vom Bewußtsein einer menschlichen Rangordnung gekennzeichnet, der gegenüber sich das abstrakte philosophische Wissen davon, "daß Ich und Du, Ich und Welt metaphysisch wesensgleich" seien, geradezu ins Marginale verflüchtigt – eine "Schopenhauersche Poetologie"[20], die Kristiansen auf diese Identitäts-Idee gegründet sieht, läßt sich in der hierarchischen Menschendarstellung der *Buddenbrooks* und des *Zauberberg* jedenfalls kaum ausmachen. Daß sich auch die Darstellung mythischer Identifizierungen im späteren Werk kaum als Demonstration der metaphysischen Identität alles Seienden verstehen läßt, darauf hat Kristiansen selber hingewiesen – allzu offenkundig widerstrebt das Mythoskonzept Thomas Manns einer Interpretation im Zeichen von Pessimismus und Unform: "Die mythische Auffassung der Individualität bedeutet so im Grunde keinen Identitätsverlust, sondern impliziert im Gegenteil durch die mythische Identifikation mit dem 'Urtyp' eine Konsolidierung und Abdichtung der Identität."[21] Die Figuren der früheren Erzählungen und Romane Thomas Manns sind allerdings gewiß nicht weniger

---

19 Arthur Schopenhauer: W I, 237.

20 Børge Kristiansen: *Das Problem des Realismus bei Thomas Mann*, S. 824.

21 Børge Kristiansen: *Thomas Manns "Zauberberg" und Schopenhauers Metaphysik*, S. 195f.

'konsolidiert' und 'abgedichtet' als die der Josephsromane; eine Menschendarstellung und Charakterisierungskunst, welche die Nebengestalten bis
zum Karikaturhaften scharf umreißt und sich bei den Helden liebevoll ins
'besondere', individuelle Seelenleben versenkt, ist der Hauptzug dieser
Werke. Für Kristiansen sind das jedoch alles nur "an der Oberfläche [...]
individuell verschiedene und unterscheidbare [...] Menschen".[22] Aber durch
noch so viele pejorative Bezeichnungen – 'Vordergrund', 'dünne Oberflächenschicht', 'Kulisse', 'vordergründige Vorstellung' oder gar 'Knappheit im
Detail' (!) etc.[23] – läßt sich die Menschendarstellung Thomas Manns nicht
zur Nebensache machen. Die Beispiele für Identitätsauflösungen durch die
Leitmotivik bleiben beiläufig; sie können kaum plausibel machen, daß
Thomas Manns tiefste Erzählabsicht darin bestanden habe, den Leser in ein
schwebendes Nirgendwo zwischen allen Individuationen zu versetzen, um
ihm die Einsicht in die 'Nichtigkeit' der Vorstellungswelt zu vermitteln. Der
Mangel an Beispielen veranlaßt Kristiansen, nun auch die Vorlagen und
Quellen Thomas Manns ins Spiel der Verwirrungen einzubeziehen. Daß
Peeperkorn Gerhart Hauptmann und Adrian Leverkühns Leben teilweise
der Vita Nietzsches nachgebildet, daß Frau von Tolna mit der Biographie
Tschaikowskis verknüpft ist[24] – dies soll nun ebenfalls auf die in der
Willensmetaphysik begründete 'geheime' Identität der Individuationen
hinweisen. Da wäre der 'Identitäten' tatsächlich kein Ende.

Auch im Werk Thomas Manns sollen die Leitmotive die Figuren nicht
ins Unbestimmte verfließen lassen, sondern charakterisieren und unterscheiden, ihnen thematische Linien zuordnen.[25] Die kontrastive Aufbereitung der Erzählstoffe, die "Tendenz zur Weltentzweiung"[26] (Rothenberg) –
z.B. im Geist-Leben-Antagonismus bzw. in der Entgegensetzung von vornehm und gewöhnlich – geschieht entscheidend durch das Mittel der Leitmotivik, die Zuordnung von Gegenmotiven. Ihre charakterisierende, ver-
deutlichende Kraft erhält diese Technik gerade dadurch, daß fast jedes Mo-

---

22 Børge Kristiansen: *Das Problem des Realismus bei Thomas Mann*, S. 828.

23 Alle diese Formeln aus: Børge Kristiansen: *Das Problem des Realismus bei Thomas Mann*.

24 Børge Kristiansen: *Das Problem des Realismus bei Thomas Mann*, S. 831.

25 Eine differenzierte Darstellung der Leitmotivtechnik Thomas Manns bietet Karlheinz
Hasselbach: *Thomas Mann – Doktor Faustus*, München 1988 (Oldenbourg Interpretationen
24), Abschnitt 6.2 – "Das Leitmotiv", S. 94-100. Auch Hasselbach stellt beiläufig fest, daß
in rein formaler Hinsicht die "musikalische Konstruktion" des Leitmotivgewebes ein "paro-
dierend auflösendes Gegengewicht zu dem ernsten stofflichen Inhalt" der Romane bilde.
Keineswegs aber reiche "die häufige Wiederholung des Leitmotivs [...] aus, die Illusion er-
zählter Wirklichkeit zu zerstören". (S. 97)

26 Klaus-Jürgen Rothenberg: *Das Problem des Realismus bei Thomas Mann*, S. 62.

tiv seinen Antagonisten, sein antithetisches Kontrastmotiv erhält. Damit werden gewiß nicht All-Identitäten hergestellt. Wo einerseits durch die kontrastive motivische Bedeutungszuordnung schärfere Konturen geschaffen werden, macht sich andererseits auch der zusammenfassende, vereinheitlichende Zug geltend, der jeder Zuweisung von Prädikaten innewohnt. Wenn bläuliche Äderchen an den Schläfen, schlechte Zähne oder die Farbe Gelb etwas bedeuten, dann ist der Motivträger hier natürlich bestimmt durch seine Zugehörigkeit zu einer Figuren-Gruppe, einem symbolisierten Bedeutungsfeld. Kristiansen will nur diese Seite leitmotivischer Wirkung sehen, die sich überall dort unvermeidlich einstellt, wo Bezüge zwischen mehreren Figuren geknüpft, Gruppierungen geschaffen, Charaktere typenhaft zugespitzt und verdeutlicht werden.

Das Leitmotiv sichert der erzählten Welt Zusammenhalt und Dichte, es schafft eine genuin epische Kontinuität. In seiner bindenden und verweisenden Funktion kommt es nur dort zu Sinn und Wirkung, wo das Erzählen eine geduldige, ausgreifende Gründlichkeit beweist, der die dargestellte 'Erscheinungswelt' alles andere als 'Nichtigkeit' und 'Vorwand'[27] ist. Kristiansens Tendenz, das Episch-Erzählerische zum Hilfsmittel der Philosophie zu machen, erinnert an eine Spielart der frühen *Zauberberg*-Kritik, gegen die sich Thomas Mann entschieden zur Wehr gesetzt hat, eine Kritik, die "dem Roman die plastischen Eigenschaften in einem Grade abstritt, daß es mich erschreckte – ihn ganz als allegorisches Puppenspiel hinstellte. Ich finde dagegen spricht ganz einfach seine Wirkung. Mit einer [...] Idee macht man kein Buch, das 'verschlungen' wird. Dazu muß man erzählen können, und ich glaube dem Erfolg meines Buches die anständige Deutung geben zu dürfen, daß es erzählt in einem heute fast abhandengekommenen Sinn." (Brief an Karl Alphéus vom 11.9.1925)[28]

Die Steigerung des 'mechanisch' angewandten Leitmotivs zum "symbolisch anspielenden Formelwort" (XI, 611) hat Thomas Mann als den entscheidenden künstlerischen Entwicklungsschritt des *Tonio Kröger* betrachtet. Im *Lebensabriß* von 1930 schreibt er: "Vor allem war darin das sprachliche Leitmotiv nicht mehr, wie noch in 'Buddenbrooks', bloß physiognomischnaturalistisch gehandhabt, sondern hatte eine ideelle Gefühlstransparenz gewonnen, die es entmechanisierte und ins Musikalische hob." (XI, 116) Diese erzähltechnische Erweiterung hat entscheidende Konsequenzen für den Aufbau und die Gestaltung der Romane und Erzählungen. Das gelegentlich Effektheischende der frühen Novellen, der dramatische Span-

---

27 Børge Kristiansen: *Das Problem des Realismus bei Thomas Mann*, S. 826.
28 DüD I, 504.

nungsaufbau, die Zuspitzung auf ein spektakuläres Ereignis, meist der Tod oder Zusammenbruch einer zum Äußersten gebrachten Figur – all dies spielt im *Tonio Kröger* keine oder kaum eine Rolle; eine innere Spannung schaffen hier nicht die in lockerer Folge gereihten Erlebnisse Tonios, sondern die antithetischen 'musikalischen' Motivlinien, mit denen die Episoden zusammengehalten werden. Der Erzähler kann auf katastrophenträchtige Szenarien und dramatische Schürzung weitgehend verzichten, weil der antagonistische motivische Hintergrund für eine integrierende Dynamik sorgt, mit der sich auch 'unscheinbare' Details aufladen lassen. Die künstlerischen Möglichkeiten der erweiterten Motivtechnik deuten sich im engeren novellistischen Rahmen des *Tonio Kröger* erst an, entfaltet werden sie in den nachfolgenden Romanen. Durch die erweiterte Leitmotivtechnik wird die Handlungsebene entlastet, die Erzählung kann sich mit epischer Ruhe und Gründlichkeit der Schilderung vergleichsweise unspektakulärer Situationen und Gespräche überlassen. Klaus-Jürgen Rothenbergs Bemerkung, "alles bloße Detail" sei in Thomas Manns Augen "langweilig", es bleibe "achtlos beiseite"[29], ist insofern richtig, als dieser Erzähler Details, die wie nicht eingeflochtene Fäden am Erzählgewebe hängenbleiben, vermeidet. Die Behauptung, die Detail-Realie sei für Thomas Mann grundsätzlich nebensächlich, wäre jedoch unsinnig und durch jeden Blick in die Romane oder auf seine Arbeitsweise mit ihrer umfangreichen Verwendung von Vorlagen, Materialquellen etc. zu widerlegen. Eine an die humoristische Erzähltradition anschließende Liebe zum Detail, zur 'bedeutend' gemachten Einzelheit ist vielmehr das hervorstechende Merkmal von Sprache und Erzählweise Thomas Manns. Und gerade mit der Leitmotivik schafft er sich das Mittel und die Legitimation, eine Fülle von Einzelheiten zu integrieren, die ansonsten als überflüssiger Beschreibungsaufwand erscheinen und dem Verlangen nach strenger Komposition aufgeopfert werden müßten.

Sicherlich hat Thomas Mann diese diskrete Erzählweise auch in Auseinandersetzung mit der "Blasebalg"[30]-Schriftstellerei Heinrich Manns entwickelt. In einem Brief vom 5.12.1903, dem Erscheinungsjahr des *Tonio Kröger*, äußert er schonungslose Kritik an Heinrichs neuestem Roman *Die Jagd nach Liebe*; er hält dem Bruder all jene überscharfen Würzmittel des Erzählens vor, auf deren – seit je behutsamer dosierten – Verwendung im eigenen Werk er nun durch die Entfaltung der dramaturgisch wirksamen Motivtechnik verzichten kann. Er beklagt an der *Jagd nach Liebe* die "verrenkten Scherze, diese wüsten, grellen, hektischen, krampfigen Lästerungen der

---

29 Klaus-Jürgen Rothenberg: *Das Problem des Realismus bei Thomas Mann*, S. 115.
30 Brief Thomas Manns an Heinrich Mann vom 5.12.1903; Briefwechsel TM-HM, S. 32.

Wahrheit und Menschlichkeit, diese unwürdigen Grimassen und Purzel-
bäume, diese verzweifelten Attacken auf des Lesers Interesse! [...] Alles ist
verzerrt, schreiend, übertrieben, 'Blasebalg', 'buffo', romantisch also im üblen Sinn [...]." Es handele sich um ein "Buch, dessen Titel lieber lauten sollte: 'Die Jagd nach *Wirkung*'".[31] Vor allem die Liebes- und Sexualdarstellungen werden kritisiert: "Diese schlaffe Brunst in Permanenz, dieser fortwährende Fleischgeruch ermüden, widern an. Es ist zu viel, zu viel 'Schenkel',
'Brüste', 'Lende', 'Wade', 'Fleisch', und man begreift nicht, wie Du jeden
Vormittag wieder davon anfangen mochtest, nachdem doch gestern bereits
ein normaler, ein tribadischer und ein Päderasten-Aktus stattgefunden
hatte."[32] Daß Thomas Manns eigenes Kunstmittel des 'symbolisch anspielenden Formelwortes' dort nichts zu suchen hat, wo effektheischende Direktheit die Darstellungen bestimmt, liegt auf der Hand; er stellt es ausdrücklich fest: "Das Kunstmittel des Leitmotivs paßt nicht hinein."[33] – Der
Gewinn und die Vorteile der indirekten, leitmotivischen Darstellungsweise
werden vor dem Hintergrund der gegen Heinrich erhobenen Vorwürfe besonders deutlich. Die Intensität und Dramatik, die Heinrich Mann angestrengt durch eine 'schreiende' Handlungsführung, grelle Effekte und
gehäufte Sexualdarstellungen herzustellen sucht, werden im *Zauberberg*
durch die anspielenden Motivbezüge geschaffen. Verglichen jedenfalls mit
der *Jagd nach Liebe* hat der viel umfangreichere *Zauberberg* wenig Geschehen
und Aktion zu bieten, die Höhepunkte bilden ein Skiausflug und eine
einzige Liebesnacht, die nicht einmal beschrieben wird. Wo sich die
Gestalten Heinrich Manns mit einer hektischen 'dionysischen' Aktivität
abmühen, mißt Hans Castorp lediglich leicht erhöhte Temperatur, erprobt
im Liegestuhl auf seinem Balkon die 'horizontale Lebenslage' und denkt
über die abgekauten Fingernägel Clawdia Chauchats nach. Solche humoristisch beschriebenen Situationen werden durch die Motivdramaturgie jedoch
in pathetische Dimensionen gesteigert, wo es dann allerdings um Leben
oder Tod, Niederfahrt in die Unterwelt oder Rettung, apollinische Form
oder dionysische Unform geht, wo Europa mit ganz Asien im Kampf liegt
und die schlichte Tagesordnung des Schweizer Sanatoriums Berghof einen in
die Tiefen der Persönlichkeit reichenden Kulturschock bedeutet, wie ihn
Abenteuerreisende sonst am Ende der Welt kaum erleben mögen. Hier geht
es um entgrenzend-grenzenlose Leidenschaft, während doch die direkte

---

[31] Briefwechsel TM-HM, S. 32.
[32] Briefwechsel TM-HM, S. 37.
[33] Briefwechsel TM-HM, S. 35.

Darstellung kaum einmal eine flüchtige Berührung der Liebenden schildert; 'ermüdender Fleischgeruch' liegt gewiß nicht in der Luft.

Hans Castorp ist ein verschmitzter junger Mann, kein todessüchtiger Verfallsprinz wie Hanno Buddenbrook; leitmotivisch sind die Verfallskräfte jedoch auch ihm zugeteilt. In seiner psychologischen Funktion enthüllt das Leitmotiv auf diese Weise psychische Antriebe, die "in der dargestellten Person wirksam, ihr aber im Augenblick des dargestellten Vorgangs selbst verborgen sind".[34] Aber es sind nicht nur einer Figur genau zuzuordnende, verborgene psychische Motive, die symbolisch ins Spiel gebracht werden, sondern vielmehr gewaltige Kraftfelder – hinter der eigentlich gar nicht so fatalen Frau Chauchat steht riesig das ganze verschlingende Asien; ihre Nonchalance wird 'mythisch' ausgeweitet und dämonisiert. Äußerlich unaufwendige Situationen der Verliebtheit werden durch das Leitmotiv in einen großen, pathetischen Kontext gestellt und gewissermaßen mit 'dionysischen' Extremwerten aufgeladen, die in direkter Darstellung kaum zu vermitteln wären ohne die künstlerischen Einbußen, die Thomas Mann an der *Jagd nach Liebe* aufzählt.

Angesichts dieser durchaus auch ironischen Bezüge lassen sich die Motive jedoch nicht wie Beschreibungen oder einfache Aussagen auf die Figuren beziehen. Handelte es sich bei Frau Chauchat tatsächlich um eine verderbenbringende Asiatin, eine Sendbotin der Ausschweifung, der Ekstase, des Todes etc., wäre der zusätzliche Aufwand der Leitmotivik so überflüssig wie in der *Jagd nach Liebe* – die Beschreibung hätte schon alles gesagt. Hier wird das Problematische einer Interpretation sichtbar, die die Figuren lediglich allegorisch aus ihren Einbindungen in das leitmotivische Beziehungsnetz zu verstehen sucht. Børge Kristiansen geht stets davon aus, daß die Leitmotive das 'wahre Sein' der Figuren determinieren; dies tun sie, wie das Beispiel Chauchat zeigt, keineswegs in dem Maß, wie Kristiansen annimmt: Die Leitmotivik bringt gerade in diesem Fall eine Fülle von vagierenden Projektionen, Ängsten, Wunschvorstellungen zum Ausdruck, die dem 'wahren Sein' der Figur nicht entsprechen müssen. Kristiansen deutet die Motive nicht als Anspielungen, die durchaus in einem Spannungsverhältnis zur Darstellung einer Figur stehen können, sondern als die eigentlich gültigen Aussagen über sie. Leitmotive besitzen jedoch weder den Stellenwert noch die Eindeutigkeit von beschreibenden Aussagen, sie können vielfältig kombiniert und variiert werden, ein und dieselbe Figur hat durch die Leitmotive Teil an gegensätzlichen Bedeutungsfeldern. Vor allem betrachtet Kristiansen die Romanfiguren nicht als gestaltete Menschen, er

---

34 Helmut Jendreiek: *Der demokratische Roman*, S. 176.

sucht sie vielmehr nach eindeutigen Zeichen bzw. Chiffren ab und interpretiert sie als Platzhalter dieser Zeichen. Nur als solche Platzhalter kommen sie in seiner Deutung vor. So ist z.B. das Motiv des Granatapfels für ihn ausschlaggebender als die ganze Clawdia Chauchat-*Figur*. Daß dieses Motiv nach der 'Walpurgisnacht' von *Settembrini* ins Spiel gebracht wird, an seine Perspektive gebunden bleibt, auch seine Pädagogen-Eifersucht zum Ausdruck bringt, daß der Granatapfel-Satz zudem nach wochenlangem trotzigem Schweigen sein erster Versuch ist, den Kontakt mit dem entlaufenen 'Schüler' Castorp wiederherzustellen, der von Settembrini also dem mythologischen Wortlaut entgegen noch keineswegs als ein an die 'Unterwelt' Verlorener angesehen wird, daß es sich schließlich um eine *witzige* Bemerkung handelt: "Nun, Ingenieur, wie hat der Granatapfel gemundet?" (III, 493) – all dies gerät in der 'asiatischen' Chauchat-Interpretation Kristiansens völlig aus dem Blick: "Als Verkörperung des Granatapfels des Persephone-Mythos" erweise sich Frau Chauchat "als Vertreterin derjenigen irrationalen unterweltlichen Kräfte und Mächte, die Castorp verzaubern und ihn für immer der dämonischen Wirklichkeit der Unterwelt preisgeben".[35] Das klingt wie ein Schlußwort, und 'idealerweise' müßte der Roman für Kristiansen mit der "Walpurgisnacht" enden. Das Spielelement des "symbolisch anspielenden Formelwortes" bleibt in seiner Interpretation außer Betracht, es entsteht vielmehr der Eindruck, als wäre dem humoristischen Erzähler des *Zauberberg* beim Knüpfen des Motivgewebes der Humor gänzlich abhandengekommen.

Literarische Motive ordnen Bedeutungen zu; nach Kristiansens Interpretation im Zeichen der Willenseinheit bestünde ihr Sinn darin, die Bedeutungslosigkeit des völligen Einerlei zu erzeugen. Wenn die philosophische Hinterabsicht des Erzählens im Verrühren des Erzählten zur "Ewigkeitssuppe" bestünde, hätte sich der Autor allzuviel Arbeit gemacht mit der distinkten Gestaltung seiner Figuren und ihrer geistigen Welten. Im übrigen kann auch in der Wahl der Motive nicht "grundsätzlich alles für alles eintreten"[36], sie folgt in der 'naturalistischen' Anwendung auf Personen meist einer konventionellen Physiognomik (ohne deren Gültigkeit zu problematisieren) und basiert ansonsten auf, sei es noch so schmaler, Analogiebasis. Hierzu ein Beispiel: Hermann Kurzke schließt sich der Auffassung Kristiansens an, wenn er schreibt, daß nicht "Mimesis" die "Auswahl der Details" in den Beschreibungen steuere, "sondern eine schopenhauerisierende Metaphysik, die alles Wirkliche zur Allegorie entwertet, weil sie

---

[35] Børge Kristiansen: *Thomas Manns "Zauberberg" und Schopenhauers Metaphysik*, S. 207.

[36] Børge Kristiansen: *Das Problem des Realismus bei Thomas Mann*, S. 830.

es auf ein anderes verweisen läßt. Warum ist Hans Castorp Zigarrenraucher? Nicht etwa, um den Hamburger Bürger zu charakterisieren." Das Rauchen verweise vielmehr über die Leitmotivstruktur auf "antibürgerliche Triebhaftigkeit", auf 'asiatisches' Nichtstun, auf "Sexualität, Formlosigkeit, Nirwana und Tod".[37] Daß die Zigarre mit all diesen Bedeutungen versehen wird, ist natürlich richtig, die Behauptung, das 'realistische' Detail werde somit zur Allegorie *entwertet*, erscheint jedoch als Übertreibung aus dem Zwang, die vermeintliche 'Vordergrundsschicht' des Romans als 'nichtige Vorstellungswelt' erweisen zu müssen. Der Rauchsucht und der Zigarre (oder abstrakteren Motivkomplexen wie 'Rußland') fliegen solche Bedeutungen ja nicht willkürlich zu, es sind durchaus 'realistische' Erweiterungen bzw. sich geradezu aufdrängende Analogien. Sein eigenes Rauchen hat Thomas Mann wohl nicht für ein Kennzeichen vitalen Patriziertums gehalten, sondern für eine kleine, unverzichtbare Ausschweifung, ganz im Sinn Castorps. Wenn das Zigarrenrauchen lediglich bei einem Hamburger Großkaufmann als vollwertiger realistischer Zug gelten könnte, wäre nur die Karikatur in der Art Wilhelm Buschs Realismus. Eine völlige Willkürlichkeit und Vertauschbarkeit der Realie, mit welcher der Erzähler der Willenseinheit nahezukommen suchte, gibt es nicht.

Die Leitmotivtechnik wäre nach Kristiansen als aggressives, gegen 'Leben' und 'Wirklichkeit' gerichtetes Erzählverfahren zu verstehen, effektiver noch als das 'treffende Wort', das ja immer nur die Einzelerscheinung, nicht die Wirklichkeit als Prinzip 'erledigen' kann. Unabhängig von jeder Anwendung im Einzelfall hätte Thomas Mann demnach allein schon durch die Struktur dieser Erzähltechnik sein schopenhauerianisches Urteil über die Welt abgegeben, und zwar, wie Kristiansen versichert, auf der "romantheoretisch höchstmöglichen Erkenntnisebene"[38]. Diese neuerliche Absetzung einer höherwertigen philosophischen Ebene vom erzählten 'Vordergrund' erscheint suspekt: Ohne die 'vordergründige' erzählerische Qualität der Werke Thomas Manns würde heute niemand nach hintergründigen Schopenhauerbezügen fragen.

Der 'Realismus' gehört bei Kristiansen gänzlich zum gestrigen Verständnis. Er sei nichts als "Maske" und "Äußerlichkeit"[39], vorgetäuschte Welthaltigkeit, die der Autor – soweit unumgänglich – aufbiete, um dann

---

[37] Hermann Kurzke: *Thomas Mann. Epoche – Werk – Wirkung*, S. 211.

[38] Børge Kristiansen: *Thomas Manns "Zauberberg" und Schopenhauers Metaphysik*, S. 305.

[39] Børge Kristiansen: *Das Problem des Realismus bei Thomas Mann*, S. 823. Vgl. Thomas Mann: *Bilse und ich*; X, 17.

zum Eigentlichen, der von der Leitmotivphilosophie bewerkstelligten "Demaskierung" der Scheinwelt zu kommen, bei der "die in Zeit, Raum und Individualität unterschiedenen Phänomene der realistischen Ebene schließlich zusammenfallen [...]"[40] – wie auch immer man sich dergleichen vorzustellen hat. Diese Konstruktion eines antirealistischen Erzählens stützt Kristiansen auf abwiegelnde Formulierungen des frühen Essays *Bilse und ich*, mit denen Thomas Mann den Verdacht zerstreuen wollte, er habe die *Buddenbrooks* als Lübecker Kolportage- und Schlüsselroman verfaßt. Immer wieder hat der Autor den Verwunderten gespielt, wenn sich tatsächlich oder vermeintlich Porträtierte durch 'boshaft' genaue Schilderungen gekränkt fühlten: "Nicht von euch ist die Rede, gar niemals, seid des nur getröstet, sondern von mir, von mir..." (X, 22) Das ungeschickte Pathos macht diese Behauptung eines lyrischen Subjektivismus nicht überzeugender. Ganz ähnlich hat sich Thomas Mann dann, kurz nach Erscheinen des *Zauberberg*, im 'Fall Peeperkorn' von dem Vorwurf zu befreien gesucht, er habe sich gegenüber Gerhart Hauptmann "kalten Verrat", "boshafte Belauerung" und "pietätlose Ausbeutung" zuschulden kommen lassen. Mynheer Peeperkorn sei "eine Gestalt, *die in der Idee und in ihren wesentlichen Zügen [...] natürlich lange feststand, bevor ich Hauptmann begegnete*, und die dieser Begegnung [...] einige lebendige Züge verdankt", schreibt er am 6.1.1925 in einem Brief an Herbert Eulenberg: "Aber ich gehe keinen Schritt weiter in meinen Zugeständnissen. Was hätte auch darüber hinaus die Existenz Hauptmanns mit derjenigen des ehemaligen Kaffeehändlers von Java zu tun, der mit seiner Malaria und seiner abenteuerlichen Geliebten nach Davos kommt und sich abdikationsweise mit asiatischen Drogen tötet? Nichts [...]." (Br I, 223f.) Und dem zornigen Hauptmann selber versichert er im Entschuldigungsbrief vom 11.4.1925, bei Peeperkorn handele es sich um eine "wirklichkeitsferne Riesenpuppe": "denn natürlich handelt es sich nicht um Leben, sondern um eine der Wirklichkeit innerlich überhaupt fremde und äußerlich kaum noch verwandte Übertragung und Einstilisierung". (Br I, 235) Fast drei Jahrzehnte später, sechs Jahre nach Hauptmanns Tod, als es eine Rede zu seinem neunzigsten Geburtstag zu verfassen gilt, besteht Thomas Mann dann allerdings auf dem lebensvollen Abbild-Charakter der Peeperkorn-Schilderung; dabei geht es weniger um einzelne geliehene Züge – über sie kann kein Zweifel bestehen –, vielmehr wird dem ins Groteske gesteigerten Hauptmann-Bildnis bescheinigt, das 'Wesen' des Dramatikers wahrer zu überliefern als alle verehrungsvolle Biographik. In einem Brief an Hans Reisiger vom 26.9.1952 spricht Thomas Mann von seiner in der Rede

---

40 Børge Kristiansen: *Das Problem des Realismus bei Thomas Mann*, S. 828f.

beabsichtigten "Apologie" des "Hauptmann-Porträts", die nun ganz anders ausfällt als jene zu Lebzeiten des Dichters: "Zufällig hat man mir gerade die Bände zur Signierung geschickt, ich habe die 3 Peeperkorn-Kapitel nachgelesen und bin *erstaunt* über die seltsame innere Getroffenheit dieses Grotesk-Bildnisses. Das ist keine Verhöhnung und kein Zerrbild, das ist [...] eine wahrere Überlieferung seines Wesens – Gethsemane und Heidenpriester – an die Nachwelt, als alle Hans von Hülsen-Bücher."

Zu deutlich ist die Lust dieses Autors am objektiven 'Genaumachen', zu offensichtlich die lebenslange Inspiration durch die großen, 'realistischen' Erzähler, die, wie die Tagebücher belegen, fast allabendlich nach den Tagesgeschäften zur Lektüre herangezogen werden, zu groß die Freude an Tolstoi und Turgenjew, Flaubert und Fontane, Hamsun und Conrad, als daß die pejorativen Formeln von 'Oberfläche' und 'Vordergrund' zutreffen könnten. Man sollte sich in diesem Zusammenhang nicht durch einen verengten Realismusbegriff irritieren lassen, der diesen auf eine Epoche oder auf nichts als die maßstabsgetreue 'Widerspiegelung' einer bestimmten Gesellschaft in einer bestimmten Zeit festlegt. Thomas Mann selbst hat, was er unter Realismus verstand, ohne dogmatische Verkrampfungen definiert. In einem Brief an Henry Hatfield vom 19.11.1951 findet sich die durch ihre pointierte Einfachheit überzeugende Äußerung: "Im Neu-Russischen, der marxistischen Kritik, bedeutet 'realistisch' ja nichts als 'gesellschaftsbezogen'. Aber welche gute Kunst wäre denn eigentlich *nicht* realistisch? Das Getroffene, das 'Echte', das frappierende Wiedererkennen des wirklichen Lebens ist es zuletzt doch immer, was uns freut an der Kunst, im Seelischen wie im Gegenständlichen. [...] Wir mögen stilisieren und symbolisieren soviel wir wollen, – ohne Realismus geht's nicht. Er ist das Rückgrat und das, was überzeugt." (Br III, 231)[41] Daß die 'realistische' erzählerische Substanz im Werk Thomas Manns leitmotivisch verdichtet und zunehmend mit mythologischen, philosophischen und schließlich auch politischen Bezügen angereichert wird, wertet sie nicht ab. Thomas Mann hat die 'Ebenen' seines Werks mit keiner Rangfolge versehen.

---

[41] Vgl. auch Thomas Sprecher: *Davos im "Zauberberg". Thomas Manns Roman und sein Schauplatz*, Zürich 1996. In der Einleitung seines Buches setzt sich Sprecher ebenfalls für die Rehabilitierung des 'Realisten' Thomas Mann ein.

2. 'Aufhebung von Raum und Zeit'

Angesichts der Umstandslosigkeit, mit der Kristiansen – und nicht nur er – die Zeitthematik des *Zauberberg* mit der Transzendentalphilosophie Schopenhauers identifiziert, scheint es lohnenswert, einmal die nicht unbeträchtlichen Differenzen hervorzuheben, die von der suggestiven Begrifflichkeit verwischt werden. Es ist erstaunlich, mit welcher Unbefangenheit immer wieder von der 'Aufhebung' von Raum und Zeit gesprochen wird, als handelte es sich dabei um gar nicht mehr erklärungsbedürftige Selbstverständlichkeiten, als wäre gerade auf diesem Gebiet, mit dem für Schopenhauer jedenfalls die Grenzen des Denkbaren erreicht waren, der Thomas Mann-Forscher so heimisch wie nirgends sonst. Eine 'Aufhebung von Raum und Zeit' im transzendentalphilosophischen Sinn, das Zusammenfallen aller Individuationen zu wesenhafter Identität, entzieht sich jeder Möglichkeit der Anschauung. Gerade Schopenhauer, der immer die empirische Grundlage der Erkenntnis hervorgehoben hat, mahnt denn auch die Philosophen, "sehr behutsam im Gebrauch"[42] solcher von ihr ungedeckten Formeln zu sein: "Daher soll man auch nur im äußersten Fall, und wo man an den Grenzen der unseren Fähigkeiten möglichen Erkenntnis angelangt ist, sich mit dergleichen Begriffen begnügen. Ein Beispiel der Art wäre etwa der Begriff eines Seins außer der Zeit [...]. Bei Begriffen dieser Art wankt gleichsam der feste Boden, der unser sämtliches Erkennen trägt: das Anschauliche."[43] Das auf die Anschauung angewiesene Kunstwerk[44] ist in dieser Hinsicht noch größeren Beschränkungen unterworfen als die Philosophie; wie sollte es reine Begriffsoperationen zur Darstellung bringen, die sich "durch gar keine Anschauung belegen und realisieren lassen"?[45] Der Roman kann zwar mit der Zeit spielen, er kann Zeitreisen unternehmen, die Zeitfolge im Hysteron-Proteron verdrehen, zeitlich Getrenntes leitmotivisch

---

[42] Arthur Schopenhauer: P II, 52.

[43] Arthur Schopenhauer: W II, 114.

[44] Dem Einwand, daß man es beim literarischen Kunstwerk mit Begriffen, nicht Anschauungen zu tun habe, läßt sich mit Schopenhauer selber begegnen: "Ideen sind wesentlich anschaulich: wenn daher in der Poesie das unmittelbar durch Worte Mitgeteilte nur abstrakte Begriffe sind; so ist doch offenbar die Absicht, in den Repräsentanten dieser Begriffe den Hörer die Ideen des Lebens anschauen zu lassen, welches nur durch Beihülfe seiner eigenen Phantasie geschehen kann." Der Dichter verstehe es, "aus der abstrakten, durchsichtigen Allgemeinheit der Begriffe, durch die Art, wie er sie verbindet, das Konkrete, Individuelle, die anschauliche Vorstellung gleichsam zu fällen". Jeder beschreibende Satz setzt die 'Welt als Vorstellung', und damit die Anschauungsformen, voraus. – Schopenhauer: W I, 340.

[45] Arthur Schopenhauer: P II, 52.

verbinden, das Zeit-*Erlebnis* des Helden zwischen Raffung und Stagnation variieren usw., aber Raum und Zeit als die apriorischen Formen der Anschauung wird er dabei niemals 'aufheben' können, da sie ja "das unterste Grundgerüst der Schaubühne dieser objektiven Welt ausmache[n]".[46] Eben aufgrund ihrer Idealität sind sie in *jeder* 'Vorstellung' notwendig enthalten, so daß auch der transzendentalphilosophisch ambitionierteste Schriftsteller "gar kein Dasein ohne sie denken"[47] oder darstellen könnte.

In der "Hippe"-Episode des *Zauberberg* inszeniert Thomas Mann eine 'Aufhebung der Zeit'; realistisch motiviert wird diese Entgrenzung dadurch, daß Hans Castorp sich nach einem Nasenbluten "in einem Zustande sonderbar herabgesetzter Lebenstätigkeit" befindet. Das Schulhoferlebnis wird auf diese Weise nicht in der abgeschwächten Form der Erinnerung, sondern mit starker unmittelbarer Präsenz vorgeführt: "Da fand er sich auf einmal in jene frühe Lebenslage versetzt [...]. Aber so stark, so restlos, so bis zur Aufhebung des Raumes und der Zeit war er ins Dort und Damals entrückt, daß man hätte sagen können, ein lebloser Körper liege hier oben beim Gießbache auf der Bank, während der eigentliche Hans Castorp weit fort in früherer Zeit und Umgebung stünde [...]." (III, 169) Genau besehen handelt es sich nur um eine relative "Aufhebung des Raumes und der Zeit": Ein anschauliches vergangenes *Geschehen* (also etwas naturgemäß durch den zeitlichen und räumlichen Charakter Bestimmtes) lebt auf als Traumvision mit dem Anschein überwältigender Gegenwärtigkeit. Raum und Zeit im transzendentalen Verständnis werden gar nicht berührt, und da das ungewöhnliche Ereignis realistisch motiviert wird, bleibt auch die Welt der Vorstellung mit ihrer Bestimmtheit durch den Satz vom Grund intakt. Das zeigt sich bei anderen Verwendungen jener Formeln der Raum- und Zeitaufhebung noch deutlicher, etwa in der Beschreibung der Kino-Vorführung im Abschnitt "Totentanz": "Man sah vermummte Samojeden im Renntierschlitten durch eine nordasiatische Schneeöde kutschieren, russische Pilger zu Hebron anbeten, an einem persischen Delinquenten die Bastonade vollziehen. Man war zugegen bei alldem; der Raum war vernichtet, die Zeit zurückgestellt, das Dort und Damals in ein huschendes, gaukelndes [...] Hier und Jetzt verwandelt." (III, 442)

Oft wird in Zusammenhang mit der 'träumerischen' Aufhebung von Raum und Zeit auf Schopenhauers Theorie des somnambulen Hellsehens verwiesen. Dort habe der Philosoph doch von außergewöhnlichen Wahrnehmungsweisen gesprochen, bei denen Raum und Zeit tatsächlich 'aufgeho-

---

[46] Arthur Schopenhauer: P II, 53.
[47] Arthur Schopenhauer: P II, 53.

ben' seien. Ein genauer Blick auf seine Begriffsverwendung zeigt jedoch, daß für Schopenhauer nicht Raum und Zeit als Anschauungsformen, sondern allein die auf ihnen beruhende "Ordnung und Gesetzmäßigkeit" beim Wahrträumen oder Hellsehen "in gewissem Grade beseitigt" werden.[48] Auch in seinen spekulativen Schriften bemüht er sich um einen differenzierenden Wortgebrauch: "Die Trennungen mittelst des *Raumes* werden im somnambulen Hellsehn sehr viel öfter, mithin leichter aufgehoben als die mittelst der *Zeit*; indem das bloß Abwesende und Entfernte viel öfter zur Anschauung gebracht wird als das wirklich noch Zukünftige."[49] Auch hier bleiben also zwangsläufig, da etwas zur "Anschauung gebracht wird", deren apriorische Formen intakt. Aufgehoben werden nicht Raum und Zeit selber, sondern die von ihnen geschaffenen "Trennungen".[50] Ein Traumbild kann nicht den Anschauungsformen enthoben sein, was schon daraus hervorgeht, daß Schopenhauer gerade die "merkwürdige Lebendigkeit der Traumanschauung"[51] betont. Die "Erregung zu diesem Anschauungsakte" gehe jedoch nicht – wie im wachen Zustand – von der Sinnesempfindung aus; Schopenhauer nimmt an, daß beim Träumen "eine von einer ganz anderen Seite, also von innen, vom Organismus selbst ausgehende Erregung zum Gehirn gelangen und von diesem, mittels seiner eigentümlichen Funktion und dem Mechanismus derselben gemäß, *eben so wie jene* verarbeitet werden" könne. (Hervorh. d. Verf.) Gerade hinsichtlich der Anschauungs*formen* besteht also zwischen wacher Anschauung und Traumanschauung überhaupt kein Unterschied.[52] Auch beim 'Wahrträumen' von zukünftigen Ereignissen sind sie nicht aufgehoben, sondern: "In ihnen hat also unser innerstes Wesen, oder das Ding an sich, jene Formen der Erscheinung abgestreift und tritt frei von ihnen hervor."[53] Das heißt: der nach Schopenhauer von Raum und Zeit allerdings unabhängige Willenskern 'in uns', der "den Unterschied von Nähe und Ferne, von Gegenwart, Vergangenheit und Zukunft nicht kennt"[54], bringt mittels des Wahrtraums etwas Zukünftiges *zur Anschauung*, also in die Formen von Raum und Zeit. Das Subjekt der Anschauung kann gewissermaßen 'zeitlos' werden, diese niemals.

---

48 Arthur Schopenhauer: P I, 317f.
49 Arthur Schopenhauer: P II, 55.
50 Arthur Schopenhauer: P I, 320.
51 Arthur Schopenhauer: P I, 302.
52 Arthur Schopenhauer: P I, 276.
53 Arthur Schopenhauer: P I, 319.
54 Arthur Schopenhauer: P I, 318.

Offensichtlich – aber ohne daß dies immer deutlich zum Ausdruck gebracht würde – bedient sich Schopenhauer zweier Verwendungsweisen des Zeitbegriffs: der transzendentalen und einer historisch-chronologischen. Zum einen ist von Zeitlichkeit und Räumlichkeit als apriorischen Bedingungen aller Anschauung die Rede, als Gehirnfunktionen verleihen sie den Wahrnehmungsreizen "Ausdehnung, Form, Undurchdringlichkeit, Beweglichkeit usw., kurz: alles, was erst mittels Zeit, Raum und Kausalität vorstellbar ist".[55] Diese transzendentale Zeit- und Raumbestimmtheit ist für keine Anschauung hintergehbar, im Gegensatz zur historisch-chronologischen Zeitfolge, die zwar keineswegs außer Kraft gesetzt oder 'aufgehoben' werden kann, der Wahrnehmung bzw. Anschauung jedoch unter spezifischen Umständen (Wahrtraum) auch im räumlich bzw. zeitlich Entfernten zugänglich ist. Das mißverständliche Sprechen von der 'Zeitaufhebung' bezieht sich immer auf diese zweite Begriffsverwendung.

Solche Unterscheidungen werden von Børge Kristiansen ignoriert. Für Schopenhauer ist der zeitlose Wille in den somnambulen Zuständen das *Agens*, bei Kristiansen wird der Wille selbst zum *Angeschauten*: "Denn in dem mystischen Erkenntniszustand des Träumers ist die Wirklichkeit ja nicht mehr nach den 'Gehirnfunktionen' Zeit, Raum und Kausalität strukturiert, sondern die Wirklichkeit an sich, 'unser innerstes Wesen oder Ding an sich' tritt als Allidentität des 'Willens' ins Bewußtsein. Der Traum zerbricht die in eine Vielfalt von Phänomenen aufgesplitterte Welt der Individuation und gewährt dem Individuum Einblick in die bewußtseinstranszendente Einheitswelt des 'Willens'."[56] Wenn Kristiansen darüber hinaus manche Beschreibungen – z.B. den "Strandspaziergang" – als "intellektuale Operationen" versteht, "durch welche die Grenzen der in Zeit und Raum existenten 'Vorstellungswelt' überschritten werden und das 'wahre Sein der Dinge', die zeit- und raumlose noumenale Sphäre des 'Willens', erschaut wird"[57], so hat er mit solchen Formulierungen den Horizont Schopenhauers längst verlassen und sich der Begriffswelt seiner Antipoden genähert: der verspotteten "Windbeutelei intellektualer Anschauung".[58]

---

55 Arthur Schopenhauer: W II, 32.

56 Børge Kristiansen: *Thomas Manns "Zauberberg" und Schopenhauers Metaphysik*, S. 172f.

57 Børge Kristiansen: *Thomas Manns "Zauberberg" und Schopenhauers Metaphysik*, S. 109.

58 Arthur Schopenhauer: W I (Anhang: *Kritik der Kantischen Philosophie*), 566. – Da der "Strandspaziergang" nicht als 'objektive' philosophische Reflexion, sondern als Beschreibung eines außerordentlichen 'subjektiven' Erlebnisses von Hans Castorp zu lesen ist, ließe er sich mit einiger Mühe als spontane mystische Erfahrung interpretieren. Mystik sei, so Schopenhauer, "jede Anleitung zum unmittelbaren Innewerden dessen, wohin weder Anschauung und Begriff, also überhaupt keine Erkenntnis reicht". (W II, S. 783) Anders als Musil, der

Schopenhauer will mittels des zeit- und raumlosen Willens erklären, wie die 'vielfach bezeugten' – ihrem Anschauungscharakter nach aber keineswegs vom Normalen abweichenden – Wahrnehmungen zukünftiger oder räumlich entfernter Ereignisse möglich seien; er stellt nirgendwo die Behauptung auf, daß dem Individuum dabei 'Einblicke' in die einheitliche Willenswelt vergönnt seien oder daß die Wirklichkeit nun plötzlich nicht mehr nach den 'Gehirnfunktionen' strukturiert sei. (Auch im Pribislav-Traum Hans Castorps sind sie ja nicht außer Kraft gesetzt; seine Traumbilder besitzen "Ausdehnung, Form, Undurchdringlichkeit, Beweglichkeit usw., kurz: alles, was erst mittels Zeit, Raum und Kausalität vorstellbar ist"[59].) Diese Fehldeutungen Kristiansens sind keine Einzelfälle; die Verzeichnung der *Welt als Wille und Vorstellung* durchzieht seine metaphysische *Zauberberg*-Interpretation; insbesondere mit der eigenwilligen Auffassung einer orgiastischen, von der Welt der Vorstellung abgetrennten 'Willens-Sphäre' macht er sich den Roman gefügig.

Die Thomas Mann-Forschung hat sich an den leichtfertigen Umgang mit der Transzendentalphilosophie gewöhnt. Auch in der wohl gründlichsten Studie zum Schopenhauer-Einfluß, Werner Frizens *Zaubertrank der Metaphysik*, gleicht die Vorstellungswelt mit ihren Raum- und Zeitstrukturen einem beim kleinsten Ruck einstürzenden Kartenhaus. Mit der im Eingangskapitel geäußerten Bemerkung "Man ändert hier seine Begriffe" (III, 16) spreche Joachim Ziemßen "den totalen Verlust der primären Ordnungsfaktoren der Wirklichkeit als Vorstellung aus"[60] – man möchte einwenden, daß er immerhin noch richtig und pünktlich zum Bahnhof gefunden und auch Hans Castorp gleich identifiziert hat. Dieser treibe später auf seinem Berghof-Balkon "zeitaufhebende Studien", der Wasserfall des letzten Peeperkorn-Kapitels sei "gleich der Musik, gleich dem Traum [...] den Anschauungsformen enthoben".[61] Noch einmal: Wie soll etwas 'Angeschautes' den Anschauungsformen enthoben sein? Auf Schopenhauers transzendentale Zeitauffassung können sich solche Interpretationen nicht berufen, mag Debussys *Prélude* von Hans Castorp auch als "Unschuld der Zeitlosigkeit" (III, 898) erfahren werden. Die Musik sei, heißt es in *Zur Metaphysik der*

---

sich fortwährend an der Unmitteilbarkeit mystischer Erfahrungen abarbeitet, scheint Thomas Mann in seiner epischen Welt ein schmerzhaftes Auseinanderklaffen von Mitteilbarkeit und Erlebnis kaum zu kennen; der Versuch, den verschmitzten Hans Castorp als Mystiker zu verstehen, bliebe schon von daher problematisch.

59 Arthur Schopenhauer: W II, S. 32.

60 Werner Frizen: *Zaubertrank der Metaphysik. Quellenkritische Überlegungen im Umkreis der Schopenhauer-Rezeption Thomas Manns*, Frankfurt a. M. 1980, S. 134.

61 Werner Frizen: *Zaubertrank der Metaphysik*, S. 225f.

Musik, "allein in der Zeit, ohne irgendeine Beziehung auf den Raum", die Zeit sei "die Form ihrer Erscheinung", während die ihr von Schopenhauer entgegengesetzte Architektur "allein im Raum ist".[62] Eine durch Rhythmus und Takt kaum gegliederte Musik mag den *Eindruck* zeitlosen Schwebens vermitteln, an ihrem grundsätzlich zeitlichen Charakter ändert das nichts.

Auch dort, wo Thomas Mann gelegentlich von der "Aufhebung der Zeit" spricht, zeigt sich: die Verwendung solcher Formeln scheint Transzendentalphilosophie anzukünden, der darstellende Text kann diese abstrakte Höhe aber zwangsläufig, aus Gründen der Sache selbst, nicht erreichen. Dasselbe gilt für die Zeitreflektionen des *Zauberberg*, die am *Zeiterleben*, also psychologisch orientiert sind.[63] Das schadet diesen Passagen jedoch keineswegs – sie sind nicht als strenge philosophische Begriffsoperationen, sondern als Kommentierung von Hans Castorps Erlebnissen gemeint und primär auf diese zu beziehen. Anders als Kristiansen sieht Manfred Dierks den Abstand zur Transzendentalphilosophie sehr genau: Thomas Mann "faßt die intellektuelle Qualität der Zeit psychologisch und stellt damit ihren Scheincharakter um so stärker heraus. Mit Schopenhauer gedacht, ist das natürlich illegitim [...]."[64] Tatsächlich hat die psychologische Relativität der Zeit wenig zu tun mit ihrer transzendentalen Idealität. Ein durch Entgrenzungserfahrungen verändertes Zeit*bewußtsein* kann nicht die unabhängig davon gültige 'Objektivität' der Zeit außerkraftsetzen, auf der Schopenhauer ja gerade *wegen* der Idealität der Zeit besteht: "Obwohl die *Zeit* wie der Raum die Erkenntnisform des Subjekts ist; so stellt sie sich gleichwohl, eben wie auch der Raum, als von demselben unabhängig und völlig objektiv vorhanden dar. [...] Und was ist dieses Objektive? [...] es ist etwas von allen Dingen Verschiedenes, doch aber *wie diese von unserem Wollen und Wissen Unabhängiges*. Es existiert nur in den Köpfen der erkennenden Wesen; aber die Gleichmäßigkeit seines Ganges und seine Unabhängigkeit vom Willen gibt ihm die Berechtigung der Objektivität."[65] (Hervorh. d. Verf.) In Thomas Manns Zeitreflektionen geht es dagegen stets um das subjektive

---

62 Arthur Schopenhauer: W II, S. 581.

63 So sind sie von der älteren Forschung auch in der Regel verstanden worden. Vgl. Ulrich Karthaus: *"Der Zauberberg" – ein Zeitroman (Zeit, Geschichte, Mythos)*, in: *Deutsche Vierteljahresschrift* 44 (1970), S. 269-305, insb. S. 298f. u. Helmut Koopmann: *Die Entwicklung des 'intellektualen Romans' bei Thomas Mann. Untersuchungen zur Struktur von "Buddenbrooks", "Königliche Hoheit" und "Der Zauberberg"*, Bonn 1962, insb. S. 144f.

64 Manfred Dierks: *Studien zu Mythos und Psychologie bei Thomas Mann. An seinem Nachlaß orientierte Untersuchungen zum "Tod in Venedig", zum "Zauberberg" und zur Joseph-Tetralogie*, Bern/ München 1972 (= Thomas-Mann-Studien II), S. 121.

65 Arthur Schopenhauer: W II, 50f.

Zeitgefühl, das seine 'Aufhebung' erfährt, wenn die Figuren in die metaphysischen Landschaften von Meer und Schnee geraten, wenn sie auf den Wellenschlägen der Musik oder in der monotonen Seichtigkeit der Langeweile dahintreiben. Im *Zauberberg* wird mit Enthusiasmus der desorientierende Monotonie-Rausch eines "Strandspaziergangs" geschildert:

In Unwissenheit bricht sich dein Blick, denn aus dir selber sagt kein Organ und Sinn dir über den Raum Bescheid... Wir gehen, gehen, – wie lange schon? Wie weit? Das steht dahin. Nichts ändert sich bei unserem Schritt, dort ist wie hier, vorhin wie jetzt und dann; in ungemessener Monotonie des Raumes ertrinkt die Zeit; Bewegung von Punkt zu Punkt ist keine Bewegung mehr, wenn Einerleiheit regiert, und wo Bewegung nicht mehr Bewegung ist, ist keine Zeit. (III, 756f.)

Bestimmte *Vorstellungsinhalte* – die Eindrücke der Meereslandschaft – bewirken hier den Verlust der räumlichen und zeitlichen Orientierung. Eine Interpretation, die dies als versuchte Aufhebung der apriorischen Formen entschlüsselt, unterstellt Thomas Mann, den Sinn der Transzendentalphilosophie zu verfehlen. Mit 'Objektivität' der Zeit meint Schopenhauer gerade ihre völlige *Unabhängigkeit* von allen Vorstellungsinhalten: "Wir haben von dem großen Kant gelernt, daß Zeit, Raum und Kausalität ihrer ganzen Gesetzmäßigkeit [...] nach in unserem Bewußtsein vorhanden sind, ganz unabhängig von den Objekten, die in ihnen erscheinen, die ihren Inhalt ausmachen [...]."[66] Die Strenge der Transzendentalphilosophie besteht in ihrer Ausschaltung alles Empirischen, die zwangsläufig auch eine Ausschaltung aller Psychologie bedeutet. Jede Art eines Sinnestrugs ist für die transzendentale Zeit- und Raumauffassung deshalb irrelevant: Weil "die Anschauungen des Raumes und der Zeit von der empirischen gänzlich verschieden" sind, "von allem Eindruck auf die Sinne gänzlich unabhängig, diesen bedingend, nicht durch diesen bedingt" können sie "dem Sinnentruge gar nicht offenstehn".[67] Für Børge Kristiansen ist gleichwohl ausgemacht, daß die (im übrigen völlig 'realistische') Beschreibung der im Hochgebirge durcheinandergeratenen Jahreszeiten, mit der die Verwirrung des kalendarischen Zeitsinns dargestellt wird, die "Durchschaubarkeit der transzendentalen Anschauungsformen Kants" demonstrieren will.[68] Eine das Zeit- und Raumempfinden verwirrende Monotonie und die in "Schnee"-Kapitel und "Strandspaziergang" beschriebene 'Entleerung' des Raumes hat jedoch

---

66 Arthur Schopenhauer: W I, 182.

67 Arthur Schopenhauer: W I, 121.

68 Børge Kristiansen: *Thomas Manns "Zauberberg" und Schopenhauers Metaphysik*, S. 239-244, hier S. 247.

keine Bedeutung für das Bestehen der transzendentalen Raum-und-Zeit-Koordinaten. Schopenhauer stellt nachdrücklich fest:

[...] alles, alles, alles können wir aus dem Raume wegdenken, es verschwinden lassen, können uns auch sehr wohl vorstellen, der Raum zwischen den Fixsternen sei absolut leer, und dgl. mehr. *Nur den Raum selbst* können wir auf keine Weise loswerden: was wir auch tun, wohin wir uns auch stellen mögen, er ist da und hat nirgends ein Ende: denn er liegt allem unserm Vorstellen zum Grunde und ist die erste Bedingung desselben. [...]: was ich auch denke, welche Welt ich mir auch vorstellen möge, der Raum ist stets zuerst da und will nicht weichen.[69]

Dasselbe gilt für die Zeit. Wenn Hans Castorp sich von Naphta über "Hermetik" belehren läßt und dabei ins Sinnieren über Einweckgläser gerät, wird anhand des banalen Beispiels noch einmal das hohe Thema der 'Zeitaufhebung' durchgespielt:

Sie stehen Jahr und Tag, und wenn man eines aufmacht, nach Bedarf, so ist der Inhalt ganz frisch und unberührt, weder Jahr noch Tag hat ihm etwas anhaben können, man kann ihn genießen wie er da ist. Das ist nun allerdings nicht Alchemie und Läuterung, es ist bloß Bewahrung, daher der Name Konserve. Aber das Zauberhafte daran ist, daß das Eingeweckte *der Zeit entzogen war*; es war hermetisch von ihr abgesperrt, *die Zeit ging daran vorüber, es hatte keine Zeit, sondern stand außerhalb ihrer* auf seinem Bort. Na, soviel von den Weckgläsern. (III, 706; Hervorh. d. Verf.)

Bei Schopenhauer gibt es eine Vergleichsstelle, die den Unterschied zur transzendentalen Zeitauffassung herausstellt. "Die von *Kant* entdeckte *Idealität der Zeit*" besage, "daß die bloße *Zeit* keine physische Wirkung hervorzubringen vermag":

Inhärierte sie [die Zeit] als Eigenschaft oder Akzidenz den Dingen selbst und an sich, so müßte ihr Quantum, also ihre Länge oder Kürze, an diesen etwas verändern können. Allein das vermag solches durchaus nicht; vielmehr fließt sie über die Dinge hin, ohne ihnen die leiseste Spur aufzudrücken. Denn *wirksam* sind allein die *Ursachen* im Verlaufe der Zeit; keineswegs er selbst. Daher eben, wenn ein Körper allen chemischen Einflüssen entzogen ist – wie z.B. der Mammut in der Eisscholle an der Lena, die Mücke im Bernstein, ein edles Metall in vollkommen trockner Luft, ägyptische Altertümer (sogar Perücken) im trockenen Felsengrabe – Jahrtausende nichts an ihm verändern. [...]
Wenn alle Uhren stehenblieben, wenn die Sonne selbst stillstände, wenn alle und jede Bewegung und Veränderung stockte; so würde dies doch den Lauf der Zeit

---

[69] Arthur Schopenhauer: P II, 56.

keinen Augenblick hemmen, sondern sie würde ihren gleichmäßigen Gang fortsetzen und nun, ohne von Veränderungen begleitet zu sein, verfließen.[70]

Hans Castorp schreibt die verändernden *Ursachen* dem Verlauf der Zeit selber zu und kommt deshalb – von Schopenhauer aus gesehen – zu dem Fehlschluß, daß der Inhalt des Glases der Zeit entzogen war, "keine Zeit" hatte. Auch hier ist die von der 'Aufhebung' betroffene Zeit umgangssprachlich und nicht transzendentalphilosophisch zu verstehen; das macht solche Zeitreflexionen nicht weniger reizvoll. Genuin philosophisches Denken war sicherlich nicht das vorderste Interesse des Erzählers Thomas Mann, keineswegs zum Schaden seines Werks. Er verwechselte gelegentlich selbst beim 'Abschreiben' die Begriffe transzendent und transzendental (vgl. den Schopenhauer-Essay; IX, 536), wenn es philosophisch kompliziert wurde, ließ er sich später bisweilen von seinem Sohn Golo vertreten.[71] Andererseits sollte man Thomas Manns philosophisches Unterscheidungsvermögen auch nicht unterschätzen: daß die "Aufhebung der Zeit" im *Zauberberg* wenig mit Schopenhauerscher oder Kantscher Transzendentalphilosophie zu tun hat, war ihm bewußt. Im Tagebuch schreibt er: "Ich habe den Sönneken-Abreißkalender mitgenommen, um in diesen Wochen das eigentümliche Vergnügen, das ich täglich, mehr oder weniger bewußt und stark beim Abreißen des Tagesblattes empfinde, nicht zu entbehren. Es bewährt sich darin, kurz gesagt, mein grauen- und liebevolles Verhältnis zur Zeit, dem Element, das, sehr unabhängig von [...] erkenntnistheoretischen Gedanken, in meinen Büchern eine so hervorragende Rolle spielt." (27.7.1934) Das ist nur logisch, geht es in seinen Büchern doch stets um das *Zeiterleben*.

Hier stellt sich nachdrücklich die Frage, ob man überhaupt die eigentlichen Kunstleistungen Thomas Manns in den Blick bekommt, wenn man sein Werk stets auf philosophisch Schwergewichtiges durchsieht, wenn man es fortwährend mit Schopenhauers oder gar Kants Metaphysik und Erkenntnistheorie strapaziert. Der apodiktische Gestus, mit dem Manfred Dierks "sämtliche zeitpsychologischen Experimente" des *Zauberberg* als Variationen auf den "(Kant-) Schopenhauerschen Befund von der transzendentalen Idealität der Zeit" bestimmen möchte, erscheint jedenfalls unange-

---

[70] Arthur Schopenhauer: P II, 49f. u. 52f.

[71] So etwa bei einer von Adorno gewünschten Besprechung der *Dialektik der Aufklärung*: In Katia Manns *Ungeschriebenen Memoiren* ist zu lesen: "Das Buch war von Horkheimer und Adorno. Es war ihre *Dialektik der Aufklärung*. Mein Mann bekam es geschickt, und als Golo kam, sagte er zu Golo: Du, davon verstehe ich gar nichts. Kannst du denn die Besprechung nicht schreiben? Golo schrieb sie; die *New York Times* druckte sie unter dem Namen Thomas Mann." K. M.: *Meine ungeschriebenen Memoiren*, hrsg. v. Elisabeth Plessen u. Michael Mann, Frankfurt a. M. 1976, S. 149.

bracht[72]. Eher schon hat der Platonismus von Schopenhauers System – die Anschauung der in ganz anderem Sinn 'zeitlosen' Ideenwelt – einiges mit der 'Zeitaufhebung' in den Werken Thomas Manns zu tun. Diese Priorität bringt der Schopenhauer-Essay zum Ausdruck: am Anfang steht die Würdigung eben dieses platonischen Anteils, der dem Denken Schopenhauers die Faszinationskraft der 'Künstlerphilosophie' verleihe. Die platonische Ideenlehre habe "etwas eminent Künstlerisches und schenkt den Künstler erst gleichsam sich selbst: er ist derjenige, der sich zwar lustvollsinnlich und sündig der Welt der Erscheinungen [...] verhaftet fühlen darf, da er sich zugleich der Welt der Idee und des Geistes zugehörig weiß, als der Magier, der die Erscheinung für diese durchsichtig macht. Die *vermittelnde* Aufgabe des Künstlers, seine hermetisch-zauberhafte Rolle als Mittler zwischen oberer und unterer Welt, zwischen Idee und Erscheinung, Geist und Sinnlichkeit kommt hier zum Vorschein." (IX, 534)

Diese Vermittlung kann als eine Aufgabe der Leitmotivik gesehen werden. Erst nach der sogleich das eigene Kunstverständnis ins Spiel bringenden Beschäftigung mit Platon[73] behandelt der Essay knapp und unbeteiligt den Einfluß des "Erkenntniskritiker[s]" Kant: "Unsere gesamte Welterfahrung, erklärte er, unterliegt drei Gesetzen und Bedingungen, welche die undurchbrechbaren Formen sind, in welchen all unsere Erkenntnis sich vollzieht. Sie heißen Zeit, Raum und Kausalität." (IX, 536) Hier wird deutlich, daß Schopenhauers Kant-Kritik, die immer wieder in den erkenntnistheoretischen Abschnitten der *Welt als Wille und Vorstellung* zum Ausdruck kommt und der Schopenhauer schließlich eigens einen umfangreichen Anhang zum ersten Band gewidmet hat, Thomas Mann offensichtlich völlig entgangen ist: Schopenhauers Reduktion der zwölf Verstandesbegriffe Kants auf die Kausalität wird als Lehre Kants dargestellt. Aus diesem Fehler wie auch der oberflächlichen Kürze des Abschnitts geht deutlich hervor: Thomas Mann war an der Transzendentalphilosophie nicht sonderlich interessiert.

Die Ideenlehre der Ästhetik ist nun sicherlich ein argumentativ schwächerer Teil der Philosophie Schopenhauers. Einerseits betont er stets die *Anschaulichkeit* der Idee als 'Urbild' des Lebens, andererseits heißt es: "Der

---

[72] Manfred Dierks: *Studien zu Mythos und Psychologie bei Thomas Mann*, S. 120f.

[73] Die Darstellung der Ideenlehre hat Thomas Mann bis in die Einzelheiten bei Schopenhauer abgeschrieben (vgl. Werner Frizen: *Zaubertrank der Metaphysik*, S. 19f.). Frizen spricht vom "Tatbestand des Plagiats" (ebd.). Daß Thomas Mann sich mit allerdings bemerkenswerter Unselbständigkeit und Bedenkenlosigkeit an die Darstellungen Schopenhauers hält, erscheint nur dann verwunderlich, wenn man ihn, so Terence James Reed, im Nachhall deutscher idealistischer Tradition als "ponderous philosopher" einschätzt. (Vgl. T. J. R.: *Thomas Mann und die literarische Tradition*, in: TMHb, 95-136, hier S. 119)

Dichter aber faßt die Idee auf, das Wesen der Menschheit, außer aller Relation, *außer aller Zeit*, die adäquate Objektivation des Dinges an sich auf ihrer
höchsten Stufe."[74] Verstünde man dieses "außer aller Zeit" tranzendental-
philosophisch, ergäbe sich hier der Widerspruch einer Anschauung ohne
Anschauungsform. Zusätzlich komplizierend wirkt der Umstand, daß sich
gerade in der Dichtung laut Schopenhauer die 'Idee' der Menschheit vor
allem in der 'Handlung' offenbart: "In den mehr objektiven Dichtungsarten,
besonders dem Roman, Epos und Drama, wird der Zweck, die Offenbarung
der Idee der Menschheit besonders durch zwei Mittel erreicht: durch richtige
und tiefgefaßte Darstellung bedeutender Charaktere und durch Erfindung
bedeutsamer Situationen, an denen sie sich entfalten."[75] Wie dies alles
"außer der Zeit" geschehen soll, ist schwer vorstellbar; zumal Schopenhauer
zuvor gerade die Zeitbestimmtheit jeder 'Handlung' festgestellt hatte: "Tier
und Mensch aber bedürfen zur vollständigen Offenbarung des in ihnen er-
scheinenden Willens noch einer Reihe von Handlungen, womit jene Erscheinung in ihnen unmittelbare Beziehung auf die Zeit erhält."[76]
Schon Georg Simmel hat in seinem Vorlesungszyklus über Schopenhauer
und Nietzsche diesen Schwachpunkt der nicht konsequent durchdachten
Raum- und Zeitlosigkeit in der Ideen-Ästhetik gesehen: "Daß die Idee, der
Gegenstand der ästhetischen Anschauung, nicht in Zeit und Raum ist,
könnte angesichts des Zeitverlaufs in Drama und Erzählung, angesichts der
Raumdarstellung in der bildenden Kunst ganz unbegreiflich erscheinen."[77]
Weil Schopenhauer die Idee vom Begriff unterscheiden will, beharrt er auf
ihrer Anschaulichkeit; die Anschaulichkeit gerät dann jedoch immer wieder
in Konflikt mit der postulierten Raum- und Zeitlosigkeit der Idee. Wenn
Schopenhauer diese hervorheben will, neigt er dazu, die Anschaulichkeit zu-
rückzunehmen. Dann verflüchtigt sich die Idee ins Abstrakte: "Und nicht
allein der Zeit, sondern auch dem Raum ist die Idee enthoben: denn nicht
die mir vorschwebende räumliche Gestalt, sondern der Ausdruck, die reine
Bedeutung derselben, ihr innerstes Wesen, das sich mir aufschließt und
mich anspricht, ist eigentlich die Idee."[78] Gelegentlich entsteht der Eindruck, Schopenhauer biete zwei Fassungen des Ideen-Begriffs an, eine
'anschauende Auffassung' und eine 'genau' bzw. 'im Grunde' genommene:
"Sogar Form und Farbe, welche in der anschauenden Auffassung der Idee

---

[74] Arthur Schopenhauer: W I, 343 (Hervorh. d. Verf.).

[75] Arthur Schopenhauer: W I, 351.

[76] Arthur Schopenhauer: W I, 315.

[77] Georg Simmel: *Schopenhauer und Nietzsche*, Hamburg 1990, S. 172.

[78] Arthur Schopenhauer: W I, 297.

das Unmittelbare sind, gehören im Grunde nicht dieser an, sondern sind nur das Medium ihres Ausdrucks; da ihr, genau genommen, der Raum so fremd ist wie die Zeit."[79] Aber weder die Raum- und Zeitlosigkeit noch die An- schaulichkeit will Schopenhauer preisgeben. An anderer Stelle heißt es dann wieder mit Entschiedenheit: "Der Begriff ist abstrakt, diskursiv, innerhalb seiner Sphäre völlig unbestimmt [...]. Die *Idee* dagegen [...] ist durchaus an- schaulich und, obwohl eine unendliche Menge einzelner Dinge vertretend, dennoch durchgängig bestimmt [...]."[80] Simmel schlägt zur Lösung des Di- lemmas vor, den 'realen' Raum vom 'inneren' Raum des Kunstwerks zu un- terscheiden: "Daß Schopenhauer diese beiden Räume nicht unterscheidet: den Raum *innerhalb* des Kunstwerks, der seiner Idee als Element zugehört, und den Raum um das Kunstwerk herum, von dem jener überhaupt nicht berührt wird – läßt ihn zu dem aussichtslosen Versuch greifen, den Raum aus dem Kunstwerk als etwas dafür Irrelevantes hinwegzudeuten."[81]

Dazu kommt, daß neben den methodischen Standortwechseln, die eine einseitig idealistische oder materialistische, subjektive oder objektive Be- trachtungsweise vermeiden sollen, der Wechsel zwischen strenger und "ver- einfachende[r] Redeweise"[82] das Verständnis der vermeintlich so einfachen Philosophie Schopenhauers erschwert. Hilfreich ist Wolfgang Weimers Vermutung, daß Schopenhauer hier offenbar "den Begriff der Anschauung [...] anders als im erkenntnistheoretischen Zusammenhang" verwende, "wofür sich allerdings keine Anhaltspunkte im Text finden [...]".[83] Auch wenn eine wünschenswerte Begriffsdefinition nicht vorliegt, so bleibt der Text doch nicht ganz ohne Anhaltspunkte. Die erkenntnistheoretische Argumention Schopenhauers konzentriert sich auf das erste Buch der *Welt als Wille und Vorstellung*. Oben wurde bereits auf den Unterschied aufmerk- sam gemacht, der zwischen der transzendentalphilosophischen und der historischen Verwendungsweise des Zeitbegriffs besteht. Wenn im dritten Buch über die Ästhetik von der 'Zeitlosigkeit' der anschaulichen Ideen die Rede ist, so ist hierbei ganz offensichtlich wiederum der *historische* Zeitbegriff gemeint. Die 'ideelle' Darstellung einer Dramen- oder Romanfigur zielt nicht auf das historisch konkretisierbare Individuum, sondern einen überzeitlichen Typus. Natürlich setzen die Handlung in Drama und Roman und die Entfaltung eines Charakters in 'bedeutenden' Situationen die

---

79 Arthur Schopenhauer: W II, 470f.
80 Arthur Schopenhauer: W I, 329.
81 Georg Simmel: *Schopenhauer und Nietzsche*, S. 174.
82 Wolfgang Weimer: *Schopenhauer*, Darmstadt 1982, S. 76.
83 Wolfgang Weimer: *Schopenhauer*, S. 84.

Zeitbestimmtheit voraus; dennoch können sie "außer der Zeit" sein im Sinne des Überhistorischen, Immer-Gültigen, des 'Wesens der Menschheit'. Die Konfrontation der höherwertigen ästhetischen Betrachtungsweise mit der historischen durchzieht die ganze Ästhetik Schopenhauers. Daß die Idee "außer aller Relation, außer der Zeit" sei, wird erst im Zusammenhang mit dieser Konfrontation verständlich, und dementsprechend fährt Schopenhauer im Anschluß an diese Textstelle auch fort: "Wenngleich nun auch selbst bei jener dem Historiker notwendigen Betrachtungsart das innere Wesen, die Bedeutsamkeit der Erscheinungen, der Kern aller jener Schalen nie ganz verloren gehen kann [...]; so wird dennoch dasjenige, was an sich, nicht in der Relation bedeutend ist, die eigentliche Entfaltung der Idee bei weitem richtiger und deutlicher in der Dichtung sich finden als in der Geschichte, jener daher, so paradox es klingt, vielmehr eigentliche, echte, innere Wahrheit beizulegen sein als dieser."[84]

Es ist also festzustellen: Die Ideenlehre läßt sich sinnvoll mit einigen Funktionen der Leitmotivik und den typisierten Figurenreihen im Werk Thomas Manns in Verbindung bringen. Versteht man die Idee mit Schopenhauer anschaulich, so läßt sich allerdings auch in diesem Zusammenhang nicht ohne weiteres, d.h. ohne aufwendige Differenzierungen der Begriffe von der 'Aufhebung' von Raum und Zeit sprechen.

Schopenhauer hat sein Werk in vier Bücher eingeteilt, die in wechselnder Sichtweise nacheinander Erkenntnistheorie, Metaphysik, Ästhetik und Ethik behandeln. Die 'Scheinbarkeit' und 'Nichtigkeit' der Welt, also die Vanitas-Klage, die von Kristiansen stets mit der transzendentalen Zeit- und Raumauffassung in Verbindung gebracht wird, spielt dort, wo Schopenhauer erkenntnistheoretisch argumentiert – also im ersten Buch – noch kaum eine Rolle. Ganz im Gegenteil verwahrt sich Schopenhauer hier gegen die Auffassung, das Konzept der transzendentalen Idealität könne eine Abwertung der empirischen Realität beinhalten:

Die ganze Welt der Objekte ist und bleibt Vorstellung und eben deswegen durchaus und in alle Ewigkeit durch das Subjekt bedingt: d.h. sie hat transzendentale Idealität. *Sie ist aber dieserwegen nicht Lüge noch Schein:* sie gibt sich als das, was sie ist: als Vorstellung, und zwar als eine Reihe von Vorstellungen, deren gemeinschaftliches Band der Satz vom Grunde ist. Sie ist als solche dem gesunden Verstande, selbst ihrer innersten Bedeutung nach, verständlich und redet eine ihm vollkommen deutliche Sprache. Bloß dem durch Vernünfteln verschrobenen Geist kann es einfallen, über ihre Realität zu streiten [...].[85] (Hervorh. d. Verf.)

---

84 Arthur Schopenhauer: W I, 343.
85 Arthur Schopenhauer: W I, 46. Auch W II, 16f.

Der transzendentale Idealismus lasse "die *empirische Realität* der Welt unangetastet".[86] Kristiansens fortwährendes Reden von der "Unzuverlässigkeit und Nichtigkeit aller empirischen Welt und Wirklichkeit"[87] hat nichts mit Schopenhauers Betrachtung der Welt als Vorstellung zu tun. Der Schopenhauersche Pessimismus, die Beschreibung und Begründung der Nichtigkeit des Lebens, gehört zur Betrachtung der Welt als Wille, mit aller Macht setzt er erst im vierten, ethischen Buch ein, wo es um den *Wert* des Lebens geht. 'Nichtig' ist die Welt als Vorstellung nicht deshalb, weil sie Vorstellung, sondern weil sie *Wille* bzw. Erscheinung des Willens ist. Bei Kristiansen entsteht der Eindruck, als ob Welt als Vorstellung und Welt als Wille nicht, wie für Schopenhauer, zwei Seiten derselben Sache, sondern entgegengesetzte 'Seinsbereiche' wären, mit den emphatischen Wertungen des 'Nichtigen' versus 'Wahren'. Er spricht von "Schopenhauers Unterscheidung zwischen einer raumzeitlichen empirischen Welt (Welt als Vorstellung) und einem zeit- und raumenthobenen wahren Seinsbereich (Welt als Wille)."[88] Schopenhauers Unterscheidung ist jedoch eine der *Betrachtungsweise*, nicht eine der 'Bereiche': "was an sich Wille ist, ist andererseits als Vorstellung da".[89] Das macht schon der Titel seines Werkes deutlich: es geht nicht um eine Willenswelt und eine Vorstellungswelt, sondern um die *eine* Welt als Wille und Vorstellung. Das principium individuationis zerstört nicht eine im 'Jenseits' des Willens bestehende und deshalb für die in der Welt als Vorstellung (am Willen) Leidenden ersehnenswerte Willensharmonie, es offenbart nur den "heftigen Widerstreit mit sich selbst", den natürlich auch der raum- und zeitlose Wille "in seinem Inneren trägt"[90]: "Die Welt ist nur der Spiegel dieses Wollens: und alle Endlichkeit, alle Leiden, alle Qualen, welche sie enthält, gehören zum Ausdruck dessen, was er will, sind so, weil er so will."[91] Die Erkenntnis des unseligen Willens kann Anstoß zur Resignation werden und damit zu jenen Zuständen der "Entrückung" und "Erleuchtung"[92] führen, die Kristiansen offensichtlich der 'Aufhebung' der Vorstellungswelt, dem 'Übergang' in den raum- und zeitlosen 'Seinsbereich' des einheitlichen Willens zuschreibt. Schopenhauer geht es

---

86 Arthur Schopenhauer: W II, 17.
87 Børge Kristiansen: *Das Problem des Realismus bei Thomas Mann*, S. 833.
88 Børge Kristiansen: *Das Problem des Realismus bei Thomas Mann*, S. 826.
89 Arthur Schopenhauer: W I, 208f.
90 Arthur Schopenhauer: W I, 484.
91 Arthur Schopenhauer: W I, 480.
92 Arthur Schopenhauer: W I, 557.

aber gerade darum, den *Willen* loszuwerden: "Kein Wille: keine Vorstellung, keine Welt"[93] heißt das den Wenigsten erreichbare Ziel seiner Philosophie. Die reine Vorstellung bietet darüber hinaus den zugänglicheren Weg zu einer kurzfristigen Befreiung von der Willensqual und damit die einzige verläßliche Glücksmöglichkeit: Die Ästhetik Schopenhauers beruht darauf, daß die (objektive) 'Welt als Vorstellung' im Kunstgenuß gewissermaßen ohne die (subjektive) 'Welt als Willen' zu haben ist: "Die Welt als Vorstellung ist dann allein noch übrig, und die Welt als Wille ist verschwunden."[94]

Die Geschlossenheit der *Zauberberg*-Deutung Kristiansens ist nicht nur durch eine einseitige Betrachtungsweise und die Zwänge eines systematisch-philosophischen Interpretierens erkauft, sondern auch durch das Zurechtbiegen Schopenhauers. Für die 'asiatischen' Unform-Geschehnisse des Romans erfindet Kristiansen einen Raum jenseits des Raumes. Im Abschnitt "Walpurgisnacht", in dem "die Realisation der metaphysischen Triebneigungen mit einer Aufhebung der Schopenhauerischen 'Gehirnfunktionen' Zeit, Raum und Kausalität gekoppelt" sei, vollziehe sich demnach diese "Verwirklichung des metaphysischen Triebes [...] in einem jenseits der Grenzen des Bewußtseins existenten Raume".[95] Was diese bedeutsam klingende, aber kaum nachvollziehbare philosophische Akrobatik noch mit der verschwiegenen Liebesnacht von Hans Castorp und Clawdia Chauchat zu tun haben soll, ist nicht ersichtlich. Fortwährend ist von diesem eigenartigen 'Bereich', der "bewußtseinstranszendenten Sphäre"[96] die Rede: "Die abenteuerliche Freiheit, die das asiatische Wesen Chauchats auszeichnet, verweist auf einen bewußtseinstranszendenten 'Raum', jenseits der Welt der Form und der Individuation", erst "in diesem metaphysischen 'Raum' der unbedingten Freiheit" gelange Castorps asiatische Liebe "zur vollen Entfaltung".[97] Gelegentlich gewinnt solches Philosophieren die Züge einer exotistischen sexuellen Phantasie: im "Raum jenseits [von] Zeit und Raum" herrsche "absolute 'orgiastische' Freiheit und ungehemmte Triebentfaltung".[98]

Für Schopenhauer ist die Erfahrung des Willens keineswegs an einen 'bewußtseinstranszendenten Raum' gebunden, der Wille ist dem Bewußt-

---

93 Arthur Schopenhauer: W I, 557.

94 Arthur Schopenhauer: W I, 283.

95 Børge Kristiansen: *Thomas Manns "Zauberberg" und Schopenhauers Metaphysik*, S. 175.

96 Børge Kristiansen: *Thomas Manns "Zauberberg" und Schopenhauers Metaphysik*, S. 177.

97 Børge Kristiansen: *Thomas Manns "Zauberberg" und Schopenhauers Metaphysik*, S. 184.

98 Børge Kristiansen: *Thomas Manns "Zauberberg" und Schopenhauers Metaphysik*, S. 186f.

sein nicht als anschauliche Vorstellung, sondern *unmittelbar* zugänglich, und via Analogieschluß wird die ganze Vorstellungswelt als begehrender und leidender Wille erkennbar. Kristiansen siedelt den Willen dagegen im jenseitigen 'raumlosen Raum' an; die Vorstellungswelt, die nach Schopenhauer doch nichts anderes als Erscheinung des Willens, Wille zum Leben ist, bezeichnet er dagegen – in nun völlig verschwimmender Begrifflichkeit – als 'substanzlos', wobei mit Substanz wohl nichts anderes als der Wille gemeint sein soll. In diesen Ausführungen über das "strukturelle Grundgesetz" des *Zauberberg* vermischt Kristiansen wieder die Begrifflichkeit des deutschen Idealismus mit der Schopenhauers: Das "strukturelle Grundgesetz" des Romans folge "den Prämissen derjenigen Operation [...], die im deutschen Idealismus den Namen intellektuale Anschauung erhielt. So bleibt die dargestellte Welt immer [...] als substanzentleerte *Vorstellungswelt* im Sinne Schopenhauers präsent, ja mehr noch, der trügerische Schleier, die Transzendentalität dieser Welt bloßer Vorstellungen wird aufgehoben [...]".[99] Es ist schon bemerkenswert, wie Kristiansen Schopenhauer hier eine Begrifflichkeit unterschiebt, für die der Willensphilosoph nur Polemik übrig gehabt hat. Zum einen ist es wiederum die 'intellektuale Anschauung', mit der sich der deutsche Idealismus ein Erkenntnisvermögen des Dinges an sich 'erschlichen' habe, das Schopenhauer höhnend mit einem "sechsten Sinn der Fledermäuse" vergleicht[100], zum anderen ein metaphysischer Substanzbegriff, dessen Unzulänglichkeit Schopenhauer an verschieden Stellen seines Werks ausführlich behandelt. In seiner *Skizze einer Geschichte vom Idealen und Realen* schreibt er: "Cartesius hingegen ging, nach dem Vorgang der Metaphysik des Aristoteles, vom Begriff der *Substanz* aus, und mit diesem sehen wir noch alle seine Nachfolger sich schleppen."[101] Dem "schändlichen Mißbrauch"[102] des Begriffs Substanz im deutschen Idealismus setzt er entgegen: Der Substanzbegriff sei "ein höchst entbehrlicher Begriff, weil sein einziger wahrer Inhalt schon im Begriff der Materie liegt, neben welchem er auch nur noch eine große Leere enthält, die durch nichts ausgefüllt werden kann, als durch die erschlichene Nebenart *immaterielle Substanz*, welche aufzunehmen er auch allein gebildet worden: weswegen er, der Strenge nach, gänzlich zu verwerfen und an seine Stelle überall der Begriff der Materie zu setzen ist".[103] Kristiansen aber meint mit Substanz gewiß nicht den Begriff

99 Børge Kristiansen: *Thomas Manns "Zauberberg" und Schopenhauers Metaphysik*, S. 248.

100 Arthur Schopenhauer: *Kritik der Kantischen Philosophie*, Anhang zu W I, 698.

101 Arthur Schopenhauer: P I, 89-96, hier S. 89.

102 Arthur Schopenhauer: *Kritik der Kantischen Philosophie*, W I, 697.

103 Arthur Schopenhauer: *Kritik der Kantischen Philosophie*, W I, 660.

der Materie, der ja in den 'Bereich' der Vorstellungswelt fiele, die demnach unmöglich als 'substanzentleert' bezeichnet werden kann, er meint damit wohl den Willen. "Im Sinne Schopenhauers" ist das gewiß nicht. Diese Verbiegungen sind aber keineswegs nebensächlich, sie sind für Kristiansen notwendig, um die verschiedenen vom Roman geschilderten Bewußtseinsverfassungen, Lebenshaltungen und Erlebnisse 'systematisch' einem 'Bereich' der Vorstellung und einem entgegengesetzten 'Bereich' des Willens zuordnen zu können. Auch dies führt zu manchem Widersinn. Die Arbeitswelt des Flachlands etwa fällt nach Kristiansen ganz auf die Seite der 'substanzentleerten Vorstellungswelt'. Gerade der mitleidlose Konkurrenzkampf und Erfolgsdruck des 'Flachland'-Lebens – also doch wohl die Existenz im Zeichen des Willens! – läßt Castorp jedoch die kontemplative Distanz des Zauberbergs als Wohltat empfinden: "Es ist eine grausame Luft da unten, unerbittlich. Wenn man so liegt und es von weitem sieht, kann es einem davor grauen", sagt er zu Settembrini. (III, 177) Diese Beschreibung des 'Flachlands' entspricht genau der Charakteristik der Willenswelt Schopenhauers, der Castorp durch die 'Flucht' ins Sanatorium zu entgehen sucht.

Da Kristiansen Thomas Manns 'systematische' Übernahme der Schopenhauerschen Philosophie beweisen will, kann die zu seinen Darlegungen – und in mancher Hinsicht auch zu den Werken Thomas Manns – viel besser passende *Umdeutung* Schopenhauers durch Nietzsche nicht als Stütze seiner Argumentation gewertet werden. In Nietzsches *Geburt der Tragödie* wird die Schopenhauersche Identität von Welt als Wille und Welt als Vorstellung, deren Dualismus lediglich der von Wesen und Erscheinung ist, zu einer wirklichen Entgegensetzung, erst hier steht der vom principium individuationis zerrissenen Welt so etwas wie ein 'wahrer Seinsbereich' der Willenseinheit gegenüber. Die Abweichung ist eklatant: Das Leiden, das Schopenhauer ganz allein durch den Charakter des Willens erklärt, führt Nietzsche ebenso ausschließlich auf das principium individuationis, die Vorstellungswelt zurück. Der "Zustand der Individuation" sei als der "Quell und Urgrund alles Leidens, als etwas an sich Verwerfliches, zu betrachten", die "Zerstückelung" gilt Nietzsche als "das eigentlich dionysische Leiden".[104] Wiederum erst aus dieser Entgegensetzung der 'Bereiche' oder 'Zustände' und ihrer konträren Bewertung ergibt sich das – auch für das Werk Thomas Manns wichtige – Phänomen der Einheitssehnsucht, das Verlangen nach Rückkehr aus der Leidenswelt in den Urzustand: "die Grunderkenntnis von

---

[104] Friedrich Nietzsche: *Die Geburt der Tragödie aus dem Geiste der Musik*, Werke in drei Bänden, hrsg. v. Karl Schlechta, Bd. 1, München 1966, S. 61.

der Einheit alles Vorhandenen, die Betrachtung der Individuation als des Urgrundes des Übels, die Kunst als die freudige Hoffnung, daß der Bann der Individuation zu zerbrechen sei, als die Ahnung einer wiederhergestellten Einheit."[105] Solche 'sentimentalisch'[106] in Aussicht gestellte 'Rückkehr' wäre, vom Standpunkt Schopenhauers betrachtet, nichts als Illusion, ja Widersinn, denn: "Die Welt ist gerade eine solche, weil der Wille, dessen Erscheinung sie ist, ein solcher ist, weil er so will."[107]

Nietzsches Verschieben der Leidensbegründung vom Willen auf die Individuation hat bedeutende Konsequenzen: Zum einen erhält das 'Zerbrechen' des Individuationsprinzips, bei dem nach Schopenhauer die Menschen lediglich das "Grausen" überkomme, nun zusätzlich, ja vor allem die Qualität des Lustvollen: "Wenn wir zu diesem Grausen die wonnevolle Verzückung hinzunehmen, die bei demselben Zerbrechen des principii individuationis aus dem innersten Grunde des Menschen, ja der Natur emporsteigt, so tun wir einen Blick in das Wesen des *Dionysischen*, das uns am nächsten noch durch die Analogie des *Rausches* gebracht wird."[108] Zum anderen wird die *eine*, identische Welt als Wille und Vorstellung gewissermaßen zu einer Abfolge von *Zuständen* auseinandergezogen: Das Leben des separierten Individuums wird als eine Art Entfremdung vom 'wahren Seinsbereich' verständlich, die 'Wiederkehr' des Dionysischen als Rückkehr zu

[105] Friedrich Nietzsche: *Die Geburt der Tragödie aus dem Geiste der Musik*, S. 62.

[106] Diese ideengeschichtliche Verschiebung, die oft übersehen wird, hat Wolfgang Riedel neuerdings auf die prägnante Formel der "Sentimentalisierung des Willens" gebracht. Bei der *Geburt der Tragödie* handele es sich – so Riedel in seinem Buch *"Homo Natura": Literarische Anthropologie um 1900*, Berlin/New York 1996 – um eine "Synthese von geschichtsphilosophischem Sentimentalismus und biologischer Anthropologie, von Schiller und Schopenhauer." (S. 192) Es folgt die für die Schopenhauer-Rezeption entscheidende Feststellung: "Diese Synthese läßt [...] den Schopenhauerschen Willensbegriff nicht unbeeinflußt. Im selben Maße, wie der 'Wille' den sentimentalischen Naturbegriff besetzt, zieht er auch die sentimentalischen Energien auf sich, gerät er in die verklärende Perspektive der Sehnsucht, verwandelt er sich in ein 'Ideal'. Damit aber ist er dem Pessimismus der Schopenhauerschen Anthropologie entwunden. Nietzsches Zauberwort des 'Dionysischen' verdankt seine spezifische Bedeutung wie auch seine eminente Wirkung exakt dieser *Sentimentalisierung des Willens*, der die Idealisierung, die dieser durch Überblendung mit dem sentimentalischen Naturbegriff erfährt. Gegenüber Schopenhauer wird so in der 'Geburt der Tragödie' der Willensbegriff in folgenreicher Weise ambivalent." ("*Homo Natura*", S. 192.) Der Willensbegriff enthält allerdings noch mehr Ambivalenzen: unerhörte 'sentimentalische' Energie wird ihm vor allem zugeführt durch den von Riedel nicht erwähnten Wagner, ohne dessen 'Umdeutung' des Willens Nietzsches und dann auch Thomas Manns spezifische Rezeption der Willensphilosophie kaum denkbar wäre. Dazu noch im folgenden.

[107] Arthur Schopenhauer: W I, 453.

[108] Friedrich Nietzsche: *Die Geburt der Tragödie aus dem Geiste der Musik*, S. 24.

ihm.[109] Damit besitzt die Philosophie Nietzsches aber – im Gegensatz zu der Schopenhauers – eine ausgesprochene Erzählbarkeit, sie kommt dem literarischen Erfordernis der Fabel entgegen, und entsprechend hat Thomas Mann das Heimsuchungsmuster seiner Erzählungen und Romane nicht mit der Philosophie Schopenhauers, sondern mit Nietzsches Gegensatzkonstellation von apollinisch versus dionysisch philosophisch fundiert bzw. furniert. Über die scheinbar gefestigte apollinische Existenz kann am Ende das Dionysische gewaltsam hereinbrechen; es hat jedoch wenig Sinn, Schopenhauers verschiedene Betrachtungsweisen der *einen* Welt als Wille und Vorstellung auf dieses Handlungsmuster zu beziehen, als wäre eine Weile nur die Vorstellungswelt auf der Bühne, um dann von der Willenswelt überwältigt zu werden.

Die 'Zeitlosigkeit' läßt sich der dionysischen 'Unform' zuordnen, ganz im Sinn der *Geburt der Tragödie*: "der dithyrambische Chor ist ein Chor von Verwandelten, bei denen ihre bürgerliche Vergangenheit, ihre soziale Stellung völlig vergessen ist: sie sind die *zeitlosen*, außerhalb aller Gesellschaftssphären lebenden Diener ihres Gottes geworden."[110] Dieser Begriff der Zeitlosigkeit meint nicht buchstäblich die Aufhebung der Anschauungsform Zeit, sondern schlicht ein gleichgültig-nachlässiges und selbstvergessenes *Verhältnis zur Zeit*, welches dem auf Nutzbarmachung, Ordnung und Entwicklung bedachten bürgerlichen Verständnis von Zeit entgegensteht. Zeitlosigkeit ist im Werk Thomas Manns in diesem Sinn als *Gegen*begriff zu verstehen, der vor dem Hintergrund seines bürgerlichen Gegenteils verständlich wird.

---

[109] In diesem Zusammenhang malt Nietzsche mit geradezu verzückten Worten die verlockende Utopie eines paradiesischen Naturzustands, der mit Schopenhauers Willensbegriff nichts mehr zu tun hat: "Unter dem Zauber des Dionysischen schließt sich nicht nur der Bund zwischen Mensch und Mensch wieder zusammen, auch die entfremdete, feindliche oder unterjochte Natur feiert wieder ihr Versöhnungsfest mit ihrem verlorenen Sohne, dem Menschen. Freiwillig beut die Erde ihre Gaben, und friedfertig nahen sich die Raubtiere der Felsen und der Wüste. [...] Man verwandele das Beethoven'sche Jubellied der 'Freude' in ein Gemälde und bleibe mit seiner Einbildungskraft nicht zurück, wenn die Millionen schauervoll in den Staub sinken: so kann man sich dem Dionysischen nähern. [...] Jetzt, bei dem Evangelium der Weltenharmonie, fühlt sich Jeder mit seinem Nächsten nicht nur vereinigt, versöhnt, verschmolzen, sondern eins, als ob der Schleier der Maja zerrissen wäre und nur noch in Fetzen vor dem geheimen Ur-Einen herumflatterte. Singend und tanzend äußert sich der Mensch als Mitglied einer höheren Gemeinschaft, er hat das Gehen und Sprechen verlernt und ist auf dem Wege, tanzend in die Lüfte emporzufliegen. Aus seinen Gebärden spricht die Verzauberung. Wie jetzt die Tiere reden und die Erde Milch und Honig gibt, so tönt auch aus ihm etwas Übernatürliches: als Gott fühlt er sich [...]." Nietzsche: *Geburt der Tragödie*, S. 25f.

[110] Friedrich Nietzsche: *Geburt der Tragödie*, S. 52. (Hervorh. d. Verf.)

3. Trug, Täuschung und Vergänglichkeit – "Schnee"

Ohne Zweifel bleibt Schopenhauer für Thomas Mann wichtig, aber ein Lebenswerk, das in so hohem Maß vom Spannungsverhältnis zwischen Weltverneinung und Weltbejahung lebt[111], konnte nicht auf dem 'Grund' eines orthodoxen Schopenhauerianismus entstehen. Auch hier wechselt die Beleuchtung, die philosophischen Vorgaben werden umfunktioniert. Ein Beispiel: Wenn Schopenhauer im vierten Buch seines Hauptwerks die Welt als Blendwerk des Individuationsprinzips beschreibt (IX, 562) und von 'Trug' und 'Täuschung' spricht, so läßt sich mit diesem philosophischen Instrumentarium zum einen die 'häßliche' Wirklichkeit auf Distanz bringen; die weltfeindliche Lehre kommt dem aggressiven Verhältnis des Autors zum 'Leben' entgegen. Andererseits entspricht sie aber auch dem histrionischen Zug in Thomas Manns Persönlichkeit, der sich früh schon im Theaterspielen, Nachmachen, Karikieren, Verulken und 'Gippern' geltend macht und aus dem man die Ironie seines Frühwerks geradezu hervorgehen sieht.[112] In der Weltschauspielerei des späten *Krull* wird er zur "Allsympathie" gesteigert. Schopenhauers Lehre von der 'Scheinbarkeit' und 'Flüchtigkeit' des Lebens kann also einerseits – auf seinen Spuren – dazu führen, die Welt verächtlich zu nehmen, anderseits kann sie – gegen Schopenhauer, mit Nietzsche – dazu legitimieren, gerade den Schein zu genießen, das "Illusionäre" zum "Lebensanreiz zu machen" (vgl. XI, 704), die Welt als verlockendes Schauspiel zu betrachten, wie es bereits der eine umfassende "Neugierssympathie"[113] entwickelnde Hans Castorp tut, wie es später im Rollenspiel Josephs in höherer Form geschieht. Felix Krull schließlich spricht davon, daß er die Welt stets als "große und unendlich verlockende Erscheinung geachtet" habe, "welche die süßesten Seligkeiten zu vergeben hat und mich jeder Anstrengung und Werbung in hohem Grade wert und würdig deuchte". (VII, 275) Die Umfunktionierung der Philosophie vom illusionären Charakter der Welt zeigt, "daß man im Sinne eines Philosophen denken kann, ohne doch im geringsten *nach* seinem Sinn zu denken, will sagen: daß

---

[111] Diese Spannung ist bisher am deutlichsten von Hans Wysling herausgearbeitet worden: "Aber spätestens von 1921 an gibt es jene Spannung in Thomas Manns Werk, die wir als dialektische Kraft und Nervigkeit nicht missen möchten: die Spannung zwischen Todessympathie und Lebenswillen, zwischen Vergangenheitsschwere und Zukunftsglauben, Pessimismus und Fortschrittszuversicht, Nihilismus und pädagogischem Impetus." Hans Wysling: *Neues zum "Zauberberg"*, in: *Thomas Mann und München*, Frankfurt a. M. 1989, S.105.

[112] Hierzu: Terence J. Reed: *Einfache Verulkung, Manier, Stil: Die Briefe an Otto Grautoff als Dokument der frühen Entwicklung Thomas Manns*, in: *Thomas Mann und seine Quellen*, S. 48-65.

[113] Vgl. u.a. V, 691, 751, 1143.

man sich seiner Gedanken bedienen – und dabei denken kann, wie er durchaus nicht gedacht haben will". (IX, 561) Mit diesem Vorbehalt hat Thomas Mann seine Schopenhauer-Übernahmen immerhin ausdrücklich versehen.

Am Ende des *Felix Krull* werden die konträren Positionen zur 'Scheinhaftigkeit' noch einmal miteinander konfrontiert. Zouzou zitiert einen Vers aus einem geistlichen Buch: "Der Mensch wie schön er sei, wie schmuck und blank / Ist innen doch Gekrös' nur und Gestank." – "Das ist ein garstiges Verschen", entgegnet Krull, weil es

den Glauben zerstören will an Schönheit, Form, Bild und Traum, an jedwede Erscheinung, die natürlich, wie es im Worte liegt, Schein und Traum ist, aber wo bliebe das Leben und jegliche Freude, ohne die ja kein Leben ist, wenn der Schein nichts mehr gälte und die Sinnenweide der Oberfläche. [...] Ein Kauz könnte ja sagen, die ganze Natur sei nichts als Fäulnis und Schimmel auf dieser Erde, aber das ist nur eine bissige, kauzige Anmerkung und wird bis ans Ende der Tage die Liebe und Freude nicht umbringen, die Freude am Bilde. (VII, 633f.)

Die Anspielung auf den berühmten Anfang des zweiten Bandes der *Welt als Wille und Vorstellung*[114], die Komik, mit der sie eingebracht wird, zeigen es: Schopenhauer ist weiterhin gegenwärtig, aber nicht als 'Grund' des Werks; dieses entwickelt sich seit dem *Zauberberg* vielmehr in entscheidenden Aspekten als Gegenentwurf zur pessimistischen Weltanschauung. Gemeint ist damit selbstverständlich keine Flucht in Optimismus und Verklärung, keine Verleugnung des pessimistischen 'Wissens', sondern eher eine Haltung, wie sie Thomas Mann den Sekretär Riemer in *Lotte in Weimar* aussprechen läßt: Man erweise sich als "Freund des Lebens, indem man seinen Erscheinungen ihr Gutes und Erfreuliches abgewinnt, ohne eben ihrer Kehrseite unkundig zu sein, wo denn mancher derbe Knorren starren und manch nüchterner Faden hängen mag". (II, 408) In diesem Sinn läßt sich sagen: Thomas Mann schreibt weiter im Hinblick auf Schopenhauer, aber gerade deshalb kann die Lebensfreundlichkeit der späteren Werke auch gegenüber der Philosophie Schopenhauers bestehen.

Besonders augenfällig wird die 'Wandlung' Thomas Manns in der Beurteilung der Vergänglichkeit. Für Schopenhauer ist Vergänglichkeit gleichbedeutend mit einer völligen Entwertung des Daseins: "Die *Zeit* und die *Vergänglichkeit* aller Dinge in ihr und mittelst ihrer ist bloß die Form, unter

---

114 "Im unendlichen Raum zahllose leuchtende Kugeln, um jede von welchen etwan ein Dutzend kleinerer beleuchteter sich wälzt, die, inwendig heiß, mit erstarrter, kalter Rinde überzogen sind, auf der ein Schimmelüberzug lebende und erkennende Wesen erzeugt hat – dies ist die empirische Wahrheit, das Reale, die Welt." Arthur Schopenhauer: W II, 13.

welcher dem Willen zum Leben [...] die *Nichtigkeit* seines Strebens sich offenbart. – Die *Zeit* ist das, vermöge dessen alles jeden Augenblick unter unsern Händen zu nichts wird – wodurch es allen wahren Wert verliert."[115] Das sind Empfindungen, gegen die sich auch die frühen Helden Thomas Manns immer wieder behaupten müssen. Gerade die *Buddenbrooks*, die doch größtenteils vor der ersten Lektüre Schopenhauers entstanden, erscheinen atmosphärisch durchtränkt von dessen Vergeblichkeitsphilosophie: "in der Regel aber läuft zuletzt jeder schiffbrüchig und entmastet in den Hafen ein."[116] Üblicherweise gelangt man zu solchen Einstellungen freilich auch ohne Schopenhauer; wer sie nicht teilt, wird sich vom Philosophen nicht überzeugen lassen. Die naheliegende Vermutung, es handele sich bei den *Buddenbrooks* um eine schopenhauerische Konzeption, hat Thomas Mann zurückgewiesen: "Das Buch hat 'es', weiß Gott, überallher, aber gerade von Schopenhauer hat es im Grunde garnichts. Die Idee des Verfalls kommt von Nietzsche [...]."[117] Bis auf das philosophische Erlebnis Thomas Buddenbrooks sei "nichts in dem Roman Produkt meiner Schopenhauer-Lektüre, – auch sein Pessimismus nicht; den nahm ich aus der Luft und aus mir selber".[118] Trotzdem besteht die Nähe zu Schopenhauer, und es ist unübersehbar, daß Vergänglichkeit bis zur letzten Erzählung, der *Betrogenen*, ein Hauptmotiv in Thomas Manns Werk bleibt. Es wandelt sich jedoch – analog zur Umwertung der 'Scheinbarkeit' der Welt – die Einstellung zu ihr, die pessimistische Vanitas-Klage weicht dem *Lob der Vergänglichkeit*. Im gleichnamigen Essay von 1952, der Aussagen des großen Kuckuck-Gesprächs aus dem *Krull* variiert, bezeichnet Thomas Mann Vergänglichkeit sogar als den "höchsten" Lebenswert:

Aber Vergänglichkeit ist etwas sehr Trauriges, werden Sie sagen. – Nein, erwidere ich, sie ist die Seele des Seins, ist das, was allem Leben Wert, Würde und Interessse verleiht, denn sie schafft *Zeit*, – und Zeit ist [...] die höchste, nutzbarste Gabe, in ihrem Wesen verwandt, ja identisch mit allem Schöpferischen und Tätigen, aller Regsamkeit, allem Wollen und Streben, aller Vervollkommnung, allem Fortschritt zum Höheren und Besseren. Wo nicht Vergänglichkeit ist, nicht Anfang und Ende, Geburt und Tod, da ist keine Zeit, – und Zeitlosigkeit ist das stehende Nichts [...], das absolut Uninteressante. (X, 383)

Die Einstellung zum Leben, die sich hier äußert, hat mit Schopenhauer kaum noch etwas zu tun. Daß Vergänglichkeit Zeit schaffe, Zeit identisch

---

[115] Arthur Schopenhauer: P II, 334.
[116] Arthur Schopenhauer: P II, 336.
[117] Brief an Walter Rilla vom 31.1.1951; DüD I; 123.
[118] Brief an Agnes E. Meyer vom 26.1.1951; DüD I; 122f.

sei mit allem Streben – dies entspricht durchaus noch seinen Denkbahnen, aber die daraus gezogenen Schlüsse stehen konträr zur philosophischen Weltverneinung. Beachtung verdienen die teilweise wörtlichen Parallelen zu den Zeitreflexionen des *Zauberberg*. Während dort jedoch die "Zeitlosigkeit" des "stehende[n] Nichts" so gefährlich wie zugleich auch verlockend erschien, sind im *Lob der Vergänglichkeit* die Vorzeichen ganz eindeutig: "Zeitlosigkeit" bedeutet das "absolut Uninteressante", alles "Höhere und Bessere" gründe auf der Hochschätzung der Zeit. – In dem Essay heißt es weiter:

Die Biologen schätzen das Alter des organischen Lebens auf Erden ungefähr auf fünfhundertfünfzig Millionen Jahre. [...] Ob dem Leben noch eine ebenso lange Zeit gewährt sein wird, [...] weiß niemand. [...] Die Bewohnbarkeit eines Himmelskörpers ist eine *Episode* in seinem kosmischen Sein. Und würde das Leben noch einmal fünfhundertfünfzig Millionen Jahre alt – am Maßstabe der Äonen gemessen ist es ein flüchtiges Zwischenspiel. – Wird es dadurch entwertet? Im Gegenteil, meine ich, gewinnt es dadurch ungeheuer an Wert und Seele und Reiz; *gewinnend* gerade und Sympathie erweckend wird es als Episode [...]. (X, 383f.)

Genau diese bemerkenswerte 'Sympathie'-Erfahrung macht nun auch schon Hans Castorp im "Schnee"-Kapitel, sie liegt der oft als sentenziös oder gar "inhaltsleer"[119] kritisierten Humanität des Gedankentraums zugrunde. Der *Zauberberg* nimmt in der Auffassung der Vergänglichkeit eine Mittelstellung zwischen Früh- und Spätwerk ein; der für den Sanatoriumsroman naheliegende Vanitas-Aspekt wird bereits ergänzt durch die bejahende Sicht. Zunächst beherrscht den Roman allerdings die vertraute, nun jedoch meist durch Komik bzw. den 'Humor des Todes' gebrochene Todesfaszination. Sie entzündet sich nach wie vor in der Konfrontation mit der 'Gesundheit' und 'Gewöhnlichkeit'. Mehr als um ein ernstgemeintes Todesverlangen handelt es sich um die Eröffnung eines ästhetizistischen Refugiums, um die Suche nach der Geborgenheit in einer schmerzlich-schönen, fragilen Gegenwelt zur 'gemeinen' Wirklichkeit. Nicht die Realität des Todes, sondern die Poesie des Todes wird gesucht, "die abendliche Verklärung des Verfalles, der Auflösung und des Verlöschens". (VIII, 252) Das hat wenig mit dem ethischen Ernst der Philosophie Schopenhauers zu tun, zeigt vielmehr Nähe zu anderer Literatur der Jahrhundertwende, etwa zum frühen Werk Hugo von Hofmannsthals, wo diese Art der Todessehnsucht präzise beschrieben wird. Von dem jungen Kaufmannssohn im *Märchen der 672. Nacht* heißt es: "[...] nie verließ ihn auf lange der Gedanke an den Tod, und oft befiel er ihn unter lachenden und lärmenden Menschen [...]. – Aber da keine Krankheit

---

[119] Helmut Koopmann: *Die Lehren des "Zauberberg"*, in: *Das "Zauberberg-Symposium 1994 in Davos"*, S. 68.

in ihm war, so war der Gedanke nicht grauenhaft, eher hatte er etwas Feierliches und Prunkendes [...]."[120] Ähnliches liest man auch über den Helden und sein charakteristisch jugendliches Verhältnis zum Tod in Joseph Roths Roman *Radetzkymarsch* (1932 erschienen, aber größtenteils um die Jahrhundertwende im k.u.k.-Österreich spielend): "Mit mir wird alles begraben. Ich bin der letzte Trotta! – Er war jung genug, um süße Wollust aus seiner Trauer zu schöpfen und aus der Sicherheit, der Letzte zu sein, eine schmerzliche Würde."[121]

Anders als der 'süße', philosophisch-poetische Schmerz, anders als der feierliche Todesgedanke erweckt die Wahrnehmung des Sterbens, das Erlebnis wirklicher Hinfälligkeit und Auflösung 'Grauen'. Im Gedenkaufsatz für Hugo von Hofmannsthal (1929) hat Thomas Mann auf diesen Unterschied hingewiesen: "Er hat die Idee des Todes geliebt zusammen mit der der Schönheit, mit der der Vornehmheit [...] Ja, der Tod ist Schönheit und Melodie, solange die Jugend bei ihm ist, die Lebenskraft. Weicht sie von ihm, steht er zuletzt in seiner Wahrheit da, so ist er grauenvoll, das sprachlose Untergehen, ein Abgrund von Bitternis." (X, 457) Davon bekommt der todesfromme Berghof-Neuling Castorp bald eine Ahnung. Verstört reagiert er auf den Husten des Herrenreiters, der "wie ein schauerlich kraftloses Wühlen im Brei organischer Auflösung klang." (III, 23f.) Dem entspricht der Vanitas-Aspekt: "Es ist ja gerade, als ob man dabei in den Menschen hineinsähe, wie es da aussieht, – alles ein Matsch und Schlamm."

Gegen die das Frühwerk bestimmende Dualität von feierlicher und schockierender Sicht auf Tod und Vergänglichkeit macht sich im *Zauberberg* nun zunehmend die neue Perspektive geltend. Im "Schnee"-Kapitel wird gerade – und dabei fällt der Gleichklang mit dem späteren *Lob der Vergänglichkeit* auf – Castorps *eigene* Erfahrung der menschlichen Hinfälligkeit, der Episodenhaftigkeit alles "Organischen" angesichts der "Kälte" des Ewigen (hier repräsentiert durch die Schneekristalle) sein Verhältnis zum *Leben* verändern:

Er blieb stehen und sah sich um. Es war überall gar nichts und nirgends etwas zu sehen, außer einzelnen ganz kleinen Schneeflocken, die aus dem Weiß der Höhe kommend auf das Weiß des Grundes niedersanken, und die Stille ringsumher war

---

[120] Hugo von Hofmannsthal: *Das Märchen der 672. Nacht*, Gesammelte Werke in zehn Einzelbänden, hrsg. v. Bernd Schoeller, *Erzählungen – Erfundene Gespräche und Briefe – Reisen*, Frankfurt a. M. 1979, S. 46.
[121] Joseph Roth: *Radetzkymarsch*, Werke Bd. 5, Romane und Erzählungen, hrsg. v. Fritz Hackert, Köln 1990, S. 285.

gewaltig nichtssagend. Während sein Blick sich in der weißen Leere brach, die ihn blendete, fühlte er sein Herz sich regen, das vom Aufstieg pochte, – dies Herzmuskelorgan, dessen tierische Gestalt und dessen Art zu schlagen er unter den knatternden Blitzen der Durchleuchtungskammer, frevelhafterweise vielleicht, belauscht hatte. Und eine Art von Rührung wandelte ihn an, eine einfache und andächtige Sympathie mit seinem Herzen, dem schlagenden Menschenherzen, so ganz allein hier oben im Eisig-Leeren [...] (III, 660f.)

Diese veränderte Sicht auf die Vergänglichkeit wird einige Seiten später noch einmal wiederholt: "Und er sah nach der Uhr [...] – nach seiner goldenen Springdeckeluhr mit Monogramm, die lebhaft und pflichttreu hier in der wüsten Einsamkeit tickte, ähnlich seinem Herzen, dem rührenden Menschenherzen in der organischen Wärme seiner Brustkammer..." (III, 674) Wie im *Lob der Vergänglichkeit* werden Leben und Zeit parallelisiert oder sogar ineinsgesetzt (die Uhr tickt "lebhaft"), beide Male wird die Sphäre der Zeitlosigkeit als "gewaltig nichtssagend" bzw. als das "absolut Uninteressante" bezeichnet; die Nichtigkeit des Menschlichen gegenüber den "Äonen" führt zum selben Phänomen der *Rührung* bzw. *Sympathie*, das zum Grund der positiven Lebensbewertung wird. Diese Passagen sind vielleicht wichtiger, auf jeden Fall erzählerisch überzeugender als die nachfolgende allegorische Humanitätsbotschaft, auf die in der Diskussion um das "Lebensja" des *Zauberberg* fast ausschließlich Bezug genommen wird. Ohne daß der Erzähler pädagogisch "aus dem Rahmen des sonst [...] Üblichen" fällt[122], nimmt die Sympathieerfahrung Castorps den 'Ergebnissatz' vorweg, ja ohne sie wird er leicht mißverstanden. Børge Kristiansen schreibt über die Liebe des "Schnee"-Kapitels: "Sie ist christliche Liebe und als solche ein unerklärbar Irrationales, das durch den Akt des Glaubens und der Gnade als eine unmittelbare unerklärliche Gegebenheit erfahren wird."[123] Wenig erstaunlich, daß Kristiansen auch diesen "Lösungsversuch" Castorps nicht überzeugend findet; daß er "ohne Folgen" bleibe, sei auf das "Strukturprinzip der negativen Dialektik zurückzuführen, das die Welt des *Zauberberg* auf die *Unform* [...] festlegt. – Das Übergreifen der negativen Dialektik auf die christliche Liebe und die Welt des christlichen Glaubens drückt [...] diesen den Stempel der Unverbindlichkeit des Ideologischen auf [...]."[124] Diese Auffassung verkennt, daß die Menschenliebe des "Schnee"-Kapitels aus einer emphatischen Vergänglichkeitserfahrung kommt, die eben nicht christlich (oder durch andere 'Ideologien') beruhigt wird, daß ihr Aus-

---

[122] Hermann Kurzke: *Thomas Mann. Epoche – Werk – Wirkung*, S. 204.

[123] Børge Kristiansen: *Thomas Manns "Zauberberg" und Schopenhauers Metaphysik*, S. 273.

[124] Børge Kristiansen: *Thomas Manns "Zauberberg" und Schopenhauers Metaphysik*, S. 274.

gangspunkt nicht der 'unsterbliche' Anteil des Menschen ist, sondern der sterbliche. Selbst die Ideologiekritik im Zeichen der Unform, die Kristiansen im *Zauberberg* am Werk sieht, könnte ihr nichts anhaben.

Anstelle von Verzweiflung und schopenhauerischem Spott über die Nichtigkeit des Daseins 'Rührung' und 'Sympathie' mit dem Vergänglichen, gerade weil es vergänglich ist – diese unspektakuläre Begründung der Lebensfreundlichkeit ist ein wiederkehrendes Motiv der späteren Werke. Es findet sich ähnlich auch im späten *Felix Krull*, in *Die Betrogene* und *Joseph und seine Brüder*. Wenn Joseph die leidenschaftliche Mut-em-enet zu beschwichtigen versucht, indem er in anschaulichen Formulierungen auf die "schnöde" Vergänglichkeit seines Körpers hinweist, so erhält er zur Antwort, daß solche Rede "Herz und Gemüt" nicht im mindesten standhalte: "Denn weit gefehlt, daß die Vergänglichkeit des Stoffes ein Grund weniger wäre für sie, die Form zu bewundern, ist sie sogar einer mehr, weil sie in unsere Bewunderung [...] Rührung mischt [...]." (V, 1127f.)

Warum übrigens der Sollens-Satz – "*Der Mensch soll um der Güte und Liebe willen dem Tode keine Herrschaft einräumen über seine Gedanken*" – als Höhepunkt des "Schnee"-Kapitels? Diese Frage ist von der *Zauberberg*-Forschung bisher nicht beantwortet worden. Allerdings ist die merkwürdige Form des 'Gebots' von vielen Interpreten mit Unbehagen aufgenommen worden: nicht ganz passend und glaubwürdig für einen modernen Roman, allzu lehrhaft und trocken, Hermann Kurzke spricht von einem "fabula docet".[125] Vielleicht läßt sich der Vorwurf der Trockenheit aber doch entkräften. Thomas Mann ist hier nicht nur als Ethiker, sondern auch mit schriftstellerischem Herzblut bei der Sache gewesen. Denn offensichtlich orientiert er sich an einer bewegenden Schlüsselstelle eines seiner – gerade in den Jahren des *Zauberberg* zum wiederholten Mal gelesenen – Lieblingsromane: In Fontanes *Stechlin* führt das zentrale Gespräch zwischen Lorenzen und Melusine ja ebenfalls zu einem berühmten Ergebnis- und Sollenssatz, der die Problematik mit ganz unverkennbarer Ähnlichkeit löst: "Alles Alte, soweit es Anspruch darauf hat, sollen wir lieben, aber für das Neue sollen wir recht eigentlich leben. Sich abschließen heißt sich einmauern, und sich Einmauern ist Tod."[126]

---

[125] Hermann Kurzke: *Thomas Mann. Epoche – Werk – Wirkung*, S. 204.
[126] Theodor Fontane: *Der Stechlin*, S. 288. Zum Fontane-Einfluß siehe Fußnote 201 von Teil III dieser Arbeit.

4. Verneinung des Willens zum Leben

Schopenhauers kompromißlose Frontstellung zum Leben führt zur Ethik der Willensverneinung. Man könnte meinen, daß das Frühwerk Thomas Manns mit seiner größeren Nähe zu Schopenhauer solchen Ideen ungebrochen huldigt; der Komplex Todessehnsucht-Todesfaszination scheint auf den ersten Blick leicht in eine Beziehung zur Willensverneinung zu bringen. Die angewiderte Abwendung vom 'Leben' und die Verklärung des Todes stimmen jedoch nur im Befund über die heillose Welt mit Schopenhauer überein, ansonsten haben sie wenig gemein mit der "Selbstpeinigung" der "Askesis".[127] Die "wüste Süßigkeit" des Sichgehenlassens – so der *Zauberberg* im Abschnitt "Herr Albin" (III, 116) – ist eigentlich das genaue Gegenteil eines Lebens *wider Willen* "als stete Mortifikation des Willens, [...] gegen welchen die Selbsterkenntnis Abscheu gefaßt hat".[128] Sie besitzt dagegen, neben bereits angesprochenen Bezügen, Nähe zu Wagners schwelgerischer Auflösungs-Erotik, die Thomas Mann als produktives Mißverständnis Schopenhauers, als "naiven Mißbrauch" seiner Philosophie bezeichnet hat. (IX, 561) Es werde "darin gleichsam die erotische Süßigkeit, die berauschende Essenz aus der Philosophie Schopenhauers gesogen, die Weisheit aber liegengelassen." (IX, 562) Das ist milde formuliert. Wagners kleine "Berichtigung" Schopenhauers, seine Idee, den "Heilsweg zur vollkommenen Beruhigung des Willens" – in ausdrücklicher Abhebung von einer bloß "abstracten Menschenliebe"[129] – über die ekstatische Steigerung der Geschlechtsliebe zum Liebestod führen zu lassen, wurde von Erich Heller als "einer der besten Witze der Geistesgeschichte" bezeichnet.[130] – Das Eintauchen in die "heimatliche Nacht" mit "selig brechenden Augen", wie es Thomas Mann auch in der Schlaf-Tod-Parallelisierung des Essays *Süßer Schlaf* beschreibt (XI, 333f.), erscheint nicht als Überwindung des Lebens, sondern geradezu als Rückkehr des Erschöpften zu den Kraftquellen der Willens-Natur. Das endgültige 'Absterben' dagegen, das der 'Heilige' durch seine fortwährenden Anstrengungen der Selbstüberwindung erreichen kann, wird in Schopenhauers Philosophie hiervon deutlich unterschieden: "In der Stunde des Todes entscheidet sich, ob der Mensch in den Schoß der Natur zu-

---

[127] Arthur Schopenhauer: W I, 518f.

[128] Arthur Schopenhauer: W I, 519.

[129] Richard Wagner an Mathilde Wesendonck – Tagebuchblätter und Briefe 1853-1871, 7. Aufl., Berlin 1904, S. 79.

[130] Erich Heller: *Enterbter Geist*, Kap. VI: "Von Hanno Buddenbrook zu Adrian Leverkühn", Frankfurt a. M. 1981, S. 259.

rückfällt oder aber dieser nicht mehr angehört [...]."[131] Diese zweite
Todesart ist Lohn der Willensverneinung, die erste ist ethisch verdienstlos –
schon das Verb "zurückfallen" signalisiert es; "nur mit falschem Scheine
lockt [...] der finstere, kühle Orkus als Hafen der Ruhe", schreibt Schopenhauer.[132] Die Todessehnsucht im Frühwerk Thomas Manns besitzt letztlich
denselben Charakter inkonsequenter 'Bejahung', wie ihn der Philosoph auch
am Selbstmord rügt. "Weil aber eben das Leiden, dem er sich so entzieht, es
war, welches als Mortifikation des Willens ihn zur Verneinung seiner selbst
und zur Erlösung hätte führen können; so gleicht in dieser Hinsicht der
Selbstmörder einem Kranken, der eine schmerzhafte Operation, die ihn von
Grund aus heilen könnte, nachdem sie angefangen, nicht vollenden läßt,
sondern lieber die Krankheit behält."[133] Wie der Selbstmörder weicht der
träumerisch Todessehnsüchtige mit dem Leiden der geforderten Verneinung
des eigenen Willens aus und bricht die "Operation" ab. Vielmehr ist die
Eröffnung einer *Zuflucht vor dem Leiden*, dem sich der Weise Schopenhauers
zu stellen hat, für diese Sehnsucht bestimmend, aus demselben Grund wird
ja auch immer wieder der Schlaf gepriesen: "Nie schlafe ich tiefer, nie halte
ich süßere Heimkehr in den Schoß der Nacht, als wenn ich unglücklich bin,
wenn meine Arbeit mißlingt, Verzweiflung mich niederdrückt, Menschen-
ekel mich ins Dunkel scheucht..." (XI, 335) Der Rückzug in Nacht und Tod
folgt nicht aus der Verneinung, er dient der Selbstbewahrung. Dahinter
steht die Hoffnung, beim 'Erwachen' mit frischer 'Willens'-Kraft "günstigere
Bedingungen des Daseins"[134] vorzufinden – im wörtlichen und im übertragenen Sinn der Schopenhauerschen Metempsychose.

Dementsprechend begnügt sich auch das berühmte Schopenhauer-Erlebnis Thomas Buddenbrooks mit der – vermeintlich – "süßen", "berau-
schenden Essenz" von Schopenhauers Philosophie und verzichtet auf die
Weisheitslehre. "*Ich werde leben!* sagte Thomas Buddenbrook beinahe laut
und fühlte, wie seine Brust dabei vor innerlichem Schluchzen erzitterte. Dies
ist es, daß ich leben werde! Es wird leben [...] und daß dieses Es nicht ich
bin, das ist nur eine Täuschung, das war nur ein Irrtum, den der Tod be-
richtigen wird. So ist es, so ist es!" (I, 656) In den Jahren entsagungsvoller,
resignativer Pflichterfüllung ist dieser archetypische Held Thomas Manns
der Weisheit Schopenhauers näher gewesen als in den Stunden seiner
Lektüre. Daß die enthusiastische Bejahung des "grausamen" Lebens, die

---

[131] Arthur Schopenhauer: W II, 780.
[132] Arthur Schopenhauer: W I, 388.
[133] Arthur Schopenhauer: W I, 542.
[134] Arthur Schopenhauer: W II, 599.

Preisung des "gut ausgerüstet[en] und wohlgelungen[en]" Knaben dann ganz im Stil Nietzsches geschieht, kann den Eindruck erwecken, als sei Thomas Manns Beschäftigung mit Schopenhauer damals noch zu flüchtig gewesen, um nicht zu einer Vermengung mit den dominierenden Eindrükken Nietzsches zu führen, als sei also auch der Monolog des Thomas Buddenbrook ein Mißverständnis Schopenhauers, ähnlich dem Wagners. Wie dem auch sei: Der ganze Komplex der Todes- und Schlaf-Faszination geht an der asketischen Willensverneinung Schopenhauers vorbei. Auch wenn die Leiden der 'Erkenntnis' im Frühwerk Thomas Manns immer wieder formelhaft beschworen werden – die 'Sympathie mit dem Tode' resultiert in erster Linie nicht aus einer philosophischen *Einsicht* im Sinne Schopenhauers, sie ist vielmehr die Zuflucht vor *Empfindungen* der Schwäche, des Nichtgenügens, der Verletzlichkeit: "wenn ich unglücklich bin, wenn meine Arbeit mißlingt, Verzeiflung mich niederdrückt, Menschenekel mich ins Dunkel scheucht...". Diese Fluchttendenz findet ihre kontrastive Ergänzung in der aggressiven Auseinandersetzung mit der Wirklichkeit, vor allem in der Menschendarstellung des Frühwerks, die zu sehr die persönliche Betroffenheit durch den "Menschenekel" verrät, um als Konsequenz philosophischer Wahrheitsschau in Weltelend und Willenstrug gelten zu können; auch sie ist eine Strategie der Selbstbehauptung.

Neben dem Schlaf sind es oft die Wirkungen der Musik Wagners, in denen das geschärfte Leidensbewußtsein Vergessen sucht. Hanno Buddenbrooks zielgerichteter Gebrauch dieser Musik, seine harmonischen Improvisationen am Klavier erinnern an das Gegenteil von Askese und Willensverneinung, an Rausch und Sucht. Im *Doktor Faustus*, der Motive und Themenbereiche des Frühwerks unter verändertem Vorzeichen wieder aufnimmt, wird dieser Zusammenhang in der Figur der Ines Rodde dargestellt. Anhand von Notizen aus der Zeit des *Maja*-Projekts ausgearbeitet, ist sie ein später Abkömmling jener Gestaltenreihe der Übersensiblen, Weltflüchtigen, die das 'Leben' als Zumutung empfinden. Die psychologische Hellsicht, welche sie alle kennzeichnet, stellt Ines eindrucksvoll unter Beweis, wenn der Erzähler ihr für die Schilderung der "Flirt-Natur" Schwerdtfegers das Wort überläßt; dieses Doppelporträt, das neben dem 'leichtsinnigen' Geiger in gleichem Maße die Sprecherin charakterisiert, gehört zu den subtilsten psychologischen Darstellungen Thomas Manns. (Vgl. VI, 389-393) Es ist noch einmal geprägt von jenem Gestus schmerzlichen 'Durchschauens', der im Frühwerk stets als Grund des 'Erkenntnisekels' beschworen wurde; der Mechanismus der Entlarvung behinderte dort allerdings eher eine nuancierte Porträtkunst, wie sie der Faustusroman, bedroht von der Lebensblässe des Biographen Zeitblom und seines Helden, gerade bei den Nebenfiguren praktiziert. – Ines Rodde, die spätere Mörderin Schwerdtfegers, benutzt die Leidensphilosophie zur Rechtfertigung ihrer Morphiumsucht. Sie

vertritt die Ansicht [...], daß der Schmerz menschenunwürdig, daß es eine Schmach sei, zu leiden. Nun sei aber, noch ganz abgesehen von jeder konkreten und besonderen Erniedrigung durch Körperschmerz und Herzeleid, das Leben selbst und an und für sich, das bloße Dasein, die animalische Existenz eine unwürdige Kettenlast und niedrige Beschwer, und nichts weiter als nobel und stolz, ein Akt des Menschenrechtes und geistiger Befugnis sei es, diese Bürde sozusagen abzustemmen, sich ihrer zu entlasten, Freiheit, Leichtigkeit, ein gleichsam körperloses Wohlsein zu gewinnen durch die Versorgung der Physis mit dem gesegneten Stoff, der ihr solche Emanzipation vom Leiden gewährte. (VI, 512f.)

Deutlicher als die romantische Flucht in Nacht und Musik, die immer ein faszinierendes Moment bewahrt, stellt Ines' "verzärtelnde" Drogensucht "diese Philosophie" des Leidens ins moralische Zwielicht. (VI, 513) Trotz seines Unbehagens an der "Rolle des Tugendboldes" (VI, 513) gibt der Erzähler Zeitblom seine Verärgerung zu erkennen. Sie richtet sich in erster Linie nicht gegen das "Laster", sondern gegen den unverhüllten Egoismus der Leidensphilosophin mit dem "von Mißtrauen verhängten Blick auf das Leben" (VI, 389), ihre "rücksichtslose Gleichgültigkeit gegenüber den Kindern", von "Affenliebe" kaschiert, und die "spitzbübische Bosheit", mit der sie seine "Teilnahme an ihren Liebesschmerzen und -lüsten eingestrichen hatte". (VI, 513) Die "süßliche Verlogenheit" der Süchtigen steigert nur das Unbehagen an ihrem Egoismus zur "unüberwindliche[n] Abneigung" (VI, 513); ein Egoismus, der im übrigen nicht plump und 'unerleuchtet' daherkommt, sondern mit einem "psychologisch geschulte[n] und [...] dichterisch überwach[ten]" Erleben einhergeht. (VI, 394) Der philosophische Leidensbefund, die große Gebärde pessimistischer Welterkenntnis wird hier suspekt. Ihr hochmoralischer Anspruch entpuppt sich als bloße Attitüde, wenn sie zu moralischer Haltungslosigkeit und Verzärtelung dispensiert, und diese Konsequenz liegt offenbar immer näher als der anstrengende Weg in die Willensverneinung, sobald das Dasein erst einmal mit philosophischer Legitimation als "Kettenlast" verstanden wird – eine ja zweifellos von Schopenhauer entlehnte Metapher.[135] Die pessimistische Weltsicht ist für Thomas Mann stets nur dann legitimiert, wenn sie mit einem hohen "Anständigkeitsbedürfnis" (XII, 443) verbunden ist, das die Essays immer

---

[135] Sie ist wohl auf seine Besichtigung des Arsenals der Galeerensklaven in Toulon zurückzuführen. Vgl. Rüdiger Safranski: *Schopenhauer und Die wilden Jahre der Philosophie – Eine Biographie*, München 1987, S. 79f.

wieder mit dem Begriffsfeld: Lebensernst, Pflicht, Würde, Verantwortlichkeit, Schuldfähigkeit umschreiben. Wo diese "persönliche Ethik" (XII, 444) nicht erkennbar ist, wird der Pessimismus als "sympathielos" oder gar verächtlich kritisiert, wie unter anderem die Auseinandersetzung mit Spengler zeigt. Als Essayist konnte sich Thomas Mann zeitweise in der schwierigen Position des 'ethischen Pessimismus' installieren, in den Romanen und Erzählungen wird aber gleichzeitig deutlich, daß sich mit dieser Haltung kaum leben und noch weniger sterben läßt. Dann wird doch immer wieder, von Hanno Buddenbrook bis Ines Rodde, der Versuch einer "Emanzipation vom Leiden" eindringlich und konträr zur Ethik Schopenhauers dargestellt. Wenn umgekehrt welt- und lebensverneinende Haltungen vorgeführt werden, die zumindest partiell mit Schopenhauer in Verbindung stehen, bricht der Autor das asketische Pathos regelmäßig durch 'entlarvende' Perspektiven oder Komik, so bei dem im Gegensatz zu Settembrini wohlversorgten, komfortabel eingerichteten Naphta, von jenem als "Wollüstiger" des Gedankens (III, 569) bezeichnet, so auch, ins Burleske gesteigert, bei der Darstellung des Yogi Kamadamana in den *Vertauschten Köpfen.* (Vgl. VIII, 782f.) Der ethische Pessimismus besaß zwar den höheren ästhetischen Reiz, ihm ließen sich aber weder eine 'lebensmögliche' Haltung noch Antworten auf die drängenden Fragen der politisch erschütterten Zeit abgewinnen, zu denen der Schriftsteller als 'Repräsentant' Stellung beziehen mußte und wollte, gegenüber denen die bequeme Haltung 'wissender' pessimistischer Kontemplation jedoch nicht mehr angemessen erschien.

Schon zu Zeiten seiner größten Nähe zu Schopenhauer hing Thomas Mann dem philosophischen Pessimismus nicht so weit an, daß ihn das große 'Nein' und die Erlösunglehre der Willensverneinung hätten überzeugen können. Der Essay *Süßer Schlaf*, der doch vordergründig wie ein Bekenntnis zu Schopenhauer aussieht, mündet in eine Absage an die 'Verneinung', in welcher schon die späteren Syntheseformeln anklingen: "Der ist gewiß der Größte, welcher der Nacht die Treue und Sehnsucht wahrt und dennoch die gewaltigsten Werke des Tages tut." (XI, 339) Vor allem durch die vorausgegangene Lektüre von Nietzsches *Genealogie der Moral* mußten bereits dem jungen Schopenhauer-Leser Thomas Mann die Theorie des ästhetischen Zustands wie auch die Ethik resignativer oder gar asketischer Willensverneinung suspekt erscheinen.[136] Thomas Mann hat den polemischen Essay *Was*

---

[136] Thomas Mann schreibt im Schopenhauer-Essay: "Wenig beirrt mich dabei die Frage nach der *Wahrheit* von Schopenhauers Interpretation, besonders seiner von Kant übernommenen Auslegung des Schönen und des ästhetischen Zustands, der berühmten 'Interesselosigkeit', über die der im psychologischen Raffinement soviel fortgeschrittenere Nietzsche sich nicht zu Unrecht lustig machte." (IX, S. 571)

bedeuten asketische Ideale? stets zu den bedeutendsten philosophischen Abhandlungen gezählt. Hier erschien der Wille zum Nichtwollen als raffinierte Strategie eines 'Willen zur Macht', der auf geradem Weg nicht zum Ziel kommt. Thomas Mann übernimmt die Perspektive Nietzsches, wenn er den "Gegen-Willensakt" im Schopenhauer-Essay als "kosmischen Sklavenaufstand" der Erkenntnis bezeichnet. (IX, 547) Die außerordentliche Bedeutung der kritischen Nietzsche-Perspektive zeigt sich schon daran, daß bereits das Schopenhauer-Erlebnis in den *Buddenbrooks* ganz im Geist Nietzsches inszeniert wird: Thomas Buddenbrook ist reif für diese Philosophie, der Geschwächte, vom 'Leben' Niedergedrückte findet zugleich sein Narkotikum und Aufputschmittel. Daß sein Verständnis dann tatsächlich jene direkte Wendung zu Nietzsche nimmt – das wiederholte, geradezu ekstatische "Ich werde leben!", die Vision des 'starken' Lebens ist ja kein quietistisches Resümee, sondern eine Bemächtigungsphantasie – erhält in diesem Zusammenhang einen möglicherweise beabsichtigten Hintersinn.

Wenn somit die von Nietzsche im Sinn des "*pereat mundus, fiat philosophia, fiat philosophus, fiam!...*"[137] verdächtigte Willensverneinung als triumphierende Inkonsequenz erscheinen kann, so mochte später die *Selbstzurücknahme* in der Lebensfreundlichkeit eine überzeugendere Antwort auch auf den Leidensbefund der Willensentzweiung sein. Thomas Mann mußte diese neue Haltung von daher nicht gegen Schopenhauer verteidigen oder den philosophischen Tiefenblick zugunsten eines 'flachen' Optimismus aufgeben. Sie läßt sich auch mit Schopenhauer begründen: das Durchschauen des Individuationsprinzips, die Einsicht, daß der 'Wille' in allen Erscheinungen derselbe ist, kann gleichermaßen Basis der Lebensfreundlichkeit wie des Schopenhauerschen Mitleids sein. Während dieser Mitleidsbegriff jedoch den fundamentalen Leidenscharakter einer von Hunger, Geschlechtstrieb und Langeweile torturierten, nichtswürdigen und sinnlosen Welt voraussetzt, gesteht die Haltung der 'Freundlichkeit' dem Leben selber zumindest einen gewissen und jedenfalls entscheidenden Wert zu. Wenn nicht jenseits der bloßen Leidensgenossenschaft positive Übereinstimmungen, Zusammenklänge von Ich und Welt, Verbindlichkeiten zwischen den Menschen erfahrbar wären, die der feindselig zerrissenen von ewigem Ungenügen gequälten Willens-Welt Schopenhauers ganz fremd sind, könnte diese Haltung kaum überzeugen. Ohne eine Entschärfung der pessimistischen Willensmetaphysik bliebe die Rede von 'Lebensfreundlichkeit', 'Sympathie', gar 'guter Erdenkameradschaft' bloße Beschönigung.

---

[137] Friedrich Nietzsche: *Zur Genealogie der Moral*, Werke in drei Bänden, Bd. 2, S. 849.

5. Willensmetaphysik

a) Süße – Schopenhauer und Wagner

Nicht die Erkenntnistheorie, die Mitleidsmoral oder die Lehre der Willensverneinung, auch nicht die Ideen-Ästhetik, sondern die weltbeschreibende,
welterklärende Willensphilosophie ist für Thomas Mann das eigentlich
Faszinierende an der *Welt als Wille und Vorstellung*. Auf das Wesentliche reduziert sei Schopenhauers Theorie "eine Willensphilosophie von erotischem
Grundcharakter", urteilt er kurz und bündig in *Leiden und Größe Richard
Wagners*. (IX, 401)[138] Die Willensverneinung, schon im *Lebenslauf* von 1930
als "buddhistisch-asketische[s] Anhängsel" des Systems beiseite geschoben
(XI, 111), wird dagegen in so entschiedener wie einseitiger Bestimmung der
Schopenhauerschen Philosophie als "essentiell wenig entscheidend" und
"sekundär" bezeichnet. (IX, 401) Im Wagner-Essay bescheinigt Thomas
Mann all jenen "wagneroffiziellen Werken", die "allen Ernstes" die Auffassung vertreten, der "'Tristan' sei unbeeinflußt von Schopenhauerscher Philosophie", eine "befremdende psychologische Unempfindlichkeit". (IX, 399 u.
401) Daß die zutiefst 'willensbejahende' Liebesekstase von *Tristan und Isolde*
eigentlich "das genaue Gegenteil der Lehre von der Verneinung des Willens"
ist (IX, 401), versucht Thomas Mann nicht abzustreiten; er erklärt es zur
Nebensache. Nicht Schopenhauers moralische Konsequenz, sondern allein
die 'welterotische' Grundkonzeption habe Wagner übernommen. "Was von
Schopenhauer auf Wagner wirkte und worin dieser sich wiedererkannte",
heißt es dann auch im Schopenhauer-Essay, "war die Welterklärung aus
dem 'Willen', dem Triebe, die erotische Konzeption der Welt, [...] von der
die Tristan-Musik und ihre Sehnsuchtskosmogonie bestimmt sind. Man hat
bestritten, daß der 'Tristan' von schopenhauerischer Philosophie beeinflußt
sei, – mit Recht, soweit die 'Verneinung des Willens' in Frage kommt: denn
es handelt sich ja um ein Liebesgedicht, und in der Liebe, im Geschlecht
bejaht sich der Wille am stärksten. Aber eben *als* Liebesmysterium ist das
Werk bis ins Letzte schopenhauerisch gefärbt". (IX, 562) Es folgt jener Satz,
der auch für Thomas Manns Rezeption der Willensphilosophie entscheidend
ist: "Es wird darin gleichsam die erotische Süßigkeit, die Essenz aus der
Philosophie Schopenhauers gesogen, die Weisheit aber liegengelassen."
(Ebd.)

---

[138] Zu Thomas Manns Wagner-Verhältnis siehe Erwin Koppen: *Vom Décadent zum Proto-
Hitler. Wagner-Bilder Thomas Manns*, in: *Thomas Mann und die Tradition*, hrsg. v. Peter Pütz,
Frankfurt a. M. 1971, S. 201-224. Zur Integration Wagners in den Werken Thomas Manns
vgl. Eckhard Heftrich: *Geträumte Taten*.

Diese Charakterisierung, die benennen soll, was Thomas Mann als das innerste Zentrum der Philosophie Schopenhauers empfindet, überrascht – sie ist alles andere als selbstverständlich. Denn 'erotische Süßigkeit' scheint eine gänzlich ungeeignete Bezeichnung für den "grimmen Willensdrang"[139] Schopenhauers; das aggressive, in sich zerrissene Wesen des Willens gibt sich in einer von "Mangel, Elend, Jammer, Qual und Tod"[140] gezeichneten Welt zu erkennen, und entsprechend wird von Schopenhauer erst recht der 'Brennpunkt des Willens', die Sexualität, als peinigender, torturierender, seinem Opfer stets zuviel versprechender Trieb beschrieben – von einer 'erotischen Süßigkeit' des Willensgeschehens ist in der *Welt als Wille und Vorstellung* nicht die Rede. Thomas Mann aber erhebt diese völlig un-schopenhauerische Formel in den Rang einer Definition; auch im Wagner-Essay heißt es: Wagners "mythische Gleichsetzung des süßleidig-weltschöp-ferischen Prinzips [...] mit dem sexuellen Begehren ist dermaßen schopen-hauerisch, daß die Ableugnung der Adepten zum wunderlichen Eigensinn wird". (IX, 402) Vor allem aber: überall, wo es im Werk Thomas Manns um diese "Gleichsetzung" geht, d.h. wo erotische Passionen und 'dionysische', 'einheitsmystische' Entgrenzungserlebnisse dargestellt werden, taucht unvermeidlich die leitmotivische Formel der "Süßigkeit" auf. Die "bodenlosen Vorteile der Schande" verursachen Hans Castorp "ein Gefühl von wüster Süßigkeit" (III, 116); als er davon träumt, Clawdia Chauchat in die Hand zu küssen, durchdringt "ihn wieder von Kopf bis Fuß jenes Gefühl von wüster Süßigkeit" (III, 131). Seine Reflexionen über die "Steigerung und Betonung" des Körperlichen durch die Krankheit verleihen den erotischen Vorstellungen von Clawdia "ihre zu weit gehende Süßigkeit", so daß sich "sein Herz im eigentlichen und körperlichen Sinn" jäh zusammenpreßt (auch hier also wieder das zum "Schnee"-Kapitel führende Herz-Motiv; III, 289). Wenn Castorp am Ende des Kapitels "Forschungen" Clawdia als "Bild des Lebens" imaginiert, erregen ihn vor allem ihre Arme: zart und "von unaussprechlicher Süßigkeit". (III, 399) Später heißt es dann, er habe "in ausschreitungsvoll süßer Stunde" Clawdia Chauchat "erkannt und besessen" (III, 486). Wie Castorp erträumt sich Aschenbach Vorteile der Schande: "Das Bild der heimgesuchten und verwahrlosten Stadt, wüst seinem Geiste vorschwebend, entzündete in ihm Hoffnungen, unfaßbar, die Vernunft überschreitend, und von ungeheuerlicher Süßigkeit." (VIII, 515) In seinem Angstlust-Traum wird der dionysische Lärm "grauenhaft süß übertönt von tief gurrendem, ruchlos beharrlichem Flötenspiel, welches auf schamlos

---

[139] Arthur Schopenhauer: W I, 530.
[140] Arthur Schopenhauer: W I, 481.

zudringliche Art die Eingeweide bezauberte". (VIII, 516) Auch Tonio Krögers Meer-Euphorie kündigt sich auf diese Weise an: "[...] und sein Herz war unruhig wie in ängstlicher Erwartung von etwas Süßem." (VIII, 321) 'Süß' ist die Liebe Mut-em-enets zu Joseph: "Sie stieß die mystischen Silben, in denen Tod und Göttlichkeit anklangen und die für sie alle Süßigkeit des Verhängnisses bargen, mit einem Schluchzen hervor [...]." (V, 1046) Rosalie von Tümmler empfindet beim Anblick von Ken Keatons Armen ein "Überschwemmtwerden ihres Inneren von ungeheurer Süßigkeit". (VIII, 909) Die Drogensucht prägt Ines Roddes Verhalten durch "süßliche Verlogenheit". (VI, 513) Bereits über den philosophisch berauschten Thomas Buddenbrook heißt es: "Er weinte; preßte das Gesicht in die Kissen und weinte, durchbebt und wie im Rausche emporgehoben von einem Glück, dem keins in der Welt an schmerzlicher Süßigkeit zu vergleichen." (I, 658) Diese Schopenhauer-Lektüre findet statt an einem Hochsommertag, die Luft ist "warm und süß", "der Duft des Flieders vermischte sich leider mit dem Sirupgeruch, den ein warmer Luftzug von der nahen Zucker-brennerei herübertrug". (I, 653) Und schon in der frühen Skizze *Der Tod* (1897) liest man über den sehnsüchtig erwarteten 'allerletzten Augenblick' des Sterbens: "Sollte es nicht ein Augenblick des Entzückens und unsäg-licher Süßigkeit sein? Ein Augenblick höchster Wollust?" (VIII, 74) Welcher Herkunft sich die regelmäßige Assoziation des 'Süßen' verdankt, ist unzweifelhaft: jenem Werk, das mit seiner "sinnlich-übersinnlichen In-brunst, seiner wollüstigen Schlafsucht" wiederum an die Wonnen des 'süßen Schlafs' denken läßt, Wagners *Tristan und Isolde*. (X, 895) In den Wagner-Paraphrasen des achten Kapitels der Novelle *Tristan* ist dementsprechend vom 'süßen Geheimnis' die Rede (VIII, 245), von der 'süßen Nacht' und vom 'süßen Wörtlein Und' (VIII, 246); eine ganze Reihe der 'Süßigkeits'-Formeln, welche die ekstatische Liebesvereinigung von Tristan und Isolde im zweiten Akt begleiten, wird zitiert.

Durch die Köstlichkeit der 'Süße' wird der Sehnsuchtsgenuß der Erotik vom triebhaft Sexuellen geschieden. In seinem Brief an Heinrich Mann vom 5.12.1903 schreibt Thomas Mann: "Denn Sexualismus ist nicht Erotik. Erotik ist Poesie, ist das, was aus der Tiefe redet, ist das Ungenannte, was allem seinen Schauer, seinen süßen Reiz und sein Geheimnis gibt. Sexualis-mus ist das Nackte, das Unvergeistigte, das einfach beim Namen Genann-te."[141] In Abhebung vom 'Sexualismus' Heinrichs definiert sich Thomas

---

[141] Briefwechsel TM-HM, S. 36. – Auch in Thomas Manns Liebesbriefen an Katia Prings-heim aus dem Jahr 1904 taucht das Motiv der Süße auf: "Wo ich liebte, hatte ich bislang immer zugleich verachtet. Die Mischung aus Sehnsucht und Verachtung, die ironische Liebe war mein eigentlichstes Gefühlsgebiet gewesen. [...] Und nun? Ein Wesen, süß wie die Welt

Mann als Erotiker; keine Bestimmung könnte zutreffender sein Erzählen beschreiben: 'aus der Tiefe redende' Erotik ist hier überall zu finden, die direkte Darstellung von Sexualität dagegen kaum. Und das tief prägende Ur-Erlebnis dieses Erotikers, dem sich das Leitmotiv der 'Süßigkeit' verdankt, ist Wagners *Tristan*. In einem Brief an Ernst Fischer vom 25.5.1926 stellt Thomas Mann klar: "Wagner war mein stärkstes, bestimmendstes künstlerisches Erlebnis." Im Jahr darauf schreibt er in *Wie stehen wir heute zu Richard Wagner?*: "Unseren Werkinstinkt zu stacheln ist niemand besser geschaffen als er. [...] In [dieser] Beziehung schulde ich ihm Unaussprechliches und zweifle nicht, daß die Spuren meines frühen und fortlaufenden Wagner-Werk-Erlebnisses überall deutlich sind in dem, was ich herstelle." (X, 895) Durch Wagner und später Nietzsches Schrift *Die Geburt der Tragödie aus dem Geiste der Musik*, in der ja ebenfalls ein ineinanderwirkendes Wagner- und Schopenhauer-Erlebnis zum Ausdruck kommt, erhält Thomas Mann erste vage, aber für die spätere Lektüre richtungsweisende Eindrücke von der Philosophie Schopenhauers. Alles deutet darauf hin, daß der jugendliche Wagnerianer Thomas Mann die *Welt als Wille und Vorstellung* gewissermaßen nicht 'philosophisch', sondern wie eine philosophierendes Musikdrama aufgenommen hat, Wagners in Sehnsuchtsmotiven schwelgende "Welt-Erotik" (XII, 109) wird auf Schopenhauer übertragen. Das macht schon die Wortwahl in der Beschreibung des Schopenhauer-Erlebnisses deutlich: Thomas Mann spricht im *Lebensabriß* von einem "Gedankensystem, dessen symphonische Musikalität mich im tiefsten ansprach", er bezeichnet seine Lektüre als "metaphysische[n] Rausch", [...] der eher leidenschaftlich-mystischer als philosophischer Art war". (XI, 111) Und regelmäßig kommt Thomas Mann im Zusammenhang mit der vermeintlich 'welterotischen' Willensphilosophie auf den *Tristan* zu sprechen: "was es mir antat auf eine sinnlich-übersinnliche Weise, war das erotisch-einheits-mystische Element dieser Philosophie, das ja auch die nicht im geringsten asketische Tristanmusik bestimmt hatte." (XI, 111)

Der *Tristan* und die Willensmetaphysik der *Welt als Wille und Vorstellung* sind für Thomas Mann eine unauflösliche Verbindung eingegangen. Daß Wagners Musikdramatik dem 'Willen' eine ihm ursprünglich keineswegs zukommende 'Färbung' einträgt, daß erst sie die blinde, gewaltsame Triebhaftigkeit des Schopenhauerschen 'Willens' zum 'süßleidig'-sehnsüchtigen

---

— *und* gut, *und* ungemein [...]: etwas absolut und unglaublich Neues!" (Br I, 53) "Ach, Du erstaunliches, quälend süßes, quälend herbes Geschöpf! — Sehnen – Sehnsucht. Du weißt nicht, wie ich das Wort liebe! Es ist mein Lieblingswort, mein heiliges Wort, meine Zauberformel, mein Schlüssel zum Geheimnis der Welt..." (Br I, 57) Auch dies sind eindeutige Wagner-Töne.

Weltprinzip umdeutet – diese wichtige Unterscheidung geht dabei verloren.[142] Gefühlsseligkeit ist ganz und gar nicht Schopenhauers Sache, seine
Willensphilosophie die Konzeption eines unverblümten Anti-Erotikers. Erst
recht die *Metaphysik der Geschlechtsliebe*, so ernüchternd wie seine Unsterb-
lichkeitslehre, die gewissermaßen die Erhaltung der Materie verheißt, ist eine ausgesprochen anti-erotische bzw. 'sexualistische' Theorie der Liebe,
funktional auf das Gattungsinteresse bezogen, die 'Süßigkeit' des erotischen
Sehnens wird bestenfalls verspottet. "Ihm ist das Geschlecht eine teuflische
Störung", schreibt Thomas Mann zutreffender an einer späteren Stelle des
Essays über den "Trieb-Philosoph[en]" Schopenhauer (IX, 573 u. 575). Für
die erotische Ambivalenz mit ihren nuancenreichen Gefühlsmischungen von
Lust und Leid, wie sie von der musikalischen Psychologie Wagners vorgeführt, in der philosophischen Psychologie Nietzsches analysiert werden, hat
Schopenhauer keinen Sinn, er beschreibt anklagend die Tortur der unerfüllten Begierde, höhnend die Triebabfuhr als desillusionierende, nur kurzfri-
stige Befreiung vom 'grimmigen Willensdrang' und schließlich beschwörend
die Erlösungsidee der Askese, die allen Qualen und der ganzen unseligen
Getriebenheit das Ende bereiten soll. Wagner münzt dagegen die 'Einheit'
des Schopenhauerschen Willens zur Erlösungsformel um. Wie der ihm
folgende Nietzsche verschiebt er die Leidensbegründung vom Willen auf die
'Trennungen' des Individuationsprinzips. Während Schopenhauer unmißverständlich feststellt, "die Welt ist gerade eine solche, weil der Wille,
dessen Erscheinung sie ist, ein solcher ist, weil er so will"[143], steht bei
Wagner der vom principium individuationis zerrissenen Welt ein 'wahrer
Seinsbereich' der seligen Willenseinheit gegenüber, "in ungemeßnen Räumen", "fern der Sonne, fern der Tage Trennungsklage!" (*Tristan und Isolde*,
II, 2) Der ewig unbefriedigte und ziellose Wille Schopenhauers erfährt die
Umwandlung und Umwertung zu einer erotischen Sehnsucht, deren Ziel
genau angegeben wird: weg von "des Tages Lügen", "des Tages eitlem
Wähnen", "hin zur heil'gen Nacht / wo ur-ewig / einzig wahr / Liebeswonne
[...] lacht". (Ebd.) Angesichts dieser willensbejahenden, 'welterotischen' Einheitssehnsucht wird der beschwerliche Erlösungsweg der Willensverneinung
natürlich überflüssig.

---

[142] In den beiden Bänden der *Welt als Wille und Vorstellung* wird das Wort 'Süße' bzw. 'süß',
soweit ich sehe, nur zweimal gebraucht. (Vgl. W I, 519 u. W II, 599.) Die Verwendungsweise unterscheidet sich von der Thomas Manns. Im Gegensatz zur Bedeutung und
Emphase, die das Wort in Wagners *Tristan* erhält, bleiben dies – auf 1500 Seiten – beiläufige Erwähnungen, auf dem Wort liegt bei Schopenhauer kein Nachdruck.
[143] Arthur Schopenhauer: W I, 453.

Thomas Manns Darstellung der Schopenhauer-Rezeption Wagners erweckt den Anschein, als hätte der Komponist das Willenskonzept
unverändert übernommen und lediglich "die Weisheit [...] liegengelassen".
Es ist aber ein von Wagner eigenwillig umgedeuteter 'Wille', der in *Tristan
und Isolde* zur befreienden Liebesekstase gesteigert wird. Die "erotische
Süßigkeit" wird nicht als "berauschende Essenz" aus der Philosophie Schopenhauers gesogen, Wagner gibt sie ihr hinzu. Thomas Manns Feststellung
über die Schopenhauer-Aneignung Wagners – "So gehen Künstler mit einer
Philosophie um, sie verstehen sie auf ihre Art, eine emotionelle Art" (IX,
562) – ist in viel umfassenderen Sinn gültig, als im Schopenhauer-Essay dargelegt, sie betrifft keineswegs bloß das "buddhistisch-asketische Anhängsel"
(XI, 111) der Willensverneinung. Die unterschiedlichen Erlösungsideen
Wagners und Schopenhauers sind in *beiden* Fällen kein "Anhängsel", sie
ergeben sich mit Konsequenz aus der spezifischen Färbung des jeweils
zugrundeliegenden Willensverständnisses.

Thomas Manns Rezeption der Philosophie Schopenhauers – jedenfalls
der zentralen Willensmetaphysik – wird in hohem Grad vom Erlebnis
Wagners gesteuert, die 'metaphysischen' Akzente der Liebesgeschichten
Thomas Manns werden eher mit *Tristan und Isolde* als mit der *Welt als Wille
und Vorstellung* gesetzt. Das Pathos, mit dem bei Wagner der 'tückische Tag'
abgetan und die 'süße Nacht' beschworen wird, erscheint im Werk Thomas
Manns allerdings gebrochen durch ironische Skepsis und die kritische Perspektive der Wagner-'Überwindung' Nietzsches.

*b) Leiden, Jammer, Lebenswut – Die Psychologie des 'Willens' bei Schopenhauer,
Georg Simmel und Thomas Mann*

Die Willensphilosophie Schopenhauers teilt sich für Thomas Mann in die
mit der Musik Wagners verbundene 'welterotische' Metaphysik und die
pessimistische Beschreibung und Erklärung des Weltelends aus dem
'blinden' Willensgeschehen, die allerdings unmißverständlich ist. Die Charakterisierung des 'Willens', die Thomas Mann in diesem Zusammenhang
gibt, hat denn auch einen anderen Geschmack als den 'erotischer Süßigkeit':
"Wille, als Gegenteil ruhenden Genügens, ist an sich selbst etwas funda-
mental Unseliges; er ist Unruhe, Streben nach etwas, Notdurft, Lechzen,
Gier, Verlangen, Leiden, und eine Welt des Willens kann nichts anderes als
eine Welt des Leidens sein." (IX, 540) Aber auch zu diesem umfangreich-
sten, kritisch und literarisch faszinierendsten Teil der Philosophie Schopenhauers steht Thomas Mann schließlich nicht mehr im Verhältnis unkriti-

scher Nachfolge: einerseits preist er ihn als großes, unvergleichliches Wahrheitserlebnis; aber gerade indem er den Erlebnischarakter, die *emotionale Grundierung* dieser Erkenntnis betont, relativiert er andererseits ihren Wahrheitswert im Sinne umfassender Gültigkeit. Er schreibt im Schopenhauer-Essay:

Überall, wo Schopenhauer auf das Leiden der Welt, den Jammer und die Lebenswut der multiplen Willensinkarnation zu reden kommt [...], erreicht seine von Natur außerordentliche Beredsamkeit, erreicht sein schriftstellerisches Genie die glänzendsten und eisigsten Gipfel seiner Vollendung. Er spricht davon mit einer schneidenden Vehemenz, mit einem Akzent der Erfahrung, des umfassenden Bescheidwissens, der entsetzt und durch seine gewaltige Wahrheit entzückt. Es ist auf gewissen Seiten ein wilder kaustischer Hohn auf das Leben, funkelnden Blickes und mit verkniffenen Lippen [...], ein erbarmungsvoll-erbarmungsloses Anprangern, Feststellen, Aufrechnen und Begründen des Weltelends, – bei weitem nicht so niederdrückend übrigens, wie man bei soviel Genauigkeit und finsterem Ausdruckstalent erwarten sollte, mit einer selten tiefen Genugtuung erfüllend vielmehr kraft des geistigen Protestes, der in einem unterdrückten Beben der Stimme vernehmbaren menschlichen Empörung, die sich darin ausdrückt. Diese Genugtuung empfindet jeder; denn spricht ein richtender Geist und großer Schriftsteller im allgemeinen vom Leiden der Welt, so spricht er auch von deinem und meinem, und bis zum Triumphgefühl fühlen wir uns alle gerächt durch das herrliche Wort. (IX, 541f.)

Unüberhörbar klingt in dieser Beschreibung der Enthusiasmus der doch schon fast vier Jahrzehnte zurückliegenden ersten Schopenhauer-Lektüre nach; aber wer von Schopenhauers "wildem kaustischen Hohn auf das Leben, funkelnden Blickes und mit verkniffenen Lippen" spricht, ist gewiß kein ergebener Schopenhauerianer. Der Text vibriert von Emotionen; auf der Seite des philosophischen Gegenstands, der Welt der Willensinkarnation: Leiden, Jammer und Lebenswut; die Haltung des Philosophen bestimmt von schneidender Vehemenz, Hohn, Protest, hin- und hergerissen zwischen Erbarmen und Erbarmungslosigkeit; das kampflustige Augenfunkeln, die energisch verkniffenen Lippen noch ergänzt durch die vor Empörung bebende Stimme; schließlich der Leser: aufgewühlt von Entsetzen und Entzücken, aber doch nicht niedergedrückt, sondern emporgehoben zu "Genugtuung" und endlich sogar "Triumphgefühl". Das hat etwas Rauschhaftes; das Wesen dieses Rausches ist offensichtlich – wiederum mit der Distanz Nietzsches gesehen: Rache am Leben. Der 'richtende' Geist verläßt seine ihm von Schopenhauer zugeschriebene Dienerrolle und schwingt sich auf zum Verdammungsurteil über die Willensnatur. Auffallend sind die Parallelen zur frühen Poetik von *Bilse und ich,* die ja ebenfalls die kalte Leidenschaft des 'Erledigens' kennt und von der "Waffe" des Ausdrucks und der

"*Rache* des Künstlers an seinem Erlebnis" spricht. (X, 20) Offenbar nicht zufällig kommen beim Thema Schopenhauer Denkmuster und Erlebnisweisen des Frühwerks zur Sprache, von denen sich Thomas Mann mittlerweile ein Stück weit entfernt hat, die seinerzeit jedoch mit der rauschhaften Schopenhauer-Lektüre verknüpft waren.

Es ist Schopenhauers "gewaltige Wahrheit", nicht *die* Wahrheit, die dem Leser des Essays hier vorgestellt wird. Bei aller Schopenhauer-Begeisterung drückt die ganze Passage auch einen Vorbehalt aus, den Thomas Mann gleich eingangs direkt formuliert hatte: "schon durch die Rechtfertigung alles Philosophierens allein dadurch, daß unser ureigenstes Selbst [...] eine wurzelhafte Verbindung mit dem Weltgrunde haben müsse, [...] tritt in den Begriff der Wahrheitserkenntnis ein subjektivistisches Element, ein Element des Intuitiven, des Gefühlsmäßigen, um nicht zu sagen: des Affekthaften und Leidenschaftsbetonten ein, das unter einem rein geistigen, intellektualen Gesichtspunkt den Vorwurf der 'Windbeutelei' wohl rechtfertigen würde." (IX, 529) Wenn Manfred Dierks schreibt, "Thomas Mann stellt die Wahrheitsfrage ausdrücklich hinter die ästhetische Gelungenheit des Systems zurück"[144], so ist das zweifellos richtig; falsch ist jedoch die Suggestion, sie habe keine Rolle gespielt. Dierks Behauptung, "Weltorientierung wird systematisch mit Schopenhauer gegeben"[145], verabschiedet die Wahrheitsfrage zugunsten des Glaubens. Gerade diese Frage spielt im Schopenhauer-Essay jedoch eine zentrale Rolle, sie führt zu einem differenzierenden Wortgebrauch, der, in Abhebung von einem wissenschaftlichen bzw. 'intellektualen' Wahrheitsbegriff, Schopenhauers Philosophie "als persönliche, durch die Kraft ihrer Erlebtheit, Erlittenheit überzeugende *Wahrheitsschöpfung*" bezeichnet. (IX, 530)

Diese Unterscheidung zwischen Wahrheit und Wahrhaftigkeit ist für das Verständnis der Schopenhauer-Integration Thomas Manns entscheidend, sie ist gleichbedeutend mit jenem Moment nüchterner Reserve, das dafür verantwortlich ist, daß Thomas Mann bei aller Wirkung des 'Dreigestirns' nicht dem schwärmerischen Wagnerismus, der Nietzsche-Pose oder dem sektiererhaften Pessimismus zufiel. Es gibt keinen Grund, an den Worten, mit denen er sein Verhältnis zu den großen Anregern charakterisiert hat, zu zweifeln: "Es gab Bewunderung, Faszination, Leidenschaft; es gab Interessantestes, an das man sich zeitweise verlieren mochte, um es zu erkennen und unendliche Anregung davonzutragen. Es gab etwa Wagner, Nietzsche, Schopenhauer, Tolstoi... Aber hier überall waren Vorbehalte,

---

[144] Manfred Dierks: *Studien zu Mythos und Psychologie bei Thomas Mann*, S. 211.

[145] Manfred Dierks: *Studien zu Mythos und Psychologie bei Thomas Mann*, S. 214.

reizvolle Zweifel, skeptische Einwände, passioniertes Mißtrauen..."[146]
Gerade das "passionierte Mißtrauen", das "Bewußtsein metaphysischer
Bindungslosigkeit"[147] macht aus heutiger Sicht Thomas Manns Modernität
aus, gegenüber der das Verkünderpathos der Expressionisten und des
George-Kreises – von Thomas Mann seinerzeit als das herausfordernd Neue
empfunden – antiquiert erscheint. Daß der Autor seinen Skeptizismus doch
wieder hintergangen haben soll, indem er in den 'Tiefenschichten' der
Romane gesicherte Metaphysik und systematische Schopenhauersche Weltanschauung für den 'idealen' Leser präsentierte, will nicht einleuchten.

Die Hochschätzung Schopenhauers wird durch die Vorbehalte nicht beeinträchtigt, denn es handelt sich ja um "eine *künstlerische* Weltkonzeption,
an welcher nicht bloß der Kopf, sondern der ganze Mensch mit Herz und
Sinn, mit Leib und Seele beteiligt ist [...]." (IX, 529) Auch in dem zitierten
Absatz über die "Lebenswut der [...] Willensinkarnation" tritt neben den
Gefühlsaufruhr die Hervorhebung des artistischen Aspekts, wenn Schopenhauers "schriftstellerisches Genie" und "finstere[s] Ausdruckstalent", seine
"außerordentliche Beredsamkeit" gerühmt werden, welche beim Sprechen
über das "Leiden der Welt" die "eisigsten Gipfel" der Vollendung erreichen.
Diese Metapher stellt eine Verbindung zur Künstler-Problematik des Frühwerks her, wo Geist und Kunst mit "Öde" und "Eis" assoziiert, die warmen,
herzlichen Empfindungen zugunsten der Erkenntnis 'auf Eis' gelegt worden
waren. (VIII, 336 u. 301) Auch in dieser Zuordnung ist ein Moment der
Abstandnahme erkennbar.

---

[146] Aus der *Ansprache an die Jugend* von 1932; X, 328. – "Ich bin weder gelehrt noch ein
'Lehrer', vielmehr ein Träumer und Zweifler", schrieb Thomas Mann in seinem Dankbrief
nach der Verleihung des Ehrendoktorats durch die Universität Bonn. Die polemische Abwendung von Spengler als "Defaitist der Humanität" (X, 174) beruhte weniger auf inhaltlichen Differenzen als auf dem Umstand, daß Spengler keine Zweifel kannte. Er wollte seine
Untergangsprophetie als gültige wissenschaftliche Wahrheit verstanden wissen. Deshalb ist
Spengler für Thomas Mann der sympathielose "eiserne Gelehrte" (X, 176), der ein
"froschkalt-'wissenschaftliches' Verfügen über die Entwicklung" (X, 174) vorgibt. Das
Gültigkeitsproblem, das sich stets zur Frage: Wer spricht? zuspitzt, taucht immer wieder
auf in der Beurteilung 'pessimistischer' Theorien. Selbst bei der Erörterung von Lessings
"Kritizismus", dem er sich als "einer ziemlich strengen und pessimistischen Wahrheit" zu
nähern sucht (IX, 233f.), stellt Thomas Mann die Frage, ob solche "Wahrheitsbekenntnisse"
gültig bleiben, wenn sie von anderen mit zweifelhafter Tendenz nachgesprochen werden:
"Aber wenn er recht hatte, so haben es darum die anderen nicht, die ihm nachsprachen. In
lessingischer Sphäre gewöhnt man sich an die Relativierung, die Vermenschlichung des
Wahrheitsbegriffes und an den Gedanken, daß die Kriterien des Wahren weniger in der
verfochtenen Wahrheit selbst liegen, als in dem, der sie verficht." (IX, 234).
[147] Herbert Lehnert/Eva Wessell: *Nihilismus der Menschenfreundlichkeit*, S. 53.

Noch auf ein weiteres Charakteristikum der Philosophie Schopenhauers wird in dem Absatz hingewiesen: ihre "Genauigkeit" im "Aufrechnen und Begründen" des Weltelends. Dieser Punkt soll im folgenden eingehender behandelt werden, weil sich in diesem Zusammenhang anschaulich zeigen läßt, wie ein Hauptaspekt des Schopenhauerschen Denkens im Werk Thomas Manns allmählich durch das 'lebensfreundliche' Weltverständnis ergänzt bzw. in den Hintergrund gedrängt wird. – "Aufrechnen", das heißt: zum einen präsentiert Schopenhauer mit geradezu kaufmännischem Geist dem Leben die Rechnung. Der Genuß kommt gegen den Schmerz, der Lohn kommt gegen die Mühe, das Glück kommt gegen das Unglück nicht auf. "Wer die Behauptung, daß in der Welt der Genuß den Schmerz überwiegt oder wenigstens sie einander die Waage halten, in der Kürze prüfen will, vergleiche die Empfindung des Tieres, welches ein anderes frißt, mit der dieses andern."[148] Das ist eine Konkursbilanz; eigentlich dürfte es etwas, bei dem die Verluste derart den Gewinn überwiegen, gar nicht geben. – Zum anderen bemüht sich Schopenhauer um eine zwingende logische Begründung des Mißverhältnisses:

Alle Befriedigung, oder was man gemeinhin Glück nennt, ist eigentlich und wesentlich immer nur *negativ* und durchaus nie positiv. Es ist nicht eine ursprüngliche [...] Beglückung, sondern muß immer die Befriedigung eines Wunsches sein. Denn Wunsch, d.h. Mangel ist die vorhergehende Bedingung jedes Genusses. Mit der Befriedigung hört aber der Wunsch und folglich der Genuß auf. Daher kann die Befriedigung oder Beglückung nie mehr sein als die Befreiung von einem Schmerz.[149]

Nach dieser scheinbar nur logisch entwickelten Gedankenreihe – deren begriffliche Gleichsetzungen allerdings fragwürdig sind – erscheint ein Glück, das mehr wäre als das Ende des Leidens an einer Entbehrung und das nicht schon im Moment der Erfüllung wieder an sich selbst zunichte würde, unmöglich. Da der Zustand der Entbehrung grundsätzlich ohne Glück ist, Glück als Befriedigung aber das Gefälle der Entbehrung zur Voraussetzung hat, reduziert es sich auf den flüchtigen Moment, in dem eine Begierde erlischt. Das erinnert an die 'Reizabfuhr' nach dem 'Nirwanaprinzip' Freuds; Schopenhauer blickt jedoch weiter, er sieht, daß der hergestellte Zustand der Reizlosigkeit alles andere als eine Annehmlichkeit ist, daß er gleichbedeutend ist mit der Tortur der Langeweile, der Entbehrung der Entbehrungen. Diese einfache gedankliche Konstruktion bildet die entscheidende Grund-

---

[148] Arthur Schopenhauer: P II, 344.
[149] Arthur Schopenhauer: W I, 438.

lage für den Pessimismus; denn mit ihr wird bewiesen, daß selbst in einer Welt, in der alles 'unnötige' Leiden vermieden und die aufs beste zum Glück der Menschen eingerichtet wäre, die Bilanz immer noch negativ ausfiele, weil auf der Glücksskala nie andere Bewegungen als die zwischen Minuswerten und Null stattfinden. Noch einmal: Es handelt sich nicht um ein beiläufiges Rechenspiel, sondern um einen zentralen Punkt der pessimistischen Philosophie.

Georg Simmel hat den 'Unglücksbeweis' des Pessimismus mit der Genauigkeit, die er verdient, auf seine Stichhaltigkeit überprüft. Zunächst stellt er fest, daß seine Logik sich auf einer "psychologischen Tatsache" aufbaue: "Wüßten wir nicht aus Erfahrung, daß ein erfülltes Begehren von der spezifischen Empfindung, die wir Lust nennen, begleitet ist, so gäbe es diese Theorie nicht. So kann denn ihr Fundament an psychologischen Tatsachen geprüft werden."[150] Gegen Schopenhauer wendet Simmel nun ein, daß bei genauer psychologischer Betrachtung der Wille als Ausdruck einer Entbehrung in den "für die Lebensfärbung entscheidenden Fällen kein Aufblitzen ist, das im Moment vor die Frage: Gewährung oder Versagung gestellt wäre, sondern [er] pflegt eine Zeitlang zu beharren und sich durch eine Reihe von praktischen Aktionen hindurch zu realisieren, deren jede sich als ein weiterer Schritt dem Endziele dieses Wollens nähert".[151] Verlaufe dieser Realisierungsprozeß im wesentlichen erwartungsgemäß, so gehe ihm

keineswegs ein Schmerzgefühl parallel, obgleich wir, solange wir auf diesem Wege sind, das Ziel dauernd erst wollen, aber noch nicht haben. Trotzdem ist dieses Vorschreiten zu ihm eher lustvoll als leidvoll und wird letzteres erst im Augenblick einer Hemmung, eines Weiter-Abrückens des Zieles, eines Versagens der Kraft. Es ist einfach eine psychologische Unwahrheit, daß jedes Wollen Leiden wäre, weil seine Basis Entbehrung sei und die Entbehrung es bis zum Augenblick begleite, wo es im Ziele erlischt. [...]

Was verfängt die Überlegung, über die Schopenhauer nicht hinwegkommt, daß das Glück logisch erst gerechtfertigt ist, wenn das Willensziel erreicht ist? – da die psychologische Tatsächlichkeit, auf die es doch auch ihm in der Frage nach dem Glückswert des Lebens ankommt [...], anders entscheidet und – mit wie unabsehbaren Modifikationen, Abbiegungen, persönlichen Nüancen auch immer – das Leiden der Entbehrung, an dem der Willensprozeß einsetzt, keineswegs erst mit dem Gewinn des Begehrten aufhört, sondern uns das Glück des Erreichthabens, vorwegnehmend, aber nicht weniger wirklich, schon an den Stationen des Erreichens [...] fühlen läßt.[152]

---

[150] Georg Simmel: *Schopenhauer und Nietzsche*, S. 126.

[151] Georg Simmel: *Schopenhauer und Nietzsche*, S. 126.

[152] Georg Simmel: *Schopenhauer und Nietzsche*, S. 127f.

Simmel macht seine Kritik am Beispiel der Liebe anschaulich:

Es wäre unsinnig, ihren Verlauf der Schopenhauerschen Willensauffassung gemäß zu beschreiben: als ginge dieser auf den [...] Besitz der geliebten Person, der ein bestimmtes Glücksmaß gewährt, indem er von der Qual befreit, die das Begehren während der ganzen Dauer des Noch-Nicht-Besitzens akkompagniert. In Wirklichkeit zeigt die Erfahrung unwidersprechlich, daß in vielen Fällen die Liebe an und für sich, auch wo sie auf die Erreichung ihres eigentlichen Zieles verzichten [...] muß, schon als ein Glück empfunden wird: das Glück der unglücklichen Liebe ist eine oft bezeugte Tatsache. Und wo sie sich ihrer Erfüllung zu entwickeln darf, strömt schon auf die frühen Stadien dieser Entwicklung: auf die Bemühung um das geliebte Wesen, auf die leise und dann stärker empordämmernde Hoffnung, auf die merklicher werdenden Zeichen der Gewährung, auf die ersten Erweise derselben, die von dem vollen Besitze noch weit abstehen – auf diese ganze Skala ergießt sich eine immer reicher strömende Seligkeit, die in dem definitiven Gewinn vielleicht ihren Höhepunkt findet, zu diesem [...] keineswegs aber mit dem Sprunge von reiner Qual zu reinem Glück gelangt.[153]

Kein Zweifel: gegenüber der nuancierten Psychologie Simmels erscheint Schopenhauers "Beweis" als Vereinfachung. Im Vergleich wird die ungewöhnliche Reduzierung von Erfahrungsmöglichkeiten deutlich, die Voraussetzung von Schopenhauers 'Abrechnung' ist. Er kennt keine Zwischenstufen; das von Simmel beschriebene Glück der zuversichtlichen Erwartung, das mit dem Entbehren parallel gehen kann, ist für ihn bestenfalls "beseligende Phantasmagorie", die immer bitter bezahlt werden muß, "indem die Sache selbst dann um so weniger befriedigt".[154] Der Einbezug der Vorstellung oder Einbildungskraft, etwa in der Vorfreude, bedeutet ihm alles andere als einen Zuschuß an Glück, letztlich zählt nur das Alles oder Nichts der unmittelbaren Befriedigung eines Wunsches, die so, wie Schopenhauer sie definiert, zwangsläufig wieder zum Nichts, zur Desillusion führen muß. Simmel hebt das zeitlich Übergreifende, Prozeßhafte des Willensgeschehens hervor; nicht das Entweder-Oder von Noch-nicht-Haben und Haben mache dessen psychologische Wirklichkeit aus, es werde vielmehr als allmähliche Realisierung erlebt. Schopenhauer dagegen bleibt ganz auf den tatsächlichen Ertrag am Ziel fixiert, läßt nur gelten, was die Gegenwart auf die Hand zählt. Denn: "Unser Dasein hat keinen Grund und Boden, darauf es fußte, als die dahinschwindende Gegenwart." – "Was *gewesen* ist, das *ist* nicht mehr, ist ebensowenig wie das, was *nie* gewesen ist. [...] Daher hat vor der bedeutendsten Vergangenheit [und der schönsten Zu-

---

[153] Georg Simmel: *Schopenhauer und Nietzsche*, S.130.
[154] Arthur Schopenhauer: P II, 349.

kunftserwartung; der Verf.] die unbedeutendste Gegenwart die *Wirklichkeit* voraus; wodurch sie sich zu jener verhält wie etwas zu nichts."[155] Ein 'glückliches Bewußtsein', das schon Annäherungen an das Willensziel auskostet, das Erfüllung vorwegnimmt oder über den Moment unmittelbarer Befriedigung fortträgt, kann nicht zum Zug kommen, wo nur schmerzlich die Unwirklichkeit des Gewesenen oder Noch-nicht-Seienden empfunden wird. Die entgegengesetzten Auffassungen erklären sich letztlich wiederum aus unterschiedlichen Einstellungen zu Zeit und Vergänglichkeit. Die "merklicher werdenden Zeichen der Gewährung", von denen Simmel spricht, können demjenigen kein Genuß sein, der im illusionären Gesamtcharakter des Lebens nur die – flüchtige – Gegenwart als *Wirklichkeit*, als wenigstens "etwas" empfindet. Er kann den 'Willen' nur als ruhelos, quälend, ewig unbefriedigt erfahren. Diese Sichtweise ist zum Unglück, zum Pessimismus vorbestimmt.

Es ist offensichtlich, daß die Welt- bzw. 'Willens'-Erfahrung der späteren Werke Thomas Manns (am wenigsten im *Faustus*, deutlich im *Joseph* und im *Krull*) den Auffassungen Simmels sehr viel näher steht als denen Schopenhauers. Die Gestalten der Josephstetralogie leben zwar *in der Erwartung*, aber doch nicht in einem unerträglichen Leidenszustand wartender Entbehrung – von der zugleich 'süßen' und qualvollen Passion Mut-em-enets wird noch die Rede sein. Indem das mythische Bewußtsein von der Erwartung auf die Wieder-Erfüllung des vom Schema 'Vorgeschriebenen' gekennzeichnet ist, hat es, obwohl in gewisser Weise zeitlos, doch ein umfassendes bzw. integrierendes Verhältnis sowohl zur Vergangenheit wie zur Zukunft. Es kennt nicht die Rastlosigkeit und Unruhe, die in Schopenhauers Satz: "Unser Dasein hat keinen Grund und Boden [...] als die dahinschwindende Gegenwart" ausgedrückt ist; hier ist die Vergangenheit nicht "nichts", sie bleibt lebendig in den weiterwirkenden 'Gründungen'. Während sich für Schopenhauer die Wirklichkeit zeitlich verengt, auf den Augenblickspunkt zusammenzieht, dehnt sie sich für das mythische Bewußtsein aus auf ein Zeitkontinuum, in dem auch Vergangenes als noch 'gegenwärtig' und Zukünftiges als zugehörig empfunden wird. Das Verhältnis zur Zukunft ist vergleichsweise frei von leidvoller Spannung und Ungewißheit, man begegnet ihr wie etwas bereits Gesichertem, nicht *was* kommt, kann die Gemüter erregen, sondern nur *wie* und *wann*; dies gilt ja auch noch für den das Muster bewußt ausgestaltenden bzw. variierenden Joseph. Seine Zu-

---

[155] Arthur Schopenhauer: P II, 334f.

kunftssorge ist in diesem Sinn frei von Schopenhauerscher "*Sorge* und *Besorgnis*, nebst ihrer Qual".[156]

Diese mythische *Gelassenheit* bleibt den Figuren grundsätzlich auch dann, wenn sie in einem schon nicht mehr ungebrochenen Verhältnis zum naiv Mythischen stehen, wie der "weich-bewußte", dem 'Muster' stets durch Schauspielerei nachhelfende Jaakob (IV, 635), der kluge 'Karrierist' Joseph oder der 'Intellektuelle' Mai-Sachme, dessen charismatische Ruhe von Joseph am Ende gezielt gegen Anwandlungen von Ungeduld eingesetzt wird. Als sein Lebenstraum des 'Nachkommenlassens' vor der Erfüllung steht, hält die Geschichte noch einmal eine Probe für ihn bereit: sie kommt zum "Stillstand", und wieder gilt es ein Warten zu bestehen, das gerade durch die greifbare Nähe des Ziels schwer wird. Joseph sagt zu Mai-Sachme: "Und wenn's ein ganzes Jahr dauert, bis sie mit Benjamin kommen, das wäre mir nicht zuviel. Was ist denn ein Jahr vor dieser Geschichte! Dich hab' ich doch eigens hereingenommen, weil du die Ruhe selber bist und mir von deiner Ruhe leihen sollst, wenn ich zappelig werde." (V, 1618) Gerade das Glück, das die Erwartung schon *vor* der Erfüllung bietet, soll ausgekostet werden durch "sorgfältige Ausschmückung". (Ebd.) Hier kommt ein Zeitvertrauen zum Ausdruck, das der Schopenhauerschen Willensgetriebenheit und dem in ihr wirksamen, vernichtenden Vergänglichkeitsempfinden völlig entgegengesetzt ist. Am Ende der Wartezeit resümiert Joseph: "Diese Gottesgeschichte stand still eine Weile, und wir hatten zu warten. Aber Geschehen ist immerfort, auch wenn keine Geschichte zu sein scheint, und sachte wanderte der Sonnenschatten. Man muß sich nur gleichmütig der Zeit anvertrauen und sich fast nicht um sie kümmern [...], denn sie zeitigt es schon und bringt alles heran." (V, 1641)

Die schwerste Wartezeit und Geduldsprobe haben Jaakob und Rahel vor ihrer Hochzeit zu bestehen. Das Motiv der siebenjährigen Wartezeit ist märchenhaft, aber insbesondere an solchen Punkten der Handlung, die zur Entrückung des Geschehens ins Irreale, Märchenhafte beitragen könnten, sorgt der Erzähler vor allem durch die Genauigkeit in der Psychologie für den gegenläufigen Effekt 'realistischer' Konkretion. Gerade die besonders 'phantastisch' oder unglaubwürdig anmutenden Behauptungen der biblischen Vorlage ("sieben Jahre vergingen wie ein Tag") dienen so der Wirklichkeitssättigung, womit auch das Herausarbeiten der Leidenswirklichkeit von Situationen verbunden ist, die in der Märchenwelt unproblematisch sind. Deshalb erscheint die Annahme wenig durchdacht, Thomas Mann habe den lebensfreundlichen Grundton nur durchsetzen können, indem er

---

[156] Arthur Schopenhauer: P II, 349.

vor 'konfliktträchtigeren' zeitgenössischen Stoffen in die gegenwartsferne, leichter harmonisierbare Welt der Josephsgeschichten ausgewichen sei.[157]

Einerseits macht die Erzählung also die Leidenswirklichkeit einer siebenjährigen Entbehrung anschaulich, andererseits begründet sie durch zeitpsychologische Erwägungen, warum die "authentische" Überlieferung, die Jahre seien vergangen "wie ein Tag", trotzdem "vollkommen einleuchtend" sei. (IV, 268) Leiden bedeutet die Wartezeit vor allem für Rahel; weder kann sie die Wartezeit als Sühne für den Betrug an Esau begreifen, noch besitzt sie, wie Jaakob, eine untergründige 'leibliche' Gewißheit hohen Alters; im Gegenteil. Jaakob tröstet sie mit Worten, die Josephs späteren Bemerkungen gegenüber Mai-Sachme fast gleichlauten: Die Zeit vergehe "unaufhörlich bei allem, was ich tue und treibe, und Gott gestattet ihr nicht, auch nur einen Augenblick stille zu stehn, ob ich nun ruhe oder mich rühre. Du und ich, wir warten nicht ins Leere und Ungewisse, sondern wir kennen unsere Stunde, und unsere Stunde kennt uns, und sie kommt auf uns zu." (IV, 278) Auch hier sorgt gewissermaßen die Eigenaktivität der Zeit für die "Milde eines Wartens auf lange Sicht". (IV, 270) Man braucht sich nicht leidend um sie zu "kümmern", man kann sich ihr vielmehr "anvertrauen", denn "sie zeitigt es und bringt es heran" bzw. "unsere Stunde kennt uns, und sie kommt auf uns zu".[158] Das Leiden an der Zeit – nichts anderes ist ja die Entbehrung, schopenhauerisch: das ewige Ungenügen des Willens – wird kompensiert durch die 'freundliche' Wirkung der Zeit; deshalb gestaltet sich ein zunächst fast unabsehbar scheinendes Warten schließlich erträglicher als erwartet: "[...] es war keineswegs so, daß Jaakob nicht gewußt hätte, ob er sitzen, stehen oder liegen sollte, und auf der Steppe herumgelaufen wäre, den Kopf zwischen den Händen." (IV, 270f.) Das Leiden wird nicht beschönigt, wie die Darstellung Rahels zeigt; keinesfalls aber ist es wie bei Schopenhauer der "nächste und unmittelbare Zweck unseres Lebens".[159] Die Lebenssicht der Josephsromane klammert das Widrige, Widerständige, Quälende nicht aus, zeigt aber zugleich die Entsprechungen, den lebensmöglichen Ausgleich; sie setzt auf Lebensklugheit statt Leidenspathos.

---

[157] Mit dieser in der Forschungsliteratur öfter vertretenen Auffassung wird sich noch der letzte Abschnitt des "Mai-Sachme"-Kapitels im IV. Teil dieser Arbeit beschäftigen.

[158] Ganz ähnlich empfiehlt der reisende Ismaeliter dann: "Man müsse sich [...] ohne jede Ungeduld der Zeit überlassen, daß diese den Raum überwinde. Irgendwann einmal, und schließlich ehe man's gedacht, bringe sie es fertig." (IV, 603)

[159] Arthur Schopenhauer: P II, 343.

6. Mitleid

Auf den ersten Blick ganz in Entsprechung zur Darstellung einer von Leiden, Trug und vergeblichem Kampf bestimmten Welt hat Thomas Mann in einigen Äußerungen das Frühwerk der Schopenhauerschen Mitleidsethik angenähert, auch Tonio Kröger läßt er in diesem Sinn "ein Gewimmel von Schatten menschlicher Gestalten" sehen, "die mir winken, daß ich sie banne und erlöse". (VIII, 338) Zutreffend hat Burghard Dedner hierzu angemerkt, daß Thomas Mann "uns damit zumutet, in Figuren wie Hermann Hagenström und Direktor Wulicke [...] 'Geschöpfe des friedlos leidenden Willens' zu sehen", also die aggressiven "satirischen Züge des Frühwerks [...] vergessen zu machen" sucht.[160] Die Protagonisten sind dagegen gelegentlich eher mit "dem weichlichen Schmerz der Selbstbemitleidung" (XI, 99) gezeichnet, der freilich auch durch die Ethik Schopenhauers kein moralisches Format erhält. Das spätere Werk steht der Mitleidsmoral skeptischer gegenüber. Das erscheint folgerichtig: nur wenn das Leiden der "nächste und unmittelbare Zweck", die uneingeschränkt gültige Wahrheit allen Lebens ist, trifft das Mitleid den gemeinsamen Grund der Individuationswelt und kann ein überzeugendes Fundament der Moral sein. Wenn Thomas Mann nun gegen Schopenhauer, der die "Widerwärtigkeiten, Leiden, Plagen und Not" einer Welt als "Strafanstalt"[161] herausgestrichen hat, den verabsolutierten Leidbefund 'lebensfreundlich' relativiert, trifft das Mitleid nicht mehr unbedingt die 'Wahrheit' des anderen, sondern verfehlt sie insoweit, als das Leiden nur akzidentiell ist. Mitleid bedeutet zwar Einfühlung, aber eine völlig unspezifische; im Sinn Schopenhauers verstanden, negiert es das fremde Individuum, dem es sich doch zuzuwenden scheint, weil es sich nur auf das allen Gemeinsame, den Leidensgrund richtet. Dieses Wegkürzen aller persönlichen Umstände im "tat twam asi" ist oft als Herablassung oder gar Unverschämtheit des Mitleids empfunden worden. Unvermeidlich haftet ihm damit auch wieder ein Moment des 'egoistischen' Selbstmitleids an; Nietzsche – dem in der langen Tradition der Mitleidskritik für Thomas Mann natürlich die entscheidende Rolle zukommt – sieht in ihm nur das "Verlangen des Individuums nach Selbstgenuß"[162] am Werk.

---

[160] Burghard Dedner: *Mitleidsethik und Lachritual*, in: *Thomas Mann Jahrbuch* 1 (1988), S. 27-45, hier S. 34.

[161] Arthur Schopenhauer: P II, 354.

[162] Friedrich Nietzsche: *Menschliches, Allzumenschliches*, Abschnitt 107, Werke in drei Bänden, Bd. 1, S. 513.

In den Josephsromanen erweisen sich wiederholt die besonders mitleidsträchtigen Leidenssituationen als 'scheinhaft'. Das ist eine Umkehrung der Zuordnungen Schopenhauers, nach denen das Glück und die Schönheit der Erscheinungen unwahr und nur ihr Leiden real sei. Dem blendenden äußeren Anschein steht bei ihm die traurige Wahrheit des Seins, also die Innenperspektive gegenüber. Der Roman zeigt nun, daß die vermeintlich 'wahrere' Innensicht der Mitleids-Identifikation unter Umständen mit einer falsch eingestellten Optik arbeitet. Sie erweist sich als "Phantasiefehler", wenn die Wirklichkeit des Leidenden einmal nicht mit gefühlvoll mitleidender, sondern gewissermaßen 'nüchterner' Einfühlung betrachtet wird. Expliziert wird dies beispielhaft an der grausamen Behandlung Josephs durch die aufgebrachten Brüder. Über Josephs Leidenszeit im Brunnen heißt es:

Und doch ist es auch wieder unsere Sache, abzuwiegeln und, eben um des Lebens und der Wirklichkeit willen, dafür zu sorgen, daß sich die Einbildungskraft nicht übernehme und nicht ins Leer-Gefühlvolle sich verliere. Wirklichkeit ist nüchtern – in ihrer Eigenschaft eben als Wirklichkeit. Inbegriff des Tatsächlichen und Unleugbaren, womit wir uns abzufinden und zu verständigen haben, dringt sie auf Anpassung und richtet sich rasch ihren Mann nach Bedürfnis zu. Leicht sind wir hingerissen, eine Lage unerträglich zu nennen: es ist der Einspruch stürmisch empörter Menschlichkeit, wohlgemeint und auch wohltuend für den Leidenden. Doch macht er sich leicht auch wieder vor diesem, dessen Wirklichkeit das 'Unerträgliche' ist, lächerlich. Der Mitfühlend-Empörte steht zu dieser Wirklichkeit, da sie ja nicht die seine ist, in einem gefühlvoll-unpraktischen Verhältnis; er versetzt sich in die Lage des anderen, wie er da ist: ein Phantasiefehler, denn eben vermöge seiner Lage ist ja jener nicht mehr wie er. (IV, 576f.)[163]

Solche Psychologie geht auf Distanz zur "pessimistischen Verehrung des Leidens".[164] Wie schon bei der siebenjährigen Wartezeit Jaakobs wird hier

---

[163] Ähnlich verfährt der Erzähler später auch angesichts der Liebesleiden Mut-em-enets: "Bejammernswert? Der Menschenfreund sehe zu, daß er nicht durch schlecht angebrachtes Mitleid in ein komisches Licht gerate." (V, 1018)

[164] Eine Formulierung Serenus Zeitbloms. (VI, 382) Josephs Verständigung mit seiner 'Situation' erinnert an die im ersten Teil behandelte Passage über die Kriegsversehrten aus den *Betrachtungen*. In beiden Fällen geht es um die "Anpassungsfähigkeit auch an Umstände, die dieser Fähigkeit Hohn zu sprechen scheinen". (*Betrachtungen*; XII, 475) Dort besaßen die Ausführungen allerdings eine beschönigende, verharmlosende Tendenz. Ihre nüchterne, 'objektive' Betrachtungsart konnte im Umfeld der polemischen Erregung der *Betrachtungen* nicht überzeugen. Es ist freilich ein Unterschied, ob das Schicksal Kriegsverstümmelter – deren "Menschlichkeit" dazu höchst befremdend auf den Autor wirkte – beiläufig als gar nicht so schlimm bezeichnet wird oder ob angesichts des selbstgefälligen, mit Einfühlsamkeit geschilderten Joseph dem Leser einmal Zurückhaltung empfohlen wird.

die "Wahrheit" wirksam, "daß Natur und Seele sich stets zu helfen wissen". In der Wirklichkeit des Erlebens finden Situation und 'Seele' zusammen, ein unerträgliches Mißverhältnis besteht nur für die äußere Betrachtung, die fälschlich das eigene, geborgene Erleben mit dem des Leidenden identifiziert, der sich mit seiner Lage schon "verständigen mußte". Diese Idee der "Verständigung" ist ein psychologisches Komplement zur "mythischen Kunstoptik auf das Leben, unter der dieses als [...] theatralischer Vollzug von etwas festlich Vorgeschriebenem [...] erscheint". (IX, 497) Da die 'Charakterrolle' eines jeden auch in den Leidenspartien vorgegeben ist und die 'Spieler' sich mit ihrer 'Rolle' identifizieren, kann es – so die 'mitleidlose' Logik – keine wirklichen Unzumutbarkeiten des Schicksals und auch keine Schopenhauersche Lebensenttäuschung geben; alles gehört dazu, und letztlich gelingt es jedem, sich mit seiner Rolle ins Einverständnis zu setzen: auch die undankbarste Szene wird als stimmig und zugehörig erlebt.

In der Gruben-Szene führt der Erzähler akribisch eine ganze Reihe von mildernden Umständen an, die dazu beitragen sollen, "das Mitleid aufs Nüchtern-Wirkliche abzustimmen" (IV, 578) – hierin dem Vorbild Wagners geradezu entgegenarbeitend, reizt er solche Momente nicht mit Sentiment und Pathos aus (das geschieht bezeichnenderweise erst später bei den feierlichen Wiedersehensszenen des letzten Bandes):

Selbst wenn man hinzufügt, daß Joseph natürlich immer schwächer wurde, geschieht es nur einesteils, um das Mitleid auch wieder wachzuhalten und die Besorgnis nicht ausgehen zu lassen; denn anderenteils bedeutete diese zunehmende Schwäche und Abnahme ja auch wieder eine praktische Milderung seiner Leiden, so daß es ihm, von ihm selbst aus betrachtet, je länger die Lage währte, sozusagen immer besser ging, da er ihrer Elendigkeit schließlich kaum noch gewahr wurde. (IV, 578)

In der Art, wie Schopenhauer die Beschränktheit der Glücksmöglichkeiten nachweist, steckt Thomas Mann nun auch die Grenzen des Leidens ab. Damit wird die Tat der Brüder und die objektive "Elendigkeit" von Josephs Lage weder gerechtfertigt noch beschönigt; in Frage steht die Psychologie des Leidens. Solche Erwägungen, in denen die "mittlere" Wahrheit des "Menschenmöglichen" gegen die Übertreibungen des Pessimismus wie des Optimismus geltend gemacht wird, nimmt der Roman immer wieder auf. Joseph vertritt sie später gegenüber der exaltierten Mut-em-enet:

"Unter den Strafen aber, mit denen du mich bedrohst, wird Peteprê wählen müssen; er kann sie nicht alle über mich verhängen, sondern nur eine, was bereits eine Einschränkung bedeutet seiner Rache und meiner Leiden. Doch auch innerhalb dieser Einschränkung wird mein Leiden begrenzt sein durchs Menschenmögliche, und möge man diese Grenze eng nennen oder sehr weit, sie zu überschreiten vermag nicht das Leiden, denn es ist endlich. Lust und Leiden, beides malst du mir unermeßlich, aber du übertreibst, denn ziemlich bald stößt sich beides an den Grenzen des Menschenvermögens." (V, 1204f.)

Die Mitleidskorrektur durch den Erzähler des *Joseph* kann schließlich den Umstand erklären, warum Thomas Mann auch dem "mitfühlend-empörten" – und ja ebenfalls "wohltuenden" – Anprangern des Weltelends in der Philosophie Schopenhauers zwar höchste Wahrhaftigkeit zuerkennt, aber gleichzeitig, indem er das "Gefühlsmäßige", das "Element des Intuitiven" daran betont, den Anspruch auf objektiv-verbindliche Wahrheit zurückweist: Diese Art des "Bescheidwissens" steht zwangsläufig in einem subjektiven, "gefühlvoll-unpraktischen Verhältnis" zur Wirklichkeit. Schopenhauers Mitleidsmoral entspringt einer pathetischen Subjektivität, diese Moral ist für einen Roman unpassend, dem es um die 'lebensdienliche' Zügelung der selbstverliebten Subjektivität geht.

So verwundert es nicht, daß unter den Werten, die Joseph im Verlauf des Romans durch die Mentorenfiguren nahegebracht werden, dem Mitleid nur untergeordnete Bedeutung zukommt. Güte, mit Klugheit verbunden, Hilfsbereitschaft, die sich lieber in nüchterner Tätigkeit als in Gefühlsimpulsen ausdrückt, aufopferungsvolle Arbeit für das Wohl der anderen, zwar bescheiden, aber ohne das Pathos der Selbstlosigkeit, Rücksichtnahme und Verständnis, die nichts mit Schwäche oder Unentschiedenheit zu tun haben, schließlich Gerechtigkeit – das Begriffsfeld der Menschenfreundlichkeit, das dort 'figürlich' vorgeführt wird, betont in jedem Fall das Zusammenwirken von Gefühl *und* Rationalität; jenes wirkt oft als Antrieb, diese bestimmt jedoch durchgehend das Handeln. Mitleid mag solchen Haltungen zwar beigemischt sein – am deutlichsten bei dem Hausverwalter Mont-kaw –, ihren ethischen Wert macht es gerade nicht aus. Ein Übermaß an Liebe und Mitleid, das sich bloß in schwärmerischer Affektivität verausgabt, erscheint sogar in zweifelhaftem Licht: der nüchternen Menschenfreundlichkeit der Mentoren stellt der Roman den Überschwang des Guten gegenüber. In den unkontrollierten Zärtlichkeitswallungen des jungen Pharao, dem sich schon bei Josephs Erzählungen Mitleidsempfindungen für Esau in das Lachen mischen, wird das Ungenügende eines sentimentalen "tat twam asi" vorgeführt[165]:

---

[165] Daß die Mitleidsemphase sich hier nicht mit philosophischem Pessimismus, sondern mit einer schwärmerischen Liebesreligion verbindet, spielt für diese Überlegungen keine entscheidende Rolle.

"Aber wenn ich an das Mäuslein denke in seinem Loch, wo du ihm bereitet, was es braucht – da sitzt es mit seinen Perläuglein und putzt sich die Nase mit beiden Pfötchen –, so gehen die Augen mir über. Und gar nicht darf ich ans Küchlein denken, das schon in der Schale piept, aus der es hervorbricht, wenn Er es vollkommen gemacht hat, – da kommt es heraus aus dem Ei und piept soviel es kann, indem es herumläuft vor Ihm auf seinen Füßen in größter Eilfertigkeit. Besonders daran darf ich mich nicht erinnern, sonst muß ich mir das Gesicht trocknen mit feinem Batist, denn es ist überschwemmt von Liebestränen... Ich möchte die Königin küssen", rief er plötzlich und blieb stehen, das Antlitz nach oben gerichtet. "Man rufe sogleich Nofertiti, die den Palast mit Schönheit füllt, die Herrin der Länder, mein süßes Ehgemahl." (V, 1454)

Der Ausbruch rührseliger Weltliebe endet im weltvergessenen erotischen Verlangen, das keinen Aufschub duldet. Solche Nervosität steht in Kontrast zur Gelassenheit der Mentorenfiguren; sie läßt die Zukunft des Landes gefährdet erscheinen: Die eigentliche Herrscherin, Pharaos Mutter, "betrachtete ihn besorgt". (V, 1455)

Auch wenn die Erzählung bei der Präsentation ethischer Lebenshaltungen dem "nüchternen", pragmatischen Tun eindeutig den Vorzug gibt und die Überschwenglichkeit des Gefühls skeptisch beurteilt wird[166], so liegt es Thomas Mann doch fern, das Mitleid in der Nachfolge Nietzsches pauschal zu verdammen. Dort, wo es darum geht, den "Standpunkt des [...] unerleuchteten Egoismus" (IX, 552) allererst aufzubrechen, kann dem Mitleidsaffekt kathartische Wirkung zukommen. Josephs erste moralische Einsicht in seine "Zumutung" (IV, 523) wird geradezu nach der Anleitung Schopenhauers inszeniert. In der Verprügelungsszene folgt auf das Zerreißen des mit symbol- und geschichtenträchtigen Stickereien versehenen Ketonet-(Maja)-Schleiergewandes die reuevolle Selbsterkenntnis im Mitleid:

---

[166] Das gilt schließlich auch für die 'Politik' des letzten Bandes der Tetralogie. Dank Josephs Vorsorge kann das ägyptische Reich die Hungersnot nutzen, um politische Stabilität zu schaffen, d.h. die "Kleinkönige Asiens in wirtschaftliche Fesseln" schlagen. Die "Härte" und "zielbewußte Unerbittlichkeit" von Josephs "Belieferungs- und Pfandsystem" gibt dem Erzähler wiederum Anlaß zur Mitleidskorrektur: "Das Wehgeschrei derer, die solchermaßen mit goldener Kette an Pharao's Stuhl gebunden wurden, war oft schrill genug, daß es bis zu uns Heutigen gedrungen ist, aber alles in allem ist es nicht danach angetan, uns in Mitleid vergehen zu lassen. Gewiß, für Getreide mußten nicht nur Silber und Holz, es mußten auch junge Angehörige als Geiseln und Unterpfand nach Ägypten hinabgesandt werden – eine Härte zweifellos, und doch will uns darob nicht das Herz brechen, zumal da wir wissen, daß asiatische Fürstenkinder in eleganten Internaten zu Theben und Menfe vorzüglich aufgehoben waren und dort eine bessere Erziehung genossen, als ihnen zuhause je zuteil geworden wäre." (V, 1763f.) Als Unterton ist in solchen Passagen noch der alte Affekt gegen die 'Menschlichkeit' des Zivilisationsliteraten zu hören.

Diese Mienen waren recht nahe an seinem Gesicht gewesen, während die Tobenden ihm mit Nägeln und Zähnen das Bildkleid vom Leibe rissen, – schrecklich nahe, und die Qual des Hasses, die er darin hatte lesen können, hatte den Hauptanteil gehabt an dem Grauen, das er unter ihren Mißhandlungen empfunden. Selbstverständlich hatte er sich grenzenlos gefürchtet und vor Schmerzen geweint unter ihren Schlägen; Furcht und Schmerzen aber waren von Mitleid ganz durchtränkt gewesen mit der Hassesqual, die er in den übernahen, wechselnd vor ihm auftauchenden, schwitzenden Masken gelesen, und das Mitleid mit einer Pein, als deren Urheber wir uns bekennen müssen, kommt der Reue gleich. [...]

Mein Gott! die Brüder! Wohin hatte er sie gebracht? Denn er begriff, daß er sie soweit gebracht hatte: durch viele und große Fehler, die er in der Voraussetzung begangen, daß jedermann ihn mehr liebe als sich selbst [...]. (IV, 574)

Obwohl sich der Roman ansonsten in der Lebensfärbung, der Behandlung der 'Willens'-Problematik wie auch der resignativen Mitleidsmoral weiter als jedes andere Werk Thomas Manns von der pessimistischen Philosophie entfernt, wird an dieser Stelle mit unmißverständlicher Anlehnung an Schopenhauer gearbeitet. Schon vorher, bei der Ankunft im Tal von Dotan, wurde der in den Schleier gehüllte Joseph direkt als "das sich nähernde Blendwerk" apostrophiert, "ein Mann kommt und gleißt", sagt der ihn zuerst bemerkende Juda. Hieran anschließend wird eine Augenmotivik entwickelt, die sich konträr verhält zu Josephs "Öffnung" der Augen in der Brunnenszene. Die Augen der vom Haß überwältigten, also im 'Individuationsprinzip' befangenen Brüder, "schienen Blut verspritzen zu wollen" (IV, 555); sie starren auf Joseph "mit quellenden Augen". Nachdem sie sich vom "Blendwerk" zur Bluttat haben aufreizen lassen, sind sie tatsächlich wie geblendet: "Sie grübelten kauend und blinzelnd, an Händen und Armen das Nachgefühl von Josephs sanfter Haut." (IV, 567) Wenn Joseph mit seinen Klagen verstummt, heißt es, "daß sie ungestört blinzeln und den Vater fürchten konnten". (IV, 569)

Hätte Thomas Mann seine Werke tatsächlich mit jener systematischen Strenge philosophisch grundiert, die Børge Kristiansen und Manfred Dierks voraussetzen, müßte das Schwanken zwischen Übernahme und Kritik Schopenhauerscher Vorstellungen als merkwürdige Inkonsequenz erscheinen. Aber offensichtlich hat Thomas Mann ein solches Konsequenz-Problem überhaupt nicht gesehen; daraus ist zu schließen, daß man es in solchen Fällen eher mit nach Bedarf einmontierten Bezügen als mit Durchblicken auf den philosophischen 'Grund' zu tun hat. Der Autor hat wohl nicht damit gerechnet, daß man die Anreicherung seines Werkes mit fremdem Ideenmaterial im Sinne weltanschaulicher Fixierung verstehen könne, sondern darauf vertraut, daß solche Materialien durch den künstlerischen Verwandlungsprozeß schlackenlos – d.h. ohne störende, ihnen vom Ursprung her zukommende Implikationen – in seinem Werk aufgehen würden. Nur so ist auch zu begreifen, daß er bedenkenlos aus Theorieangeboten schöpfte, deren wissenschaftlicher Wert suspekt erscheinen mußte (Daqué, Freuds *Totem und Tabu*), deren philosophische Konsequenz, bei aller geistigen Nähe und Sympathie, seinen eigenen Intentionen nicht mehr entsprach (Schopenhauer) oder deren politische bzw. weltanschauliche Tendenz ihm sogar zuwider war, so daß er nicht zögerte, als Essayist gegen sie zu polemisieren (Spengler, der 'mißverstandene' Baeumler). Bei der Aneignung von Theorie-Quellen steht – wie im übrigen ja auch bei der Auswahl von Bildvorlagen für die Beschreibungen – die Frage nach deren eigenständigem Wert hinter der nach der Verwertbarkeit zurück. Die Integration geschieht immer unter der Voraussetzung, daß alles, was ins eigene Werk einbezogen wird, seinen Zwecken zu dienen hat, mit anderen Worten: daß es 'umfunktioniert' werden kann. Zugespitzt gesagt: nichts bleibt das, was es war, wenn es im Stoffwechsel des *Zauberberg* oder der Josephsromane arbeitet. Thomas Mann nutzt bedenkenlos die Fülle des fremden Materials, weil er die selbstbewußte Gewißheit besitzt, alles dem eigenen Ton und den eigenen künstlerischen Absichten unterwerfen zu können. Die stete Transformation von Fremdem in Eigenes – das eigentlich Beeindruckende an Thomas Manns Zitattechnik, ihre künstlerische Leistung – scheint über der Entdeckerfreude der Quellen- und Einflußforschung bisweilen in Vergessenheit zu geraten. Gerade die durch sie erst möglich gewordene Einsicht in das Ausmaß der Quellenbenutzung müßte, angesichts der Tatsache, daß das Werk *trotz* seines Montage-Charakters so durchgehend von der Eigenart des Autors geprägt ist, diese Forschungsrichtung dazu führen, nicht immer wieder bei dem Nachweis einer Quellenbenutzung stehenzubleiben, sondern mehr darauf zu achten, wie aus dem fremden Material eine Thomas Mann-Passage mit ihrem Eigensinn entsteht. Nur ein souveräner Autor kann eine vergleichsweise schmale Basis an Eigenerfindung derart belasten, ohne von Orginalitätsverlust gefährdet zu sein.

7. 'Versunkener Schatz' oder 'dürre Mumie der Erinnerung' – Die Passion der Mut-em-enet

Noch deutlichere Schopenhauerreminiszenzen machen sich scheinbar in der Geschichte Mut-em-enets geltend. Während Jaakobs Leiden durch den normalen Lebensvollzug gemildert werden, geht es hier um eine jede Normalität außerkraftsetzende Verfallenheit, die das 'lebensfreundliche'

Arrangement offenbar ausschließt und an die Vernichtungsgeschichten Friedemanns und Aschenbachs erinnert. In dem Roman innerhalb des Romans, der die 'Rastlosigkeit', den 'Wahn' und die Qualen eines unerfüllten Begehrens minuziös schildert, setze sich – so Børge Kristiansen – gegen die Tendenz der Gesamtkonzeption wiederum die "pessimistische Willensphilosophie durch", er sei "als Modell der Schopenhauerschen Weltanschauung Thomas Manns zu lesen".[167] Vor aller Literaturwissenschaft hat ja schon der Erzähler selbst auf den 'Rückfall' hingewiesen:

> Es ist die Idee der Heimsuchung, des Einbruchs trunken zerstörender und vernichtender Mächte in ein gefaßtes und mit allen seinen Hoffnungen auf Würde und ein bedingtes Glück der Fassung verschworenes Leben. Das Lied vom errungenen Frieden und des den treuen Kunstbau lachend hinwegfegenden Lebens, von Meisterschaft und Überwältigung, vom Kommen des fremden Gottes war im Anfang, wie es in der Mitte war. (V, 1082f.)

Indem hier – natürlich nicht zu Unrecht – das Einheitliche des Werkes hervorgehoben wird, werden zugleich die Unterschiede zum versöhnlicheren Lebensbegriff der Josephsromane verwischt, der bei genauerem Hinsehen auch die scheinbar nur das bekannte Muster wiederholende Heimsuchungsgeschichte Mut-em-enets in entscheidenden Zügen mitbestimmt. Tatsächlich ist es nicht primär das dionysische 'Leben', das hier fast zum Verhängnis wird, es sind – wie der Roman deutlich auch durch die kritischen Gedanken Josephs zeigt – die prekären Lebens*umstände* der Mut-em-enet. In den früheren Werken war es die der vitalen 'Gewöhnlichkeit' fernstehende, auf Leistung, strenge Kunstdisziplin oder Kontemplation (Friedemann) eingestellte Existenz, die 'heimgesucht' und zerstört wurde. Die Unausweichlichkeit des Geschehens beruhte hier noch, so Kristiansen, auf einer "Metaphysik, wo selbst in der leisesten Berührung mit dem Sinnlichen der Keim schmählichsten Unterganges vermutet wird".[168] In der Geschichte Mut-em-enets wird dagegen nicht die grundsätzliche Problematik des 'Geistes' in der Willenswelt beschrieben, sondern die Ausnahmesituation einer scheinhaften "Ehrenehe" (V, 875), in der die Frau durch Ansehen und Repräsentation entschädigt werden soll für das lebenslange Opfer ihrer Sexualität. Die Heirat mit dem Kastraten Potiphar ist zudem nicht ihr eigener Entschluß; um "freilich großer höfischer Vorteile willen" wird sie von den Eltern "schon in zartem Alter Peteprê, dem zum Titelämtling zubereiteten Sohn Hujis

[167] Børge Kristiansen: *Ägypten als symbolischer Raum der geistigen Problematik Thomas Manns. Überlegungen zur Dimension der Selbstkritik in "Joseph und seine Brüder"*, in: *Thomas Mann Jahrbuch* 6 (1993), S. 9-36, hier S. 22.

[168] Børge Kristiansen: *Ägypten als symbolischer Raum...*, S. 23.

und Tujis" in "lebenswidrige[r] Verfügung" zugesprochen. (V, 1005f.)
Damit im sinnenfrohen Ägypterland das alte Lied von der Heimsuchung
aufwendig durchgespielt werden kann, ist eine außergewöhnlich heikle
Konstellation erforderlich. 'Apollinischer' Triebverzicht ist hier nicht die
dem 'Geist' einzig gemäße, einer Schonfrist gleichkommende Lebensform, er
bedeutet einen fortwährenden Verstoß gegen das eigentlich unkomplizierte
Naturell Mut-em-enets. Der Geist-Leben-Dualismus, den ihre Physiognomie durch die leitmotivische Entgegensetzung von streng blickenden
Augen und verlangendem 'Schlängelmund' zum Ausdruck bringt, wird *nicht*
im Sinne eines metaphysischen Fatalismus behandelt, er wird der Figur
durch die eigentlich unnötige, in ihren Umständen – wie das grotesk-
komische *Huji und Tuji*-Kapitel zeigt – beinahe lächerliche, in den Konsequenzen freilich tragische Fehlhandlung der Stiefeltern aufgezwungen.
Selbst die 'Elterlein' sehen ihre Tat mit schlechtem Gewissen als linkischen
"Schnitzer" (V, 874), Joseph empfindet sie "bestürzt" als "Gottesdummheit".
(V, 879) Der Erzähler weist ausdrücklich darauf hin, daß vordem in Mut-
em-enets Leben "Harmonie" geherrscht habe, die "Veruneinigung" von
Mund und Auge sei ein Produkt der "Lebensjahre als Mondnonne". (V,
1006)[169] Eine Versöhnung von Geist und Leben erscheint damit nicht
prinzipiell ausgeschlossen, sondern, im Gegenteil, als das Angeratene.

Daß die "Heimsuchung" nicht in der Verletzung eines 'metaphysischen'
Sinnlichkeitsverbots begründet ist, sondern die spezifische Bedingtheit *dieser*
Ehe zum Antrieb hat, läßt den entscheidenden Unterschied zu den Unter-
gangsgeschichten des Frühwerks in einem tieferen Sinn begründet erscheinen: daß die Vernichtung der 'apollinischen' Existenz Mut-em-enets dann
eben doch nicht stattfindet. Die biblische Fassung der Geschichte sieht zwar
vor, daß die letzte Katastrophe durch Josephs Flucht ausbleibt, aber der versöhnliche Ausgang von *Joseph in Ägypten* geht über die Vorlage hinaus. Der
heftige Zorn des "Herrn", von dem dort berichtet wird, erfaßt in humoristischer Tönung auch den Potiphar des Josephsromans (er "stampfte sogar mit

---

[169] Kristiansens Einschätzung ist hier widersprüchlich. Einerseits sieht er die "Schopenhauersche Weltanschaung Thomas Manns" zementiert, andererseits aber auch den entscheidenden Unterschied zur früheren pessimistisch-fatalistischen Grundstruktur: Mut-em-
enets Geschichte hebe sich "von der Ausweglosigkeit und Hoffnungslosigkeit grundsätzlich
ab, die für die anderen Helden Thomas Manns so bezeichnend sind, weil in ihrem Fall das
Schicksal nicht ontologisch [...] begründet wird. [...] Wenn auch Mut-em-enet die unteren
Triebmächte aus ihrem Leben verdrängt und sich damit der Gefahr einer dämonischen
Wiederkehr des Verdrängten aussetzt, so tut sie es doch nicht wie die anderen Protagonisten
im Werk Thomas Manns, weil es die *conditio humana* schlechthin fordert, sondern weil ihr in
ihrer Ehe mit dem 'Titelobersten' schlicht und einfach nichts anderes übrigbleibt." Børge
Kristiansen: *Ägypten als symbolischer Raum...*, S. 23f.

dem Fuße auf"), aber bezeichnenderweise gilt er nicht Joseph, sondern den eigentlich Schuldigen Huji und Tuji, die sich dem "Gericht" entziehen wollen. (V, 1266) Am Ende des 'Romans im Roman' stehen die augenzwinkernden und gänzlich undramatischen Worte Potiphars:

"Nichts zu danken", sagte er, "meine Freundin. Es sollte mich freuen, wenn es mir gelungen wäre, dir Genüge zu tun in dieser Heimsuchung und mich dir lieb zu erweisen mit meiner Macht! Wir können nun in den Gästesaal eintreten, daß wir meinen Ehrentag feiern. Denn da du tagsüber klüglich das Haus hütetest, hast du dich geschont für den Abend." (V, 1271)

Ein größerer Gegensatz zu den Schlußwendungen der Heimsuchungsgeschichten Friedemanns und Aschenbachs ist kaum denkbar. Auf das fast endlos verzögerte und verlängerte Liebesdrama mit seinen Exaltationen, Dämonien und Katastrophenängsten folgt effektvoll ein kleiner, freundlichironischer Schlußakkord.

In grundsätzlichem Gegensatz zum Denken Schopenhauers befindet sich schließlich das 'Ergebnis' dieses Liebesromans. Während nach Schopenhauer der Liebeswahn schließlich in der zwangsläufigen Desillusion oder einfach nur durch zeitlichen Abstand zu nichts zergeht, ergibt sich für Mut-em-enet – mit den Worten Simmels – ein bleibendes "Glück der unglücklichen Liebe". – Die "immer reicher strömende Seligkeit", die Simmel dem "Willensprozeß" gegen Schopenhauer schon vor der Erfüllung zuspricht, bildet zunächst auch hier das Gegengewicht zu den Beschreibungen der "immerwährenden Not". (V, 1218) Der Erzähler fügt den Leidens- und den Freudenaspekt zusammen in der Formel vom "schmerzensschönen Bewußtsein blinder Leidenschaft". (V, 1206) Gerade in der Liebe ist für Schopenhauer das individuelle *Bewußtsein* schmählich und so gründlich wie bei keiner anderen Gelegenheit dem Willenstrug ausgeliefert, ist nichts als Handlanger des Gattungsinteresses. Mögen die Klagen und Seufzer der Liebenden auch metaphysisch verständlich und im Sinne dieses Interesses die 'wichtigste Angelegenheit' des Menschengeschlechts sein, in der naturalistischen Perspektive seines Philosophierens werden sie letztlich bloß verhöhnt: "Ein Held schämt sich aller Klagen, nur nicht der Liebesklagen; weil in diesen nicht er, sondern die Gattung winselt."[170] Der Hohn spart auch den Fall nicht aus, wo der Seufzer zur Dichtung wird: "Wäre Petrarcas Leidenschaft befriedigt worden; so wäre von dem an sein Gesang verstummt wie der des Vogels, sobald die Eier gelegt sind."[171] Die Willens-Seligkeit vor der

[170] Arthur Schopenhauer: W II, 707.
[171] Arthur Schopenhauer: W II, 713.

Befriedigung ist Schopenhauer bloß "wollüstiger Wahn"[172]; vorübergehendes Erleichterungsglück schafft nur das Ende der Qual, die "endliche Stillung des grimmigen Willensdranges".[173] Bei Thomas Mann und seinen Protagonisten herrscht eine grundverschiedene Liebesphilosophie – ein Unterschied, auf den man nicht nachdrücklich genug hinweisen kann: Die "Stillung" ist bei Thomas Mann sekundär, das Glück erotischen Sehnens alles, das zwangsläufige Leid "schmerzensschön". In der Erinnerung setzt sich dieses Glück schließlich bestimmend durch. Jahre später, Joseph amtiert schon als Minister, heißt es über Mut-em-enet:

Und doch ruhte auf dem Grunde ihrer Seele ein Schatz, auf den sie heimlich stolzer war als auf alle ihre geistlichen und weltlichen Ehren, und den sie [...] für nichts in der Welt hingegeben hätte. Ein tief versunkener Schatz, der aber immer still heraufleuchtete in den trüben Tag ihrer Entsagung und [...] ihrem geistlichen, ihrem weltlichen Stolz eine unentbehrliche Ergänzung von menschlichem, von Lebensstolz verlieh. Es war die Erinnerung – nicht einmal so sehr an ihn, der, wie sie hörte, nun Herr geworden war über Ägyptenland. [...] Vielmehr und fast unabhängig von ihm war es das Bewußtsein der Rechtfertigung, das Bewußtsein, daß sie geblüht und geglüht, daß sie geliebt und gelitten hatte. (V, 1493f.)

Damit stellt sich die Lebensphilosophie des Romans auch gegen die auf Leidensmeidung abzielende Lebensweisheit Schopenhauers; wieder wird damit auch die Berechtigung des Mitleids in Zweifel gezogen:

Dem Geliebten fluchte sie nicht wegen der Leiden, die er ihr zugefügt um seinetwillen; denn Liebesleiden sind aparte Leiden, die erduldet zu haben noch nie jemand bereut hat. "Du hast mein Leben reich gemacht – es blüht!" So hatte Eni gebetet mitten in der Qual, und da sieht man, was es Besonderes, sogar noch zum Dankgebet Stimmendes auf sich hat mit Liebesqualen. Immerhin, sie hatte gelebt und geliebt - und zwar unglücklich geliebt, aber gibt es das eigentlich, und sieht sich hier nicht jedes Mitleid als alberne Zutunlichkeit abgewiesen? (V, 1492)

In der eindringlichen Beschreibung dieser Erfahrung – der Erfüllung auch der unglücklichen Liebe in der Erinnerung, gleichbedeutend mit der "Rechtfertigung" und Steigerung eines ganzen Lebens – ist, wenn irgendwo, die 'Essenz' dieses Liebesromans zu finden; sie stellt die reservierte Desillusionsphilosophie Schopenhauers, die dem zum Heiligwerden nicht begabten Normalmenschen ja nur die leidgeschützte 'apollinische' Existenz ästhetischer Kontemplation als Konsequenz ihrer Erkenntnis empfehlen kann, geradezu auf den Kopf. Schopenhauers Vergänglichkeitsemphase zufolge

---

[172] Arthur Schopenhauer: W II, 691.
[173] Arthur Schopenhauer: W I, 496.

kann die Erinnerung nichts anderes als die kümmerlichen Aschenreste verglühter Illusionen bewahren: "Was *gewesen* ist, das *ist* nicht mehr, ist ebensowenig wie das, was *nie* gewesen ist."[174] – "Wie töricht zu bedauern und zu beklagen, daß man in vergangener Zeit die Gelegenheit zu diesem oder jenem Genuß hat unbenutzt gelassen! Was hätte man denn jetzt mehr daran? – die dürre Mumie einer Erinnerung."[175] Ein "bedeutend" nachwirkendes "Lebenserinnerungs-Erlebnis" (TB, 24.1.1934), die dankbare Erinnerung an längst vergangene, auch unerfüllte Leidenschaft ist hier ausgeschlossen. Daß mit diesen Zusammenhängen der Kern der 'Lebensphilosophie' Thomas Manns angesprochen ist, daß es sich dabei nicht um bloße Harmonisierungsstrategien handelt, die nur im Bereich märchenhafter Fiktion aufgehen, zeigt diese Formulierung aus den Tagebüchern. Thomas Mann hat Mut-em-enet die Deutung eigener, "zentraler" Lebenserfahrungen zugeschrieben. Für das Kapitel *Der versunkene Schatz* hat er sich an Aufzeichnungen aus den Jahren 1927/28 orientiert:

Gestern Abend wurde es spät durch die Lektüre des alten Tagebuchbandes 1927/28, geführt in der Zeit des Aufenthaltes von K. H.[176] in unserem Hause und meiner Besuche in Düsseldorf. Ich war tief aufgewühlt, gerührt und ergriffen von dem Erlebnis, das mir heute einer anderen, stärkeren Lebensepoche anzugehören scheint, und das ich mit Stolz und Dankbarkeit bewahre, weil es die unverhoffte Erfüllung einer Lebenssehnsucht war, das "Glück", wie es im Buche des Menschen [...] steht, und weil die Erinnerung daran bedeutet: "Auch ich". (24.1.1934)
  [...] vertiefte mich in Aufzeichnungen, die ich damals über meine Beziehungen zu P. E. [...] gemacht. [...] Dreißig Jahre und mehr sind darüber vergangen. Nun ja, ich habe gelebt und geliebt, ich habe auf meine Art "das Menschliche ausgebadet". [...] Ich hatte mich nach den Leidenschaftsnotizen jener Zeit im Stillen schon umgesehen in Hinsicht auf die Passion der Mut-em-enet [...].
Das K. H.-Erlebnis war reifer, überlegener, glücklicher. Aber das Überwältigtsein wie es aus bestimmten Lauten der Aufzeichnungen aus der P. E.-Zeit spricht, [...] – einen Rausch, wie er angedeutet ist in dem Gedicht-Fragment: "O horch, Musik! An meinem Ohr weht wonnevoll ein Schauer hin von Klang –" hat es doch nur einmal – wie es sich wohl gehört – in meinem Leben gegeben. (6.5.1934)

Ob glücklich oder unglücklich geliebt wurde, spielt auch für die biographische Erinnerung Thomas Manns eine geringere Rolle als die außerordentliche Intensität des Gefühls, die in jedem Fall die glückliche Gewißheit und den ein wenig verschämten "Lebensstolz" gibt, "gelebt und geliebt zu ha-

---

[174] Arthur Schopenhauer: P II, 334.

[175] Arthur Schopenhauer: P II, 341.

[176] K. H.: Klaus Heuser; den Siebzehnjährigen lernte Th. Mann 1927 kennen. P. E.: Paul Ehrenberg; schwärmerische Jugendliebe Th. Manns.

ben" – eine Formulierung, die im Roman ja wörtlich wiederkehrt. Auch in dieser Art der Lebensrechtfertigung, die wieder den Wunsch erkennen läßt, dem 'Leben' zu "genügen", seine "kanonischen" Ansprüche zu erfüllen, sich in das einzufügen, was "menschlich regelrecht" ist (TB, ebd.), kommt deutlich der Abstand zur früheren ästhetizistischen 'Wirklichkeitsfeindschaft' zum Ausdruck, die jede Berührung mit dem Gewöhnlichen, Normalen nur als Beschmutzung der 'Lebensreinheit' empfinden konnte und deren ironischer Erotik bei allem Sehnsuchtsschmerz daran gelegen war, gerade den Abstand zum "Kanonischen" auszukosten. Das Antithesenschema[177], nach dem die Homoerotik immer in die Begriffsreihe Todesromantik – Ästhetizismus – Ungebundenheit – Pessimismus eingegliedert und von den Gegenbegriffen Lebensbürgerlichkeit – Sittlichkeit – Ehe abgesetzt wird, funktioniert hier nicht mehr. Die homoerotischen Liebeserfahrungen werden im Tagebuch, mehr noch als die Ehe, im Zeichen lebensverbundener Normalität gesehen: "So ist es wohl menschlich regelrecht, und kraft dieser Normalität kann ich mein Leben stärker ins Kanonische eingeordnet empfinden, als durch Ehe und Kinder." (TB, ebd.)

Diese dankbaren, bis in die letzten Lebensjahre regelmäßig durchgeführten und niemals desillusionierten Rekapitulationen vergangener Leidenschaften, schließlich auch die ausgiebige Verwertung der 'Schätze' in den Werken bestätigen nachhaltig jene Sentenz, die bereits im *Tonio Kröger* steht und ebenfalls ein Glück definiert, das mit der Schopenhauerschen Auffassung des Willensprozesses nicht zu vereinbaren ist, stattdessen wiederum an die Darstellung Simmels denken läßt: "Denn das Glück [...] ist nicht, geliebt zu werden [...]. Das Glück ist, zu lieben und vielleicht kleine, trügerische Annäherungen an den geliebten Gegenstand zu erhaschen. Und er schrieb diesen Gedanken innerlich auf, dachte ihn völlig aus und empfand ihn bis auf den Grund."[178] (VIII, 288)

---

[177] Vgl. Hermann Kurzke: *Thomas Mann. Epoche – Werk – Wirkung*, S. 178 u. 187.

[178] Im *Tod in Venedig* wird dieser Gedanke mit Platon befestigt: "Und dann sprach er das Feinste aus, der verschlagene Hofmacher: dies, daß der Liebende göttlicher sei als der Geliebte, weil in jenem der Gott sei, nicht aber im andern, – diesen zärtlichsten, spöttischsten Gedanken vielleicht, der jemals gedacht ward und dem alle Schalkheit und heimlichste Wollust der Sehnsucht entspringt." (VIII, 492) In der Übersetzung von Schleiermacher heißt es in Platons *Symposion* 180b: "Denn göttlicher ist der Liebhaber als der Liebling, weil in ihm der Gott ist." – In den *Betrachtungen*, vor allem aber dann in *Die Erotik Michelangelos* wird die Liebes-Formel wieder aufgenommen: "Erwidernd? Michelangelo hat nie um der Erwiderung willen geliebt [...]. Für ihn ist, recht platonisch, der Gott im Liebenden, nicht im Geliebten, der nur das Mittel der Begeisterung ist [...]." (IX, 788)

8. Resümee: Schopenhauer und Nietzsche

Die Untersuchung hat ergeben, daß die in der Forschung behauptete Abhängigkeit der Werke Thomas Manns von der Philosophie Schopenhauers trügerisch ist, jedenfalls dann, wenn sie als ungebrochener Einfluß oder gar als systematischer Schopenhauerianismus verstanden wird. Letzterer erscheint schon durch die fundamentale Kritik Nietzsches ausgeschlossen, deren Kenntnis dem Schopenhauer-Erlebnis Thomas Manns vorangeht und bereits den frühen Enthusiasmus – wie auch die Wagnerbegeisterung – mit dem begleitenden kritischen Bewußtsein versieht, daß die Hingabe an diese philosophisch-ästhetischen Reize ihre bedenkliche, dekadent-exzessive Seite hat – eine intellektuelle Brechung, die in der Absetzung vom unkritischen Wagnerismus bzw. Schopenhauerianismus *zugleich* auch als zusätzliches Raffinement in der Aufnahme der Werke wirksam wird.

Zweifellos schlägt sich in den Romanen und Erzählungen bis zum *Zauberberg* immer wieder eine pessimistische Lebensstimmung nieder, die jedoch kaum als bloße Leseerfahrung erklärt werden kann. Schon vor der ersten Schopenhauerlektüre zeigen sich die *Buddenbrooks* und die ersten Novellen beherrscht davon, als hätte die *Welt als Wille und Vorstellung* auf dem Schreibtisch des Autors gelegen; die 'Strukturen', die anläßlich späterer Werke mit der pessimistischen Metaphysik in Verbindung gebracht werden, sind bereits in der ersten souveränen Erzählung des einundzwanzigjährigen Autors, *Der kleine Herr Friedemann*, so deutlich ausgebildet, daß es schwerfällt, dem später gelesenen Schopenhauer noch richtungsverändernden Einfluß zuzuschreiben. Wenn die bedeutenden Novellen in der Folge abweichen von der Friedemann-Erzählung und den *Buddenbrooks*, dann darin, daß der Autor schon bemüht ist um eine gewisse Abstandnahme von der "todsüchtige[n] Jugend", die im "metaphysische[n] Rausch" (XII, 72) der Schopenhauerlektüre offenbar ihren Zenit erreicht. Bereits *Tonio Kröger*, als 'Überwindungs'-Geschichte angelegt, versucht dem pessimistisch-fatalistischen Geist-Leben-Antagonismus die bürgerlich temperierte Künstlerexistenz und die Programmatik einer versöhnlichen "Liebe zum Leben" entgegenzusetzen. Die Suche nach neuer Orientierung ist indirekt auch der parallel entstandenen Novelle *Tristan* abzulesen. Ihre Perfektion erreicht diese Erzählung als abschließendes 'Satyrspiel' der ersten Werkphase – ein Brillierstück geradezu, in dem der Autor die bislang erarbeiten Mittel und Motive noch einmal effektsicher und, verglichen mit der zähen Erarbeitung des *Tonio Kröger*, scheinbar mühelos aufnimmt und auf die Spitze treibt. Die jugendlichen Passionen und der sentimentale Künstler-Bürger-Gegensatz werden in übermütiger, mitunter an Selbstparodie grenzender Erzählweise behandelt, der Kunst-Repräsentant Spinell wird nicht in pathetischer Identifikation, sondern ebenso komisch vorgeführt wie sein Widerpart Klöterjahn; hier herrscht die erzählerische Gerechtigkeit, die Thomas Mann zwar für sich in Anspruch genommen hat, von der in solchen Konfrontationen zuvor jedoch meist wenig zu spüren war. Trotz der "ergriffenen Evokation"[179] des zweiten Aktes von *Tristan und Isolde* mit den Paraphrasen der wagnerisierten Willensmetaphysik im künstlerisch weniger überzeugenden Mittelteil[180] läßt die Erzählung in erster Linie nicht philosophische Fixierungen, sondern "eine neue, selbstsichere Freiheit und Flexibilität der Erzählstimme erkennen"; sie ist mit Recht als ein 'Freischreiben' von der mit Leidensschwere und 'Erkenntnisekel' zelebrierten Kunst-Leben-Aporie der Hanno-Kapitel in den *Buddenbrooks* verstanden worden.[181]

Am wirkungsmächtigsten ist der Schopenhauer-Einfluß im Frühwerk. Dem entspricht, daß Thomas Mann später den 'rächend'-anklägerischen Pessimismus der *Welt als Wille und Vorstellung*, in der Nachfolge Nietzsches[182] und konträr zum Klischee des müden Quietismus, als 'typischen' Jugendentwurf charakterisiert hat, der monomanisch bis ans Lebensende verfestigt und ausgebaut wird. (*Schopenhauer*; IX, 559f.) Dies verleihe Schopenhauers Philosophie einerseits faszinierende Geschlossenheit, auf der anderen Seite habe diese Treue zum Jugendwerk etwas Unheimliches (IX, 560); sie verweigert das 'Lebensmögliche', schließt jede Entwicklung, jede ausgleichende Einsicht aus. Radikales Temperament, die pathetische Gebärde der Verneinung, 'Tortur des Willens' d.h. der Sexualität und, als Komplement hierzu, der typisch jugendliche "Sinn für den Tod" (ebd.) – das sind ja durchaus Qualitäten, schon durch die Intensität des Welterlebens, und so ist es nicht unbedingt abwertend zu verstehen, wenn Thomas Mann in dem Essay von 1938 schreibt: "Schopenhauer ist recht etwas für junge Leute." (IX, 559)

Pessimismus bedeutete aber auch für den frühen Thomas Mann nicht die Entscheidung für eine Weltorientierung unter anderen, der 'Pessimismus' markierte vielmehr einen geistigen und künstlerischen Freiheitsbereich jenseits der Festlegungen und Entschiedenheiten, jenseits des unironischen Tatendrangs, der bürgerlichen Lebenstüchtigkeit. Er ist mehr ein Gestus vor-

---

[179] Hans Rudolf Vaget: *Die Erzählungen*, TMHb, 559.

[180] Diese Ergriffenheit paßt nicht recht zu dem satirisch dargestellten Mißbrauch der Musik, Thomas Mann meinte später, er habe sich da "wohl wirklich etwas gehen lassen". DüD I, 173.

[181] Hans Rudolf Vaget: *Die Erzählungen*, TMHb, 557f.

[182] Friedrich Nietzsche: *Zur Genealogie der Moral*, Werke in drei Bänden, Bd. 2, S. 846.

nehmer Reserve als fixiertes weltanschauliches Programm, mehr Atmosphäre und Lebensgefühl als praktizierbare Lebenseinstellung. Herbert Lehnert hat dies, in Hinblick auf Thomas Manns scharfe Zurückweisung des Spenglerschen Pessimismus Anfang der zwanziger Jahre, bisher am deutlichsten formuliert: "Die Einsicht in den Irrtum seiner anfänglichen Spengler-Rezeption belehrte ihn darüber, daß der Pessimismus auch eine ideologische Festlegung sein konnte. Bisher hatte er ihn als Gegengewicht empfunden, das den kommerziellen Optimismus ausgleichen sollte, gegen den er, sozusagen, aufgewachsen war. [...] So erklärt sich das anfängliche Gefühl der Gemeinsamkeit mit Spengler als ironischem Künstler [...] und Thomas Manns Abwendung, als er dessen Prophetie als unironisch und metaphysisch ernst intendiert begriff."[183] Außerhalb des individualistischen Freiheitsbezirks, in verantwortlichen Lebenszusammenhängen, im politischen Bereich hat der Pessimismus keinen Ort – es sei denn als Korrektiv des utopischen Überschwangs, als 'Realitätssinn' gegenüber den "Schönrednern und Menschheitsschmeichlern". (*Schopenhauer*; IX, 571)

Daß es in Thomas Manns Werken zahlreiche Schopenhauer-Anspielungen, -Reminiszenzen und -Analogien gibt, steht außer Frage und wurde von der Thomas-Mann-Forschung mittlerweile ausgiebig abgehandelt; daß auf der anderen Seite wesentliche Züge der Philosophie Schopenhauers entweder kaum eine Rolle spielen oder 'umfunktioniert' werden, bedarf gegenwärtig eher der Hervorhebung. Der 'Lebensfreundlichkeit' entspricht auch offene oder verdeckte Schopenhauer-Kritik; die späteren Werke – und auch schon der *Zauberberg* – lassen sich als *Auseinandersetzung* mit der Philosophie Schopenhauers lesen, die Josephsromane als erzählerischer Gegenentwurf zum Pessimismus. Der Versuch, die *Welt als Wille und Vorstellung* als tragenden 'Grund' der Werke Thomas Manns auszuweisen, verzeichnet diese *Auseinandersetzung* mit Schopenhauer zur bloßen *Anwendung*. Über den Nachweisen werden dann oft die spezifischen Akzentsetzungen vernachlässigt, der souverän schaltende Eigensinn des Autors, der immer sein "sehr persönliches, mitunter prekäres Arrangement" mit der Überlieferung und den Lektüreanregungen sucht.[184] Grundsätzlich läßt sich eine Quellenbenutzung ja umso sicherer belegen, je ferner der verwendete Text dem eigenen Denken und der Lebensstimmung Thomas Manns steht bzw. je spezifischer oder gar abstruser sein theoretischer Gehalt ist. Die – periphere – Übernahme einiger paläozoologischer Ideen Daqués etwa, in denen als Wahrheit präsentiert wird, "woran im Ernst zu glauben eine entwickelte

---

[183] Herbert Lehnert/Eva Wessell: *Nihilismus der Menschenfreundlichkeit*, S. 56f.

[184] Terence James Reed: *Thomas Mann und die literarische Tradition*, TMHb, 119.

Menschheit längst aufgehört hatte"[185], läßt sich für den *Joseph* exakter nachweisen als die ungleich wichtigere Nachwirkung Schopenhauers – weder konnte Thomas Mann aus eigenen Mitteln zu solchen Vorstellungen gelangen, noch ist ein anderer Ursprung denkbar. Je mehr man jedoch über die Feststellung der bloßen Material- und Detailquellen zu den wesentlichen thematischen Variationen der Werke und zu den Grundzügen der Lebensanschauung Thomas Manns vorstößt, desto schwieriger wird es, das Eigene vom Angelesenen zu unterscheiden, desto schwieriger dann auch die Aufgabe für den Interpreten, das nur Bestätigende vom wirklich Einflußnehmenden abzugrenzen. Von der Armseligkeit der Zeitvertreibe, der Dummheit der Menge, von menschlicher Gemeinheit, dem Trug der Hoffnung, der Bitterkeit der Enttäuschung, der Langeweile, der Entwertung aller Lebensanstrengungen durch den Tod usw. reden die Schriftsteller seit Jahrhunderten (oder Jahrtausenden), und dem belesenen Schopenhauer fiel es nicht schwer, in seine Darlegungen eine Fülle von Zitaten aus der Weltliteratur und der klassischen Philosophie einzuschalten. Wenn sich zahlreiche, auch bis ins Detail gehende Übereinstimmungen zwischen Textstellen Schopenhauers und solchen der Werke Thomas Manns feststellen lassen, liegt das vor allem in der Allgemeinheit solcher Aussagen, ihrer grundsätzlichen Zugänglichkeit durch jede halbwegs reflektierte Lebenserfahrung begründet; auch wenn Thomas Mann niemals Schopenhauer gelesen hätte, wäre es so wenig verwunderlich wie die Tatsache, daß sich die Tragödien Shakespeares wohl Seite für Seite mit 'passenden' Schopenhauersätzen parallelisieren ließen. Es gibt ja kaum etwas, über das Schopenhauer nicht geschrieben hat, von Erkenntnisproblemen und der Askese des Heiligen bis zur Lärmbelästigung durch Peitschenknallen und der Kläglichkeit des Kartenspielens als "Hauptbeschäftigung aller Gesellschaft". Und auch Thomas Mann ist ein enzyklopädischer Autor, bei dem sich Reflektionen über Raum und Zeit, Darstellungen entsagender Lebenshaltungen ebenso finden wie geräuschempfindliche Helden und Beschreibungen kartenspielender Müßiggänger: Zahlreiche Parallelen lassen sich in Kolonnen nebeneinanderstellen; aber keine Systematik kann die Frage klären, wo hier die vernünftige Grenze zu ziehen ist, sofern es sich nicht um offensichtliche, d.h. wörtliche Übernahmen handelt. Das versieht die zunächst beeindruckenden Gegenüberstellungen, die vor allem Werner Frizen geleistet hat (z.B. "Taedium vitae" und "Die Welt als Sanatorium" im *Zauberberg* und in den *Parerga*[186]) mit einem grundsätzlichen Fragezeichen.

---

[185] VI, 482. Daqué tritt im *Faustus* als Dr. Egon Unruhe auf.
[186] Werner Frizen: *Zaubertrank der Metaphysik*, S. 193-208.

Børge Kristiansen will den Schopenhauerianismus Thomas Manns in erster Linie nicht durch Einzelnachweise belegen; die Willensmetaphysik bildet seiner Auffassung nach vorab die alles steuernde Grundstruktur des *Zauberberg*. Das Wort Grundstruktur klingt danach, als wäre das, was damit bezeichnet werden soll, wichtiger als der ganze manifeste Text des Romans. Philosophische Anmaßung gegenüber der Literatur ist hier unübersehbar; leicht wird bei solchen großen Formeln auch vergessen, daß der Interpret als 'Struktur' keineswegs die freigelegten tragenden Wände des Romans präsentiert, sondern sein weiträumig über den Text gelegtes Deutungskonstrukt. Wenn der Autor in den Selbstkommentaren oder im Roman selbst keine eindeutigen Hinweise auf die Willensmetaphysik gibt, ist ihr Nachweis zweifelhaft: womit Schopenhauer die ganze Welt erklären konnte, damit läßt sich natürlich auch leicht jeder fiktive Weltausschnitt, jede fiktive Welt eines Romans erklären. Der interpretatorischen Unterlegung der Willensmetaphysik als 'Grund' steht im übrigen eine Tagebucheintragung Thomas Manns entgegen, aus der hervorgeht, daß der Autor seinen *Zauberberg* offenbar *nicht* als Werk aus dem Geist Schopenhauers empfunden hat. Angesichts einer bevorstehenden Schopenhauer-Renaissance, so schreibt er dort, werde der Roman 'unzeitgemäß' wirken: "Wir leben schnell. Eine Schopenhauer-Renaissance ist schon wieder in Aussicht [...]. Der 'Zauberberg' wird am Ende, wenn er fertig ist, schon abermals wieder nicht mehr zeitgemäß sein." (14.1.1919) Gerade in den Entstehungsjahren des vermeintlich bis ins Detail von seiner Philosophie bestimmten Romans hat sich Thomas Mann wenig mit Schopenhauer beschäftigt. Die Tagebücher 1918-21, in denen nicht nur das tägliche Lesepensum, sondern auch ein Großteil der Arbeitsquellen verzeichnet wird, berichten im Lauf von drei Jahren ein einziges Mal von Schopenhauer-Lektüre. Am Neujahrstag 1920 liest Thomas Mann "nach dem Abendessen in der 'Welt als Wille u. Vorstellung'". [187]

---

[187] Auch die Tagebücher zeigen Thomas Mann keineswegs als linientreuen Schopenhauerianer. Schopenhauer wird vergleichsweise selten und beiläufig erwähnt; das widerständige, erlittene Leben, von der Alltagsmisere bis zum Schicksalsschlag, wird kaum einmal auf die Schopenhauersche Begrifflichkeit gebracht oder mit 'wissendem' Pessimismus gebändigt. Eine dieser seltenen Ausnahmen, offensichtlich eine eher spontane Assoziation, in ihrer Verknüpfung nicht ganz ohne Komik, findet sich im Tagebuch unter dem 13.11.1918: "Dem Kindchen wurde das Ohr verbunden, als ich zurückkam. Es warf sich und schrie, daß es mir das Herz zerriß. [...] Setzt man Kinder in die Welt, so schafft man auch noch Leiden außer sich, objektive Leiden, die man nicht selber fühlt, sondern nur fühlen sieht, und an denen man sich schuldig fühlt. Das kleine unschuldige, verständnislose Wesen, wie es mit seinem Kopfwickel dalag! – Die Schopenhauer-Gesellschaft hatte neulich eine Jubiläumsfeier der Welt als W. u. V. bei Steinicke, wobei Dr. Taub gesprochen hat und auch musiziert

Die auf philosophischen Problemgehalt ausgerichtete Thomas-Mann-Forschung befindet sich seit langem in einem Wettstreit um den Haupteinfluß. Während bis in die siebziger Jahre Nietzsche an erster Stelle rangierte, wurde später die zuvor eher allgemein vorausgesetzte als gründlich nachgewiesene Bedeutung Schopenhauers herausgestellt, allerdings nicht ohne das fragwürdige Bemühen, den Aphoristiker Nietzsche hinter den Systemgeber Schopenhauer auf den zweiten Platz zu verweisen. Bedeutet nun die hier vorgenommene Kritik am Interpretament des 'systematischen Schopenhauerianismus' zwangsläufig eine Rückkehr zu Nietzsche? – Abschließend soll keineswegs der vielfältige Einfluß Nietzsches in den Blick genommen, sondern lediglich dessen Gewicht für die spätere 'Wandlung' zur Lebensfreundlichkeit eingeschätzt werden. Was er Nietzsche verdanke, schreibt Thomas Mann in den *Betrachtungen*, sei, auf eine Formel gebracht, die "Idee des Lebens". (XII, 84) Nietzsche wird damit "als kritische Kontrolle und Korrektur Schopenhauers wirksam"[188], in dem Sinn freilich, wie auch umgekehrt der Nietzsche des 'Übermenschen' vom Skeptizismus Schopenhauers kontrolliert wird, wie überhaupt die Rezeption des Dreigestirns von einem Zirkel wechselseitiger Perspektivierung bestimmt ist, in dem sich Kritik und Steigerung vereinen. Die künstlerische Umsetzung läßt von Nietzsches heroischem Lebensbegriff jedenfalls nicht mehr viel übrig: "Der dithyrambisch-konservative Lebensbegriff des lyrischen Philosophen" wird im *Tonio Kröger* zur "*erotischen Ironie* [...], zu einer verliebten Bejahung alles dessen, was nicht Geist und Kunst, was unschuldig, gesund, anständig-unproblematisch und rein vom Geiste ist, und der Name des Lebens [...] fand sich hier, sentimentalisch genug, auf die Welt der Bürgerlichkeit, der als selig empfundenen Gewöhnlichkeit [...] übertragen". (XII, 91) Daß diese ironische Vorstellung vom liebenswürdigen 'Leben' bestenfalls als Anfangsetappe auf dem Weg zur Lebensfreundlichkeit gewertet werden kann, ist eingangs anhand der Menschendarstellung des *Tonio Kröger* deutlich geworden.

Hieraus ergibt sich allerdings die Auffassung, daß der Nietzsche-Einfluß in der Diskussion um Thomas Manns 'Wandlung' gelegentlich überschätzt wird. Dort, wo seine Romane und Erzählungen vor allem auf 'Denkmodelle' und 'Grundstrukturen' abgefragt werden, reduziert man auch den Wandlungsprozeß auf eine tektonische Verschiebung in den philosophischen 'Tiefenschichten'. Schopenhauers Metaphysik werde überlagert vom 'Lebens-

---

worden ist. Es wäre meine Sache gewesen u. hätte mir angestanden, hinzugehen, u. ich werfe mir vor, es nicht gethan zu haben."

[188] Helmut Jendreiek: *Der demokratische Roman*, S. 74.

befehl' der Metaphysik-Kritik des späteren Nietzsche. Manfred Dierks ist der Auffassung, der Autor übernehme die "ethische Wertung" Zarathustras: "Ich beschwöre euch, meine Brüder, bleibt der Erde treu! Nicht mehr den Kopf in den Sand der himmlischen Dinge stecken [...]" – als hätte sich Thomas Mann von solchen Zarathustra-Imperativen je beeindrucken lassen.[189] Mit seiner behutsamen Annäherung an das 'Leben', bei der die Skepsis der 'Sympathie' immer noch auf dem Fuß folgt, hat die Lebenspreisung Nietzsches wenig gemein; diese wird wiederholt als erschütterndes, so befremdliches wie interessantes Phänomen beurteilt. Das "Antimoralisch-trunken-Bejahende" (IX, 572) der Lebenshymnik Nietzsches läuft letztlich nur auf eine Spiegelverkehrung der Willensverneinung hinaus; bei der Suche des Autors nach einer lebensmöglichen Position, in der sich die Extreme vermitteln ließen, konnte sie kaum hilfreich sein. Hier ist Thomas Manns Meinung dezidiert; vor allem der *Zarathustra* wird mit deutlichen Worten abgelehnt: "Ich hatte nie ein Verhältnis zum Zarathustra." (TB, 1.7.1936) "Werde dies Buch, rein als Sprachwerk, niemals lieben. Die alte Abneigung bewährte sich wieder." (5.7.1936) "Dieser gesichts- und gestaltlose Unhold und Flügelmann Zarathustra mit der Rosenkrone des Lachens auf dem unkenntlichen Haupt, seinem 'Werdet hart!' und seinen Tänzerbeinen ist keine Schöpfung, er ist Rhetorik, erregter Wortwitz, gequälte Stimme und zweifelhafte Prophetie, ein Schemen von hilfloser Grandezza, oft rührend und allermeist peinlich – eine an der Grenze des Lächerlichen schwankende Unfigur." (*Nietzsches Philosophie im Lichte unserer Erfahrung*; IX, 682f.) Auch Nietzsches angestrengte Lebensbejahung – Thomas Mann belegt sie mit der treffenden Formel vom "bacchantischen" bzw. "dionysischen Pessimismus" (IX, 572 u. 706) – wird kritisch gesehen: "Das Leben über alles! Warum? Das hat er nie gesagt. Er hat nie einen Grund dafür angegeben, warum das Leben etwas höchst Anbetungswürdiges und Erhaltenswertes ist [...]. Er sieht aber eine massive und sinnlose Ausgeburt des Willens zur Macht darin, über deren Sinnlosigkeit und kolossale Unmoralität eben man sich zu entzücken habe. Sein Huldigungsruf ist nicht 'Hosianna!', sondern 'Evoe!', und der Ruf hat außerordentlich gebrochenen und gequälten Klang." (IX, 694f.) Angesichts dieser Einschätzungen erscheint es nicht überzeugend, sogleich auf tiefreichende philosophische Einwirkungen zu schließen, wenn Thomas Mann gelegentlich in politischen Zusammenhängen die "Bleibt der Erde treu!"-Wendung aus dem *Zarathustra* zitiert, um sich und seinen Zuhörern auf ei-

---

[189] Etwa Manfred Dierks: *Die Aktualität der positivistischen Methode*, in: *Stationen der Thomas-Mann-Forschung*, S. 190-209, hier S. 203 u. 205.

genwillige Weise den Materialismus der Sozialdemokraten bzw. Sozialisten schmackhafter zu machen.[190] (Vgl. XI, 898f. u. Br II, 579)

Daß die Entwicklung von der 'Lebensidee' zur 'Lebensfreundlichkeit' nicht auf Nietzsche zurückgeführt werden kann, daß dieser vielmehr – nicht ohne Mühe – nur als Gewährsmann dient, zeigt auch das Tagebuch. Thomas Mann notiert am 21.4.1919, daß seine Ideen eines neuen Humanismus die "Akklamation" Ernst Bertrams gefunden hätten. Dabei geht es um eine "geist-leibliche Menschlichkeit, die *irgendwie auch von Nietzsche* als das positiv Neue prophezeit" worden sei. (Hervorh. d. Verf.) Das Wort "irgendwie" steht für die beträchtliche und Thomas Mann bewußte Differenz, die zwischen dem anvisierten Humanismus und Nietzsches Lebenspreisung besteht. Mit Unbehagen reagierte er darauf, wenn letztere vor allem von der expressionistischen Generation schwärmerisch als 'Lehre' aufgenommen wurde; dem hielt er dann kritisch entgegen, daß "Nietzsches Lebens-

---

[190] Manfred Dierks führt in seiner Studie von 1972 ("Anhang II zum Schopenhauer- und Nietzsche-Einfluß") ebenfalls eine ganze Reihe von nietzschekritischen Äußerungen Thomas Manns an, die dessen Vorbehalte gegenüber dem dionysischen Lebensbegriff deutlich machen. (S. 211f.) Dierks bemüht sich hier vor allem mit Scharfsinn darum, die "charakteristischen Volten in Thomas Manns Interpretationsdialektik" (S. 211) nachzuvollziehen, die doch eigentlich gegen gradlinige theoretische Abhängigkeiten sprechen. Dies alles hindert ihn jedoch nicht, wie in den späteren Aufsätzen, die Ethik des 'Lebensdienstes' auf den Theorieeinfluß der Lebensphilosophie Nietzsches zurückzuführen. (S. 213) Problematisch erscheint dabei, daß Dierks auf jede Unterscheidung zwischen dem ironisierten Lebensidee des *Tonio Kröger* und der Lebensfreundlichkeit etwa der Josephsromane verzichtet, er zielt in theoretischer Reduktion auf *eine* philosophische Formel für das Gesamtwerk. Die Ethik Thomas Manns wird auf den Nenner Nietzsche gebracht, Nietzsche selber dann aber auf den Nenner Schopenhauer: "In unseren Untersuchungen stellen wir fest, daß sich Thomas Manns Auseinandersetzung mit Nietzsche und Schopenhauer weitgehend innerhalb des Schopenhauerschen Systems selbst vollzieht." (S. 214) Das ist übersichtlich, aber wohl kaum haltbar. – Auch der philosophische Schematismus, mit dem Helmut Jendreiek die Entwicklung Thomas Manns und die Intentionen seiner Werke auf Schopenhauer-Nietzsche-Formeln bringt, mutet gelegentlich gezwungen an. Der Ort, an dem Hans Castorp von Hippe träumt, ist eine romantische Idylle mit Wasserfall, Holzbrücke und Ruhebank, ringsum übersät von blauen Blumen. Auf der Wanderung dorthin begegnen ihm zwei talwärts schreitende Bergbauern, auch der Bach fließt naturgemäß hinab ins Tal, wo die Menschen leben. (Vgl. III, 167f.) Umstandslos folgert Jendreiek: "Die Bewegung zum Leben in Gestalt des Bergbachs und der beiden Bergbauern ist eine symbolische Antizipation der Erkenntnis, zu der Hans Castorp am Ende seines Bildungsweges gelangt. Der blaublühende Ort als Ort der Reflexion bezeichnet die Lebensdistanz der Zauberberg-Welt, auch wenn Wege ins Tal führen, wo das Leben ist: Das Romantische erweist sich als Sphäre der Todverfallenheit mit der Möglichkeit der Wendung zum Leben; Schopenhauers ästhetizistische Erlösungslehre wird durch Nietzsches Lebenspathos kritisch aufgehoben." Jendreiek: *Der demokratische Roman*, S. 290. – Schon der allegorischen Auslegung haftet hier etwas von gewollter Sinnstiftung an; die den Details aufgezwungene Schopenhauer-Nietzsche-Problematik erscheint in dieser Form nur noch als Interpretationsklischee.

bejahung [...] als paralytische Euphorie aufs heilloseste kompromittiert" sei. (XII, 427) Es kann nur als demonstrative Gegenreaktion auf die anti-humanistische Nietzsche-Mode gewertet werden, wenn Thomas Mann in diesen Jahren gewaltsam populäre Formeln und Begriffe Nietzsches mit den eigenen humanistischen Syntheseideen zu füllen versucht: "Er hat uns das 'Dritte Reich' [...] gelehrt, ein Reich der Verleiblichung des Geistes und der Vergeistigung des Fleisches, das Reich des 'Übermenschen', das er schlecht-hin das des Menschen hätte nennen mögen, das Reich der Humanität [...]."[191] Das sind pädagogisch gemeinte Verharmlosungen. Nietzsche faszi-nierte durch seine Doppelbödigkeit, seine psychologische Scharfsicht, die "enthusiastische Ambivalenz" zu Wagner (vgl. X, 928f.), sein Leben bot "ein lyrisch-tragisches Schauspiel von höchster Faszination" (IX, 707), aber "der vollkommenste und rettungsloseste Ästhet, den die Geschichte des Geistes kennt", ließ sich nur schwer als Vordenker einer lebensfreundlich temperier-ten Humanität zitieren. (IX, 706) Ethische Bedeutung hat für Thomas Mann weniger der Inhalt der Philosophie Nietzsches als ihre existentielle Prägung: die Bereitschaft zur Preisgabe des Liebgewordenen, die protestan-tische Gewissenhaftigkeit, der Opfermut der 'Selbstüberwindung', die als Leitbild neben Goethes "Willen zur Selbstgesundung und Steigerung"[192] ih-ren Platz hat.

---

[191] In dem Essay *Deutschland und die Demokratie. Die Notwendigkeit der Verständigung mit dem Westen* (1925); XIII, 580.
[192] Hans Wysling: *Thomas Manns Goethe-Nachfolge*, in: *Jahrbuch des Freien Deutschen Hochstifts* 1978, S. 498-551, hier S. 524. Vgl. zur Rolle Goethes auch Hinrich Siefken: *Thomas Mann. Goethe – "Ideal der Deutschheit". Wiederholte Spiegelungen 1893-1949*, München 1981 u. Helmut Jendreiek: *Der demokratische Roman*, S. 95-117.

III. Übergänge:
Der Zauberberg

1. "Ein einfacher junger Mensch" – Abkehr vom Leistungshelden zum Mittelmaß?

Als elementares Beschreibungsprinzip des Frühwerks konnte eine Hierarchie in der Menschendarstellung festgestellt werden, die kaum mittlere Abstufungen kennt: Auf der einen Seite die schwierige, feinfühlige, geistig stigmatisierte Ausnahmeexistenz mit ihrem "bevorzugten Innenleben" (I, 265f.), auf der anderen die Gewöhnlichen und Verschrobenen, deren Schicksal in konsequenter Wahrung der distanzierten Außenperspektive auf "Komik und Elend"[1] beschränkt blieb. Eine Hierarchie, die auch dadurch, daß dem "Menschlichen" dann mit programmatischer "Bürgerliebe" begegnet werden sollte, nicht an Schärfe verlor. Während der vordringende Realismus oft "beliebige Personen des täglichen Lebens [...] zu Gegenständen ernster, problematischer, ja sogar tragischer Darstellung"[2] machte, ließ Thomas Mann in seinen Werken weiterhin eine strenge, der beschriebenen Rangordnung entsprechende 'Stiltrennung' herrschen.

Der *Zauberberg* scheint von dieser eindeutigen Entgegensetzung abzuweichen. Im Mittelpunkt steht jetzt, so schon die ersten Worte des "Vorsatzes" wie auch wieder des ersten Kapitels, "ein einfacher junger Mensch" (III, 11); auch die Rückblende des zweiten Kapitels hebt wiederholt die "Mittelmäßigkeit" Hans Castorps hervor. Die Wahl eines 'durchschnittlichen' Helden, der zunächst freilich nur die komische Hauptrolle in einem kleinen "Gegenstück" zum *Tod in Venedig* spielen, sich dann aber als Zentralfigur auf Romanlänge bewähren sollte, ist ein markanter Einschnitt in der Entwicklung des Autors, zudem ein Glücksfall. Denn ganz offensichtlich gelingt Thomas Mann mit ihm die Bewältigung einer "Schreibkrise"[3], die dem Blick angesichts des in seltener Geschlossenheit dastehenden Gesamtwerks leicht entgehen kann. Nach dem furiosen Werkauftakt mit den *Bud-*

---

[1] *Tonio Kröger*; VIII, 290: "Was er aber sah, war dies: Komik und Elend – Komik und Elend."

[2] Erich Auerbach: *Mimesis*, 7. Aufl., Bern 1982, S. 515.

[3] Vgl. Reinhard Baumgart: *Selbstvergessenheit*, München/Wien 1989, S. 15-18.

denbrooks (1901) dauerte es immerhin dreiundzwanzig Jahre, bis der Autor mit dem Erscheinen des *Zauberberg* die selbstgesetzten Maßstäbe wieder erfüllen oder sogar überbieten konnte. Im Vergleich mit der Kontinuität, in der Thomas Mann in den folgenden Jahrzehnten ein Werk nach dem anderen fertigstellt, wird die unstete Produktion dieser Zwischenphase erst recht deutlich: neben dem *Tod in Venedig* 'nur' die meist nicht allzu hoch geschätzte *Königliche Hoheit*, dann ein "Trümmerhaufen [...] steckengebliebener Projekte"[4] und schließlich das mal halbherzige, mal entschlossene, in jedem Fall unter dem Rang des vorhergehenden oder nachfolgenden Romanwerks bleibende Experimentieren in fremden Gattungen (*Fiorenza, Betrachtungen eines Unpolitischen, Gesang vom Kindchen*). Eine Latenzzeit des Epikers Thomas Mann, in der "nur alles Kleingehaltene gelingt und alles Großangelegte scheitert oder liegen bleibt".[5] Wenn er in einem Brief an Heinrich Mann vom 8.11.1913 schreibt: "Ich bin ausgedient, glaube ich, und hätte wahrscheinlich nie Schriftsteller werden dürfen", dann verrät das, bei aller Übertreibung, mehr als nur die falsche Bescheidenheit desjenigen, der es sich mit seinem Werk so viel schwerer macht. Die Schwierigkeiten, einen den *Buddenbrooks* gleichwertigen Roman zu präsentieren, mögen vielfältige Ursachen haben, eine nicht zu unterschätzende liegt gewiß im Zuschnitt des Ausnahmehelden, auf den sich der Autor in fast allen Projekten dieser Phase festlegt; sowohl die Künstler Tonio Kröger und Aschenbach wie auch die "königlichen Hoheiten" Klaus Heinrich und Friedrich gehören zu diesem Heldentypus. Die singulären Existenzen, die auch gesellschaftlich abgesondert sind, die 'asozialen' Künstler, weder in der Gemeinschaft der Boheme noch in der bürgerlichen Welt daheim — solche Figuren, die sich in Haltung und Würde verschließen, nur flüchtige Kontakte mit dem 'Leben' haben, meist distanzierte Beobachter bleiben, geben von sich aus wenig Anhalt und Stoff für eine epische Erzählweise, die dem Autor für ein Werk größeren Umfangs jedoch unabdingbar schien. Nicht zufällig war die sicherste, Gelingen versprechende Gattung dieser Phase die Novelle.[6] In den *Buddenbrooks* wurde die Figuren- und

---

4 Reinhard Baumgart: *Selbstvergessenheit*, S. 16.

5 Reinhard Baumgart: *Selbstvergessenheit*, S. 15.

6 Für Lukács ist die Novelle "die am reinsten artistische Form". Ohne 'objektive' epische "Totalität", vielmehr durch "Auswahl und Abgrenzung" eines "Lebensstücks" bestimmt, werde ihre "Abrundung" allein durch die Subjektivität des Dichters gewährleistet. Das läßt die Novelle formal als episch gebändigte, in ihrer Grundhaltung zur Welt jedoch lyrische Form erscheinen. Lukács spricht von der "Lyrik der epischen Formen ohne Totalität. [...] In der Form der isolierten Merkwürdigkeit und Fragwürdigkeit des Lebens, in der Novelle, muß sich diese Lyrik noch ganz hinter den harten Linien der vereinzelt herausgemeißelten

Ereignisfülle durch den autobiographischen Lebenshintergrund gesichert, die Individualproblematik Thomas und Hanno Buddenbrooks damit in einen epischen Rahmen gefaßt. Die Krisenzeit bis zum *Zauberberg* ist dann gekennzeichnet durch das Auseinandertreten von 'Leben' bzw. epischem Material und der auf vornehme Größe fixierten Kunstabsicht: "Das Entscheidende ist, daß ein Stoff, mit dem ich es Jahre aushalten soll, an sich, als Gegenstand, eine gewisse *Würde* besitzen muß. Ich habe für einen modernen Großstadt-Roman in den letzten Jahren eine Menge merkwürdigen Materials gesammelt, habe so viel erlebt und erlitten, daß es schon ein beträchtliches Buch werden könnte. Aber ich traue mir nicht mehr die Geduld und (Verzeihung!) die Bescheidenheit zu, zwei, drei Jahre die Bürde *irgend eines* modernen Romanes zu schleppen. 'Mein *Friedrich*' – das ist was Anderes. Das giebt Stolz im Tragen, giebt Halt, läßt aushalten..."[7]

Sowohl der welthaltige Großstadt-Roman wie das stolze Friedrich-Projekt scheitern. Erst mit dem *Zauberberg* gelingt dem Autor die produktive Lösung des Dilemmas. Diese Werk bietet zugleich Welthaltigkeit und Geschlossenheit, einen bemerkenswert internationalen[8] Figurenreigen und mit dem Sanatoriumsschauplatz einen Handlungsraum, der mehr Erzählstoff abgibt als die Refugien einsamen Dienstes, in denen die Existenzen der Fürsten- und Künstler-Helden zentriert sind; dies alles aber nicht im Rahmen *irgend eines* Weltausschnitts, sondern konzentriert und 'würdig' gesteigert in der exklusiven Sphäre des verzauberten Berges. Anders als die singulären Helden kann der 'durchschnittliche' und erfahrungslustige Hans Castorp, herausgenommen aus den Beschränkungen des Flachlandlebens und in katalysierende Umgebung versetzt, in viele Kreise und Lebensbereiche hineingeraten, in den 'niederen' Klatsch der Tischgespräche wie in philosophische Debatten, in Sterbezimmer und Liebesabenteuer, in 'fragwürdige' Gesellschaftsereignisse wie in einsame Annäherungen an die elementare Natur. Hier geschieht schon vor jedem programmatischen 'Lebensja' des Romans eine Öffnung zum Leben, die große Epik wieder möglich macht.

Läßt darüber hinaus die Beschaffenheit des Helden darauf schließen, daß eine Figur aus den Randbezirken des 'Gewöhnlichen', ein 'blonder Hans' ge-

---

Begebenheit verstecken." G. L.: *Die Theorie des Romans*, Frankfurt a. M. 1971, S. 41f. – Daß Thomas Mann während seiner Krisenzeit als Epiker gleichwohl eine Reihe meisterhafter Novellen geschrieben hat, erscheint nach der Bestimmung Lukács' geradezu als Symptom dieser Krise.

7 Brief an Heinrich Mann vom 17.1.1906; Briefwechsel TM-HM, S. 70.

8 Vgl. zu diesem wenig beachteten Aspekt den instruktiven Aufsatz von Erwin Koppen: *Nationalität und Internationalität im "Zauberberg"*, in: *Thomas Mann 1875-1975*, S. 94-106.

wissermaßen, emporgeläutert zu Mittelmäßigkeit "in einem recht ehrenwerten Sinn" (III, 50), nunmehr schicksalsfähig geworden ist? Dies wohl nicht. Castorps Mittelmaß ist nicht so ernst gemeint, wie manche Interpreten annehmen, wenn sie sein allzu bereitwilliges Eingeständnis: "Natürlich, die Schwächen meines Charakters stehen doch außer Frage" (III, 731) als Anweisung zur Suche nach menschlichen Defiziten verstehen.[9] Die "Einfachheit, Simplizität und Schlichtheit" (XI, 615) des 'guten Hans Castorp' läßt eher noch an die Unbescholtenheit und Naivität des Märchenhelden, des "Quester Hero"[10] denken; gerade dies ist ja die traditionelle Mitgift der außerordentlichen, bald in ungeahnte, traumhafte Abenteuer verwickelten Gralssucher-Rolle. Eine Naivität, die auch Hans Castorp schnell abstreift bzw. nur noch als ironischen Gestus beibehält.[11]

Immerhin verwendet der Autor auffallend viel Mühe darauf, die fehlende 'Größe' Castorps, seinen mangelnden Willen zur außerordentlichen Anstrengung unabhängig von seiner persönlichen Verfassung in einer tieferen Ratlosigkeit der Epoche zu begründen: "Zu bedeutender, das Maß des schlechthin Gebotenen überschreitender Leistung aufgelegt zu sein, ohne daß die Zeit auf die Frage Wozu? eine befriedigende Antwort wüßte, dazu gehört entweder eine sittliche Einsamkeit und Unmittelbarkeit, die selten vorkommt und heroischer Natur ist, oder eine sehr robuste Vitalität. Weder das eine noch das andere war Castorps Fall, und so war er denn doch wohl mittelmäßig [...]". (III, 50) Bemerkenswert ist zunächst, daß diese Frage, die sich angesichts eines "einfachen, wenn auch ansprechenden Menschen"

---

[9] Hermann Kurzke bezeichnet Castorp als "pubertär großsprecherisch", "billig angeberisch" und nimmt an ihm "menschliche Unterlegenheit" und "Züge anmaßender Armseligkeit" wahr. – H. K.: *Wie konservativ ist "Der Zauberberg"?*, in: Rolf Wiecker (Hrsg.): Gedenkschrift für Thomas Mann 1875-1975, Kopenhagen 1975 (=Text und Kritik, Sonderreihe Bd. 2), S. 137-158, hier S. 154. – Auch Peter-André Alt wird der eigenwilligen Statur Castorps nicht gerecht, insofern er zwar einerseits dessen grundironische Wesensart hervorhebt, die von der Forschungsliteratur lange vernachlässigt wurde, andererseits die subtilen ironischen Qualitäten aber verblüffenderweise gerade aus dem 'typischen Mittelmaß' des *Zauberberg*-Helden hervorgehen sieht, gar von "Mittelmaß [...] als Persönlichkeitsstruktur" spricht. Es wäre allerdings erstaunlich, wenn Thomas Mann in der Reduzierung des Heldenformats gleich bis zur Mediokrität gegangen wäre. – P.-A. A.: *Ironie und Krise. Ironisches Erzählen als Form ästhetischer Wahrnehmung in Thomas Manns "Der Zauberberg" und Robert Musils "Der Mann ohne Eigenschaften"*, 2. veränd. Aufl., Frankfurt a. M. u.a. 1989, S. 134 u. 137.

[10] Vgl. XI, 615f.

[11] "Was er an Naivität mitbrachte, das streift er schnell ab. Er kam, beispielsweise, mit einem gewaltigen Respekt vor dem Tode. Doch er wird immer mehr ernüchtert." So Thomas Mann in einem Gespräch. In: Volkmar Hansen u. Gert Heine (Hrsg.): *Frage u. Antwort. Interviews mit Thomas Mann*, Hamburg 1983, S. 76.

(III, 9) doch zu erübrigen scheint, überhaupt gestellt wird. Wieso, wenn man die Bestimmung des Helden ganz wörtlich nähme, in solchem Fall die Rede von bedeutender, das Gebotene übersteigender Leistung? Offenbar hat Castorp doch mehr mit den 'großen' Heldengestalten zu tun, als es zunächst den Anschein hat. Nebenbei wird klargestellt, daß das Sensorium für die Sinnkrise der Zeit und ihre lähmenden Wirkungen weit eher dazu angetan ist, die Figur über das Mittelmaß zu heben, als es blinde Tüchtigkeit wäre. In dieser Hinsicht möchte ihn der Erzähler "nicht mittelmäßig nennen". (III, 50) Der Maßstab, vor dem Castorp schließlich doch als ehrenwertes Mittelmaß rangiert, ist denkbar hoch angesetzt. Daß ihm zur außergewöhnlichen Leistung die "robuste Vitalität" fehle, erscheint als zweite Merkwürdigkeit dieses Textabschnitts, ist doch mit solcher Lebenskraft von jeher keiner der Ausnahmehelden gesegnet gewesen; diesen Mangel, der stets eher eine Voraussetzung für konzentrierte Leistung und strenge Lebensführung war, hat Castorp mit ihnen ebenso gemein wie das träumerische Wesen, das Verhältnis zum Tod, die ungewöhnliche Sensibilität. Es bleibt am Ende nur ein unterscheidender Punkt, der allerdings die genaueste Bestimmung der hier gemeinten 'Mittelmäßigkeit' ist: Castorp besitzt keine "heroische Natur". Dies vor allem hebt ihn ab von seinen Vorgängern, es ist zudem der Schlüssel zu seiner Ironie. An die Stelle der ernsten 'Haltung' tritt beim 'unheroischen' Helden die Ironie als Schutzreflex gegen Anfechtungen und Anfälligkeiten. Diese Funktion ist ihr ebenso wesentlich wie die Vermittlungstendenz gegen einseitige Inanspruchnahme und, gegebenenfalls, das Unterlaufen aller als unzukömmlich empfundenen Forderungen.

Die Selbstbewahrung durch Ironie ist für Castorp so charakteristisch wie der 'Selbstverlust' in der Neigung zu 'mimetischen' Verhaltensweisen. Nachdem er zum ersten Mal einen Sterbenden gesehen hat, heißt es: "Wie bedeutend der Blick seiner übergroßen Augen gewesen war, als er sie langsam zur Tür gedreht hatte! Hans Castorp, noch ganz vertieft in den flüchtigen Anblick, versuchte unwillkürlich, ebenso große, bedeutende und langsame Augen wie der Moribundus zu machen [...]." (III, 151) Schon vorher hatte der spektakuläre Auftritt des Herrn Albin bei Castorp eine 'mimetische' Reaktion bewirkt, "indem er sich probeweise in Herrn Albins Zustand versetzte und sich vergegenwärtigte, wie es sein müsse, wenn man endgültig des Druckes der Ehre ledig war und auf immer die bodenlosen Vorteile der Schande genoß". (III, 116) Auch die Lebensformen Frau Chauchats werden nicht bloß irritiert und fasziniert beobachtet, sondern nachgeahmt: "Er versuchte, wie es sei, wenn man bei Tische zusammengesunken, mit schlaffem Rücken dasäße, und fand, daß es eine große Erleichterung für die Beckenmuskulatur bedeute. Ferner probierte er es, eine Tür, durch die er schritt, nicht umständlich hinter sich zu schließen, sondern sie zufallen zu lassen; und auch dies erwies sich sowohl als bequem wie als angemessen [...]". (III, 320f.) Noch deutlicher wird die mimetische Neigung im Sprechen Castorps. Er schmückt seine Sprödigkeit und Indifferenz gerne mit der größten erreichbaren Vokabel; die keineswegs mit Leidenschaft und Enthusiasmus anvisierte Ingenieurstätigkeit wird als "verdammt komplizierter und anstrengender, dafür aber auch ein ausgezeichneter, wichtiger und großartiger Beruf" gepriesen. (III, 52) Thomas Mann gelingt in seinem Fall das Kunststück, das Spezifische eines Sprech-Verhaltens gerade darin bestehen zu lassen, daß der Redegestus anderer Personen übernommen wird. Castorp redet den 'entschiedenen' Persönlichkeiten Settembrini, Peeperkorn oder Behrens buchstäblich "nach dem Munde" (III, 494), wobei die Motive solchen Nachsprechens gemischt sind aus provozierender Experimentierfreude und Gefallsucht, 'mimetischer' Haltlosigkeit und Ironie, ja reiner Freude an der hochgestochenen Formel. So etwa, wenn er gegenüber Settembrini humanistisch die Alten zitiert (III, 495) oder vor Behrens seine Zigarre anpreist, dabei die schmissige Satzmelodie des Hofrats und dessen Manier der erotischen Anspielung nachahmend:

"Maria Mancini, Postre de Banquete aus Bremen, Herr Hofrat. Kostet wenig oder nichts, neunzehn Pfennig in reinen Farben, hat aber ein Bukett, wie es sonst in dieser Preislage nicht vorkommt. Sumatra-Havanna, Sandblattdecker, wie sie sehen. Ich habe mich sehr an sie gewöhnt. [...] Sie hat es gern, wenn man ihr lange die Asche läßt, ich streife nur höchstens zweimal ab. Natürlich hat sie ihre kleinen Launen, aber die Kontrolle bei der Herstellung muß besonders genau sein, denn Maria ist sehr zuverlässig in ihren Eigenschaften und luftet vollkommen gleichmäßig. Darf ich Ihnen eine anbieten?" (III, 353)

In einer Diskussion mit Peeperkorn verhindert er die bedrohliche Zuspitzung, indem er die gestammelten Formeln des Dionysikers eloquent nachspricht, sie zugleich aber mit dem humanistischen Parlando Settembrinis vermittelt:

"Natürlich habe ich mich mangelhaft ausgedrückt. Das Ganze ist eine Frage des Formats, nichts weiter. Man kann nicht Laster nennen, was Format hat. Das Laster hat niemals Format. Die Raffinements haben keines. Aber dem menschlichen Trachten nach Gefühl ist ja von Urzeiten her ein Hilfsmittel, ein Rausch- und Begeisterungsmittel an die Hand gegeben, das selbst zu den klassischen Lebensgaben gehört und den Charakter des Einfachen und Heiligen, also nicht des Lasterhaften trägt, ein Hilfsmittel von Format, wenn ich so sagen darf, der Wein also, ein göttliches Geschenk an die Menschen, wie schon die alten humanistischen Völker behaupteten, die philanthropische Erfindung eines Gottes, mit der sogar die Zivilisation zusammenhängt, erlauben Sie mir den Hinweis. Denn wir hören ja, daß dank der Kunst, den Wein zu pflanzen und zu keltern, die Menschen aus dem Stande der Roheit traten und Gesittung erlangten, und noch heute gelten die Völker, bei denen Wein wächst, für gesitteter, oder halten sich dafür, als die Weinlosen, die Kimerer, was sicher bemerkenswert ist." (III, 786f.)

Stets wird solche rednerische Emphase mit kleinen Stilbrüchen abgerundet oder sie gibt durch geschickt eingestreute Floskelhaftigkeiten das Element ironischen Spiels zu erkennen ("wenn ich so sagen darf", "erlauben sie mir den Hinweis", "was sicher bemerkenswert ist"). Besonders ausgeprägt findet sich diese Eigenart, wenn Castorp soeben flüchtig erworbenes Wissen vor dem 'schlichten' Joachim Ziemßen ausbreitet, so daß der sich nur wundern kann, was der Vetter "da so geläufig" zusammenredet:

"Allerdings, der Tierkreis; zodiakus. Die uralten Himmelszeichen, – Skorpion, Schütze, Steinbock, aquarius und wie sie heißen, *wie soll man sich nicht dafür interessieren!* Es sind zwölf, *das wirst du wenigstens wissen*, drei für jede Jahreszeit, die aufsteigenden und die niedersteigenden, der Kreis der Sternbilder, durch die die Sonne wandert, – *großartig meiner Ansicht nach! Stelle dir vor*, daß man sie in einem ägyptischen Tempelbild gefunden hat, – einem Tempel der Aphrodite *noch dazu*, nicht weit von Theben. Die Chaldäer kannten sie schon, – die Chaldäer, *ich bitte dich*, dies alte Zaubervolk [...]". (III, 515f.; Hervorh. d. Verf.)

In der *Zauberberg*-Literatur ist behauptet worden, daß der Autor Hans Castorp "keine eigene Sprache zugesteht".[12] Dann müßte man allerdings auch den Schluß ziehen, der montierende und zitierende Erzähler habe keine eigene Sprache. Demgegenüber läßt sich wohl ohne Übertreibung die Auffassung vertreten, daß Thomas Mann mit der ironischen wie 'mimetischen' Sprechweise Castorps die raffinierteste sprachliche Physiognomie seines gesamten Werkes gestaltet hat. Weit entfernt, ihn als 'Angeber' und 'pubertären Großsprecher'[13] bloßzustellen, weist der Erzähler selber gelegentlich ausdrücklich auf die 'verschmitzte' rhetorische Virtuosität seines Helden hin. Im Anschluß an die Beschwichtigungsrede vor dem zornigen Peeperkorn – oben teilweise zitiert – heißt es:

Ein Schlingel, dieser Hans Castorp. Oder, wie Herr Settembrini es mit schriftstellerischer Feinheit ausgedrückt hatte, ein "Schalk". Unvorsichtig und selbst frech im Verkehr mit Persönlichkeiten – und geschickt dann auch wieder, wenn es galt, sich aus der Patsche zu ziehen. Da hatte er erstens, in brenzligster Lage und aus dem Stegreif, eine Ehrenrettung des Trunkes mit vielem Anstand vollzogen, hatte ferner, ganz nebenbei, die Rede auf "Gesittung" gebracht, von welcher in Mynheer

---

12 Hermann Kurzke: *Wie konservativ ist "Der Zauberberg"?*, S. 154.
13 Hermann Kurzke: *Wie konservativ ist "Der Zauberberg"?*, S. 154.

Peeperkorns ur-fürchterlicher Haltung allerdings wenig zu spüren war, und endlich diese Haltung gelockert und unpassend gemacht, indem er dem großartig darin Befangenen eine Frage vorgelegt hatte, die man mit erhobener Faust unmöglich beantworten konnte. (III, 787)

Gegenüber jenem Teil der zeitgenössischen Kritik, der im *Zauberberg* ein "herzloses, kaltes, ein nihilistisches und teuflisches Buch", in seinen Figuren "lauter Symbole und keine Menschen"[14] sehen wollte, machte der Autor das "plastische Element" in der Gestaltung geltend. Hans Castorp mag kein ausgeprägter, entschiedener Charakter sein, aber "kraft seines Tonfalls" habe er "Leben".[15] Seine plaudernd experimentierende Redeweise ist die eindrucksvoll in Szene gesetzte Entsprechung zum neugierigen Schweifen zwischen den 'Entschiedenheiten', sie bildet eine ideale Mitte zwischen den unironisch überzeugten und unversöhnlichen Radikalanschauungen, deren Formeln sie in vorsätzlicher Naivität zusammenbringt, wie in dem zitierten Beispiel die "Gesittung" mit dem "Rausch- und Begeisterungsmittel" des Weines. Castorps Ironie ist nicht aggressiv, sie ist als Ausdruck seiner "zur Entschuldigung geneigte[n] Natur" (III, 785) eher versöhnlich gestimmt und in ihren Vorbehalten nicht auf Vernichtung, sondern auf die Respektierung der gerade vernachlässigten Gegenseite bedacht. Wenn er selber zu bedenken gibt, daß "Entschuldigung wohl kein Format" habe (ebd.), so ist wiederum die unheroische Wesensart als Grundlage seiner Ironie angesprochen. Diese gewährt schließlich auch einen Freiraum, welcher der Position einer unvereinnahmten Kunst entspricht. Der Ironiker Castorp wird nicht zum Schriftsteller[16], sein Lebensgefühl ist jedoch offenbar dem des 'Dichters'

---

14 Brief an Annette Kolb vom 16.1.1925; *Briefwechsel mit Autoren*, S. 270.

15 Brief an Annette Kolb vom 16.1.1925; *Briefwechsel mit Autoren*, S. 270.

16 Immerhin überläßt der Erzähler ihm für das Porträt der letzten Hauptfigur, Mynheer Peeperkorn, das Wort (III, 760f.); ein deutlicher Hinweis auf die künstlerische Wahrnehmung Hans Castorps: "Aber sein Kinnbart ist schütter, – lang, aber schütter, daß man die Haare zählen zu können glaubt, und seine Augen sind auch nur klein und blaß, ohne Farbe geradezu, ich kann mir nicht helfen, und es nützt nichts, daß er sie immer wieder aufzureißen sucht, wovon er die ausgeprägten Stirnfalten hat [...]." (Ebd.) Das Lob für dieses 'Gesellenstück' läßt nicht auf sich warten: "Es ist ihm (Castorp) überlassen geblieben, von der Figur des neuen, unerwarteten Gastes ein ungefähres Bild zu zeichnen, und er hat seine Sache nicht schlecht gemacht, – wir hätten sie auch nicht wesentlich besser machen können." (III, 761) Alt schreibt: "Daß der Held in Vertretung des Autors spricht, sich dabei sogar dessen Ironie als Stilform aneignet, muß als Ergebnis fortgeschrittenen geistigen Reifeprozesses gelten." (*Ironie und Krise*, S. 88) Aneignungslust und Ironie kennzeichnen den Helden freilich von Anfang an. In der Darstellung Peeperkorns treffen sich zudem 'abgründige' Intentionen. Castorp kann mit ihr das Format seines Konkurrenten ein wenig drücken; nebenbei handelt es sich auch um eine Vorsichtsmaßnahme Thomas Manns: Das Grotesk-

verwandt; Thomas Mann kann in der *Tischrede in Amsterdam* (1924) die formelhafte Bestimmung seines Helden[17] auf den eigenen Berufsstand anwenden: "Dichter mögen Sorgenkinder des Lebens sein, geneigt und ständig in Gefahr, sich an Krankheit und Tod als Mächte und Prinzipien zu verlieren: Kinder des Lebens bleiben sie eben doch und im Grunde zur sittlichen Güte bestimmt."[18] (XI, 355) So gesehen gewinnt die 'menschen-freundliche' Sprechweise Castorps in der zweiten Arbeitsphase ab 1919 Gestalt als Reaktion auf den 'unkünstlerischen' Ernst und die ideologische Einseitigkeit der *Betrachtungen*. Die Stimme, die der Verfasser der Kriegs-schrift unterdrücken mußte, wird jetzt, gewiß befreiend, in mancher Reak-tion Castorps auf die rechthaberischen Polemiken Naphtas und Settembrinis laut: "Die Zuhörer atmeten aus, denn sie hatten die Luft angehalten bei Herrn Settembrini's großer Replik. Hans Castorp konnte sogar nicht umhin, mit der Hand, wenn auch zurückhaltenderweise, auf den Tischrand zu schlagen. 'Brillant!' sagte er zwischen den Zähnen [...]." (III, 553)

Von Mittelmaß als "Persönlichkeitsstruktur" kann im Fall Hans Castorps also nicht die Rede sein. Auch er empfindet sich, wie noch jeder Thomas Mann-Held (abgesehen von den Protagonisten weniger Kurzgeschichten), als "Vorzugskind"[19]; seine durch die Fakultäten schweifenden "Forschungen" erscheinen ihm schon bald als "Verantwortlichkeiten", vor denen die Abreise ins Flachland "Desertion" wäre, als "abenteuerlich beglückende Regie-rungspflichten". (III, 583) "Regieren" sollte hier nicht als republikanisches, überhaupt politisches Stichwort aufgefaßt werden[20], es ist vielmehr die wiederkehrende Bezeichnung für das Lebensgefühl, die Taten und Pflichten der 'Ausnahmeexistenz', egal ob nun wirklich regiert (Klaus Heinrich) oder die Arbeit des Geschäftsmannes Thomas Buddenbrook so bezeichnet wird (vgl. I, 322), ob das "phantastische Kind" Felix Krull 'Kaiser' spielt (vgl. VII, 271), oder ob Hans Castorp, in seiner Balkonloge residierend, über den "Homo Dei" nachdenkt. (III, 583) "Würde" und "Verpflichtung" hindern ihn im "Schnee"-Kapitel daran, es den "Freiftluftgecken und Schicksportlern

---

Porträt Hauptmanns wird nicht im Orginalton des Erzählers, sondern als Redebeitrag einer Romanfigur geliefert.

[17] "Sie sind, wenn ich mich so ausdrücken darf, ein Sorgenkind des Lebens, – man muß sich um Sie kümmern", sagt Settembrini. (III, 429)

[18] Ähnlich auch in einem Brief an Hans Pfitzner vom 23.6.1925; DüD I, 501.

[19] Ein Wort Felix Krulls; VII, 271.

[20] So Günter Scholdt u. Dirk Walter, die eine politische Lesart vorschlagen und "Regieren" als Stichwort der Wandlung zur Demokratie begreifen. G. S. u. D. W.: *Sterben für die Republik? Zur Deutung von Thomas Manns "Zauberberg"*, in: *Wirkendes Wort* 30 (1980), S. 108-122, hier S. 110.

gleichzutun", "Herren und Damen, welche, zurückgelehnt, die Füße voran, unter Warnungsrufen, deren Ton davon zeugte, wie sehr durchdrungen sie von der Wichtigkeit ihres Unternehmens waren, auf ihren Kinderschlittchen schlingernd und kippend die Abhänge hinunterfegten [...]." (III, 653f.) Das ist die vertraute Tonio Kröger-Perspektive auf die 'Wonnen der Gewöhnlichkeit'. Castorp zieht es vor, "mit seinen Gedanken und Regierungsgeschäften allein zu sein", anstatt sich "im Schnee zu wälzen wie ein Narr". (Ebd.) Er ist mit der üblichen "Abneigung gegen lautes und robustes Wesen" ausgestattet. (III, 269) Auch wenn Hans Castorp keine tatkräftige 'Persönlichkeit' ist, so besitzt er doch, wie Wilhelm Meister, ein einnehmendes Wesen. Seine inspirierende Gegenwart ist nötig, um zwischen Naphta und Settembrini "bedeutende Kolloquien zu entzünden" (III, 958), und vergebens, aber nicht ganz grundlos erhofft er sich noch in der "großen Gereiztheit" von seiner bloßen "Gegenwart" die "Wendung zum Guten und Heiteren". (III, 976)

2. "Krank, aber dumm" – Die Patienten und ihr Personal

So bleibt denn auch im *Zauberberg* die Hierarchie der Figurendarstellung in Kraft. Eine mittlere Ebene ernstgenommener Nebengestalten wird auch in diesem Roman weitgehend ausgespart. Ohne Zweifel enthält der *Zauberberg* eine reichbestückte Galerie abschätziger Porträts. Allerdings: die Karikaturen und Grotesken verteilen sich vor allem auf den ersten Teil des Romans[21], in der Arbeitsphase ab 1919, erst recht nach der 'Wandlung' von 1922 läßt das Interesse des Erzählers an ihnen spürbar nach. Zunächst aber entwirft der Roman ein Pandämonium des Gewöhnlichen, Häßlichen, Dummen. Das 'Flachland' – "hat man kein Ohr für den ironisch-abschätzigen Klang des Wortes?" fragt Thomas Mann in *Vom Geist der Medizin* (XI, 596) – wird von den Insassen des Sanatoriums mit einer wiederum komischen Arroganz belächelt. Dort leben die ahnungslosen "Musterschüler des Lebens" (III, 327), die "gewöhnlichen Leute", die "herumgehen und lachen und Geld verdienen und sich den Bauch vollschlagen". (III, 279) Naivität und Härte gehören zum flachländischen

---

[21] Die Abgrenzung von erstem und zweitem Band soll nur als Orientierungshilfe dienen. Thomas Mann selbst hat von seinen "zwei Bänden" *Zauberberg* gesprochen (Br I, 217); die dreizehnbändige Gesamtausgabe gibt allerdings – im Gegensatz zu früheren Ausgaben – keine Bandmarkierung mehr an. Deshalb der Hinweis, daß der zweite Band mit dem sechsten Kapitel ("Veränderungen") beginnt.

Überlebenskampf: "Es ist eine grausame Luft da unten, unerbittlich", sagt Hans Castorp. "Wenn man so liegt und es von weitem sieht, kann es einem davor grauen." (III, 277) Das grausame und gemeine Prinzip ist das des Geldverdienens: "'Der? Hat der denn noch Geld?' fragen sie... Wörtlich so und mit genau solchem Gesicht; ich habe es oft gehört, und ich merke, daß es sich mir eingeprägt hat." (Ebd.) Zu diesen Niederungen des Lebens eröffnet der 'Zauberberg' nun gerade nicht eine Gegenwelt der Schönheit und des Geistes; die "Larven und Lemuren"[22] der Tischgesellschaften stehen wiederum für nichts als 'Gewöhnlichkeit', nun aber auch noch um den Charme des Naiven und Gesunden gebracht:

Er hatte zur Rechten ein unansehnliches Wesen in Schwarz mit flaumigem Teint und matt erhitzten Backen, in der er etwas wie eine Nähterin oder Hausschneiderin sah, wohl auch weil sie ausschließlich Kaffee mit Buttersemmeln frühstückte [...]. Zur Linken saß ihm ein englisches Fräulein, schon angejahrt gleichfalls, sehr häßlich, mit dürren verfrorenen Fingern [...]. Neben ihr folgte Joachim und dann Frau Stöhr in einer schottischen Wollbluse. Die linke Hand hielt sie geballt in der Nähe ihrer Wange, während sie speiste, und bemühte sich sichtlich, beim Sprechen eine feingebildete Miene zu machen, indem sie die Oberlippe von ihren schmalen und langen Hasenzähnen zurückzog. Ein junger Mann mit dünnem Schnurrbart und einem Gesichtsausdruck, als habe er etwas Schlechtschmeckendes im Munde, setzte sich neben sie und frühstückte vollständig schweigend. (III, 65)

Von all den auf diese Weise eingeführten Figuren wird man auf tausend Seiten kaum mehr erfahren, mechanisch repetieren sie fortan ihre spezifische Unzulänglichkeit, vor allem Frau Stöhr, "diese lächerliche Frau" (III, 141) – als Anführerin des defizienten Reigens besitzt sie immerhin ein gewisses Travestie-Format[23] – muß ihre Bildungsschnitzer mit Zuverlässigkeit auch

---

[22] Hans Mayer: *Thomas Mann*, Frankfurt a. M. 1984, S. 109.

[23] Hierauf hat wiederholt Eckhard Heftrich aufmerksam gemacht: "Was der entsetzlichen Musikersgattin aus Cannstatt so konstant unterläuft, soll ja nicht das ob seiner etwas besseren Bildung geschmeichelte Leserpublikum zum Lachen bringen, sondern stellt die Parodie der großen Themen des Romans auf der untersten Ebene dar." – E. H.: *Die Welt "hier oben": Davos als mythischer Ort*, in: *Das "Zauberberg"-Symposium 1994 in Davos*, hrsg. v. Thomas Sprecher, Frankfurt a. M. 1995, S. 229; im einzelnen: E. H.: *Zauberbergmusik. Über Thomas Mann*, Frankfurt a. M. 1975. – Heftrich wendet sich gegen die von Martin Walser geäußerte Kritik an Thomas Manns Menschendarstellung, die gerade an der Penetranz der Stöhr-Darstellung Anstoß genommen hatte. Walser hatte geschrieben: "Und hundertundeinmal werden wir es mitgeteilt bekommen, daß Frau Stöhr immer noch 'ungebildet' ist [...], woran man sieht, daß der deutsche Bildungs- und Erziehungsroman an Frau Stöhr aus Cannstadt nicht interessiert ist. In den bürgerlichen Fan-Kreisen unseres Autors hat das Lachen über soviel Unbildung bis zum heutigen Tag nicht aufgehört; das habe ich erlebt." M. W.: *Ironie als höchstes Lebensmittel oder: Lebensmittel der Höchsten*, S. 7f. – Walsers Beschreibung der Wirkung der Stöhr-Darstellung ist sicherlich zutreffend, und Heftrichs

dann noch absolvieren, wenn der Effekt sich längst erschöpft hat. In den meisten Fällen wird die mit Detailliebe gezeichnete Karikatur, kennzeichnend für die *Buddenbrooks*, zur Groteske verknappt, die kaum mehr erfordert als ein Adjektiv, ein Attribut oder einen lächerlich klingenden Namen: Da gibt es unter anderem die "fette und leberfleckige Iltis", einen "wulstlippigen Jüngling" namens Gänser (III, 99), einen "aschblonden jungen Mann, der auf den Namen Rasmussen hörte und die Hände nach Art von Flossen aus schlaffen Gelenken in Brusthöhe hängen ließ", Frau Salomon aus Amsterdam, "eine rotgekleidete Frau von reicher Körperlichkeit" (III, 157), den jede Nacht betrunkenen Rechtsanwalt Einhuf aus Jüterbog mit seinen "schwarzbehaarten Händen" (III, 414) oder "Dr. Blumenkohl, Leo Blumenkohl aus Odessa" (III, 105), für dessen Kennzeichnung bis zum Ende eine einzige Grimasse ausreicht: "Immer stärker hatte sein Gesicht den Ausdruck angenommen, als habe er etwas Schlechtschmeckendes im Munde; dann war er dauernd bettlägrig geworden und dann gestorben, – niemand wußte genau zu sagen, wann [...]". (III, 500)

Der Erzähler bildet hier – allerdings mit durchgehend negativer Akzentuierung – die typischen Wahrnehmungsprozesse ab, mit denen sich ein neu Hinzugekommener in einer Gruppe orientiert: Personen werden zu Trägern von auffälligen Merkmalen, die eine erste Identifizierung ermöglichen. Im Zuge des Vertrautwerdens verlieren solche Signale normalerweise ihre Dominanz. Daß der Erzähler sich jedoch mit einer solchen oberflächlichen Kenntnis seiner Nebenfiguren begnügt, daß er sie noch nach Hunderten von Seiten in derselben Manier inspiziert, als gelte es Castorps erstes Berghof-Frühstück zu schildern, daß er zudem nicht einen einzigen positiven Zug gewährt, sondern vergnüglich auf den Defekten und Groteskwirkungen beharrt, macht das Degradierende dieses Beschreibungsverfahrens aus.

Die Physiognomik der Porträts ist oft von klischeehafter[24] Konventionalität (Hauptmann Miklosich ist ein Mann "mit Hakennase, gewichstem

---

Behauptung, diese Wirkung sei vom Autor nicht beabsichtigt gewesen, kann nicht überzeugen, auch wenn sein Hinweis auf die travestierende Variation der "großen Themen" anregend ist. Mit dem übernommenen Epitheton 'entsetzlich' und der Formulierung 'unterste Ebene' bestätigt Heftrich dann ja auch ungewollt die Berechtigung der Auffassung Walsers.

[24] Insbesondere in Zusammenhang mit den Nationalcharakteren arbeitet die Figurendarstellung des Romans mit zahlreichen Klischees und komödienhaft zugespitzten Stereotypien. Darauf hat jüngst Terence J. Reed aufmerksam gemacht, er spricht von "skurrilen Völkerskizzen". Nicht an erster Stelle Thomas Manns Neigung zum Typologischen sei der Grund dafür, denn meist gehe die Stereotypie "auf das Konto der Figuren, bildet also bei aller Groteskheit eine Art Realismus: so erleben diese Menschen ihre zeitgenössische Welt [...]. Es ist [...] eine Welt einfacher Begriffe und reinlicher Scheidungen, wo Nationalcharaktere vollendete Tatsachen sind, an denen nicht zu rütteln ist." Reed: *Von Deutschland*

Schnurrbart, erhabener Brust und drohenden Augen", III, 324); andererseits gewinnt sie in besonders pointierten Formeln Momente des Absurden, so bei den russischen "Studenten mit dem allzu dicken Haar" (III, 319), dem "dünnhaarigen Verliebten aus Mannheim" (III, 330) oder dem "Jungen mit dem Fingernagel". (III, 333f.) Unnachsichtig amüsiert sich der Erzähler über die geistige Inferiorität seiner Randfiguren: "[...] ein rothaariges Fräulein aus Griechenland, ein anderes unbekannter Herkunft mit dem Gesicht eines Tapirs, der gefräßige Junge mit den dicken Brillengläsern, ein weiterer fünf- zehn- oder sechzehnjähriger Junge, der ein Monokel eingeklemmt hatte [...], ein kapitaler Esel offenbar – und noch andere mehr." (III, 157f.) Vor allem die Dummheit der Jugend – ob unter den Gästen oder dem Personal – kennt offenbar keine Grenzen: Hermine Kleefeld "seufzte aus ihrer halben Lunge, indem sie kopfschüttelnd ihre von Dummheit umschleierten Augen zur Decke richtete". (III, 308) Schwester Berta spricht "nicht nur geziert, sondern geradezu gequält und machte bei näherer Prüfung den Eindruck, als habe unter der Folter der Langeweile ihr Verstand gelitten. Es war sehr schwer, wieder von ihr loszukommen [...]". "Dann kam sie wieder auf ihren Papa und ihren Cousin. Ihr Hirn gab nichts weiter her." (III, 152f.) Im zweiten Teil werden solche Beschreibungen seltener, vor allem entwickeln sie dann bisweilen eine freiere Komik, die über das bloß Abwehrend- Herabsetzende hinausgeht, etwa wenn im Fall des Ehepaar Magnus der Melancholie jeder 'faustische' oder auch nur empfindsam-weltschmerzliche Aspekt genommen wird: "[...] Herr und Frau Magnus, die Bierbrauers- ehegatten aus Halle. Melancholie umgab dieses Paar atmosphärisch, da beide lebenswichtige Stoffwechselprodukte, Herr Magnus Zucker, Frau Magnus dagegen Eiweiß, verloren. Die Gemütsverfassung, namentlich der bleichen Frau Magnus, schien jedes Einschlags von Hoffnung zu entbehren; Geistesöde ging wie ein kelleriger Hauch von ihr aus." (III, 589) Ein anderes Beispiel: "Frau Stöhr vergoß Tränen, die leicht fließenden, salzlosen Tränen der Ungebildeten [...]." (III, 586)

Eine Ausnahme in der Darstellung der Nebenfiguren bildet die erste Schilderung der Oberin Mylendonk. An ihr wird deutlich, daß auch ein durchweg negativ gehaltenes Porträt mehr sein kann als bloße Belustigung und "flächige Karikatur". (XII, 144) Differenziert entwickelt der Erzähler ihre Redeweise, die kennzeichnende Körpersprache und schließlich die zwischen abschreckenden und komischen Wirkungen changierenden Details

---

nach Europa. Der "Zauberberg" im europäischen Kontext, in: Thomas Sprecher (Hrsg.): *Auf dem Weg zum "Zauberberg"*, S. 299-318, hier S. 302f.

des Gesichts. Die unterweltliche Häßlichkeit der Oberin hat bedrohliche, dämonische Züge:

Hans Castorp war verblüfft über diese Redeweise einer altadligen Dame. Während sie sprach, ging sie über ihre eigenen Worte hinweg, indem sie unruhig, in rollender, schleifenförmiger Bewegung den Kopf mit suchend erhobener Nase hin und her wandte, wie Raubtiere im Käfig tun, und ihre sommersprossige Rechte, leicht geschlossen und den Daumen nach oben, vor sich im Handgelenk schlenkerte, als wollte sie sagen: 'Rasch, rasch rasch [...].' Sie war eine Vierzigerin, kümmerlichen Wuchses, ohne Formen, angetan mit einem weißen, gegürteten, klinischen Schürzenkleid, auf dessen Brust ein Granatkreuz lag. Unter ihrer Schwesternhaube kam spärliches rötliches Haar hervor, ihre wasserblauen, entzündeten Augen, an deren einem zum Überfluß ein in der Entwicklung weit vorgeschrittenes Gerstenkorn saß, waren unsteten Blicks, die Nase aufgeworfen, der Mund froschmäßig, außerdem mit schief vorstehender Unterlippe, die sie beim Sprechen schaufelnd bewegte. Indessen Hans Castorp betrachtete sie mit all der bescheidenen und duldsamen und vertrauensvollen Menschenfreundlichkeit, die ihm angeboren war. (III, 234)

Die Oberin ist eine Hadesfigur, mit einigen der von Thomas Mann öfter verwendeten Todesattributen: das rote Haar, die aufgeworfene Nase; ferner gehören zu diesem Bereich das Froschartige, die schaufelnden Mundbewegungen, das raubtierhaft Unruhige und Witternde. Die "kümmerliche" Frau wird so zur Personifikation des gierigen Todes, die Spannung zwischen Erscheinungsbild und Allegorie verleiht dem Porträt Hintergründigkeit. Kontrastiv auch die Sprechweise: geläufig und gehetzt, burschikos und quäkend zugleich. Wie noch öfter bei den komplexer angelegten Porträts späterer Werke zu beobachten sein wird, erfolgt die Beschreibung erst, nachdem die Figur bereits einige Sätze gesprochen hat, während die karikaturistischen Schilderungen des Frühwerks in der Regel die Reihenfolge a) Namensnennung b) Inspizierung von Gestalt Kleidung und Gesicht und c) wörtliche Rede einhalten (wobei das Gesprochene nach Inhalt und Art und Weise meist nur den komischen Eindruck zu bestätigen hat). Castorp dagegen ist hier "verblüfft über diese Redeweise einer altadligen Dame", von der abschätzigen Reserve, mit der er der Tischgesellschaft begegnet — "Frau Stöhr sollte sich das Haar waschen lassen, es ist so fett" (III, 104) — ist hier wenig zu spüren, nicht zufällig kann an dieser Stelle, wenn auch mit leiser Ironie, Castorps "Menschenfreundlichkeit" ins Spiel gebracht werden, was angesichts der Patienten-Karikaturen nie geschieht. Wenn dann bei den folgenden Auftritten der Oberin nur noch das, wie es hämisch heißt, "harmlose, aber entstellende Leiden" des Gerstenkorns Erwähnung findet (III, 294), verflüchtigt sich die Dämonie jedoch wieder zur Banalität des bloß komischen Makels.

Die exzessive Vorführung von Dummheit und Gemeinheit bleibt im *Zauberberg* allerdings nicht bloßer Überlegenheitsgestus, nicht nur 'Entlarvung' einer dekadenten Sanatoriumsgesellschaft, sie hat eine wichtigere Funktion: sie richtet sich gegen jene grundlegende Prämisse des Frühwerks, nach der Krankheit Verfeinerung schafft, gegen jenen argwöhnischen Vorbehalt gegenüber dem 'Leben', der sich Vergeistigung einhergehend mit einem Schwund an Lebenskraft vorstellt. Diese Lieblingsidee des Autors bringt auch Hans Castorp mit auf den Zauberberg: "Man denkt, ein dummer Mensch muß gesund und gewöhnlich sein, und Krankheit muß den Menschen fein und klug und besonders machen. So denkt man es sich in der Regel." (III, 138) Das wird nun beinahe auf Schritt und Tritt schmerzlich widerlegt. "Sie waren zwar krank, aber roh", heißt es lapidar über die Patienten des Berghof. (III, 892) Es gebe Leute, sagt Castorp gegenüber Settembrini, "die man sich tot nicht vorzustellen vermöge, und zwar, weil sie so besonders ordinär seien" (III, 641) – obwohl er doch im Sanatorium eines Besseren belehrt wird. Vor allem Frau Stöhr, Musikersgattin, aber "unverfeinert durch Krankheit und Leiden" (III, 765), setzt schallend die simplifizierenden Gleichungen außer Kraft. Die Schilderungen ihrer stets fehlgehenden Versuche, einen Anschein von Bildung zur Schau zu stellen, setzen die Verfeinerungsthese voraus: "Ihr Kranksein, der Fieberstand ihres Körpers war mit großer Unbildung verbunden, gewiß" (III, 572), ihre "Bildungsschnitzer" werden gar als Schändung der Krankheit empfunden. (III, 507) Castorps "fromme, sinnige und traurig schöne" Sicht des Todes und damit auch der Krankheit (III, 43) – seine fixe Idee, die er sich nicht "ausreden lassen" will (III, 81) – ist in dieser Umgebung jedenfalls "vielfachen Beleidigungen" ausgesetzt. (III, 413) Der Roman hebt gerade die 'ordinäre' Lebenslust der Kranken und Moribunden hervor; schlägt man sich im Flachland 'den Bauch voll', so werden auf dem Berghof in knappbemessenen Abständen sechsgängige Mahlzeiten gereicht, es herrscht "Löwenappetit", ein unstillbarer, sowohl die "Munteren", wie die "Stillen und Finsteren" erfassender "Heißhunger", "auf irgendeine Weise unheimlich, ja abscheulich". (III, 109) Sogar die Bettlägrigen verspeisen heimlich Salami, Schwarzbrot und Bier und beschleunigen damit ihr Ende (III, 152f.), noch die Sterbenden "konsumieren" oder "schlemmen" scheinbar unersättlich ihre Sauerstoffballons (z.B. III, 406). Hauptzeitvertreib zwischen den Mahlzeiten ist das Bereden und Praktizieren erotischer Affären, nicht Krankheit und Geist reimen sich hier, sondern Temperatur und Flirt, auch wenn der Atem dabei "schwer und heiß vor Asthma" geht. (III, 162)

Trotz dieser funktionalen Integration hat die Darstellung der Patienten-Gesellschaft den Vorwurf der "Grausamkeit und Kälte" hervorgerufen. "Ein

Teil der literarischen Kritik" beanstandete, so Thomas Mann in *Vom Geist der Medizin* (1925), "Respekt- und Lieblosigkeit gegen das kranke Leben, einen abstoßenden Mangel an jener 'christlichen Reverenz vor dem Elend', von der Frau Chauchat spricht". (XI, 594) Tatsächlich bemüht sich Thomas Mann im Fall des *Zauberberg* um eine Rechtfertigung der 'abschätzigen' Menschendarstellung; er gibt dem Kritiker zu bedenken, "daß etwa gerade die Haltung, die er mit solchen Worten brandmarkt, das freilich nicht auf der Hand liegende 'ethische Pathos' des Buches in sich schließen könnte". Die Darstellung der Kranken sei im Zusammenhang mit einem Prozeß "pädagogischer Selbstdisziplinierung" zu sehen: "Denn das ist ein korrigierender Prozeß, der Prozeß fortschreitender Desillusionierung eines frommen, eines todesfürchtigen jungen Menschen über Krankheit und Tod." Wer von Kälte und Grausamkeit spreche, sei von diesem Prozeß "unberührt [...] geblieben". (XI, 594f.) Damit unterstellt Thomas Mann die reduzierende Gestaltungsweise der Nebenfiguren einem höheren, 'ethischen' Zweck. Der Ernst des Todesgedankens werde im *Zauberberg* vom "Humor des Todes"[25] zurückgedrängt. Einem leichtfertigen romantischen Eskapismus ist durch die "antiromantische Desillusionierung"[26] der Weg verstellt, die Ästhetisierung der Krankheit kaum noch möglich.

Auch andere Versuche der Legitimation des 'kalten Blicks' auf das 'Leben' finden sich im Umkreis des *Zauberberg*. In *Süßer Schlaf* (1908) spricht Thomas Mann noch von der "Gemeinheit, die sich völlig und ohne Sehnsucht im Leben und in der Wirklichkeit zu Hause fühlt und eine höhere Heimat nicht kennt: wie es denn Menschen gibt von so unsterblicher Gemeinheit und Tüchtigkeit, daß man nicht denken kann, sie könnten jemals sterben, könnten jemals der Weihe des Todes teilhaftig werden". (XI, 338) Das kann als pointierter Kommentar zu einer ganzen Porträtgalerie des Frühwerks gelesen werden, das ist auch beinahe wortgetreu der Standpunkt des Berghof-Neulings Hans Castorp. In der *Tischrede in Amsterdam*, gehalten im Erscheinungsjahr des Romans, erhält dieser Gedanke eine entscheidende Modifizierung. Es heißt dort: "Ist nicht schwarz die Farbe des Todes? Und ist es nicht eigentümlich, daß der Mensch die Idee der Vornehmheit unwillkürlich an diejenige des Todes knüpft? Das historisch-aristokratische Prinzip, die Verbundenheit mit dem Gewesenen, ist geistlicher Art, und wo sie herrscht, wo sie menschlich betont und überbetont wird, da liegt das *Leben*, die Idee des *Lebens* notwendig im Scheine des Profanen und Gemeinen." (XI, 354) Von der Aussageform ohne Gültigkeitsbeschränkung

---

25 Brief an Arthur Schnitzler vom 9.1.1925; DüD I, 487.
26 Brief an Arthur Schnitzler vom 9.1.1925; DüD I, 487.

("es gibt...") wechselt Thomas Mann zur Beschreibung einer perspektiven-bedingten Sichtweise auf das 'Leben', der todesverbundenen, die – "wo sie [...] überbetont wird" – dieses 'gemein' erscheinen lasse und deshalb nach Korrektur verlange: "Hier ist es, [...] wo Vernunft und Sittlichkeit, die Träger und Diener des Lebens, verbessernd einzugreifen haben." Auch hier also das Element "pädagogischer Selbstdisziplinierung". Der Effekt ist paradox und nicht völlig überzeugend. Anstatt eine lebensverbundenere Darstellungsperspektive zu entwickeln, in der das 'Leben' nicht sogleich die Züge des "Profanen und Gemeinen" annimmt, betont (bzw. "überbetont") der Erzähler des *Zauberberg* in der Beschreibung der Patientenwelt weiter die vornehme, distanzierte Sicht auf das 'Leben', bemüht sich aber gleichzeitig darum, das Problematische dieses Blickwinkels kenntlich zu machen. Drastisch wird im Roman neben der Dummheit vor allem die ordinäre Lebenslust der unverfeinerten Kranken herausgestrichen und damit die feinsinnige Romantisierung der Krankheit in ein kritisches Licht gestellt; Mittel dieser Kritik ist aber immer noch das – inzwischen ebenfalls kritisch, zumindest mit Vorbehalten gesehene – todesfromme "aristokratische Prinzip", dem gegenüber sich das Sanatoriumsleben mit seinen Lizenzen und Zügellosigkeiten erst "notwendig im Scheine des Profanen und Gemeinen" darstellt.[27]

3. Gegen die Vorkriegs-Konzeption. Die Figuren des "Totentanz"-Kapitels

In der täglichen Konfrontation mit der Berghof-Gesellschaft bleibt für Hans Castorp vorerst das Bedürfnis nach einer Zuflucht vor dem 'unvornehmen' Leben bestehen. Als solche bietet sich weiterhin die "Würdenkrause" des Todes an (III, 686), solange jedenfalls, wie neben dem bloß "Lebenstüchtigen" das "Lebenswürdige" – eine Unterscheidung Settembrinis – nicht recht erkennbar wird. (Vgl. III, 642) In den *Betrachtungen* sehnte

---

[27] Zur Darstellung des Sanatoriumslebens im *Zauberberg* ist mittlerweile eine detaillierte Arbeit von Thomas Sprecher erschienen, die in einigen Aspekten dem hier Gesagten nahekommt: *Kur-, Kultur- und Kapitalismuskritik im "Zauberberg"*, in: Ders. (Hrsg.): *Auf dem Weg zum "Zauberberg"*, S. 187-249, insb. das Kapitel 1.3. "Kritik an der Kur und den Patienten", S. 212-235. Sprecher vermeidet ganz bewußt die "Aufstiege ins Geistig-Symbolische" wie die "Abstiege ins Mythopoetische"; seine Untersuchung ist ein Beispiel für die frischen Perspektiven, die der genaue Blick auf die oft rasch übergangene "realistische Ebene" bei einem vielbearbeiteten Werk wie dem *Zauberberg* immer noch ermöglicht (S. 188).

sich der von "Frechheit, Schlechtigkeit und Pöbel-Gier gehetzte Blick" nach "würdevoll demütigem Menschenanstand" (XII, 479); Kirchen und Friedhöfe empfahlen sich als Orte, "an denen auch der ehrfurchtsloseste Lümmel das Hutfabrikat herunterzunehmen, die Stimme zu dämpfen, die Visage ruhig, ernst, beinahe nachdenklich und jedenfalls ehrerbietig zu machen [...] gehalten ist". (Ebd.) Denn die "große Mehrzahl der Menschen bedarf der Gebundenheit durch Ehrfurcht, um einen erträglichen [...] Anblick zu bieten". (XII, 481) Nirgendwo wurden der "Distanz-Kultus" (III, 481) und der reaktive Fluchtcharakter der Sehnsucht nach dem vornehmen Ernst und der Stille des Todesbezirkes deutlicher als in diesen Passagen. In moderatem Ton übernimmt Hans Castorp solche Anschauungen. Er fühlt sich in seinem Element, "wenn die Leute ernst und traurig sind und der Tod im Spiele ist, [...] – ich habe schon manchmal gedacht, man sollte, statt in die Kirche, zu einem Begräbnis gehen, wenn man sich ein bißchen erbauen will. Die Leute haben gutes schwarzes Zeug an und nehmen die Hüte ab und sehen auf den Sarg und halten sich ernst und andächtig, und niemand darf faule Witze machen, wie sonst im Leben. Das habe ich sehr gern, wenn sie endlich mal ein bißchen andächtig sind". (III, 155) Im Kapitel "Totentanz" bemüht er sich, seinen frommen Todesvorstellungen gegenüber dem profanen Todesbetrieb des Berghofs Geltung zu verschaffen; dieser Abschnitt, von der bisherigen *Zauberberg*-Literatur kaum behandelt, verdient genauere Betrachtung.

Obwohl im Sanatorium viel gestorben wird, gelingt es der Mehrheit der Patienten, jeder Begegnung mit dem Tod auszuweichen. Der professionelle Krankenbetrieb ist darauf abgestimmt: Die Sterbenden werden versteckt, die Leichen heimlich beiseite geschafft; vor allem in den Tischgesprächen ist die Erwähnung von Sterbefällen tabu. Dabei gilt die Regel: je karikaturhafter eine Figur gezeichnet ist, desto entschlossener auch ihre Todes-Verdrängung. Als Hans Castorp den Tod des "Herrenreiters" erwähnt, bezeichnet Frau Stöhr ihn als "Grünschnabel" ohne Kinderstube und droht "klagbar" zu werden. (III, 407) Gegen diesen "Egoismus" der Lebenden (III, 412) entschließt sich Castorp, den Schwerkranken und Sterbenden Besuche abzustatten. Es ist sein Protest gegen die Usurpation des 'sakralen' Bereichs durch die 'Gewöhnlichkeit'. Im Abschnitt "Totentanz" treten diese Bereiche wie Formationen gegeneinander an. Auf der einen Seite der amouröse Klatsch und die vergnüglichen Verstöße gegen die Hausordnung, die gesteigerte "Lachlust, Putzsucht, Reizbarkeit" der Damen beim Besuch des jungen Knut Behrens, das "homerische Gelächter" des Speisesaals bei Fränzchen Overdanks Jubelruf: "Hurra, ein Jahr muß ich bleiben!!" (III, 415) und schließlich in aller Ausführlichkeit wieder die Abgeschmacktheiten der Ka-

roline Stöhr: "Wenn irgend etwas den jungen Hans Castorp in seinen redlich gemeinten geistigen Bemühungen störte, so war es das Sein und Wesen
dieser Frau." (Ebd.) Auf der anderen Seite die Massierung der todesfrommen
Begriffe und Gesten, Symbole und Motive (Achtung, Scheu, Demut,
Ehrfurcht vor dem Leiden), der Kampf um die "Würde des Leidensortes"
(III, 413), die "ehrerbietig vorwärts wiegenden Schritte" in den Sterbezim-
mern (III, 407), die vornehme spanische Strenge des *Don Carlos* und die
feierliche lateinische "Totensprache", kurz: die Beschwörung einer ernsten,
'unfidelen' "Menschlichkeit" im Sinne der *Betrachtungen*, gegen das "Gehen-
lassen" und die "schlottrigen Sitten". (III, 410) Im Gegensatz zu den
Betrachtungen bleibt es jedoch nicht bei strenger Rhetorik. Castorps
Bemühungen reichen vom freundlichen Zureden und Blumengaben bis zu
kleinen Pflegediensten und Exkursionen. Über die 'gute' Wirkung, die
Freude der Betroffenen kann kein Zweifel bestehen, die Frage nach der
Motivation Castorps ist jedoch des öfteren mit Skepsis gestellt worden.
Nach Hermann Kurzke liege seinen Besuchen eine nur "scheinbar edle
Regung" zugrunde. Das Ethische werde "desillusioniert als nur gespielter
Habitus, seine Rollenhaftigkeit und Konventionalität entlarvt".[28] Damit
wäre gerade dieser Abschnitt des Romans, in dem — wie sich zeigen wird —
erstmals deutliche Gegenakzente zu den Grotesken und Karikaturen gesetzt
werden, das Musterbeispiel einer Psychologie, die "Moralisches als sublimen
Egoismus enttarnt".[29] Es stellt sich die Frage, ob ein derart eintöniges
Enthüllungsspiel tatsächlich die "künstlerische Methode"[30] für die Darstellung Hans Castorps und die Kommentierung seiner Krankenbesuche ist.
Nur im ersten Fall, vor dem Totenbett des Herrenreiters, erscheint Castorps
forcierte Pietät auch in komischem Licht, seine Bemühungen um die
Schwerkranken werden unabhängig davon ernst genommen. Die Psychologie will nicht 'scheinbar' gute Taten ins Zweifelhafte rücken, vielmehr
macht sie die komplexe Motivierung von Castorps Handlungen anschaulich
und läßt sie gelten: "[...] denn wirklich waren es verschlungene Motive, aus
denen sein Wunsch erwuchs. Der Protest gegen den obwaltenden Egoismus
war nur eines davon. Was mitsprach, war namentlich auch das Bedürfnis
seines Geistes, Leiden und Tod ernst nehmen und achten zu dürfen [...]."
(III, 412) Castorp empfindet eine "beglückende Ausdehnung seines Wesens"
bei der Pflegetätigkeit, "eine Freude, die auf dem Gefühl von der

---

28 Hermann Kurzke: *Ästhetizistisches Wirkungsbewußtsein und narrative Ethik bei Thomas
Mann*, in: Ders. (Hrsg.): *Stationen der Thomas-Mann-Forschung*, S. 210-227, hier S. 212.

29 Hermann Kurzke: *Ästhetizistisches Wirkungsbewußtsein und narrative Ethik*, S. 212.

30 Hermann Kurzke: *Ästhetizistisches Wirkungsbewußtsein und narrative Ethik*, S. 220.

Förderlichkeit und heimlichen Tragweite seines Tuns beruhte, sich übrigens auch mit einem gewissen diebischen Vergnügen an dem untadelig christlichen Gepräge dieses Tuns und Treibens mischte [...]". (III, 437) Dieses subtile Vergnügen am Konventionellen ist mit 'Entlarvungspsychologie' nicht zu fassen, das Bewußtsein des Helden ist ihr bereits voraus. Todes-Ästhetizismus und Ethik, Protest und "Menschlichkeit", Selbstgenuß und Wohltätigkeit – der 'kalte Künstler' scheut ja nicht die rührende Szene, insbesondere in der Karen Karstedt-Episode – durchdringen sich, ohne daß das eine 'enthüllend' hinter dem anderen zum Vorschein käme. Das 'menschenfreundliche' Erzählen – so kann hier schon festgestellt werden – ersetzt die Pose des Entlarvens durch das Ausloten "lebensvoll schwankender Motive". (III, 832)

Anders als im *Tonio Kröger*, dessen "Bürgerliebe" erzählerisch folgenlos blieb, geht im "Totentanz"-Kapitel Castorps Entschluß zu "charitative[r] Teilnahme" (III, 438) mit einer Reihe auffallend 'freundlicher' Porträts der Kranken einher, die in Ton und Gestus völlig abweichen von der bisherigen Menschendarstellung des Romans. An abgeschirmten Orten, moribund, wird das 'Lebenswürdige' entdeckt. Regelmäßig erfolgt die Nahperspektive der Gesichts-, Körper- und Kleidungsbeschreibung erst nach einer Vorstellung der Person, ihrer Geschichte und ihrer Krankheit und gegebenenfalls auch einer wörtlichen Rede; sie verliert dadurch den aggressiven, inspizierenden Charakter. Einige Beispiele:

Die Sterbende [Leila Gerngroß; der Verf.] war ein überaus liebreizendes blondes Geschöpf mit genau vergißmeinnichtblauen Augen, das trotz furchtbarer Blutverluste und einer Atmung, die nur vermittelst eines ganz unzulänglichen Restbestandes von tauglichem Lungengewebe geschah, einen zwar zarten, aber eigentlich nicht elenden Anblick bot. Sie dankte und plauderte mit etwas tonarmer, aber angenehmer Stimme. Ein rosiger Schein erstand auf ihren Wangen und verharrte dort. (III, 420)

Sie [Frau Zimmermann] war nahezu hübsch, hatte klare, etwas zu ausgeprägte, aber angenehme Züge und ein kleines Doppelkinn. Aber ihre Lippen waren bläulich, und auch die Nasenspitze wies diese Tönung auf, zweifellos infolge Luftmangels. Ihre Hände, die von sympathischer Magerkeit waren und die die Spitzenmanschetten des Nachthemdes gut kleideten, vermochten sich ebensowenig ruhig zu halten wie die Füße. Ihr Hals war mädchenhaft, mit 'Salzfässern' über den zarten Schlüsselbeinen, und auch die Brust, unter dem Linnen von Gelächter und Atemnot in unruhig knapper und ringender Bewegung gehalten, schien zart und jung. (III, 427)

Seit vier Jahren hier oben, war die Mittellose [Karen Karstedt] von harten Verwandten abhängig, die sie schon einmal, da sie doch sterben müsse, von hier fortgenommen und nur auf Einspruch des Hofrats wieder heraufgeschickt hatten.

Sie domizilierte in 'Dorf', in einer billigen Pension, – neunzehnjährig und schmächtig, mit glattem geöltem Haar, Augen, die zaghaft einen Glanz zu verbergen suchten, der mit der hektischen Erhöhung ihrer Wangen übereinstimmte, und einer charakteristisch belegten, dabei aber sympathisch lautenden Stimme. (III, 437)

Weitere Porträts ließen sich anfügen. Fühlt sich der Autor, angesichts der Todesnähe dieser Figuren, zu Pietät angehalten? Das bisherige Werk Thomas Manns hat das Makabre und Groteske in der Darstellung von Zusammenbrüchen und Hinfälligkeit nicht gescheut (*Der Weg zum Friedhof*, *Luischen* etc.), und erst recht für den *Zauberberg* erscheint eine solche Erklärung des veränderten Tonfalls nicht plausibel. Die Beschreibungen haben nichts Beschönigendes oder milde Verschleierndes (ein Erzähler, der verklärenden Schein über die Hinfälligkeit breiten will, schreibt nicht "nahezu hübsch"), im Gegenteil: die Vorzeichen des Todes werden so genau beobachtet wie – seit je eine Vorliebe dieses Porträtisten – die körperlichen Disproportionen: "Der Schwerkranke, kaum zwanzigjährig und dabei schon etwas kahl und grau auf dem Kopf, wächsern und abgezehrt, mit großen Händen, großer Nase und großen Ohren, zeigte sich zu Tränen dankbar für Zuspruch und Zerstreuung, – wirklich weinte er aus Schwäche etwas [...]." (III, 423) Die Veränderung betrifft weniger das Wahrgenommene als die Art der Wahrnehmung; in den vorhergehenden Kapiteln wären dieselben Figuren Opfer ihrer 'Merkmale' geworden: als 'Fräulein mit dem Doppelkinn' oder 'grauer Junge', der sich durch Ohren und Nase von 'seltenem Umfange' auffällig macht. Bewirkt also vielleicht doch die Todesnähe eine *innerliche* Verfeinerung dieser 'gewöhnlichen' Menschen, die sich dann in den Beschreibungen spiegelt, eine moralische Verklärung, wie sie Schopenhauer beschrieben hat? In der *Welt als Wille und Vorstellung* heißt es: "Meistens muß daher durch das größte eigene Leiden der Wille gebrochen sein, ehe dessen Selbstverneinung eintritt. Dann sehn wir den Menschen [...] plötzlich in sich gehn, sich und die Welt erkennen, sein ganzes Wesen ändern, sich über sich selbst und alles Leiden erheben und, wie durch dasselbe gereinigt und geheiligt, in unanfechtbarer Ruhe [...] willig allem entsagen, was er vorhin mit der größten Heftigkeit wollte, und den Tod freudig empfangen."[31] Am Lebensende stehe regelmäßig eine ethische Wendung, so Schopenhauer an anderer Stelle: "Dies letztere bewährt sich auch durch die unleugbare Tatsache, daß bei Annäherung des Todes der Gedankengang eines jeden Menschen, gleichviel ob dieser religiösen Dogmen angehangen habe oder nicht, eine *moralische* Richtung nimmt und

---

31 Arthur Schopenhauer: W I, 533.

er die Rechnung über seinen vollbrachten Lebenslauf durchaus in *moralischer* Absicht abzuschließen bemüht ist."[32]

Aber auch mit solcher ethischen Läuterung durch das Leiden und damit der Verklärung des Sterbens hat der Erzähler des "Totentanz"-Kapitels wenig im Sinn; alle Moribunden bleiben bis zuletzt auf den engen Kreis ihres Lebens- bzw. Berufsinteresses fixiert. Herr Rotbein wird durch das überreichte Bukett zu matt geflüsterten Bemerkungen über den europäischen Blumenhandel angeregt: "Denn er war Kaufmann, und in dieser Richtung lagen seine Interessen, solange er eben am Leben war." (III, 423) Noch seine – anderntags tödlich verlaufende – Operation nimmt er "von der geschäftlichen Seite, – solange er lebte, würde er die Dinge unter diesem Gesichtswinkel betrachten". (III, 424) Hans Castorp stellt sich im Gespräch auf diese "trockene Sachlichkeit" der Denkweise ein (ebd.), weder sein Verhalten noch der Kommentar des Erzählers lassen den Spott erkennen, dem die 'unproblematische' kaufmännische Existenz bisher nie entgehen konnte. Auch die 'überfüllte' Frau Zimmermann behält ihre naive, alles komisch findende Wesensart und begegnet der Lebensgefahr mit "kindischem Leichtsinn" (III, 428), und ebenso bleibt Frau von Mallinckrodt – "gräßlich daran und ganz allein in der Welt" – okkupiert von ihrem Familien- und Liebesdebakel und verzichtet, obwohl vom Tod gezeichnet, nicht auf Koketterie:

Beständig wechselte sie den Schmuck, begann in der Frühe mit Korallen und endete abends mit Perlen. Erfreut durch Hans Castorps Blumensendung, der sie offensichtlich eine mehr galante als charitative Bedeutung beilegte, ließ sie die jungen Herren zum Tee an ihr Lager bitten, den sie aus einer Schnabeltasse trank, die Finger ohne Ausnahme der Daumen und bis zu den Gelenken mit Opalen, Amethysten und Smaragden bedeckt. Bald, während die goldenen Ringe an ihren Ohren schaukelten, hatte sie den Vettern erzählt, wie alles sich mit ihr zugetragen: von ihrem anständigen, aber langweiligen Mann, ihren ebenfalls anständigen und langweiligen Kindern, die ganz dem Vater nacharteten und für die sie sich niemals sonderlich hatte erwärmen können, und von dem halben Knaben, mit dem sie das Weite gesucht und dessen poetische Zärtlichkeit sie sehr zu rühmen wußte. Aber seine Verwandten hätten ihn mit List und Gewalt von ihr losgemacht, und dann habe sich der Kleine auch wohl vor ihrer Krankheit geekelt, die damals vielfältig und stürmisch zum Ausbruch gekommen. Ob die Herren sich etwa auch ekelten, fragte sie kokettierend; und ihre Rasse-Weiblichkeit triumphierte über das Ekzem, das ihr das halbe Gesicht überzog. (III, 435f.)

---

[32] Arthur Schopenhauer: *Preisschrift über die Grundlage der Moral*, Werke, Bd. 3, S. 798f.

Einer Randfigur wird Schicksalsfähigkeit zuteil, die den zum Teil weit mehr Erzählraum beanspruchenden Chargenrollen versagt bleibt; die wenigen Zeilen indirekter Rede enthalten gleichsam das Konzentrat einer Novelle in der Art der *Betrogenen*. Sensitivität, Lebens- und Liebeshunger, aber auch die Kälte einer Frau werden in knappen Strichen erkennbar, zugleich ihre unsentimentale, vorwurfslose Sicht der eigenen Lebenstragödie. Die Koketterie, bei Frau Stöhr bloß ordinär und banal (vgl. III, 791), erhält in ihrer Ungezwungenheit als 'Triumph' über das Körperelend beinahe etwas Heroisches; dies nimmt dem riskanten Bild der schmuckbehangenen Moribunden den grotesken Zug. Auffällig wird die 'Lebenswürde'[33] dieser Gestalten abgesetzt von der Würdelosigkeit der übrigen Sanatoriums-gesellschaft. Ein kurzer Absatz beschäftigt sich wieder mit dem "Fräulein in der Reformhose" und dem umschäkerten Knaben Teddy, und dann heißt es: "*Aber* auf Nummer fünfzig lag Frau von Mallinckrodt [...]." (Hervorh. d. Verf.; III, 435). Dabei wird ja auch in der Darstellung dieser 'Gegenfiguren' ihre durchschnittliche Verfassung und das Allzumenschliche betont, das in Schopenhauers philosophischer Betrachtung des Sterbens bei der morali-schen Wesensänderung wie eine Schlacke zurückbleibt. Aber *trotz* "Mutter Gerngroß und ihrer Redensart vom 'netten kleinen Flirt', trotz auch dem nüchternen Wesen des armen Rotbein und dem törichten Tirili der Über-füllten" (III, 430) läßt sich Hans Castorp in seinen 'menschenfreundlichen' Unternehmungen nicht beirren, verzichtet der Erzähler auf abwehrende Komik, die der mit den bisherigen Gepflogenheiten und Reaktionsweisen seiner Menschendarstellung vertraute Leser in manchen Momenten sicher erwartet.[34] Vor allem im Porträt des "gutmütigen" Anton Karlowitsch Ferge wird das 'einfache', 'gewöhnliche' Leben rehabilitiert. Sein Bericht über den Pleuraschock ist der erste lange Redebeitrag einer Nebenfigur, mit dem die bis dahin eingehaltene, für die rangniederen Gestalten nur unbeträchtliche, lächerliche oder disqualifizierende Äußerungen vorsehende

---

[33] "Lebenswürde" bzw. "das Lebenswürdige" ist im Roman ein Begriff Settembrinis, gesetzt gegen das bloß "Lebenstüchtige". Vgl. III, 642, wo er gleich viermal verwendet wird. – Wie bedeutsam diese Formel ist – im übrigen ein Beispiel dafür, daß der Autor Settembrini immer wieder eigene geistige Erfahrungen und Positionen zuweist –, zeigt sich, wenn Tho-mas Mann in *Goethe und die Demokratie* wieder auf sie zu sprechen kommt: "Im 'Epilog zu Schillers Glocke' gebraucht Goethe einmal das Wort 'lebenswürdig'. 'Den Lebenswürdigen', klagt er, 'soll der Tod erbeuten!' Als junger Mensch, der von Schopenhauer die große Erlaubnis zum Pessimismus erhalten hatte, war ich sehr betroffen von diesem Ausdruck, der, soviel ich weiß, eine persönliche Wortschöpfung Goethe's ist. Er verwirrte meinen jugendlichen Begriff von Geistigkeit, Künstlertum, Poesie, der recht eigentlich auf eine vornehme Untauglichkeit und Unberufenheit zum irdischen Leben hinauslief." (IX, 761)
[34] Vgl. z.B. die Beschreibung der Eltern von Leila Gerngroß; III, 420f.

Stiltrennung durchbrochen wird. Ferge ist zudem der erste Vertreter einer Reihe von Umgebungsfiguren, die – u.a. neben den nun markanter hervortretenden Frauengestalten – in den folgenden Werken Thomas Manns den bislang fast unbesetzten Leerraum zwischen Zentrum und Rand ausfüllen werden. Von geringerer Komplexität, beschränkt durch die stereotype leitmotivische Wiederholung, besitzt seine Darstellung doch schon Ähnlichkeit mit der des bescheidenen Mont-kaw oder des ruhigen Mai-Sachme in den Josephsromanen: es sind lebens- und leiderfahrene, unprätentiöse Menschen, deren Anspruchslosigkeit frei von Ressentiment und Borniertheit bleibt.

Oft und nicht anders als mit fahlem Grauen kam Anton Karlowitsch Ferge auf dies 'hundsföttische' Erlebnis zurück und ängstigte sich nicht wenig vor seiner Wiederholung. Übrigens hatte er sich von vornherein als einen einfachen Menschen bekannt, dem alles "Hohe" vollständig fernliege und an den man besondere Ansprüche geistiger und gemütlicher Art nicht stellen dürfe, wie auch er solche Ansprüche an niemanden stelle. Dies vereinbart, erzählte er gar nicht uninteressant von seinem früheren Leben, aus dem die Krankheit ihn dann geworfen, dem Leben eines Reisenden im Dienst einer Feuerversicherungsgesellschaft: von Petersburg aus hatte er in weitläufigen Kreuz- und Querfahrten durch ganz Rußland die assekurierten Fabriken besucht und die wirtschaftlich zweifelhaften auszukundschaften gehabt [...]. Es war nichts Höheres, was er vorbrachte, aber faktischer Natur und ganz gut zu hören [...]. (III, 433)

In Abhebung von den ortsüblichen Verstiegenheiten, der von Langeweile angetriebenen Sucht nach Extravagantem und kurzweilig Aufregendem[35], werden Ferges einfache Erzählungen seiner Berufs- und Reiseerfahrungen positiv gewertet.[36] Auch die Redeweise der Mentoren im Josephsroman wird dann "faktischer Natur" bzw. "gut zu hören" sein und dem Träumer-Helden die Lebenswirklichkeit näherbringen. Das 'schlichte', aber vorausweisende Format Ferges auf einer mittleren Ebene zwischen Gewöhnlichkeit und Singularität erklärt vielleicht den Umstand, daß der Autor gerade ihn als einzige Figur des "Totentanz"-Reigens genesen läßt. Seine Rückkehr in den Speisesaal wird als kleine Sensation mitgeteilt: "Unterdessen aber, an Settembrini's Tisch, an des Italieners Platz – wer saß dort seit kurzem [...]? Es war Anton Karlowitsch Ferge, er, der das höllische Abenteuer des Pleurachocs erprobt hatte! Ja, Herr Ferge war außer Bett; auch ohne Pneumothorax hatte sein Zustand sich so gebessert, daß er den größten Teil

---

35 Vgl. die kontrastive Beschreibung der Filmvorführung im selben Kapitel; III, 440ff.

36 Daß Hans Castorp den Erzählungen aus Rußland auch aus anderen Gründen zuhört, daß auch die Ferge-Figur die Asien-Motivik anklingen läßt, ändert nichts an dieser Einschätzung.

des Tages mobil und angekleidet verbrachte und mit seinem gutmütig-bauschigen Schnurrbart und seinem ebenfalls gutmütig wirkenden großen Kehlkopf an den Mahlzeiten teilnahm. Die Vettern plauderten manchmal mit ihm in Saal und Halle, [...] Neigung im Herzen für den schlichten Dulder." (III, 501f.) Fortan wird er, trotz seiner Zurückhaltung und erklärten Unzuständigkeit in 'höheren' Fragen, auf den Spaziergängen und bei den Diskussionen mit Naphta und Settembrini anwesend sein, gemeinsam mit einer anderen Nebenfigur, die – bis dahin eine Karikatur unter vielen anderen – im zweiten Band eine überraschende Beförderung auf die mittlere Ebene der Menschendarstellung erfährt: Ferdinand Wehsal. Der masochistisch Veranlagte ist zunächst nichts als ein minderwertiger Verehrer Frau Chauchats, der von Zeit zu Zeit als namenloser "Mannheimer" oder als "jener lange Mensch mit gelichtetem Haar" (III, 157) mit seinen "kariösen Zähnen und einer zaghaften Redeweise" (III, 293) in Erscheinung tritt, um – "zu Hans Castorps Ekel" (III, 325) – "mit seitlich gedrehten Augäpfeln und kläglich geschürzter Oberlippe" (III, 293) der Russin in den Nacken zu spähen. Nun erhält er verspätet seinen Namen und Beruf (Kaufmann) und das Mitspracherecht im engeren Kreis um Hans Castorp, das er gelegentlich zu so eigenwilligen wie abstrusen, so leidenschaftlichen wie komischen Reden nutzt. Die Darstellung Wehsals wechselt damit, wenn er z.B. "mit Zähigkeit und Demut" die Freundschaft Hans Castorps sucht (III, 590), zu einer eher humoristischen Gestaltung, die beim Leser, so Thomas Mann in *Humor und Ironie*, ein "herzliches Lachen", d.h. 'Sympathie' erzeugt (XI, 802) – unabhängig von den absonderlichen, mitunter grotesken Zügen der Figur. Entsprechend verändert sich Castorps Verhältnis zu Wehsal: sein Abscheu weicht einer freundlichen Geduld, die allerdings zuweilen – auch dies humoristische Momente – auf harte Proben gestellt wird. Schließlich gewährt der Erzähler dieser Nebenfigur eine einzigartige Bevorzugung; was der Leser nie erfährt, erfährt Wehsal: Als er "eines Abends unter vier Augen mit bleichen Worten in ihn drang, ihm von den Erlebnissen und Erfahrungen der nachgesellschaftlichen Fastnacht doch um Gottes willen Näheres zu vertrauen, [willfahrte] Hans Castorp ihm mit ruhiger Güte [...], ohne daß, wie der Leser glauben mag, dieser Szene irgend etwas Leichtfertiges angehaftet hätte. Dennoch haben wir Gründe, ihn und uns davon auszuschließen und fügen nur noch an, daß Wehsal danach mit verdoppelter Hingabe den Paletot des freundlichen Hans Castorp trug". (III, 591)

Am Anfang der Betrachtung des "Totentanz"-Kapitels stand die Verwunderung über den veränderten Ton in der Menschendarstellung. Er ließ sich weder durch erzählerische Pietät noch durch eine Auffassung verklärten, einsichtsvollen Sterbens, wie sie in Schopenhauers Philosophie anzutreffen ist, befriedigend erklären. Gegen die allzu feierliche Todesidee Hans Castorps zeigten die Porträts gerade das Menschlich-Allzumenschliche der Moribunden, zugleich aber auch ihre "Lebenswürde". Am Beispiel des genesenden Ferge und des ihm zugesellten Wehsal erweist sich schließlich deutlich, daß die Todesnähe nicht das Entscheidende für die 'freundlichere' Präsentation der Figuren sein kann. Damit drängt sich eine andere Erklärung auf. Der größte Teil des *Zauberberg*-Personals entstammt der Ursprungskonzeption bzw. den bis 1915 fertiggestellten Kapiteln[37], gerade die Nebenfiguren sind dort bereits als entwicklungslose, scharfumrissene Karikaturen determiniert, dem Autor bleibt hier später wenig Bewegungsmöglichkeit. Die breiter angelegte, neuen Erfahrungen zugängliche Hauptfigur kann die Umorientierung ihres Autors durch "verschmitzte Lebensfreundlichkeit" (III, 804) in den Roman tragen; die Chargenrollen ließen sich jedoch kaum in diesem Sinne 'korrigieren' – Wehsal bleibt die halbe Ausnahme. Hier ergab sich die Notwendigkeit, den Figurenbestand zu erweitern. Castorps Besuche in den stillen, entlegenen Zimmern des Sanatoriums bieten gute Gelegenheit dazu; mit seiner menschenfreundlichen Akzentsetzung versucht dieser Abschnitt, einen nun deutlich empfundenen Mangel auszugleichen, den Thomas Mann anläßlich einer intensiven Hamsunlektüre am 12.4.1919 im Tagebuch näher kennzeichnet: "Gestern abend beendete ich Hamsuns 'Segen der Erde', ein herrliches Werk [...]. Und bei aller Verschmitztheit [eine *Zauberberg*-Assoziation; der Verf.] der Technik ist Einfachheit, Güte [...] da, ein Geist, der ohne Zweifel der der Zukunft, das heißt also: der Gegenwart ist, u. der meiner Vorkriegskonzeption eben fehlt."

Die "Einfachheit" und "Güte" von *Segen der Erde*, 1917 im norwegischen Original erschienen, war offenbar nicht nur für Thomas Mann in der Nachkriegssituation eine einschneidende Lektüreerfahrung. In *Knut Hamsun zum siebzigsten Geburtstag* heißt es: "[...] die Kulmination seines wunderreichen Lebenswerkes in 'Segen der Erde' [...] war auch für mich das erschütternde Ereignis, das dies herrliche Buch für viele kriegsgequälte deutsche Herzen damals bedeutet hat." (X, 460) Gerade in Hinsicht auf die eigenen hierarchischen Darstellungsgewohnheiten mochte dieses Buch Thomas Mann nachdenklich stimmen. Hier bekam er vorgeführt, wie Figuren, die im eigenen Werk bestenfalls als 'gewöhnliche' Randgestalten mit komischem, leitmotivisch wiederholtem 'Merkmal' einen kleinen Platz gefunden hätten, Gegenstand großer Darstellung wurden – und dies ohne aufdring-

---

[37] Im August 1915 war das *Zauberberg*-Manuskript bis zum Abschnitt "Hippe" gediehen. Vgl. Peter de Mendelssohn: *Der Zauberer. Das Leben des deutschen Schriftstellers Thomas Mann. Erster Teil: 1875-1918*, Frankfurt a. M. 1975, S. 1039f.

liche sozialkritische Programmatik. Man vergleiche etwa eine einführende Schilderung der Zentralfiguren Isak und Inger: "Das einzige war, daß seine Frau undeutlich redete und wegen einer Hasenscharte immer das Gesicht wegwendete; aber das war nichts, um sich darüber zu beklagen. Ohne diesen verunstalteten Mund wäre sie wohl nie zu ihm gekommen, die Hasenscharte war sein Glück. Und er selbst, war er ohne Fehl? Isak mit dem rostroten Vollbart und dem allzu untersetzten Körper, er war wie ein greulicher Mühlgeist, ja wie durch eine verzerrende Fensterscheibe gesehen. Und wer sonst ging mit solchem Ausdruck im Gesicht umher? Es war, als könnte er jeden Augenblick eine Art von Barrabas loslassen. Es bedeutete schon viel, daß Inger nicht davonlief."[38]

In dem zum Umkreis des *Zauberberg* gehörenden Essay *Goethe und Tolstoi*, geschrieben im Sommer 1921, findet sich dann der überraschende Satz: "Denn jeder Mensch ist wundervoll; mit Geist und Empfindung läßt sich jedes Menschenleben als interessant und liebenswert erweisen, auch das elende."[39] Das wenige Monate zuvor abgeschlossene "Totentanz"-Kapitel ist der erste Ansatz zu einer Menschendarstellung, die von solchen Auffassungen beeinflußt ist; es ist der erste Niederschlag des Wandlungsprozesses im erzählerischen Werk. Hatte Thomas Mann bei der Wiederaufnahme der Arbeit am *Zauberberg* zunächst das 'Überholte' daran beklagt – "Zbg. sowohl wie Hochstapler sind historisch, lange bevor sie fertig. Aber schließlich, es handelt sich einfach um nachzuholendes und aufzuarbeitendes Tagewerk und Pensum." (TB, 11.4.1919) –, so hat er nun das Gefühl, das Werk aus den Vorgaben und Zwängen der Ursprungskonzeption hinausgeführt zu haben: "Dann Zbg.-Vorlesung bei K. (Schluß von 'Totentanz' und 'Walpurgisnacht' so weit wie vorhanden). Große Bewunderung für die Merkwürdigkeit und Neuartigkeit des Ganzen." (TB, 11.4.1921)

---

[38] Knut Hamsun: *Segen der Erde*, übers. v. J. Sandmeier und S. Angermann, Berlin 1979, S. 11. – Die atmosphärische Nähe des Buches zum Josephsroman liegt im übrigen auf der Hand; in der Darstellung Leas etwa mag sie sich ausgewirkt haben. Zur Bedeutung Hamsuns für Thomas Mann: Hans-Joachim Sandberg: *König Midas und der Zauberer oder die Weisheit des Silenos. Von der "Sympathie mit dem Tode" zum "Lob der Vergänglichkeit": Knut Hamsun und Thomas Mann*, in: E. Heftrich u. H. Wysling (Hrsg.): *Internationales Thomas Mann-Kolloquium 1986 in Lübeck*, S.174-212.

[39] Die Fassung von 1921 findet sich in: Thomas Mann: *Für das neue Deutschland*. Essays Band 2, 1919-1925, hrsg. v. Hermann Kurzke und Stephan Stachorski, Frankfurt a. M. 1993, hier S. 55.

4. Neue Figuren des zweiten Bandes

a) Sympathie – Ellen Brand

Bei den im zweiten Band hinzukommenden Nebenfiguren praktiziert der Erzähler die in "Totentanz" eingeübte Deskriptionssweise, besonders auffällig bei Ellen Brand, Medium der spiritistischen Sitzungen Dr. Krokowskis:

Wer war Ellen Brand? [...] Fast niemand auf den ersten Blick. Ein liebes Ding von neunzehn Jahren, Elly gerufen, flachsblond, Dänin, doch nicht einmal aus Kopenhagen, sondern aus Odense auf Fünen, woselbst ihr Vater ein Buttergeschäft besaß. Sie selbst stand im praktischen Leben, hatte schon ein paar Jahre [...] als Beamtin der Provinzfiliale einer hauptstädtischen Bank auf einem Drehbock über dicken Büchern gesessen, – wobei sie Temperatur bekommen hatte. Der Fall war unerheblich, [...] wenn Elly auch freilich ja zart war, zart und offenbar bleichsüchtig, – dabei unbedingt sympathisch, so daß man ihr gern die Hand auf den flachsblonden Scheitel gelegt hätte [...]. Nordische Kühle umgab sie, eine gläsern-keusche, kindlich-jungfräuliche Atmosphäre, durchaus liebenswert, wie der volle und reine Kinderblick ihrer Blauaugen und wie ihre Sprache, die spitz, hoch und fein war, ein leicht gebrochenes Deutsch mit kleinen typischen Lautfehlern, wie 'Fleich' statt 'Fleisch'. An ihren Zügen war nichts Bemerkenswertes. Das Kinn war zu kurz. (III, 910)

Abweichend von den Beschreibungskonventionen noch des ersten *Zauberberg*-Bandes ist die Art, wie der Erzähler das Leserinteresse für diese Nebenfigur aufruft: "Wer war Ellen Brand?" (In den Josephsromanen werden solche einleitenden Fragen wiederkehren, z.B.: "Was kümmert uns Mont-Kaw?"; V, 979) Ebenso der folgende Satz, mit dem der erste Eindruck für wenig ausschlaggebend erklärt, um genaueres Hinsehen gebeten wird. Man muß den Ton all jener abschätzigen Darstellungen im Ohr haben, wo der Erzähler nach ein, zwei 'treffenden' Bemerkungen sich von seinen "unscheinbaren und geringfügigen Geschöpf[en]" (III, 66) abzuwenden pflegte, um bei diesem "Fast niemand auf den ersten Blick" aufzuhorchen; bislang schien der "erste Blick" in solchen Fällen durchaus hinreichend. (Selbst auf den "zweiten Anblick", heißt es dann gar, würde sich niemand etwas "träumen lassen" von den besonderen "Bewandtnissen", die es mit Ellen hatte; ebd.) Ungewöhnlich auch der darauf folgende Hinweis, Ellen sei ein "liebes Ding von neunzehn Jahren"; in etwas betulicher Manier – ein stilistischer Kontrapunkt zu Ellens mysteriöser Begabung – setzt damit schon am Anfang des Porträts die Sympathielenkung ein. Daß Ellen Brand "nicht einmal" aus Kopenhagen stamme, klingt zunächst wie eine Bestätigung ihrer scheinbaren Niemandsexistenz; wer jedoch weiß, daß der von Thomas Mann hochgeschätzte Hans Christian Andersen in Odense geboren wurde, wird den Namen des Herkunftsortes als 'geheime' Auszeichnung lesen.[40] Ellens Vater betreibt dort ein "Buttergeschäft"; üblicherweise wirkt ein solcher beruflicher Hintergrund in den Werken Thomas Manns als Signal des 'Gewöhnlichen', erst recht, wenn das Geschäft auf ein spezielles Produkt vor allem des Nahrungs- und Hygienebereiches beschränkt bleibt: Bierbrauer und Seifensieder, Wurstfabrikanten und Klosettschüsselhersteller, solche Berufsbezeichnungen lassen stets komische Unzulänglichkeiten erwarten. Nicht so in diesem Fall: das weltabgelegene Buttergeschäft besitzt in der 'skandinavischen' Assoziationsreihe schon beinahe mehr poetischen als prosaischen Klang, komisch ist seine Erwähnung nicht. Ganz ähnlich verhält es sich mit Ellens Berufstätigkeit: kleine Bankbeamtin in einer Provinzfiliale. Das hätte sie im Frühwerk auf den minderen Existenzbereich häßlicher, 'traumloser' Wirklichkeit reduziert. Die Formulierung "Sie selbst stand im praktischen Leben" ist dort, ohne daß Ironie den Klang bestimmen würde, ganz undenkbar – man denke nur an Klöterjahns Ruf: "Ich bin ein tätiger Mann!" Mit ähnlicher Entschiedenheit bekennt sich noch im ersten Band des *Zauberberg* der Bierbrauer Magnus zum "praktischen Leben" und gibt damit die noch unzweideutig negative Wertung der unfeinen, geistlosen Lebenssphäre zu erkennen. (III, 137) Die Aufwertung 'nüchterner' praktischer Tätigkeit – kennzeichnend für die Josephsromane – kündigt sich dagegen im Porträt Ellen Brands bereits beiläufig an. Zugleich wird in ihrem Schicksal die Parallele zur Geschichte des 'Ingenieurs' Hans Castorp erkennbar. Solche Parallelismen, Resonanzen und Spiegelungen sind ein weiteres Charakteristikum der 'mittleren' Menschendarstellung (auf der unteren Ebene der Chargen kommen sie nur travestierend vor); der *Faustus*-Roman, der in weiten Teilen die größte Sorgfalt auf die Zeichnung der Neben- bzw. Umgebungsfiguren verwendet, wird sie vielfältig entwickeln (z.B. Leverkühn – Ines Rodde).[41] – Die nächsten beiden Sätze durchzieht eine Adjektivreihe mädchenhafter Unschuld: zart (zweimal) – bleichsüchtig – gläsern (auch schon eine Andeutung von Ellens medialer Fähigkeit) – keusch – kindlich – jungfräulich; dazu ist von "nordische[r] Kühle" und dem "reinen Kinderblick ihrer Blauaugen" die Rede. Der Erzähler bereitet hier die kontrastive Wirkung des späteren 'mystischen Geburtsvorganges' vor; durch die konvulsive Gewaltsamkeit, mit welcher er das "Kind" packt (III,

---

[40] Auf diesen Grund für die detaillierten Informationen über die Herkunft der Dänin hat Michael Maar aufmerksam gemacht.

[41] Zu den "Parallelismen" vgl. den Abschnitt 6.3. in Karlheinz Hasselbach: *Thomas Mann – Doktor Faustus*, S. 100-107.

943), erscheint er um so 'fragwürdiger' und 'abgeschmackter'. (Vgl. III, 941). Die letzten beiden Sätze des Porträts zeigen, daß in der 'neuen' Menschendarstellung der scharfe Blick sich nicht in verschleierndem Wohlwollen verliert; die Aufmerksamkeit für das Kuriose und Abnorme bleibt erhalten, sein dominierender Stellenwert wird jedoch zurückgenommen. Ellens dänischer Akzent wird in dieser Perspektive zu "kleinen typischen Lautfehlern", darauf folgt die knappe, 'kalte' Feststellung: "An ihren Zügen war nichts Bemerkenswertes. Das Kinn war zu kurz." Körperliche Makel und Defekte bei Nebenfiguren sind in den späteren Werken Thomas Manns im Regelfall kein absprechendes physiognomisches Urteil über die 'ganze' Person, sie stehen vielmehr in einem oft beunruhigenden Spannungsverhältnis zu einem *bereits gezeichneten* Persönlichkeitsbild und haben ihren Platz deshalb meist, wie hier bei Ellen Brand, am Ende einer Beschreibung – beeindruckendstes Beispiel dafür ist wohl die von Adorno gerühmte Darstellung von Adrian Leverkühns Mentor Wendell Kretschmar im *Doktor Faustus*, mit der quälend minutiösen Beschreibung des Stotterleidens.[42]

Bemerkenswert an der Schilderung Ellen Brands ist schließlich noch die Wiederholung der sympathielenkenden Formeln – "unbedingt sympathisch", "durchaus liebenswert". Sie fielen schon in der Porträt-Reihe des "Totentanz"-Kapitels auf und werden fortan zum festen Bestand der Menschendarstellung Thomas Manns gehören. Den tieferen Grund solcher auf den ersten Blick etwas floskelhaft anmutenden Versicherungen hat Peter von Matt in seiner *Literaturgeschichte des menschlichen Gesichts* angedeutet, ohne sich dabei speziell auf Thomas Mann zu beziehen: "Es ist ohnehin so, daß das einzelne Element, der einzeln benannte Teil des Gesichts im erzählenden Text von Natur aus tendenziell komisch ist. Er muß schon mit sittlich oder ästhetisch wertenden Attributen versehen sein, soll er der Figur nicht einen etwas ridikülen [...] Anstrich geben."[43] Helden, die der Leser positiv erleben, zu denen er gar in eine gefühlsmäßige Beziehung treten soll, werden deshalb – so von Matt – oft mit weitgehendem Verzicht auf 'störende' Details geschildert. Diesen Zusammenhang hat Thomas Mann offenbar sehr genau empfunden und bei der Aufwertung der Nebenfiguren vor allem 'sittliche' Attribute gezielt eingesetzt. Die Persistenz des markanten, oft kuriosen Details in den Personenbeschreibungen hat dagegen auch die Funktion, der unvermeidlichen Unschärfe von solchen Gefühlseindrücken bzw. Suggestionen der 'Sympathie' entgegenzuwirken. Technisch und stilistisch orientiert sich Thomas Mann hier gelegentlich an

---

[42] Theodor W. Adorno: *Zu einem Porträt Thomas Manns*, S. 336.

[43] Peter von Matt: *... fertig ist das Angesicht*, S. 227.

der Porträtkunst Goethes (v.a. *Dichtung und Wahrheit*), für die ja ebenfalls das Nebeneinander von Gefühlseindrücken, 'vagen' Sympathieformeln und dem "hartnäckigen Konkretum"[44] charakteristisch ist, eindrucksvoll im Bildnis Herders:

Er hatte etwas Weiches in seinem Betragen, das sehr schicklich und anständig war, ohne daß es eigentlich adrett gewesen wäre. Ein rundes Gesicht, eine bedeutende Stirn, eine etwas stumpfe Nase, einen etwas aufgeworfenen, aber höchst individuell angenehmen, liebenswürdigen Mund. Unter schwarzen Augenbrauen ein paar kohlschwarze Augen, die ihre Wirkung nicht verfehlten, obgleich das eine rot und entzündet zu sein pflegte.[45]

Das 'freundliche' Porträt Ellen Brands unterscheidet sich von den Darstellungen der meisten anderen Patienten dadurch, daß *vor* der unmittelbaren Beschreibung ein kurzer Abriß der Lebens- und Krankengeschichte erfolgt. Damit wird der auch im Frühwerk oft sehr bewußt gewählte, direkte Zugriff auf das physiognomische Detail vermieden, der ja meist eine deutliche Wertung erkennen läßt: daß die Figur nicht zu den Verehrten, sondern zu den Verachteten gehört, sonst würde sich der Autor respektvoller annähern. Diese Technik einer Verzögerung der konkreten Beschreibung, ihre Stellung erst nach einer bereits erfolgten wörtlichen Rede bzw. nach der Mitteilung einiger persönlichkeitsbezogener Informationen, etwa zu Wesensart, Lebenslauf, Beruf, wurde bereits im Zusammenhang mit den Figuren des "Totentanz"-Kapitels angesprochen. Es handelt sich dabei um ein wichtiges Charakteristikum der 'menschenfreundlicheren' Darstellungsweise, dessen wahrnehmungspsychologischer Hintergrund bei dieser Gelegenheit kurz umrissen werden soll. Für die Ausbildung einer Personenvorstellung – sowohl in realen Gesprächssituationen wie auch in künstlerischen oder nichtkünstlerischen Beschreibungen – ist die Reihenfolge der gelieferten Informationen von entscheidender Bedeutung. In der Informationsaufnahme macht sich ein sogenannter "primacy effect"[46] geltend. Seine Wirkung besteht darin, daß "im Verlauf der sukzessiven Aufnahme von Informationen über eine Person bereits bei den ersten, noch so knappen Teilinformationen an Hand von Vorurteilen bzw. unter Einsatz der [...] impliziten Persönlich-

---

[44] Peter von Matt: *... fertig ist das Angesicht*, S. 82.

[45] Johann Wolfgang v. Goethe: *Aus meinem Leben. Dichtung und Wahrheit*, Hamburger Ausgabe , Bd. IX, München 1981, S. 402f.

[46] N. H. Anderson/A. A. Barrios: *Primacy Effects in Personality Impression Formation*, in: C. Hendrick/R. A. Jones (Hrsg.): *The Nature of Theory and Research in Social Psychologie*, New York 1972, S. 210-218 – A. S. Luchins: *Primacy-Recency in Impression Formation*, in: C. I. Hovland (Hrsg.), *The order of Presentation in Persuasion*, New Haven 1957, S. 33-61.

keitstheorie des Rezipienten [...] eine Vorstellung des ganzen Charakters gebildet wird. Dabei steht der Grad der subjektiven Überzeugtheit von der Richtigkeit eines solchen Gesamtbildes in einem merkwürdigen Mißverhältnis zu der Dürftigkeit der gegebenen Information".[47] Psychologische Experimente zeigen, daß die zuerst gegebene Information stets die dominante ist – es sei denn, die Versuchspersonen werden ausdrücklich aufgefordert, nicht vorschnell zu urteilen. In einer der wenigen Untersuchungen zur Erforschung literarischer Figuren hat Herbert Grabes diese Ergebnisse der Psychologie auf den Leseprozeß bezogen: "Obwohl die Informationen über eine literarische Figur erst sukzessiv bei der Lektüre aufgenommen werden und deshalb insbesondere zu Beginn noch sehr lückenhaft sind, neigt der Leser oder Zuhörer dazu, schon zu einem frühen Zeitpunkt eine Vorstellung der *ganzen* Figur zu bilden, von deren Richtigkeit er in der Regel subjektiv sehr stark überzeugt ist."[48] Selbst bei Hauptakteuren, die ein Autor über Hunderte von Seiten entwickelt, wird in der Regel schon bei der ersten Information die Figur vom Leser so aufgefaßt, "als sei sie ganz 'da' und ihm nur noch nicht ganz bekannt".[49] Daß sich gerade in der Figurendarstellung großer Werke mit einer langen, wechselvollen Entstehungszeit – der *Zauberberg* ist ein Beispiel dafür – oft Brüche, Verschiebungen, Bewertungsveränderungen, gar Unstimmigkeiten ergeben können, wird deshalb meist auch von geübten Lesern übersehen; im *Zauberberg* sind davon am deutlichsten Settembrini, Clawdia Chauchat und Hans Castorp betroffen. – Gerade bei der Informationsfolge einführender Beschreibungen spielt der 'primacy effect' eine entscheidende Rolle. Eine Nebenfigur, bei der der Erzähler etwa vor allem anderen komische Details der Gesichtsbildung mitteilt, ist schon fast 'erledigt', sie läßt sich kaum noch ernst nehmen; selbst eine nachfolgende positive Zeichnung könnte sich nur mit einigem Aufwand gegen das einmal gesetzte Vorzeichen – und die mit ihm erzeugte Erwartung des Absonderlichen, Kauzigen, zumindest Belustigenden – durchsetzen. Bei einem Autor wie Thomas Mann, der in den künstlerischen Wirkungen kaum etwas dem Zufall überläßt und das Sympathie- oder Antipathieverhältnis gegenüber den Figuren gerade durch die Wahl der Darstellungsmittel zu erkennen gibt, ist ein gezieltes Ausnutzen des 'primacy effects' zu erwarten, gleichgültig, ob eine Figur abschätzig oder mit Wohlwollen, gar mit Liebe gesehen und gezeichnet wird. Die meist

---

[47] Herbert Grabes: *Wie aus Sätzen Figuren werden... Über die Erforschung literarischer Figuren*, in: *Poetica* 10 (1978), S. 405-428, hier S. 414.

[48] Herbert Grabes: *Wie aus Sätzen Figuren werden...*, S. 415.

[49] Herbert Grabes: *Wie aus Sätzen Figuren werden...*, S. 415.

eindeutige, den Leser niemals der 'Orientierungslosigkeit' ausliefernde Sympathielenkung ist im übrigen ja eine der auffälligsten Eigenheiten dieses Erzählers, die bisher kaum untersucht wurde.

b) Verständnis – Luise Ziemßen

Ein weiteres Beispiel für den 'neuen' Porträtstil ist Luise Ziemßen. Kurz vor dem Tod ihres Sohnes trifft sie auf dem Berghof ein:

> [Sie] hatte dieselben schönen, schwarzen und sanften Augen wie Joachim. Ihr ebenfalls schwarzes, mit Weiß aber schon stark vermischtes Haar war durch ein fast unsichtbares Schleiernetz in Form und Sitz befestigt, und das paßte zu ihrer Wesenshaltung überhaupt, die besonnen, freundlich gemessen und sanft zusammengenommen war und ihr bei deutlicher Geistesschlichtheit eine angenehme Würde verlieh. (III, 695)

Zwar nur eine Randfigur, steht Luise Ziemßen doch am Anfang einer markanten Reihe weiblicher bzw. mütterlicher Gestalten im späteren Werk Thomas Manns, deren Einfühlsamkeit und Wärme der Kälte des 'Dämonischen' Widerpart bieten. Sie wird als "verständige Frau" bezeichnet (III, 741) – genau diese Eigenschaft steht dann auch in der viel nuancierteren Charakterisierung der Frau Schweigestill des *Doktor Faustus* obenan: Bei keinem ihrer Auftritte bleibt das "Verständnis" bzw. das "verständige Willigen ins Menschliche" unerwähnt, mit dem sie den Hof in Pfeiffering als freundliches Refugium anziehend macht für "jederlei distinguierte Resignation oder verwundete Menschlichkeit". (VI, 433f.) Die gegensätzlichen Bereiche sind klar abgesteckt, wenn im Teufelsgespräch der Gast mit dem "eisigen Zug" erklärt, er sei "doch nicht von der Familie Schweigestill". (VI, 302, 308) Leitmotivisch wird bei diesen Frauen das "befestigte" Haar bzw. der "glatt und fest angezogen[e]" Scheitel erwähnt (Frau Schweigestill: VI, 275)[50], das knappe Porträt von Joachims Mutter führt die zugeordnete physiognomische Bedeutung noch ausdrücklich auf: Einfachheit und Maß,

---

[50] Im *Doktor Faustus* zählen zu dieser Figurenreihe noch Elsbeth Leverkühn und Frau Manardi. Beide sind mit der entsprechenden straffgescheitelten Frisur ausgestattet. (Vgl. VI, 33 u. 282) Problematischere, weniger gemessene Frauen- und Mutterfiguren haben dagegen auch eine weniger strenge Haartracht: das "braune, zierlich gekräuselte Haar" der Senatorin Rodde, dessen Schwund Anlaß ihrer Übersiedlung nach Pfeiffering ist, wird kontrastiv mit dem der Frau Schweigestill verglichen (vgl. VI, 433); kein Zufall auch, daß Rosalie von Tümmler mit zwar schon "stark ergrautem", aber "reichlichem, welligem" Haar ausgestattet wird. (VIII, 878) Vgl. zu diesem Motiv: Karlheinz Hasselbach: *Thomas Mann – Doktor Faustus*, S. 95.

Besonnenheit und Würde. Das unkomplizierte, "aufrechte" Wesen dieser Figuren verbindet sich bei Frau Schweigestill mit einem feinen "Sinn für den Ernst des Lebens". (VI, 275) Um diesen Ernst bemüht sich, angesichts der ausgelassenen Kranken-Fröhlichkeit, auch Luise Ziemßen. Es ist kein Zufall, daß gerade im Zusammenhang mit dieser Figur eine zentrale Bemerkung des Erzählers fällt, die mit ungewöhnlichem Abstand auf die *Beschränkungen* der Berghof-Welt aufmerksam macht: "Eigentlich nur anstandshalber hatte sie ein wenig gemäßigten Ernst herbeiführen wollen, unwissend, daß gerade das Mittlere und Gemäßigte hier ortsfremd und nur die Wahl zwischen Extremen gegeben war." (III, 696) Hier wird auch der – von Rothenberg für die Beschreibungsprinzipien aller Werke Thomas Manns behauptete und kritisierte – "Ausfall alles Mittleren und Gemäßigten"[51] schon im Roman selbst thematisiert, zugleich die mittlere Höhe der neuen Porträts markiert.

c) Humor – James Tienappel

Der Vormund Hans Castorps wird im retrospektiven zweiten Kapitel nur beiläufig erwähnt; in Erscheinung tritt er erst im Abschnitt "Abgewiesener Angriff" des zweiten Bandes. Die fünfzehn Seiten, die den "vollkommene[n] Fehlschlag" (III, 608) seines Berghof-Besuchs schildern, gehören zu den humoristischen Höhepunkten des Romans. Von Interesse ist deshalb vor allem die Frage, wie sich dieser Humor auf das Format der von ihm betroffenen bzw. ihn erzeugenden Gestalt auswirkt. Es sind in dieser Hinsicht – bezogen auf die Rangordnung der Figuren – zwei Wirkungsweisen von Humor bzw. Komik auszumachen: Typenkomik und Karikatur einerseits, die viel differenziertere Gesprächs- und Charakterkomik andererseits. Der reduzierenden Wirkung steht die erweiternde, geradezu persönlichkeitsstiftende gegenüber, denn Castorp, Behrens oder Settembrini (mit Einschränkungen auch Peeperkorn) werden vor allem durch ihre nuancierten Sprechweisen, die stets mit ironischen oder komischen Wirkungen versetzt sind, zu 'plastischen' Figuren und Sympathieträgern. Während der Leser, mit dem Autor die überlegene Perspektive teilend, Hermine Kleefeld, Frau Stöhr u.a.

---

[51] Mit diesen Worten charakterisiert Klaus-Jürgen Rothenberg die strikte hierarchische Stufung in der Menschendarstellung Thomas Manns. Seine Kritik verdankt sich einer scharf beobachtenden Analyse der *Buddenbrooks*, wird dann jedoch undifferenziert und gelegentlich auch moralisierend auf das Gesamtwerk übertragen. K.-J. R.: *Das Problem des Realismus bei Thomas Mann*, S. 58.

verlachen darf, schmunzelt er in wohlwollender Belustigung über die charakteristischen, unverblümten und pointierten Reden des Hofrats.[52]

Der Humor des Kapitels kann die Erwartungsspannung nutzen, welche der in diesem Fall besonders lange 'Vorhalt' erzeugt; nicht nur Hans Castorp hat längst "im stillen" mit einem Besuch aus dem Flachland gerechnet, auch der Leser. (III, 592) Daß sich erst nach sechshundert Seiten ein Verwandter "von unten" aufmacht, um nach dem in der Vorbeugekur Verschollenen zu sehen, ist ja beinahe gegen jede Wahrscheinlichkeit angesichts des überwachenden patrizischen Familiensinns, der allgemeinen Erwartung von "ansehnlichen Lebensstellungen" (III, 54) für einen Sohn der "herrschenden Oberschicht" (III, 48) und der "mitbürgerlichen Neugier", die damit rechnet, daß Hans Castorp in eine "öffentliche Rolle [...] hineinwachsen werde", und lediglich darüber spekuliert, in welche. (III, 54) Mit James Tienappel erscheint so tatsächlich der "Vertreter einer ganzen Welt" auf dem Berghof (die Formulierung Settembrinis, die auf den 'Ingenieur' Castorp nicht recht passen will, ist hier zutreffend; III, 85), um die längst vorgezeichnete Konfrontation der beiden Lebensbereiche aufzunehmen. Der Verwandtenbesuch gestaltet sich als Kampf feindlicher Prinzipien, und dementsprechend illustriert der Erzähler das burleske Geschehen mit militärischen Metaphern. Vom "Vorstoß des Flachlands" ist die Rede (III, 592), der Konsul ist sich "bewußt, auf fremdem Boden zu operieren" (III, 599), nach dem "abgewiesenen Angiff" wird er als "Flüchtling zur Flachlandsfahne" bezeichnet. (III, 607) Angesichts der zersetzenden Übermacht des 'Gegners', auf dessen 'Territorium' sich der Konsul begibt, in Kenntnis auch des Ausgangs, der dem Leser schon durch die Überschrift des Abschnitts angezeigt wird, besitzt er von vornherein die Sympathie des Unterlegenen, der den Kampf trotzdem wagt. Er wird nicht als Karikatur mahnenden Bürgersinns, sondern als distinguierter, um Weltläufigkeit bemühter "Herr" gestaltet. Nicht starre bürgerliche Prinzipien werden 'entlarvt', vielmehr macht Tienappel gerade seine Offenheit anfällig, indem der "Geist des Ortes mit seiner Wohlerzogenheit einen gefährlichen Kampfesbund" eingeht. (III, 601) Was inzwischen als Charakteristikum der 'mittleren' Menschendarstellung festgestellt werden konnte, das verzögerte direkte Porträt, findet

---

[52] Golo Mann war von dem immer wieder in Melancholie verfallenden Mediziner besonders angetan: "Die rührendste, stärkste Figur war, ist mir nicht der berühmte Peeperkorn, sondern der Hofrat Behrens. (Das habe ich der Schwiegertochter des bitter gekränkten Ur-Hofrats Dr. Jessen noch vor ein paar Jahren gesagt, sie gab mir recht.)" G. M.: *Göttliche Komödie*, in: *Was halten Sie von Thomas Mann? Achtzehn Autoren antworten*, hrsg. von Marcel Reich-Ranicki, Frankfurt a. M. S. 59-61, dieses Zitat S. 59.

sich auch hier; die Beschreibung des Konsuls erfolgt erst am Ende des An-
kunftsabends, ziemlich genau in der Mitte der Episode:

James Tienappel [...] war ein langbeiniger Herr von gegen Vierzig, gekleidet in
englische Stoffe und blütenhafte Wäsche, mit kanariengelbem, gelichtetem Haar,
nahe beisammenliegenden blauen Augen, einem strohigen, gestutzten, halb
wegrasierten Schnurrbärtchen und bestens gepflegten Händen. Gatte und Vater seit
einigen Jahren, [...] vermählt mit einer Angehörigen seines Gesellschaftskreises, die
ebenso zivilisiert und fein, von ebenso leiser, rascher und spitzig-höflicher Sprechweise war wie er selbst, gab er zu Hause einen sehr energischen, umsichtigen und
bei aller Eleganz kalt sachlichen Geschäftsmann ab, nahm aber in fremdem
Sittenbereich, auf Reisen, [...] ein gewisses überstürztes Entgegenkommen in sein
Wesen auf, eine höflich eilfertige Bereitwilligkeit zur Selbstverleugnung, in der sich
nichts weniger als seine Unsicherheit in der eigenen Kultur, sondern im Gegenteil
das Bewußtsein ihrer starken Geschlossenheit bekundete, nebst dem Wunsche, seine
aristokratische Bedingtheit zu korrigieren und selbst inmitten von Lebensformen,
die er unglaublich fand, nichts von Befremdung merken zu lassen. "Natürlich,
gewiß, selbstvers-tändlich!" beeilte er sich zu sagen, damit niemand denke, er sei
zwar fein, aber beschränkt. (III, 599)

Die Schilderung des Äußeren steuert im ersten Satz die Karikatur an, um
dann sogleich eine andere Richtung zu nehmen. Der Erzähler verwendet
Stereotypen, die aus früheren Darstellungen von Geschäftsmännern bzw.
Menschen des 'praktischen' Lebens vertraut sind: blaue Augen und blonde
Haare, englische Kleidung, Bart. Die physiognomische Ausstattung dieser
Existenzform erscheint jedoch in dezenter Zurücknahme: Während der
Bierbrauer Magnus einen "Schnurrbart" trägt, der "einem Heubündel ähnelt" (III, 137), besitzt Tienappel ein "Schnurrbärtchen", dessen ebenfalls
'strohige' Rustikalität durch 'Stutzen' und 'Wegrasieren' korrigiert wurde.
Daß wie bei einem Rassehund zuerst die Langbeinigkeit erwähnt wird, setzt
einen komischen Akzent; immerhin ist der 'vornehme Wuchs' für einen Geschäftsmann nach den physiognomischen Zuordnungen des Frühwerks
unüblich. Man vergleiche das Porträt Klöterjahns, bei dem ähnliche Merkmale ins Tierische zugespitzt werden: "Er war mittelgroß, breit, stark und
kurzbeinig und besaß ein volles, rotes Gesicht mit *wasserblauen Augen*, die von
ganz hellblonden Wimpern beschattet waren, geräumigen Nüstern und
feuchten Lippen. Er trug einen *englischen Backenbart*, war *ganz englisch
gekleidet* [...]." (VIII, 222; Hervorh. d. Verf.) Wo das Bild dieses
Großkaufmanns endgültig zur verzerrenden Belustigung übergeht ('geräu-
mige Nüstern'), wechselt die Zeichnung Tienappels bestimmend von der
blond-blauäugigen Lebenssphäre in den Bereich des Feinen, 'Aristokratischen' ('bestens gepflegte Hände'). Der hieran anschließende Satz ist in

mehrfacher Hinsicht bemerkenswert. Während die typenhafte, auf sichere Pointen zulaufende Darstellung der Nebenfiguren – dem Gestus des 'treffenden Wortes' entsprechend – zur Entfaltung ihrer Wirkung auch auf kürzere, prägnante Sätze angewiesen ist, folgt hier nun eine kunstvoll gebaute Periode von fast einer halben Seite, die schon formal eine ungewöhnliche Differenzierung anzeigt. Zunächst werden Lebensumstände, Standesbewußtsein, Umgangsformen, kurz: die "aristokratische Bedingtheit" der Lebensform umrissen. Das Bild des Konsuls nimmt die unpersönlichen und unnahbaren Züge der repräsentativen, zusammengenommenen Existenz an; er ist gepflegt und elegant, als Geschäftsmann 'energisch', 'umsichtig', 'kalt sachlich'. Die syntaktische Inversion der Partizipialkonstruktion entspricht einer solchen Verfassung durch den gespannten Satzbogen und einen 'würdigen' Klang; bei der Darstellung Aschenbachs hatte der Autor derartige Satzkonstruktionen häufig verwendet ("Beinahe noch Gymnasiast, besaß er einen Namen." VIII, 450). Der zweite Teil des Satzes ergänzt das Standesporträt des hanseatischen Großbürgers durch die persönliche, 'gewinnende' Eigenart – "kalt" und "Süden" sind die Signalworte dieser Entgegensetzung von geschäftlicher und 'menschlicher' Seite. Während diese bei den Kaufmannsfiguren des Frühwerks meistens im Hervorkehren derber Jovialität bestand und die Beschränktheit im 'Gewöhnlichen' anzeigte, stattet der Autor James Tienappel mit einem Zug aus, der dem Anschein entgegenwirken soll, "er sei zwar fein, aber beschränkt". Daß sich sein "überstürztes Entgegenkommen", seine "eilfertige Bereitwilligkeit zur Selbstverleugnung" angesichts fremder oder gar befremdender Lebensformen gerade nicht der Unsicherheit der eigenen Lebenskultur, sondern umgekehrt dem "Bewußtsein ihrer starken Geschlossenheit" verdankt, ist ein überraschendes und sogleich einleuchtendes psychologisches Motiv. Es zeigt ein Begründen von Verhaltensweisen, eine Nuancierung der Beobachtung, wie sie bei der auf die Nebenfiguren angewandten Typenkomik bisher selten zum Zug kommen konnten – die Hintergründe des Verhaltens spielten dort keine Rolle, jedes 'Verständnis' hätte den Effekt distanzierter Belustigung zerstört. Andererseits schließt das Verständnis – diese Beschreibung wie auch die folgenden Darstellungen des Konsuls zeigen es – komische Wirkungen keineswegs aus, vielmehr ist das Verwickelte, Intrikate, Kompliziert-Hintergründige ein Nährboden für das humoristische Erzählen.[53]

---

53 Das überstürzte, bis zur Selbstverleugnung gehende Entgegenkommen als Korrektur 'aristokratischer Bedingtheit' – nicht zuletzt erinnert solche Psychologie an die Subtilität, mit der Marcel Proust gerade den Nebengestalten seines Werkes unerwartete oder trügerische Verhaltensweisen, Gesten und Bemerkungen beigibt, die den Helden regelmäßig

Komische Wirkung erzeugt die Darstellung Tienappels nicht durch karikaturhafte Zuspitzung – also auf seine Kosten –, sondern vor allem durch das Ausreizen des Kontrastes: daß zum Angriff auf die 'indezente' *Zauberberg*-Sphäre gerade ein Vertreter vollendeter Dezenz angereist kommt. Abgerundet wird das Porträt, wie so oft, mit einer charakterisierenden Redewendung. Sie wird im Laufe des Abschnitts so häufig wiederholt wie sonst die komischen Gebärden und phrasenhaften Bemerkungen der rangniederen Gestalten. Während diese Technik dann meistens 'entlarvend' das 'Eigentliche' einer Person gegen ihre Prätentionen herausstellt und fixiert, wird sie hier nicht gegen die Figur gewandt. Hinter der 'überstürzten Selbstverleugnung' von Tienappels "selbstvers-tändlich" verbirgt sich natürlich das genaue Gegenteil; aber die Reaktionen der Befremdung durch die nicht für möglich gehaltenen Berghof-Lebensformen müssen vom Leser hinzugedacht werden, etwa wenn Hofrat Behrens am ersten Morgen dem Konsul kurzerhand ein Augenlid herunterzieht, um sogleich wegen 'totaler Anämie' einen längeren Aufenthalt vorzuschlagen, und wiederum nur die eilfertige Antwort "Gewiß, selbstvers-tändlich" erhält. (III, 600) Die Figur bekommt damit einen Innenraum hinter der direkten Darstellung, den die 'flächigen' Karikaturen nicht besitzen. Dadurch, daß der Besucher beflissen jedes flachländische Werturteil vermeidet, seine Meinung höchstens durch bemühtes 'Witzeln' kundzugeben wagt, nimmt im Gegenzug die "ganze geschlossene Selbstgewißheit" der Berghof-"Sittensphäre" groteske Züge an. (III, 601) In keinem anderen Kapitel wird sie so überzeugend zum "Schattenreich" (III, 84) wie hier, wo für den Blick des Neuankömmlings das mit unheimlicher Ruhe verbundene "Uns friert nicht" sogar in Castorps "Miene geschrieben" steht. (III, 603)

Geschildert wird in burlesken Details die Erschütterung eines "reifen und feinen Mann[es] bis in den Grund seiner Seele". (III, 605) Zwar erscheint Tienappel – im Gegensatz zu Hans Castorp – als im Flachland gefestigte Existenz auf dem Berghof, dennoch vollzieht sich die 'Zersetzung' seiner Persönlichkeit durch den "Geist des Ortes" im gerafften Tempo der Komödie. Situationen, Äußerungen und Verhaltensweisen, durch die im ersten

---

zu Fehleinschätzungen verleiten und den kommentierenden Erzähler zur psychologischen Ergründung auffordern. Thomas Mann war empfänglich für Vergleiche seiner "Kunst der psychologischen Zergliederung" mit der Prousts. In einem Gespräch mit dem *Berliner Börsen-Courier* vom 30.9.1925 antwortet er daraufhin: "Ja, es besteht eine geheime Verwandtschaft zwischen Proust und mir. Das liegt wohl an der Proustschen Art, den Alltag zu romantisieren, das nichtige Detail zu heben und merkwürdig zu machen. Auch ich bin weniger für die großen als für die kleinen Dinge. Daher das Mikroskopische bei Proust und mir." V. Hansen u. G. Heine (Hrsg.): *Frage und Antwort. Interviews mit Thomas Mann*, S. 76f. – Zu Proust noch in Teil IV der Arbeit.

Kapitel die Desorientierung Hans Castorps in der ungewohnten Sphäre zum Ausdruck kamen, werden pointiert wiederholt, ihre gesteigerte komische Wirkung erzielen sie vor allem dadurch, daß jetzt auch der Leser auf der Seite der 'Eingeweihten' steht und den Konsul als Ahnungslosen auf die mittlerweile mit all ihren Fallstricken und Machinationen vertraute Bühne treten sieht. Wie Castorp wird auch Tienappel bald – "zu seiner größten Beschämung" – von einem Lachzwang überwältigt (III, 597f.), mit seinen "hochgeschwollenen Kopfadern" und dem Zungenlallen produziert er die bekannten Symptome der Ankunfts-Irritation. Der um Steigerung des Effektes bemühte Erzähler läßt ihn am ersten Abend mit der "gewohnten Gute-Nacht-Zigarette" gar "um ein Haar [...] Feuersbrunst" stiften, "da er zweimal, das glimmende Räucherwerk zwischen den Lippen, in Schlaf verfiel". (III, 598f.)

Um die zunehmende Desorientierung des Konsuls zu zeigen, greift der Autor wiederum zu einem bewährten Mittel der Komödie: der Konzentration auf das Gestische. Bergson formuliert in *Das Lachen* die Regel: "*Die Komödie lenkt unsere Aufmerksamkeit auf die Gesten anstatt auf die Taten*. Unter *Gesten* seien hier Haltungen, Bewegungen, sogar Reden verstanden, durch die ein Seelenzustand sich ohne Absicht, ohne Nutzen, einzig getrieben von einem inneren Anreiz, offenbart. [...] Die Handlung ist gewollt, auf jeden Fall bewußt; die Geste entzieht sich dem Bewußtsein, sie ist automatisch. In der Handlung gibt sich der Mensch ganz; in der Geste drückt sich ein isolierter Teil der Person aus [...]."[54] Diese Automatik des Gestischen findet sich mehrfach; dabei ist zu beachten, daß ihre komische Wirkung bei einem Menschen dezenter Selbstkontrolle grundsätzlich anders ausfällt als bei Figuren, deren Verhalten von vornherein gekennzeichnet ist durch Zwänge, die der Aufsicht des 'Ich' entronnen sind. James Tienappel entwickelt die neue Gewohnheit, "mit zusammengezogenen Brauen und gespitzten Lippen irgendwohin schräg aufwärts zu spähen, dann in heftiger Wendung den Kopf herumzuwerfen und den beschriebenen Blick in die entgegengesetzte Richtung zu lenken..." (III, 604) Kurz danach heißt es: "Der Konsul zeigte sich stark aufgeräumt, plauderte viel, lachte grundlos und stieß dem Neffen mit der Faust in die Weiche, indem er ausrief: 'Hallo, alter Bursche!' Zwischendurch hatte er jenen Blick, dahin und dann plötzlich dorthin." (III, 605) Auch die karikaturhafte Darstellung untergeordneter Nebenfiguren mit ihrer leitmotivischen Wiederholung von Defekten, Phrasen und wunderlichen Fehlleistungen bediente sich der Wirkung des Automatisierten, Mechanischen. Der Unterschied zur Darstellung James Tienappels ist jedoch

---

54 Henri Bergson: *Das Lachen*, S. 94f.

offensichtlich: Die Komik der Frau Stöhr etwa setzt voraus, daß diese Frau keineswegs erst durch die Einwirkungen des Zauberbergs außer 'Fassung' geraten ist, sondern daß die lächerlichen Gebärden und Unzulänglichkeiten genau ihrem 'unfeinen' Wesen entsprechen. Während an Hans Castorp und James Tienappel die sei es stimulierende, sei es 'entbürgerlichende', in jedem Fall verändernde Wirkung der Zauberberg-Sphäre anschaulich gemacht wird, erscheinen die meisten Nebenfiguren von vornherein reduziert, bleiben sich gleich, eine kontrastive Flachlandexistenz ist undenkbar.[55] Man stelle sich vor, vom Konsul würde *nicht mehr* mitgeteilt als der 'spähende' Blick und das seltsame 'Herumwerfen' des Kopfes. Er wäre eine unter vielen Patienten-Karikaturen. Dagegen bleibt jedoch selbst der von den "Weibesbrüsten" der "göttlichen" Frau Redisch begeisterte und vor Hans Castorp in Gesang ausbrechende James Tienappel immer noch der 'eigentlich' distinguierte Herr im Zustand komischer Selbstvergessenheit. Auch das lächerlichste Verhalten produziert hier keine 'entlarvende' Wirkung, weil es sich den übermächtigen Umständen verdankt, die den Besucher, der mit der Absicht gekommen war, "energisch nach dem Rechten zu sehen" (III, 599), nun gegen jede Erwartung bestimmen: "Das Leben des Sendboten lief auf Schienen, – auf denen, die ihm gelegt waren, und daß es außerhalb ihrer laufen könne, schien keine Denkbarkeit." (III, 603)

Der Humor des Abschnitts arbeitet nicht mit einer einseitigen komischen Beleuchtung (das 'Gewöhnliche', gehalten gegen den Ernst des Heldenlebens), er bezieht die 'Zivilisation' James Tienappels genauso ein wie die 'verkehrte Welt' des Zauberbergs, deren Umgangsformen Hans Castorp vertritt. Wenn der mittlerweile routinierte Patient z.B. den Konsul für die Liegekur präpariert, "zur Mumie rundet", wie es heißt, so erfaßt das Humoristische gleichermaßen den Konsul, der sich nichts anmerken lassen will, wie den ungerührten Hans Castorp, der mit "abgebrüht[er]" Selbstverständlichkeit in die "überlieferte Kunst" einführt, wie aber auch den komödienhaften Vorgang selber, seine mit spielerischer Leichtigkeit bewerkstelligte Vernetzung in die Todesmotivik – ein weiteres Beispiel für jenen "Humor des Todes", von dem Thomas Mann im Brief an Arthur Schnitzler vom 9.1.1925 spricht.[56] Hier verwirklicht der Erzähler eine "Totalität des Humors", die Jean Paul in der *Vorschule der Ästhetik* über die "partiellen

---

[55] Wiederum mit Ausnahme des Totentanz-Abschnitts, in dem die Vorgeschichten der beschriebenen Personen erzählt werden.

[56] DüD I, 487.

Satiren" stellt[57]; diese sieht er durch Einseitigkeit, verletzende Absicht und Überlegenheitsdünkel, jene durch eine Haltung gekennzeichnet, in welcher die "Welt-Verlachung" gleichzeitig die "eigene Verwandtschaft mit der Menschheit" zu erkennen gibt.[58] Jean Paul schreibt:

Ferner erklärt durch die Totalität sich die humoristische Milde und Duldung gegen einzelne Torheiten, weil diese alsdann in der Masse weniger bedeuten und beschädigen und weil der Humorist seine eigene Verwandtschaft mit der Menschheit sich nicht leugnen kann; indes der gemeine Spötter, der nur einzelne ihm fremde abderitische Streiche [...] wahrnimmt und aufzählt, im engen selbstsüchtigen Bewußtsein seiner Verschiedenheit – als Hippozentaur durch Onozentauren[59] zu reiten glaubend – desto wilder von seinem Pferde herab die Kapuzinerpredigt gegen die Torheit hält [...].[60]

Das "selbstsüchtige Bewußtsein der Verschiedenheit", wie es in der mit "Abwehrgefühlen beladenen Komik"[61] der *Buddenbrooks*, den gelegentlich zwischen Sentimentalität und Lebens-Satire pendelnden Novellen und noch den Patienten-Karikaturen des *Zauberberg* zum Ausdruck kommt, weicht im Abschnitt "Abgewiesener Angriff", den Peeperkorn-Kapiteln und größtenteils auch der Darstellung Settembrinis der souveräneren und nachsichtigeren Haltung des Humoristen. Auch in den begleitenden essayistischen Äußerungen fällt nun die Bevorzugung des Humorbegriffs gegenüber dem der Ironie auf. Thomas Mann schreibt Anfang 1926 in der *Pariser Rechenschaft*: "Das Komische *als Labsal*, der Humorist als wahrer Wohltäter der Menschheit, – je älter ich werde, desto inniger empfinde ich es so [...]. Aber wie kommt es, daß [...] das Humoristische, produktiv, heute eher in der Ausbreitung als im Rückgange begriffen ist?" (XI, 64) Das ist eine übliche Weise der Fragestellung, wenn der Autor auf die tiefere Aktualität seines eigenen Werks – in diesem Fall also auf den *Zauberberg* – zu sprechen kommen will. Die spezifische Gefühlslage des humoristischen Lachens wird dann wiederum mit Bezug auf Hamsun umschrieben:

Ist Hamsun, der Größte unter den Lebenden, nicht Humorist vom "Hunger" bis zum "Letzten Kapitel"? Ist nicht die Reaktion auf seine Erzählung vor allem das Lachen, das tief heraufquellende, zugleich sardonische und herzensinnige, er-

---

57 Jean Paul: *Vorschule der Ästhetik.* Nach der Ausgabe v. Norbert Miller hrsg. u. eingeleitet v. Wolfhart Heckmann, Hamburg 1990 (= Meiner Philosophische Bibliothek, Bd. 425), S. 128.

58 Jean Paul: *Vorschule der Ästhetik,* S. 126.

59 Hippozentaur, Onozentauren: Pferde- und Eselsmenschen.

60 Jean Paul: *Vorschule der Ästhetik,* S. 126.

61 Reinhard Baumgart: *Das Ironische und die Ironie in den Werken Thomas Manns,* S. 104f.

quickungsvolle Lachen, zu dem Leben und Wahrheit uns reizen, wenn sie so durch das Mittel der letzten Komik gezeigt werden? [...] Das hindert nicht, daß heute das Humoristische sogar in den romanischen Ländern um sich greift, sogar in Frankreich [...]: es war sec – im Gegenteile der Wortbedeutung von Humor. Heute entdeckt es Jean Paul. [...] und auf nichts in der Welt bin ich stolzer als auf die Notizen über den Humor, mit denen Arthur Schnitzler die Lektüre des "Zauberbergs" begleitet hat und unter denen man das lapidare und schlagende Wort findet: "Der Humorist lustwandelt innerhalb der Unendlichkeit."[62] (XI, 64f.)

Wenn hier mehr vorliegt als nur eine zufällige sprachliche Übereinstimmung ("Unendlichkeit"), so wendet auch Schnitzler auf den *Zauberberg* die Jean Paulsche Definition des Humors als eines "umgekehrten Erhabenen" an: "Wenn der Mensch, wie die alte Theologie tat, aus der überirdischen Welt auf die irdische herunterschauet: so zieht diese klein und eitel dahin; wenn er mit der kleinen, wie der Humor tut, die unendliche ausmisset und verknüpft: so entsteht jenes Lachen, worin noch ein Schmerz und eine Größe ist."[63] Sicherlich läßt sich diese Begrifflichkeit, die Perspektive vom Kleinen auf das Unendliche, nur mit Vorsicht auf den *Zauberberg* anwenden, eher schon kommen die Josephsromane solchen Definitionen entgegen; am zuverlässigsten charakterisieren sie, wenig erstaunlich, Jean Pauls eigene Werke. Aus der Entgegensetzung geht jedoch die Einsicht hervor, daß der Humor nicht darauf abzielt, im 'Irdischen' und 'Gewöhnlichen' bloß von überlegenem Standort aus das Kleine und Eitle zu enthüllen. Auch hier wird ersichtlich, daß die karikierende Menschendarstellung, die genau dies tut, kaum aus einer humoristischen Welthaltung hervorgeht.

d) Moralische Entschiedenheit – Wiedemann und der "Kridwiß"-Kreis des "Doktor Faustus"

Am Ende des Romans, im Abschnitt "Die große Gereiztheit", scheint der Erzähler zurückzukehren zum schärferen karikaturistischen Strich der ersten Kapitel. So bei dem eindeutig negativen Porträt des Neuankömmlings Wiedemann. Die Intention dieser Darstellung unterscheidet sich indessen von den früheren Patienten-Karikaturen. Die satirische Schilderung ist funktional auf den Antisemitismus bezogen. Das hat seine Logik: je näher

---

[62] Arthur Schnitzler: *Zu Thomas Manns 50. Geburtstag*, in: *Berliner Tageblatt* Jg. 54, Nr. 266, 7.6.1925 (u. d. T. *Festgrüße an Thomas Mann* auch in: *Neue Freie Presse*, Wien, Nr. 21 814, 7.6.1925; Nachdruck in: K. Schröter (Hrsg.): *Thomas Mann im Urteil seiner Zeit*, S. 125-126.)
[63] Jean Paul: *Vorschule der Ästhetik*, S. 129.

der Roman auf das Finale des historischen "Donnerschlags" von 1914 zu-
läuft, desto deutlicher wird sein Zeitbezug, sein zeitkritischer Charakter.

Der Mann war Judengegner, Antisemit, war es grundsätzlich und sportsmäßig, mit
freudiger Versessenheit, – die aufgelesene Verneinung war Stolz und Inhalt seines
Lebens. Er war ein Kaufmann gewesen, er war es nicht mehr, er war nichts in der
Welt, aber ein Judenfeind war er geblieben. Er war sehr ernstlich krank, hustete
schwer beladen und tat zwischendurch, als ob er mit der Lunge nieste, hoch, kurz,
einmalig, unheimlich. Jedoch war er kein Jude, und das war das Positive an ihm.
Sein Name war Wiedemann, ein christlicher Name, kein unreiner. [...]
    'Du hast es nötig!' dachte Hans Castorp mit Abneigung.
    Wiedemann hatte einen kurzen, lauernden Blick. Es sah tatsächlich und
unbildlich so aus, als hinge dicht vor seiner Nase eine Puschel, auf die er boshaft
schielte und hinter der er nichts mehr sah. Die Mißidee, die ihn ritt, war zu einem
juckenden Mißtrauen, einer rastlosen Verfolgungsmanie geworden, die ihn trieb,
Unreinheit, die sich in seiner Nähe versteckt oder verlarvt halten mochte,
hervorzuziehen und der Schande zuzuführen. Er stichelte, verdächtigte und geiferte,
wo er ging und stand. (III, 950)

Bemerkenswert zunächst, wie Thomas Mann für die Beschreibung der Mo-
nomanie Wiedemanns die passende Stilfigur findet: Die penetrant durchgehaltene einfache Aussagesatzform mit dem Hilfsverb, das elfmal wiederholte
"war" vollzieht die krankhafte Fixierung auf die Zwangsidee im Sprachlichen
mit. Auch diese Figur erhält dann sogleich eine kennzeichnende Marotte:
Wiedemann tut so, als würde er mit der Lunge niesen. Anders jedoch als
zum Beispiel bei Hermine Kleefeld, deren Lungenpfeifen klingt wie "die
Musik jener Jahrmarktsschweinchen aus Gummi [...], die klagend ihre ein-
geblasene Luft fahrenlassen", fehlt der Beschreibung hier das Amüsierte, die
kantige Adjektivreihe bezeichnet das Geräusch am Ende als "unheimlich".
Wiedemann wird ernster genommen als die Vielzahl der Berghof-Gäste, die
'schauderhaft' dumm und 'entsetzlich' gewöhnlich sein mögen, aber doch
harmlos; er wird als wirklich verächtlich, ja gefährlich in seiner lauernden
Boshaftigkeit dargestellt. Bezeichnend die eingeblendete Reaktion Hans
Castorps, die die Wertung noch einmal ausspricht: kein überlegener Spott,
keine Ironie, keine Entscheidung "zum Heiteren" (III, 75), sondern ein stil-
les Aufwallen von Abneigung bzw. 'Erkenntnisekel'. Denn sein Gedanke
"Du hast es nötig!" besitzt ja den Gestus angewiderten Durchschauens, er
erkennt den Reinheitskomplex Wiedemanns als psychologische Projektion.
Daß das unreine Bild der Verfolgten nur die Züge des Verfolgers spiegelt,
ist die satirische Leitidee des ganzen Porträts. Wiedemann ist "jahrelang von
Anstalt zu Anstalt gewandert" (III, 950), ein antisemitischer Ahasverus; er
hustet "schwer beladen". Sein 'reiner', 'christlicher' Name ist eine Anspielung

auf Unreinheit: er läßt den Vogel Wiedehopf assoziieren, auch als "Stink-hahn" oder "Kotvogel" bezeichnet. Der stichelnde und geifernde Wiede-mann sieht schließlich selber, mit seinem lauernden Blick, dem boshaften Schielen, den zeitgenössischen antisemitischen Karikaturen ähnlich. Diese 'Häßlichkeit' scheint zugleich eine unvermeidliche Konsequenz, wenn ein-deutige moralische Wertung und eine konventionelle Physiognomik mit ihrer Umsetzung des Inneren ins Äußere zusammentreffen. Dann nimmt sich das Äußere des von der bösen Idee besessenen Menschen "tatsächlich" und "unbildlich" so aus, "als hinge dicht vor seiner Nase eine Puschel, auf die er boshaft schielte und hinter der er nichts mehr sah". (III, 950)

Beachtung verdient das Wiedemann-Porträt vor allem deshalb, weil es im Werk Thomas Manns das erste Beispiel für einen gleichsam moralisch gefestigteren Darstellungsstil ist, wie er dann später vor allem im *Doktor Faustus* zur Anwendung kommt. In der Schilderung der Teilnehmer des Kridwiß-Kreises findet sich dieselbe Verbindung von satirischer Zeichnung und entschiedener Stellungnahme. So wie im *Zauberberg* Castorps "Abnei-gung" gegen Wiedemann festgestellt wird, ist auch dort der ganze Bericht von der Abneigung Zeitbloms bestimmt, der darauf besteht, als zuhörender Teilnehmer "Mißtrauen" und "Antipathie" empfunden zu haben. (VI, 482f., 488) Es findet sich im übrigen dieselbe eindeutige rhetorische Ironie: "Jedoch war er kein Jude, und das war das Positive an ihm." (III, 950) "Es war ja das alles sehr bieder, mannhaft, gediegen und kritisch dankenswert", urteilt Zeitblom über die Debatten. (VI, 482) Vom Standpunkt der 'Lebensfreundlichkeit' aus konnten die Vertreter und Figuren der destruk-tionslüsternen "neuen Welt der Inhumanität" (VI, 378), die in den politi-schen und intellektuellen Wirren seit Anfang der zwanziger Jahre für Tho-mas Mann immer deutlichere Konturen annahm, kaum noch als bloß merkwürdige 'Lebenserscheinungen' betrachtet und dargestellt werden. Die umfassende Negation der Ironie, das spielerische, über das 'Leben' spottende Karikieren muß verantwortungslos wirken, wenn sich in die Totalität des Lebens, wie ein spaltendes Ferment, der moralische Antagonismus drängt.

Da sich unter diesen Voraussetzungen ein Antisemit oder die der Gewalt und der Diktatur das Wort redenden Intellektuellen des Kridwiß-Kreises kaum durch wunderliche physiognomische Details oder Gebärdenkomik 'erledigen' lassen, wird die Karikatur der ernsthaften Auseinandersetzung mit den Vertretern des Irrationalismus untergeordnet. Im Kridwiß-Kapitel verschwinden die früher so 'liebevoll' gezeichneten Figuren hinter den 'reaktionären' Diskursen, die der eigentliche Gegenstand des Kapitels sind; der Bericht weicht der szenischen erzählerischen Entfaltung sogar lustlos aus, wenn es heißt: "Ich werde versuchen, auf möglichst knappem Raum das

Wesentliche dieser Ergebnisse zu umreißen, die unser Gastgeber mit vielem Recht 'scho enorm wischtisch' fand [...]." (VI, 484) Daß ein solches Erzählen, das lediglich 'Ergebnisse umreißt', künstlerische Einbußen nicht vermeiden kann, ist ein Nebeneffekt der moralisch-ethischen Entschiedenheit des späten Romans; dementsprechend bewährt sich Thomas Manns Erzählkunst in diesem Roman wohl am beeindruckendsten in den ursprünglich unpolitischen 'Maja'-Partien. – Nur beiläufig spielt der Erzähler noch auf der Klaviatur des Frühwerks, wenn etwa ein teilnehmender Fabrikant ausgerechnet "Bullinger" heißt oder wenn über einige Zeilen das Äußere und die Sprechweise, die Nervosität und die napoleonischen Gebärden des Dichters Daniel zur Höhe beschrieben werden. (VI, 483) Die Wiederverwendung dieser Gestalt – Vorbild war der George-Jünger Ludwig Derleth – ermöglicht einen vergleichenden Blick auf das Frühwerk, wo sie bereits der Novelle *Beim Propheten* (1904) den Titel gibt. Der Dachstubendichter Daniel trägt nicht nur denselben Namen, er verkündet auch dieselben gewaltsamen Visionen und schwärmt für Napoleon. Von den dort geschilderten physiognomischen Details – ein junger Mann mit "gewaltig hoher, bleich zurückspringender Stirn und einem bartlosen, knochigen, raubvogelähnlichen Gesicht" (VIII, 365) – übernimmt das *Faustus*-Kapitel in charakteristischer Reduzierung nur das stärkste, das "Raubvogel-Profil" (VI, 483); auch die Erzählung schildert im übrigen eine esoterische Zusammenkunft. Die Erzählhaltung könnte indessen kaum unterschiedlicher sein. Während Zeitblom fortwährend seinen Abscheu demonstriert, in dem "unverschämt bezuglosen, juxhaften und unverantwortlichen Geist" (VI, 483) der Debatten eine ominöse Zügellosigkeit am Werk sieht und behauptet, daß nur ein "geistiges Pflichtgefühl" ihn zur Kenntnisnahme der "zumutungsvollen kulturkritischen Befunde" anhielt (VI, 484), begegnet der "Novellist" der Versammlung in Daniels engen Räumen mit der entspannten Neugier auf das Kuriose: "Seltsame Orte gibt es, seltsame Gehirne, seltsame Regionen des Geistes, hoch und ärmlich. An den Peripherien der Großstädte, dort, wo die Laternen spärlicher werden und die Gendarmen zu zweien gehen, muß man in den Häusern emporsteigen, bis es nicht weiter geht, bis in schräge Dachkammern, wo junge, bleiche Genies mit verschränkten Armen vor sich hinbrüten [...]." (VIII, 362) Die Proklamationen des "Propheten" entsprechen als Produkte "einsamen Größenwahn[s]" genau dieser ironischen Topographie, sie sind von kruder Abseitigkeit, ihre destruktive Phantastik wird als "Schwall von gewaltsamen Worten" lächerlich gemacht. (VIII, 368) Damit kann sich der Blick ungestört den komischen physiognomischen Details zuwenden, schon die Einleitungssätze haben ja damit begonnen, die formelhafte Angabe "seltsame

Gehirne, seltsame Regionen des Geistes" ins Anschauliche umzusetzen: "bleiche Genies", die "mit verschränkten Armen vor sich hinbrüten". Das Publikum, das sich eingefunden hat, ist nicht minder 'seltsam': die Schwester Daniels, "rein und töricht von Angesicht" (VIII, 364), ein "phantastischer Zeichner mit greisenhaftem Kindergesicht", eine "hinkende Dame, die sich als 'Erotikerin' vorstellen zu lassen pflegte", ein "verwachsener Musiker" (VIII, 366), ein "Philosoph mit dem Äußeren eines Kängeruhs" (VIII, 367). Insbesondere der vorlesende "Jünger" Daniels wird 'erledigt', die Attribute des Asketismus werden dissonant mit denen der 'Gemeinheit' zusammengebracht:

Er war etwa achtundzwanzigjährig, kurzhalsig und häßlich. Sein geschorenes Haar wuchs in Form eines spitzen Winkels sonderbar weit in die ohnedies niedrige und gefurchte Stirn hinein. Sein Gesicht, bartlos, mürrisch und plump, zeigte eine Doggennase, grobe Backenknochen, eine eingefallene Backenpartie und wulstig hervorspringende Lippen [...]. Dies Gesicht war roh und dennoch bleich. Er las mit einer wilden und überlauten Stimme, die aber gleichwohl im Innersten bebte, wankte und von Kurzluftigkeit beeinträchtigt war. Die Hand, in der er den beschriebenen Bogen hielt, war breit und rot, und dennoch zitterte sie. (VIII, 368)

In diesem Kontext besitzen die Sätze über die 'wohlwollende' Denkungsart des Novellisten eine höhnende Ironie: "'Wer wird [...] lesen?' fragte der Novellist gedämpft und ehrerbietig. Es war ihm ernst. Er war ein wohlmeinender und innerlich bescheidener Mensch, voller Ehrfurcht vor allen Erscheinungen der Welt, bereit, zu lernen und zu würdigen, was zu würdigen war." (VIII, 364) Ganz ähnlich hat Georg Lukács in der *Theorie des Romans* die Haltung des Epikers gegenüber der Welt beschrieben: "[...] seine schaffende, das Leben meisternde Anmaßung verwandelt sich in der großen Epik in Demut, in Schauen, in stummes Erstaunen vor dem hell heranleuchtenden Sinn."[64] Der leuchtet hier allerdings gewiß nicht, und so kann die 'epische' Haltung des Novellisten nur Hohn, ironische Pose sein, der Schluß des Satzes setzt den unmißverständlichen Kontrapunkt: "würdigen, was zu würdigen war", also nichts.

Das Amüsement über die 'Sonderbarkeiten' der Erscheinungswelt wirkt dagegen im Kridwiß-Kapitel, wenn es gelegentlich doch noch einmal versucht wird, mühsam; die überlegene Distanz, die für solche Beschreibungen notwendig ist, scheint verlorengegangen. Wenn z.B. nach einem weiteren 'zusammenfassenden' Bericht darüber, wie man in den fahrlässigen Plaudereien des Kreises Wahrheit, Wissenschaft und Recht zu verspotten pflegte, die Zustimmungsfloskeln Daniel zur Höhes beiläufig karikiert

---

64 Georg Lukács: *Die Theorie des Romans*, S. 41.

werden, so klingt das eher so, als würde dem Erzähler nun auch der letzte Rest Humor ausgehen und Bitterkeit an dessen Stelle treten: "O freilich, freilich, gewiß doch, man konnte es sagen. Klopf, klopf." (VI, 488) Die meisten Teilnehmer bleiben gesichtslos, deshalb auch ohne komischen Zug, wie der Paläozoologe Dr. Unruhe oder der Literaturhistoriker Vogeler; lieber verrät Zeitblom, daß er 'etwas gegen sie hat', und warum. (Vgl. VI, 482) Nicht das Sein, sondern die Ansichten dieser nichts als repräsentativen Gestalten sind von Bedeutung. Es ist zu vermuten, daß das Porträt Daniel zur Höhes nur deshalb ausführlicher gerät, weil sich dem Autor die anschauliche Vorarbeit der Novelle zur Verwendung anbot.

Damit ist in diesen Passagen des *Faustus* – unter kritischem Vorzeichen – eine tendenziell 'ernste' Präsentation negativer Randfiguren zu beobachten, die Komik nur als politisch-satirische Zuspitzung zuläßt. Ihre ersten Spuren reichen bis in den *Zauberberg* zurück, wo sie sich am deutlichsten im Porträt des Antisemiten Wiedemann abzeichnen. Grund dieser veränderten Darstellungsweise ist ein Moralismus, dessen Hintergrund das "Lebensja" bildet, die errungene Lebensverbundenheit, die sich gegen die "neue Welt der Inhumanität" empört.

5. Settembrini

a) 'Wichtiger und amüsanter als die Gesinnungen'

Settembrini ist die Figur des Romans, anhand der die 'Wandlung' Thomas Manns unter dem rein weltanschaulichen Aspekt, als Bekenntnis zu Demokratie und Humanismus, schon von der zeitgenössischen Kritik am häufigsten diskutiert wurde. Auch wenn es dem Romankunstwerk nicht gerecht werden kann, den Italiener als "Sprachrohr des Autors" zu verstehen[65], auch wenn der Pädagoge mit Ironie gezeichnet und vor allem sein Fortschrittsoptimismus persifliert wird – die Aufwertung der 'westlichen', aufklärerisch-demokratischen Position seit den *Betrachtungen* ist unübersehbar. Dabei bleibt es zunächst gleichgültig, ob man Settembrinis "Fortschrittspartei" als "vorbehaltvolle Siegerin"[66] aus dem ideologischen Streit hervorgehen sieht

---

[65] Christian Schmidt: *Bedeutung und Funktion der Gestalten der östlichen Welt im dichterischen Werk Thomas Manns*, in: *Slavistische Beiträge*, Bd. 52, München 1971; über Settembrini S. 178-196 u. 275-314, hier S. 181f.

[66] So Manfred Dierks, stellvertretend für die Mehrheit der Interpreten vor Kristiansen. M. D.: *Studien zu Mythos und Psychologie bei Thomas Mann*, S. 122.

oder, einigen Hinweisen des Autors folgend, als leitende Idee hinter den Theoriegefechten eine "Menschlichkeit" ausmacht, in welcher "die Synthese der Naphta- und Settembriniwelt"[67] erreicht wäre – ein Humanismus, der das 'metaphysische Bedürfnis' nicht mit optimistischen Fortschrittsperspektiven ruhigzustellen versuchte.[68]

Zur aussondernden Synthese scheint der Leser schon deshalb aufgefordert, weil in den vermeintlich geschlossenen Fronten der konkurrierenden Weltanschauungen das Unannehmbare oder gar Lächerliche dicht neben dem 'kühnen' und 'tief gefühlten' Gedanken[69] oder einer vom Autor selber andernorts mit Nachdruck vertretenen Einsicht steht. Naphta wird – um nur jeweils ein Beispiel zu nennen – in einem Gespräch über Schuld und Strafe neben 'wollüstigen' Grausamkeiten die Schopenhauersche Bestimmung der Willensfreiheit als Redebeitrag zugeteilt (vgl. III, 638), für Thomas Mann "der tiefste Gedanke, den ich je nachdenken konnte". (XII, 133) Settembrini äußert neben 'Windbeuteleien' den skeptischen Einwand, "wie wenig die Anbeter des Naturinstinktes Ursache hätten, zu befürchten, es könne je zu vernünftig zugehen auf Erden" (III, 635) – *das* Grundmotiv aller Kritik, die Thomas Mann seit Anfang der zwanziger Jahre dem Irrationalismus, der modischen Geistfeindschaft entgegenhielt, mit dem er später dann auch den entscheidenden 'Irrtum' Nietzsches feststellte: die "geflissentliche Verkennung des Machtverhältnisses zwischen Instinkt und Intellekt [...] Als ob die geringste Gefahr bestünde, daß es je zu geistig zugehen könnte auf Erden." (IX, 695f.) Zwar steigert die Handlung des Romans die Konfrontation bis zum Duell, das nicht zufällig mit der wütenden und "kläglichen" Selbstdestruktion des menschenfeindlicheren 'Prinzips' endet. (III, 980) In der Präsentation konkurrierender, für sich gesehen stets ungenügender Weltanschauungen ist aber die aggressive parteiliche Polemik der *Betrachtungen* bereits dem Bemühen um "Ausgleich" gewichen, das in den Josephsromanen zugleich handlungsbestimmendes Hauptmotiv und eine wieder und wieder ins Formelhafte gebrachte 'Botschaft' sein wird, an der nun niemand mehr vorbeilesen kann.

---

[67] Thomas Mann in einem Gespräch mit dem *Berliner Börsen-Courier* vom 30.10.1925. Im "Schnee"-Kapitel sei diese "Synthese der Naphta- und Settembriniwelt gleichsam vorweggenommen". In: V. Hansen u. G. Heine (Hrsg.): *Frage und Antwort*, S. 76.

[68] Auch in der Princetoner *Einführung in den Zauberberg* spricht Thomas Mann diesen Synthesegedanken aus: Hans Castorp gelange "im Laufe seines Erlebens" über die "Devotion vor dem Tode" hinaus und begreife "eine Menschlichkeit", welche "die Todesidee und alles Dunkle, Geheimnisvolle des Lebens zwar nicht rationalistisch übersieht und verschmäht, aber sie einbezieht, ohne sich geistig von ihr beherrschen zu lassen". (XI, 613)

[69] Vgl. IX, 548.

Die Frage, ob die weltanschauliche Öffnung und Umorientierung des Autors Einfluß auf die Menschendarstellung, hier also die Darstellung Settembrinis hat, ist von der *Zauberberg*-Literatur bisher kaum beachtet worden. Sie beschäftigt sich fast ausschließlich mit den Meinungen Settembrinis und bemüht sich, sie unter weltanschaulichen Oberbegriffen zu bündeln und ihren Stellenwert im Roman oder in Hinblick auf das Denken Thomas Manns zu bestimmen. Die Romanfigur Settembrini wird dagegen nur wie eine unumgängliche erzählerische Zutat zum Gedanklichen behandelt, die zahlreichen Beschreibungen des Italieners finden — selten genug — als verschlüsselte Kommentierung seines Denkens Berücksichtigung am Rand. Der einseitige Blick auf die "Lehren" Settembrinis kann jedoch dessen Vorzugsstellung im Roman, die mit besseren Argumenten allein offensichtlich nichts zu tun hat, kann seine Nähe zur Hauptfigur — Helmut Jendreiek bezeichnet die "Beziehung Settembrini-Hans Castorp" gar als "Achse des Romans"[70] — nicht recht erklären. Dabei hat Thomas Mann selber die Aufmerksamkeit auf das Erzählerische zu lenken versucht. In einem Brief an Pierre-Paul Sagave vom 30.1.1934 schreibt er: "Denn zuerst und zuletzt war es mir doch um Menschendarstellung zu tun, und was im Besonderen Herrn Settembrini betrifft, so wäre er gewiß nicht er selbst, ohne seine Gesinnungen; aber er selbst ist doch wichtiger und amüsanter als diese." (Br I, 350) Daraus geht hervor, daß jede Interpretation, die sich in erster Linie mit der 'Ideologie' Settembrinis beschäftigt, zwar Erhellendes über die geistigen Kraftfelder des Romans herausfinden kann, das 'Wichtigere' an der Figur Settembrini jedoch verfehlen muß. Auf die Frage, ob er eher Settembrini als Naphta zuneige, antwortete Thomas Mann in einem Interview vom 30.10.1925: "Mit dem Castorpschen Vorbehalt... Naphta — eine zerrissene, unglückliche, zutiefst problematische Natur — hat zwar sachlich in vielen Punkten recht. Doch ich bin mehr auf Seiten Settembrinischer Lebensfreudigkeit [...]."[71] Damit wird der "Vorzug" Settembrinis wiederum abgesetzt von den von ihm vertretenen Meinungen. "Lebensfreudigkeit" ist eine der vielen Variationen aus dem Begriffsfeld der Lebens- und Menschenfreundlichkeit, das keine Annäherung an diese Romanfigur umgehen kann, egal ob sie ihren Weg über das Verhältnis Hans Castorps zu Settembrini, die Präsentation der Figur durch den Erzähler oder die Selbstkommentare Thomas Manns nimmt. Das entscheidende Stichwort ist die 'Sympathie', die bei allen Vorbehalten das Verhältnis des Autors zu

---

70 Helmut Jendreiek: *Thomas Mann. Der demokratische Roman*, S. 310.

71 Aus einem Gespräch mit dem *Berliner Börsen-Courier*, in: V. Hansen u. G. Heine (Hrsg.): *Frage und Antwort. Interviews mit Thomas Mann*, S. 79.

seiner Figur ebenso bestimmt wie das des Helden zu seinem nicht selten 'lästigen' Mentor. In der *Zauberberg*-Literatur wird zwar des öfteren beiläufig festgestellt, daß Settembrini eine 'sympathischere' Figur sei als Naphta, den Hintergründen der Sympathielenkung wird dabei jedoch meist ebensowenig nachgegegangen wie ihrer erzählerischen Umsetzung. Die Schwankungen in dieser Sympathielenkung sind jedoch die deutlichste Spiegelung der Wandlungsphase 1919-1924.

b) Wechselnde Beleuchtung – Die Figur im Zeitenwandel

Schon Herman Meyer hat darauf hingewiesen, "daß die Beleuchtung, in der Settembrini erscheint, im Laufe des Romans merklich günstiger wird und daß seine kleinlich-allzumenschlichen Züge, seine klatschsüchtige Medisance und seine Windbeutelei allmählich in den Hintergrund treten."[72] Diese Veränderung der Beleuchtung läßt sich weiter konkretisieren. Es fällt ja auf, daß Settembrini in den Anfangskapiteln keineswegs unsympathisch gezeichnet wird. Von der Ursprungskonzeption des Romans her als komische Kontrastfigur zur Todesfaszination gedacht, in einem Werk, das "eine Art von humoristischem Gegenstück zum Tod i[n] V[enedig]"[73] sein sollte, hatte er von Anfang an eine komödiantische, aber auch tragende Rolle inne, mit der sich durchaus gewinnende Züge verbinden ließen. Hinter der Darstellung Settembrinis steht hier noch nicht das klarumrissene Gegen- und Feindbild der *Betrachtungen eines Unpolitischen*. Der Fürsprecher von Vernunft und Tätigkeit, der liberale Pädagoge ist mit seinen Einwänden etwa gegen die romantische Idealisierung der Krankheit[74], gegen das "halb Artikulierte, das Zweifelhafte, Unverantwortliche" der Musik (III, 160) nicht weit entfernt von Gedanken, die Thomas Mann in diesen Jahren bewegten. Das "Meisterwerk des zwanzigsten Jahrhunderts", das Thomas Mann in dem kritischen Aufsatz *Über die Kunst Richard Wagners* 1911 vorschwebt, könnte

---

[72] Herman Meyer: *Das Zitat in der Erzählkunst*, Stuttgart 1961/1967, S. 213.

[73] So Thomas Mann in einem Brief an Ernst Bertram vom 24.7.1913. – Inge Jens (Hrsg.): *Thomas Mann an Ernst Bertram*, S. 18.

[74] Settembrinis Einwände gegen die "Ehrwürdigkeit" der Krankheit (III, 138ff.) entsprechen weitgehend der desillusionierenden Darstellung der Krankheit, mit der sich der Roman vom Frühwerk abgrenzt. Gerade bei diesem Redebeitrag aus den Anfangskapiteln ist deutlich die Grenze zu erkennen, wo Ernstzunehmendes in Wortemacherei und 'Propaganda' übergeht: mit dem Satz "Vielleicht rufe ich am sichersten Ihren Abscheu gegen sie wach, wenn ich Ihnen sage, daß sie betagt und häßlich ist". (III, 139) Das spitzt sich kurz darauf noch zu: "Vernunft und Aufklärung jedoch haben diese Schatten vertrieben..." Hier nimmt die Rede schließlich die Wendung zur Karikatur. (III, 139f.)

von Settembrini entworfen sein: ein Werk, das "sich von dem Wagner'schen sehr wesentlich und [...] vorteilhaft unterscheidet, – irgend etwas ausnehmend Logisches, Formvolles und Klares, etwas zugleich Strenges und Heiteres, [...] von kühlerer, vornehmerer und selbst gesunderer Geistesart, etwas, das seine Größe nicht im Barock-Kolossalischen und seine Schönheit nicht im Rausche sucht, – eine neue Klassizität, dünkt mich, muß kommen". (X, 842) Wie Gustav von Aschenbach kann auch die Settembrini-Figur hier noch als Experimentieren mit der "Klassizität" verstanden werden.

Erst *nach* Wiederaufnahme der Arbeit 1919 erhalten die von Meyer genannten Negativzüge Settembrinis vorübergehend das Übergewicht. Ganz offensichtlich färben die Polemik gegen den Zivilisationsliteraten und die Bitterkeit der seit dem *Zola*-Essay Heinrich Manns (1915) verschärften Bruderfehde auf die Gestaltung der Figur ab; nach den *Betrachtungen* tritt ihr der Autor mit größeren Vorbehalten gegenüber. Die aktuelle politische Situation, bestimmt durch die, so Thomas Mann, "schamlose Brutalität" des Versailler Vertrages[75], war zudem nicht dazu angetan, das Ressentiment gegen die 'humanitäre Rhetorik' der westlichen Demokratie zu dämpfen. Im Abschnitt "Aufsteigende Angst. Von den beiden Großvätern und der Kahnfahrt im Zwielicht" – geschrieben August/September 1919, im Tagebuch knapper als "Settembrini" bezeichnet – werden nun ausgiebig kleinliche, ja beinahe maliziöse Züge der Figur entwickelt. Höhnend und charmierend zugleich amüsiert er z.B. ausgerechnet Frau Stöhr durch genaue Kenntnisse von ihren heimlichen Treffen mit Hauptmann Miklosich. (Vgl. III, 212f.)

Man lachte [...], denn Herr Settembrini erzählte drollig. Er zeigte sich auf dem laufenden über die letzten Neuigkeiten, obgleich er sich doch gegen das Gemeinschaftsleben Derer hier oben so kritisch-spöttisch verhielt. Er wußte alles. Er kannte die Namen und ungefähr auch die Lebensumstände Neuangekommener; er berichtete, daß gestern bei dem und dem oder der und der eine Rippenresektion vorgenommen worden und hatte es aus bester Quelle, daß vom Herbst an Kranke über 38,5 Grad nicht mehr aufgenommen werden würden. (III, 213f.)

Die hochherzigen Menschheitsperspektiven verlieren jeden Glanz, wenn ihre Umsetzung nun einzig darin besteht, "das Leben und Treiben im Internationalen Sanatorium 'Berghof' zu hecheln, höhnische Kritik daran zu üben und im Namen einer schönen und tatfrohen Menschlichkeit Verwahrung dagegen einzulegen". (III, 214f.) Höhnische Kritik übt auch der Autor, wenn er die Aussicht auf 'schöne Menschlichkeit' mit der Hechelei konfrontiert. Wie

---

[75] Vgl. Thomas Mann: [*Zum Gewaltfrieden*], in: *Für das neue Deutschland*, Essays Bd. 2, 1919-1925, hrsg. v. H. Kurzke u. St. Stachorski, S. 21.

sehr ihm gerade solche Art der 'Menschlichkeit' zuwider ist, zeigt das noch nicht lange zurückliegende, gereizt polemische Kapitel "Einiges über Menschlichkeit" der *Betrachtungen*.

Die in den Beschreibungen hervorgehobenen aggressiven Impulse Settembrinis fügen sich denn auch, vor dem Hintergrund der Geschichte seines Großvaters, zu einem Negativprofil im Sinne der *Betrachtungen*. Der Schöngeist ist ein politischer 'Aufrührer', der um sein Wirkungsfeld gebracht wurde. Der Großvater dagegen hatte noch "Regierungen zu schaffen gemacht, gegen Österreich und die heilige Allianz konspiriert [...] – ein Carbonaro, wie Settembrini mit plötzlich gesenkter Stimme erklärte, als sei es auch jetzt noch gefährlich, davon zu sprechen". (III, 215) Die erste Reaktion der beiden Zuhörer – Castorp und Ziemßen – auf diese Eröffnungen ist bezeichnend: "Kurz, dieser Giuseppe Settembrini stellte sich [...] als eine dunkle, leidenschaftliche und wühlerische Existenz, als ein Rädelsführer und Verschwörer dar, und bei aller Achtung, deren sie sich höflicherweise befleißigten, gelang es ihnen nicht ganz, einen Ausdruck mißtrauischer Abneigung, ja des Widerwillens aus ihren Zügen zu verbannen." (III, 215) Auch diese ungewöhnlich direkte, nicht durch ironisches Ausweichen, sondern unmittelbar physisch ausgedrückte Ablehnung erscheint wie ein Nachhall des antipolitischen Affekts der *Betrachtungen*, den die souveräne Darstellungsweise des *Zauberberg* bei aller thematischen Nähe ansonsten gerade vermeidet.[76] Beifällig hatte Thomas Mann im Kapitel "Politik" die Nietzsche-Formulierung vom "vorsichtigen Ekel" zitiert, mit dem der unpolitische Deutsche der "Unruhe, Leere und lärmenden Zankteufelei" des Politisierens begegne. (XII, 236) Zudem wirkt die Weltanschauung Settembrinis im Abschnitt "Aufsteigende Angst" besonders fadenscheinig. Hatte der Erzähler dem Italiener bei den ersten Auftritten Anschauungen und Argumente in den Mund gelegt, die trotz der gelegentlichen Wendung ins Lächerlich-Pathetische, trotz des Selbstgenusses in der Vortragsweise Gewicht hatten, so nimmt die "Windbeutelei" jetzt überhand:

Das Menschengeschlecht komme aus Dunkel, Furcht und Haß, jedoch auf glänzendem Wege bewege es sich vorwärts und aufwärts einem Endzustande der Sympathie, der inneren Helligkeit, der Güte und des Glückes entgegen [...]. Aber indem er so sprach, faßte er in *einer* Auslassung des Atems Kategorien zusammen, die Hans Castorp bisher nur weit voneinander getrennt zu denken gewohnt gewesen

---

[76] Castorps zweite Reaktion hat dann geradezu vorausweisenden Charakter: "Auch hütete er sich redlich, das Fremdartige zu verurteilen, sondern hielt sich an, es bei Vergleich und Feststellung bewenden zu lassen." (III, 217) Solche Formulierungen der Duldsamkeit und Toleranz kehren später beinahe wörtlich wieder in der Darstellung von Josephs Reise durch das fremde Ägypten.

war. Technik und Sittlichkeit! sagte er. Und dann sprach er wahrhaftig vom Heilande des Christentums, der das Prinzip der Gleichheit und Vereinigung zuerst offenbart, worauf die Druckerpresse die Verbreitung dieses Prinzips mächtig gefördert und endlich die große französische Staatsumwälzung es zum Gesetz erhoben habe. Das mutete den jungen Hans Castorp [...] auf das allerbestimmteste konfus an, obwohl Herr Settembrini es in klare und pralle Worte faßte. (III, 219f.)

Bislang hatte Settembrini zwar mit Pathos, aber doch keineswegs "konfus" gesprochen. Solche galoppierenden Thesen – vom jakobinischen Heiland umstandlos zur Druckerpresse – sind unter seinem bisherigen Niveau.[77] Unverhohlen tritt jetzt das Revanchegelüst des Italieners hervor, "Österreich gelte es aufs Haupt zu schlagen", Wien wird dabei als "Mittelpunkt und Lebensnerv" des "asiatischen Prinzips" ins Visier genommen. "Diese letzte Wendung [...] von Settembrini's wohllautenden Ergießungen interessierte Hans Castorp nun gar nicht mehr, sie mißfiel ihm, ja berührte ihn peinlich wie persönliche oder nationale Verbissenheit [...]." (III, 222) Seitenlang werden schiefe Ansichten des Italieners referiert, stets in der Form der indirekten Rede, die von sich aus schon dazu neigt, Gesprochenes – erst recht die leidenschaftliche Rede – in komische Distanz zu rücken. Auch bei den am Ende leerlaufenden Diskussionen des zweiten Bandes wird der Erzähler schließlich zur indirekten Rede übergehen, "auf gut Glück aus dem Uferlosen" Beispiele herausgreifen (III, 960) und schon dadurch anzeigen, daß die Spannung, der "Nerv des Streits" (III, 818) verlorengegangen ist. Die geraffte, zusammenfassende Form sorgt für eine zusätzliche Entstellung der Meinungen, die so kaum in direkter Rede hätten mitgeteilt werden können. Weitere Distanz schafft im Abschnitt "Aufsteigende Angst" die häufige Kommentierung; kaum eine Idee Settembrinis, bei der sich Castorp nun nicht unmißverständlich seinen Teil zu denken hätte: "Da hatte Hans Castorp nun auch dies und das über Dante gehört, und zwar aus bester Quelle. Ganz fest verließ er sich nicht darauf, in Anbetracht der Windbeutelei des Vermittlers; aber hörenswert war es immerhin, daß Dante ein geweckter Großstädter gewesen sei." (III, 223) Auch die durchaus nicht bös-

---

[77] Heinrich Mann, der die russische Revolution noch auf dem Höhepunkt des Stalinismus mit Zivilisationsliteratenpathos als "Ausbruch von Wahrheitsliebe" bezeichnen konnte (so in *Ein Zeitalter wird besichtigt*), hat gelegentlich in dieser ungenießbar leichtfertigen Weise 'argumentiert' – Settembrini ist hier vermutlich seine Karikatur. – Heinrich Mann: *Ein Zeitalter wird besichtigt*, Studienausgabe in Einzelbänden, hrsg. v. Peter-Paul Schneider, Frankfurt a. M. 1988, S. 42f. – Bei aller Karikatur gehört Heinrich Mann natürlich zu den nicht wegzudenkenden 'Beiträgern' des *Zauberberg*; eine neue Gewichtung seines meist unterschätzten Einflusses hat jetzt Hans Wißkirchen vorgenommen: *Der Einfluß Heinrich Manns auf den "Zauberberg"*, in: Thomas Sprecher (Hrsg.): *Auf dem Weg zum "Zauberberg"*, S. 143-164.

willige Ironie, mit der der Erzähler zu Anfang und auch später wieder die 'anmutige' Gestikulation Settembrinis verfolgt, wird hier zur Karikatur zugespitzt, die treffsicher die Pose abbildet. Geist, Literatur, Menschenehre, Humanität und Politik seien eins, so Settembrini, "[...] und in einem Namen könne man es zusammenfassen. Wie dieser Name laute? Nun, dieser Name setze sich aus vertrauten Silben zusammen [...] – er laute: Zivilisation! Und indem Settembrini dieses Wort von den Lippen ließ, warf er seine kleine, gelbe Rechte empor, wie jemand, der einen Toast ausbringt". (III, 224) Stichwort und Gebärde legen Settembrini nun völlig auf das vertraute Zerrbild fest. Eine Hand auf dem Herzen, die andere pathetisch in die Luft geworfen, dabei den "Contrat social" rezitierend: so wird der Zivilisationsliterat in den *Betrachtungen* verhöhnt. (Vgl. XII, 219) In den anschließenden Abschnitten bereitet Castorp offenbar schon die Erinnerung an Settembrini Verdruß. Der Italiener wird tituliert als "irgendein Schriftsteller und Carbonaro" (III, 231), als "Settembrini mit der Republik und dem schönen Stil"; beides kommt Castorp nur noch "abgeschmackt" vor (III, 246 u. 320), der "Redereien" Settembrinis über die Musik kann er nur noch "innerlich achselzuckend" gedenken. (III, 262) Settembrini ist "Räsoneur", "Windbeutel" und "Drehorgelmann", dem der Makel anhaftet, nicht lachen zu können. "Hans Castorp lachte, – was Herr Settembrini niemals tat. Man konnte ihn sich herzlich lachend gar nicht vorstellen; über die feine und trockene Spannung seines Mundwinkels brachte er es nicht hinaus." (III, 337)

Dieser letztzitierte Satz aus dem Abschnitt "Enzyklopädie" (geschrieben im Frühsommer 1920) ist allerdings ein Zeichen dafür, daß sich der Blick auf Settembrini wieder wandelt: ohne karikaturistische Schärfe bietet er ein humoristisches Detail. Im übrigen erhalten die vielen abfälligen Äußerungen und Gedanken über Settembrini selber zunehmend humoristische Qualität. Nicht mehr, wie im Abschnitt "Aufsteigende Angst", der antipolitische Affekt, sondern immer deutlicher das 'menschliche' Motiv der Liebe zu Clawdia Chauchat ist als Motiv hinter ihnen auszumachen. Settembrini wird ja zunehmend zum Widersacher und 'Störer' dieser Liebe (vgl. III, 336); dies ist jetzt der eigentliche Grund für Castorps Renitenz und "kindliche Verstocktheit" (III, 281), die 'Abgeschmacktheit' des Räsonierens dagegen nur vorgeschoben. Der Erzähler macht das ganz deutlich: "Hans Castorp verachtete die Republik und den schönen Stil, während er immer wieder die Aussage des Thermometers prüfte [...]: sie lautete auf 37,6 und das am frühesten Vormittag!" (III, 239; das Temperatur-Motiv begleitet die Entwicklung der Liebes-Infektion.) Damit wird aber Settembrini gleichsam entlastet: die Schmähungen können nun kaum noch als Kommentierungen seiner Weltanschauung ernstgenommen werden, sie sagen dagegen etwas aus über den Zustand Hans Castorps. In dem Maß, wie Settembrini mit Clawdia Chauchat eine trotz Passivität überlegene Gegenspielerin erhält – im Abschnitt "Freiheit" wird schließlich Verliebtheit bis "über beide Ohren" festgestellt (III, 321) –, kann in die Darstellung seiner Beeinflussungsversuche Humor und Sympathie einfließen, die selten dem Unangefochtenen zukommen. In den Settembrini-Gesprächen dieser Phase wird dementsprechend der 'Politiker' wieder zurückgenommen. An die Stelle des schwadronierenden Propagandisten mit der überzeichneten Zivilisationsliteraten-Ideologie tritt der um Hans Castorp redlich besorgte Mentor.

Schon die eng am thematischen Kern des Romans orientierten Gesprächsgegenstände – u.a. 'Grausamkeit' des Flachland-Lebens, Sympathie mit dem Tode, Hochachtung vor der Krankheit (III, 273-282), westliche und 'asiatische' Einstellung zur Zeit, Geist-Natur-Verhältnis (III, 336-350) – machen deutlich, daß Settembrini jetzt wieder ernstzunehmende Standpunkte und Argumente zugeteilt werden; ein Umstand, der für die Darstellungsproblematik entscheidender ist als die Frage, ob er recht behält oder nicht. Diese Gespräche werden wieder direkt und weitgehend unkommentiert mitgeteilt, und obwohl Castorp teilweise entschieden widerspricht ("Diesmal war es ein Gefecht. Hans Castorp stand seinen Mann"; III, 346), so ist doch der affektive Widerwille gewichen, gelegentlich kann er eine ihm genehme und treffende Formulierung des Italieners mit "aufrichtiger Begeisterung" akklamieren. (III, 280) Als Settembrini auf seinen Beitrag zu dem Mammutprojekt einer "Soziologie der Leiden" zu sprechen kommt, hat Castorp von Mißtrauen und Antipathie wieder zur ironischen "Verschmitztheit" zurückgefunden: "Was Sie sagen, Herr Settembrini! Da erlauben Sie mir aber, Sie herzlich zu beglückwünschen! Das ist ja ein großartiger Auftrag und ganz für Sie gemacht, wie mir scheint. Es wundert mich keinen Augenblick, daß die Liga an Sie gedacht hat. Und wie muß es Sie freuen, daß sie da nun behilflich sein können, die menschlichen Leiden auszumerzen." (III, 344) Im zweiten Band, mit dem Auftreten des theoretischen Gegenspielers Naphta, der ihn zur leisen Schadenfreude Castorps in die Enge treibt, setzt sich die Aufwertung Settembrinis fort.

c) *"Don Quixote des Humanismus" – Thomas Manns Äußerungen über Settembrini.*

Die Entwicklung Settembrinis spiegelt sich in den kommentierenden Äußerungen Thomas Manns. Im Tagebuch schreibt er am 14.11.1919, also kurz nach Beendigung des Abschnitts "Aufsteigende Angst", in dem die Figur

den Sympathie-Tiefpunkt erreicht hat und ihre Darstellung mit der Festlegung auf das Zivilisationsliteraten-Klischee unübersehbar in eine Sack-
gasse geraten ist:

Las [...] K. alles neu Geschriebene vor. Problematisch in künstlerischer Hinsicht die
Lehren Settembrini's. Sie sind es aber auch in geistiger Hinsicht, weil sie, obgleich
nicht ernst genommen, das sittlich einzig Positive und dem Todeslaster
Entgegenstehende sind. Andererseits beruht die geistige Komik des Romans auf
diesem Gegensatz von Fleischesmystik und politischer Tugend. Übrigens gestehe
ich mir, daß ich das Buch jetzt auf den selben Punkt gebracht habe, auf dem der
"Hochstapler" nicht zufällig stehen geblieben ist. Eigentlich habe ich meinen Sack
geleert. Die Dichtung hat zu beginnen.

Diese Sätze bezeichnen das Dilemma des Abschnitts genau: Es ist offensichtlich, daß das seitenlange Referieren von ins Lächerliche überzeichneten
Settembrini-Ansichten – wobei einige polemische Passagen der *Betrachtungen* fast wörtlich übernommen werden – in "künstlerischer Hinsicht
problematisch" ist. Das hochgehaltene Ideal poetischer Gerechtigkeit wird
damit weit verfehlt; das macht ein von Thomas Mann geschätztes und in
den *Betrachtungen* verwendetes Schopenhauerzitat deutlich:

Die Natur macht es nicht wie die schlechten Poeten, welche, wann sie Schurken
oder Narren darstellen, so plump und absichtsvoll dabei zu Werke gehn, daß man
gleichsam hinter jeder solcher Person den Dichter stehen sieht, der ihre Gesinnung
und Rede fortwährend desavouiert und mit warnender Stimme ruft: 'Dies ist ein
Schurke, dies ist ein Narr; gebt nichts auf das, was er sagt.' Die Natur hingegen
macht es wie Shakespeare und Goethe, in deren Werken jede Person, und wäre sie
der Teufel selbst, während sie dasteht und redet, recht behält; weil sie so objektiv
aufgefaßt ist, daß wir in ihr Interesse gezogen und zur Teilnahme an ihr gezwungen
werden [...].[78]

Daß der karikierte Zivilisationsliterat kaum die Aufgabe des sittlichen Ge-
gengewichts zum "Todeslaster" erfüllen kann, steht außer Frage. Bemerkenswert ist immerhin die eindeutige ethische Wertung Thomas Manns, bereits zu diesem Zeitpunkt. Da die "geistige Komik des Romans" jedoch auf
dem "Gegensatz von Fleischesmystik und politischer Tugend" basieren soll,
kann die Lösung nicht darin bestehen, Settembrini nun ganz andere, überzeugendere, schon zwischen den Gegensätzen vermittelnde Anschauungen
in den Mund zu legen. Offenbar empfindet Thomas Mann die Notwendigkeit, Settembrini aufzuwerten; dies kann im wesentlichen nur durch Gestaltung, eine veränderte Darstellung der Figur geschehen: "Die Dichtung hat

---

[78] XII, 226; vgl. Arthur Schopenhauer: P I, 540.

zu beginnen." Die Negativ-Formulierung "Todeslaster" läßt sich zur Erklärung des Humors der Settembrini-Gestalt heranziehen: Zwar steht im Roman Vernunft oft "albern" da vor "Freiheit, Durchgängerei, Unform und Lust des Todes" (III, 686). Aber auch wenn Settembrinis Pathos, seine Freiheitsrhetorik und Carbonaro-Gesten persifliert werden, er gewinnt Würde und Sympathie in seiner Rolle als Kämpfer auf beinahe verlorenem Posten, im hartnäckigen Widerstand gegen ein übermächtiges "Laster". Er erhält einen Zug von Donquichotterie. Eine Notiz aus dem folgenden Jahr verrät dann die positivere Sicht auf Settembrini, und sie betont gerade seine 'Ritterlichkeit': "Aufregung zu den Dialogen Bunge[Naphta]-Settembrini. Letzterer muß die Äußerungen des Anderen als obscön empfinden und sich getrieben fühlen, die Unschuld H. C. ritterlich davor zu schützen." (TB, 5.7.1920)

Dieser Aspekt wird aufgenommen in einer der interessantesten Bemerkungen zur Settembrini-Figur, enthalten in dem wiederum ein Jahr später, Ende 1921, geschriebenen Essay *Das Problem der deutsch-französischen Beziehungen*. Er markiert eine schwierige Übergangsposition im politischen Denken Thomas Manns: einerseits wird der Weg aus der Weltkriegs-Isolation gesucht, das "europäische Gespräch" (XII, 614) und die "Verständigung zwischen deutschem und französischem Denken und Fühlen" – wenn auch nicht ohne Vorbehalte – befürwortet (XII, 622); andererseits möchte der Autor so wenig wie möglich von den *Betrachtungen* preisgeben. Zwar wird in wesentlichen Punkten, etwa der Frage deutscher Machtpolitik, bereits eine Revision vorgenommen[79], die für die "nationalen Kreise in Deutschland", so Herbert Lehnert, "reine Ketzerei" bedeuten mußte[80], auf laue Versöhnlichkeit war Thomas Mann jedoch nicht eingestimmt. Dem Ressentiment gegen die Zivilisationsliteraten wird nach wie vor viel Platz eingeräumt, scheinbar unnachgiebig ist weiterhin von der "bösartige[n] Hochherzigkeit" des "Rhetor-Bourgeois" (XII, 609) und den "Doktrinen eines fauchenden, die Nation bespeienden Pazifismus" die Rede. (XII, 607) Gerade dieser noch zugespitzte, pamphletistische Tonfall gibt Lehnert jedoch Anlaß zu der Vermutung, daß Thomas Manns Haltung untergründig bereits in Bewegung geraten sei: "Die geradezu expressionistische Wortwahl 'fauchen' und 'bespeien' läßt darauf schließen, daß er kräftiger

---

[79] In den *Betrachtungen* heißt es: "Der Volksstaat, die Politisierung des Volkes [...] ist notwendig, weil Deutschland 'in den Sattel gesetzt' ist und nicht abfallen darf; sie ist notwendig um der Herrschaftsaufgaben willen, zu denen es sich berufen fühlt." (XII, 272) Dagegen der Essay von 1921: "[...] die Geschichte der deutschen 'Macht' ist zu Ende, – sagen wir gottlob! – es war eine qualvolle Geschichte." (XII, 614)

[80] Herbert Lehnert/Eva Wessell: *Nihilismus der Menschenfreundlichkeit*, S. 70.

Wörter bedarf, um die Polemik wiederzuerwecken, die eigentlich schon im Verblassen ist. In *Goethe und Tolstoi*, wo er nicht ausdrücklich auf die *Betrachtungen* zurückkommen mußte, war sie schon verschwunden."[81] Tatsächlich paßt die Dämonisierung, passen die Züge der fauchenden Bestie kaum zum eher bedauernswerten Erscheinungsbild des "Rhetor-Bourgeois" in der Nachkriegszeit, das der Essay dann zeichnet: "Wie paradox, nein wie unwirklich ist der Ausgang dieses Krieges! Als Sieger ging der nationalistische oder auch international-pazifistische Rhetor-Bourgeois aus ihm hervor, – und doch hat er der Welt und dem Leben kein Wort, auch nicht ein Sterbenswörtchen mehr zu sagen." (XII, 621) Diese Feststellung stützt sich nicht länger nur auf die persönliche Abneigung gegen den "abstrakten Vernunft-Doktrinarismus" und den "ganzen abgeschmackten Freidenker-Codex" (XII, 605), vielmehr sieht Thomas Mann das Debakel des Zivilisationsliteraten in einer neuen Perspektive, nämlich vor dem Hintergrund einer Gesamt-Krise des europäischen Humanismus: "Es ist das Problem des Humanismus selbst, um das es sich nachgerade handelt – des europäischen Humanismus, der heute eine Krise durchmacht (und vielleicht nicht 'durchmachen' wird), mit der verglichen die frühere, die in Goethe's Jugend fiel, und der die Figur des Famulus Wagner ihr Dasein verdankt, sehr milde zu nennen ist." (XII, 618)

Noch ohne die scharf negative Bewertung, mit welcher später der Erzähler des *Doktor Faustus* dergleichen sieht, werden dann einige Zeiterscheinungen im Umkreis der Jugendbewegung aufgeführt, die mit der humanistischen Sphäre – so Thomas Mann – nichts mehr zu schaffen haben: "dies mystische Umgetriebenwerden etwa gewisser schweifender Bünde im Herzen des Landes, an psychische Erscheinungen des Mittelalters erinnernd". (XII, 620) Solche 'Rückneigungen' (so das Wort Settembrinis) ins Irrationale wird der Faustusroman in einen geistigen Zusammenhang bringen mit der politischen Entgleisung Deutschlands. Die Bedrohung des Humanismus durch die "neue Welt der Inhumanität" (VI, 378) bricht aber schon 1921 die klaren Fronten der *Betrachtungen* auf. Mit erstaunlicher Hellsichtigkeit hatte Thomas Mann schon zwei Monate vor dem Essay über die deutsch-französischen Beziehungen, im Aufsatz *Zur jüdischen Frage*, auf diese Gefahr hingewiesen und deutlich Stellung bezogen: Der Weg des Fortschritts "ist nicht völlig der meine, wie ich auf sechshundert Seiten auseinanderzusetzen suchte: doch wäre es unwahrhaftig, nähme ich die Gelegenheit nicht wahr, zu erklären, daß die kulturelle Reaktion, in der wir stehen, und von der der Hakenkreuz-Unfug ein plump populärer Ausdruck

---

[81] Herbert Lehnert/Eva Wessell: *Nihilismus der Menschenfreundlichkeit*, S. 95.

ist, meinen Bedürfnissen wenig entgegenkommt". (XIII, 473f.) Noch deutlicher dann die erweiterte Fassung von *Goethe und Tolstoi* (1925): "Heute in Deutschland Heidentum zu prästieren, Sonnwendfeiern und Odinsgottesdienste zu begehen, sich als völkischer Barbar aufzuführen, das heißt jene Patrioten der französischen Zivilisation vollkommen ins Recht setzen [...]." (IX, 169) Kurz: Der schulmeisterliche Humanismus mit seinen 'ausgelaugten' Lehren von Aufklärung und Demokratie ist in die Enge getrieben; angesichts der Übermacht des Verhängnisvoll-'Faustischen' kann der 'trockene' Famulus Wagner sympathisch, ja "rührend" erscheinen. (Vgl. XII, 618f.)

Diese Kräfteverlagerung bestimmt auch das Verhältnis zur Settembrini-Figur, die ersten Vorzeichen der Umorientierung stehen mit ihr in enger Verbindung. Das folgende Zitat zeigt noch einmal, daß der Essay den scharfen Ton der *Betrachtungen* trotzig beibehält und mit der 'neuen' Sympathieerklärung untrennbar mischt, daß er zugleich über das Zerrbild der Kriegs-Polemik wie über die in Arbeit befindliche Romanfigur spricht. Der "internationalistisch-pazifistische Rhetor-Bourgeois", heißt es, sei nichts als eine

komische Figur – tatsächlich nicht weniger und auf ebenso rührende Art komisch, wie der Famulus Wagner – auch er ein Don Quixote des Humanismus. Ich schwöre, es gibt nichts Komischeres als seinen Advokaten-Jargon, seine klassische Tugend-Suade – man sollte es ausprobieren in einem Drama, einem Roman, worin man ihn etwa gar mit einer Sphäre lasterhafter Romantik kontrastierte. Man sollte ihn auf die Szene stellen, den Mann der Zivilisation, den mediterranen Freimaurer, Illuminaten, Positivisten, libre-penseur und Propheten der bürgerlichen Weltrepublik, der sich unausgesetzt "die Prinzipien der Vernunft und Tugend zur Richtschnur nimmt"; man sollte ihn 'reden', ihn noch einmal die Philosophie des Liberalismus vortragen lassen – und vielleicht würde es gelingen, diesem Petrefakt ein wenig von der lebendigen Liebenswürdigkeit mitzuteilen, mit der Goethe den Famulus Wagner auszustatten wußte. (XII, 621)

Vermeintlich oder tatsächlich überlebte Ansichten sind nun von sich aus nicht unbedingt komisch, mit gleichem Recht können sie als töricht, ärgerlich oder einfach langweilig empfunden werden. Nicht zufällig betont der Abschnitt deshalb das Formale, den Vortrag, das Auf-die-Szene-Stellen. Für zuverlässige komische Wirkungen sorgen der "Advokaten-Jargon" und die "Tugend-Suade"; aber auch hier ist, wie das Kapitel "Aufsteigende Angst" zeigte, vor allem an die distanzierende Komik von Satire und Karikatur zu denken. Damit sich gleichzeitig "Rührung" und der Eindruck einer "lebendigen Liebenswürdigkeit" einstellen, muß sich der Erzähler veranlaßt sehen, die "Torheit in Schutz" zu nehmen.[82] Unter welchen Umständen das geschieht, ist oben deutlich geworden. Die Don-Quijote-Konstellation ist bestimmt dadurch, daß ein Idealismus unverdrossen gegen die unfügsame Wirklichkeit anrennt.[83] Mögen die pädagogischen Reden Settembrinis im einzelnen oft verzeichnet und lächerlich anmuten, der menschenfreundliche Kern des Humanismus, das Wollen des Guten, das 'Gutgemeinte' in einem keineswegs abschätzigen Sinn bleiben unangetastet als ein solcher 'Idealismus' bestehen.

In seiner Sympathieerklärung für Settembrini trifft Hans Castorp genau diese Unterscheidung: "Übrigens habe ich dich gern. Du bist zwar ein Windbeutel und Drehorgelmann, aber du meinst es gut, meinst es besser und bist mir lieber als der scharfe kleine Jesuit und Terrorist, der spanische Folter- und Prügelknecht mit seiner Blitzbrille, obgleich er fast immer recht hat, wenn ihr euch zankt." (III, 660) Zusätzliches Gewicht erhält diese Passage dadurch, daß sie im "Schnee"-Kapitel in unmittelbarer Nähe zu Hans Castorps zentraler Sympathie-Erfahrung steht: "Und eine Art von Rührung wandelte ihn an, eine einfache und andächtige Sympathie mit seinem Herzen, dem schlagenden Menschenherzen." (III, 660f.)

d) Beschreibung und 'Regieanweisung'

Die Sympathie Castorps wird glaubhaft bzw. für den Leser nachvollziehbar vor allem durch die Beschreibungen Settembrinis, die mehr zeigen als den bloßen Fortschrittsideologen. Diese Beschreibungen und Erzählerkommentare werden in der neueren Forschung jedoch meist im Zeichen einer kritischen Intention gesehen und auf das Schema der an Schopenhauer und Nietzsche geschulten 'Entlarvungspsychologie' festgelegt, nach der der Geist dem 'Willen' unterworfen ist und lediglich die Begründungen und Rechtfertigungen für egoistische Interessen und Triebe liefert.[84] In diesem

---

[82] Jean Paul: *Vorschule der Ästhetik*, VII. Programm: Über die humoristische Poesie, S. 125: "[...] aber der Humorist nimmt fast lieber die einzelne Torheit in Schutz, den Schergen des Prangers aber samt allen Zuschauern in Haft [...]."

[83] Thomas Mann hat den Begriff der 'Donquijoterie' des öfteren gebraucht, wenn es um eine Komik ging, die sich mit dem Respektgebietenden vereinte. So ist z.B. im Essay über Platen von dessen "Liebesdonquijoterie" die Rede: "Ja, ein Don Quijote der Liebe, illusioniert auf eine viel groteskere Weise, als sonst die Liebe zu illusionieren vermag [...]". (IX, 276) Weiteres zur Bedeutung des *Don Quijote* im Abschnitt "Der Ismaeliter" des vierten Teils dieser Arbeit.

[84] Vgl. Helmut Jendreiek: *Thomas Mann. Der demokratische Roman*, S. 64.

258

Sinn schreibt Hermann Kurzke: "Settembrinis Meinungen werden auf unauffällige Weise von vornherein diskreditiert. Dazu dienen die 'Regieanweisungen'. Es wird meistens nicht nur mitgeteilt, *was* Settembrini sagt, sondern auch *wie* er es tut. Das *Wie* wirkt desillusionierend [...]. Im Rhetorischen und Gemachten weiß Thomas Mann deutlich zu machen, daß es auch Settembrini nicht um die Wahrheit geht, sondern um den Willen zur Macht [...]."[85] Diese Erklärung von 'Entlarvungspsychologie' ist in ihrer schematischen Anwendung auf die vielfältigen Gesprächssituationen des Romans unbefriedigend. Denn der Entlarvungsmechanismus funktioniert nach der prinzipiellen Willen-Geist-Dominanz ohne Ansehen der jeweils geäußerten Meinung, so daß es überhaupt keine Rolle mehr spielte, ob Settembrini gerade Unsinn oder Scharfsinn spricht, ob er als "trällernder Räsoneur" auftritt oder Argumente ins Spiel bringt, die im Fortgang des Romans von Gewicht oder als früher oder später vertretene Auffassungen des Autors selbst zu erkennen sind. Ein gutes Argument ist zudem noch nicht widerlegt oder indiskutabel geworden, weil die Person, die es ausspricht, dies mit der unvermeidlichen Beimischung 'allzumenschlicher' Motive tut. Die Fragwürdigkeit einer Psychologie, die jede Rationalität durch den Nachweis irrationaler Motive entkräften will, als Legitimation aber wieder nur ihre eigene Rationalität, d.h. die Wahrheit ihrer eigenen Theorie anbieten kann, liegt auf der Hand. Die aggressiven Interessen solchen Psychologisierens sind im Frühwerk erkennbar; das Unbefriedigende, das Thomas Mann schon bald daran empfunden hat, nicht zuletzt, weil er auch selber – u.a. durch die Invektiven Alfred Kerrs und Theodor Lessings – das Opfer 'psychologischer Gehässigkeit' wurde, kommt bereits in seinem Nachdenken über eine "neue Klassizität" (X, 842) mit der Absage an den "unanständigen Psychologismus der Zeit" zum Ausdruck. (*Der Tod in Venedig*; VIII, 455) Die Grundsatzproblematik des Geistes in der Willenswelt, die von Thomas Mann in einigen Äußerungen zur Psychologie angesprochen wird, bringt für das differenzierende Verständnis einzelner Figuren oder Szenen wenig. Psychologie ist in den späteren Werken nicht in erster Linie 'Waffe' der Enthüllung, sie soll die Lebenstreue und Lebendigkeit, die 'Menschlichkeit' des Erzählens sichern.

Aber auch wenn man Psychologie durchaus als 'Enthüllung' verstehen will, ist das philosophische Grundprinzip aller Psychologie wenig aussagekräftig. Entscheidend ist, was im Einzelfall zum Vorschein kommt. Gerade die von Kurzke als besonders charakteristisches Beispiel angeführte Textstelle will nicht einen gefährlichen Willen zur Macht hinter der humani-

---

[85] Hermann Kurzke: *Thomas Mann. Epoche – Werk – Wirkung*, S. 199f.

stischen Fassade bloßstellen; vielmehr erscheint Settembrini mit seiner steten Aufmerksamkeit auf den Effekt, den er macht, durchaus in "lebendiger Liebenswürdigkeit". (XII, 621) Das 'Allzumenschliche' kommt der Figur positiv zu, ungeachtet aller Unzulänglichkeit der 'Meinungen':

> Herr Settembrini hatte eine gewaltige Art, zu fragen. Hochaufgerichtet saß er und ließ seine ehrenhaften Worte auf den kleinen Herrn Naphta niedersausen, am Ende die Stimme so mächtig hochziehend, daß man wohl hörte, wie sicher er war, daß des Gegners Antwort hierauf nur in beschämtem Schweigen bestehen könne. Er hatte ein Stück Baumkuchen zwischen den Fingern gehalten, während er sprach, legte es aber nun auf den Teller zurück, da er nach dieser Fragestellung nicht hineinbeißen mochte. (III, 550)

An diesem Punkt des Romans sind dem Leser die aufwendige Gestikulation und die 'plastische' Redeweise Settembrinis (mit unverhohlener Eitelkeit spricht der Literat diese Qualität seiner Vortragsweise gleich zu Anfang selber zu; vgl. III, 91) längst wohlvertraut; deshalb wird kaum 'entlarvende' Erkenntnis, sondern das Lächeln darüber, Settembrini stets wieder bei dieser Schwäche zu erleben, der beherrschende Eindruck solcher Passagen sein. Die Beschreibungen des pathetischen und gebärdenreichen Settembrini dienen jetzt in erster Linie nicht mehr dazu, das Posenhafte des Zivilisationsliteraten bloßzustellen (wie z.B. bei seinem Toast auf die Zivilisation, vgl. III, 224f.), sie sollen, ähnlich wie die Darstellung der Reaktionen Castorps und Ziemßens, humoristische Kontraste zum unversöhnlichen Ernst der Diskussionen setzen: "'Ich protestiere!' rief Settembrini, indem er seine Teetasse dem Gastgeber [Naphta] mit ausgestrecktem Arm entgegenhielt." (III, 553) Nicht mehr das 'verräterische' Detail wird anvisiert, sondern die einfallsreich-witzige Variation, sprachliche Komik ("gewaltige Art, zu fragen") und die spielerische Übertreibung ins Burlesk-Theatralische, wie in obigem Beispiel, wo der *hochaufgerichtete* Settembrini auf den *kleinen* Naphta *ehrenhafte* Worte *niedersausen* läßt, um mit einem *mächtigen* Hochziehen der Stimme zu enden. In diesen Kapiteln des zweiten Bandes ein 'Satyrspiel' zu den *Betrachtungen*[86], will der *Zauberberg* ja gerade über deren parteiliche Po-

---

[86] In diesem Sinn bezeichnet Thomas Mann die *Betrachtungen* als ein "mühseliges Werk der Selbsterforschung und des Durchlebens der europäischen Gegensätze und Streitfragen", das nicht zuletzt als Vorbereitung des 'spielerischen' Kunstwerks zu dienen hat: "'Diese sehr ernsten Scherze', so spricht Goethe einmal von seinem *Faust*, und es ist die Definition aller Kunst, auch des *Zauberbergs*. Aber ich hätte nicht scherzen und spielen können, ohne vorher seine Problematik in blutiger Menschlichkeit durchlebt zu haben, über die ich mich dann als freier Künstler erhob." (XI, 608) Diese Einschätzung läßt es gerechtfertigt erscheinen, die von Thomas Mann an gleichem Ort kurz vorher verwendete Bezeichnung "Satyrspiel" (XI,

lemik und starre Begriffsfronten hinaus; die Intention einer bloßen 'Entlarvung' Settembrinis setzte die Tendenz des Kriegsbuchs dagegen nur fort. Das 'Menschliche' wirkt nicht entlarvend, es löst die antithetische Spannung im Humor. Wenn die Einstellung nach der Darstellung größter rednerischer Emphase plötzlich auf das "Stück Baumkuchen" in Settembrinis Fingern schwenkt und dessen taktische Überlegung nachvollzieht, daß er sich durch Hineinbeißen die Wirkung verdürbe, so ist hier – wiederum mit den Begriffen Jean Pauls – dem Großen, dem pathetischen Überschwang, humoristisch das ganz Kleine an die Seite gesetzt[87], und nicht Settembrinis Humanismus, sondern der verbissene Meinungsstreit wird damit "lächelnd entwertet".[88] Zudem ist mittels des Baumkuchens wenige Seiten zuvor die versöhnliche, 'lebensfreudige' Seite Settembrinis demonstriert worden. In die Räumlichkeiten Naphtas, wo dieses Treffen stattfindet, kommt er zum einen aus pädagogischem 'Verantwortungsgefühl', um Ziemßen und Castorp nicht mit Naphta allein zu lassen, zum anderen ist "klar ersichtlich, daß er [...] die Gelegenheit recht gern benutzte, den Aufenthalt in seinem Dach auf eine Weile mit dem in Naphtas seidenfarbenem Zimmer zu vertauschen und einen wohlservierten Tee einzunehmen: er rieb sich die gelblichen [...] Hände, bevor er zugriff, und speiste mit unverkennbarem, auch lobend ausgesprochenem Genuß von dem Baumkuchen, dessen schmale, gebogene Scheiben von Schokoladeadern durchzogen waren". (III, 547)

Der vermittelnde Humor wird allerdings fast ausschließlich in den Beschreibungen Settembrinis wirksam. Während bei Naphta der Erzähler kaum einmal mehr als die immergleiche "Schärfe" oder die "unangenehme Ruhe" (III, 550) vermerkt, seine Beiträge nur knapp mit einem "versetzte Naphta", "sprach Naphta", "fuhr Naphta fort" ausweist, finden Redeweise, Gestikulation und emotionaler Zustand Settembrinis stets eine freundlich amüsierte Kommentierung: "Herr Settembrini drehte erregt an seinem schönen Schnurrbart." (III, 554) – "'Schweigen Sie, Ingenieur!' befahl er mit einer Strenge, die auf Rechnung seiner Nervosität und Anspannung zu setzen war." (III, 560) Diese Nervosität spiegelt den Gesprächsverlauf: wirken doch Settembrinis Erwiderungen auf die böse-geistvollen Provokationen Naphtas oft bemerkenswert hilflos. Wenn es bei den 'Regieanweisungen' tatsächlich in erster Linie ums Entlarven und Diskreditieren ginge, warum sollte der Autor dies dann so hartnäckig und einseitig bei

---

607) weniger auf die "tragische Novelle" (*Tod in Venedig*) als auf das "Jahre verschlingende" Vorbereitungswerk zu beziehen.

87 Jean Paul: *Vorschule der Ästhetik*, VII. Programm: Über die humoristische Poesie, S. 125.

88 Eine Formulierung Thomas Manns aus dem *Versuch über Tschechow* (IX, 857).

Settembrini tun, der doch in den Diskussionen sowieso den schlechteren Stand hat und im einzelnen gegen Naphta, zumindest für den Geschmack Hans Castorps, meistens unrecht behält? Nach dieser Auffassung wäre eine totale Demontage Settembrinis angestrebt, die seine hochherzigen Meinungen zunächst als 'Tugend-Suade' und 'Advokaten-Jargon' karikiert, dann inhaltlich durch die 'Schärfe' Naphtas in die Enge treibt und ihn außerdem noch als Sprecher durch die 'entlarvenden' Kommentare des Erzählers lächerlich macht. – Offensichtlich ist die Wirkung, vor allem im zweiten Band, eine andere. Daß Naphta fast nie auf diese Weise durch Beschreibungen plastisch vorgeführt wird, zeigt, daß der Autor geradezu vermeiden will, ihn 'menschlich' bzw. 'sympathisch' erscheinen zu lassen, nur als Redner, kaum als dargestellter Mensch ist Naphta im Roman anwesend[89]. Besonders auffällig wird dies, wenn sich Castorp einmal allein von ihm über die Logenzugehörigkeit Settembrinis informieren läßt, der Leerraum um die 'Unperson' läßt den ganzen Abschnitt merkwürdig steril erscheinen. Die Naphta-Figur – aus der Funktion entwickelt, Settembrini geistreich zu opponieren, komplementär von diesem abgeleitet und deshalb auf seine Gegenwart angewiesen – wirkt nur in den Diskussionskreisen, nicht aber im persönlichen Gegenüber mit dem Helden überzeugend.[90]

---

[89] Eine Ausnahme macht der erste Teil des Abschnitts "Operationes spirituales", in dem weit ausholend die Kindheits- und Jugendgeschichte Naphtas erzählt wird. Hier wird der bis dahin fehlende Hintergrund der Figur nachgereicht. Naphtas Ideen vom frommem Terror sollen als in prägenden Kindheitseindrücken des Schächtersohnes wurzelnde Obsessionen erkennbar und 'verständlich' werden: "Der Knabe Leib empfand, daß die Methode jener plumpen Gojim von einer läßlichen und profanen Gutmütigkeit bestimmt war, mit der dem Heiligen nicht die gleiche Ehre erwiesen wurde, wie mit der feierlichen Mitleidlosigkeit im Brauche des Vaters, und die Vorstellung der Frömmigkeit verband sich ihm so mit der Grausamkeit, wie sich in seiner Phantasie der Anblick und Geruch sprudelnden Blutes mit der Idee des Heiligen und Geistigen verband." (III, 609) Ein solcher, um Verständnis geradezu werbender Bericht, der die Erklärung eines Denkens aus dem Biographischen fortwährend aufdrängt, ist im Mund des kalt-sachlichen, ja unerbittlichen Theoretikers Naphta selber nur schwer vorstellbar. Das macht den Bruch mit der sonst vorherrschenden szenischen Erzählweise, in der die Geschichte von Vater und Großvater Settembrinis präsentiert werden konnte, erforderlich. Anders als im Fall des seiner Familientradition huldigenden Settembrini wird denn auch niemals ein gefühlsmäßiger Bezug Naphtas zu seinem Herkommen gezeigt; seine Vorgeschichte bietet für den Leser zwar aufschlußreiche Informationen, bleibt von der Darstellung der Romanfigur Naphta aber isoliert.

[90] In der Debatte darüber, ob der *Zauberberg* 'plastisch' gestaltete Hauptfiguren besitze oder bloß 'wandelnde Allegorien', ist Thomas Mann denn auch am ehesten bereit, Naphta preiszugeben. Er schreibt am 15.11.1927 an Adolf Pfanner: "[...] und wenn ich auch bereit bin, Naphta zu opfern, dessen Figur wohl wirklich ein dialektisches Mittel ist (obgleich es ihn *gibt* [eine Anspielung auf Lukács, zugleich ein Beispiel für das Insistieren auf einem Realbezug der Porträts; d. Verf.]), so kann ich keineswegs einwilligen, Peeperkorn preiszugeben [...]." (Br I, 277)

(Vgl. III, 701-710) Nur ein einziges Mal läßt der Erzähler hier Naphta 'menschlich' hervortreten, um ihn – ad hominem spottend über Settembrini – wiederum mit einem Negativakzent zu versehen: "'Der ehrliche Ritter vom Winkelmaß!' höhnte Naphta. 'Sie müssen bedenken, daß es ihm gar nicht leicht geworden ist, zum Bauplatz des Menschheitstempels zugelassen zu werden, denn er ist ja arm wie eine Kirchenmaus [...]'" (III, 709) Die Sympathielenkung ist eindeutig: Während der Hohn über die Armut des Gegners Naphta tatsächlich diskreditiert, werden gleichzeitig der Idealismus, die 'Ritterlichkeit' des mittellosen Settembrini durch die Bemerkung Naphtas ein weiteres Mal bestätigt. Als dieser den Freimaurer dann noch als "Proselytenmacher" und "Seelenfänger" bezeichnet, erfolgt eine jener seltenen, ganz unironischen Stellungnahmen Castorps: "'Und was bist du für ein Emissär?' dachte Hans Castorp. Laut sagte er: – 'Danke, Professor Naphta. Aufrichtig verbunden für Wink und Warnung.'" (III, 709) Das erinnert zum einen an die Art und Weise, wie im Abschnitt "Aufsteigende Angst" die Tiraden Settembrinis von den Gedanken Castorps kommentiert wurden, läßt zum anderen aber auch, durch den schärferen Ton, das geringschätzige "Du", an die Bewertung des abstoßenden Wiedemann denken: "Du hast es nötig!" (III, 950) Castorp empfindet "Abneigung", ungeachtet seines lebhaften Interesses an der durch Naphta gewährleisteten Gegenperspektive zur Gedankenwelt Settembrinis.

Ähnlich dann die Darstellung der Kontrahenten am Totenbett Joachim Ziemßens, auch dies eine Schlüsselszene der Sympathielenkung. Settembrini gebärdet sich "herzlich bewegt": "Mit beiden Händen wies er die Anwesenden auf Joachim hin, indem er sie zur Klage aufforderte. 'Un giovanotto tanto simpatico, tanto stimabile.'" (III, 745) Naphta dagegen nutzt den Trauerfall, um weiter "leise und bissig" zu polemisieren: "Ich freue mich, zu sehen, daß sie außer für Freiheit und Fortschritt auch noch für ernste Dinge Sinn haben." Ungewollt stellt er damit unter Beweis, daß er selber, bei allem Reden von Frömmigkeit und den "ernsten" menschlichen Dingen, in diesem Moment jedenfalls *keinen* Sinn für sie hat; die Streitlust überwiegt. Der dann folgende Absatz zeigt, daß auch Settembrinis Anteilnahme nicht frei von taktischen Erwägungen und Schauspielerei ist; dennoch ist der Unterschied in der Motivierung offensichtlich:

Settembrini steckte das ein. Vielleicht empfand er eine gewisse, durch die Umstände vorübergehend hervorgerufene Überlegenheit von Naphta's Position über die seine; vielleicht war es dies augenblickliche Übergewicht des Gegners, das er durch die Lebhaftigkeit seiner Trauer aufzuwiegen gesucht hatte und das ihn jetzt schweigen ließ, – auch dann noch, als Leo Naphta, die unbeständigen Vorteile seiner Stellung ausnutzend, scharf sentenziös bemerkte:

"Der Irrtum der Literaten besteht in dem Glauben, daß nur der Geist anständig mache. Es ist eher das Gegenteil wahr. Nur wo kein Geist ist, gibt es Anständigkeit."

'Na', dachte Hans Castorp, 'das ist auch so ein pythischer Spruch! Kneift man die Lippen zusammen, nachdem man ihn hingesetzt, so herrscht Einschüchterung für den Augenblick...' (III, 745)

Settembrinis Verhalten wird nur partiell von der Machtfrage bestimmt, Naphtas völlig. Daß auch der zweite Angriff unpariert bleibt, daß Settembrini, wie es heißt, "auch dann noch" schweigt, spricht für seine "Anständigkeit", von der Naphta wiederum nur redet. Anstelle des Italieners kommentiert dann Hans Castorp; sobald der unverbindliche Freiraum des Diskutierens verlassen wird, entscheidet nicht mehr das interessantere Argument, sondern die begründete 'Sympathie', auf wessen Seite er sich stellt (so ja auch im "Schnee"-Kapitel und später noch in "Operationes spirituales", wo er in einer Art Settembrini-Nachfolge die spiritistische Sitzung durch das Einschalten des Lichtes abbricht; schließlich wird er sich auch nicht zufällig Settembrini als Sekundant anbieten). Castorps Glosse macht deutlich, daß er gerade das Denken Naphtas mit seinen dialektischen Spitzfindigkeiten ("Es ist eher das Gegenteil wahr") als Effektmacherei durchschaut hat. Von Anfang an ist es allerdings das Provokative an Naphtas Standpunkten gewesen, was ihn fasziniert und ihm Vergnügen bereitet hatte. Dieser Effekt hat sich an diesem Punkt offenbar erschöpft, er wird mit einem gewissen Überdruß zur Kenntnis genommen ("auch so ein pythischer Spruch").

Es sind vor allem die vielfältigen Gefühlsreaktionen, durch die Settembrini zur 'plastischen' Romanfigur wird und sich vom emotional verödeten Naphta positiv abhebt. Dazu gehören, von der Zwischenphase des Kapitels "Aufsteigende Angst" abgesehen, die Darstellung seiner formverliebten Eitelkeit, der stets leidenschaftliche, bis zum Unsachlichen temperamentvolle Diskussionsstil, dann als Ausdruck seines pädagogischen Eros die in die Warnungen vor Chauchat und Naphta hineinspielende, aber vor allem auch gegenüber Peeperkorn entwickelte Eifersucht im Verhältnis zu Hans Castorp ("Aber, in Gottes Namen, Ingenieur, das ist ja ein dummer alter Mann!"; III 808, vgl. III, 812); weiterhin die ihm vom Autor attestierte 'Lebensfreudigkeit', sein gelegentlich naiver Patriotismus ("Das war Salami von echtem Schrot und Korn, Herr Settembrini war ganz gerührt davon, er aß sie sozusagen mit feuchten Augen [...]", III, 834), die aufgeregte Freude über scheinbare Fortschritte Hans Castorps in seinem Sinn, etwa den Entschluß, das Skilaufen zu lernen (vgl. III, 655), die Wetterfühligkeit: bei nassem Tauwetter "ersichtlich in elegischer Stimmung" (III, 135), an einem schönen Sonnentag "glänzender Laune, von klaren Scherzen sprudelnd" (III,

858), die "tiefe pädagogische Verstimmung", wenn Castorp eigene Wege geht (III, 492), und schließlich die aufrichtige Anteilnahme an dem "Sorgenkind des Lebens", die am Ende doch den Machtwillen überwiegt.

e) Der 'klare Mentor' – Zum Einfluß Settembrinis im Zweiten Band

Auch wenn Castorp kein vorbehaltloser Anhänger Settembrinis wird: dem Sympathiegewinn des Italieners entspricht in den späteren Teilen des Romans doch ein leichter Zuwachs an pädagogischer Einflußnahme. Während seine 'Warnungen' im ersten Band ignoriert werden (in der 'Walpurgisnacht' "übertönt" Castorp Settembrinis Stimme mit den eigenen Rufen nach dem Bleistift; III, 461), sind seine Auffassungen im zweiten Band durch 'Erinnerungen' in Gefährdungssituationen doch nicht ganz ohne Wirkung auf den Helden. Daß Hans Castorp seine Sympathieerklärung für Settembrini gerade während des Aufstiegs in die Schnee-Regionen abgibt, ist kein Zufall. Während des Sturms wird Settembrini gewissermaßen zur 'Überlebensstütze'. Erschöpfung und Sinnesverwirrung beim "Herumkommen" führen dazu, daß die Versuchung zum Liegen und Schlafen im Schnee, zur endgültigen "horizontalen Lage" also, Castorp fast überwältigt. Mit einer Schulter an die Wand der Holzhütte gelehnt, hält er sich gerade noch aufrecht, gestützt auf ein Bein, das "auffallend an das hölzerne Stelzbein von Settembrini's Drehorgel erinnert". (III, 676)

Eine ähnliche 'rettende' oder zumindest korrigierende Funktion erhält die Erinnerung an Settembrini im Abschnitt "Fülle des Wohllauts", wo sich Castorp den 'Versuchungen' der Musik aussetzt. Übereinstimmend mit Schopenhauers Kunstphilosophie ist von der "Idealität der Musik" die Rede, der hohen "Beschönigung, die sie der gemeinen Gräßlichkeit der wirklichen Dinge angedeihen ließ". (III, 896) In Debussys *Prélude* ereigne sich die "Unschuld der Zeitlosigkeit: Es war die Liederlichkeit mit bestem Gewissen, die [...] Apotheose all und jeder Verneinung des abendländischen Aktivitätskommandos". (III, 898) In Schuberts Lindenbaum-Lied findet schließlich die romantische Todes-Welt ihre höchste, schönste Verklärung. Bei aller Musik-Hingabe bestehen bei Hans Castorp aber Zweifel an ihrer "höheren Erlaubtheit" (III, 905); diese Zweifel können sich wiederum auf Gedanken des Italieners stützen, deren Wahrheitskern trotz der ironischen Relativierung der Settembrini-Position akzeptabel bleibt: "Wahrhaftig, der Literat Settembrini war nicht eben der Mann seines unbedingten Vertrauens, aber er erinnerte sich einiger Belehrung, die der klare Mentor ihm einst [...] über 'Rückneigung', die geistige 'Rückneigung' in gewisse Welten hatte zuteil werden lassen, und er fand es ratsam, diese Unterweisung mit Vorsicht auf seinen Gegenstand zu beziehen." (III, 906) Wie im "Schnee"-Kapitel stellt sich der Todesversuchung die Erinnerung an Settembrini entgegen; es folgt eine kurzgefaßte Wiederholung des Gedankentraum-Ergebnisses, das Hans Castorp zwar nicht aus dem Bann des Zauberbergs lösen kann, aber eben auch nicht von ihm vergessen wird.[91] Die "vom Tode gezeugt[e]" Schönheit, heißt es, müsse mit "Mißtrauen betrachtet" werden vom "Auge verantwortlich regierender Lebensfreundschaft". (III, 906f.) Und so wie dort "Güte und Liebe" Lebensfreundlichkeit in einem ganz konkreten, 'organischen' Sinn bedeuteten, so ist auch an dieser Stelle wieder von der "Liebe zum Organischen" die Rede. (III, 907)

Der 'Ergebnissatz' des Schneetraums schließlich – "*Der Mensch soll um der Güte und Liebe willen dem Tode keine Herrschaft einräumen über seine Gedanken*" – erweist sich bei genauem Hinsehen als Paraphrasierung einer zuvor von Settembrini geäußerten pädagogischen Mahnung: "Denn der Tod als selbständige geistige Macht ist eine höchst liederliche Macht, deren lasterhafte Anziehungskraft zweifellos sehr stark ist, aber mit der zu sympathisieren ebenso unzweifelhaft die greulichste Verirrung des Menschengeistes bedeutet" (III, 280; ähnlich auch III, 570). Der Unterschied besteht nur in der rhetorischen Zuspitzung Settembrinis und in der Motivierung. Nicht weil er dem Fortschritt entgegensteht, sondern "um der Güte und Liebe willen" soll der Tod keine Herrschaft als "geistige Macht" erhalten. Der Gedanke Settembrinis wird aus dem Kontext des Fortschrittsoptimismus gelöst und in eine einfachere, gewissermaßen voraussetzungslose Fassung gebracht. Das Bekenntnis zum Leben und das Sollensgebot trifft sich mit den Werten, die das Grundthema von Settembrinis Zukunftsmusik bilden – nur daß sie hier ernster und zugleich bescheidener gemeint sind.

f) "*Wandelnde Allegorie*", "*Flachland-Repräsentant*" – *Zur Problematik der Settembrini-Deutung Børge Kristiansens*

Børge Kristiansen spricht dagegen von einer klaren "Niederlage" des Italieners.[92] Er bringt das komplexe Geschehen auf die Formel: "Hans Castorps Kampf mit und Sieg über Lodovico Settembrini."[93] Dieser Sieg finde bereits im ersten Teil des Romans statt, so daß Settembrinis Position in den zum

---

91 Hierzu noch im letzten Abschnitt von Teil III.

92 Børge Kristiansen: *Thomas Manns "Zauberberg" und Schopenhauers Metaphysik*, S. 157.

93 Børge Kristiansen: *Thomas Manns "Zauberberg" und Schopenhauers Metaphysik*, S. 127.

zweiten Teil gehörenden, weit über hundert Seiten umfassenden Disputen mit Naphta als von vornherein erledigt zu gelten hätte. Kristiansen meint, daß sich Castorps "eigentliches Interesse" nur noch auf die Theorien Naphtas richte, und folgert weiter, daß Settembrinis Einfluß im zweiten Band "immer mehr in den Hintergrund" trete.[94] Das widerspricht nicht nur dem logisch Erwartbaren – daß die politische 'Wandlung' Thomas Manns zu einer gewissen Aufwertung der Settembrini-Position führt –, es widerspricht, wie gezeigt, auch dem Romangeschehen: Castorp erinnert sich in entscheidenden Situationen an die "Belehrungen" Settembrinis, den die Sympathielenkung zunehmend im Wortsinn als Mentor, als väterlichen Freund zeigt

Sicher läßt sich Settembrini mit seinen Appellen zur Rückkehr, seinen Warnungen vor 'asiatischer' Ausschweifung und seinem Lob praktischer Tätigkeit als eine Art stellvertretendes schlechtes Gewissen des 'Ingenieurs' Castorp verstehen.[95] In Kristiansens Interpretation wird diese eine Funktion zum allein maßgeblichen strukturellen Auftrag der Figur, so daß jede ihrer Äußerungen durch das Vorzeichen eines abgewerteten 'flachländischen' Wirklichkeitsverständnisses diskreditiert ist. Settembrini wäre demnach nichts anderes als der Vertreter einer 'Flachlands'-Ideologie, die im Verlauf des Romans unter die Räder der Schopenhauerschen Weltanschauung gerät. Insbesondere an Settembrini – "gewiß nicht er selbst, ohne seine Gesinnungen; aber er selbst [...] doch wichtiger als diese"[96] – zeigt sich jedoch der verengte Blickwinkel einer Untersuchungsmethode, die alle Figuren und Szenen lediglich auf ihre "allegorische Repräsentanz"[97] befragt – und dies stets im Hinblick auf das vorab festgelegte philosophische Substrat des Romans (Schopenhauer). Als Legitimation des einseitig allegorischen Zugriffs führt Kristiansen das bekannte Zitat aus der Princetoner *Einführung in den 'Zauberberg'* an, nach dem die Romanfiguren "lauter Exponenten, Repräsentanten und Sendboten geistiger Bezirke, Prinzipien und Welten" seien.[98]

---

[94] Børge Kristiansen: *Thomas Manns "Zauberberg" und Schopenhauers Metaphysik*, S. 156.

[95] Kristiansen geht sogar so weit, Settembrini als alter ego Castorps bzw. als Vertreter des in Hamburg zurückgebliebenen Hans am Ort zu sehen: "Settembrini vertritt [...] von dem Moment an, wo Castorps 'flachländische' Homo-faber-Identität brüchig geworden ist, diese Identität Castorps." – B. K.: *Thomas Manns "Zauberberg" und Schopenhauers Metaphysik*, S. 78.

[96] Br I, 350.

[97] Børge Kristiansen: *Thomas Manns "Zauberberg" und Schopenhauers Metaphysik*, S. 99. Die "Repräsentanz" Settembrinis bestimmt Kristiansen hier noch einmal kurz und bündig "als die der Vernunft und dem menschlichen Bewußtsein zugängliche zeiträumliche flachländische Wirklichkeit". Eine allerdings gewaltige 'allegorische' Last für eine Romanfigur.

[98] Vgl. Kristiansen: *Thomas Manns "Zauberberg" und Schopenhauers Metaphysik*, S. 98.

(XI, 612) Thomas Mann fährt dort aber sogleich fort: "Ich hoffe, sie sind deswegen keine Schatten und wandelnde Allegorien. Im Gegenteil bin ich durch die Erfahrung beruhigt, daß der Leser diese Personen, Joachim, Clawdia Chauchat, Peeperkorn, Settembrini und wie sie heißen, als wirkliche Menschen erlebt, deren er sich wie wirklich gemachter Bekanntschaften erinnert." (XI, 612)

Thomas Mann machte diese Bemerkungen 1939 in Erinnerung an jene Auseinandersetzung um die "plastischen Eigenschaften" des *Zauberberg*, die man als Allegorie-Debatte bezeichnen kann. Mit 'Erschrecken' hatte der Autor damals etwa auf die von Bernhard Diebold verfaßte Besprechung des Romans in der *Frankfurter Zeitung*[99] reagiert, die "ihn ganz als allegorisches Puppenspiel hinstellte" - so Thomas Mann in einem Brief an Karl Alpheus vom 11.9.1925.[100] Er empfand dergleichen als Angriff auf seine kreative, dichterische Potenz, als Wiederaufleben des leidigen Kälte-Vorwurfs und nahm dankbar jede Äußerung entgegen, die ihn des Gegenteils versicherte.[101] So schrieb er am 31.12.1924 an Korfiz Holm: "So warme Rückäußerungen sind doch wohl ein Beweis dafür, daß [der Roman] nicht das Eisgebilde sein kann, als das manche Kritiker ihn hinstellen. Auch daß Sie von den 'lebendigen Gestalten' des Buches sprechen, tut mir wohl; denn wo Leben und Gestalt ist, da ist ja Irrationales, Dichterisches, und so bin ich wohl doch nicht der restlos durchrationalisierte 'Schriftsteller', als der ich neuerdings angesprochen werde."[102] Noch drei Jahre später, am 31.12. 1927, sendet er ähnliche Worte an Martin Havenstein, wieder fällt das Stichwort der Allegorie: "Ich bin Ihnen besonders dankbar, daß Sie die Plastik der Hauptfiguren nicht nur anerkennen, sondern betonen, denn sie ist oft bestritten worden, und man hat diesen Gestalten nur den Rang und Wert von Allegorien zubilligen wollen."[103] – Es hat bisweilen den Anschein, daß sich Kristiansen diesem Tenor der frühen *Zauberberg*-Kritik anschließen wollte, den von ihr unterstellten Mangel an 'Plastik' jetzt als philosophische Qualität vorführend. So, wenn er schreibt: "Settembrini tritt [...] – gegen

[99] Berhard Diebold: *Thomas Mann: "Der Zauberberg"*, in: *Frankfurter Zeitung* vom 19.12.1924.

[100] DüD I, 504.

[101] An Annette Kolb schreibt Thomas Mann am 16.1.1925: "Es ist so besonders schön, daß Sie ein Herz in dem Roman gefunden haben. Denn viele, z.B. der Mann der Frankfurter Zeitung, wollen wissen, es sei ein herzloses, kaltes, ein nihilistisches und teuflisches Buch. Es sind so ziemlich dieselben, die auch wissen wollen, die Figuren darin seien lauter Symbole und keine Menschen." *Briefwechsel mit Autoren*, S. 269.

[102] DüD I, 484.

[103] DüD I, 527.

die Hoffnung des Verfassers, es möge dies nicht der Fall sein – als eine 'wandelnde Allegorie' auf'.[104]

Thomas Mann beharrt dagegen darauf, daß sich in seinem Werk Plastik und Kritik, lebendige Menschendarstellung und intellektuale Allegorie vereinen; während die letztere, isoliert betrachtet, den Eindruck der Kälte erzeugen kann, werden dem anderen Pol Wärme und Menschenfreundlichkeit zugeordnet. Das Verhältnis von Gestalt und Allegorie drückt der Autor in einer Bemerkung zu Joachim Ziemßen aus: Dieser solle "zwar keineswegs als symbolische oder allegorische Figur verstanden werden. Doch Symbol und Allegorie fließen immer in die lebendige Gestaltung mit hinein. In einem solchen, nur mitenthaltenen Sinne verkörpert Joachim, den es aus der toten Sphäre der Berge in das Flachland zurückverlangte, das dienstfromme, preußische Prinzip".[105] Wer, wie Kristiansen, eine Gesamtinterpretation des Romans anstrebt, kann dies nicht allein auf der Grundlage des "mitenthaltenen Sinnes", des "Hineinfließenden" tun, ohne Entstellungen in Kauf zu nehmen. Daß der Interpret nach seiner einseitig allegorischen Auslegung als Schlußfolgerung dem Roman "totale Indifferenz und Gleichgültigkeit dem Leben gegenüber"[106] attestiert, hat dann allerdings eine gewisse Folgerichtigkeit.

Die Gleichsetzung Settembrinis mit der abqualifizierenden Kategorie 'Flachland' ist aber auch über das Allegorie-Problem hinaus fragwürdig. Gegen die weltanschauliche Simplifizierung der Figur hat in jüngster Zeit Hans Wißkirchen auf Thomas Manns komplexe Materialienverwendung in den Redebeiträgen des Humanisten aufmerksam gemacht.[107] Auch ohne den Blick auf die Quellen ist ersichtlich, daß der Roman zunehmend die

---

[104] Børge Kristiansen: *Thomas Manns "Zauberberg" und Schopenhauers Metaphysik*, S. 196.

[105] Aus dem Gespräch mit dem *Berliner Börsen-Courier* vom 30.10.1925, in: V. Hansen u. G. Heine (Hrsg.): *Frage und Antwort. Interviews mit Thomas Mann*, S. 76.

[106] Børge Kristiansen: *Thomas Manns "Zauberberg" und Schopenhauers Metaphysik*, S. 305 u. 307.

[107] Am Ende seiner quellenkritischen Nachweise, die u.a. Settembrinis spielerischen Umgang mit Heine- und Nietzsche-Zitaten zeigen kommt Wißkirchen zu dem Schluß, "daß Settembrini als literarische Figur durchaus nicht so eindimensional, so einfach gestaltet ist [...]. Er erlangt weltanschauliche Tiefe und Dignität, das Vorurteil des flachen Aufklärers, der nur in den einbahnstraßenhaften Linien von Fortschritt und Vorwärtsentwicklung denkt und handelt, bestätigt sich bei der Benutzung der Quellen nicht. Außerdem weisen die benutzten Materialien auf eine weitaus größere Nähe zu Thomas Mann hin als bisher angenommen." Hans Wißkirchen: *"Ich glaube an den Fortschritt, gewiß." Quellenkritische Untersuchungen zu Thomas Manns Settembrini-Figur*, in: Thomas Sprecher (Hrsg.): *Das "Zauberberg"-Symposium 1994 in Davos* S. 99. – Zum Nietzsche-Thema jetzt: Erkme Joseph: *"Nietzsche im Zauberberg"*, Frankfurt a. M. 1996 (= Thomas-Mann-Studien XIV).

"Konfusion" der Ideologien (III, 685) beschreibt und die Argumente der Disputanten kaum als festumrissene 'Orientierungen' im Sinne Kristiansens identifiziert werden können.[108] Daß der Humanist, der Liebhaber des "Classicismo" (III, 348), der Enthusiast der schönen Literatur und des schönen Stils der Vertreter einer "Homo-faber-Identität" sein soll, dessen Gedanken bloß die "erkenntnistheoretischen, ontologischen und geschichtsphilosophischen Grundvoraussetzungen" der "Flachland"-Existenz Castorps explizieren[109], kann nicht überzeugen. Settembrini trägt das historische Kostüm einer pathetischen Aufklärung[110]: "Eine Macht, ein Prinzip aber gibt es, dem meine höchste Bejahung, meine höchste und letzte Ehrerbietung und Liebe gilt, und diese Macht, dieses Prinzip ist der Geist." (III, 348) Die Natur sei "selber Geist" (III, 519); verhält sie sich jedoch 'unvernünftig' und widerständig – Beispiel ist das Erdbeben von Lissabon – wird sie auch von dem Aufklärer als "mystisch und böse", als "das teuflische Prinzip" dämonisiert (III, 348). Damit taugt sein Denken kaum zur Standortbestimmung des 'Technikers' Castorp. Ohne Umschweife beurteilt Kristiansen Settembrini und das ihm undifferenziert zugewiesene naturwissenschaftliche Weltbild aus der Naphta-Perspektive: "In seiner sarkastischen Auslegung des erkenntnistheoretischen Realismus als eines Nihilismus gibt Naphta eine vorzügliche Charakteristik der epistemologischen Voraussetzungen der Naturwissenschaft, zu der sich Settembrini bekennt."[111] Dies ist kein

---

[108] Hans Wysling schreibt: "Auf den ersten Blick erscheint Settembrini als eine geschlossene und eindeutige Figur. Auf den zweiten aber wird er vielgesichtig und spiegelt dabei eine ganze Reihe von Standpunkten und Gedankengängen, die Thomas Mann zwischen 1909 und 1924 bewegt haben." – H. W.: *"Der Zauberberg"*, in: TMHb, S. 404. – Ähnlich Helmut Koopmann: "Auch Settembrini hat keine definite Botschaft, seine Lehren sind die des frühen Thomas Mann und die seines Bruders zugleich, und bei aller Schärfe bleibt seine Gestalt wandlungsreicher, als es dem Propheten einer überzeugenden Anschauung nützlich wäre." – H. K.: *Die Lehren des "Zauberberg"*, in: Th. Sprecher (Hrsg.): *Das "Zauberberg"-Symposium 1994 in Davos*, S. 77.

[109] Børge Kristiansen: *Thomas Manns "Zauberberg" und Schopenhauers Metaphysik*, S. 78.

[110] In den *Betrachtungen* bezeichnet Thomas Mann die Haltung des "belles-lettres-Politiker" (XII, 231) als "rhetorische Tugendphilosophie aus dem achtzehnten Jahrhundert." (XII, 250) – Auch Erwin Koppen betont, daß sich Settembrini "vom modernen Typus des liberalen Intellektuellen durch eine noch absolut intakte und präsente humanistische Bildung abhebt", die zudem "noch mit der schon fast historisch wirkenden Patina des antiklerikalen Freimaurertums überzogen" sei. – E. K.: *Nationalität und Internationalität im "Zauberberg"*, in: *Thomas Mann 1875-1975. Vorträge in München – Zürich – Lübeck*, hrsg. v. Beatrix Bludau, Eckhard Heftrich und Helmut Koopmann, Frankfurt a. M. 1977, S. 120-134. Hier zitiert nach Rudolf Wolff (Hrsg.): *Thomas Mann – Aufsätze zum 'Zauberberg'*, Bonn 1988, S. 49.

[111] Børge Kristiansen: *Zur Bedeutung und Funktion der Settembrini-Gestalt in Thomas Manns Roman "Der Zauberberg"*, in: Rolf Wiecker (hrsg.): *Gedenkschrift für Thomas Mann 1875-1975*,

Einzelfall: "Um das Essentielle der Settembrinischen Auffassungen von dem Verhältnis zwischen Geist und Körper herausarbeiten zu können, sieht sich der Interpret wie in der Analyse des erkenntnistheoretischen Aspekts auf die Formulierungen und Anschauungen Naphtas verwiesen."[112] Daß Naphtas Ausführungen zwar rhetorisch "vorzüglich" sind, aber in ihrer Polemik den Sachverhalten nicht unbedingt gerecht werden, spielt offenbar keine Rolle. In den zitierten Passagen ist für Naphta schon das Wort "Wissenschaft [...] der Ausdruck des stupidesten Realismus, der sich nicht schäme, die mehr als fragwürdigen Spiegelungen der Objekte im menschlichen Intellekt für bare Münze zu nehmen", die "moderne Wissenschaft als Dogma" lebe von der Voraussetzung, daß die "Erkenntnisformen unserer Organisation [...], in denen die Erscheinungswelt sich abspiele, reale Verhältnisse seien, die unabhängig von unserer Erkenntnis existieren". (III, 960)[113] Stupider bzw. naiver Realismus läßt sich der "modernen Wissenschaft" so pauschal sicher nicht vorwerfen, sie ist vielmehr beherrscht von einem ausgesprochenen Mißtrauen gegenüber den "Erkenntnisformen unserer Organisation" und bemüht sich deshalb um die Entwicklung zuverlässigerer Wahrnehmungs- und Meßinstrumente, die einen Blick hinter die 'Erscheinungen' gestatten. Schon die in anderem Zusammenhang von Naphta angeführten "Renais- sance-Astronomen" mußten sich gegen den 'realistischen' Augenschein durchsetzen.[114] Nicht nur Settembrinis Glauben an die "voraussetzungslose Wissenschaft" wird ironisiert, auch die Wissenschaftskritik Naphtas gleitet ins Skurrile ab; dies zeigt umso deutlicher der Blick auf manche Quelle seiner Beiträge. 1914 sandte der frühere Naturalist Johannes Schlaf Thomas

---

S. 95-135, hier S. 105. – Ähnlich auch in den Settembrini-Abschnitten von Kristiansens *Zauberberg*-Buch.

[112] Børge Kristiansen: *Zur Bedeutung und Funktion der Settembrini-Gestalt...*, S. 107.

[113] Vgl. Kristiansen: *Zur Bedeutung und Funktion der Settembrini-Gestalt...*, S. 105.

[114] Thomas Mann selbst beschreibt an diesem Beispiel im Schopenhauer-Essay die gemein- same Stoßrichtung von Philosophie und Naturwissenschaft: "paradox ist es, die sichtbare Welt für eine Erscheinung zu erklären [...]. Das war nichts oder etwas sehr Verwirrendes für den gesunden Menschenverstand. Aber im 'épater le bourgeois' bestand ja immer das Vergnügen und die Sendung [...] der Erkenntnis auf Erden: immer fand sie ihre Lust und ihr Leiden darin, den gesunden Menschenverstand vor den Kopf zu stoßen, die populäre Wahrheit umzudrehen, die Erde sich um die Sonne drehen zu lassen, da es sich für jeden normalen Sinn doch umgekehrt verhält, die Menschen zu verblüffen [...], indem sie ihnen Wahrheiten auferlegte, die ihrer sinnlichen Gewohnheit schnurstracks zuwiderliefen." (IX, 532f.) Schopenhauer selber zeigte lebhaftes Interesse an den Ergebnissen der Naturwissen- schaften und sah seine Theorie durchaus in Einklang mit ihnen (*Über den Willen in der Natur*); was ihn allerdings zur Polemik reizte, war der weltanschauliche Mißbrauch der Naturwissenschaften (Der "Mode-Materialismus" als "Barbiergesellen-und-Apothekerlehr- lings-Philosophie"; Schopenhauer: W II, S. 229)

Mann sein Pamphlet *Professor Plaßmann und das Sonnenfleckenphänomen* zu. Schlaf bemühte sich, wenig erfolgreich, "in einem jahrelangen publizistischen Kampf die Unhaltbarkeit des heliozentrischen Weltbildes zu beweisen. Er setzte auf die seit Kopernikus in den Naturwissenschaften überholte geozentrische Erklärung des Kosmos."[115] Vor diesem Hintergrund ist die folgende pathetische Äußerung Naphtas zu hören: "Kopernikus wird von Ptolemäus geschlagen werden. Die heliozentrische These begegnet nachgerade einem geistigen Widerstand, dessen Unternehmungen wahrscheinlich zum Ziele führen werden. Die Wissenschaft wird sich philosophisch genötigt sehen, die Erde in aller Würde wieder einzusetzen [...]." (III, 550)

Von der technologisch-mathematischen Weltsicht eines 'Homo faber' ist Settembrini beinahe so weit entfernt wie Naphta. Auf seine leidenschaftlichen Tiraden müßte eine hypothetische "Homo-faber-Identität" vielmehr illusionslos antworten wie Musils Ingenieur: "Wenn man einen Rechenschieber besitzt und jemand kommt mit großen Behauptungen oder großen Gefühlen, so sagt man: Bitte einen Augenblick, wir wollen vorerst die Fehlergrenzen und den wahrscheinlichsten Wert von alledem berechnen!"[116] In der Tat reagiert Castorp mit Reserve auf die schwärmerischen Ideen Settembrinis, aber sicherlich nicht, weil er in ihnen eine "Reflexion über die Bedingungen der Möglichkeit [...] einer sinnvollen und moralisch verbindlichen Existenz als Ingenieur im 'Flachland'"[117] gefunden hätte, sondern weil er ein ironischer, die Unentschlossenheit kultivierender Charakter ist, dem die großen, pathetischen Worte und die "Strenge" der Ideologen (III, 144) ein befremdendes, genierliches Phänomen sein müssen: "Was er für Vokabeln gebraucht!" wundert er sich gegenüber seinem Vetter: "Ganz ohne sich zu genieren spricht er von 'Tugend' – ich bitte dich! Mein ganzes Leben lang hab ich das Wort noch nicht in den Mund genommen, und in der Schule haben wir immer bloß 'Tapferkeit' gesagt, wenn 'virtus' im Buch stand. Es zog sich etwas zusammen in mir, das muß ich sagen." (III, 144)

Auch hat Settembrinis Lob der Arbeit wenig zu tun mit der nüchternen Tätigkeit des Ingenieurs, Arbeit wird stattdessen – die Phraseologie der 'aktivistischen' Essays Heinrich Manns karikierend – zum siegenden Prinzip der Aufklärung erhöht: "Vernunft und Aufklärung haben [...] diese Schatten vertrieben, welche auf der Seele der Menschheit lagerten, – noch nicht völlig, sie liegen noch heute im Kampfe mit ihnen; dieser Kampf aber heißt Arbeit, mein Herr, irdische Arbeit, Arbeit für die Erde, für die Ehre und die

---

[115] So H. Wißkirchen, der die Quelle aufgespürt hat. H. W.: *Zeitgeschichte im Roman*, S. 59f.

[116] Robert Musil: *Der Mann ohne Eigenschaften*, S. 37.

[117] Børge Kristiansen: *Thomas Manns "Zauberberg" und Schopenhauers Metaphysik*, S. 78.

Interessen der Menschheit, und täglich aufs neue gestählt in solchem Kampfe, werden jene Mächte den Menschen vollends befreien und ihn auf den Wegen des Fortschritts und der Zivilisation einem immer helleren, milderen und reineren Lichte entgegenleiten." (III, 139f.) Das ist nicht die Stimme eines 'Flachland'-Repräsentanten, sondern die eines Schwärmers, der nur noch durch Zeitungslektüre mit dem 'Flachland' verbunden ist. Von diesem Teil der Lehren Settembrinis ist Castorp mit seinem leidenschaftslosen Verhältnis zu Schule, Studium und Arbeit am wenigsten beeindruckt, er belächelt den Italiener: "Armer Kerl! Wo er doch so fürs Arbeiten zu schwärmen scheint." (III, 93) Und: "Donnerwetter, dachte Hans Castorp bestürzt und beschämt, das ist ja eine Arie! ... Etwas trocken kommt es mir übrigens vor. Und was er nur immer mit der Arbeit will. Immer hat er es mit der Arbeit, obgleich es doch wenig hierher paßt." (III, 140)

Settembrinis 'unflachländische' schöne Idee der humanistischen Zivilisation, so die bereits zitierte Tagebuchnotiz von 14.11.1919, sei das zum damaligen Stand der Arbeit "sittlich einzig Positive und dem Todeslaster Entgegenstehende". Als Repräsentation einer im 'Flachland' tüchtigen "homo-faber-Identität" wären sie ungeeignet für diese Funktion, denn es ist offensichtlich, daß das 'Flachland' nach der Logik des Romans nicht die lasterlose und 'sittlich positive' Gegenperspektive zur Sanatoriumsdekadenz bieten kann. Die Vorgeschichte Castorps zeigt, daß das Flachland-Leben bereits den 'Todeskeim' birgt und nährt, der sich auf dem Zauberberg entfaltet – wäre es nicht so, hätte Thomas Mann das Buch nicht als Zeitroman deklarieren können, würde die effektvoll suggerierte Parallelisierung der gereizten Konfusion auf dem Zauberberg mit der unruhigen Vorkriegssituation 'unten' nicht aufgehen. Die Schilderungen der Zauberberg-Welt hätten dann keine symbolische, repräsentative Bedeutung, sie wären das, was die verärgerten Davoser zunächst in ihnen vermuteten: nicht Kultur-, sondern Kur-Kritik. Der sinnfällige Schluß könnte dann tatsächlich in Castorps zuversichtlich tatenfroher Heimreise nach Hamburg bestehen.

Die Wirkungen des Zauberbergs sind vor allem – so beschreibt sie Behrens auch medizinisch – katalysatorischer Art. Die 'Ausschweifungen' dort sind die Steigerung einer Sinnlosigkeitserfahrung im Flachland. Der Erzähler hat sie in einer Passage beschrieben, die im Tonfall von der humoristischen Erzählweise so absticht wie später der 'Gedankentraum' im "Schnee"-Kapitel: "Dem einzelnen Menschen mögen mancherlei persönliche Ziele, Zwecke, Hoffnungen, Aussichten vor Augen stehen [...]; wenn das Unpersönliche um ihn her, die Zeit selbst der Hoffnungen und Aussichten bei aller äußeren Regsamkeit im Grunde entbehrt, wenn sie sich ihm als hoffnungslos, aussichtslos und ratlos heimlich zu erkennen gibt und der [...]

Frage nach einem letzten, mehr als persönlichen, unbedingten Sinn aller Anstrengung und Tätigkeit ein hohles Schweigen entgegensetzt, so wird gerade in Fällen redlicheren Menschentums eine gewisse lähmende Wirkung solches Sachverhalts fast unausbleiblich sein [...]." (III, 50)[118] Settembrinis Geschichtsphilosophie mit ihrer harmonisch-eschatologischen Perspektive ist der Versuch *einer* Antwort auf diese Sinnlosigkeitserfahrung. Daß auch der Italiener durch Krankheit dem Flachland abhandengekommen ist, stellt eine deutliche Aussage über ihre Wirklichkeitsschwäche, ihren mangelnden Realitätsbezug dar. Die Gültigkeit humanistischer Werte, die "Settembrinische Lebensfreudigkeit"[119] aber, die Thomas Mann unabhängig von der Frage, ob die Figur nun "sachlich" recht habe oder nicht, hervorhebt, ist nicht gekoppelt an die Relevanz der Geschichtsphilosophie. Castorp gelangt über Settembrini hinaus, wenn er die Lebensfreundlichkeit nicht mit utopischen Zukunftsaussichten verbindet, sondern, ganz im Gegenteil, durch die Sympathie mit dem Vergänglichen zu ihr geführt wird. Dieser Gegensatz trifft den entscheidenden Schwachpunkt im Weltbild Settembrinis: die Verleugnung bzw. Banalisierung des Todes. Es gebe zwei Wege, die zum "Leben" führen, erläutert Castorp an einer späteren Stelle gegenüber Clawdia Chauchat: "Der eine ist der gewöhnliche, direkte und brave. Der andere ist schlimm, er führt über den Tod, und das ist der geniale Weg!" (III, 827) Settembrini aber versucht fortwährend, den Blick auf die abgründige Seite des Lebens zu verstellen, seinem Schützling jede 'steigernde' Erfahrung vorzuenthalten. Hierin liegt wohl die Verführungsgefahr des aufklärerischen "Satana", die mit dem Hinweis auf *Faust* oder die Satanshymne Carduccis noch nicht erklärt ist. Wenn es in den Disputen mit Naphta um den Tod geht, werden die Beiträge Settembrinis mitunter indiskutabel – so komisch wie Naphtas zuversichtliche Bemerkung über die kurz bevorstehende Rehabilitierung des ptolemäischen Weltsystems: "Immer mehr jedoch wurde dank der Entwicklung der allgemeinen Gesundheitslehre und der Festigung der persönlichen Sicherheit der natürliche Tod zur Norm, und dem modernen Arbeitsmenschen erschien der Gedanke

---

[118] Daß hier wiederum ein in der Entstehungsgeschichte begründeter Konzeptionsbruch vom Autor überspielt wird, hat Terence J. Reed dargelegt: "This seems a radically different conception from the one we have been tracing. On the one hand, a narrative which implied that disease sprang essentially from emotions, which traced a spiritually adventurous destiny back to the search for erotic fulfilment, and the hero's erotic tastes back to a boyhood episode, finally allowing him to see his unconscious search as the real motive for his actions. On the other hand, an assertion that the real cause of his disease lay in the constitution of the age, getting at his physical via his unsatisfied spiritual part. – The two are compatible, but only just." – Reed: *The Uses of Tradition*, S. 234.

[119] V. Hansen u. G. Heine (Hrsg.): *Frage und Antwort. Interviews mit Thomas Mann*, S. 79.

ewiger Ruhe nach sachgemäßer Erschöpfung seiner Kräfte nicht im geringsten als grauenhaft [...]. Nein, der Tod war weder ein Schrecknis noch ein Mysterium, er war eine eindeutige, vernünftige, physiologisch notwendige und begrüßenswerte Erscheinung, und es wäre Raub am Leben gewesen, länger als gebührlich in seiner Betrachtung zu verharren." (III, 633)

g) 'Drehorgelmann'

Motivik und Handlungsverlauf bringen aber gerade diese Figur in die Rolle des Hadesführers. Settembrini ist es, der Hans Castorp über das Schattenreich des Berghofs instruiert, er ist es auch, der ihn vom Zauberberg verabschiedet, zur Abfahrt in die Todeszonen der Schlachtfelder. (III, 994) Die erste Beschreibung zeigt Settembrini in jener Haltung, in der nach Lessing die Alten den Tod gebildet haben: mit gekreuzten Füßen, auf einen Stock gestützt.[120] Das verbindet ihn, der ursprünglichen Konzeption gemäß, mit der ersten Hadesführer-Figur des *Tod in Venedig,* dem unheimlichen Wanderer vor der Aussegnungshalle. Auch der "Drehorgelmann", das Grundmotiv, das Castorp sogleich mit dem Italiener assoziiert, trägt ein Bedeutungsspektrum heran, in dem sich offensichtlich gerade die von Settembrini theoretisch verneinte Welt geltend macht. Zum einen bringt das Motiv natürlich das Eintönige, Schale mancher seiner Reden zum Ausdruck (immer dieselbe 'Leier'). Wahrscheinlich ist das Bild auch von einer wiederholt verwendeten *Zarathustra*-Anrede Nietzsches beeinflußt: "O ihr Schalks-Narren und Drehorgeln".[121] Damit stehen die Appelle Settem-

---

[120] Vgl. Gotthold Ephraim Lessing: *Wie die Alten den Tod gebildet,* in: Werke, hrsg. v. Herbert G. Göpfert, Bd. 6, Kunsttheoretische und kunsthistorische Schriften, München 1974, S. 421-429.

[121] Friedrich Nietzsche: *Also sprach Zarathustra,* Werke in drei Bänden, 2. Bd., Dritter Teil, "Der Genesende", S. 462-465. Im Abschnitt "Der Genesende" liegt Zarathustra "sieben Tage" krank in seiner Höhle, niedergestreckt vom "Überdruß am Menschen", vom Überdruß an der Erkenntnis ("Wissen würgt"), von Todesgedanken ("Zur Höhle wandelte sich mir alle Menschen-Erde, [...] alles Lebendige ward mir Menschen-Moder und Knochen und morsche Vergangenheit") und allgemeinem Lebensekel, "Überdruß an allem Dasein": "Ach, Ekel! Ekel! Ekel! — Also sprach Zarathustra und seufzte und schauderte; denn er erinnerte sich seiner Krankheit. Da ließen ihn aber seine Tiere nicht weiterreden." – Die "Tiere" reden Zarathustra in dieser Szene Lebensmut zu: "'O Zarathustra', sagten sie, 'nun liegst du schon sieben Tage so [...]: willst du dich nicht endlich auf deine Füße stellen? [...] Alle Dinge sehnen sich nach dir, dieweil du sieben Tage allein bliebst, – tritt hinaus aus deiner Höhle! Alle Dinge wollen deine Ärzte sein!" – Diesen Zusprüchen entgegnet Zarathustra dann mit "O ihr Schalks-Narren und Drehorgeln, so schweigt doch!" und wirft den "Tieren" vor, daß sie aus dem "Trost", den er sich "selber in sieben Tagen erfand", bereits ein "Leier-Lied"

brinis bereits vor einem Hintergrund, der mit banalem 'Flachlands-optimismus' nicht mehr viel zu tun hat. Wenn Hans Castorp beim Anblick Settembrinis sogleich an die Drehorgelmänner denkt, "die zur Weihnachts-zeit in den heimischen Höfen aufspielten und mit emporgerichteten Sammetaugen ihren Schlapphut hinhielten" (III, 82), so erhält das Bild darüber hinaus auch den weicheren Ton der wehmütigen Kindheitser-innerung, wie sie in den *Buddenbrooks* mehrfach festgehalten ist: "Aber drau-ßen, auf dem hartgefrorenen Schnee der Straßen musizierten die italieni-schen Drehorgelmänner, und vom Marktplatz scholl der Trubel des Weih-nachtsmarktes herüber." (I, 92) – "Schnee fiel, es kam Frost, und in der scharfen klaren Luft erklangen durch die Straßen die geläufigen oder weh-mütigen Melodien der italienischen Drehorgelmänner, die mit ihren Sam-metjacken und schwarzen Schnurrbärten zum Feste herbeigekommen wa-ren." (I, 529) Frosthärte, die Schärfe der 'nördlichen' Kälte kontrastiert hier beinahe schmerzhaft mit der Weichheit und Wärme von wehmütigen Melo-dien, Sammetaugen, Sammetjacken, der südlichen Heimat dieser Männer. Auch Settembrini besitzt, anders als Naphta, keinen Wintermantel, sondern nur eine "schadhafte Pelzjacke" (III, 858), er leidet "bitter" unter Kälte und Nässe und beschwert sich, daß auf dem Berghof nicht geheizt wird. (III, 135) Das Bild des fahrenden Musikers bringt gerade Settembrini in einen Zusammenhang mit Romantik und Musik. Tatsächlich handelt es sich bei dem "Drehorgelmann" um ein geläufiges Todesmotiv der Romantik. Wil-helm Müller verwendete es in der von Schubert vertonten *Winterreise* – für Thomas Mann immer ein hervorragendes Beispiel für die romantische To-dessehnsucht und ein wichtiger, bezugreicher Text für den *Zauberberg*, auch über das Lindenbaum-Lied hinaus. Todesthematik ist in dem Gedichtzy-klus, wie im Roman, verbunden mit der Motivik der Winterkälte, der im Eis erstarrten Natur, des ziel- und sinnlosen "Herumkommens", der wahn-haften Illusion. Am Ende steht die traurig-trotzige Figur des Leiermanns – "barfuß auf dem Eise" – und die Frage des lyrischen Ich: "Wunderlicher Alter / Soll ich mit dir gehn? / Willst zu meinen Liedern / Deine Leier

---

gemacht hätten. – Auch ohne thematische und motivliche Parallelen zum *Zauberberg* und zur Lebens-Problematik Thomas Manns zu strapazieren, läßt sich doch feststellen, daß sie mehr als zufällig sind, zumal Settembrini nicht nur als Drehorgelmann bezeichnet wird, sondern im Äußerlichen mit seiner clownesken Kleidung auch 'narrenhafte' Züge erhält. Die Kenntnis des *Zarathustra*-Abschnitts ist bei Thomas Manns lebenslanger Beschäftigung mit Nietzsche und der Nietzsche-Literatur anzunehmen, zumal der immer auch an Nietzsche orientierten Motivik von Krankheit und Genesung sowohl im erzählerischen wie essay-istischen Werk Thomas Manns zentrale Bedeutung zukommt.

drehn?"[122] Auch den offenen, fragenden Schluß mit dem Aufbruch ins Ungewisse, Weite, dem Sich-Verlieren hat der Gedichtzyklus mit dem Roman gemeinsam. Auf den letzten Seiten des *Zauberberg* "verschwindet" Hans Castorp, die Verse des Lindenbaum-Liedes "bewußtlos singend". (III, 993) Da liegt es nahe, die "Drehorgel" Settembrinis auch in diesem düsteren, melancholischen Motivzusammenhang zu sehen – zumal der Italiener auffallend oft mit der werkübergreifenden Todesfarbe gelb[123] attribuiert wird (Hosen, Gesichtsfarbe, Hände, Paletot oder Sätze wie: "Herr Settembrini sah gelb aus"; III, 135). Der Fortschrittsmann erhält gleichsam seinen dunklen Schatten.

Durch das hintergründige Motiv des 'Leiermanns' wird die Settembrini-Figur über den Bereich der 'Form'-Repräsentanzen hinaus erweitert.[124] Nicht nur wegen seiner für Hans Castorp so schlagenden Ähnlichkeit mit "gewisse[n] ausländische[n] Musikanten" – bei dieser Formulierung wird wohl jeder Thomas Mann-Leser an die makabren "Musikanten" im *Tod in Venedig* denken (III, 82) –, auch durch sein gesamtes Erscheinungsbild, die "schwarzen Augen", den "weich geschwungenen Schnurrbart", die clownesken "weiten, hellgelblich karierten Hosen" und den "flausartigen, zu langen Rock mit zwei Reihen Knöpfen und sehr großen Aufschlägen" erhält Settembrini die werktypischen Gegenzüge zu einem anderen Element der 'Form'-Leitmotivkette: der Bürgerlichkeit. Man fühlt sich an das von den Bürger-Künstlern im *Tonio Kröger* bzw. *Tod in Venedig* so panisch abgewehrte "Zigeunertum" erinnert.[125] Äußerlich ist der Humanist Settembrini als Künstlergestalt ohne Bezug zur bürgerlichen Welt gekennzeichnet. Mit den anderen Künstlern des Mannschen Werkes verbindet ihn, daß bei ihm die Lebensschwäche, die Krankheit das physische Äquivalent der geistigen Verfeinerung ist – was für die Nebenfiguren des *Zauberberg* ja im allgemeinen nicht mehr gilt. Als 'Künstler' erscheint Settembrini schon durch seine formverliebte Sprechweise, die mit "äußerstem Genuß" die Worte "auf der Zunge zergehen" läßt. (III, 136) Seine Lobpreisung der "ganzen Welt der

---

[122] Wilhelm Müller: *Die Winterreise*, in: Werke – Tagebücher – Briefe, hrsg. v. Maria-Verena Leistner, Gedichte I, Berlin 1994, S. 185.

[123] Das Leitmotiv des 'Gelben' mit seinem regelmäßigen Bezug zum "Phänomen des Todes" (S. 230) hat Gunter Reiss behandelt. G. R.: *"Allegorisierung" und moderne Erzählkunst. Eine Studie zum Werk Thomas Manns*, München 1970, S. 229-233.

[124] Eine Übersicht über die Leitmotivgruppen unter der Basisantithese Form – Unform bei Hermann Kurzke: *Thomas Mann. Epoche – Werk – Wirkung*, S. 198.

[125] Aschenbach hat "in so vorbildlich reiner Form dem Zigeunertum und der trüben Tiefe abgesagt" (VIII, 521), von Krögers heißt es, daß sie "keine Zigeuner im grünen Wagen" waren (VIII, 275).

Arbeit und des praktischen Genies" (III, 85), seine Aufforderung an Castorp, das zu tun, was ihm selbst nicht mehr möglich ist, nämlich den Zauberberg zu verlassen, kann als Ausdruck der für die Mannschen Künstlergestalten so typischen Wirklichkeitssehnsucht verstanden werden, die auch bei Settembrini durch die komplementäre Verachtung der "dummen" Wirklichkeit ergänzt wird. (III, 349) Auch unter diesem Aspekt ist Settembrini freilich abzurücken von der Kategorie 'flachländisches Wirklichkeitsverständnis'; hier liegen im übrigen markante Unterschiede zu einer anderen berühmten Aufklärungs-Parodie: dem Apotheker und Voltaireianer Homais in *Madame Bovary*, der illustrieren könnte, wie ein 'flachländischer' Settembrini auszusehen hätte.

In der Zwangsgemeinschaft der Sanatoriumswelt kommt dem Italiener vielmehr – und hier folgt der Roman noch ganz den im Frühwerk durchgespielten Polaritäten – die Rolle des 'Geistigen' *gegen* die eben auch auf dem Zauberberg etablierte, 'flachländische' Borniertheit zu, die sich der Krankheit nicht 'würdig' erweist. Nicht nur der Schauplatz eines Lungensanatoriums verbindet den *Zauberberg* mit der *Tristan*-Novelle, auch der dort ins Burleske überspitzte Künstler-Bürger-Gegensatz wird als Nebenthema wieder aufgegriffen. Wie Spinell ist Settembrini "Literat, ein freier Schriftsteller" (III, 223), dessen Werk allerdings wie das seines Vorgängers nicht recht zu überzeugen vermag. Erschöpfte sich dessen Produktivität in einem "Roman von mäßigem Umfange, [...] gedruckt auf eine Art von Kaffeesiebpapier", lesbar in einer "müßigen Viertelstunde" (VIII, 224), so verwendet Settembrini seine verbliebenen Kräfte auf die Mitarbeit an so überdimensionierten Projekten wie der "Soziologie der Leiden". In seinem Verdruß über die Tischnachbarn finden sich deutliche Anklänge an die Auseinandersetzung Spinells mit seinem Widerpart Klöterjahn: "Welche Gesellschaft, in der ich zu speisen gezwungen bin! Zu meiner Rechten sitzt ein Bierbrauer aus Halle – Magnus ist sein Name – mit einem Schnurrbart, der einem Heubündel ähnelt. 'Lassen Sie mich mit der Literatur in Ruhe!' sagt er. 'Was bietet sie? Schöne Charaktere! Was fang' ich mit schönen Charakteren an! Ich bin ein praktischer Mann, und schöne Charaktere kommen im Leben fast gar nicht vor.' Dies ist die Vorstellung, die er sich von der Literatur gebildet hat." (III, 137) Diese von Spinell und anderen Gestalten des Frühwerks vertraute "Aufsässigkeit" gegen die Gewöhnlichkeit wird von Hans Castorp nicht unkritisch gesehen: er empfindet sie als "wehleidig und unangenehm aufrührerisch, freilich auch unterhaltsam". (III, 137)

Anders als der vernichtend gezeichnete Spinell ist Settembrini im Äußerlichen keine Karikatur. Das Porträt Spinells reiht schadenfroh ("Und das sah ganz merkwürdig aus"; VIII, 223) eine Lächerlichkeit an die andere, so daß der abschließende, einzig positive, nämlich die Kleidung beschreibende Satz noch wie eine zusätzliche Verhöhnung wirkt: "Er ging gut und modisch gekleidet, in langem schwarzen Rock und farbig punktierter Weste." (VIII, 223)[126] Die Schilderung Settembrinis betont neben dem Geist-Attribut der hohen Stirn die verschlissene Kleidung und seine zierliche, schöne Haltung. Während das Sekundärmerkmal der guten Kleidung bei einer sonst lächerlich gezeichneten Gestalt nur einen vernichtenden komischen Gegensatz bilden kann, so ist hier, wo der Erzähler zwar ausführlich die Mängel der Kleidung aufzählt, die Beschreibung aber sonst auf negative Attribuierungen verzichtet, ausdrücklich nicht von einem Gegensatz, sondern von einer "*Mischung* [...] von Schäbigkeit und Anmut" die Rede. (Hervorh. d. Verf.; III, 82) Das ist ein nützlicher Begriff für die genauere Unterscheidung von Karikatur und 'menschenfreundlicher' Humoristik. Jene arbeitet mit extremen und unvereinbaren Gegensätzen (Spinells "Füße von seltenem Umfange" (VIII, 223) widerlegen nach den Regeln, die in Thomas Manns Porträts herrschen, sein Dichtertum; daß bei einem Geistesmenschen die entgegengesetzten Extremitäten überproportioniert werden, ist Hohn), diese setzt zwar auch Kontraste, aber in der Form der "Mischung", so daß eine unaufgehobene Spannung im Porträt entsteht. Das an die Schilderung der schäbigen Kleidung anschließende konzessive Adverb macht das deutlich: "Trotzdem sah er [Castorp] wohl, daß er einen Herrn vor sich habe; der gebildete Gesichtsausdruck des Fremden, seine freie, ja schöne Haltung ließen keinen Zweifel daran." (III, 82) Solche Einräumung wäre bei Spinell unmöglich. Klaus-Jürgen Rothenberg hat die "Mittel kontrastierender Aufbereitung" in den Schilderungen Thomas Manns beschrieben; "des Erzählers Vorliebe für antithetische Zuspitzung"[127] ist kaum zu übersehen, bei der Gestaltung der Figuren ist sie eine fast immer angewandte Arbeitstechnik. Leichter wird aber offenbar die verschiedene Akzentuierung dieser Mittel übersehen, durch die sich vor allem die Menschenschilderung seit den zwanziger Jahren vom radikaleren Gestus des Frühwerks unterscheidet. Während die Karikatur die Figur durch den 'boshaften' Blick auf ihre 'Menschlichkeit' entwertet oder 'widerlegt', bejaht die humoristische Darstellung den Menschen, auch wenn sie ihm nicht recht gibt.

---

[126] Ein ähnlicher Ton findet sich in der Beschreibung von Tobias Mindernickel: "Übrigens muß gesagt werden, daß diese Kleidung aufs reinlichste gebürstet ist." (VIII, 141)

[127] Klaus-Jürgen Rothenberg: *Das Problem des Realismus bei Thomas Mann*, S. 20.

Das erste Porträt bringt also bereits den doppelten Aspekt zum Ausdruck, der für die Settembrini-Gestalt kennzeichnend ist. Sein Aufklärertum wird dann einerseits ironisiert und karikiert, andererseits gewinnt seine ehrenwerte und solitäre humanistische Grundhaltung positives Profil in einer Umgebung, die die "Vorteile der Schande" genießt, bis sie schließlich zur "äußersten Freiheit der Raserei" durchstößt. (III, 949) Settembrinis Einsprüche gegen die 'interessanten' Phänomene – vom Eros bis zur "politisch verdächtigen" Musik – mögen zwar an Faszinationskraft hinter dem Kritisierten zurückstehen, 'sie meinen es aber besser' mit den Menschen als der kalte Scharfsinn Naphtas. (Vgl. III, 660) Hans Castorp erkennt dies deutlich, wenn er das Sanatorium mit den verfahrenen Debatten unter sich läßt, die Haltung des bloß Zuhörenden, der mit ironischem Vorbehalt alles "hörenswert" findet, aufgibt und in der Todesnähe des Schneeabenteuers zu seinem "Verhältnis zum Leben" findet, das sich löst von den Weltanschauungs-Gegensätzen ("[...] sind das Fragen? Nein, es sind keine Fragen"; III, 685).

Der Roman verwirft keine der Mentoren-Positionen ganz – in diesem Fall wäre ihre ausführliche Präsentation überflüssig –, sondern gestaltet und kritisiert sie als verabsolutierte, zu jedem Kompromiß unfähige Radikalanschauungen. Damit trifft er, von heute aus gesehen, genau das Problem seiner Zeit; zeitgenössische Wirklichkeit und die Romanwelt des *Zauberberg* sind durch denselben Umstand gekennzeichnet: daß "gerade das Mittlere und Gemäßigte [...] ortsfremd und nur die Wahl zwischen Extremen gegeben" ist. (III, 696) In den Debatten zwischen Naphta und Settembrini kommt es nicht einmal in Nebenfragen zu einer Einigung oder einem Zugeständnis – aber Nebenfragen gibt es nicht für Theoretiker, die Anspruch auf totale Welterklärung erheben. Daß in jedem Fall dem Diskussionsgegner so heftig widersprochen wird, als wäre gerade dessen letzte Aussage die bislang unannehmbarste gewesen, erzeugt den mechanischen Charakter beim "Spiel" der Widersprüche. (III, 813) In dieser Situation kommt es nicht darauf an, eine andere "wahre Lehre" zu finden und gegen "die falschen Lehren der Pädagogen durchzusetzen"[128] – Kristiansen erwartet eine solche wie-

---

[128] Børge Kristiansen: *Thomas Manns "Zauberberg" und Schopenhauers Metaphysik*, S. 300. – Da ja auch Schopenhauers Philosophie als 'Schopenhauerianismus' eine Ideologie ist, eine alleserklärende geschlossene Weltanschauung, die sich aggressiv und diffamierend gegen konkurrierende Weltmodelle wendet, wäre nach dieser Interpretation der *Zauberberg* ein Roman, in dem vom Standpunkt einer gesicherten Ideologie aus andere Ideologien 'humoristisch' als unzulänglich vorgeführt würden – ein etwas armseliges Vergnügen.

derum 'absolute' Lösung und findet sie im Roman natürlich nicht. Vordringlich erscheint vielmehr die Aufgabe der Vermittlung. Daß der Erzähler sich nicht zu irgendeiner 'wahren Lehre' flüchtet, daß er alle 'Lehren' mit Abstand schildert und ihr Unzureichendes zu erkennen gibt – dies läßt den *Zauberberg* heute, in seinem zeitgeschichtlichen Aspekt, als eindrucksvolles Bild einer ideologisch überreizten, von Ideologien zerrissenen Epoche erscheinen. Die offene Grundhaltung Thomas Manns, die vor den vorsortierten Weltanschauungen der Parteizugehörigkeiten und Programme zurückscheut, ermöglicht die flexible Reaktion auf die jeweilige 'Übertreibung' der Zeit. In einem Brief an Kerényi vom 20.2.1934 hat er ein prägnantes Bild für sie gefunden: "Ich bin ein Mensch des Gleichgewichts. Ich lehne mich instinktiv nach links, wenn der Kahn nach rechts zu kentern droht, – und umgekehrt." (Br I, 354) Diese Flexibilität ist auch hinter der Darstellung der im *Zauberberg* präsentierten 'Lehren' wirksam.

Auch wenn der Zauberberg als Ort beschrieben wird, wo das "Mittlere und Gemäßigte" fremd ist: daß es das eigentlich Geforderte ist, macht der Roman deutlich genug; der Leser wird sich von dem Buch nicht in eine "fundamentale Hoffnungs- und Aussichtslosigkeit" entlassen fühlen.[129] Wiederholt hat Thomas Mann diese literarische Wirkungsabsicht als einen "Nihilismus der Menschenfreundlichkeit" beschrieben. (*Das Problem der deutsch-französischen Beziehungen*; XII, 624) Jenseits der "Antithesen, der plumpen Alternativen, der zankteufelischen Meinungspolarisation" liege diese 'nihilistische' Menschenfreundlichkeit mit ihrer "unfrivolen Skepsis über den Alternativen". (Ebd.) Sie ist nicht mit Nihilismus im üblichen Sinn zu verwechseln. "Die großen Dialoge des 'Zauberberg', bei denen scheinbar nichts herauskommt", seien nicht dazu da, "die Nutzlosigkeit aller Gedankenarbeit nihilistisch darzutun. In dieser Ergebnislosigkeit ist jedesmal die Lebensfreundlichkeit und der gute Wille mitenthalten, über alle *vorläufigen* Formulierungen hinauszusehen. Jede Doktrin [...] wird irgendwie ironisiert. Doch gerade diese Ironie, die wiederum eine intellektuelle, aber auch lebensfreundliche ist, überwindet den Nihilismus."[130] Den klarsten Ausdruck findet diese Idee in dem späten *Versuch über Tschechow* (1954). Die Anregung durch russische Literatur, russische 'Atmosphäre' prägt den *Zauberberg* ja wie kein anderes Werk Thomas Manns, und so ist es wohl kein Zufall, daß sich der Autor bei der Arbeit an diesem Essay noch einmal der Nihilismus-Vorwürfe gegen den Roman der Lebensmitte erinnert: "Die

---

[129] Børge Kristiansen: *Thomas Manns "Zauberberg" und Schopenhauers Metaphysik*, S. 307.
[130] Aus dem Gespräch mit dem Berliner Börsen-Courier vom 30.10.1925. V. Hansen u. G. Heine (Hrsg.): *Frage und Antwort. Interviews mit Thomas Mann*, S. 80.

Lebenswahrheit, auf die der Dichter vor allem verpflichtet ist, entwertet die Ideen und Meinungen. *Sie ist von Natur ironisch*, und leicht führt das dazu, daß einem Dichter, dem die Wahrheit über alles geht, Standpunktlosigkeit, Gleichgültigkeit gegen Gut und Böse, Mangel an Idealen und Ideen vorgeworfen wird. Tschechow verwahrte sich gegen solche Vorwürfe. Er vertraue, sagte er, daß der Leser [...] die sittliche Stellungnahme schon selbst ergänzen werde." (IX, 857)

6. Erlaubnis zur 'Heimsuchung': Hans Castorp und Clawdia Chauchat

Wird auch mit der großen Leidenschaftsgeschichte des *Zauberberg* die Zerstörung einer der "Fassung" verschworenen Existenz durch die "unentrinnbare Willensirratio" vorgeführt, oder findet bereits eine Entdämonisierung der "vitalen dionysischen Lebensmächte" statt, wie sie in den Josephsromanen dann Voraussetzung einer "harmonischen Integration von Geist und Leben"[131] ist? Zunächst wird wieder, wie im *Tod in Venedig*, eine 'Heimsuchungsgeschichte' erzählt. Auch die Liebe Castorps erreicht bald schon eine bedrohliche Intensität: "Freundlich gemütvolle Wehmut [...] war es also nicht, was das Wesen seiner Verliebtheit ausmachte. Vielmehr war das eine ziemlich riskierte und unbehauste Abart dieser Betörung, aus Frost und Hitze gemischt wie das Befinden eines Febrilen [...]." (III, 321) Wie die kühle Mut-em-enet im Laufe der drei Jahre zunehmend außer "Fassung" gerät, verliert auch Hans Castorp seine hanseatische Zurückhaltung, wenn er auf der Berghofterasse mit Hermine Kleefeld aufmerksamkeitsheischend über den Pneumothorax scherzt; er "schmollte [...] und zierte sich und drechselte Redensarten und gab sich eine wohllautende Stimme, bis er es wirklich erreichte, daß Frau Chauchat sich nach dem auffällig Redenden umwandte [...]". (III, 326) Hier gibt es kein ironisches Ausweichen, Castorp durchlebt die Qualen der 'Heimgesuchten': Er "litt grausam unter diesem Vorfall [...]; denn nichts geschah unterdessen, was Balsam für seine brennende Wunde gewesen wäre. Warum dieser Blick? Warum ihm ihre Verachtung in des dreifaltigen Gottes Namen? Sah sie ihn an wie einen gesunden Gimpel von unten [...]? Wie eine Unschuld aus dem Flachlande, sozusagen, einen gewöhnlichen Kerl, der herumging und lachte und sich den Bauch vollschlug und Geld verdiente [...]?" (III, 326f.) Castorps Bewußt-

---

131 Børge Kristiansen: *Ägypten als symbolischer Raum...*, S. 24.

seinszustand läßt hier keinen Zweifel, daß die Rückkehr bereits ausgeschlossen ist. Er scheint sich zudem rettungslos in seine eigenen Unarten verliebt zu haben. Clawdia "erinnert Castorp an alles, was er als Gefahr seines Charakters betrachtet: an seine Neigung zum Schlaffwerden, zum Dösen und Träumen"[132], schreibt Hans Wysling. Es ist die Frage, ob der mit sich selbst recht zufriedene Held seine 'Neigungen' so kritisch sieht, auf jeden Fall aber ist dies die ihm fortwährend eingeschärfte Perspektive Settembrinis.

Vor allem in Entgegensetzung zu dem formbewußten Mentor geschieht die 'dionysische' Aufladung Clawdias zur 'femme fatale'. Settembrini warnt vor Frau Chauchat wie vor einer verderbenbringenden Macht, unheilvoll setzt er sie mit der Zauberin Kirke gleich, auf deren "Eiland [...] zu hausen" Castorp "nicht Odysseus genug" sei. (III, 345) Dämonisiert wird Clawdia Chauchat vor allem durch das angelagerte Bedeutungsfeld, den Asien-Komplex und die mythologischen Anspielungen – als Isolde etwa kann sie im Helden den Wunsch nach seligem Untergang im Liebestod wecken: "laisse-moi périr, mes lèvres aux tiennes". (III, 477) Solche Kategorien – 'asiatischer Urgrund', 'vitale Lebensmächte', 'dionysische Willensnatur' – erwecken den Anschein elementarer Überwältigung, als käme dem *Zauberberg*-Helden nur Passivität zu. Anders als Friedemann, Aschenbach und Mut-em-enet leistet er den 'Mächten der Auflösung' jedenfalls kaum Widerstand. Im Gegenteil, er zeigt gerade in der Liebesgeschichte mit Clawdia Chauchat eine Aktivität und Bestimmtheit, die ihm ansonsten nicht von den Interpreten nachgerühmt wird. "Sie haben entschieden was Unternehmendes heute", meint der mit Fragen über die Natur des Lebens bedrängte Hofrat (III, 372), und es steht außer Zweifel, daß dieser Erkenntnishunger Hans Castorps erotischer Neugier entstammt, daß er durch die Leidenschaft angetrieben wird. Als wäre er der eigentliche 'Unform'-Repräsentant, drängt er schließlich Clawdia das Du geradezu auf und geht zu vertraulichen Tönen über: "Glaubst du, Clawdia?" – "Mon prénom aussi! Vraiment tu les prends bien au sérieux les coutumes du carnaval." (III, 471) Die 'schlaffe' Clawdia hält auf distinguierte sprachliche Umgangsformen, Castorp muß sie aus der Reserve locken. In der Russin findet er jedoch, anders als seine Vorgänger, eine Partnerin, die sein Drängen nicht verspottet, schließlich durch Erfüllung den Bann eher löst als zu Kirken-Zauber mißbraucht. "C'est un peu tard que monsieur se résout à adresser la parole à son humble servante" (III, 469), sagt sie dem verwirrten Castorp in der Walpurgisnacht, und damit kennzeichnet sie selbst ihre Rolle in seiner Geschichte treffender als die dämonische Begleitmotivik, die vor

---

132 Hans Wysling: *"Der Zauberberg"*, in: TMHb, 405.

allem von Settembrini beschworen und von einigen Interpreten umstandslos nachgesprochen wird. Hans Castorp selber ist es, der sich hartnäckig sträubt, ein Hans Hansen zu sein, und Clawdia Chauchat weiß genau, daß ihn nichts sicherer herausfordert als die Unterstellung der Harmlosigkeit: "Tu es un petit bonhomme convenable, de bonne famille, d'une tenue appétissante, disciple docile de ses précepteurs et qui retournera bientôt dans les plaines [...]." (III, 475)

Angesichts der Entschlossenheit Castorps zu neuen Erfahrungen bleiben alle 'Vernunft'-Mahnungen Settembrinis wirkungslos. Der Italiener pfeift ja selber mit südländischem Temperament den Mädchen hinterher und versichert eilfertig, von Castorp mit der Frage bedrängt, wie er als Humanist denn schlecht auf das Körperliche zu sprechen sein könne: "Asketischer Neigungen werden Sie mich niemals überführen." (V, 348) Freundlich und frech zugleich verabschiedet Castorp Settembrini zu Beginn der 'Walpurgisnacht'. Es kommt zur Rückgabe des Bleistifts. Als wäre das Muster der 'Heimsuchung' nun bis in den Untergang erfüllt, ein der "Fassung" verschworenes Leben vernichtet, die Geschichte Castorps im wesentlichen zu Ende, schreibt Kristiansen mit Pathos: "In der Faschingsnacht erfolgt Castorps Absage an das Ethos der 'flachländischen' Welt. Die irrationalen 'asiatischen' Mächte gewinnen die Oberhand über den 'Pflichtgedanken' und den 'Lebensbefehl', und Castorp gibt sich in seiner Liebeserklärung zu Chauchat und in dem späteren Liebesvollzug einer aller Vernunftgestaltung enthobenen dämonischen Wirklichkeit hin. In der Entscheidung Castorps für Chauchat kommt seine Entscheidung gegen die Form und damit gegen menschliche Kultur und Gesellschaft überhaupt zum Ausdruck."[133] Auch hier scheint sich der Interpret die Perspektive des verstimmten Settembrini zu eigen zu machen: "War Hans Castorp noch ein Sorgenkind des Lebens in Herrn Settembrini's Augen? Nein, er war wohl ein Aufgegebener in den Augen dessen, der die Moral in der Vernunft und der Tugend suchte..." (III, 492) Heißt das aber, daß Castorp auch in anderen Augen, etwa denen des Erzählers, ein Verlorener ist? Die immerhin erstaunliche Tatsache, daß der 'heimgesuchte' Held erstmals im Werk Thomas Manns die Begegnung mit den 'vitalen dionysischen Mächten' doch recht unversehrt übersteht, gerät völlig aus dem Blick. Nicht erst die Josephsromane rücken – wie Kristiansen meint – ab von einem Verständnis der 'conditio humana', welches den Triebverzicht notwendig macht, weil "selbst in der leisesten Berührung mit dem Sinnlichen der Keim schmählichsten Unterganges

---

[133] Børge Kristiansen: *Thomas Manns "Zauberberg" und Schopenhauers Metaphysik*, S. 154.

vermutet wird"[134], sondern, eigentlich unübersehbar, bereits der *Zauberberg*.

Von Anfang an erlebt Hans Castorp die Liebe in weit geringerem Maß als Friedemann oder Aschenbach als Bedrohung eines 'apollinischen' Lebenssinnes. Er repräsentiert nicht die starr geprägte Form, die unter den Erhitzungen und Frösten der Leidenschaft zerspringt. Deutlicher als zuvor wird die Liebe als positive Macht wirksam, weil sie Intensität und umfassende Anregung in ein bis dahin geradezu unbeteiligt geführtes Leben bringt. Castorps 'Flachlandexistenz' ist bestimmt vom Treibenlassen der Dinge, kennzeichnend die verlängerte Schulzeit, das Vermeiden des Militärdiensts und die von außen angeregte Studienwahl mit der bequemen Aussicht auf ein sicheres Unterkommen: "daß nämlich er sich entschieden hätte, wäre beinah schon zuviel gesagt". (III, 51) Castorp ist alles andere als ein Asket, der sich durch Verzicht Leistung und Ansehen abzwingt; er erfüllt ehrgeizlos die standesgemäßen Vorgaben, "ohne sich überanstrengen zu müssen". (III, 49) Daß er gerade bei Berufsantritt dem 'Flachland' verlorengeht, setzt diese Entwicklung eigentlich nur fort. Das müßige Leben auf dem Berghof scheint in mancher Hinsicht wie für ihn geschaffen, immerhin gelingt es ihm dort, im Gegensatz zu den entweder verkommenen oder sterbenden Kurgenossen, beträchtlich über seine 'Mittelmäßigkeit' hinauszuwachsen. Unter der vernichtenden Spannung des Dionysischen und Apollinischen, an der Aschenbach zugrunde ging, hat er kaum zu leiden; eher noch läßt sich mit diesen Mustern das Lebensgefühl seines Vetters Joachim Ziemßen beschreiben, den das schlechte Gewissen plagt, der zum 'Dienst' ins Flachland zurückdrängt und mit seiner soldatischen Moralität viel deutlicher das Erbe Aschenbachs antritt. Castorp sind solche verinnerlichten Verpflichtungen fremd. Deshalb zielen die Gewissensappelle Settembrinis weitgehend ins Leere, bzw. Castorp mißbraucht diese Appelle sogar geschickt, um seiner Liebe den Weg freizuräumen: nun fühlt er sich auch vom letzten Gewissensrest freigesprochen, als habe er schon durch das bloße Anhören der 'Stimme der Vernunft' den Ansprüchen bürgerlicher Anständigkeit genügt: "Desto statthafter aber fand er es hinterdrein, seinen Gedanken und Träumen wieder in anderer, in *entgegengesetzter* Richtung freien Lauf zu lassen, – ja, um unseren ganzen Verdacht oder unsere ganze Einsicht auszusprechen, so hatte er wohl gar Herrn Settembrini nur zu dem *Zwecke* gelauscht, von seinem Gewissen einen Freibrief zu erlangen, den es ihm ursprünglich nicht hatte ausfertigen wollen. Was oder wer aber befand sich auf dieser anderen [...] Seite? [...] Clawdia Chauchat [...]." (III, 225f.) Hinter der 'durchschnittlichen' Fassade verbirgt sich der Eigensinn des

---

[134] Børge Kristiansen: *Ägypten als symbolischer Raum...*, S. 23.

schelmischen Helden. In Entgegensetzung zur strengen Moralität seines Vetters Ziemßen vermeidet Castorp jene gefährliche existentielle Anspannung, die stets erste Voraussetzung der Heimsuchungskonstellation war; das "Sorgenkind des Lebens" ist mit einer kaum beirrbaren Sorglosigkeit ausgestattet, an der sich die Mentoren Naphta und Settembrini dann auch meist vergebens abmühen. Mit ihren Belehrungen stoßen sie bei ihm zwar stets auf ein schweifendes Interesse, aber nicht auf das knetbare Material, das sich solche Pädagogen erträumen mögen. Fast scheint es, als ob der Autor hier einmal Abstand und Erholung suchte von den problematischen Helden mit ihren Kunst-Plagen und ihrer mühsam balancierten Lebensdistanz. Nicht erst Joseph, auch schon Hans Castorp besitzt die Züge einer 'lebensfreundlichen' Gegenfigur zur Reihe der Untergangshelden.

Jedenfalls handelt es sich um ein Novum im Werk Thomas Manns: vergleichsweise konfliktfrei kann der Held der erotischen Verlockung nachgeben. Der Untergang findet nicht statt. Ein Bann sei nun gebrochen, schreibt Reinhard Baumgart: "die Unberührbarkeit des anderen Geschlechts. Die Distanz zur Frau, die gläserne Hülle, die ihre idolisierte Erscheinung so lange einschloß, aber auch die Distanz zwischen Erotik und Sexualität, alles das schmilzt."[135] Dies hat allerdings auch zur Voraussetzung, daß an die Stelle des gefährlichen, sich am Anblick des entwürdigten männlichen Opfers delektierenden Frauenidols eine zugänglichere, 'menschlichere' Figur tritt; mit einer bloßen Repräsentantin der "dionysischen Urmächte des Seins"[136] ließe sich diese Geschichte nicht erzählen. Der Erzähler vermeidet es geradezu, durch direkte Beschreibung eine sinnlich betörende Frau vor Augen zu stellen. Der Eindruck geheimnisvoller Attraktivität entsteht für den Leser vor allem dadurch, daß überall, im Guten oder Schlechten, über Clawdia Chauchat gesprochen wird, von Behrens, von Settembrini, von der Tischgenossin Engelhart, er entsteht vor allem durch die *Wirkung*, die diese Frau auf Hans Castorp ausübt. Gegenüber dieser indirekten Methode erscheint die Präsentation 'faszinierender' Frauen im Frühwerk vordergründig und klischeehaft. Zieht man zum Vergleich die Beschreibung der fatalen Amra aus *Luischen* heran, wird deutlich, daß Clawdia Chauchat kaum noch als Agentin des "feindselige[n] Dämon[s]"[137] Geschlechtsliebe gelten kann, die mit Schlüsselreizen ausgestattet wird, als wären es Waffen: "[...] und diese Haut umspannte Formen, die ebenfalls von einer südlichen Sonne gereift erschienen und mit ihrer vegetativen und

---

[135] Reinhard Baumgart: *Selbstvergessenheit*, S. 58.

[136] Børge Kristiansen: *Thomas Manns "Zauberberg" und Schopenhauers Metaphysik*, S. 266.

[137] Arthur Schopenhauer: W II, 682.

indolenten Üppigkeit an diejenigen einer Sultanin gemahnten. Mit diesem Eindruck, den jede ihrer begehrlich trägen Bewegungen hervorrief, stimmte durchaus überein, daß höchstwahrscheinlich ihr Verstand von Herzen untergeordnet war." (VIII, 168) Amras unheilvolle Laszivität wird herabgemildert zu Clawdias Nonchalance. In Abhebung von den kalten, unzugänglichen Frauenfiguren des Frühwerks trägt Clawdia Chauchat die Lebenswärme schon im Namen. Sie erscheint verletzlicher, auch der Zuwendung bedürftiger als die statuenhafte, von allen Lebenskatastrophen unangegriffene Gerda Buddenbrook. Während der "stark alternde, schon ein bißchen beleibte" Thomas Buddenbrook bereits "verfallen" aussieht, bleibt Gerda "gleichsam konserviert in der nervösen Kälte, in der sie lebte und die sie ausströmte", "ihr dunkelrotes Haar hatte genau seine Farbe behalten, ihr schönes weißes Gesicht genau sein Ebenmaß und die Gestalt ihre schlanke und hohe Vornehmheit". (I, 643f.) Dagegen heißt es über Clawdia Chauchat: "Hans Castorp wußte und hatte es früher selber zur Sprache gebracht, daß Frau Chauchat im Profil nicht günstig aussah, etwas scharf, nicht mehr ganz jung. [...] Er vermied es, sie im Profil zu betrachten, schloß buchstäblich die Augen, wenn sie ihm zufällig von fern oder nah diese Ansicht bot, es tat ihm weh." (III, 318) Sie besitzt nicht den marmorkalten Teint Gerdas (im übrigen auch Gerda von Rinnlingens), sondern "gesunde Farbe der Wangen". (III, 206) Bei dieser Gesundheit handele es sich zwar "wie bei allen hier oben" nur um "ein oberflächliches Erzeugnis der Liegekur" (ebd.), auffällig ist jedoch, daß Clawdia im Gegensatz zu "allen hier oben" so gesund ist wie sonst nur noch Castorp. Wie sie selber einmal bemerkt, verschafft die 'Krankheit' ihr Freiheit und Ungebundenheit, so daß man beinahe sagen kann, sie sei in Clawdias Fall damit identisch. Über ihre Art, Türen mit klirrendem Knall zufallen zu lassen, heißt es an einer Stelle: "vielleicht war das ihre Krankheit, und nichts weiter..." (III, 485) Krankheitsbedingte Beeinträchtigungen ihres Lebensstils gibt es jedenfalls nicht, sie kann gegebenenfalls reisen, wohin sie will: "Behrens meint, es sei vorläufig hier nicht mehr viel für mich zu erreichen. C'est pourquoi je vais risquer un petit changement d'air." (III, 470) Sie ist die einzige, die den Zauberberg verlassen kann, ohne daß damit schon die Rückkehr im Moribundenzustand vorgezeichnet wäre. Daraus ergibt sich natürlich die Frage, ob man sie ohne weiteres als "Thanatos-Gottheit"[138], als "schöne Todesbotin"[139] und damit

---

[138] Hans Wysling: "Der Zauberberg", TMHb, 405.

[139] Helmut Koopmann: Der klassisch-moderne Roman in Deutschland. Thomas Mann – Alfred Döblin – Hermann Broch, Stuttgart 1983, S. 45.

Castorps Liebe als "Todesverfallenheit"[140] bezeichnen kann – ob man das Spiel mit düsteren Motiven so viel ernster nehmen soll als die tatsächliche Darstellung der Figur.

Auch durch ihre entspannte, nachlässige Lebensform wirkt Clawdia Chauchat 'menschlicher' – nicht zufällig ist gerade dies ihr Leitwort – als die herrinnenhafte, stets auf vornehme Haltung bedachte Gerda Buddenbrook (bzw. Gerda v. Rinnlingen). Dieselben Züge, die vor allem in der Settembrini-Perspektive unheimlich bzw. 'asiatisch' konnotiert sind, tragen als 'realistische' Beschreibung zur Entdämonisierung, zur Zerstörung der fatalen Aura bei: ein paradoxer Erzähleffekt, der – vielleicht zum Verdruß des Interpreten, aber sicher zur Genugtuung des Autors – eine schematische allegorische Eindeutigkeit in der Figurenzeichnung verhindert. Das naturdämonische Element, das abschätzig in Amras 'Vegetativität' und ihrer "fast rührend schmalen Stirn" (XIII, 168) aufschien, klingt zwar auch noch in der 'Katzenhaftigkeit' Clawdia Chauchats an, zu pflanzenhafter oder 'dionysischer' Natur wird die weltläufige und geistig bewegliche Frau jedoch nicht degradiert.

Liebe und Sexualität werden von Schopenhauer als "Brennpunkt des Willens"[141] bezeichnet, und so liegt es nahe, gerade in der Liebesgeschichte von Hans Castorp und Clawdia Chauchat nach Spuren einer Auseinandersetzung mit der Willensmetaphysik zu suchen. Sie finden sich mehrfach. Während Dr. Krokowski psychoanalytisch von der Liebe spricht, gehen Hans Castorp, den Blick träumerisch auf Frau Chauchats Arm gerichtet, einige Gedanken durch den Kopf, die an eine zentrale Passage der *Metaphysik der Geschlechtsliebe* anklingen:

Hans Castorp träumte, den Blick auf Frau Chauchats Arm gerichtet. Wie die Frauen sich kleideten! Sie zeigten dies und jenes von ihrem Nacken und ihrer Brust, sie verklärten ihre Arme mit durchsichtiger Gaze... Das taten sie in der ganzen Welt, um unser sehnsüchtiges Verlangen zu erregen. Mein Gott, das Leben war schön! [...] Versteht sich, es war um eines gewissen Zweckes willen, daß die Frauen sich märchenhaft und beglückend kleiden durften, ohne dadurch gegen die Schicklichkeit zu verstoßen; es handelte sich um die nächste Generation, um die Fortpflanzung des Menschengeschlechtes, jawohl. (III, 182)[142]

---

[140] Hans Wysling: "*Der Zauberberg*", TMHb, 406.

[141] Arthur Schopenhauer: W I, 452.

[142] Vgl. Arthur Schopenhauer: W II, 683: "Die sämtlichen Liebeshändel der gegenwärtigen Generation zusammengenommen sind demnach des ganzen Menschengeschlechts zusammengenommene 'meditatio compositionis generationis futurae, e qua iterum pendent innumerae generationes'." Bei der hochwichtigen Angelegenheit der Liebe gehe es um die "spezielle Beschaffenheit des Menschengeschlechtes in künftigen Zeiten".

Von den in dieser Hinsicht erwiesenen Unzulänglichkeiten Frau Chauchats läßt sich Castorp jedoch nicht abhalten. Die Bedenken vom Standpunkt der Willensrationalität, mit denen er die Betrachtung vom Allgemeinen zu seinem speziellen Fall überleitet, können den Liebenden nicht ernsthaft beeinträchtigen: "Aber wie, wenn die Frau nun innerlich krank war, so daß sie gar nicht zur Mutterschaft taugte, – was dann? Hatte es dann einen Sinn, daß sie Gazeärmel trug, um die Männer neugierig auf ihren Körper zu machen, – ihren innerlich kranken Körper? Das hatte offenbar *keinen* Sinn und hätte eigentlich untersagt werden müssen." (Ebd.) Daß einer Frau im Krankheitsfall verboten werden müßte, reizvolle Kleidung zu tragen, kann als ebenso logische wie komische Konsequenz eines zwar plausiblen, aber völlig einseitigen Verständnisses der Liebe gelten, das deren Sinn und Zweck lediglich jenseits vom "*individuelle[n]* Wohl und Wehe"[143] der Liebenden in der bestmöglichen 'Zusammensetzung' der nächsten Generation findet. Castorp überlegt weiter: "Denn daß ein Mann sich für eine kranke Frau interessierte, dabei war doch entschieden nicht mehr Vernunft, als ... nun, als seinerzeit bei Hans Castorps stillem Interesse für Pribislav Hippe gewesen war. Ein dummer Vergleich [...]." (III, 183) Ein passender Vergleich, denn auch die Homoerotik erscheint 'unvernünftig' vor dem Willensinteresse unaufhörlicher Propagation. Schopenhauer erklärt sie, nach der moralischen Abfertigung als "Monstrosität", als Triebabfuhr für alte Männer, die nur noch "schwache, schlechte und unglückliche Zeugungen liefern"[144] können. Aufschlußreich ist hier die Verwendung des Begriffs Vernunft. Nach Kristiansen bedeutete Castorps Leidenschaft für Clawdia Chauchat die Hingabe an eine "jeder Vernunftgestaltung enthobene dämonische Wirklichkeit". Ist dies also auch die Auffassung des Erzählers, wenn hier der Gedanke auftaucht, daß an der Neigung zu einer kranken Frau möglicherweise "entschieden nicht mehr Vernunft" sei als in der jugendlichen homoerotischen Schwärmerei? Aus dem Kontext geht hervor, daß die hier angesprochene 'Vernunft' nur scheinbar die von Settembrinis 'klaren' Gedanken ist. Tatsächlich ist es die der "Willensirratio", die nach neuen Objektivationen verlangt, die Vernunft der Fortpflanzung, der zweckerfüllenden Liebe, vor der die 'unfruchtbaren' Passionen ihre Rechtfertigung verlieren. Die säuberliche Entgegensetzung von Vernunft und einem an Schopenhauers Willensbegriff gebundenen 'Triebgrund' geht hier nicht auf.

Der dieser 'Vernunft' entsprechenden Moral machte Thomas Mann solange Zugeständnisse, wie er solche Passionen regelmäßig dem Untergang

---

[143] Arthur Schopenhauer: W II, 683.
[144] Arthur Schopenhauer: W II, 725.

zuführte; im *Zauberberg* ist er dazu offensichtlich nicht mehr bereit. Die Tatsache, daß derselbe Philosoph, der unermüdlich den Leidenscharakter der Willenswelt anklagte und die Verneinung des Willens zum Leben als Erlösung von der Willensqual beschwor, die moralischen Konventionen des 'Willensinteresses' mit derben Worten nachsprach[145], mußte Thomas Manns Widerspruch herausfordern. In *Über die Ehe* (1925) wird die Kritik direkt ausgesprochen: "[...] gegen die Emanzipation des Erotischen vom Nützlichkeits- und Fortpflanzungsdenken, vom Interesse der Natur also, für welche die Liebesillusion nur ein Trick der Verführung, ein Mittel zu ihren fertilen Zwecken ist, werden ästhetisch-humanerweise schlagende Argumente schwerlich beigebracht werden können." (X, 197)

Castorps Faszination durch Frau Chauchat beruht auf einem merkwürdigen Zusammenspiel: einerseits strahlt Clawdia eine reizvolle Exotik aus, ist sie schon durch ihre Herkunft "fremdartig", andererseits erscheint sie ihm jedoch "von langer Hand her" vertraut (III, 205), und diese immer wieder hervorgehobene Vertrautheit ist es vor allem, die von Anfang an seine Liebe stimuliert. Sie will nicht recht passen zu einer angeblichen Verkörperung "asiatischer irratio" oder "dionysischer Lebensmächte"; Dionysos, das ist ja gerade: *"Der fremde Gott!"* (VIII, 516) Auch die typische femme fatale des Frühwerks blieb in kalter Distanz, umgeben von Fremde und nicht Vertrautheit. Clawdia Chauchat dagegen besitzt schon über die Hippe-Ähnlichkeit eine eigenartige Zugehörigkeit zu Castorps Biographie, er kann sie als "le Toi de ma vie" bezeichen. (III, 476) Aber noch von anderer Seite erhält Clawdia mehr vertrauenerweckende als einschüchternde Züge. Immer wieder ruht Castorps Blick auf ihren breiten, kurzfingrigen "Schulmädchenhänden" (III, 110, 181), die eigentümlich kontrastieren mit dem eher herkömmlichen erotischen Signal der "von dünnster Gaze verklärten", zum Hinterkopf geführten Arme. (III, 288) An genau diesen Details entzündete sich auch die Liebe Tonio Krögers. Die 'fatale' Asiatin erinnert in solchen Einstellungen an das "lustige" Lübecker Bürgermädchen Inge Holm, das ja ebendiese "gar nicht besonders schmale, gar nicht besonders feine Kleinmädchenhand zum Hinterkopfe führte, wobei der weiße Gazeärmel von ihrem Ellenbogen zurückglitt." (*Tonio Kröger*; VIII, 282) Bei Frau Chauchat muß Castorp jedoch nicht wie Tonio Kröger befürchten, durch eine nur von Ferne reizvolle Gewöhnlichkeit ernüchtert zu werden. Seine Russin besitzt nicht die Einseitigkeit der Chargenrolle, sie übernimmt

---

[145] Ein "nicht mehr menstruierendes Weib erregt unseren Abscheu" (W II, 694), die "Päderastie" sei "eine nicht bloß widernatürliche, sondern auch im höchsten Grade widerwärtige und Abscheu erregende Monstrosität" (W II, 718f.).

zugleich das Erbe der damaligen Gegenfigur zur geistig harmlosen Inge: der intelligenten, verständnisvollen Gesprächspartnerin Tonio Krögers, Lisaweta Iwanowna. Wie es sich für eine 'russische' Figur gehört, ist Frau Chauchat auch leidenschaftliche Moralistin im Sinne Raskolnikows: "Les grands moralistes n'étaient point des vertueux, mais des aventuriers dans le mal, des vicieux, des grands pécheurs qui nous enseignent à nous incliner chrétiennement devant la misère". (III, 473) Das bezieht sich auf jene andere Seite der 'asiatischen irratio', die radikale Moralität, für die die Läuterung nicht ohne das Laster zu haben ist. Deren Einspruch gegen die 'laue' liberale Vernunft des Westens kommt nicht aus unteren Triebgründen, sondern aus einer religiösen Geistigkeit, die für Thomas Mann zeitlebens faszinierend blieb vor allem durch den mit Nietzsche verbundenen Dostojewski, aber auch durch manche Gestalten Tolstois, dessen "großartige und organische Verbindung von Sinnlichkeit und Moralismus" er rühmte. (TB, 13.8.1918)

Die 'russische' Moralität, in ihrer Überspanntheit schwankend zwischen nihilistischen Zerstörungsgelüsten und emphatischen Lebensentschlüssen, wird bei einem einseitig auf die 'Unform'-Regression festgelegten Verständnis des 'Asiatischen' vergessen. Offenbar hat sich Thomas Mann etwas dabei gedacht, als er zwei Russentische auf dem Zauberberg installierte, einen schlechten, aber auch einen guten.[146] Einerseits 'besudeln' die asiatischen Gäste zwar "auf nicht wiederzugebende Weise die Toilette" und frönen auch sonst mit einer Ungezügeltheit dem Unterleib, "daß die Sitten dieser Leute einem Humanisten wohl lebhafte Abstandsgefühle erregen konnten" (III, 319), andererseits sind sie Vertreter einer 'Menschlichkeit', die Hans Castorp nicht unbeeindruckt läßt. Daß er durch mehr und anderes als nur dämonischen 'Willensdienst' an Frau Chauchat gebunden ist, geht auch aus Thomas Manns 'Topographie der Menschlichkeit' hervor. Es stehe für ihn außer Frage, schreibt er in den *Betrachtungen*, "daß deutsche und russische Menschlichkeit einander näher sind als die russische und französische, und unvergleichlich näher als die deutsche und die lateinische, daß hier größere Möglichkeiten der Verständigung bestehen [...]". (XII, 438) Der "menschliche Russe" und der "wissende Deutsche" können ihre "feinsten Güter tauschen", schreibt er 1917 in *Weltfrieden?*. (XIII, 563) Wie kein anderes Werk des Autors ist der *Zauberberg* auch eine Hommage an die russische Literatur. Die Tagebücher 1918-1921 geben genaue Auskunft darüber, von welcher Lektüre sich Thomas Mann während der Arbeit am *Zauberberg* beinahe täglich inspirieren ließ: eben der russischen. Allein auf die sechs meistgelesenen russischen Schriftsteller entfallen mindestens 166 Eintragun-

---

[146] Vgl. auch Michael Maar: *Geister und Kunst*, S. 195.

gen (zum Vergleich: Schopenhauer 11, davon nur ein einziges Mal – in immerhin über drei Jahren – eine Notiz über eine tatsächliche Lektüre am 1.1.1920). Im einzelnen: Tolstoi 48, Dostojewski 42 (18.1.1920: "Fuhr außerordentlich gefesselt im Raskolnikow fort. Es ist derzeit 'die' Lektüre für mich."), Turgenjew 32, Mereschkowski 16, Tschechow 14, Gogol 14; ferner las Thomas Mann in dieser Zeit u.a. Bulgakow, Kusmin, Bunin, Gontscharow, Sologub, A. Tolstoi, Puschkin, Gorki, Saltykow (Die *Herren auf Golowljow* machten ihm tiefen Eindruck). Darüber hinaus wird Hamsun, einer der unter dem Aspekt des 'menschenfreundlichen' Erzählens wichtigsten Autoren in dieser Phase, ebenfalls der russischen Literatursphäre angeschlossen. (Vgl. X, 595) Qualitäten, die Thomas Mann immer wieder an dieser Literatur hervorhebt, sind ihre 'Menschlichkeit', Studium der 'Seele', ihr 'menschenfreundlicher' Einsatz des Humors, durch den sie sich – so Thomas Mann – von der 'trockenen', eher den 'mephistophelischen' Witz pflegenden französischen Literatur abhebt (Beispiel ist Flaubert[147]), die "russische Komik in ihrer Wahrheit und Wärme, ihrer Phantastik und tiefen, herzbezwingenden Drolligkeit [...], die liebenswerteste und beglückendste der Welt". (*Russische Anthologie*, 1921; X, 594) Die Menschlichkeits-Thematik des *Zauberberg* nährt sich aus dieser Quelle, keine andere Nation ist auf dem Berghof so zahlreich vertreten. Der Schauplatz des westeuropäischen Kurorts und Sanatoriums ist darüber hinaus geradezu ein Zitat: spielt dieser Handlungsort in der russischen Literatur doch immer wieder eine wichtige Rolle. Schließlich tragen auch die leidenschaftlichen und ausufernden Dispute um die letzten Menschheitsfragen zur 'russischen' Atmosphäre des *Zauberberg* bei; im *Versuch über Tschechow* spricht Thomas Mann von dessen Art, die "russische ufer- und ergebnislose Philosophier- und Disputierlust [zu] persiflieren" (IX, 855) – eine Formulierung, die auch auf den *Zauberberg* paßt. Nicht zu vergessen, daß Thomas Mann die Niederschrift des Romans wiederholt unterbrochen hat, um Essays wie *Russische Anthologie* oder *Goethe und Tolstoi* zu schreiben. Noch einmal wird deutlich, daß sich dieser komplexe Bereich kaum mit dem polemischen Begriff des 'asiatischen Prinzips' erfassen läßt, der im übrigen von Settembrini stammt und dessen einseitige, vorurteilsvolle Perspektive wiedergibt; daß diese Kategorie nicht völlig ernst zu nehmen ist, zeigt auch hier meist schon der Kontext: "Zu diesem Endzwecke aber war vor allem erforderlich, das asiatische [...] Prinzip der Beharrung im Mittelpunkte und Lebensnerv seines Widerstandes zu treffen, nämlich in Wien." (III, 222)

---

[147] V. Hansen u. G. Heine (Hrsg.): *Frage und Antwort. Interviews mit Thomas Mann*, S. 511.

Castorp und Chauchat sind die beiden Figuren, denen immer wieder 'Menschlichkeit' attestiert wird; es ist nicht nur ein von Frau Chauchat dauernd im Mund geführtes Wort, 'Menschlichkeit' beweist ihr Verhalten: Clawdias Verhältnis zu Männern ist von einem charitativen Einschlag bestimmt, nicht erst als Begleiterin des angeschlagenen Peeperkorn, sondern bereits als Castorps 'Dienerin'. (III, 469) Auch dies entspricht dem positiven Liebesverständnis, das sich im *Zauberberg* durchsetzt und das bewußt vermeidet, mildere Formen der Zuneigung von 'dionysischen' Triebgründen abzugrenzen:

Unser Meinung nach ist es [...] geradezu lebensunfreundlich, in Dingen der Liebe zwischen Frommem und Leidenschaftlichem 'reinlich' zu unterscheiden. [...] Ist es nicht groß und gut, daß die Sprache nur *ein* Wort hat für alles, vom Frömmsten bis zum Fleischlich-Begierigsten? [...] Liebe kann nicht unkörperlich sein in der äußersten Frömmigkeit und nicht unfromm in der äußersten Fleischlichkeit, sie ist immer sie selbst, als verschlagene Lebensfreundlichkeit wie als höchste Passion, sie ist die Sympathie mit dem Organischen, das rührend wollüstige Umfangen des zur Verwesung Bestimmten, – Charitas ist gewiß noch in der bewunderungsvollsten oder wütendsten Leidenschaft. Schwankender Sinn? [...] Daß er schwankt, ist Leben und Menschlichkeit [...]. (III, 831f.)

Betont 'menschlich', fast schon nach dem Klischee der 'russischen Seele', ist auch die am freundlichsten gezeichnete Nebenfigur des Romans, der "gutmütige Dulder" Anton Karlowitsch Ferge. Die nur gewaltsam als Auflösungserscheinung interpretierbaren Verbrüderungs- und Abschiedsszenen des Romans sind ebenfalls mit dem 'asiatischen' Du verbunden; auch Settembrini scheint seine theoretischen Widerstände gegen diese 'Menschlichkeit' am Ende aufzugeben, wenn er den tödlich verwundeten Naphta duzt – "'Infelice!', rief er. 'Che cosa fai per l'amor di Dio!'" (III, 980) –, wenn er schließlich auch Hans Castorp mit Vornamen, Du und gar noch 'Russenkuß' am Bahnhof verabschiedet. Um diesen anrührenden Moment vor dem Tiefsinn des Schopenhauerianismus zu bewahren, müsse man, so Michael Maar, nur vier Seiten weiterblättern und darauf achten, wie sich der Erzähler "von seinem Helden verabschiedet. Er tut es mit derselben Bewegung wie der angeblich wildgewordene Settembrini, tupft mit dem Ringfinger zart den Augenwinkel. Wenn Kristiansen recht hätte, müßte Thomas Mann damit andeuten wollen, inzwischen sei leider auch er, Vortragender, den Mahlstrom hinabgezogen worden. Das glaube, wer muß."[148]

---

[148] Michael Maar: *Geister und Kunst*, S. 196.

7. Die Irritation durch das Körperliche

Nach der Liebesnacht ist Hans Castorp um eine elementare Erfahrung reicher, mehr noch: das eine umfassende Neugier weckende, zu "Forschungen" stimulierende Liebesverhältnis ist keine wahnhafte Leidenschaft im Sinne Schopenhauers, sondern ein Erkenntnisprozeß des 'Menschlichen', die Ergänzung der geistesgeschichtlichen Perspektiven durch die Erfahrung des Körpers. Ohne diesen Antrieb hätte die Lektürereise ins 'Organische' nicht stattgefunden, der im ersten Teil des Romans die zentrale Stellung zukommt, welche im zweiten die Ausfahrt in den 'Schnee' besitzt. Wenn dort die Lebensfreundlichkeit begründet wird aus der "Sympathie" mit "dem rührenden Menschenherzen in der organischen Wärme seiner Brustkammer" (III, 660 u. 674), wenn Liebe als "die Sympathie mit dem Organischen, das rührend wollüstige Umfangen des zur Verwesung Bestimmten" (III, 832) bezeichnet wird, so blieben das ohne die 'organischen' Exkurse des Kapitels "Forschungen" seltsame Definitionen. In ihm findet – intensiver und konzentrierter als irgendwo sonst im Werk des Autors – eine offenbar fällige, grundsätzliche Auseinandersetzung mit der menschlichen Körperlichkeit statt, auf die der 'Sanatoriumsroman' mit seinem Krankheitsverständnis von Anfang an zusteuert. Krankheit wird hier ja vor allem als "Steigerung und Betonung" der Körperlichkeit begriffen. (III, 289) Der komplexe Roman läßt sich nicht in *einer* leitenden Absicht, *einer* Grundidee fassen, sein Faszinationskern – in den *Buddenbrooks* die "Idee des Verfalls"[149], im *Joseph* die Lebensform des Mythischen – liegt jedoch gewiß in der Konfrontation mit dem 'Organischen'. Der "medizinische Gegenstand" des Romans diene dazu, Hans Castorp durch das "Erlebnis des Körpers zur Idee des Menschen" zu führen – so der Autor in einem Brief an Adolf Panner vom 15.11.1927. Die Sexualität verliert ihre flachländische Dezenz, der Tod die rituelle Überformung, die von den körperlichen Grundtatsachen feierlich ablenkt. Zu Würde und Zeremonie gehört das Erscheinungsbild der Langsamkeit; daß die Leichen des Berghof auf dem Bobschlitten talwärts sausen, als handelte es sich um eine "Sportfexerei" (III, 659), ist die erste Verwirrung für Hans Castorp. Noch am Ankunftsabend folgt dann der Schock durch den schauerlichen Husten des sterbenden 'Herrenreiters' ("als ob man dabei in den Menschen hineinsähe, wie es da aussieht, – alles ein Matsch und Schlamm..."; III, 24), am nächsten Morgen ist Castorp verschreckt von den eindeutigen Vorgängen im Nebenzimmer. Die "heidnische

---

[149] DüD I, 123.

Leiblichkeit"[150] des russischen Paares sucht nicht die bergende, romantisch verklärte Nacht, sie bevorzugt die Helligkeit des Tages. So wird im ganzen Roman die Körperlichkeit ans Licht geholt. Hermann Kurzkes Bemerkung, "der Grad der Sexualverdrängung ist in diesem Roman sehr hoch", erscheint verständlich angesichts der Offenheit oder auch "langweiligen Schamlosigkeit" (so Thomas über Heinrich Mann in einem Brief an Ida Boy-Ed vom 19.8.1904)[151] mancher Autoren späterer Jahrzehnte, im Vergleich mit den früheren Werken des Autors ist sie unberechtigt. Auch wenn der *Zauberberg* weiterhin der direkten Darstellung ausweicht, thematisiert er doch mit der Körperlichkeit deutlicher als bisher die Sexualität, und auch die sinnliche Aufladung der Details in der unmißverständlichen Sexualsymbolik kann man im Jahrhundert der Psychoanalyse und ihrer folkloristisch verbreiteten Theorie der Traumsymbole kaum als Verdrängung bezeichnen.

Prüderie und Tabuisierung scheinen nicht die geeigneten Begriffe, um die Sexualproblematik im Werk Thomas Manns zu erfassen. Wie soll die behauptete Verdrängung auch zusammenpassen mit dem Umstand, daß Thomas Mann alles andere als geschlechtslose Wesen ins Zentrum seiner Romane und Erzählungen gestellt hat? Wenn er an den Werken seines Bruders "ermüdende[n] Fleischgeruch"[152] kritisierte und von der "geistlosen [...] Betastungssucht seiner Sinnlichkeit"[153] sprach, so läßt sich das nicht daraus erklären, daß dem fünf Jahre Jüngeren ungleich wirkungsvollere Sexualtabus vermittelt worden wären. Worum es eigentlich geht, was Thomas Mann bei der betriebsamen Geschlechtlichkeit der *Jagd nach Liebe* vermißt, wird deutlich, wenn er die nicht weniger direkten Sexualdarstellungen Frank Wedekinds gegen die des Bruders hält. Wedekind sei "wohl der frechste Sexualist in der modernen deutschen Literatur", bei ihm komme aber gleichzeitig "das Unheimliche, das Tiefe, das ewig Zweifelhafte des Geschlechtlichen"[154] zum Ausdruck. Demgegenüber zeugten die unproblematischen Sexualakte in den frühen Romanen Heinrich Manns von "geistlose[r]" Oberflächlichkeit.[155] Wer Leben, Werk und Denken Thomas Manns vor allem von der *Verdrängung* homosexueller Neigungen bestimmt

---

[150] Eine Formulierung Thomas Manns über Tolstoi; IX, 656.

[151] Thomas Mann: *Briefe an Otto Grautoff und Ida Boy-Ed*, S. 150.

[152] Brief an Heinrich Mann vom 5.12.1903, in: Briefwechsel TM-HM, S. 37.

[153] Brief vom 19.8.1904 an Ida Boy-Ed, in: Thomas Mann: *Briefe an Otto Grautoff und Ida Boy-Ed*, S. 150.

[154] Brief an Heinrich Mann vom 5.12.1903, in: Briefwechsel TM-HM, S. 36f.

[155] Vgl. hierzu Marcel Reich-Ranicki: *Thomas Mann und die Seinen.* Thomas Manns Verhältnis zu den Büchern seines Bruders wird dargestellt in den Abschnitten *Heinrich Mann* und *Heinrich Mann und Thomas Mann*, insbesondere S. 163-166.

sieht, wird die Unterschiede in der Problematisierung der Sexualität, im Mißtrauen ihr gegenüber, mit den verschiedenen sexuellen Veranlagungen erklären wollen. Diese Sichtweise beinhaltet die kaum überzeugende Gleichung, daß die Sexualität nur dann, mit den Worten Thomas Manns, als 'unheimlich' und 'zweifelhaft' empfunden werden könne, wenn sie gesellschaftlich geächtet sei.[156]

Entscheidend scheint vielmehr eine Irritation durch die 'Natur' des Körpers. Ihr entspricht eine zwiespältige Körperfaszination zwischen Begehren und Ekel, welche die reservierte, in der Betrachtung verharrende Position des Erotikers der des 'Sexualisten' entschieden vorzieht. Unabhängig von aller zwischen Selbstzucht und Verlangen angesiedelten Moralproblematik erscheint die körperliche Liebe, egal welcher Spielart, zunächst als ein befremdendes, verwunderliches, geradezu staunenswertes Geschehen bar jeder Selbstverständlichkeit. Deutlich läßt Thomas Mann das seinen Protagonisten Adrian Leverkühn aussprechen: "Andererseits kann man sich nicht genug darüber wundern, daß ein Fleisch Lust hat zum andern – es ist ja ein Phänomen, – nun ja, das vollkommen exzeptionelle Phänomen der Liebe. [...] Die Lust zu fremdem Fleisch bedeutet eine Überwindung sonst vorhandener Widerstände, die auf der Fremdheit von Ich und Du, des Eigenen und des Anderen beruhen. Das Fleisch [...] ist normalerweise nur sich selber nicht widerwärtig. Mit fremdem will es nichts zu tun haben." (VI, 250) Kaum eine Heldenfigur seit dem *Zauberberg*, die nicht irgendwann diese Grundmerkwürdigkeit der Liebe festzustellen hätte. In der *Krull*-Tonart lautet das so:

"So gröblich haben Sie es an Rührung fehlen lassen über das Dasein dieser Sache, der Liebe, daß es auch schon wieder nicht mehr gesund ist, und man sich verpflichtet fühlt, Sie zu korrigieren [...]. Wenn man die Liebe mit neuen Augen ansieht, gleichwie zum ersten Mal, was für eine rührende und erstaunliche Sache ist sie dann! Sie ist ja nicht mehr und nicht weniger als ein Wunder! [...] Sie sagten neulich, die Natur habe den einen Menschen vom anderen sorgsam getrennt und abgesondert. [...] Aber in der Liebe macht die Natur eine Ausnahme – höchst wundersam, wenn man es mit neuen Augen betrachtet." (VII, 638)

---

[156] Dem ist entgegengehalten worden, daß man sich Thomas Mann "auch in einer permissiven Epoche schwer als ausgeglichenen Knabenliebhaber" hätte denken können. (Michael Maar: *Geister und Kunst*, S. 286.) Das Verhältnis ist umgekehrt zu fassen: weil das Geschlechtliche für ihn das "ewig Zweifelhafte" war, hat Thomas Mann die Möglichkeiten der 'Verwirklichung', die auch seine Epoche den offiziell tabuierten Neigungen bieten konnte, niemals ernstlich in Betracht gezogen. In *Über die Ehe* spricht er zwar von einem "Fluch", der auf der homosexuellen Liebe liege; er sei jedoch "nicht gleichbedeutend mit bloßer gesellschaftlicher Verpönung, um die es in so amüsabler und 'vermenschlichter', mit allen Wassern der Duldsamkeit gewaschener Zeit nicht gar so streng bestellt ist". (X, 197)

Diese Verwunderung über das "Phänomen" durchzieht und inspiriert Thomas Manns gesamtes Werk. Denn mit einer Beharrlichkeit, die in der deutschen Literatur des zwanzigsten Jahrhunderts ihresgleichen sucht, erzählt Thomas Mann von *Gefallen* bis zur *Betrogenen* immer wieder Liebesgeschichten, Geschichten, in denen die Liebe niemals zur sinnlichen Routine – und damit auch nicht zur Ehe –, sondern "gleichwie zum ersten Mal", mit "neuen Augen" gesehen wird. Unter den großen Autoren der klassischen Moderne gibt es wohl nur einen, der seine Imagination in gleichem Maß auf das "vollkommen exzeptionelle Phänomen" fixiert hat: Marcel Proust. Nicht zufällig war der Verfasser von *Auf der Suche nach der verlorenen Zeit* wohl der einzige zeitgenössische Schriftsteller, den Thomas Mann als ranggleich empfunden hat, der in seinen Tagebüchern, oft unvermutet, als Bezugsgröße auftaucht, den er, mit einer Selbstverständlichkeit, die sonst keinem 'Modernen' zuteil wird, in die Tradition der großen Epik einreiht.[157] Die beiden erotischen Erzähler nehmen die Liebe allerdings aus unterschiedlichen Perspektiven in den Blick. Während Proust vor allem die Eifersucht beschreibt und analysiert, die Phase der Liebe also, in der die glückliche Übereinstimmung von "Ich und Du" in panischer Auflösung begriffen ist, bildet in Thomas Manns Liebesgeschichten gerade die als 'sensationell' empfundene Aufhebung der "Fremdheit von Ich und Du", der Eintritt des Begehrens in die separierte Existenz den Faszinationspunkt.

Das "Unheimliche", "Tiefe", "ewig Zweifelhafte" der Sexualität liegt begründet in der Naturhaftigkeit des Körpers, die leicht als "Demütigung ins Menschliche, und damit dann auch ins Tierische" erfahren wird.[158] (VI, 197) "Mutter Natur, die immer die Zunge im Mundwinkel hat" (VI, 304)[159], ist eine degradierende, unheimliche Verwandte für den gerade in seiner vermeintlichen Naturferne Würde und Überlegenheit suchenden 'Geist'.[160]

---

[157] Vgl. z.B. TB 15.7.1933.

[158] Die Körper-Irritation findet sich auch immer wieder in den Alltagsprotokollen der Tagebücher, ohne die Fallhöhe dionysischer Leidenschaft: "Ging zum Baden in die Bucht, die ich aber wegen der Hitze bald wieder verlassen mußte. Nachdenken über die schweren Hemmungen und Widerstände, die ich bei körperlich betonten Unternehmungen, wie dem Baden im Meer, besonders sind sie neu sind, zu überwinden habe – und schlecht überwinde. 'Demütigende Umständlichkeiten'." (24.5.1933)

[159] Nach einem halben Jahrhundert zitiert Thomas Mann hier seine jugendliche Karikatur von "Mutter Natur". Abgebildet u.a. bei Hans Wysling u. Yvonne Schmidlin (Hrsg.): *Thomas Mann – Ein Leben in Bildern*, Zürich 1994, S. 85.

[160] In *Okkulte Erlebnisse* (1924) schreibt Thomas Mann pointiert: "[...] hier ist Natur im Spiel, und das ist ein unreines, skurriles, boshaftes und dämonisch-zweideutiges Element, gegen welches der Mensch, geistesstolz, emanzipatorisch-gegennatürlich gesinnt seinem Wesen nach, sich vornehm zu verhalten liebt, indem er seine spezifische Würde darin sucht,

Nicht ohne tieferen Grund war Thomas Mann gegenüber metaphysischen Spekulationen, die in Frontstellung gegen die von Darwin ausgehende Evolutionstheorie (und im übrigen auch abweichend von Schopenhauer) den Ursprung des Geistes vor aller Naturgeschichte ansetzten, geradezu dankbar aufgeschlossen, auch wenn ihm ihr wissenschaftlich unsicherer Stand nicht verborgen blieb.

Die Körper-Irritation macht sich im Frühwerk am deutlichsten in den *Buddenbrooks* geltend. Für die angekränkelten, immer lebensunsicherer werdenden Buddenbrooks ist die Körperlichkeit eine Zumutung und Bedrohung, vor der man sich in einem Schutzraum des Dezenten vergebens abzuschirmen sucht.[161] Die Hagenströms sind nicht nur geschäftlich erfolgreichere "Widersacher" (I, 598), sie brechen nicht nur in den Bezirk der Familie ein, indem sie das Haus der Buddenbrooks übernehmen, sie dringen von Anfang an auch mit ihrer 'widerlichen' Körperlichkeit ein in die Enklave der Dezenz. Schon der junge Hermann Hagenström hat eine tierische Physiognomie: "Hermann war blond, aber seine Nase lag ein wenig platt auf der Oberlippe. Auch schmatzte er beständig mit den Lippen, denn er atmete nur durch den Mund." (I, 64) Gegen seine Gänsebrustsemmel – "das pure Fleisch" – will der schmatzende Hermann Tony Küsse abzwingen. Später, angesichts seines geschäftlichen Triumphes, fragt sie: "Ist er denn ein Vieh?" (I, 598) Seine schnaufende körperliche Fülle steht für den sich ausbreitenden Hagenström-Bereich. "Raum! Mehr Raum!" ruft er bei der Kaufbesichtigung des Buddenbrook-Hauses. (I, 602) Bei allem Widerwillen kann Tony seiner Körperlichkeit auch bei dieser Gelegenheit nicht entgehen: "Seine Nase lag platter als jemals auf der Oberlippe und atmete mühsam in den Schnurrbart hinein; dann und wann aber mußte der Mund ihr zur Hilfe kommen, indem er sich zu einem ergiebigen Atemzuge öffnete. Und das war noch immer mit einem gelinde schmatzenden Geräusch verbunden, hervorgerufen durch ein allmähliches Loslösen der Zunge vom Oberkiefer und vom Schlunde." (I, 601) Hagenström beugt sich zu ihr, "so daß nun das schwere Pusten seiner Nase dicht unter der ihren ertönte. Zu höflich, sich abzuwenden und sich seinem Atem zu entziehen, saß sie steif und möglichst hoch aufgerichtet." (I, 604) Aber auch innerhalb der Familie

---

zu vergessen, daß er ein Kind der Natur so gut wie ein Sohn des Geistes bleibt." (X, 139) Ähnlich *Goethe und Tolstoi*: "[...] Geist ist das, was den *Menschen*, dies von der Natur in hohem Grade gelöste, in hohem Maße sich ihr entgegengesetzt fühlende Wesen, vor allem übrigen organischen Leben auszeichnet". (IX, 80) Hier macht sich eine gewisse 'idealistische' Grundverfassung Thomas Manns geltend, die jeder Desillusionsphilosophie, jeder Entlarvungspsychologie standgehalten hat. Dazu noch im folgenden.

[161] Vgl. hierzu auch Hermann Kurzke: *Thomas Mann. Epoche – Werk – Wirkung*, S. 65f.

ist die Dezenz gefährdet: Christians Beschäftigung mit seinen seltsamen körperlichen Zuständen wird zur Obsession, zwanghaft verbreitet er sich darüber in allen "widerlichen Finessen". (I, 319)

Körperlich sind die Liebe und der Tod. Der Darstellung der Liebe weicht der Autor der *Buddenbrooks* noch aus, die des Todes wird umso gründlicher vorgenommen. Und auch hier ist auffällig, daß bei aller Beschwörung der Todessehnsucht Sterben, Tod und schließlich auch die Toten ohne jede Verklärung geschildert werden. "Sein ganzes Leben lang hat man nicht ein Staubfäserchen an ihm sehen dürfen", ruft Tony, als man den im "Kot" der Straße zusammengebrochenen Thomas Buddenbrook ins Haus gebracht hat. "Es ist ein Hohn und eine Niedertracht, daß das Letzte *so* kommen muß...!" (I, 680f.) Unsentimental wird der grausame körperliche Aspekt des Todes herausgestrichen, vorausweisend schon zu Beginn des Kapitels in der Beschreibung des Fischeschlachtens: "Andere aber lagen mit fürchterlich glotzenden Augen und arbeitenden Kiemen, zählebig und qualvoll auf ihrem Brett und schlugen hart und verzweifelt mit ihrem Schwanze, bis man sie endlich packte und ein spitzes, blutiges Messer ihnen mit Knirschen die Kehle zerschnitt. [...] Manchmal zog ein starker Butt sich krampfhaft zusammen und schnellte sich in seiner tollen Angst weit vom Brette fort auf das schlüpfrige, von Abfällen verunreinigte Pflaster [...]." (I, 673) Der Gehirnschlag wirft auch Thomas Buddenbrook auf das "Pflaster" der "Fischergrube". Sein Todeskampf dauert bis in den nächsten Morgen, er ähnelt dem eines auf dem Trockenen verendenden Fisches: "Thomas Buddenbrook fuhr fort, gebrochenen Auges die Lippen zu bewegen und gurgelnde Laute auszustoßen." – "Und dann war in der Stille nichts als das agonierende Gurgeln Thomas Buddenbrooks zu vernehmen." (I, 684f.) Auch der Tod der Konsulin wird mit diesem genauen Blick auf die körperlichen Details beschrieben: "Die Bewegungen der Kranken hatten zugenommen. Eine schreckliche Unruhe, eine unsägliche Angst und Not, ein unentrinnbares Verlassenheits- und Hilflosigkeitsgefühl ohne Grenzen mußte diesen dem Tode ausgelieferten Körper vom Scheitel bis zur Sohle erfüllen. Ihre Augen, diese armen, flehenden, wehklagenden und suchenden Augen schlossen sich bei den röchelnden Drehungen des Kopfes manchmal mit brechendem Ausdruck oder erweiterten sich so sehr, daß die kleinen Adern des Augapfels blutrot hervortraten. Und keine Ohnmacht kam!" (I, 566f.) Und später, angesichts der Aufgebahrten: "Aber diese spitze Nase, diese nach innen gezogenen Lippen, dieses hervorgeschobene Kinn, diese gelben, durchsichtigen gefalteten Hände, denen man Kälte und Steifheit ansah, gehörten nicht ihr. Dies war eine fremde, wächserne Puppe, die in dieser Weise aufzubauen und zu feiern etwas Grauenhaftes hatte." (I, 588)

Bei Hannos Tod schließlich bedient sich der Erzähler der medizinischen Krankheitsbeschreibung, in der die symptomatischen Vorgänge der Typhuserkrankung genau protokolliert werden: "Seine schlaffe Hilflosigkeit hat sich bis zum Unreinlichen und Widerwärtigen gesteigert. Auch sind sein Zahnfleisch, seine Zähne und seine Zunge mit einer schwärzlichen Masse bedeckt, die den Atem verpestet. Mit aufgetriebenem Unterleibe liegt er regungslos auf dem Rücken." (I, 752) Immer, wenn es um das konkrete Sterben geht, nicht den Tod als romantische Idee, ist von der verklärenden Todessehnsucht nichts mehr zu spüren. Während die sich vordrängende Körperlichkeit zu Lebzeiten 'gemein' ist, bedeutet sie im Tod das 'Grauen'. Es wird geradezu eine Gleichung zwischen Tod und Körperlichkeit hergestellt. Sie ist später enthalten in dem Satz Hans Castorps: "Und wenn man sich für das Leben interessiert, [...] so interessiert man sich namentlich für den Tod." (III, 371f.) Dieser andere, ungeschönte Todesbegriff ist für das Werk Thomas Manns so wesentlich wie die vielbesprochene Todesseligkeit in der behaglichen Sphäre von "Kreuz, Tod und Gruft" (XII, 146f.). Auch wenn der Autor sich gerne an der "ethische[n] Luft" des Todesgedankens berauschte, das wirkliche Sterben hat er in seinem Werk niemals in der Art des 'Liebestodes' ästhetisiert – ein zu wenig beachteter Umstand, an dem noch die umfangreiche Biographie Klaus Harpprechts vorbeigeht, wenn es dort heißt: "Freund Hein, Verklärung des Schrecklichen, neunzehntes Jahrhundert. Er konnte, er wollte der schrecklichen Realität des Letzten nicht ins Auge sehen."[162] Das Gegenteil ist richtig. Der Blick auf das 'Letzte' ist im Werk Thomas Manns gründlich und unbestechlich, kaum ein anderer Autor hat eine solche Vielzahl von Sterbekapiteln geschrieben, wobei auch dann, wenn sie sich zur großen, zeremoniösen Abschiedsszene gestalten, das grausame Körperdetail nicht ausgespart wird.

Wenn im *Zauberberg* Liebe regelmäßig in den Zusammenhang mit Tod gebracht wird, so ist dieses Eros-Thanatos-Motiv ganz konkret im Sinn der Gleichsetzung von Körperlichkeit und Tod zu verstehen. Deshalb solche auf den ersten Blick merkwürdigen, umständlichen Definitionen wie die, daß Liebe das "rührende, wollüstige Umfangen des zur Verwesung Bestimmten" sei. (III, 832) "Unheimlich" und "ewig zweifelhaft" ist die Sexualität in erster Linie nicht deshalb, weil durch sie eine maßlose dionysische Vitalität zum Ausbruch kommen kann oder in ihr nicht mehr zu bändigende Triebenergien schlummern würden, sondern weil sie 'todverbunden' ist, und das heißt konkret: weil die begehrte Körperlichkeit zugleich mit 'Grauen' konnotiert

---

[162] Klaus Harpprecht: *Thomas Mann. Eine Biographie*, S. 629.

ist. Daß das sexuelle Verlangen jenseits der Dezenz auf das vergängliche Fleisch mit seinem Todesgeruch[163] zielt, macht es nicht geheuer.

Vor Hans Castorps Bewältigung des Körper-Grauens, vor der Sympathie-Erklärung an das 'Organische' findet im *Zauberberg* zunächst dessen gründliche Erforschung statt. Auch Castorp wird um- und angetrieben von der Körper-Irritation. Obwohl er als Abkömmling des hanseatischen Großbürgertums Dezenz der Umgangsformen besitzt, obwohl es von ihm auch ausdrücklich heißt, daß er kein Mann "angeborener Körperfreudigkeit" sei (III, 659), lassen ihn Interesse und Neugier alle Zurückhaltung vergessen. Nichts fasziniert ihn mehr als der menschliche Körper. "Was ist der Körper! [...] Was ist das Fleisch! Was ist der Leib des Menschen! Woraus besteht er! [...] Sagen Sie es uns ein für allemal und genau, damit wir es wissen!" bedrängt er "stürmisch ausbrechend" den Hofrat. (III, 370) Fragen, die so eindringlich sind, daß sie mit einem Ausrufezeichen nach dem anderen versehen werden. Wie sonst nie zeigt Castorp eine geradezu erregte Anteilnahme an den Ausführungen des Hofrats. Während er später bei den Diskussionen und Ermahnungen von Naphta und Settembrini zwar alles 'hörenswert' findet, aber doch nie mehr als ein schweifendes, unverbindliches Interesse aufbringt, steht er hier nicht an, sich sogar in eigener Initiative Literatur zu verschaffen. Er kauft eine Reihe von "wissenschaftlichen Werken" der "Anatomie, Physiologie und Lebenskunde", von denen eigens bemerkt wird, sie seien "teuer gewesen". (III, 381f.) Wenn es heißt, er habe zu ihrer "Materie [...] Lust gefaßt", sind seine Studien schon durch diese Formulierung mit der Frau verbunden, zu der er "Lust gefaßt" hat. An diesem Punkt des Romans ist ja längst deutlich geworden, daß Castorps Leidenschaft für Clawdia Chauchat keine gewöhnliche Liebesgeschichte ist, sondern gleichsam ein auf das Leben und den menschlichen Körper ausgerichtetes Forschungsprojekt.

Ein nahezu systematisches Vorgehen ist zu beobachten. Zunächst das intensive 'Studieren' des Äußeren: Während Krokowskis Vortrag beobachtet Hans Castorp die Hand der vor ihm sitzenden Clawdia: "Es war beklemmend, die Hand so nahe vor Augen zu haben, man mußte sie betrachten, ob man wollte oder nicht, sie studieren in allen Makeln und Menschlichkeiten, die ihr anhafteten, als habe man sie unter dem Vergrößerungsglas. Nein, sie hatte durchaus nichts Aristokratisches, diese zu gedrungene Schulmädchenhand mit den schlecht und recht beschnittenen Nägeln, –

---

[163] "Tja, Leben ist Sterben, da gibt es nicht viel zu beschönigen", erklärt Behrens. "Une destruction organique, wie irgendein Franzos es in seiner angeborenen Leichtfertigkeit mal genannt hat. Es riecht auch danach, das Leben." (III, 371)

man war nicht einmal sicher, ob sie an den äußeren Fingergelenken ganz
sauber war, und die Haut neben den Nägeln war zerbissen, das konnte gar
keinem Zweifel unterliegen." (III, 181) Castorp geht es nicht darum, sich
ein geschöntes Bild von Frau Chauchat zu machen, er betrachtet sie nicht
mit dem Blick des schwärmerisch Illusionierten, sondern 'rücksichtslos' und
'wirklichkeitsgierig', er ist an ihren "Makeln und Menschlichkeiten" interessiert; dies trägt wiederum bei zur 'Vermenschlichung' von Clawdias Porträt.

An Behrens Gemälde – das Gesicht ist "pfuscherhaft" mißraten (III, 358)
– bewundert Castorp nachhaltig den gut getroffenen "Fleischton" von
Clawdias Dekolleté: "man mochte sich einbilden, die Perspiration, den un-
sichtbaren Lebensdunst dieses Fleisches wahrzunehmen, so, als würde man,
wenn man etwa die Lippen daraufdrückte, nicht den Geruch von Farbe und
Firnis, sondern den des menschlichen Körpers verspüren." (III, 360f.) Im
Gespräch mit Behrens ("Humaniora") geht es aber nicht nur um den direkten Anblick des 'Fleisches', sondern vor allem um die Erforschung der sub-
kutanen Schichten, immer mit dem festen Bezug auf das vor den plaudern-
den Männern hängende Clawdia-Bildnis: "Es ist gut und kann nicht schaden", sagt der Hofrat, "wenn man auch unter der Epidermis ein bißchen Bescheid weiß und mitmalen kann, was nicht zu sehen ist [...]. Die Körper-
pelle da hat Wissenschaft, die können sie mit dem Mikroskop auf ihre organische Richtigkeit untersuchen. Da sehen Sie nicht bloß die Schleim- und
Hornschichten der Oberhaut, sondern darunter ist das Lederhautgewebe
gedacht mit seinen Salbendrüsen und Schweißdrüsen und Blutgefäßen und
Wärzchen, – und darunter wieder die Fetthaut, die Polsterung [...]." (III,
361) Clawdia Chauchat – denn alles, was Behrens da erläutert, bezieht
Castorp auf sein 'Studienobjekt' – wird gewissermaßen in ihre organisch-
fleischlichen Bestandteile dekonstruiert: "Bei unsereinem macht das Fett
gewöhnlich bloß den zwanzigsten Teil vom Körpergewicht aus, bei den
Weibern den sechzehnten. [...] Am dicksten und fettesten ist es an der
weiblichen Brust und am Bauch, an den Oberschenkeln, kurz, überall, wo
ein bißchen was los ist für Herz und Hand." (III, 365)

Nach Chauchats erster Abreise bewahrt Castorp in Liebesandacht auf einer "geschnitzten Miniaturstaffelei" (III, 604) jenes Bild von Clawdia, das
auch noch durch den "Schleier" des Fleisches hindurchsieht, ihre Röntgen-
aufnahme: "das Pfand, das diesmal [...] in einem dünn gerahmten Plättchen,
einer Glasplatte bestand, die man gegen das Licht halten mußte, um etwas
an ihr zu finden, – Clawdia's Innenporträt, das ohne Antlitz war, aber das
zarte Gebein ihres Oberkörpers, von den weichen Formen des Fleisches licht
und geisterhaft umgeben, nebst den Organen der Brusthöhle erkennen
ließ... – Wie oft hatte er es betrachtet und an die Lippen gedrückt [...]."

(III, 485) Es ist allerdings eine passende, geradezu sinnbildliche "Erinnerungsgabe" (ebd.) für die der Erforschung des menschlichen Körpers gewidmete Liebesbeziehung und muß nicht als Vehikel einer raffinierten sexuellen Vorliebe gedeutet werden. Holger Rudloff sieht Hans Castorp in einem Versuch, die "Weiblichkeitsbilder" von Thomas Mann und Leopold von Sacher-Masoch zusammenzubringen, als "Bild- und Statuenfetischi⁻sten"[164]: "Castorp ist auf Chauchats Röntgenbild fixiert. [...] Über die Doppelfigur Chauchat/Fetisch kann Castorp die Hippe-Episode relativieren, aber dafür handelt er sich einen anderen Fetisch ein. Dieses Bild steht erneut im Zeichen ehrloser Liebe. [...] Castorp möchte die *lebende* Frau Chauchat lieben, ihre Rolle als Fetisch läßt das jedoch nicht zu."[165] – Demgegenüber läßt sich der Besitz des Röntgen- bzw. Körperbildes gerade als Hinweis darauf verstehen, daß Castorp die *lebende* Frau Chauchat liebt und nicht ein Sehnsuchtsbild, ein Frauenidol. Die Röntgentechnik wird an anderer Stelle, naheliegend, mit dem Tod in Verbindung gebracht: "Und Hans Castorp sah, was [...] dem Menschen zu sehen nicht bestimmt ist [...]: er sah in sein eigenes Grab. Das spätere Geschäft der Verwesung sah er vorweggenommen durch die Kraft des Lichtes, das Fleisch, worin er wandelte, zersetzt, vertilgt, zu nichtigem Nebel gelöst [...]". (III, 306) Wenn Castorp also nach Clawdias Abreise immer wieder ihre "Grabesgestalt" (III, 304) verliebt betrachtet oder gar "an die Lippen" drückt, soll dies wohl weder als praktizierter Fetischismus noch als Nekrophilie noch lediglich als memento mori aufgefaßt werden, es bringt vielmehr die Tod-Körperlichkeit-Gleichung zum Ausdruck, die für Thomas Mann und seine Helden das Bedrohliche und "Zweifelhafte" des Sexus ausmacht. Die Art und Weise allerdings, wie Castorp mit dem Bild umgeht, zeigt die Entkrampfung dieses Komplexes. Sein eigenes Durchleuchtungsbild hatte er noch in der typischen 'metaphysischen' Haltung betrachtet: "ziemlich dumm, schläfrig, und fromm, den Kopf halb offenen Mundes gegen die Schulter geneigt." (III, 306) Daß der Akzent nicht auf Todesromantik oder Fetischismus, sondern auf der Zuwendung zum Leben, der 'Erforschung des Organischen' liegt, macht die gründlichste Beschreibung von Clawdias Röntgenbild deutlich:

ein Täfelchen, das, wenn man es in gleicher Ebene mit dem Erdboden hielt, schwarz-spiegelnd und undurchsichtig schien, aber, gegen das Himmelslicht aufgehoben [!], sich erhellte und humanistische Dinge vorwies: das transparente

---

[164] Holger Rudloff: *Pelzdamen. Weiblichkeitsbilder bei Thomas Mann und Leopold von Sacher-Masoch*, Frankfurt a. M. 1994, S. 95.

[165] Holger Rudloff: *Pelzdamen*, S. 101f.

Bild des Menschenleibes, Rippenwerk, Herzfigur, Zwerchfellbogen und Lungengebläse, dazu das Schlüssel- und Oberarmgebein, umgeben dies alles von blaßdunstiger Hülle, dem Fleische, von dem Hans Castorp in der Faschingswoche vernunftwidrigerweise gekostet hatte. Was Wunder, daß sein bewegliches Herz stockte und stürzte, wenn er das Angebinde betrachtete [...]. (III, 540)

8. Erforschung des Organischen

Vor die 'humanistische' Liebeserfahrung mit Clawdia Chauchat hat der Erzähler die 'Höllenfahrt' ins Organische gesetzt. Der Abschnitt "Forschungen", scheinbar einer jener trockenen, gelehrten Einschübe, in denen die Eigenerfindung gänzlich zugunsten der Paraphrase verabschiedet wird, ist von der Sekundärliteratur wenig beachtet worden. Bevor die Studien Castorps vom Erzähler nachvollzogen werden, ist die Rede von den Lesegewohnheiten der Berghof-Mehrheit. Während Castorp sich in seine biologisch-medizinischen Werke vertieft, wird im Sanatorium ein Buch mit dem Titel "Die Kunst zu verführen" von Hand zu Hand gereicht. Es entwickelt, leicht faßlich und mit "prickelnde[r] Eleganz", die "Philosophie der Leibesliebe und Wollust im Geist eines weltmännisch-lebensfreundlichen Heidentums". (III, 380) Das ist natürlich kein Zufall, auch nicht, daß gerade die 'körperfreudige', während der Mahlzeiten wortreich die Wonnen des Niesens und Frostbeulenkratzens ausmalende Frau Stöhr es "berauschend" findet. (Ebd.) Dieselben Themen, die auch Castorp umtreiben, Körperlichkeit und Sexualität, werden hier in einer ähnlich unproblematischen Sichtweise abgehandelt, wie sie Thomas Mann an den Werken seines Bruders so oberflächlich und ungenießbar fand; das "vollkommen exzeptionelle Phänomen der Liebe" wird in dem umlaufenden Traktat gewiß nicht ins Visier genommen. Castorps Irritation durch das Körperliche dagegen verlangt nicht nach weltmännischen Ratschlägen, sondern nach dem Tiefenblick in die Physiologie. In jedem Fall aber steht das Lesen auf dem Zauberberg ganz im Zeichen des Sexus. Bierbrauer Magnus will "für seine Person bei der Lektüre manches profitiert haben", die Damen der "unteren Liegehalle" gehen in ihrer streitsüchtigen "Begierde nach dem Buchwerk" bis zum "hysterischen Schreikrampf", und die Jugend studiert es "gemeinsam nach dem Souper auf verschiedenen Zimmern". (III, 380f.)

"Was war das Leben?" So lautet die tiefere Frage, die sich für Castorp aus der Körperlichkeit der Liebe ergibt. Die Antworten mischt der Autor vor allem aus zwei wissenschaftlichen Werken jener Art, wie sie, gestützt in die

"Herzgrube" (das zum Zentrum des "Schnee"-Kapitels führende Herzmotiv klingt ein weiteres Mal an), auch Hans Castorp auf seinem Balkon vor Augen hat: dem *Lehrbuch der Physiologie* von Ludimar Hermann und der *Allgemeinen Biologie* von Oscar Hertwig.[166] Eine vehemente Irritation durch Körper, Natur, 'Leben' gibt – unabhängig von den Quellen – den Grundton der Paraphrasen ab. Bereits in der vorausgehenden Landschaftsbeschreibung wird dieses Thema präludiert, das Leben erscheint schmutzig, der Tod von froststarrer Reinheit: "In eisige Reinheit schien die Welt gebannt, ihre natürliche Unsauberkeit zugedeckt und erstarrt im Traum eines phantastischen Todeszaubers." (III, 378)

Die "natürliche Unsauberkeit" wird dann nachdrücklich vorgeführt. Das Leben ist ein "Fieber der Materie", ein "Prozeß unaufhörlicher Zersetzung und Wiederherstellung", "sinnlich bis zur Lust und zum Ekel, die Schamlosigkeit der selbstempfindlich-reizbar gewordenen Materie", "eine wollüstig-verstohlene Unsauberkeit von Nährsaugung und Ausscheidung", "ein exkretorischer Atemhauch von Kohlensäure und üblen Stoffen", "das Wuchern [...] von etwas Gedunsenem aus Wasser, Eiweiß, Salz und Fetten, welches man Fleisch nannte". Auch die 'Schönheit' des Lebens bzw. des Menschen ist getragen von der "auf unbekannte Art zur Wollust erwachten Substanz, der organischen, verwesend-wesenden Materie selbst, dem riechenden Fleische". Das 'Bild des Lebens' erscheint als "der Leib, der Körper, matt weißlich, ausduftend, dampfend, klebrig, die Haut, in aller Unreinigkeit und Makelhaftigkeit ihrer Natur, mit Flecken, Papillen, Gilbungen, Rissen". (III, 384f.)

Irritierend am 'Leben' ist vor allem sein Geruch, seine "Dunstsphäre", das "scharf dünstende Dunkel der Achselhöhle", der "Atemhauch, erwärmt und befeuchtet von den Schleimhäuten des Atmungskanals, mit Ausschei-

---

[166] Hierüber gibt das Tagebuch Auskunft. Am 14.7.1920 notiert Thomas Mann: "Die 'Allgem. Biologie' von Hertwig kam." Die "Physiologie von Herrmann" wird des öfteren erwähnt (z.B. 1.8.1920); Hermann wird von Thomas Mann jedoch fälschlich mit Doppel-r geschrieben und vom Herausgeber mit dem Hausarzt Dr. Leo Hermanns verwechselt. – Daß diese beiden Quellen fast allen naturwissenschaftlichen Paraphrasen zugrundeliegen, ist jetzt von dem Mediziner Christian Virchow nachgewiesen worden; frühere Versuche, Haeckel und Schopenhauer als Hauptquellen auszumachen (vgl. Werner Frizen: *Zaubertrank der Metaphysik. Quellenkritische Überlegungen im Umkreis der Schopenhauer-Rezeption Thomas Manns*, S. 175-193) werden damit, wenn nicht widerlegt, so doch deutlich relativiert. – Das *Lehrbuch der Physiologie* von Ludimar Hermann erschien in der 14. und letzten Auflage 1910 (erstmals als *Grundriß der Physiologie* 1863), die Allgemeine Biologie von Oscar Hertwig benutzte Thomas Mann in der 5. Auflage 1920. – Vgl. Christian Virchow: *Medizin und Biologie in Thomas Manns Roman "Der Zauberberg" – Über physiologische und biologische Quellen des Autors*, in: Th. Sprecher (Hrsg.): *Das "Zauberberg"-Symposium 1994 in Davos*, S. 117-172.

dungsstoffen gesättigt". (III, 386)[167] Selbst in die scheinbar neutrale Schilderung anatomischer Details drängt sich ein Affekt des Lebensekels, wenn die Rede ist von "fettmarkgefüllten Röhrenknochen", von dem von "Lymphe durchsickerten Körperbau", den "schlüpfrig geschmierten Höhlen" und "absonderungsreichen Drüsen". (III, 386) Gipfel der organischen Zumutung ist die "Fratze und Farce des Geschlechtlichen" (III, 388): "Es gab Tiere, bei denen das Männchen im Darm des Weibchens schmarotzte. Es gab andere, bei denen der Arm des Erzeugers der Erzeugerin durch den Rachenschlund ins Innere griff, um seine Sämereien dort niederzulegen, worauf er, abgebissen und ausgespien, allein auf seinen Fingern davonlief, zur Betörung der Wissenschaft, die ihn lange auf Griechisch-Latein als selbständiges Lebewesen ansprechen zu müssen geglaubt hatte." (III, 388f.) Christian Virchow hat bei der Darlegung der medizinischen Quellen des Kapitels die auffallenden 'Dramatisierungen' hervorgehoben, denen die Quellentexte in Thomas Manns Paraphrasierungen unterliegen.[168] – Irritierend auch der Beginn des tierischen und menschlichen Lebens: Er "sah die Zellenleiber zur Schleimhautlamelle sich zusammenschmiegen, [...] das Geschäft der Nahrungsaufnahme und Verdauung begann. Das war die Darmlarve, das Urtier, [...] Grundform alles tierischen Lebens, Grundform der fleischgetragenen Schönheit." (III, 389) Der menschliche Embryo sieht dementsprechend aus: "geschwänzt, von dem des Schweines durch nichts zu unterscheiden, mit ungeheurem Bauchstiel und stummelhaft formlosen Extremitäten, die Gesichtslarve auf den geblähten Wanst gebeugt". (III, 389f; Virchow weist, beinahe überflüssig, darauf hin, daß es zu dieser Textstelle keine Quellenpassage gebe.) In der Krankheit gerät das körperliche Geschehen zum zellulären Gruseldrama: "Hirsekorngroße Knötchen bildeten sich, zusammengesetzt aus schleimhautgewebeartigen Zellen, zwischen denen oder in denen die Bazillen nisteten und von welchen einige außerordentlich reich an Protoplasma, riesengroß und von vielen Kernen erfüllt waren. Diese Lustbarkeit aber führte gar bald zum Ruin, denn nun begannen die Kerne der Monstrezellen zu schrumpfen und zu zerfallen [...]." (III, 397) "Grauenhaft" ist insbesondere, daß der Körper eigenständig seinen "muntere[n] Betrieb" (III, 103) entfaltet, ohne sich um die Souveränität des 'Ich' zu scheren. "Es ist unheimlich und quälend", sagt Hans Castorp, "wenn der Körper auf eigene Hand und ohne Zusammenhang mit der Seele lebt

---

[167] Diese Identifizierung von Leben und 'unsauberem' Atem ist aus dem Frühwerk vertraut: In der zentralen Entwürdigungsszene des Romans *Königliche Hoheit* bemächtigt sich das erhitzte 'Leben' "immer derber und atemnäher" Klaus Heinrichs. (II, 102f.)

[168] Christian Virchow: *Medizin und Biologie in Thomas Manns Roman "Der Zauberberg"*, S. 145ff.

[...]." (III, 103) Das erzeugt vor allem in den 'zynischen' Bemerkungen des Hofrats groteske Wirkungen; über den Verwesungsprozeß spricht er scherzhaft wie über ein personal zu erfassendes Mißgeschick: "Vor allen Dingen platzt Ihnen der Bauch, [...] – der reine Ballon sind sie schließlich, und dann hält Ihre Bauchdecke die Hochspannung nicht mehr aus und platzt. Pardauz, Sie erleichtern sich merklich, Sie machen es wie Judas Ischariot, als er vom Aste fiel, Sie schütten sich aus. Tja, und danach sind Sie eigentlich wieder gesellschaftsfähig. [...] Es kommt nur darauf an, ausgestunken zu haben." (III, 606) Das Unheimliche und Quälende des eigenständigen, übermächtigen Körperlebens bringt Thomas Mann später treffend in einem Brief an Agnes E. Meyer zum Ausdruck: "So sind wir armen Wesen abhängig von kleinen Veränderungen in unserer Körper-Chemie. Ändern sie die Funktion von ein paar Drüsen in einem Menschen, die 'innere Sekretion', und Sie stellen seine ganze Persönlichkeit auf den Kopf. Es hat etwas Beschämendes und Empörendes." (Br II, 200)

Wem sich Schrecken und Scham des Organischen zu solchen Dimensionen steigern, für den muß freilich jede Körperlichkeit, nicht nur in Zusammenhang mit Krankheit und Tod, sondern auch in der Liebe oder einfach nur beim indezenten Schmatzen eines Hagenström-Menschen, nicht ganz geheuer sein. Der 'Erkenntnisekel' des Frühwerks erscheint in dieser Perspektive als anspruchsvolleres Wort für 'Lebensekel' bzw. 'Menschen-ekel', der im Werk philosophisch gewappnet und durch Komik gebrochen, in den Tagebüchern ungeschützt auftritt. Wo sich die körperliche Nähe von Menschen nicht vermeiden läßt, etwa auf Zugreisen, verzeichnet Thomas Mann Widerwillen: "Abscheuliche Reise in überfülltem Zuge gestern mit schlechtem, weit entfernten Speisewagen, zu dem man sich durch unendliches, die Gänge füllendes Volk durchzukämpfen hatte. [...] Wie ich hasse, mich zwischen Menschen herumdrücken zu müssen, ist nicht zu sagen. Erschöpft, wütend und angewidert." (3.8.1952) "Während der ersten Hälfte des Tages war ich mit einem jüdischem Ehepaar allein, dessen weibliche Hälfte wohl das Abscheulichste an Weib darstellte, was mir erdenklich, fett und kurzbeinig bis zum Erbrechen, krummnasig mit bleichem, sinnlich-melancholischem Gesicht, penetrant parfümiert. Ihr chinesisches Hündchen haarte stark. [...] Die Juden aßen beständig, [...] nahmen von allem, was angeboten wurde, trotz fetter Vorräte. Sinnlich." (13.7.1919) Vor allem die durch das 'Mysterium' der Geburt als naturnäher empfundenen Frauen[169],

---

[169] So schreibt Thomas Mann z.B. in seinem Essay über Theodor Storm (1930): "Schon die Frau stirbt ideell leichter als der Mann, denn sie ist mehr Natur als er und weniger Individuum." (IX, 266)

gar noch mit kurzbeiniger, schwerer Figur, treffen solche Affekte. Der Reiz des Kapitels "Forschungen" besteht nicht nur darin, daß auf diesen Seiten der Autor den 'Lebens'-Abscheu unvermittelter zum Ausdruck bringt als irgendwo sonst in seinem Werk, es bietet in konzentrierter Form auch die verschiedenen Strategien, sich mit dem 'Ungeheuerlichen' zu arrangieren oder gar in 'Sympathie' zu versöhnen: Metaphysik, einen emphatischen Formbegriff, Liebe.

1. *Metaphysik.* – Schon wiederkehrende Attribute wie "unrein" (III, 382) oder "unzüchtig" (III, 398) deuten an, daß das Leben gleichsam als moralischer Fehltritt gesehen werden kann. Wenn die Existenz des Geistes vor aller Naturgeschichte angesetzt wird, erscheint es, vom ersten Protoplasma über das "Urtier" bis zum selbstbewußten Menschen, als "Abenteuerpfad des unehrbar gewordenen Geistes". (III, 398) Gefordert ist dann die Ergänzung der Naturwissenschaften durch eine "Chemie des Immateriellen" (III, 395), welche die Enstehung des organischen Lebens als "Reizwucherung des Immateriellen", als "Dichtigkeitszunahme des Geistigen" und "pathologisch üppige Wucherung seines Gewebes", kurz: als "Sündenfall" des Geistes beschreibt. (III, 398) Die Höllenfahrts-Philosophie des Josephsromans wird, mit etwas veränderten Akzenten, diesen Versuch unternehmen. – Das organische Leben erhält so moralische Bedeutung, allerdings vorerst nur die negative der sündigen Versuchung. Die Parallelen zum Objektivations-Gedanken Schopenhauers liegen auf der Hand. Ebenso die Unterschiede: es ist ja der in der Begrifflichkeit Thomas Manns dem Leben entgegengesetzte Geist, der sich in entfremdeter Form objektiviert, nicht ein mit dem Leben unter den Bedingungen von Raum und Zeit identischer 'blinder' Wille. Moralische Aufgabe des Geistes wäre es in jedem Fall, das Stadium der Versuchung zu überwinden, mit einer Formulierung des *Joseph*: "Vernichter und Totengräber der Welt" zu sein (IV, 43). Mit diesen metaphysischen Auffassungen bringt sich der Erzähler von Hans Castorps "Forschungen" allerdings in ein Dilemma. Während er Naturwissenschaftliches 'abschreibt', muß er gleichzeitig den Erkenntnisanspruch der Naturwissenschaften, daß jedes Phänomen, auch wenn es zunächst noch so unbegreiflich erscheint, am Ende einer rationalen Erklärung zugänglich sei, zurückweisen. Fortwährend muß er beteuern: "Als ob nicht die Naturwissenschaft selbst an einem Punkt hielte, wo ihre Begegnung mit der Metaphysik unvermeidlich wird." (X, 139) Bis ins skurrile Detail zählt er auf, was alles erwiesenermaßen zum 'Unerforschlichen' gehöre:

Man wußte von dem Aufbau, der Zusammensetzung der Lebenseinheit, die man 'Zelle' nannte, fast nichts. [...] Niemand verstand den Stoffwechsel, niemand das Wesen der Nervenfunktion. Welchen Eigenschaften verdankten die schmeckenden

Körper ihren Geschmack? Worin bestand die verschiedenartige Erregung gewisser Sinnesnerven durch die Riechstoffe? Worin die Riechbarkeit überhaupt? [...] Die Zusammensetzung des Sekrets, das man Schweiß nannte, war wenig geklärt. [...] Die physiologische Bedeutung offenbar wichtiger Teile des Körpers war in Dunkel gehüllt. Man konnte den Blinddarm beiseite lassen, der ein Mysterium war [...]. Die Hirn- und Rückenmarkssubstanz war dermaßen zersetzlich, daß keine Hoffnung bestand, je ihren Aufbau zu ergründen. [...] Was hinderte die Selbstverdauung des Magens, die sich bei Leichen in der Tat zuweilen ereignete? Man antwortete: das Leben [...] und tat, als bemerke man nicht, daß das eine mystische Erklärung war. [...] Aber was bedeutete all dieses Unwissen im Vergleich mit der Ratlosigkeit, in der man vor Erscheinungen wie der des Gedächtnisses oder jenes weiteren und erstaunlicheren Gedächtnisses stand, das die Vererbung erworbener Eigenschaften hieß? (III, 391ff.)

Der Lamarckismus mit seiner Annahme der Vererbung erworbener Eigenschaften war schon zu Zeiten des *Zauberberg* überholt; es war bekannt, daß der Magenschleim durch Bindung der Salzsäure die Selbstverdauung verhindert, und auch der Blinddarm war sicherlich kein "Mysterium". Aber bei dieser Aufzählung ist nicht das Entscheidende, was man damals tatsächlich nicht oder doch schon wußte, was man heute besser weiß oder immer noch nicht, sondern das Insistieren auf einer prinzipiellen Unerklärbarkeit: "Die Unmöglichkeit, auch nur die Ahnung einer mechanischen Erklärbarkeit solcher Leistungen der Zellsubstanz zu fassen, war vollkommen." (III, 393) Denn: "Die Mehrzahl der biochemischen Vorgänge war nicht nur unbekannt, sondern es lag in ihrer Natur, sich der Einsicht zu entziehen." (III, 391) Natur könne "in Erkenntnis nicht aufgehen, Leben im Letzten sich nicht belauschen". (III, 383) Auch die Bemühung der Naturwissenschaften, die Abgründe des Unerklärbaren durch eine 'mechanische' Theorie der Lebensentstehung zu überbrücken, sei kläglich gescheitert: "Das Ende des Jubels, mit dem man den Urschleim aus den äußersten Tiefen des Meeres gefischt hatte, war Beschämung[170] gewesen. Es zeigte sich, daß man Gipsniederschläge für Protoplasma gehalten." (III, 384)
  Daß Thomas Mann in diesen Passagen das 'Unwissen' der Naturwissenschaften bewußt betont bzw. übertreibt, um Platz für die Metaphysik zu schaffen, wird an der Quellenverwendung deutlich. Während er für seine

---

[170] Möglicherweise handelt es sich bei dieser Stelle um eine Schopenhauer-Anspielung bzw. eine Lektüre-Erinnerung an die *Welt als Wille und Vorstellung*. Schopenhauer schreibt, "daß nie ein Chemisches auf ein Mechanisches noch ein Organisches auf ein Chemisches oder Elektrisches zurückgeführt werden kann. Die aber, welche heutzutage diesen alten Irrweg von neuem einschlagen, werden ihn bald wie alle ihre Vorgänger still und beschämt zurückschleichen." – W I, 65.

Ausführungen sonst überwiegend das "modern-zeitgenössische"[171] Biologie-
buch Hertwigs benutzt, stützt er sich hier fast ausschließlich auf das alte
Physiologiebuch Ludimar Hermanns, das in seiner ersten Fassung auf das
Jahr 1863 zurückgeht. Über diese Quelle schreibt Virchow: "Sein [Her-
manns] Lehrbuch widerspiegelt seine Erfahrungen und seinen kritischen
Sinn; er produziert nicht nur Erkenntnisse, er verbirgt auch nicht sein
Unwissen – im Gegenteil: er offenbart es. Es ist ein altes, tradiertes, vielfach
umgearbeitetes und erweitertes Lehrbuch und heute in vielen Aussagen er-
gänzungsbedürftig."[172] Thomas Mann zitiert hier nicht nur gezielt einen bereits zu seiner Zeit veralteten Wissensstand, er 'dramatisiert' ihn wiederum
erheblich und gibt ihm darüber hinaus eine fatalistische Wendung, als wäre
jedes Weiterforschen vorab aussichtslos. So heißt es etwa bei Hermann
sachlich: "Vorstehendes sind die Bestandteile des toten Muskels. Der lebende läßt sich nicht chemisch untersuchen, weil jede Verarbeitung, schon
die Zerkleinerung, durch Reizung und Totenstarre Veränderungen mit sich
bringt."[173] Thomas Mann macht daraus: "Was half es, die Bestandteile des
toten Muskels aufzuweisen? Der Lebende ließ sich chemisch nicht untersuchen; schon jene Veränderungen, die die Totenstarre hervorrief, genügten,
um alles Experimentieren nichtssagend zu machen." (III, 150) Aus: "sehr
dunkel ist die Mechanik des Blinddarms"[174] wird: "Der Blinddarm war ein
Mysterium." (III, 392) Wo in den Lehrbüchern offen ein vorläufiges Unwissen eingestanden wird ('noch ist ungeklärt...'), entsteht bei Thomas Mann
der Eindruck von verzweifelter Ratlosigkeit und Ausflucht zu uneingestan-
den mystischen Erklärungen ("das Leben"), im Bemühen der Naturwissen-
schaftler, nicht "vor einem Wunder haltmachen zu müssen" (III, 384), der
Metaphysik zu entgehen.

Hinsichtlich seines Geist-Verständnisses ist Thomas Mann sicherlich
kein linientreuer Schopenhauerianer. Schopenhauers Auffassung vom se-
kundären Charakter des Geistes als 'Diener' des Willens ist für Thomas
Mann vor allem durch die psychologischen Konsequenzen wichtig; abgesehen davon bewahrt er sich jedoch auch einen 'idealistischen' Geistbegriff,
den er immer dann zur Geltung bringt, wenn er die Abwehr materialistischer, fatalistisch-pessimistischer (Spengler) oder biologistischer Theorien für
notwendig hält. Für Schopenhauer sind Geist und Gehirn in 'objektiver'
Betrachtungsweise, die eine unverzichtbare Ergänzung des transzendental-

---

171 Christian Virchow: *Medizin und Biologie...*, S. 134.

172 Christian Virchow: *Medizin und Biologie...*, S. 124.

173 Christian Virchow: *Medizin und Biologie...*, S. 150.

174 Christian Virchow: *Medizin und Biologie...*, S. 151.

philosophischen Ansatzes bildet, ein Produkt der Vorstellungswelt, d.h. grundsätzlich materiell erklärbar: "Es ist ebenso wahr, daß das Erkennende ein Produkt der Materie sei, als daß die Materie eine bloße Vorstellung des Erkennenden sei: aber es ist auch ebenso einseitig. [...] Darum eben muß der Behauptung, daß ich eine bloße Modifikation der Materie sei, gegenüber diese geltend gemacht werden, daß alle Materie bloß in meiner Vorstellung existiere: und sie hat nicht minder recht."[175] Diesen widersprechenden, aber gleichberechtigten Ansichten, als "*Antinomie* in unserm Erkenntnisvermögen"[176] bezeichnet, versucht Schopenhauer durch den systematischen Wechsel seiner Betrachtungsweise[177] gerecht zu werden; mit ihm gelangt er über die Einseitigkeit idealistisch-transzendentalphilosophischer oder materialistischer Theorien hinaus. Der transzendentalphilosophische bzw. epistemologische Idealismus spielt für Thomas Mann, wie im zweiten Teil dieser Arbeit dargelegt, kaum eine Rolle, rein materialistische Erklärungsansätze hat er dagegen entschieden abgelehnt, wie das Kapitel "Forschungen" zeigt. Wer die Materie und das organische Leben als "Sündenfall des Geistes" verstehen will, huldigt vielmehr einem *ontologischen* Idealismus. Der *Zauberberg* entspricht damit der für die 'Wandlungsphase' kennzeichnenden Aufgeschlossenheit Thomas Manns gegenüber einem neuidealistischen Denken, das in Frontstellung sowohl zum Materialismus der Naturwissenschaften wie auch zum Anti-Idealismus Schopenhauers steht.[178] Darüber hinaus las-

---

[175] Arthur Schopenhauer: W II, 23f.

[176] Arthur Schopenhauer: W I, 66.

[177] Volker Spierling hat die wechselnde Perspektivik Schopenhauers etwas unglücklich "kopernikanische Drehwende" genannt; vgl. zu diesem Thema seinen Aufsatz: *Die Drehwende der Moderne. Schopenhauer zwischen Skeptizismus und Dogmatismus*, in: *Materialien zu Schopenhauers "Die Welt als Wille und Vorstellung"*, hrsg. v. Volker Spierling, Frankfurt a. M. 1984, S. 14-83.

[178] Prägend ist hier Alfred Baeumlers Essay *Metaphysik und Geschichte*, von dem im ersten Teil dieser Arbeit schon die Rede war. – Auch bei den Vorstudien zum Josephsroman spielt eine 'idealistische' Korrektur der Evolutionstheorie eine Rolle: Edgar Daqués *Urwelt, Sage, Menschheit*, erschienen 1924, von Thomas Mann noch 1931 einem aktuellen, Wissenschaft und Spekulation mischenden "Buchtyp" zugerechnet, "mit dem an Interesse zu wetteifern der Roman, die komponierte Fiktion, allergrößte Mühe hat". (*Ur und die Sintflut*; X, 749f.) – Manfred Dierks Zusammenfassung der Daquéschen Ideen macht deutlich, wie gelegen das Buch Thomas Mann für die 'antimaterialistische' Darstellung 'urweltlicher' Entwicklungen im "Höllenfahrt"-Vorspiel kam. Daqué biete zugleich "Ideenmetaphysik und Entwicklungsdenken", es "gibt nichts weniger als eine Menschheitsgeschichte, in der Transzendenz, Schöpfung und Apotheose, wieder ihren Platz haben [...]." (M. D.: *Studien zu Mythos und Psychologie*, S. 62f.) Die Parallele zu den "Forschungen" des *Zauberberg* ist offensichtlich: "Hier wird die Absicht völlig deutlich, mit wissenschaftlichen Mitteln die historische Menschheitsentwicklung bis an eine ferne Zeitmauer zu drängen, hinter der die Metaphysik wartet." (Ebd., S. 64) – Der brisante "Buchtyp" setzte jedoch schnell Patina an. Später, etwa im *Felix Krull*, hatte Thomas Mann weniger Probleme mit der Evolutionstheorie; über Daqués

sen sich Verbindungslinien zur Frühwerks-Problematik des 'Erkenntnis-ekels' ziehen, hinter der nicht zuletzt eine idealistische Kränkung wirksam ist, wie auch zum späteren 'idealistischen' Geschichtskonzept der Gottes-sorge und Gottesklugheit, also der 'hegelianischen Spur' in Thomas Manns Denken. [Vgl. Kap. I. 3. b)] Sein korrektiver Idealismus ist ein Hauptmotiv dafür, daß er nie die modische Geistfeindschaft vieler Nietzsche-Nachfolger mitmachte; die "Ideenverhöhnung der Zeit" war ihm "in tiefster Seele zuwider". (XI, 425) Auch die von Schopenhauer und Nietzsche vorgenom-mene Unterordnung des Geistes unter den 'Willen' bzw. das 'Leben' verstand er nicht als absolute Wahrheit, sondern als "Korrektur rationali-stischer Saturiertheit", in einer "philosophischen Augenblickssituation" des 19. Jahrhunderts begründet und im 20. dringend der "Gegen-Korrektur" bedürftig. (*Nietzsches Philosophie im Lichte unserer Erfahrung*; IX, 696) Hubert Bruntträger macht auf eine von Thomas Mann angestrichene Passage in Alfred Baeumlers Nietzsche-Buch aufmerksam, die sich auf das von Nietzsche 'irrtümlich' behauptete Rangverhältnis von Intellekt und Leben bezieht. Ungeachtet aller Differenzen und Attacken hat Thomas Mann diese Sätze Baeumlers – neben anderen – noch für seinen späten Nietzsche-Essay übernommen: "Dieser Irrtum ist die Quelle seines Biologismus, d.h. der Tendenz, alles, einschließlich des Bewußtseins auf Lebensvorgänge zurück-zuführen. Das Bewußtsein ist jedoch nicht als eine Funktion des Lebens zu verstehen, *es ist von anderer Art als das Leben*."[179] (Hervorh. d. Verf.)

In der "Höllenfahrt" des Josephsromans und vor allem dann den 'natur-wissenschaftlichen' Passagen des *Felix Krull* tritt der Geist-Idealismus in einer modifizierten, zurückgenommeneren Variante auf: Der 'Geist' ist jetzt nicht das ontologische Grundprinzip, sondern das 'Hinzukommende'; die Vorbehalte gegen rein materialistische Erklärungen bleiben bestehen, auch wenn Thomas Mann der Evolutionstheorie jetzt mit weniger Widerstand begegnet als zur Zeit der neuidealistischen Spekulationen der zwanziger Jahre. Der Platz für das freilich nicht exakt zu definierende, nicht beim Namen zu nennende, auf jeden Fall aber nicht-materielle Geist-Prinzip, der im Kapitel "Forschungen" nur mit Anstrengung freigehalten wurde, wird

---

Spekulationen urteilt er im *Faustus* abschätzig: Bei der Lehre der Daqué nachgebildeten Figur des Dr. Unruhe handele es sich um einen "sublimierten Darwinismus", in dem "alles wahr und wirklich wurde, woran im Ernst zu glauben eine entwickelte Menschheit längst aufgehört hatte". (VI, 482) Gegenüber einem ob dieser "Anspielung" verletzten Bekannten Daqués, Emil Preetorius, ist Thomas Mann allerdings wieder zu einer gemäßigten Verteidi-gung des Altertumsgelehrten bereit. (Vgl. Brief v. 24.4.1948; Br III, 31.)

[179] Alfred Baeumler: *Nietzsche, der Philosoph und Politiker*, Leipzig 1931, S. 28. – Dazu Hu-bert Bruntträger: *Der Ironiker und der Ideologe*, S. 168.

von Professor Kuckuck in einem lässigen Handstreich erobert: "Aus dem Tierischen sei durch Abstammung, *wie man sage, in Wirklichkeit durch ein Hinzukommendes*, das so wenig beim Namen zu nennen sei wie das Wesen des Lebens, wie der Ursprung des Seins, der Mensch hervorgegangen." (VII, 546; Hervorh. d. Verf.)

2. *Form.* – Die elementare Substanz des Lebens ist 'unappetitlich': Schleim, Knorpel, Gallert, Fett, Eiweiß, Schwefel etc., die Vorstellung der Entstehung des Lebens aus strukturlosem Urschleim erscheint als Zumutung. Wird sie dagegen als 'Objektivation', also gewissermaßen aus einem Vorab-Entschluß zur Form gedeutet, erscheint das Material des Lebens gegenüber dem wesentlichen Formwillen als sekundär: "Leben beruhte auf Organisation." (III, 394) Nur durch die sich "zwischen Aufbau und Zersetzung in sonderbarer Seinsschwebe" erhaltende Form (III, 384), die "organische Einordnung" und "Sonderzweckgestaltung", ist der Leib, diese "ungeheure Vielheit atmender und sich ernährender Individuen", zu Lebzeiten überhaupt mehr als ein wimmelnder Verwesungshaufen. (III, 387)

Das 'geheimnisvolle' Form- und Organisationsprinzip entziehe sich allen reduktionistischen Erklärungsversuchen: "Solange von Lebenseinheiten die Rede war, konnte nur fälschlich von Elementareinheiten die Rede sein, denn der Begriff der Einheit umschloß ad infinitum den Mitbegriff der untergeordnet-aufbauenden Einheit, und elementares Leben, also etwas, was schon Leben, aber noch elementar war, gab es nicht." (III, 394) Wird hier der Naturwissenschaft wiederum die Grenze gewiesen, so greift der Erzähler doch gerne ihre Theorien auf, wenn sie geeignet sind, seinen übergeordneten, essentiellen Formbegriff zu bestätigen. Er definiert das Leben nach dem Modell der Homöostase als "Wärmeprodukt formerhaltender Bestandslosigkeit" (III, 384); im ständigen Stoffwechsel werden organische Struktur und Körperfunktionen durch physiologische Regelungsprozesse konstant gehalten, oder, mit den Worten des Hofrats: "Leben ist, daß im Wechsel der Materie die Form erhalten bleibt." (III, 372) Auch der sonst illusionslose Behrens besteht hier auf dem übergeordneten Formbegriff. Castorps lapidare Provokation: "Wozu die Form erhalten", wird von ihm zurückgewiesen: "Wozu? Hören Sie mal, das ist aber kein bißchen humanistisch, was Sie da sagen." (Ebd.)

Form, Ordnung, Organisation sind die bändigenden Leitbegriffe von Castorps "Forschungen". Wo andere Maßstäbe verlorengehen, erhalten sie eine ethische Valenz. Diese Aufladung des Formbegriffs, wobei Form als lebensfreundliche Mitte zwischen Unform und Überform definiert wird, formuliert Thomas Mann noch einmal pointiert in einer vom *Zauberberg* angeregten Sentenz, die er Mitte der zwanziger Jahre, in leichten Variationen, zu verschiedenen öffentlichen Anlässen verwendet. So heißt es z.B. in der *Tischrede im Wiener PEN-Club* vom 11.6.1925: "Form [...] ist etwas Lebens-gesegnet-Mittleres zwischen Tod und Tod: zwischen dem Tode als Unform und dem Tode als Überform, zwischen Auflösung also und Erstarrung, zwischen Wildheit und Erstorbenheit, sie ist das Maß, sie ist der Wert, sie ist die Liebe."[180] (XI, 371) Der Formbegriff bezieht seine Emphase aber unvermeidlich auch aus der künstlerischen Sphäre. Wenn sich für Castorp die Abstraktionen des Gelesenen zum "Bild des Lebens" konkretisieren, geschieht fast unvermittelt der Übergang von der Biologie zur Kunstgeschichte, vom 'dampfenden' Leib zur David-Statue des Michelangelo mit ihrer wohlproportionierten Körpersymmetrie:

Es schwebte ihm vor, [...] der Leib, der Körper, matt weißlich, ausduftend, dampfend, klebrig, die Haut, in aller Unreinigkeit und Makelhaftigkeit ihrer Natur [...]. Es lehnte, abgesondert von der Kälte des Unbelebten, in seiner Dunstsphäre, lässig, das Haupt gekränzt mit etwas Kühlem, Hornigen, Pigmentierten, das ein Produkt seiner Haut war, die Hände im Nacken verschränkt, und blickte unter gesenkten Lidern hervor [...] dem Anschauenden entgegen, gestützt auf das eine Bein, so daß der tragende Hüftknochen in seinem Fleische stark hervortrat, während das Knie des schlaffen Beins, leicht abgebogen, bei auf die Zehen gestelltem Fuß sich gegen die Innenseite des Belasteten schmiegte. Es stand so, lächelnd gedreht, in seiner Anmut lehnend, [...] in der paarigen Symmetrie seines Gliederbaus, seiner Leibesmale. (III, 385f.)

Der "Sündenfall" wird so relativiert, ja umgewertet. Mag das Material des Lebens auch "unrein" sein, das gestaltende Formprinzip ist sittlich oder sogar "heilig", wie aus der Formulierung vom "heilig-unreinen Geheimnis" (III, 382) des Lebens hervorgeht. Nicht erst in der einleitenden Metaphysik der Josephstetralogie arbeitet der 'kritische' Geist seinem Ruf entgegen, das "auf Zerstörung der Formen ausgehende Prinzip zu sein", indem er schließlich "zugunsten des Lebens und der Formen" spricht. (IV, 44) Es ist, seit dem *Tonio Kröger*, eine anti-schopenhauerische Konstante im Werk Thomas Manns, eine zunächst freilich nur gedankliche Korrektur. Der Künstler, der das Formprinzip in seinem Werk als moralische Verpflichtung begreift, kann die philosophische Abwertung und Verdammung des Individuationsprinzips als eines "erzsündigen, erztörichten Willensaktes" und "Ur-Irrtum[s]" (IX, 543) nicht mitvollziehen, dafür ist es seinen eigenen 'Willens-anstrengungen' allzu verwandt. Schon Tonio Kröger spricht das mit dem ihm eigenen Pathos aus: "Ich schaue in eine ungeborene und schemenhafte

---

[180] Ursprünglich geschrieben als Glückwunsch zum 50. Geburtstag von Hugo von Hofmannsthal. Vgl. Thomas Mann: *Briefwechsel mit Autoren*, S. 209.

Welt hinein, die geordnet und gebildet sein will, ich sehe ein Gewimmel von Schatten menschlicher Gestalten, die mir winken, daß ich sie banne und erlöse." (VIII, 358) Nicht der Aufhebung aller Formen, sondern, ganz im Gegenteil, der konturierten Ausprägung des Undeutlichen, Ungeordneten durch das Formprinzip wird hier erlösende Macht zugesprochen. Auch in einer biologischen Phantasie des Essays *Süßer Schlaf* werden die Entstehung des Lebens und die Enstehung des Werkes, der metaphysische und der künstlerische "Entschluß zur Form" parallelisiert. Schopenhauerisches wird übernommen, aber sogleich mit der ihm ursprünglich nicht zukommenden formfreundlichen Wertung versehen:

Unser Kopf, denke dir, ist nicht auf einmal rund und fertig, so daß er als Ganzes dann nur noch zu wachsen brauchte: Das Antlitz ist anfänglich vorne offen, es wächst von beiden Seiten allmählich nach der Mitte zusammen, es schließt sich langsam und sicher zusammen zu diesem unserem symmetrischen, schauenden, wollenden, individuell-konzentrierten Ich-Gesicht... sieh, und dieses Sichzusammenschließen, Sichabschließen, Sich-zur-entschiedenen-Gestalt-Herausbilden aus der Welt der Möglichkeiten, diese Vorstellung ist es, die mich zuweilen ahnend verstehen läßt, was sich hier eigentlich hinter der Erscheinung vollzieht. Mir ist dann, als sei alles individuelle Dasein als Folge zu begreifen eines übersinnlichen Willensaktes und Entschlusses zur Konzentration, zur Begrenzung und Gestaltung, zur Sammlung aus dem Nichts, zur Absage an die Freiheit, die Unendlichkeit, an das Schlummern und Weben in raum- und zeitloser Nacht, – eines sittlichen Entschlusses zum Sein und zum Leiden. [...]
Die Moral des Künstlers ist Sammlung, sie ist die Kraft zur egoistischen Konzentration, der Entschluß zur Form, Gestalt, Begrenzung, Körperlichkeit, zur Absage an die Freiheit, die Unendlichkeit, an das Schlummern und Weben im unbegrenzten Reich der Empfindung, – sie ist mit einem Wort der Wille zum Werk. (XI, 337f.)

Der 'Entschluß' zur Objektivation geschieht nicht aus blinder "metaphysische[r] Lust" (IX, 540), er wird als ethische Anstrengung begriffen.[181] Sogar der Egoismus erhält seine Rechtfertigung als Leistung der "Konzentration". Der "Sündenfall" entzieht sich so der eindeutigen (schopenhauerischen) Bewertung; darüber hinaus ist Leben als 'Abenteuer des Geistes' eine Bewährungsprobe, gegen welche die bewahrte Reinheit des "Nichts" als das "absolut Uninteressante" erscheint (vgl. X, 382).

---

[181] Werner Frizen bemerkt zu dieser Passage: "Das metaphysische Erklärungsschema bleibt in Gültigkeit, aber ohne daß dessen moralische Konsequenz akzeptiert würde. Schlichtweg wird das Unsittliche zum Sittlichen umgewertet." (*Zaubertrank der Metaphysik*, S. 180.) Macht es aber nicht doch einen auch das metaphysische Schema berührenden Unterschied aus, ob sich ein gänzlich 'blinder' Wille oder ein dem 'Geist' nahverwandter Formwille objektiviert?

3. *Liebe.* – Am Ende des Kapitels steht die enthusiastische Bejahung der "fleischgetragenen Schönheit". Die 'kathartische' Lösung der Negativität ist natürlich durch die Liebe zu Clawdia Chauchat motiviert. Heißt das, daß Castorps Urteil jetzt, mit einem Schopenhauer-Wort[182] des Hofrats, als "bestochen" (III, 371) gelten muß? Dies träfe nur dann zu, wenn Thomas Mann bei den Wertungen Schopenhauers stehenbliebe. Der melancholische Zynismus des Mediziners erscheint in der Perspektiven-Vielfalt des Romans jedoch nicht weniger tendenziös als die eifersüchtigen Warnungen Settembrinis. Um 'Bestechung' bzw. 'Verblendung' kann es sich schon deshalb nicht handeln, weil Castorp den kritischen Blick auf Leben, Körper, vergängliches Fleisch soeben mit mikroskopischer Gründlichkeit absolviert hat. Die Liebe, die den Antrieb sowohl zu den "Forschungen" wie auch zum bejahenden Aufschwung an deren Ende gibt, läßt sich weder mit einer schopenhauerischen Willensirratio noch mit dionysischer Entgrenzung zureichend bestimmen; diese vom *Tod in Venedig* übernommenen Komplexe bilden eher den begleitend rumpelnden Kulissendonner der "Zauberberg-Kur".[183] Der 'dionysische Tiger' aus dem *Tod in Venedig* kehrt, lebensfreundlicher, als "Kätzchen" wieder. (III, 759) Vor allem hier entwickelt sich der *Zauberberg* gegenläufig zur ursprünglichen Konzeption, in der Liebe nur als auflösendes, zum Triumph der Unordnung über die Ordnung beitragendes Ferment vorgesehen war. Liebe erscheint – erstmals in breiter erzählerischer Entfaltung – vor allem als positive Lebensmacht; als unmittelbare "Sympathie mit dem Organischen" wird sie Stimulanz der Lebensfreundlichkeit.

Der 'lieblose', angewiderte Blick auf die Körperlichkeit wird dagegen im zweiten Teil des Romans als Perspektive eines lebensfeindlichen, asketischen Prinzips kenntlich gemacht. Nach dem Besuch in Naphtas luxuriösem Arbeitszimmer bekommt Castorp von dem Jesuiten "das Buch *De miseria humanae conditionis* [...] leihweise mit auf den Weg". Es handelt sich, nicht zufällig, um "einen morschen Pappband". (III, 562) Nach dieser Schrift von Papst Innozenz III. hatte sich Thomas Mann, kurz vor dem Beginn der Arbeit am zweiten Teil des Romans, brieflich bei Ernst Bertram erkundigt (20.6.1921): "Nietzsche citiert einmal einen Papst (oder Kirchenvater?), der im asketischen Sinn die Schande und Widerlichkeit des Körperlebens erbarmungslos aufzählt. Erinnern Sie sich, wo die Stelle zu finden ist?"[184] In der zweiten Abhandlung der *Genealogie der Moral* behandelt Nietzsches Pessimismus-Kritik "das eisige Nein des Ekels am Leben": Durch "krankhafte

---

[182] Vgl. z.B. W II, 596.

[183] So eine Kapitelüberschrift Reinhard Baumgarts: *Selbstvergessenheit*, S. 56.

[184] Inge Jens (Hrsg.): *Thomas Mann an Ernst Bertram*, S. 98.

Verzärtlichung und Vermoralisierung" habe sich "der Mensch jenen verdorbenen Magen und jene belegte Zunge angezüchtet, durch die ihm nicht nur die Freude und Unschuld des Tieres widerlich, sondern das Leben selbst unschmackhaft geworden ist – so daß er mitunter vor sich selbst mit zugehaltener Nase dasteht und mit Papst Innozenz dem Dritten mißbilligend den Katalog seiner Widerwärtigkeiten macht ('unreine Erzeugung, ekelhafte Ernährung im Mutterleibe, Schlechtigkeit des Stoffs, aus dem der Mensch sich entwickelt, scheußlicher Gestank, Absonderung von Speichel, Urin und Kot')".[185]

Die gründliche Auseinandersetzung mit der Körperlichkeit, die der *Zauberberg* vornimmt, hat eine Konsequenz für die folgenden Werke: wer in ihnen fortan über die 'organische' Beschaffenheit des Lebens bloß die Nase rümpft, ist – wie Naphta – als Figur des Ressentiments gekennzeichnet. In den Josephsromanen nehmen die bei jedem Menschen-Fehltritt in "spitzigsanfte Genugtuung und leisetretende Schadenfreude" (V, 1275) verfallenden Engel den lebensfeindlichen Standpunkt ein. Von dem "Mann auf dem Felde" bekommt Joseph zu hören:

"Solche Geschöpfe wie du sind nichts als ein flüchtig gleißender Betrug über den inneren Greuel alles Fleisches. Ich sage nicht, daß auch nur diese Haut und Hülle vom Appetitlichsten wäre mit ihren dünstenden Poren und Schweißhaaren; aber ritze sie nur ein wenig, und die salzige Brühe geht frevelrot hervor, und weiter innen wird's immer greulicher und ist eitel Gekröse und Gestank. Das Hübsche und Schöne müßte durch und durch hübsch und schön sein, massiv und aus edlem Stoff, nicht ausgefüllt mit Leimen und Unrat." (IV, 542f.)

In den 'oberen Rängen' herrscht der kalte Blick auf das Leben, den Engeln geht, wie sie etwas *zu* nachdrücklich versichern, "gottlob [...] die Fruchtbarkeit säuberlich ab [...]". (V, 1278) Theoretisch müßte ihnen damit eine reine, von Willensverwicklungen unbehellige Schau auf das Irdische möglich sein. Das Gegenteil ist der Fall; ihre Wahrnehmung ist nicht illusionslos und unbefangen, sondern kleinlich und defizitär. Doch bei aller Medisance ahnen sie, daß der "tierische Vorzug" des Menschen, Liebe und Fruchtbarkeit, mit "übertierischen und interessanten Nebenbedeutungen" verbunden ist. (V, 1276) Auf die Engel trifft wörtlich zu, was schon Tonio Kröger von seiner programmatischen "Bürgerliebe zum Menschlichen" sagt: "daß einer mit Menschen- und Engelszungen reden könne und ohne sie doch nur ein tönendes Erz und eine klingende Schelle sei". (VIII, 338) Im Spätwerk gestattet der Erzähler den 'Engelsblick' auf die "Greuel des Fleisches" nur,

---

[185] Friedrich Nietzsche: *Zur Genealogie der Moral*, Werke in drei Bänden, 2. Bd., S. 808f.

um kontrastierend wieder das "Phänomen der Liebe" zu preisen. (So ausgiebig im *Felix Krull*; VII, 631-634, 638-643.)

In den Tagebüchern Thomas Manns gibt es eine über den Tag hinausweisende Notiz, die sich im hymnischen Ton von der gewohnten protokollierenden Nüchternheit abhebt und in der, aufs kürzeste zusammengedrängt, die gleiche Bewegung stattfindet wie in den "Forschungen": "O, unfaßliches Leben, das sich in der Liebe bejaht." (14.7.1950) Auch dies klingt nur bei oberflächlichem Hinhören schopenhauerisch vertraut. Nach Schopenhauer ist das Leben ja grundsätzlich durch Selbstbejahung bestimmt, der Willensdrang ist mit ihr identisch. In der Liebe erscheint nur in gesteigertem Maß, was auch sonst Grundsachverhalt des Lebens ist. Für den Tagebuchschreiber Thomas Mann dagegen ist diese Bejahung alles andere als selbstverständlich, sie entspricht angesichts der 'Unfaßlichkeit' des Lebens — Hans Castorp hat sie über seinen Büchern erfahren — offenbar keineswegs dem Erwartbaren. 'Unfaßlich' ist in diesem Zusammenhang ein mehrdeutig schillerndes Wort; das Leben ist unfaßlich zum einen als fleischliches Grauen, zum anderen im wörtlichen Sinn der Unergründbarkeit, die aufs Metaphysische verweist. Daß *dieses* Leben sich dann auch noch bejaht, erscheint als dritte Unfaßlichkeit. Aber trotz aller 'Unfaßlichkeiten': das positive, ganz unschopenhauerische Liebesverständnis gibt dem Satz dann doch seinen "hymnisch zustimmenden Sinn"[186], der dem Finale des "Forschungen"-Kapitels entspricht:

Er sah das Bild des Lebens, seinen blühenden Gliederbau, die fleischgetragene Schönheit. Sie hatte die Hände aus dem Nacken gelöst, und ihre Arme, die sie öffnete und an deren Innenseite, namentlich unter der zarten Haut des Ellbogengelenks, die Gefäße, die beiden Äste der großen Venen, sich bläulich abzeichneten, – diese Arme waren von unaussprechlicher Süßigkeit. Sie neigte sich ihm, neigte sich zu ihm, über ihn, er spürte ihren organischen Duft, spürte den Spitzenstoß ihres Herzens. Heiße Zartheit umschlang seinen Hals, und während er, vergehend vor Lust und Grauen, seine Hände an ihre äußeren Oberarme legte, dorthin, wo die den Triceps überspannende, körnige Haut von wonniger Kühle war, fühlte er auf seinen Lippen die feuchte Ansaugung ihres Kusses. (III, 398f.)

Von dieser Passage – wenn man so will, die direkteste Liebesszene, die Thomas Mann bis dahin geschrieben hat – verzweigen sich Bezugslinien zu den anderen Initiationsmomenten des Romans. Hier erzählt der Autor vorweg, wofür dann in der 'Walpurgisnacht' die Andeutung steht; die imaginierte Begegnung mit Clawdia Chauchat wird mit sinnlicher Konkretion geschildert, die wirkliche kann dann ausgespart werden – die sinnliche

---

[186] So Michael Maar: *Geister und Kunst*, S. 191.

Unbefangenheit der *Vertauschten Köpfe*, des *Erwählten*, der *Krull*-Fortsetzung und der *Betrogenen* liegt allerdings noch fern. Daß das "Bild des Lebens" als Frau Chauchat zu identifizieren ist[187], macht nicht nur der Zusammenhang, sondern auch die gehäufte Verwendung der weiblichen Pronomina klar, die über die Formulierung der "fleischgetragenen Schönheit" geschickt eingeleitet wird. Zum "Schnee"-Kapitel führen die Schlüsselbegriffe 'Herz' und 'organisch'; umgekehrt wird sich Castorp am Ende des "Gedankentraums" an die "Forschungen" in der Balkonloge erinnern. (Vgl. III, 686) Warum aber empfindet Hans Castorp "Grauen"? Dieser Affekt hat in der Forschung die Ansicht bekräftigt, Frau Chauchat sei eine Personifikation des Todes. Eckhard Heftrich schreibt: "Der Tod erscheint da als Bild des Lebens im blühenden Fleische und nicht als Gerippe [...]. Denn um den Tod muß es sich wohl handeln, wenn einer beim erträumten Kuß nicht nur vor Lust, sondern auch vor Grauen vergeht."[188] Der dargelegte Zusammenhang von Grauen und Körperlichkeit muß hier nicht noch einmal wiederholt werden. Nach ihm hat das Wort "Grauen" in dieser Phantasie des Begehrens seinen Platz, auch ohne daß Clawdia Chauchat zur Sensenfrau verdüstert werden muß. Der Tod spielt über die Gleichung mit der Körperlichkeit auch in diese Passage hinein – jedoch frei von allegorischer Aufdringlichkeit. Wer im übrigen die Rede von Gleichungen für unangemessen hält, muß nur darauf hören, was Hans Castorp seiner Clawdia vorrechnet: "Le corps, l'amour, la mort, ces trois ne font qu'un. Car le corps, c'est la maladie et la

---

[187] Böhm sieht im "Bild des Lebens" allerdings eine "tendenziell geschlechtslose Schönheit", die auf "geschlechtliche Ambivalenz" hindeute, bei der dann wiederum die weibliche Seite vor allem als tarnende Beigabe des eigentlichen homosexuellen Begehrens zu verstehen sei. Böhm setzt umstandslos die erste Erscheinung des Lebensbildes mit der zweiten gleich. (Böhm: *Zwischen Selbstzucht und Verlangen*, S. 364) Warum aber verwendet Thomas Mann in der zweiten, allein mit Castorps Begehren verbundenen Imagination achtmal das weibliche Pronomen, wo er doch im ersten Fall – in dem sexuelles Begehren noch keine Rolle spielte – das neutrale "es" konstant durchgehalten hat? Wenn es um die Darstellung einer "geschlechtslosen Schönheit" ginge, warum entwickelt sich die Passage dann zu einer Phantasie über die "aus dem Nacken gelöst[en]" Arme von "unaussprechlicher Süßigkeit": also *dem* Schlüsselreiz weiblicher Attraktivität in Thomas Manns Werk schlechthin? – Der Versuch, den Hippe-Anteil zum bestimmenden Zug der komplexen Chauchat-Gestalt zu machen, eine gleichwertige Hippe-Chauchat Identität zu konstruieren oder gar Clawdia Chauchat als bloße Hippe-Maskierung zu verstehen, 'entschlüsselt' den Roman im Hinblick auf eine diesmal nicht schopenhauerianische, sondern homosexuelle 'Tiefenstruktur', in der wiederum die Abwertung des erzählten 'Vordergrunds' impliziert ist.

[188] Eckhard Heftrich: *Der Totentanz in Thomas Manns Roman "Der Zauberberg"*, in: Schriften zur Literaturwissenschaft, Bd. 8: *Tanz und Tod in Kunst und Literatur*, hrsg. v. Franz Link, Berlin 1993, S. 335-350, dieses Zitat S. 336.

volupté, et c'est lui qui fait la mort, oui, ils sont charnels tous deux, l'amour et la mort, et voilà leur terreur et leur grande magie!" (III, 476)

Die französische Suada von Castorps späterer Liebeserklärung ist ganz durch die vorbereitende Lektüre der "Forschungen" inspiriert. Der 'verschmitzte' Held übernimmt die Formeln und Begrifflichkeiten der ja teils auf französisch abgefaßten Bücher: "Oui, mon dieu, laisse-moi sentir l'odeur de la peau de ta rotule, sous laquelle l'ingénieuse capsule articulaire sécrète son huile glissante! Laisse-moi toucher dévotement de ma bouche l'Arteria femoralis qui bat au front de ta cuisse et qui se devise plus bas en les deux artères du tibia!" (III, 477) Gerechtfertigt ist sein aus Hymne und Biologiebuch zusammengesetzter Ton dadurch, daß er sich an die mit dem bejahten und begehrten "Bild des Lebens" identifizierte Clawdia Chauchat richtet. Castorps Annäherung an die "fleischgetragene Schönheit", über das Behrens-Gemälde und die Davidstatue des "Forschungen"-Kapitels, wird noch einmal rekapituliert: "Oh, enchantante beauté organique qui ne se compose ni de teinture à l'huile ni de pierre, mais de matière vivante et corruptible, pleine du secret fébrile de la vie et de la pourriture!" (III, 477) Konsequent werden die Stichworte der "biologischen Phantasie" wieder aufgenommen, allerdings mit dem Vorzeichen, das sich am Ende jenes Kapitels durchgesetzt hat:

Or, de même, le corps, lui aussi, et l'amour du corps, sont une affaire indécente et fâcheuse, et le corps rougit et pâlit à sa surface par frayeur et honte de lui-même. Mais aussi il est une grande gloire adorable, image miraculeuse de la vie organique, sainte merveille de la forme et de la beauté, et l'amour pour lui, pour le corps humain, c'est de même un intérêt extrêmement humanitaire et une puissance plus éducative que toute la pédagogie du monde! (III, 477)

Die Liebe als die eigentliche, überlegene Pädagogik, die Leidenschaft zu Frau Chauchat als "humanitäres Anliegen"! Wenn Børge Kristiansen zu dem Schluß gelangt, daß sich Castorp schon in seiner "Liebeserklärung zu Chauchat [...] einer aller Vernunftgestaltung enthobenen dämonischen Wirklichkeit" hingebe, sich mit ihr gegen "menschliche Kultur und Gesellschaft überhaupt" entscheide, hält er offenbar den Wortlaut dieser Erklärung für vollkommen irrelevant. Wem zu dieser Liebesgeschichte immer nur Kategorien wie 'irrationaler Willensgrund' einfallen, übersieht, daß die aus dem *Tod in Venedig* übernommenen, dämonisch umwitterten Bedeutungskomplexe und Motive das erzählte Geschehen hier weit weniger streng als in der Novelle bestimmen.

9. "Elendstiefen waren nicht seine Sache" – Das Dreieck Castorp, Chauchat und Peeperkorn

Hätte das Liebeserlebnis Castorp nicht gewandelt, wäre er noch der sehnsüchtige, eifersüchtige Held des ersten Bandes, müßte Clawdia Chauchats Rückkehr an der Seite Peeperkorns die bisher vermiedene Katastrophe in Gang setzen. Gegenüber der Triebdämonie erweist sich Castorp nun aber tatsächlich als 'geheilt'. Er läßt sich nicht einmal irritieren, bleibt bestimmt und unanfechtbar, zum Erstaunen Settembrinis, der bei ihm nun die "Sachlichkeit und Gemütsruhe" (III, 811) feststellen kann, die er dem Verliebten des ersten Bandes vergebens empfohlen hatte. Auch wohl zur leisen Enttäuschung von Frau Chauchat, "denn die Frauen sehen es gar nicht besonders gern, wenn ihre Liebhaber zusammenhalten". (III, 847) Das ist eine lebenserfahrene psychologische Bemerkung Castorps, die – wie im übrigen so mancher seiner späteren Gesprächsbeiträge – beweist, daß der vormals 'schlichte' Held bis auf weiteres noch keineswegs im Bann persönlichkeitsauflösender 'Entbildung' steht.

Wie Joseph kennt auch Castorp die lebensfreundliche Entsagung. Settembrini, der den 'Ehrenstandpunkt' einnimmt, ist sie fremd und unverständlich. "Dieser Ölgötze hat Ihnen Ihre Beatrice weggenommen, – ich nenne die Dinge bei ihrem Namen. Und Sie? Es ist beispiellos", hält er Castorp vor, als wollte er ihn diesmal zur leidenschaftlichen Tat antreiben. Castorps Entgegnung hat programmatischen Charakter: "Natürlich, Sie als Mann des Südens, Sie würden wohl Gift und Dolch zu Rate ziehen oder jedenfalls die Sache gesellschaftlich-leidenschaftlich gestalten, kurz hahnenmäßig. Das wäre gewiß sehr männlich, gesellschaftlich-männlich und galant. Ich bin aber gar nicht männlich auf die Art, daß ich im Manne nur das nebenbuhlende Mitmännchen erblicke [...]." (III, 811f.) Diese Ablehnung forcierter Männlichkeit teilt der Held mit seinem Autor; dabei handelt es sich nicht um eine Nebenfrage. 1924 schreibt Thomas Mann in einem Aufsatz *Zum Sechzigsten Geburtstag Ricarda Huchs*: "In der Tat sind die Männlichkeit und die Weiblichkeit, so wie sie gewöhnlich genommen und getrieben werden, die gefährlichsten *Hindernisse der Menschlichkeit*." (X, 430f.) Hans Castorp wird hier geradezu zum Exponenten einer "Emanzipationsbewegung" (X, 195) zwischen den Geschlechtern, wie sie auch in dem für den *Zauberberg* wesentlichen Essay *Über die Ehe* festgestellt wird. Dort heißt es: "Aber ein gewisser Begriff von Männlichkeit – galant, hahnenmäßig, roh, gebläht, dumm-herablassend und dumm-venerierend zugleich [...] – das kommt abhanden. Der Vorgang, so läßt sich sagen, läuft auf eine Art von beiderseitiger Vermenschlichung hinaus, die Kameradschaft ermöglicht. [...]

Beim Jüngling fällt das Martialische weg, der Stock im Rücken, das Hackenzusammenschlagen [...]." (X, 194f.) Hier wird das männliche Selbstverständnis Hans Castorps paraphrasiert. Diese Gelassenheit ist ihm aber erst möglich durch das Entgegenkommen Clawdia Chauchats in der "Walpurgisnacht", das ihn vom Leidenschaftszwang befreit. Vorher sieht auch er, der Gunst der Geliebten noch keineswegs sicher, in den Gästen der Frau Chauchat "nebenbuhlende Mitmännchen", die seine Eifersucht anstacheln.

"Kameradschaftlichkeit" ist das Wort für sein neues Verhältnis zu Clawdia Chauchat. Die Leidenschaft hat sich entspannt zu Sympathie und Freundschaft, die ihre "Liebesbesiegelung" im russischen Kuß erhalten. (III, 831) Menschlichkeit, Menschenliebe, Lebensfreundlichkeit sind die Stichworte, die in dieser Episode auf fast jeder Seite fallen. 'Russische' Zuständigkeiten gewissermaßen, die nun dem Chaotischen entzogen, mit "Sachlichkeit und Gemütsruhe" zusammengebracht werden. Unvermeidlich spielt die neue Freundschaft von Hans Castorp und Clawdia Chauchat auf die große Synthese von West und Ost an, von der Thomas Mann in den Essays der frühen zwanziger Jahre immer wieder gesprochen hat. Den Leitworten der Lebensverbundenheit folgt zwar auch hier, wie zu erwarten, keine Literatur der Menschheitstaten, aber der Autor bemüht sich, jene "verschmitzte Lebensfreundlichkeit" Hans Castorps zum Ausdruck zu bringen, "die ihn alles 'hörenswert' finden ließ und die man Verbindlichkeit selbst in dem Sinne nennen könnte, daß sie nicht nur ihm die ungleichartigsten Personen und Persönlichkeiten, sondern bis zu einem gewissen Grade sogar diese untereinander verband". (III, 804) Diese Lebensfreundlichkeit wird von Clawdia Chauchat als eigentlicher Grund ihrer Rückkehr angegeben: "Ich wüßte gern einen guten Menschen an meiner Seite ... Enfin, wenn du es hören willst, ich bin vielleicht deshalb mit ihm hierhergekommen..." (III, 831) Castorps Sprechweise nähert sich schon der seines 'Nachfolgers' Joseph an, Peeperkorn empfindet sie als "angenehm": "Ich lausche mit unwillkürlichem Vergnügen auf ihr behendes kleines Wort, junger Mann. Es springt über Stock und Stein und rundet die Dinge zur Annehmlichkeit." (III, 839) Das liegt nicht mehr allzu fern von Josephs Redekuren bei Montkaw und Potiphar. Die Verbrüderungsszene mit Peeperkorn entwickelt dann ein humorvoll getöntes 'Pathos der Sympathie', das ebenfalls schon den epischen Geist der Tetralogie ankündigt, an die feierlichen Bündnisschlüsse und Abschiede erinnert, bei denen Joseph von den Vater- und Mentorenfiguren als "Sohn" angesprochen wird. "Und nun geh, junger Mann! Verlasse mich, mein Sohn!" sagt auch Peeperkorn. (III, 850) Die

Lebensstimmung der Tetralogie ist nicht von einem Tag auf den anderen über den Autor gekommen.

Das Castorp-Chauchat-Verhältnis des zweiten Bandes wird den bisherigen Handlungsverläufen im Zeichen von Heimsuchung und Triebdämonie bewußt entgegengesetzt. "Elendstiefen waren nicht seine Sache", heißt es jetzt von Hans Castorp. (III, 797) Die 'Willenstortur' bleibt der nach ihr benannten Nebenfigur überlassen: Ferdinand Wehsal, Verfechter der "*aussichtslose[n]* Liebeserklärung". (III, 591) In dem um menschliches Verständnis bittenden Leidensmonolog des Mannheimers sind die Schopenhauer-Anklänge kaum zu überhören:

Das ist nicht zu sagen, was ich auszustehen habe von meinem Durst und meiner Begierde nach ihr, ich wollte, ich könnte sagen, es wird mein Tod sein, aber man kann damit weder leben noch sterben. [...] denn das Leben, das ist das Verlangen, und das Verlangen das Leben, und kann nicht gegen sich selber sein, das ist die gottverfluchte Zwickmühle. [...] Was will ich denn, Castorp? Will ich sie morden? Will ich ihr Blut vergießen? Ich will sie ja nur liebkosen! Castorp, lieber Castorp, entschuldigen Sie, daß ich winsele, aber sie könnte mir in Gottes Namen zu Willen sein! (III, 855f.)

Hans Castorp, wie so oft der menschenfreundliche Vertraute, hört den immer hemmungsloseren Geständnissen Wehsals überlegen mahnend zu, als wäre er selber resistent gegen solche Liebesqual und ihre verzerrten Mienen. Es ist jedoch nicht allzulange her, daß der noch unerlöst Liebende und Leidende wehsalsche Anwandlungen zeigte. Den informierten und boshaften Berichten Frau Engelharts über Clawdia Chauchats "Herrenbesuche" mußte und wollte er genauestens zuhören:

Das war gut gezielt. Hans Castorps Gesicht verzerrte sich gegen alle Bemühung, und auch die auf "Was nicht gar" und "Sehe einer an" gestimmten Redensarten, mit denen er die Eröffnung zu behandeln versuchte, waren verzerrt. Unfähig, das Vorhandensein dieses Landsmannes auf die leichte Achsel zu nehmen, [...] kam er mit zuckenden Lippen beständig auf ihn zurück. Ein jüngerer Mann? – Jung und ansehnlich, nach allem, was sie höre, erwiderte die Lehrerin [...]. (III, 291)

Bei dieser Gelegenheit mußte er auch erfahren, daß Clawdia Chauchat dem Hofrat Modell sitzt: "Diese Kunde ergriff Hans Castorp noch mehr als die vorige. Er machte fortan viele verzerrte Späße darüber." (III, 292) Seine Überwindung des "Hahnenmäßigen", seine spätere Gelassenheit stellt sich aus der Leidensperspektive Wehsals so dar: "Sie haben gut reden und trösten vom hohen Roß herunter, denn wenn Sie derzeit auch ziemlich lächerlich dastehen, so sind Sie doch einmal daran gewesen und waren im siebenten Himmel, allmächtiger Gott, und haben ihre Arme um Ihren Nacken gefühlt und all das, allmächtiger Gott, es brennt mir im Schlunde und in der Herzgrube, wenn ich dran denke [...]." (III, 854f.) Wehsal versucht freilich vergebens, Castorp in die Leidensgenossenschaft hineinzuziehen. Es ist kein Zufall, daß er, der im ersten Band nur verächtlich und chargenhaft als "dünnhaarige[r] Verliebte[r]" (III, 330) in Erscheinung trat, im zweiten zu einem gewissen Rang und seinem programmatischen Namen kommt — er übernimmt, als Kontrastfigur zu Hans Castorp, den von diesem nicht länger gespielten Leidenspart mit schopenhauerischer Expressivität. Aber selbst der scheinbar direkteste Ausdruck der 'Willenstortur' verliert hier die Schärfe des philosophischen Leidensbefundes. Zum einen ist Wehsal gar nicht daran interessiert, sein Leiden loszuwerden, er verlangt nach Qual und Schmerz und legt es auch durch den Exhibitionismus im Gespräch mit Castorp — wiederum vergebens — darauf an, dessen Verachtung auf sich zu ziehen. Seine Clawdia-Träume handeln von Ohrfeigen und Erniedrigung, und früher schon hatte er sich in eine Diskussion eingeschaltet mit einem Bericht über die Folterkammern von Nürnberg und Regensburg, der seinen Enthusiasmus kaum verbergen konnte: "Allerdings, dort hatte man dem Leibe um der Seele willen recht unzärtlich zugesetzt, auf mancherlei sinnreiche Weise. Und nicht einmal Geschrei hatte es gegeben. Die Birne in den offenen Mund gerammt, die berühmte Birne, an sich schon kein Leckerbissen, – und dann hatte Stille geherrscht in aller Geschäftigkeit..." (III, 634) Im Mund eines Masochisten ist Schopenhauers Philosophie allerdings um ihren Kern gebracht.

Zum anderen mischen sich auch in die Klage Wehsals beinahe hymnische Töne, in denen das mittlerweile vertraute 'Lob der Liebe' durch alle Verquältheit hindurchklingt:

Gott im Himmel, was für eine Einrichtung ist es doch, daß das Fleisch so nach dem Fleische begehrt, nur weil es nicht das eigene ist, sondern einer fremden Seele gehört, - wie sonderbar und, recht besehen, wie anspruchslos auch wieder in seiner verschämten Freundlichkeit. [...] Mich verlangt doch nicht bloß nach ihrem Körperrumpf und nach der Fleischpuppe ihres Leibes, sondern wenn in ihrem Angesicht auch nur ein kleines Etwas anders gestaltet wäre, siehe, so verlangte mich's möglicherweise nach ihrem ganzen Leibe gar nicht, und daher so zeiget sich's, daß ich ihre Seele liebe, und daß ich sie mit der Seele liebe. Denn die Liebe zum Angesicht ist Seelenliebe... (III, 855f.)

Eine Nebenfigur tritt aus dem Hintergrund, wo bisher meist nur Unzulängliches und Ungebildetes geäußert wurde, hervor und erhält die Gelegenheit zu einer zugleich großen wie komischen Rede. Kaum verzerrt drängen sich Gedanken in Wehsals Klage, die andernorts vom Erzähler, von Felix Krull, von Leverkühn oder Zeitblom geäußert werden.

Dennoch bleibt Wehsal mit seiner 'Willensunrast' vor allem Kontrastfigur, vor der sich die Wandlung Castorps deutlicher konturiert. Der Erzähler illustriert diese Veränderung ein ums andere Mal. Gegenüber Settembrini erfolgte die Absage an das 'Hahnenmäßige'; seinem vermeintlichen Nebenbuhler Peeperkorn erzählt Castorp dann in einem klärenden Gespräch die Handlung der *Carmen*-Oper:

Ich habe einmal eine Geschichte gelesen, – nein, ich habe sie im Theater gesehen, wie ein gutmütiger Junge – er war übrigens Militär, wie mein Vetter – es mit einer reizenden Zigeunerin zu tun bekommt, – sie war reizend, mit einer Blume hinter dem Ohr, ein wildes, fatales Frauenzimmer, und sie tat es ihm dermaßen an, daß er vollständig entgleiste, ihr alles opferte, fahnenflüchtig wurde, mit ihr zu den Schmugglern ging und sich in jeder Richtung entehrte. Als er soweit war, hatte sie genug von ihm und kam mit einem Matador daher, einer zwingenden Persönlichkeit mit prachtvollem Bariton. Es endete damit, daß der kleine Soldat, kreideweiß im Gesicht und in offenem Hemd, sie vor dem Zirkus mit seinem Messer erstach, worauf sie es übrigens geradezu angelegt hatte. Es ist eine ziemlich beziehungslose Geschichte, auf die ich komme. Aber schließlich, warum fällt sie mir ein? (III, 848)

Daß dies eine "beziehungslose Geschichte" sei, muß natürlich, wie stets in solchen Fällen, als Hinweis auf das Gegenteil gelesen werden.[189] Es ist eine exemplarische Heimsuchungsgeschichte, die hier erzählt wird, mit dämonischer Leidenschaft, Entgleisung, Opfer, Entehrung und am Ende der Mordtat "vor dem Zirkus". Castorp übersetzt die gegebene Dreieckssituation – "gutmütiger Junge", "fatales Frauenzimmer", "zwingende Persönlichkeit" – ins Theatralische, dem Leben hält er die Literatur entgegen, um zu zeigen, welchen Verlauf er den Dingen *nicht* geben will. Das Heimsuchungsmuster wird, wiederum gleichsam programmatisch, für die eigene Geschichte verabschiedet. Es ist nebenbei ein weiteres Beispiel für Castorps Redegeschicklichkeit. Über das literarische Zitat deutet er an, daß sein Verzicht auf Clawdia Chauchat nicht als ängstliche Resignation vor der 'Persönlichkeit' zu verstehen ist, sondern als Leistung. Freundlich plaudernd identifiziert er sich mit dem zu allem entschlossenen José, mit der von der Situation 'vorgeschriebenen' Rolle, die er in der 'Wirklichkeit' nicht spielen wird – eine sozusagen höfliche Drohung, die der 'Persönlichkeit' nicht entgeht: "Mynheer Peeperkorn hatte bei Nennung des 'Messers' seine Sitzlage im Bett etwas verändert, war kurz beiseite gerückt, indem er rasch das Gesicht seinem Gaste zugewandt und ihm forschend ins Auge geblickt hatte." (III,

---

[189] Im Tagebuch schreibt Thomas Mann am 4.5.1921: "Bis 10 Uhr musiziert. Ließ die Arie des José 3mal spielen, indem ich den Text nachlas. Die Empfindung darin sehr stark. Die Beziehung zu H.C. fesselte mich. Vorsatz, Carmen wieder zu hören."

848f.) Der fatale Ausgang ist vermieden und Castorp trotzdem rehabilitiert, auch ohne 'hahnenmäßiges' Gebaren nimmt ihn Peeperkorn nun ernst "von Mann zu Mann" und schreitet zur Verbrüderung. (III, 849)

10. Die Problematik des Haltungsethikers – Joachim Ziemßen

Die zitierte *Carmen*-Geschichte enthält noch weitere Bezüge: ihr heimgesuchter Held wird mit Joachim Ziemßen zusammengedacht – "er war übrigens Militär, wie mein Vetter". Ziemßen kann mit seiner strengeren Moralität und dem vorbestimmten Tod als Nachfolger des soldatischen Künstlers Aschenbach gesehen werden. Er ist deshalb mit Recht von Børge Kristiansen als "Kontrastfigur"[190] zu Castorp bezeichnet worden. Kristiansens Interpretation arbeitet dann aber gerade nicht den Kontrast heraus, sondern versteht das Schicksal Joachims als "strukturelle Wiederholung der Geschichte Hans Castorps"[191], mit der ein weiteres Mal die pessimistische Botschaft des Romans befestigt werde. Zudem widerlege Ziemßens Tod die Erzählermoral des 'Lebensbefehls': "Die 'formale Existenz' und die in Zeit und Raum strukturierte Welt der Formen und der Individuation werden durch ihre durchgängige Abhängigkeit von der alles beherrschenden 'asiatischen' Dämonie des Seins als 'moralische' Vorstellungen und Wunschbilder entlarvt, denen keine substantielle Wirklichkeit entspricht."[192]

Nun ist Ziemßen offensichtlich, im Gegensatz zu Hans Castorp, ein auf Pflicht und Dienst fixierter 'Haltungsethiker'. Eine untergründige Neigung zu rauschhafter Auflösung, die das Aschenbach-Erbe erwarten ließe, ist bei ihm gleichwohl schwer auszumachen, sofern man nicht seine stille Liebe zu Marusja gewaltsam allegorisch als dionysischen Entgrenzungsversuch interpretiert. Aschenbachs Tod mag als Untergang eines Großen für die Welt 'respektvoll erschütternd' sein (VIII, 525), für den Leser, der hinter die Fassade geblickt hat, der die Entwürdigungsgeschichte aus der Nähe erlebt hat, ist er es gerade nicht. Der letzte Satz der Novelle schillert ironisch. Aschenbach hat den 'Untergang' als glückselige Entbürdung erlebt, er wird von seinem Psychagogen lächelnd ins Jenseits gewunken. Anders Joachim Ziemßen. Sein Tod ist tatsächlich erschütternd, ja tragisch. Hier kann weder

---

[190] Børge Kristiansen: *Thomas Manns "Zauberberg" und Schopenhauers Metaphysik*, S. 235.

[191] Børge Kristiansen: *Thomas Manns "Zauberberg" und Schopenhauers Metaphysik*, S. 238.

[192] Børge Kristiansen: *Thomas Manns "Zauberberg" und Schopenhauers Metaphysik*, S. 238.

von Entwürdigung noch auch nur von der Inanspruchnahme finaler Lizenzen die Rede sein. "Es war so merkwürdig: er ging hier, proper und ordentlich, er grüßte Vorübergehende auf seine ritterliche Art, hielt auf sein Äußeres und auf Bienséance wie immer – und gehörte der Erde." (III, 734) Während Aschenbach beseligt Tadzio durch das verseuchte Venedig folgt, sich zum 'falschen Jüngling' schminken läßt, wehrt der geschwächte Ziemßen sogar auf seinen letzten Spaziergängen den stützenden Arm des Vetters ab: "Na, du, was soll das. Es sieht ja betrunken aus, wie wir daherkommen." (III, 736) Während ringsum auch von Leichtkranken oder eingebildeten Kranken hemmungslos die "Vorteile der Schande" ausgekostet werden, zeigt Joachim Ziemßen die "Lebensscham der Kreatur". (III, 735) Das Gesicht des Moribunden, Bettlägrigen erscheint "durch den Ausdruck von Ernst und Strenge, ja Stolz, den es trug, eher noch männlich verschönt". (III, 738) Die 'Anständigkeit' Joachims ist, bei aller Fixierung auf die Pflicht, bei aller Haltungsmoral, keine aufgezwungene Form, kein mühsames Beherrschen "dionysischer Urmächte"[193], sie entspricht offenbar seinem Wesen, auch wenn er seine Physis mit dem gewaltsamen Dienstantritt im Flachland hoffnungslos überfordert – "febril hat er Dienst gemacht auf Biegen und Brechen", meint Hofrat Behrens mit Respekt, sogar Bewunderung. (III, 744) Joachim zerbricht nicht an seinem 'asiatischen' Verlangen, sondern an seinem aufrichtigen Verlangen nach 'Lebensdienst'.[194] Die Tragik seines Sterbens besteht darin, daß seine 'Gutwilligkeit' vom 'Leben' nicht angenommen wird; klaglos, bis zuletzt mit Haltung, wird er von der 'grausamen' Natur überwältigt. Nicht zufällig ist auf diesen Seiten von den "lebensun-ziemlichen Angelegenheiten der Natur", von der "gemeine[n] Natur" die Rede. (III, 735; Hervorh. d. Verf.) Dennoch vermeidet der Autor die anklagende Schärfe der Sterbeszenen der *Buddenbrooks*. Das Kapitel "Als Soldat und brav" entspricht in seiner Art eher den ergreifenden Schilderungen von Rahels bzw. Mont-kaws Tod in der Josephstetralogie – auch in dieser Hinsicht weist der zweite Band des *Zauberberg* auf das folgende Werk voraus.

Kristiansen preßt den Tod Joachim Ziemßens jedoch in das Schema von apollinischer Selbstbeherrschung und dionysischer Irratio. Ziemßen sei innerlich beherrscht von einem übermächtigen Verlangen nach Auflösung, einer "metaphysischen Sehnsucht nach dem Tod und der Unendlichkeit des Nichtindividuellen", das Kapitel stelle dar, wie er endlich die "volle Beja-

---

[193] Børge Kristiansen: *Thomas Manns "Zauberberg" und Schopenhauers Metaphysik*, S. 236.

[194] Joachims "Dienstfrömmigkeit" sei – so der Autor in einem Interview – "über das bloß Militärische ins Lebensdienstliche gesteigert". – Gespräch mit dem *Berliner Börsen-Courier* vom 30.10.1925, in: V. Hansen u. G. Heine (Hrsg.): *Frage und Antwort, Interviews mit Thomas Mann*, S. 76.

hung" dieser Sehnsucht erreiche.[195] Wenn es heißt: "Auch Joachims anfangs so bewegt und zornig geführte Klagen über das Versäumnis der Manöver, des militärischen Flachlanddienstes überhaupt, waren verstummt" (III, 735), so ist der Sterbende für Kristiansen schon wieder einen Schritt weitergekommen, als wäre die Entkräftung hier ein Signal ausschweifender Todessehnsucht. Wenn Joachim am Vorabend der Bettlägrigkeit seine Scheu überwindet und endlich ein erleichterndes Gespräch mit der "grundlos viellachenden Marusja mit dem Apfelsinentüchlein" (III, 736) führt – zwar 'Asiatin', aber alles andere als eine 'fatale' Frau –, so gilt diese rührende Szene Kristiansen als "Durchbruch" zur dionysischen Aktivität. Es war allerdings die Überzeugung Joachims, daß jede Vertraulichkeit mit Marusja eine ungebührliche Lizenz bedeuten würde, die einer schnellen Rückkehr zum Dienst im Flachland entgegensteht, und wenn er sich nun gegen diese Überzeugung verhält, ist das ein deutliches Zeichen, daß er die Hoffnung auf Rückkehr und Dienst endgültig aufgegeben hat: "Ja, er ist verloren", denkt Hans Castorp erschüttert. (III, 737) Daß sich Joachim nun "den seine formale Existenz aufsprengenden 'asiatischen' Mächten vorbehaltlos verschrieben hat"[196], geht daraus jedoch nicht hervor. Als hätte Joachim ohne dieses Gespräch doch noch eine Genesungschance gehabt, schließt Kristiansen weiter: "Nicht die Krankheit im eigentlichen Sinn führt zu Joachims Tod, sondern verloren ist er erst in dem Augenblick, wo die 'asiatischen' Triebe über den Formwillen die Oberhand gewonnen haben [...]."[197] Joachim spricht mit Marusja, weil er stirbt; er stirbt nicht, weil er mit ihr spricht. Im übrigen hat sich Thomas Mann bei dieser Szene nicht von Schopenhauer, sondern von Fontane anregen lassen. Kurz vor ihrem Tod spricht Effi Briest plötzlich gegenüber ihrer Mutter wieder den lange vermiedenen Namen 'Instetten' aus. Es folgt das von Thomas Mann übernommene Motiv: "Es war das erste Mal, daß sie Instettens Namen nannte, was einen großen Eindruck auf die Mama machte und dieser klar zeigte, daß es zu Ende sei."[198]

[195] Børge Kristiansen: *Thomas Manns "Zauberberg" und Schopenhauers Metaphysik*, S. 236f.

[196] Børge Kristiansen: *Thomas Manns "Zauberberg" und Schopenhauers Metaphysik*, S. 237.

[197] Børge Kristiansen: *Thomas Manns "Zauberberg" und Schopenhauers Metaphysik*, S. 237.

[198] Theodor Fontane: *Effi Briest*, S. 307f. Der *Zauberberg* ist bisher erstaunlicherweise kaum auf den Fontane-Einfluß untersucht worden. Anklänge, Entsprechungen, Übernahmen finden sich auf Schritt und Tritt. Die Redeweise Hans Castorps, vor allem aber die des Hofrat Behrens scheint ohne das Dialog-Vorbild Fontanes undenkbar. Die ausführlichste Plauderei der beiden findet sich im Kapitel "Humaniora". Während seiner Entstehung hat Thomas Mann, wie das Tagebuch belegt, Fontane gelesen, wie auch später wieder die Arbeit an großen Gesprächen – Charlotte Kestner und Riemer, Krull und Professor Kuckuck – von

Natürlich hat der Tod einer Romanfigur in den meisten Fällen etwas zu bedeuten; die Bedeutung, die Kristiansen ihm gibt, kann aber schon deshalb nicht zutreffen, weil der den 'asiatischen' Neigungen viel entschlossener nachgebende Hans Castorp keineswegs zum Moribunden wird; überhaupt ist unübersehbar, daß gerade jene Nebenfiguren des *Zauberberg*, die den "Vorteilen der Schande" bzw. der 'Unform' am entschiedensten frönen, gleichzeitig die unverwüstlichsten Gäste sind. Sterben müssen dagegen im *Zauberberg* wie überhaupt im Werk Thomas Manns jene Figuren, die einerseits konstitutionell als 'problematische Naturen' angelegt sind, andererseits aber dieser Grundbedingung ihrer Existenz durch angespannte Willensanstrengung zu entgehen versuchen. Sie wollen herbeizwingen, was nicht her-

---

Fontane-Lektüre begleitet ist. – Auch im *Stechlin* gibt es zwei Streithähne, die an Naphta und Settembrini denken lassen: Professor Cujacius und der unerbittliche Kritiker Dr. Wrschowitz. Kaum zufällig weist Thomas Mann in *Anzeige eines Fontane-Buches* – also während der Konzeptionsphase der Naphta-Figur – mit Nachdruck gerade auf die Gestalt des Dr. Wrschowitz hin: die "wunderliche Lebendigkeit dieser Charge" mit ihrer "Leidenschaft für Kritik" gehe "bis zum Beängstigenden", sein Wesen flöße ein "Gemisch von Lachen, Achtung und Besorgnis" ein. Die Formulierung vom "puschelhaften Haß" wird im *Zauberberg* dann wiederkehren. (X, 583) Die Konstellation Czako-Rex – herausfordernd und spöttisch der eine, fromm und diszipliniert der andere – findet sich wieder in dem Paar Ziemßen – Castorp. Die altadlige Oberin von Mylendonck wird von Settembrini mit derselben Formel belegt, die Dubslav Stechlin auf seine Schwester, Domina des Klosters Wutz, anwendet: sie sei ein "Petrefakt". Auf den Pflichtmenschen Ziemßen fällt dieselbe Bezeichnung, die sich der Pflichtmensch Innstetten gefallen lassen muß: "Biereifer". Auch Peeperkorn geht in einigen Zügen nicht nur zurück auf das Modell Gerhart Hauptmanns, sondern auch auf eine exotisch anmutende Gestalt des *Stechlin*, Herrn van dem Peerenboom: "Man sah ihn aus allen möglichen Gründen nicht für ganz voll an, ließ aber nichts davon merken, weil er der [...] Haupteigenschaft eines vor soundso viel Jahren in Batavia geborenen holländisch-javanischen Kaffeehändlers nicht entbehrte." (*Der Stechlin*, S. 195) Die Bezeichnung des *Zauberberg* als Zeitroman ist nichts anderes als Fontanes oft gebrauchtes Wort für den *Stechlin*. Das Strukturprinzip ist ähnlich. Beide Romane sind handlungsarm, sie erörtern an weltabgelegenem Ort die Totalität eines Weltzustands. So wie der hermetische Zauberberg untergründig mit dem Weltgeschehen verbunden ist – wenn es im Flachland auf den Krieg zusteuert, entwickelt sich oben die 'große Gereiztheit' – so steht der 'Zaubersee' Fontanes in geheimisvoller Verbindung mit der großen Weltbewegung, zeigt Revolutionen und eine drohende "Generalweltanbrennung" an. Die Fontane-Forschung hat gezeigt, wie alle Gespräche des Romans um Schlüsselkategorien wie alt-neu organisiert sind. (Vgl. Charlotte Jolles: *"Der Stechlin": Fontanes Zaubersee*, in: *Fontane aus heutiger Sicht. Analysen und Interpretationen seines Werks. Zehn Beiträge*, hrsg. v. Hugo Aust, München 1980, S. 239-257 und Christian Grawe: *Fontanes neues Sprachbewußtsein in "Der Stechlin"*, in: Ders.: *Sprache im Prosawerk*, Bonn 1974, S. 38-63.) Auch der *Zauberberg* – man denke wiederum an die Debatten zwischen dem progressiven Reaktionär Naphta und dem angestaubten Fortschrittler Settembrini – ist von dieser Fontaneschen Grundspannung alt-neu geprägt, in der der Held Orientierung sucht. Der Fontane-Einfluß ist keineswegs, wie in der Forschung bisher dargestellt, auf das Frühwerk Thomas Manns begrenzt. Vgl. zu Fontane auch den Schluß von Kap. II. 3. dieser Arbeit.

beizuzwingen ist, und scheitern daran. Aschenbach will gegen seine Erkenntnis Unbefangenheit, gegen seine eigenen Abgründe die Absage an den Abgrund, gegen seine Feinnervigkeit und Schwäche einen ästhetischen und moralischen Rigorismus ertrotzen. Wie Joachim will auch Rahel um jeden Preis 'Dienst machen' und Kinder gebären wie eine robuste Lea. Der unerbittliche Naphta, der durch Terror und Askese zum 'einfachen' kommunistischen Gottesstaat zurück- bzw. voranwill, in seinen privaten Lebensumständen jedoch die gut ausgestattete Behaglichkeit bevorzugt, muß nach dieser Logik ebenso sterben wie der unter Vitalitätszwang stehende, die "Majestät der schlichten Lebensgaben" preisende (III, 781), sich mit Alkohol zum Lebemenschen hochputschende Peeperkorn. Nur in den Sterbekapiteln Joachims und Rahels setzt der Erzähler jedoch ergreifende Akzente. Auch hier ist der Grund offensichtlich: diesen beiden Figuren fehlt im Gegensatz zu Aschenbach, Naphta, Peeperkorn jede Vermessenheit, was sie anstreben ist nicht Ruhm, Repräsentanz, Macht, die kompensierende Stilisierung ihrer Person ins Große, Überwältigende, sondern schlichter 'Lebensdienst', ein normales, 'anständiges' Leben, das ihnen verwehrt bleibt. Bei ihren 'Heimsuchungen' handelt es sich, wie es im Zusamenhang mit Rahel heißt, um die "Tragödie der nicht angenommenen Tapferkeit". (IV, 376) Es sind Figuren, auf die die Klischees des Frühwerks nicht mehr passen: 'einfach' oder 'schlicht' insofern, als sie nicht das Stigma der 'Erkenntnis' tragen, jedoch mit der problematischen Sensitivität ausgestattet, die vorher nur die Künstler-Helden besaßen, "lebensbereit" (vgl. IV, 228), aber nicht lebensrobust.

Eine Erklärung, warum Castorp dagegen der Heimsuchung letztlich entgeht, warum ihm Untergang und Tod erspart bleiben – sein wahrscheinlicher späterer Kriegstod hat nichts mit einer persönlichen Problematik zu tun –, liegt von hier aus nahe: er insistiert nicht auf der auch ihm verwehrten Normalität der Ingenieursexistenz. Nicht auf Pflicht und Willenszwang eingeschworen, sondern von weicherem Charakter, gibt er seinen 'asiatischen' Neigungen nach, ohne merklichen Schaden davonzutragen, im Gegenteil. Die Perhorreszierung des Sinnlichen, dies wird in der Gegensatzkonstellation Castorp-Ziemßen deutlich, ist nicht notwendiger Schluß einer pessimistischen Metaphysik, sie entspricht der idiosynkratischen Abwehr jedes *scheinbar* zersetzenden Ferments. Damit stellt derjenige, der sich stets 'zusammenreißt', um das ihm nicht Mögliche vielleicht doch noch zu erzwingen, bei aller Hochgesinntheit nur die extreme Anfälligkeit seiner Lebenskonstruktion unter Beweis. Wenn der geschwächte Joachim beim Gehen die Unterstützung seines Vetters ablehnt, weil das den Eindruck von Trunkenheit erwecken könnte, so bedeutet dies nicht, daß er sich mit buchstäblich letzter Kraft gegen den "Durchbruch der dionysischen Urmächte" wehrt, es zeigt die Überempfindlichkeit, die überreizte Wahrnehmung eines Menschen, der in einem Arm auf der Schulter gleich die ganze 'Uniform' wittert. Für Kristiansen aber läuft es auf dasselbe hinaus, ob im Text von wirklicher Trunkenheit (Peeperkorn) oder der peinlichen Befürchtung eines Anscheins von Trunkenheit die Rede ist: "Wie Joachim ist Peeperkorn betrunken und muß von Castorp gestützt werden."[199]

Die Geschichte Joachims soll weder die von den Anschauungsformen strukturierte Welt als "Wunschbild" entlarven noch die Vergeblichkeit einer lebensfreundlichen Moral illustrieren: sie zeigt allerdings ein weiteres Mal, daß ein gegen die eigene 'Natur' gerichtetes, auf Gewissensforderung gegründetes und durch Willensanstrengung (mit Behrens' Fontane-Wort: "Biereifer"; III, 757) forciertes Leben letztlich zum Scheitern verurteilt ist, kurz: daß auf diesem Weg einer Moral der Selbstüberwindung das 'Lebensmögliche' nicht zu erreichen ist. Die biographische Problematik, die der Autor mit der Figurenreihe der Haltungsethiker immer wieder dargestellt hat, ist der Umgang mit der als Verpflichtung empfundenen Väterwelt. Thomas Buddenbrooks Verwerfung seines schwächlichen, ängstlichen Sohnes besitzt einen Klang, der an das grausam-groteske Finale von Kafkas *Urteil* erinnert: "In meinem Sohn habe ich fortzuleben gehofft? [...] Kindische, irregeführte Torheit! Was soll mir ein Sohn? Ich brauche keinen Sohn!" (I, 657) Während Thomas Mann sich den Verpflichtungen mit der Entscheidung für die Schriftstellerexistenz zunächst entzog, um sie dann, auf seine Weise, um so glänzender zu erfüllen, führt er in seinem Werk mit Thomas Buddenbrook und Gustav Aschenbach Figuren vor, die die akzeptierten Ansprüche und Erwartungen der bürgerlich-kaufmännischen oder soldatischen Vorfahren noch mit letzter Kraft zu erfüllen suchen. (Vgl. VIII, 450 u. 452) Joachim Ziemßen unterscheidet sich insofern von diesen beiden Figuren, als er sich scheinbar ohne äußeren Druck selbst in die Pflicht nimmt; der Soldatenberuf entspricht seiner Neigung: "Ein paar Semester lang hatte er nach dem Willen der Seinen Jurisprudenz studiert, aber aus unwiderstehlichem Drange hatte er umgesattelt und sich als Fahnenjunker gemeldet und war auch schon angenommen." (III, 56) Gleichzeitig wird aber mitgeteilt, daß Joachim seit je nicht "ganz fest auf der Brust" gewesen sei (III, 52), daß er "schon immer [...] zu Katarrh und Fieber geneigt" habe (III, 56); von daher ist seine Entscheidung, ebenso wie bei Thomas Budden-

---

[199] Børge Kristiansen: *Thomas Manns "Zauberberg" und Schopenhauers Metaphysik*, S. 236. – Die Sichtbeschränkung einer Deutung, die alle Einzelheiten des Romans allein von der allegorischen Sinnebene her angeht, besteht vor allem darin, daß sie gleichsam nur Extremwerte kennt, die Erwähnung von Trunkenheit, ein Kuß, eine Umarmung, ein Du – das bedeutet signalhaft immer gleich 'Unform' im vollen Sinn.

brook und Aschenbach, als Selbstdizilinierung der eigenen 'problematischen Natur' zu verstehen. Mehr noch als bei den Vorgängern erhält Joachims Schicksal tragische Züge durch den gänzlich unlösbaren Konflikt von 'Neigung' und 'Natur' bzw. Physis.[200]

Der 'Haltungsethiker' erfüllt die Verpflichtungen zunächst treu, um dann von der tödlichen Krankheit überwältigt zu werden. Alle Helden Thomas Manns, die 'überleben', brechen dagegen bis zu einem gewissen Grad mit Konventionen und Erwartungen, entfernen sich von den Verpflichtungen der Väterwelt. Joseph gelingt, wie seinem Autor, die Versöhnung von Erfüllung und Eigensinn, Krull ist schon durch den sozialen Ruin seines Elternhauses aus der Pflicht genommen. An Hans Castorp wird freilich ein anderer Aspekt der Problematik sichtbar: So wie ein Zuviel an verpflichtender Tradition verhängnisvoll wirken kann, so bedingt ein Zuwenig die – jedenfalls in Hinsicht auf die Berufsausübung – auffällige Unentschlossenheit der Hauptfigur, ohne die Dynamik der Vaterbindung versiegt offenbar jeder Leistungswillen. Castorp ist Doppelwaise; er verliert seinen Vater nicht, wie andere Helden Thomas Manns, in der Jugend, sondern bevor er ihn überhaupt als verpflichtendes Vorbild erleben kann, in der frühen Kindheit: "er hatte Vater und Mutter kaum recht gekannt. Sie starben weg in der kurzen Frist zwischen seinem fünften und siebenten Lebensjahr [...]." Der Großvater überlebt den Vater "nur um ein weniges". (III, 32)[201] Castorps ganz und gar ästhetizistische, geradezu ins 'Metaphysische' verschwimmende Erinnerung an den Großvater-Typus, der früheren, 'verschollenen Jahrhunderten' zu entstammen scheint (III, 40), ist das Gegenteil einer auf Leistung verpflichtenden Tradition, sie lädt zum Träumen ein.

Gerade wenn man die Figuren des *Zauberberg*, mit den Worten Thomas Manns, als "Repräsentanten und Sendboten geistiger Bezirke, Prinzipien und Welten" (XI, 612) interpretiert, verbietet es sich, das Schicksal Ziemßens als "strukturelle Wiederholung der Geschichte Hans Castorps" zu lesen. In ihrer repräsentativen Funktion führen die Umgebungsfiguren vielmehr verschiedene Einseitigkeiten vor, auf die der Ironiker Castorp mit Neugier, aber auch mit annähernd gleicher Distanz reagiert. Der 'unentschlossene' Held ist umgeben von 'Entschlossenheiten', Verkörperungen

---

[200] Hans Castorps "Sympathie mit dem Organischen", auf der das "Lebensja" des "Schnee"-Kapitels basiert, ist im übrigen nicht identisch mit dem "Pflichtgedanken" und dem "Lebensbefehl" der Ziemßen-Handlung, so daß aus dem Scheitern des einen keineswegs, wie Kristiansen meint, auf die Vergeblichkeit des anderen geschlossen werden kann.

[201] Die Thematik der Väter und Söhne bei Thomas Mann behandelt das erste Kapitel der Studie von Helmut Koopmann: *Thomas Mann – Konstanten seines literarischen Werks*, Göttingen 1975, S. 7-81.

verfestigter, aus dem Lebenszusammenhang geratener 'Prinzipien', die als solche nicht durchzuhalten sind. Dies macht der Erzähler unmißverständlich klar, indem er die Figuren eben *nicht* nur als "wandelnde Allegorien" darstellt, sondern als "wirkliche Menschen": das Scheitern des Prinzipiellen ist vorprogrammiert.

11. Ein Nebenmotiv: Der Urmensch

Die Entwicklungslinie von 'kaltem' Blick und Körper-Irritation zur Sympathie mit dem Organischen läßt sich noch einmal anhand eines unauffälligen, dennoch werkübergreifenden Nebenmotivs nachzeichnen. Seit dem *Zauberberg* verzichtet kaum ein Werk Thomas Manns darauf, die Perspektive in räumliche und zeitliche Fernen zu öffnen. Die "Forschungen" Castorps, die "Höllenfahrt" des Josephsromans, Adrian Leverkühns präzise imaginiertes Tauchabenteuer in der Urwelt der Tiefsee, aber auch schon die versunkene, verfremdete Landschaft in der Novelle *Herr und Hund*, die den Eindruck erweckt, "als finde man sich in die Landschaft einer anderen Erdperiode versetzt, oder auch in eine unterseeische, als wandle man auf Wasserboden" (VIII, 566) – das Archaische übt eine unübersehbare Faszination auf den Autor aus, es trägt bei zu den stofflichen Reizen der Moses-Novelle, der *Vertauschten Köpfe* und spielt auch in den *Erwählten* hinein, wo der Held vorübergehend zu einem seltsamen, "filzig-borstige[n] [...] Naturding" regrediert, das sich von leimiger Erdmilch ernährt. (VII, 191, 195) In den Berichten über die Vorzeit findet sich dann gelegentlich ein Absatz, der ein so befremdendes wie verwandtes Wesen vor Augen führt: den 'Ur-Menschen'. Der *Zauberberg* beschreibt ihn noch, ganz zum Ton passend, mit dem der Abschnitt "Forschungen" physiologisches und biologisches Wissen paraphrasiert, als Monstrum mit abstoßender Körperlichkeit; er biete einen "wenig humanistischen Anblick":

Seine Haut war mit zuckenden Muskeln zur Abwehr der Insekten ausgestattet und dicht behaart, die Ausdehnung seiner Riechschleimhaut gewaltig, seine abstehenden, beweglichen, am Mienenspiel beteiligten Ohren zum Schallfang geschickter gewesen als gegenwärtig. Damals hatten seine Augen, von einem dritten, nickenden Lide geschützt, seitlich am Kopf gestanden [...]. Dieser Mensch hatte außerdem ein sehr langes Darmrohr, viele Mahlzähne und Schallsäcke am Kehlkopf zum Brüllen besessen [...]. (III, 390)

Ein eigenwilliges Schreckensbild, das die Irritation durch die menschliche Stammesgeschichte ins Groteske steigert. Kein 'menschlicher' Zug wird gewährt. Dieser, wie es heißt, bereits "vollendete Mensch in Urzeiten" (III, 390) ist eine Phantasmagorie des Körper-Grauens. Im Vorspiel der Josephsromane ist dann gar die Rede von noch früherem, 'vornoachitischem' menschlichen Leben in einer "lemurischen Welt, [...] wo die gequälte Larve des Menschenwesens, ein Bild, in welchem das eigene wiederzuerkennen der hübsche und schöne Joseph sich mit begreiflichster Entrüstung geweigert haben würde, im Verzweiflungskampf mit gepanzerten Fleischgebirgen von Raubmolchen und fliegenden Echsen seinen Lust- und Angsttraum vom Leben erlitt". (IV, 38) 'Irritation' wird hier – konjunktivisch – Joseph zugeschrieben, sie bestimmt nicht den Ton des Erzählers. Angst und Qual machen das "erlittene", stets bedrohte Leben des vorzeitlichen Menschen aus; indem diese psychischen Qualitäten in den Vordergrund gerückt werden, gestaltet sich das Bild zwangsläufig schon näher und vertrauter. Der Josephsroman bemüht sich ja unter verschiedenen Aspekten darum, die Differenzempfindung gegenüber dem zeitlich und räumlich Entlegenen und Fremden einzuschränken, Josephs Zeitgenossen seien "Menschen wie wir – einige träumerische Ungenauigkeit ihres Denkens als leicht verzeihlich in Abzug gebracht". (IV, 54) Die griechisch-römische Welt ist von "vergleichsweise blitzblanker Neuzeitlichkeit" (IV, 25), und auch wenn der Blick immer weiter zurück über die "Dünenkulissen" der Zeit schweift, entdeckt er auf jeder Entwicklungsstufe mehr Vertrautes als erwartet. Damit wird auch der Frühmensch vom schreckenden Gegenbild zum nur scheinbar so fernen Vorläufer, der sich denn auch schon "beim ersten Morgengrauen der Geschichte" als das wohlbekannte "altkluge, kunstfertige und in jeder entscheidenden Hinsicht moderne Wesen" präsentiert. (IV, 28f.)

Krulls Besuch im naturwissenschaftlichen Museum von Lissabon schließlich steigert die Vertrautheit zu ergriffener 'Allsympathie'. Der durch sie inspirierte Blick entdeckt darüber hinaus noch beim plumpesten Dinosaurier eine Fußstellung "nicht ohne ungeheuerliche Grazie" (VII, 575), sieht noch in den monströsesten, "zwischen den Gattungen schwebend[en] Tiergestalten" den "Freund". (VII, 313f.) Vor den ausgestellten Szenen aus dem "Frühleben der Menschen" (VII, 578) überkommt Krull Rührung:

Du mein Gott, was hockte da klein und beflaumt in scheuer Gruppe beisammen, als beriete man sich in schnalzender, gurrender Vor-Sprache, wie auf dieser Erde, die man beherrscht von weit günstiger ausgestatteten Wesen, stärker bewaffneten Wesen vorgefunden, ein Durchkommen, ein Auskommen zu finden sei? Hatte da die Urzeugung, [...] die Sonderung vom Tierischen sich schon, oder noch nicht vollzogen? Sie hatte, sie hatte, wenn man mich fragte. Dafür sprach gerade die ängstliche Fremdheit und Hilflosigkeit der Beflaumten in einer fortgegebenen Welt, für die sie weder mit Hörnern und Hauern, mit Reißkiefern weder noch Knochenpanzern, noch eisernen Hackschnäbeln versehen waren. (VII, 578)

Der Schrecken über das "dicht-behaart[e]" Halbtier der *Zauberberg*-Darstellung wandelt sich zu Rührung beim Anblick der 'Beflaumten'. Die Schutzlosigkeit und Bedrohtheit des frühen Menschen, bereits in der Phantasie des Josephsromans bestimmend, wird zum Anlaß des Sympathie-Gefühls, das nicht mit Mitleid zu verwechseln ist; dagegen spricht der von Krull beobachtete frühzeitliche Menschenstolz, über den er sich nicht durch grobe Körperlichkeit hinwegtäuschen läßt: "Eine Höhle eröffnete sich, geräumig, da schürten Neandertal-Leute ein Feuer – plumpnackige, untersetzte Leute, gewiß –, aber es hätte nur sonst jemand [...] kommen sollen und Feuer schlagen und schüren. Dazu gehörte mehr als königliches Gebaren; es hatte etwas hinzukommen müssen." (VII, 579) – Fasziniertes Erkennen des Eigenen im urzeitlich Fernen stellt sich angesichts einer prähistorischen Sonderlings-Existenz ein:

Nicht trennen konnte ich mich von den Neandertalern, dann aber ebensowenig von dem Sonderling, der vor vielen Jahrhunderttausenden einsam in nackter Felsenhöhle kauerte und mit seltsamem Fleiß die Wände mit Bildern [...] bedeckte. Seine Gesellen trieben wohl draußen die Jagd in Wirklichkeit, er aber malte sie mit bunten Säften [...]. Lange sah ich ihm zu und wollte trotzdem, als wir schon weiter waren, noch einmal zu dem fleißigen Sonderling zurückkehren. 'Hier ist aber noch einer', sagte Kuckuck, 'der ritzt, was ihm vorschwebt, so gut er kann in einen Stein.' Und dieser emsig ritzend über den Stein Gebückte war auch sehr rührend. (VII, 579)

In der Allsympathie ist wie im Mitleid, aber ohne dessen negative, schopenhauerische Akzentuierung des Leidens, eine Verbindung, ein Zusammenklang von Ich und Welt erfahrbar. Gefühl und Erkenntnis sind dabei gleichermaßen beteiligt – wie der andere Leitbegriff der späteren Werke, 'Neugierssympathie', noch deutlicher macht. Auch die seltsamsten Lebenserscheinungen werden mit 'Rührung' und 'Bewegung' angeschaut und ermöglichen in ihrer 'Verlarvung' menschliche Selbsterkenntnis: "Die Natur schien zum Lachen reizen zu wollen mit diesen Frätzchen, ich aber enthielt mich sogar des Lächelns bei ihrem Anblick. Denn gar zu deutlich lief es bei ihnen allen schließlich auf mich hinaus, wenn auch auf verlarvte und wehmütig scherzhafte Weise." (VII, 577)

Führt der Autor hier eine angestrengte Programmatik der Lebensfreundlichkeit durch? Handelt es sich bei dem Museumskapitel um einen forcierten Bildungs-Einschub, epischen Ballast, der den *Krull* mit seinen leichtgewichtigeren erotischen Episoden auf den Tiefgang früherer Romane bringen soll? Wohl kaum. Gerade hier ist der Roman autobiographisch. Die Beschreibung von Krulls Museumsbesuch folgt, auch im Enthusiasmus der 'Allsympathie', den Erlebnissen Thomas Manns im *Museum of Natural History* in Chicago, die auch das Tagebuch mit ungewöhnlicher Ausführlichkeit protokolliert:

Im naturhistorischen Museum. Höchst lebhafter und fruchtbarer Eindruck. Das Ur-Leben. Schwämme, die 50 Millionen Jahre überlebt haben... Dort fing alles an. [...] Höhle mit Neandertal-Menschen. Der Mann, plumpnackig, mit blutigem Knie, haarig nicht sehr. Bewegt. Etwas wie biologischer Rausch. Gefühl, daß dies alles meinem Schreiben und Lieben, meiner Humanität zum Grunde liegt. (4.10.51)
　　Gestern mit Medi nochmals im Museum of natural history [...]. Die Künstler der Höhlenmalereien und Steinritzereien einsam bei ihrer merkwürdig triebhaften Arbeit, sehr rührend. [...] Bewegt von alldem. [...] Unermüdet von diesem Schauen. Keine Kunstgalerie könnte mich so interessieren. (6.10.51)

Die Reflexionen über Körper, Natur und Naturgeschichte sind, wie jene über das Mythische, wichtige Stationen auf dem Weg der Annäherung an das Leben. So wie in der mythischen Sichtweise eine eingeschränkte Lebensform positiv als 'zelebriertes Muster' anerkannt werden kann, verhelfen die mit erotischer Neugier betriebenen biologischen Studien dazu, dem zuvor als erschreckend, geistbedrängend und 'gemein' empfundenen Körperleben mit Sympathie zu begegnen, die "Gehässigkeit gegen das Organische" zu überwinden. (IX, 111)

12. Alles wieder 'vergessen'? Das Bedürfnis nach Helden, die handeln

Anders als hier dargelegt, gilt die 'Moral' des "Schnee"-Kapitels in der jüngeren Thomas Mann-Forschung meist als bloße humanistische Zutat eines pessimistischen bzw. nihilistischen Romans. Spätestens mit dem Kapitel *Die große Gereiztheit* mache der Roman unmißverständlich klar, so Børge Kristiansen, daß die "substantielle und wirkliche Lebensrealität [...] der nackte Kampf ums Leben"[202] sei, das sinnlose, blinde Willensgeschehen — ob sich der Autor zu dieser 'Wahrheit' seines Romans affirmativ oder

---

[202] Børge Kristiansen: *Thomas Manns "Zauberberg" und Schopenhauers Metaphysik*, S. 303.

kritisch verhalte, wie von Helmut Koopmann eingewandt[203], spiele letztlich keine Rolle, weil alle 'humanen Appelle' doch nur "illusorische Wünschbarkeiten"[204] blieben. Diese nach Kristiansen auch für den Leser höchst entmutigende Schlußfolgerung beruft sich letzten Endes auf den Handlungsverlauf: Castorps "Einsichten bleiben abstrakte Theorie, die für ihn keine wirkliche Verbindlichkeit mit praktischen Konsequenzen erlangt".[205] Was hier anscheinend vermißt wird, ist der eindeutig positive Romanschluß, der zeigen müßte, wie Castorp Initiative ergreift, aus der Zauberbergwelt ausbricht und zu einer sinnerfüllten, tätigen Existenz findet. Man muß die möglichen Details eines solchen vorbildlichen Heldenlebens nicht erst ins Lächerliche fortspinnen, um diese – wohl gar nicht ernsthaft gehegte – Leseerwartung befremdend zu finden. In der *Zauberberg*-Kritik hat sie jedoch zu stereotypen Urteilen geführt. Hermann Kurzke findet Castorps "lehrsatzartige Erkenntnis unter den schopenhauerischen Voraussetzungen abstrakt und folgenlos, bloße Meinung"[206], er werde "nicht zum Ingenieur, der etwas Vernünftiges für die Menschheit tut".[207] Werner Frizen meint, Castorps neue Erfahrung des "Lebenswertes" bleibe "Episode" und als solche werde sie "nicht zum Anlaß der revolutionierend-essentiellen Tat" ("ein geheilter Kranker verläßt das Sanatorium"[208]), und auch Hans Wysling schreibt: Castorp "vermag die neue Einsicht nicht in die Tat umzusetzen. Sie vermittelt keine Handlungsmaximen, kein politisches Programm".[209] Es entsteht der Eindruck, als handele es sich dabei um eine spezifisch schopenhauerianische Konsequenz, als habe Thomas Mann aus philosophischer Einsicht den sonst in den großen Romanen des 20. Jahrhunderts üblichen positiven Schluß verweigert. Die zitierten Beurteilungen verdanken sich dem merkwürdigen Umstand, daß diejenigen, die sie aussprechen, einerseits längst nicht mehr daran glauben, der *Zauberberg* sei ein Bildungsroman, andererseits den Roman aber doch noch anhand eines klischeehaften Gattungsbegriffs messen, nach dem es einen exemplarischen Bildungshelden geben und überdies eine auf harmonische Erfüllung zulaufende Geschichte

---

[203] Vgl. Helmut Koopmann: *Der klassisch-moderne Roman in Deutschland*, S. 71-76 u. Ders.: "Einführung" zu Børge Kristiansen, *Thomas Manns "Zauberberg" und Schopenhauers Metaphysik*, ebd. S. IX-XXV.

[204] Børge Kristiansen: *Thomas Manns "Zauberberg" und Schopenhauers Metaphysik*, S. 303 u. 307.

[205] Børge Kristiansen: *Thomas Manns "Zauberberg" und Schopenhauers Metaphysik*, S. 302.

[206] Hermann Kurzke: *Thomas Mann. Epoche – Werk – Wirkung*, S. 205.

[207] Hermann Kurzke: *Thomas Mann. Epoche – Werk – Wirkung*, S. 209.

[208] Werner Frizen: *Zaubertrank der Metaphysik*, S. 215.

[209] Hans Wysling: "*Der Zauberberg*", TMHb, 415.

stattfinden sollte. Wann wären solche Romane, Romane auf der Ranghöhe des *Zauberberg*, geschrieben worden? Schon Wilhelm Meister wird erst im späten, eher eigenständigen denn als bloße Fortführung zu verstehenden Roman der *Wanderjahre* zum Wundarzt, recht abrupt und zudem in einer Romanwelt, in der die 'realistische' Motivierung wenig Bedeutung besitzt. Ganz am Ende wird er einmal kurz in "entschlossene[r] Tätigkeit"[210] gezeigt beim Aderlaß.[211] Der *Grüne Heinrich* endet in der ersten Fassung in Schuld, Düsternis und Tod, in der zweiten vordergründig in bescheidenem Glück; die bestimmenden Töne sind auch dort Resignation und Entsagung: Heinrich lebt "ohne Unruhe, aber auch ohne Hoffnung eines frischern Lebens".[212] Das ließe sich auch über den auf dem Berghof sitzengebliebenen Castorp sagen. Wo sind schließlich die von "Handlungsmaximen" und "politischen Programmen" geprägten Finale in den großen Werken der 'klassischen Moderne'? Nur in einzelnen Fällen gelingt noch der 'harmonisch' abgerundete Schluß; er verlangt ingeniöses Kunstvermögen. James Joyce kann seinen Helden nicht als rächenden Odysseus heimkehren lassen, sein Triumph über die 'Freier' findet, ohne daß er es wüßte, in Molly Blooms Einschlafmonolog statt. Proust verlegt die Versöhnung nicht in den Traum, sondern in die Erinnerung. Der Held, dem das Leben als vermeintlich verlorene Zeit zwischen Erwartung und Enttäuschung entglitten ist, findet das Glück schließlich dort, wo er es nicht vermutet hat, wenn ihm klar wird, daß sein "Gehirn ein reiches Erzbecken war, in dem es kostbare Vorkommen in unendlich weiter und mannigfacher Ausdehnung gab".[213]

Thomas Manns Erfindung des vorverlegten, scheinbar vergessenen, dann aber doch wieder aufgenommenen 'Gedankentraums' ist diesen Strategien einer positiven Akzentsetzung verwandt. Der Autor konnte so mit direkten Worten die lebensfreundliche, vom erzählten Geschehen keineswegs völlig isolierte 'Botschaft' in den Roman integrieren. Die Erweiterungsmöglichkeiten der Vorkriegskonzeption waren damit bis an die Grenze ausgeschöpft. Trotzdem geht der Autor noch einen Schritt weiter, wenn er zeigt, daß das für die Fortführung des Handlungsverlaufs künstlerisch notwendige 'Vergessen' keineswegs ganz wörtlich zu verstehen ist. Zum einen deshalb, weil sich

---

[210] Johann Wolfgang v. Goethe: *Wilhelm Meisters Wanderjahre*, Hamburger Ausgabe, Bd. 8, S. 281.

[211] Johann Wolfgang v. Goethe: *Wilhelm Meisters Wanderjahre*, S. 459f.

[212] Gottfried Keller: *Der grüne Heinrich*, S. 1114. – Das Glück und die 'Erlösung', die Heinrich durch die zurückkehrende Judith am Ende auf zwei Seiten zuteil werden, bleiben ein gezwungener tröstlicher Abschluß.

[213] Marcel Proust: *Auf der Suche nach der verlorenen Zeit*, übers. v. Eva Rechel-Mertens, 7. Teil: *Die wiedergefundene Zeit*, Frankfurt a. M. 1984, S. 492.

in den Roman mehrfach Erinnerungen, zum Teil fast wörtliche Wiederaufnahmen der Einsichten des "Schnee"-Kapitels eingestreut finden (vgl. III, 697, 827, 831f., 906, 993); einige wurden im Settembrini-Kapitel dieser Arbeit angesprochen. Zum anderen ist Castorps 'Vergessen' von einer eigentümlichen Qualität, die auf das genaue Gegenteil der Wortbedeutung schließen läßt: es ist die Steigerung jener "Verwirrung", die ihn immer dann befällt, wenn er eine höhere Erkenntnisebene berührt, wenn er Tieferes ausspricht, als seine 'Durchschnittlichkeit' eigentlich "verantworten kann". (Vgl. III, 138) Schon vor dem Schnee-Kapitel gibt es Momente eines solchen 'Vergessens'. Nachdem Castorp mit "Gedankenschärfe" erstmals über die 'Zeit' reflektiert hat, heißt es: "Trotz seiner Benommenheit fühlte er die Höflichkeitsverpflichtung, Konversation zu machen, und suchte sich zu diesem Zwecke der ausgezeichneten Dinge zu erinnern, die er vorhin über die 'Zeit' zu sagen gehabt hatte. Allein es erwies sich, daß er den ganzen 'Komplex' ohne Rest vergessen hatte und über die Zeit auch nicht den geringsten Gedanken mehr in seinem Kopfe beherbergte." (III, 102) Im folgenden zeigt sich dann, daß dieser 'Komplex' für Castorp durchaus nicht verloren ist, im Gegenteil. So wohl auch im anderen Fall: "Was er gedacht, verstand er schon diesen Abend nicht mehr so recht." (III, 688) Dieses Vergessen ist gewissermaßen eine Inkubationszeit der 'Verinnerlichung', die – signalhaft für den Leser – regelmäßig den Initiationsmomenten von "Gedankenschärfe" und "Gedankentraum" folgt. "Aber wir wissen, daß 'Vergessen' ein sehr oberflächlicher psychologischer Vorgang ist", schreibt Thomas Mann in den *Betrachtungen*, als Antwort auf die Bemerkung eines Russen, Dostojewski sei in Rußland "*vergessen*". (XII, 441)

Stets wird das Wesentliche, Prägende auf diese Weise 'vergessen'. Im Fall des Mitschülers Hippe zeigt schon die paradoxe Struktur des Satzes, daß die zweijährige Schulhofliebe im buchstäblichen Sinn gewiß nicht vergessen ist: "Auch verließ Pribislav, infolge der Versetzung seines Vaters, Schule und Stadt; aber das beachtete Hans Castorp kaum noch; er hatte ihn schon vorher vergessen." (III, 172) Auch andere Werke Thomas Manns kennen solches 'Vergessen'. Am Ende von Klaus Heinrichs fataler Begegnung mit dem 'Leben', seiner prägenden und sicherlich niemals vergessenen Erniedrigungserfahrung auf dem Bürgerball, stehen die Sätze: "Dies war das peinliche Vorkommnis, das in Klaus Heinrichs Schuljahr fiel. Wie gesagt, sprach keiner der Beteiligten davon [...], und da niemand der Sache Worte lieh, so blieb sie körperlos und verschwamm, wenigstens scheinbar, sofort in Vergessen." (II, 104f.) Hier gibt der Erzähler noch den überdeutlichen Hinweis "wenigstens scheinbar", der in solchen Fällen im *Zauberberg* ausgespart bleibt. Im *Tod in Venedig* folgt das Motiv zuverlässig auf Aschenbachs

Begegnung mit dem ominösen Wanderer: "Er hatte ihn in der nächsten Minute vergessen." (VIII, 446) Im folgenden ist dann aber von nichts anderem als Reiselust und Reiseplänen die Rede; am Ende des Kapitels hält Aschenbach sogar noch "Umschau" nach dem merkwürdigen Fremden, "dem Genossen dieses immerhin folgenreichen Aufenthaltes". (VIII, 449) Auch bei Thomas Buddenbrook folgt auf die Intensität des Schopenhauer-Erlebnisses ein Zustand der Dumpfheit und des 'Vergessens': "'Ich werde leben!' flüsterte er in das Kissen, weinte und ... wußte im nächsten Augenblick nicht mehr, worüber. Sein Gehirn stand still, sein Wissen erlosch, und in ihm gab es plötzlich wieder nichts mehr als verstummende Finsternis. [...] Er gelangte niemals wieder dazu, einen Blick in das seltsame Buch zu werfen, das so viele Schätze barg [...]." (I, 659f.) Den Morgen nach der Lektüre erwacht er "mit einem ganz kleinen Gefühl von Geniertheit über die geistigen Extravaganzen von gestern". (I, 659.) Am Ende des näch-sten Kapitels spricht Thomas Buddenbrook dann jedoch in ganz ungewohn-ter Weise: Im Tonio-Kröger-Ton philosophiert er von Meeres-'Metaphysik', von den "Verwicklungen der innerlichen Dinge", von einem "Blick, der irgendwo einstmals tief in traurige Wirrnisse sah". Frau Permaneder verstummt bei diesen neuerlichen Extravaganzen "so eingeschüchtert und unangenehm berührt, wie harmlose Leute verstummen, wenn in Gesell-schaft plötzlich etwas Gutes und Ernstes ausgesprochen wird". (I, 671)

Ganz ohne künstlerische Einbußen blieb auch die Lösung des 'verges-senen Gedankentraums' nicht. Gerade jene Seite der Forschung, welche nur deutliche lebenspraktische Konsequenzen oder die 'essentielle' Tat glaubhaft fände, hat immer wieder darauf hingewiesen. Die "allegorisch-rationalisti-sche Entwertung des Sinnlichen" im "Schnee"-Kapitel "widerspricht der Ästhetik der *Betrachtungen*", schreibt Hermann Kurzke.[214] Selbst wenn dies zuträfe, will es doch als überraschender Einwand eines Kritikers erscheinen, der sich weitgehend der Interpretation Kristiansens anschließt und in der Leitmotivik eine "schopenhauerisierende Metaphysik" am Werk sieht, "die alles Wirkliche zur Allegorie entwertet, weil sie es auf ein anderes verweisen läßt".[215] – Michael Maar macht Stilschwächen in den ethischen Sätzen des *Zauberberg* aus. Am Ende des Kapitels "Fülle des Wohllauts" – auch hier Anklänge an den "Gedankentraum"[216] – spricht der Erzähler über das romantische Lied mit seinem Todeszauber: "Aber sein bester Sohn mochte

---

[214] Hermann Kurzke: *Thomas Mann. Epoche – Werk – Wirkung*, S. 204.

[215] Hermann Kurzke: *Thomas Mann. Epoche – Werk – Wirkung*, S. 211.

[216] Zur Wiederaufnahme des Liebesgebots vgl. Helmut Gutmann: *Das Musikkapitel in Thomas Manns "Zauberberg"*, in: *German Quarterly* 47 (1974), S. 415ff.

340

doch derjenige sein, der in seiner Überwindung sein Leben verzehrte und starb, auf den Lippen das neue Wort der Liebe, das er noch nicht zu sprechen wußte." (III, 907) Maar schreibt dazu: "Wie lebensernst ihm [Thomas Mann] dieser Schluß war, merkt man übrigens daran, daß ihm der eklatante Stilfehler gar nicht auffällt, das 'sein', 'sein', 'seiner', 'sein' auf anderthalb Zeilen. [...] Er ist zu nah am Gegenstand, [...] es fehlt die überwachende Freiheit und Künstlerdistanz. Thomas Mann war im Zweifelsfall doch eher [...] Ethiker als Ästhetizist."[217] So wendet Maar den möglichen Einwand ab, daß dort, wo der Autor nicht ganz auf der gewohnten stilistischen Höhe ist, die Aussagen dritter Klasse anzusiedeln seien. Der Kritik, die im "Schnee"-Traum nur schöne Worte ohne tatkräftige Folgen sieht, hält er entgegen, daß ein Sollensgebot "nicht durch Nichtbeachtung widerlegt werden" könne. Als "Ästhetizismus-Antidot" werde es "genauso wenig hinfällig wie dies die Gebote Moses durch die Rückfälle [...] des regredierenden Volkshaufens werden. Als erstes und einziges Gebot steht das *Der Mensch soll...* über dem *Zauberberg* und beherrscht ihn, unabhängig davon, ob sich der Mensch daran hält oder nicht. Hans Castorp hält sich nebenbei nicht schlechter, eher besser daran als die andern."[218]

Tatsächlich beendet Castorp nicht nur mit einer entschlossenen Geste die 'fragwürdigen' okkultistischen Zeitvertreibe, und zeigt damit "deutlich", so der Autor in einem Brief, "daß auch er das Gesehene als unwürdig, sündhaft und widerwärtig empfindet"[219], er ist in der egoistischen Krankenwelt auch der einzige, der zuhören kann; durch ruhiges Zureden bringt er den an ihren 'fixen Ideen' Leidenden offenbar Linderung. (Vgl. III, 876) Castorp schließt mit Chauchat den charitativen Bund zugunsten des eigentlichen Konkurrenten und Nebenbuhlers Peeperkorn, er empfindet "Abneigung" gegen den auf dem Berghof einziehenden Antisemitismus (III, 950), er bleibt neben Settembrini der einzige, der "Unheimliches, Bösartiges" im "Leben ohne Zeit" sieht, und der letzte, der in der "großen Gereiztheit" seinen "Geist aus der allgemeinen Verstrickung und Benebelung [...] bis zu einem gewissen Grade befreien konnte und sich vorhielt, daß dies ja Wahnsinn sei [...]". (III, 970) Darüber hinaus bemüht sich der Erzähler noch – auch wenn er Castorp nicht ins Flachland zurückschickt, um mit Frau Chauchat eine Ingenieursfamilie zu gründen – ihm die Grunderfahrungen des "Menschlichen" zuteil werden zu lassen. Die spiritistische Sitzung wird letztlich inszeniert, um Castorp die Erfahrung der "Gatten- und Vaterschaft" zu ermöglichen. Die

217 Michael Maar: *Geister und Kunst*, S. 202f.
218 Michael Maar: *Geister und Kunst*, S. 188f.
219 Brief an Richard Braungart vom 7.11.1947; Br II, 566.

Erzeugung und Erscheinung des 'Geistes' wird mit Zeugung und Geburt, der Sitzungsraum mit einer "animierten Wochenstube im Rotlicht" gleichgesetzt, so daß es über den vermeintlich eskapistischen Helden dann heißen kann, daß er, "da auch er dem Leben nicht ausgewichen war, diesen Akt voll organischer Mystik in solcher Gestalt kennenlernte [...]". (III, 940)

Dennoch gilt, das Beispiel der 'Stilschwäche' hat es gezeigt: nichts stellt das künstlerische Vermögen vor größere Schwierigkeiten als die Darstellung des 'Positiven', und sei es nur die Formulierung einer einfachen ethischen Aussage. Auch manche Sätze des Joseph klingen da eher unglücklich: "Wer nicht das Einst der Zukunft ehrt, ist nicht des Einst der Vergangenheit wert und stellt sich auch zum heutigen Tag verkehrt." (V, 1555) Wer das noch als künstlerisches Versagen vor der Übermacht der Willens versteht, sollte einen Blick in die Schlußkapitel jenes großen Gegenromans zum *Zauberberg* werfen, der seinen 'Bildungshelden' ebenfalls in eine 'Unterwelt' (Settembrinis Wort für den Berghof) führt, die des Berliner Ostens: Döblins *Berlin Alexanderplatz*. Wie Castorp macht Biberkopf seine kathartische Erfahrung in Todesnähe, und auch in diesem Roman hat der Autor am Ende alle Mühe, die Veränderung des falschen "Lebensplans" durchzusetzen, den neuen "Sinn", der lange und laut angekündigt wurde und der sich für den Leser "lohnen" soll.[220] Auch Döblin will es nicht gelingen, das neue Leben Biberkopfs überzeugend und anschaulich vorzuführen[221]; dieses Darstellungsproblem jedoch gegen die ethische Intention selber, gegen die klaren Aussagen, die das Buch gleichwohl trifft, zu wenden, wäre ebenso verfehlt wie im Fall des *Zauberberg*. Es lohnt sich, die Passagen beider Werke, in denen die 'einsichtig' gewordenen Helden mit einiger Verkrampfung vorgeführt werden, nebeneinander zu halten. Über Biberkopf liest man:

Er geht durch die Stadt. Da sind viele Dinge die einen gesund machen können, wenn nur das Herz gesund ist. [...] Na, und gesund ist ja Franz Karl Biberkopf, wären alle nur so taktfest wie er. Würde sich auch gar nicht lohnen, von einem Mann eine so lange Geschichte zu erzählen, wenn er nicht mal fest auf den Beinen steht. Und als ein fliegender Buchhändler eines Tages bei schauerlichem Regenwetter auf der Straße stand und über seine schlechten Einnahmen wetterte, trat Cäsar Flaischlen an den Bücherkarren. Er hörte sich das Gewettere ruhig an, dann klopfte er dem Mann auf beide nasse Schultern und sage: "Laß das Gewettere, hab

<hr />

220 Alfred Döblin: *Berlin Alexanderplatz*, Ausgewählte Werke in Einzelbänden, hrsg. v. Walter Muschg, Freiburg 1961, S. 9f.

221 Zum Problem des Schlusses von *Berlin Alexanderplatz*: Hans-Peter Bayerdörfer: *Der Wissende und die Gewalt. Alfred Döblins Theorie des epischen Werkes und der Schluß von "Berlin Alexanderplatz"*; in: *Materialien zu Alfred Döblin "Berlin Alexanderplatz"*, hrsg. v. Matthias Prangel, Frankfurt a. M. 1975, S. 150-185.

Sonne im Herzen", so tröstete er ihn und verschwand. Dies war der Anlaß zu dem berühmten Sonnengedicht. Solche Sonne, eine andere freilich, hat auch Biberkopf in sich, und ein Gläschen Schnaps dazu und viel Malzextrakt in die Suppe gerührt, das bringt ihn langsam auf den Damm. Mit diesen Zeilen erlaube ich mir auch, Ihnen einen Anteil von einem ausgezeichneten Fuder 1925er Trabener Würzgarten anzubieten zum Vorzugspreis von [...]. –

Siehste Eva, ich habs nicht nötig, kannst mir glauben, zu Mieze zu laufen, für mich ist die auch ohne Friedhof da, und Reinhold auch, ja Reinhold, den vergesse ich nicht, und wenn mir auch der Arm wieder anwächst, den vergeß ich nicht. Gibt schon Sachen, da muß man ein Haufen Klamotten sein und kein Mensch, wenn man die vergißt. So redet Biberkopf mit der Eva und ißt Bienenstich.[222]

Über der Beschreibung des 'neuen', taktfesten, Bienenstich statt Bier bestellenden Franz Karl Biberkopf verliert Döblin den Ernst, wie schon in der ursprünglichen Schlußfassung, wo er den Helden mit den Worten entließ: "Er ist jetzt nicht mehr so derb und forsch wie früher, obwohl er lachen kann wie früher, na Biberkopf soll nicht lachen können und die neusten Schlager könnt Ihr nur von ihm hören."[223] Auch beim Versuch der Korrektur gerät Döblin wieder in diesen Ton und gibt ihm spielerisch nach – mit dem heiklen Kunstgewissen Thomas Manns war er nicht ausgestattet. Was in der derben, lehrhaften Moritat keine Mühe bereitet, das 'Zurechtbiegen' des angeschlagenen Helden, versagt sich der 'realistischen' Darstellung. Das veränderte Leben nach der Katharsis ist kein Gegenstand des Romans. Niemand hat das genauer gesehen als Walter Benjamin in seiner Kritik von *Berlin Alexanderplatz*: "Gleichzeitig ist aber mit diesem Franz Karl [...] etwas ganz Sonderbares geschehen. Und daß Döblin, obwohl er seinem Helden doch so genau auf die Finger sieht, dies nicht entgangen wäre, wollen wir nicht beschwören. An dieser Stelle nämlich hat Franz Biberkopf aufgehört, exemplarisch zu sein [...]. Denn das ist ja das Gesetz der Romanform: kaum hat der Held sich selbst geholfen, so hilft uns sein Dasein nicht länger."[224]

Daß es sich in der Tat nicht um ein künstlerische Schwäche Döblins handelt, sondern um ein grundsätzliches Darstellungsproblem, zeigen die ungeschickten und beinahe komischen Sätze zwischen dem Gedankentraum und seinem Vergessen, in denen Hans Castorp sich zu seiner neuen Einsicht beglückwünscht:

---

222 Alfred Döblin: *Berlin Alexanderplatz*, S. 494ff.

223 Aus einem Bruchstück einer ursprünglichen Schlußfassung, mit der das Marbacher Manuskript abbricht, in: *Materialien zu Alfred Döblins "Berlin Alexanderplatz"*, S. 40.

224 Walter Benjamin: *Krisis des Romans. Zu Döblins "Berlin Alexanderplatz"*, Gesammelte Schriften Bd. III, hrsg. v. Rolf Tiedemann u. Hermann Schweppenhäuser, Frankfurt a. M. 1972, S. 236.

Nun habe ich es. Mein Traum hat es mir deutlichst eingegeben, daß ich's für immer weiß. Ja, ich bin hoch entzückt und ganz erwärmt davon. Mein Herz schlägt stark und weiß warum. Es schlägt nicht bloß aus körperlichen Gründen, nicht so, wie einer Leiche noch die Nägel wachsen; menschlicherweise schlägt es und recht von glücklichen Gemütes wegen. Das ist ein Trank, mein Traumwort, – besser als Portwein und Ale, es strömt mir durch die Adern wie Lieb' und Leben, daß ich mich aus meinem Schlaf und Traume reiße, von denen ich natürlich sehr wohl weiß, daß sie meinem jungen Leben im höchsten Grade gefährlich sind ... Auf, auf! Die Augen auf! Es sind deine Glieder, die Beine da im Schnee! Zusammenziehn und auf! Sieh da, – gut Wetter! (III, 676)

Vor diesem Hintergrund der Darstellungsproblematik des 'gewandelten' Helden, der "Krisis des Romans", die insbesondere eine des Roman*schlusses* ist, erscheint Thomas Mann vergleichsweise als Meister des 'Fertigmachens', dem es wie kaum einem anderen Autor gelungen ist, am Ausgang seiner Werke 'das Licht der Hoffnung' brennen zu lassen, von dem noch im vorletzten Satz des *Doktor Faustus,* seines düstersten Werkes, die Rede ist.[225] (VI, 676) Daß der *Zauberberg* 'Hoffnungslosigkeit' verbreite, erweist sich insbesondere im Vergleich mit den Lösungen, die andere Autoren von vergleichbarem Rang für ihre Werke gefunden haben, als Fehleinschätzung. Solche plakativen Begriffe sind für ein Verständnis der Wirkungsweise von Literatur wenig tauglich. Die Diagnose der Hoffnungslosigkeit ist wohl eher das Problem einer Interpretationswissenschaft, die noch die größten Werke der Romanliteratur als uneingelöste Versprechen betrachtet. Es sollte zu denken geben, was bereits Friedrich Schlegel kritisch über den *Wilhelm Meister* vermerkte: "Wie mögen sich die Leser dieses Romans beim Schluß desselben getäuscht fühlen, da aus allen diesen Erziehungsanstalten nichts herauskommt als bescheidne Liebenswürdigkeit [...]."[226]

---

[225] Auch der *Doktor Faustus* malt nicht nur in Schwarz. Mit seiner "Heiterkeit als Widerstand gegen die dehumanisierende Verdüsterung der Welt" (S. 162) beschäftigt sich die instruktive Arbeit Dieter Borchmeyers: *Musik im Zeichen Saturns. Melancholie und Heiterkeit in Thomas Manns "Doktor Faustus",* in: *Thomas Mann Jahrbuch* 8 (1995), S. 123-161. Vorher schon, eine neue Perspektive auf den lange Zeit im Zeichen der Negativitätsästhetik Adornos gesehenen Roman eröffnend: Helmuth Kiesel: *Thomas Manns "Doktor Faustus". Reklamation der Heiterkeit,* in: *Deutsche Vierteljahresschrift* 64 (1990), S. 726-743.

[226] Friedrich Schlegel: *Über Goethes Meister,* in Ders.: Schriften zur Literatur, hrsg. v. Wolfdietrich Rasch, München 1985, S. 276.

IV. "Sympathie mit dem Menschlichen"[1]:
Joseph und seine Brüder

1. Restitution des Epischen

a) Modernität und Tradition

Die bisherigen Arbeiten zur Josephstetralogie haben deren Gestaltenreichtum und der Darstellung einzelner Figuren, mit Ausnahme von Joseph und Jaakob, wenig Beachtung geschenkt.[2] Zunächst war die das umfangreiche Werk überschauende, die Hauptideen verfolgende Erschließung gefordert; sie richtete sich auf die Konzeption des Mythischen und ihre philosophisch-psychologischen Hintergründe, auf Fragen der Struktur und der Erzählposition und schließlich die in diesem Fall gut bekannten Quellen[3], die bei einem Kunstwerk, das in solchem Maß mit einem durch Lektüre bereitgestellten Material- und Realienfundus arbeitet, zwangsläufig Interesse auf sich ziehen. Der so zutagetretende 'Montagecharakter', die Anreicherung und 'Erörterung' der Erzählung durch Vorsätze und Einschübe essayistischer Art, die fortwährende parodistisch-'textkritische' und mythenvergleichende

---

[1] Für die sozialistische Literaturbetrachtung eines Georg Lukács, schreibt Thomas Mann in *Die Entstehung des Doktor Faustus*, sei der Josephsroman "'Mythos', also Ausflucht und Gegenrevolution. Schade. Und vielleicht nicht ganz richtig. Da aber auch die katholische Kirche das Werk nicht mag, weil es das Christentum relativiert, so bleibt ihm nur eine Humanistengemeinde, welche sich die Sympathie mit dem Menschlichen frei gefallen läßt, von der es in Heiterkeit lebt." (XI, 240)

[2] Eine gewisse Ausnahme ist die Studie Eckhard Heftrichs: *Geträumte Taten. Über Thomas Mann*, Bd. III, Frankfurt 1993, die sich allerdings wiederum auf den 'romanhaften' Teil der Geschichte Josephs mit Mut-em-enet konzentriert. Die Umgebungsfiguren werden nur sporadisch behandelt, Beschreibungsprinzipien der Menschendarstellung sind auch nicht das Thema. Heftrich geht vor allem den 'versteckten und bedeutungsvollen Späßen' (vgl. S. 352) der vielfältigen Anspielungen nach und fördert eine Fülle von Zitaten und Anklängen zutage. Dabei betont er den von der jüngeren Forschung vernachlässigten Wagner-Einfluß, so daß die 'opernhaften' Züge der Tetralogie als Nachfolge- und Konkurrenzunternehmen zum *Ring des Nibelungen* und zu *Tristan und Isolde* deutlich werden. Die Transformation des Musikdramatischen ins Erzählerische, subtiler als in den Musikszenen des Frühwerks, wird anschaulich vorgeführt.

[3] Eine Übersicht über die Quellenverwendung bieten die beiden Aufsätze Herbert Lehnerts: *Thomas Manns Vorstudien zur Josephs-Tetralogie*, in: JDSG 7 (1963), S. 458-520 u. *Thomas Manns Josephstudien 1927-1929*, in: JDSG 10 (1966), S. 378-406.

Kommentierung, die Register erzählerischer Rückbezüglichkeit[4], die gezogen werden (die "Stärkungslektüre"[5] des *Tristram Shandy* hat Spuren hinterlassen) – all dies macht die Tetralogie zu einem Werk, das die moderne Erzählproblematik nicht zu umgehen sucht, sondern sich ihr ohne Scheu stellt, mehr noch, sie als neuen Erzählanreiz in sich aufzunehmen versteht.

Auch wenn Thomas Mann die Selbstdarstellung als Abkömmling des 19. Jahrhunderts, als Spätgeborener am Ende langer Traditionen bevorzugte, so hat er sich andererseits doch gern über "manch unvermutete Beziehung und [...] sogar Verwandtschaft" zum Werk des 'avantgardistischen' James Joyce unterrichten lassen, die ihm das Vorurteil des "flaue[n] Traditionalismus" entkräften konnte. (XI, 205) Beinahe enthusiastisch nahm er Harry Levins Vergleich seiner biblischen Mythosadaption mit der Homer-Kontrafaktur des Iren auf[6], "ein Bruder zweifellos", notiert er gar über Joyce am 20.2.1942 im Tagebuch. Wenn er in diesem Zusammenhang später die Überlegung T. S. Eliots zitiert, "whether the novel had not outlived its function since Flaubert and James, and whether 'Ulysses' should not be considered an epic", und daran anschließend feststellt, sie korrespondiere genau mit seiner eigenen Frage, "ob es nicht aussähe, als käme auf dem Gebiet des Romans heute nur noch das in Betracht, was kein Roman mehr sei" (XI, 205), so fallen auch hier die Stichworte jener klassisch-modernen Debatte über die "Krisis des Romans" und die "Restitution des Epischen", die in Deutschland vor allem mit den essayistischen Äußerungen Walter Benjamins und Alfred Döblins in Verbindung gebracht wird. Dennoch ist Thomas Mann von rivalisierenden Schriftstellern oder auch von Literaturwissen-

---

[4] Vgl. Rolf Breuer: *Rückbezüglichkeit in der Literatur: Am Beispiel der Romantrilogie von Samuel Beckett*, in: *Die erfundene Wirklichkeit. Beiträge zum Konstruktivismus*, hrsg. v. Paul Watzlawick, München 1981, S. 138-158.

[5] XI, 665: "Sterne's Reichtum an humoristischen Wendungen und Erfindungen, sein Besitz einer echten komischen Technik war es, was mich zu ihm zog [...]." – Vgl. zu diesem Thema Oskar Seidlin: *Ironische Brüderschaft. Thomas Manns "Joseph, der Ernährer" und Lawrence Sternes "Tristram Shandy"*, in: *Thomas Mann. Wege der Forschung*, hrsg. v. Helmut Koopmann, Darmstadt 1975.

[6] Harry Levin: *James Joyce. A Critical Introduction*, New York 1941. – Vgl. das Tagebuch 20.2., 22.2., 1.3. u. 2.3.1942. "Wieder stark interessiert an dem Buch von Levine (!). Vorzügliche Kritik. Die Konfrontierung mit mir ist ehrenvoll und klug. Ich bin nicht verwöhnt mit höherer Kritik. Ein vorzügliches Buch." (2.3.1942) – Auch in einem Brief an Bruno Walter vom 1.3.1945 schreibt Thomas Mann, er stehe Joyce "in gewisser Hinsicht garnicht so fern", auch wenn aus demselben Brief deutlich hervorgeht, daß dessen Werke seinen Geschmack letztlich so wenig trafen wie in der Musik die von Schönberg. (Vgl. Br II, 416) – Vgl. zum Thema Joyce und Mann den erhellenden Aufsatz von Hans Rudolf Vaget: *Thomas Mann und James Joyce: Zur Frage des Modernismus im Doktor Faustus*, in: *Thomas Mann Jahrbuch* 2 (1989), S. 121-150.

schaftlern, die Musil, Kafka, Döblin, Brecht oder Jahnn favorisierten und sich von deren Thomas Mann-Komplex anstecken ließen (nur Kafka hatte da keine Probleme), immer wieder bescheinigt worden, den Anschluß an die Moderne verpaßt zu haben.

Die einseitige Aufmerksamkeit auf formale Experimente und modernistische Programmatik kann jedoch den Blick darauf verstellen, daß es eine wichtigere Unterscheidungslinie gibt. Es sind ja im wesentlichen *zwei* Werktypen, die als Antwort auf die Krisis des Romans entstehen: Dem einen geht tatsächlich das Inventar des Erzählens weitgehend verloren, oder er verzichtet mit Entschlossenheit darauf – zu denken ist an die weltlosen, reduktiven Sprachspiele in den Romanen Becketts[7] oder auch das Austrocknen und Verkümmern des Erzählerischen in den fragmentarischen Teilen von Musils *Mann ohne Eigenschaften*. Dem stehen genuine Erzählwerke gegenüber, in denen die "Restitution des Epischen", zumindest in einigen Fällen, glanzvoll gelingt: u.a. Romane von Joyce, Döblin und eben Thomas Mann. Auf der einen Seite der Verlust des Vertrauens in die Erzählung und die Erzählbarkeit, auf der anderen ihre Mobilisierung und Erweiterung.[8] Bezeichnend, daß die drei Autoren einen ähnlichen Materialhunger entwickelten; unbeirrbar bei ihnen der Glaube, daß die Aufnahmefähigkeit des epischen Werks tendenziell grenzenlos ist, daß es sich alles 'einverleiben' kann. Frank Budgen beschrieb, wie Joyce "binnen weniger Stunden die wunderlichsten Materialien" zusammentrug: "Was er sammelte, würde sich schon zu gegebener Zeit als nützlich erweisen. Da der *Ulysses* in gewissem Sinn das ganze Leben in seiner Vielfalt zum Thema hat, war der Mannigfaltigkeit des Materials, das in das Werk eingehen sollte, keine Grenze

---

7 Für Beckett ist das Geschichtenerzählen aufzugeben: "Lauter Lügen ... Das kommt nicht mehr in Frage." *Der Namenlose*, übs. v. Elmar Tophoven, Werke in zehn Bänden, Bd. 8, Frankfurt a. M. 1976, S. 414.

8 Die Unterscheidung wird schon von Alfred Döblin angedeutet. In dem unpublizierten Aufsatzentwurf *Krise des Romans?* (1930/31) stellt er fest: "Der Roman aber taugt überhaupt nichts und ist ein abgebrauchtes Möbel." Als Reaktion auf diesen Befund sei ein Werktyp entstanden, heißt es dann mit Bezug auf den *Mann ohne Eigenschaften*, der sich vom "alten Roman" abgewandt habe, ihm gehe es um die "Gewinnung oder Darstellung eines 'Weltbildes'; es ist eine intellektuelle Sache; ein charmantes Zwischengebiet zwischen Philosophie und Romanerwägungen. [...] Hier ist Schaukelei, Unsicherheit, Krise. Der Roman ist im Begriff, flötenzugehen". Dem stellt Döblin seine Idee der epischen Erneuerung gegenüber: "Die Autoren hauen aber gänzlich vorbei. Es ist schon etwas am Roman, nur sehen sie es nicht. Das Entscheidende nämlich ist: der Roman ist eine Kunstgattung. Und ihn zu exekutieren erfordert zweierlei: Phantasie und Darstellungsgabe. Der Roman muß nicht zur Philosophie, sondern zur Kunstform gebracht werden. Nicht Verflüchtigung, sondern Konsolidierung ist das Ziel." – A. D.: *Krise des Romans?*, in: Ders.: *Ausgewählte Werke in Einzelbänden, Schriften zu Ästhetik, Poetik und Literatur*, hrsg. v. Anthony W. Riley, Olten 1989, S. 275.

gesetzt."[9] Joyce erzählte nicht ohne Stolz, daß allein die unbenutzten Notizen zu dem Roman zwölf Kilo gewogen hätten.[10] Und Alfred Döblin schrieb über seinen *Wallenstein*-Roman: "Hier ließ ich mich los. Ich planschte förmlich in Fakten. Ich war verliebt, begeistert von den realen Fakten, den Akten und Berichten."[11] Thomas Mann faßt das übliche Anschwellen seiner Manuskripte, hier des *Zauberberg*, in die Worte: "Die Erzählung erwies sich aufnahmefähig [...] wie ein Schwamm, der aufquillt".[12] Hans Wysling bringt die Grundhaltung des Epikers im Fall Thomas Manns auf den Punkt: Die Triebkraft, die hinter dem Erzählen steht, ist "erotisches Weltverlangen, das auch die abgelegenste Einzelheit noch dem Sprachwerk einzuverleiben trachtet".[13]

In seinem programmatischen Essay *Der Bau des epischen Werks* (1929) forderte Döblin mit gewohntem Temperament dessen "Befreiung [...] vom Buch"; das Buch sei "der Tod der wirklichen Sprachen".[14] Übereinstimmend stellte Walter Benjamin im *Erzähler*-Aufsatz fest: "Erfahrung, die von Mund zu Mund geht, ist die Quelle, aus der alle Erzähler geschöpft haben."[15] Wirklichkeitsgierig nahm Döblin die Stimmen und Sprachen der Großstadt, den mündlichen "berlinischen Sprachgeist selbst"[16] in die *Geschichte vom Franz Biberkopf* hinein, er redet vom 'Maskenanlegen' des produzierenden Ich.[17] Und auch die Josephsromane verstand ihr Autor "in erster Linie [als] ein Sprachwerk [...], in dessen *Vielstimmigkeit* Laute des Ur-Orients sich mit Modernstem, den Akzenten einer fiktiven Wissenschaftlichkeit, vermischen und das sich darin gefällt, die sprachlichen Masken zu wechseln wie sein Held die Gottesmasken".[18] Vor allem dem Spiel mit der epischen

---

[9] Frank Budgen: *James Joyce und die Entstehung des "Ulysses"*, Frankfurt a. M. 1977, S. 197.

[10] Vgl. Phillip F. Herring: *Zur Textgenese des "Ulysses". Joyces Notizen und seine Arbeitsmethode*, in: *James Joyces "Ulysses". Neuere deutsche Aufsätze*, hrsg. v. Therese Fischer-Seidel, Frankfurt a. M. 1977, S. 80-104, hier S. 84.

[11] Alfred Döblin: *Epilog* (1948), in: *Ausgewählte Werke in Einzelbänden, Schriften zu Leben und Werk*, hrsg. v. Erich Kleinschmidt, Olten 1986, S. 292.

[12] Aus einem Brief Thomas Manns an George C. Pratt vom 24.11.1933; DüD I, 542.

[13] Hans Wysling: *Narzißmus und illusionäre Existenzform*, S. 288.

[14] Alfred Döblin: *Der Bau des epischen Werks*, in: *Schriften zu Ästhetik, Poetik und Literatur*, S. 245.

[15] Walter Benjamin: *Der Erzähler. Betrachtungen zum Werk Nikolai Lesskows*, Gesammelte Schriften, Bd. II / 2, S. 440.

[16] Walter Benjamin: *Krisis des Romans. Zu Döblins "Berlin Alexanderplatz"*, Gesammelte Schriften, Bd. III, S. 233.

[17] Alfred Döblin: *Der Bau des epischen Werks*, S. 234.

[18] *Sechzehn Jahre. Zur amerikanischen Ausgabe von "Joseph und seine Brüder" in einem Bande*; XI, S. 680 (Hervorh. d. Verf.).

Mündlichkeit – immer wieder wird der Leser ja als "Zuhörer" angeredet, als handele es sich wirklich um "Erfahrung, die von Mund zu Mund geht" – kommt dabei eine wichtige Rolle zu. Und wenn Döblin vom produktiven Epiker fordert, zunächst "ganz nahe an die Realität" heranzugehen, "an ihre Sachlichkeit, ihr Blut, ihren Geruch", um sie dann zu "durchstoßen" und die "Elementarhaltungen des Menschlichen", "starke Grundsituationen, Elementarsituationen des menschlichen Daseins" herauszuarbeiten[19], wenn er dementsprechend in die Biberkopf-Geschichte auch alttestamentliche Szenen einschaltet, etwa von der Beschreibung der Ostberliner Schlachthöfe zum Isaakopfer wechselt, so sind die Parallelen zum Erzählprinzip der Josephsromane unübersehbar: das in sinnlicher Lebensfülle geschilderte Geschehen wird für "mythische Muster" transparent. Darüber hinaus gilt Thomas Mann wie Döblin das in Liebe und 'Feindseligkeit' abwechselnde, in jedem Fall durch Intensität geprägte Verhältnis zur Realität als Echtheitsausweis des Epikers. Einerseits kann Döblin am 'langweilenden Romancier' bemängeln: "das ist ja gar kein echter epischer Autor, er liebt ja die Realität gar nicht"[20], andererseits gleich darauf den überlegenen Umgang mit der Realität im epischen Werk reklamieren: "Das epische Werk lehnt die Wirklichkeit ab."[21] Entschieden und mit Worten, wie sie fast gleichlautend auch bei Thomas Mann stehen, verteidigt Döblin die Spielfreiheit der Kunst: "Was ist das Fabulieren, das freche fessellose Berichten von Nichtfakta [...]: Es ist das Spiel mit der Realität, mit Nietzsches Worten ein Überlegenheitsgelächter über die Fakta, ja über die Realität als solche."[22] Bei allen Vorbehalten gegen 'Bügelfalten'-Prosa[23] einerseits, proletarische Thematik und radikalen Gestus andererseits (vgl. X, 723), lautstark geäußert im einen, zwischen höflichen Zeilen erkennbar im anderen Fall: die beiden Autoren haben trotz des grundverschiedenen Habitus doch so viel gemeinsam[24], daß

---

[19] Alfred Döblin: *Der Bau des epischen Werks*, S. 218f.

[20] Alfred Döblin: *Der Bau des epischen Werks*, S. 219.

[21] Alfred Döblin: *Der Bau des epischen Werks*, S. 221.

[22] Alfred Döblin: *Der Bau des epischen Werks*, S. 221f.

[23] "Es gab diesen Thomas Mann, welcher die Bügelfalte zum Kunstprinzip erhob", schrieb Döblin 1955 in seinem Nachruf *Zum Verschwinden Thomas Manns*. In: *Ausgewählte Werke in Einzelbänden, Autobiographische Schriften und letzte Aufzeichnungen*, hrsg. v. E. Pässler, Olten 1980, S. 575-577.

[24] Dies war Thomas Mann deutlicher als dem geradezu haßverblendeten Döblin. In einem Brief an Karl Kerényi vom 24.3.1934 schreibt Thomas Mann über die "Rückkehr des modernen Romans zum Mythos": "Ich bin zufällig in der Lage, Ihnen ein weiteres Beispiel zu geben: Alfred Döblin, bei dem die Neigung zum Mythischen ebenfalls längst zwischen dem Latenten und Manifesten schwankt, schreibt zur Zeit einen Marduk-Roman, etwas wie die Wanderungen des babylonischen Gottes. Sehr merkwürdig!" (XI, 634f.)

die geläufige Gegeneinanderstellung von Modernist und Traditionalist wenig erhellend scheint. Wie die 'moderne' "Restitution des Epischen" bei Joyce und Döblin zugleich deren weitreichende Verwurzelung in der Tradition zu erkennen gibt – von der tiefen religiösen Prägung beider nicht zu reden –, so läßt sich über den Autor der Josephsromane sagen: "Thomas Mann ist zwar ein Erbe des 19. Jahrhunderts, aber kein anachronistischer, und gerade im *Josephs*-Roman erweist er sich durch die Kunst des Erzählens wie durch die Sprachartistik als weit moderner, als kurzsichtige Avantgardisten des öfteren gemeint haben."[25]

Über dem Nachweis von Modernität und Artistik darf jedoch eines nicht vergessen werden: daß die "Restitution des Epischen" in hohem Maß jener althergebrachten Kunst des Erzählens bedarf, die Walter Benjamin in jenen Jahren "zu Ende" gehen sah[26] – seltsam widersprüchlich zu seinem Befund der mit der Krise des Romans einhergehenden epischen Renaissance. Drei Qualitäten des Erzählers hebt Benjamin hervor. Zunächst die geduldige Sorgfalt in der 'schichtenden' Feinarbeit; er vergleicht sie, Paul Valéry zitierend, mit liebevoll hergestellten Produkten "der handwerklichen Sphäre", welcher auch "der Erzähler entstammt". Auch wenn Benjamin kulturpessimistisch fortfährt, "alle diese Hervorbringungen ausdauernder, entsagungsvoller Bemühungen sind im Verschwinden, und die Zeit ist vorbei, in der es auf Zeit nicht ankam"[27]: die langsam gearbeitete Prosa Thomas Manns läßt sich auf diese Weise beschreiben. Zweites Charakteristikum des Erzählers ist sein Verhältnis zum Tod: "vom Tode hat er seine Autorität geliehen."[28] Die "hygienischen [...] Veranstaltungen" der "bürgerliche[n] Gesellschaft", die das Sterben "aus der Merkwelt der Lebenden" immer weiter herausdrängen, berauben, so Benjamin, das Erzählen dieser Autorität, sie nehmen ihm den "Ursprung".[29] Auf die Erzählkunst Thomas Manns trifft aber immer noch zu, was Benjamin an derjenigen früherer Epochen beobachtet: "Der Tod tritt in ihr in so regelmäßigem Turnus auf wie der Sensenmann in den Prozessionen, die um Mittag um die Münsteruhr ihren Umzug halten."[30] Das dritte Moment ist das entscheidende: "Das Gedächtnis ist das epische Vermögen vor allen anderen. Nur dank eines umfassenden Gedächtnisses kann die Epik einerseits den Lauf der Dinge sich zu eigen,

---

[25] Eckhard Heftrich: "*Joseph und seine Brüder*", in: TMHb, 447-474, hier S. 463.

[26] Walter Benjamin: *Der Erzähler*, S. 439.

[27] Walter Benjamin: *Der Erzähler*, S. 448.

[28] Walter Benjamin: *Der Erzähler*, S. 450.

[29] Walter Benjamin: *Der Erzähler*, S. 449f.

[30] Walter Benjamin: *Der Erzähler*, S. 451.

andererseits mit deren Hinschwinden, mit der Gewalt des Todes ihren Frieden machen."[31] Dabei unterscheidet Benjamin das "verewigende Gedächtnis des Romanciers" vom "kurzweiligen des Erzählers", jenes sei "dem *einen* Helden geweiht, der *einen* Irrfahrt oder dem *einen* Kampf; das zweite den *vielen* zerstreuten Begebenheiten".[32] Diese Definition trifft sich mit Döblins 'dezentralem' Verständnis des Epischen, nach dem man es, im Gegensatz zum üblichen Roman, 'in Stücke schneiden' könne, von denen jedes für sich eigenständiges Leben habe.[33]

Kein anderes Werk Thomas Manns tendiert so zu diesem eigenständigen Leben seiner Teile wie die Josephsromane, ersichtlich schon an der von anderen Arbeiten unterbrochenen Veröffentlichung in vier Bänden; darüber hinaus könnten nicht wenige Kapitel und Hauptstücke (z.B. Thamar) als nahezu in sich geschlossene Erzählungen bestehen. Die Tetralogie ist nicht allein dem *einen* Helden Joseph und seiner 'Irrfahrt' gewidmet, in viel größerem Maße als in den bisherigen Werken wendet sie sich den Umgebungsfiguren zu und den "*vielen* zerstreuten Begebenheiten"; in keinem der vorhergehenden Romane hat es so viele Passagen gegeben, in denen die Helden *nicht* auftreten. Epische Gründlichkeit gehörte vorab zu den Erzählanreizen der Josephsgeschichten, schon die anregende Bemerkung Goethes aus dem vierten Buch von *Dichtung und Wahrheit* weist in diese Richtung: "Höchst anmutig ist diese natürliche Erzählung, nur erscheint sie zu kurz und man fühlt sich berufen, sie ins einzelne auszumalen."[34] Epik ist Menschendarstellung, und so sollte auch die Literaturwissenschaft über den Strukturen, Quellen und Anspielungen gerade bei diesem Werk nicht die figürliche Ausmalung "ins einzelne" vernachlässigen.

b) Gerechtigkeit. Lea

Die Erzählung wendet sich, 'richtigstellend' und 'verschwiegene' Hintergründe nachliefernd, immer wieder mit abwägender Gründlichkeit den

---

31 Walter Benjamin: *Der Erzähler*, S. 453.

32 Walter Benjamin: *Der Erzähler*, S. 454.

33 Vgl. Alfred Döblin, *Bemerkungen zum Roman*, in: Ders.: *Schriften zu Ästhetik, Poetik und Literatur*, S. 126: "Wenn ein Roman nicht wie ein Regenwurm in zehn Stücke geschnitten werden kann und jeder Teil bewegt sich selbst, dann taugt er nicht."

34 Johann Wolfgang v. Goethe: *Dichtung und Wahrheit*, Hamburger Ausgabe, Bd. IX, S.141.

von der biblischen 'Nacherzählung' des 'Urtexts'[35] übergangenen oder abgewerteten Figuren zu. Ihnen soll Gerechtigkeit widerfahren; da die Vorlage
eine parteiliche Heilsgeschichte ist, in der die Außenstehenden oder gar
Widersacher entsprechend herabgesetzt, bestenfalls als bloße Hintergrund-
gestalten behandelt werden, bietet sich der Stoff zur Praktizierung ausglei-
chender 'Menschenfreundlichkeit' geradezu an. Angesichts des 'furchtbar
geraden' sexuellen Antrags (V, 1001), wie er der Frau Potiphars im mosaischen Bericht diskreditierend zugeschrieben wird, sieht sich der Erzähler zu
einem programmatischen Kommentar veranlaßt: "Offen gestanden, erschrecken wir vor der abkürzenden Kargheit einer Berichterstattung, welche
der bitterer Minuziosität des Lebens so wenig gerecht wird wie die unserer
Unterlage, und haben selten lebhafter das Unrecht empfunden, welche Ab-
stutzung und Lakonismus der Wahrheit zufügen, als an dieser Stelle." (V,
1001) Solche Überlegungen finden sich auch in Zusammenhang mit anderen Figuren, bei denen nicht weniger Anlaß besteht, 'korrigierend' ihre
'Menschlichkeit' herauszustellen. So im Fall Potiphars, von dem es in 1. Mose 39.7. heißt, "er nahm sich keines Dinges an, [...] nur daß er aß und
trank", so beim "Amtmann über das Gefängnis", dem dieselbe Nichtsnut-
zigkeit unterstellt wird.

Immer wieder macht sich der Erzähler zum Fürsprecher jener Gestalten,
die in jahrtausendealter Tradition die undankbaren Rollen zu spielen hatten.
Selbst ein Makel, dem keine nuancierte Psychologie abhelfen kann, wie die
Häßlichkeit Leas, wird, soweit nur möglich, relativiert. "Aber Lea hatte ein
blödes Gesicht, Rahel war hübsch und schön", heißt es in 1. Mose 29.17.
Thomas Mann macht daraus: "Was Lea betraf, so erschien sie durchaus
nicht weniger wohlgebaut, ja sogar größer und stattlicher als Rahel, gab
aber ein Beispiel ab für die eigentümliche Entwertung, die ein tadelfreier
Gliederwuchs durch ein häßliches Antlitz erfährt. Zwar hatte sie außerordentlich reiches aschfarbenes Haar [...]." (IV, 237) Das ist eine behutsame
Annäherung an den Sachverhalt, der dann nicht schöngeredet wird: "Aber
ihre grüngrauen Augen schielten trübselig an der langen und geröteten
Nase herab, und gerötet waren auch die grindigen Lider dieser Augen, sowie
ihre Hände, die sie ebenso zu verbergen suchte wie den verqueren Blick
ihrer Augen, über den sie beständig mit einer Art schamhafter Würde die
Wimpern senkte." Unschwer wäre die im ersten Teil dieses Satzes beschriebene 'Frau mit trübseligem Blick' im Speisesaal des Berghofs vorstell-

---

[35] 'Urtext' ist das Leben selbst: "Es ist daran zu erinnern, [...] daß, bevor die Geschichte
erstmals erzählt wurde, sie sich selber erzählt hat, – und zwar mit einer Genauigkeit, deren
allein das Leben Meister ist [...]." (V, 1002)

bar – eine unscheinbare Patientin wie Miss Robinson oder Fräulein Engelhart. Sogleich wird jedoch auch der Unterschied deutlich. Die *Zauberberg*-Karikaturen haben keine Einsicht in ihre Mängel und 'Defekte' (Frau Stöhr versucht nicht, ihre Unbildung zu kaschieren, sondern hält sich für 'feingebildet'), zumindest gibt es keine Darstellungen, in denen das Selbstverhältnis dieser Personen eine Rolle spielte, es sind Figuren ohne 'Innenleben'. Lea dagegen leidet unter ihrer Häßlichkeit, bemüht sich, sie zu verbergen – das könnte allenfalls noch Anlaß für amüsierte Beobachtungen sein; der Erzähler registriert indessen ihre "schamhafte Würde".

An einer anderen Stelle spricht er zugunsten von Lea, indem er ihre Häßlichkeit in Relation zur Schönheit Rahels bringt: Diese sei lieblich "vor allen", heißt es dort, "wenn wir aber aussagen, [...] daß sie es am meisten war vor Lea, [...] so will das nicht heißen, daß diese häßlicher gewesen wäre als alle; sondern nur den nächsten Vergleich bildete sie, und nur unter dem Gesichtspunkt des Lieblichen fiel er zu Lea's Ungunsten aus, – während doch sehr wohl ein Mann zu denken gewesen wäre, der, diesem Gesichtspunkte weniger unterworfen als Jaakob, der Ältere [...] den Vorzug gegeben hätte". (IV, 286) Nach dem ersten Tag des Hochzeitsfests ist "das Labanskind eine herrliche Gesellin diese ganze wehende Nacht hindurch" (IV, 308), ohne Spott wird noch einmal die Schönheit ihres Körpers betont – "ihre eine Schulter und Brust waren bloß; die waren weiß und schön". (IV, 310) Die "zeternde" Empörung (IV, 312) des betrogenen Segensbetrügers Jaakob, es sei all sein "Glück nur Trug" gewesen, kann deshalb nicht völlig überzeugen, auch wenn zunächst, bevor die Erzählung das Komödienhafte der Situation ausspielt, eine Seite lang mit vollem Ernst die Erschütterung und das "Grausen" (eine Schopenhauer-Formel[36]) Jaakobs beschrieben wer-

---

[36] Die Schleier- und Trug-Motivik dieses Kapitels läßt Schopenhauer-Anklänge erwarten, erst recht, wenn Jaakob im Dunkeln noch die beschwörenden Worte spricht: "Laß uns preisen die Unterscheidung, und daß du Rahel bist und ich Jaakob bin und zum Beispiel nicht Esau, mein roter Bruder!" (IV, 308) Hier fallen nun die Stichworte; zunächst hält Jaakob gerade das, was er sieht, nachdem der "Schleier" der Dunkelheit (IV, 307) verschwunden ist, für "spöttische[n] Morgentrug" und "possierliches Blendwerk" (IV, 309), dann überfällt ihn jenes "Grausen", das in der *Welt als Wille und Vorstellung* beschrieben wird: "Aus dieser Ahndung stammt jenes so unvertilgbare und allen Menschen (vielleicht selbst den klügeren Tieren) gemeinsame *Grausen*, das sie plötzlich ergreift, wenn sie durch irgendeinen Zufall irrewerden am principio individuationis, indem der Satz vom Grunde in irgendeiner seiner Gestaltungen eine Ausnahme zu erleiden scheint [...]." – Arthur Schopenhauer: W I, 482! – Dabei ist zu vermuten, daß diese Wortübereinstimmung sich nicht einer wiederholten Lektüre des vierten Bandes von Schopenhauers Hauptwerk verdankt, sondern den ein- für allemal eingeprägten Anfangsseiten der *Geburt der Tragödie*, wo Nietzsche bereits im ersten Abschnitt diese Passage übernimmt, mit der für Thomas Mann wesentlichen Erweiterung: "Wenn wir zu diesem Grausen die wonnevolle Verzückung hin-

den. (IV, 309f.) Hier ist auch die Larmoyanz des in der "weiche[n] Selbstherrlichkeit des Gefühls" (IV, 318) Gekränkten zu erkennen. Vor dem Hintergrund des Motivs der verhängnisvollen Prädilektion erhält Labans Beschönigung des Betruges als "Lektion und Zurechtweisung" ihre Berechtigung. (IV, 313) Lea, nicht Rahel, ist danach die Bewährungsprobe Jaakobs. Der Erzähler spricht schließlich nicht von Betrug, sondern von "Doppelhochzeit". (IV, 316) Der ästhetizistische Kontrast von 'Feinen' und 'Gewöhnlichen', der in so starkem Maß die frühen Werke Thomas Manns prägte und hier sogar von der biblischen Textvorlage ausdrücklich vorgesehen ist, wird von der Erzählung nicht vertieft, sondern abgeschwächt und korrigiert; im Abschitt "Die Dudaim", der einen Dialog der Schwestern schildert, spielt er überhaupt keine Rolle mehr. Hermann Kurzke schreibt zu Recht: "Man darf Lea nicht abwerten. Jaakob hat sich freizumachen aus der verwöhnten und selbstgefälligen Bevorzugung der über alles Geliebten und sich zu öffnen für die Pflicht. Als er am Ende seines Lebens verlangt, nicht am Wege, wo Rahel starb, sondern neben Lea im Erbbegräbnis bestattet zu werden, hat er seine Lektion gelernt."[37]

Daß es dem Autor mit der "Würde", die er in der Josephstetralogie Figuren wie Lea zugesteht, ernst ist, zeigt sich gerade an unauffälligen Erzähldetails, insbesondere in den Szenen, in denen Würde eigentlich kaum noch zu wahren ist – der Roman schildert ja eine ganze Reihe von prekären Erniedrigungssituationen. So etwa die Wiederbegegnung Jaakobs mit Esau, bei der dieser auch Lea begutachtet: Er "bot Lea, über deren Blödgesichtigkeit er sich laut verwunderte, einen edomitischen Kräuterbalsam für ihre wie immer entzündeten Augen an, wofür sie wütenden Herzens dankte, indem sie ihm die Zehenspitzen küßte". (IV, 149) Das – in Hinsicht auf die bisherigen erzählerischen Usancen Thomas Manns – Ungewöhnliche dieser Stelle ist der rasche, beiläufige Wechsel zur Erlebnisperspektive Leas; ihrem äußerlich unterwürfigen Verhalten steht die Auflehnung des "wütenden Herzens" gegenüber. Gerade in solchen Erniedrigungsszenen hatte Thomas Mann sonst stets den streng naturalistischen Blick durchgehalten, der nur das Sichtbare protokollierte, so in der grotesken Vorführung des Rechtsanwalts Jakoby in der Erzählung *Luischen*:

[...] und während fast gleichzeitig auch die Klavierbegleitung sich scharf unterbrach, starrte diese abenteuerliche und gräßlich lächerliche Erscheinung dort

---

zunehmen [...]." Friedrich Nietzsche: *Die Geburt der Tragödie aus dem Geiste der Musik*, Werke in drei Bänden, 2. Bd., S. 24.

[37] Hermann Kurzke: *Mondwanderungen. Wegweiser durch Thomas Manns Joseph-Roman*, Frankfurt a. M. 1993, S. 62.

354

oben mit tierisch vorgeschobenem Kopf und entzündeten Augen geradeaus... [...]
Er ließ [...] seine immer mehr sich erweiternden Augen langsam und unheimlich
von diesem Paar auf das Publikum und von dem Publikum auf dieses Paar wandern,
... eine Erkenntnis schien plötzlich über sein Gesicht zu gehen, ein Blutstrom ergoß
sich in dieses Gesicht, um es rot wie das Seidenkleid aufquellen zu machen und es
gleich darauf wachsgelb zurückzulassen [...]. (VIII, 186)

Hinter der inspizierenden 'Kälte' mag sich Mitleid verbergen, ein Mitleid
allerdings, das sich der erzählerischen Einfühlung vollständig verweigert und
die Figur nicht über die Würdelosigkeit des wehrlosen, passiven Opfers
hinausgelangen läßt. Figuren wie Jaakob triumphieren dagegen "kraft seelischer Ersatzvorräte" über alle Erniedrigungen und "Zustände tiefster
Kläglichkeit". (IV, 145) Hier wird deutlich, daß die Darstellung von Erniedrigungen dort, wo die Würde der Figur außer Frage steht, kompensiert
wird durch Einfühlung und Psychologie: den Zumutungen und Niederlagen
in der Außenwelt kontrastiert die überlegene Innenwelt. Bei Nebenfiguren
deren Innenleben ein unbeschriebener Leerraum bleibt, ist das nicht
möglich. Indem sich die Erzählung aber für einen Moment einfühlt in die
Lea-Figur, den psychischen Innenraum öffnet, wird eine ähnliche Wirkung
erreicht. Wo bei Jaakob "seelische Ersatzvorräte" sichtbar werden, ist hier,
allerdings in vergleichbarer Funktion, nur von Leas "wütendem Herz" die
Rede, ihrem verletzten, aber in dieser Verletzung eben auch erkennbaren
Stolz. Damit übersteht die Figur die Degradierung durch das beleidigende
Verhalten Esaus zwar nicht 'triumphierend', aber doch mit 'Würde'.

c) "Traulichkeit des Lebens" – Die mythische Optik

Würde ist ein Zentralmotiv im ganzen Werk Thomas Manns. Fast alle seine
frühen Helden sind angestrengt darum bemüht, Würde zu gewinnen oder
Würde zu bewahren, die Nebenfiguren haben meist erst gar keine zu verlieren. Der Preis der 'Wonnen der Gewöhnlichkeit' ist die Würdelosigkeit;
Verlach- und Entwürdigungsszenen finden sich in fast allen Novellen und
Romanen.[38] Die Würde der Buddenbrooks ist von allen Seiten bedroht, sei
es durch die Gatten Tonys oder die hypochondrische Haltlosigkeit Christians; Hannos Schul-Erlebnisse sind nichts als eine Reihe von Entwürdi-
gungs- und Bloßstellungsszenen; Tonio Kröger gerät beim 'Moulinet' unter

---

[38] Vgl. Burghard Dedner: *Entwürdigung. Die Angst vor dem Gelächter in Thomas Manns Werk*,
in: *Heimsuchung und süßes Gift. Erotik und Poetik bei Thomas Mann*, hrsg. v. Gerhard Härle,
Frankfurt a. M. 1992, S. 87-102.

die Damen und wird gerade von dem "unbegreiflichen Affen" Francois Knaak als "Fräulein" bezeichnet (VIII, 285f.), Klaus Heinrich bekommt beim Volksfest den Bowlendeckel auf den Kopf gesetzt, der würdige Aschenbach lehnt seine Stirn an die Zimmertür Tadzios, "auf die Gefahr, in einer so wahnsinnigen Lage ertappt und betroffen zu werden". (VIII, 503) Die 'Heimsuchungen' bedrohen die Helden vor allem mit den Schrecken der Würdelosigkeit, geringere Würdeverluste sind lebensprägende, nie vergessene, in entschlossener Haltung zu überwindende Erfahrungen, größere gleichbedeutend mit der – meist auch physischen – Vernichtung der Existenz. Wesentlich dabei, daß menschliche Würde alles andere als voraussetzungslos und selbstverständlich, daß der gefährdete Bezirk des 'Würdigen' denkbar eng gezogen ist, daß Würde *gegen* das 'Leben' – "das gemeine, das lächerliche, das dennoch triumphierende Leben" (*Tristan*; VIII, 97) – behauptet oder gewonnen werden muß.

Hier bewirkt nun die Entwicklung bzw. Aneignung einer mythischen Sichtweise auf das Leben entscheidende Veränderungen. Thomas Manns Auseinandersetzung mit dem Mythos, mit mythischen Denk- und Lebensformen ist nicht nur ein sich mit den Josephsromanen ergebendes Arbeitsinteresse wie so manche Fachkenntnis, die thematisch für ein Werk erforderlich und vom Autor, laut eigener Aussage, so schnell erworben wie auch wieder vergessen wurde.[39] Die Neigung zum Mythischen entspricht einer gewachsenen Lebensverbundenheit. Die Entscheidung für eine breite Ausgestaltung des Josephsstoffes hat dieses Interesse am Mythischen bereits zur Voraussetzung. Das geht hervor aus einer brieflichen Äußerung Thomas Manns vom 15.4.1932; sie enthält, in unprätentiösem Ton, eines der in jenen Jahren zahlreichen 'Bekenntnisse zum Leben'; nicht zufällig findet sich hier auch der aus dem *Zauberberg* vertraute Schlüsselbegriff des 'Organischen': "Diese Neigung scheint ein Produkt der Jahre zu sein, und ich überlasse mich ihr mit der Bereitwilligkeit, die allem gebührt, was das Leben organisch mit sich bringt."[40] Das Mythische hilft bei der Dämpfung

---

[39] Vgl. Thomas Manns Brief vom 11.5.1937 an Joseph Angell (Br II, 23f.): "[...] aber es ist eine Eigentümlichkeit meines Geistes, daß ich diese Hilfsmittel, ja auch die Kenntnisse selbst, die sie mir vermitteln, merkwürdig rasch vergesse. Nachdem sie ihren Dienst erfüllt haben, in eine Arbeit eingegangen und darin aufgegangen und verarbeitet sind, kommen sie mir rasch aus dem Sinn [...]."

[40] An Bedrich Fucik; Br I, 316. Ähnlich auch eine Reihe anderer Stellen, vgl. z.B. XI, S. 656 und den Brief an Kerényi vom 27.1.1934. (XI, 629) – Der selten berücksichtigte private, lebensgeschichtliche Aspekt der 'Wandlung' – "Produkt der Jahre", "was das Leben organisch mit sich bringt" – kommt in zahlreichen Äußerungen des Autors zum Ausdruck. Thomas Mann wird gewiß nicht zum Lebenshymniker, aber bei allen Mißstimmungen, Verärgerungen und Querelen, über die vor allem das Tagebuch Protokoll führt, ist die pro-

des Pessimismus, denn es erzeuge "Traulichkeit des Lebens" (IX, 492), so Thomas Mann in *Freud und die Zukunft*. Der Mythos sei "die Legitimation des Lebens; erst durch ihn findet es sein Selbstbewußtsein, seine Rechtfertigung und Weihe". (IX, 496)

Eine prägende Begegnung mit mythisierenden Denkformen liegt dem manifesten *Joseph*-Plan denn auch um Jahre voraus. Mit begeisterter Zustimmung reagierte Thomas Mann 1918 auf das *Nietzsche*-Buch Ernst Bertrams; "für das beste Buch seit mindestens 5 Jahren erkläre ich feierlich Ernst Bertrams 'Nietzsche'", schrieb er am 12.5.1919 an Philipp Witkop. (Br I, 161) Hier wurde ihm die 'Steigerung' eines leitmotivischen Verfahrens zum Mythischen vorgeführt. Bertram sieht Nietzsche als Mythos, und seine Darstellung faßt Grundmotive[41] oder 'Muster' von Nietzsches Leben und

---

klamierte Lebensfreundlichkeit nicht bloß Programm, sondern auch biographische Erfahrung. Beinahe erstaunt über seinen Gemütswandel schreibt er schon am 13.8.1918, nach der Geburt der Tochter Elisabeth, an Ida Boy-Ed: "Ich habe für keines der früheren Kinder so empfunden, wie für dieses. Das geht Hand in Hand mit zunehmender Freude an der Natur. Wird man allgemein gemütvoller mit den Jahren? Oder ist es die Härte der Zeit, die mich stimmt, zur *Liebe* disponiert?" (*Briefe an Otto Grautoff und Ida Boy-Ed*, S. 194) Im *Gesang vom Kindchen* (1919) faßt Thomas Mann diesen Stimmungswandel der Lebensalter in Verse:

Silbricht glänzt uns die Schläfe: Da stellt sich anders die Welt denn
Nun dem Wandernden dar, und anders lebt sich's als vordem.
Nur des Geistigen achtet der spröde Jüngling, sein Blick ist
Ins Gewirr der inneren Dinge grübelnd verloren,
Und den Sinnen mißtraut. Aber kommt nur die Zeit erst,
Freundlicher redet Natur dann zu einem schlichteren Herzen. (VIII, 1073f.)

Zum privaten Hintergrund der Entwicklung dieser Jahre gehört schließlich die gewissermaßen ins Leben ziehende, mit der Gegenwart verknüpfende Kraft der Familie; sie zeigt sich wohl zu keiner Zeit nachhaltiger als gerade in den zwanziger Jahren. Während Elisabeth Empfindungen der Rührung und Lebensliebe weckt, tragen die heranwachsenden und bereits in die Öffentlichkeit tretenden Geschwister Klaus und Erika die Gegenwartsbezogenheit der Jugend, das Lebensgefühl der zwanziger Jahre ein Stück weit an Thomas Mann heran. Daß er in den politischen Auseinandersetzungen für Verantwortung, 'Leben' und Zukunft plädiert, hat nicht zuletzt mit diesen biographischen Erfahrungen zu tun; beachtenswert auch, daß die dem liberalen Großbürgertum entstammende Katia Mann ihren 'unpolitischen' Ehemann bereits bei den Reichtagswahlen vom 6. Juni 1920 (allerdings noch vergeblich) dazu drängte, seine Stimme den 'Demokraten' zu geben (vgl. TB 25.5.1920). Nicht zufällig spiegelt sich der familiäre Hintergrund in allen kleineren Erzählwerken dieses Jahrzehnts, von *Herr und Hund* und dem *Gesang vom Kindchen* (beides 1919) bis zu *Mario und der Zauberer* (1930), vor allem jedoch in der im Inflationswinter 1922/23 spielenden Novelle *Unordnung und frühes Leid*.

[41] In seinem Brief an Ernst Bertram vom 21.9.1918 betont Thomas Mann, der hier offenbar Eigenes wiedererkannte, die leitmotivische Struktur, die "Musik im Grundwesen" des Buches. (Br I, 151f.)

Werk wie "Krankheit", "Weimar", "Napoleon", "Venedig" im "Versuch einer Mythologie" (so der Untertitel des Buches), einer "Legende" im "entkirch-lichten Sinne"[42] zusammen. Entscheidend dabei ist, daß Bertram eine aktuelle Theorie des Mythos entwickelt, die ihn nicht als archaische, vorwissenschaftliche Denkform versteht: Der Mythos bzw. die Legende sei nicht "so etwas wie eine unzuverlässigere Biographie, die allenfalls an romantischer Farbigkeit, an didaktischem Gleichniswert ersetze, was ihr an Vertrauenswürdigkeit mangele. [...] Auch hängt die Intensität der Legendenbildung keineswegs von primitiven geistigen Bildungszuständen ab. Denn selbst in sehr bewußten, analytisch gerichteten Zeiten [...] wird die Legende nicht ausgeschaltet, ja nicht einmal zurückgedrängt."[43] Ganz in der Art, wie Thomas Mann später die mythische Anschauungsweise lebensphilosophisch aktualisiert, schreibt Bertram: "Alles Geschehene will zum Bild, alles Lebendige zur Legende, alle Wirklichkeit zum Mythos."[44] Dabei entwickelt er Motive, die möglicherweise in den Fundus der Josephsromane eingegangen sind. So läßt die folgende Passage bereits an die "rollende Sphäre" Thomas Manns denken: "Die Legende eines Menschen, das ist sein in jedem neuen Heute neu wirksames und lebendiges Bild. [...] Ein eigenlebiger Organismus [...] ist dies Bild, der seine selbständige Existenz führt. Wandelbar, wandelwillig ist es und wandelt sich auch stets, zeigt immer wenigere, immer größere Linien; wird zugleich typischer und einmaliger [...]. Es steigt langsam am Sternenhimmel der menschlichen Erinnerung hinan; es scheint in jedem der mythischen Tierkreisbilder, der zwölf großen 'Häuser des Himmels', einmal zu verweilen; und es kreist [...]."[45] Was in den *Geschichten Jaakobs* als "Wechsel der Charakterrolle" beschrieben wird, findet sich schon bei Bertram: "Catilina ist [...] die Präexistenzform jedes Cäsar: alles groß Legitime hat das Stadium anrüchiger und verbrecherischer Illegitimität zu durchmessen; aber alles Cäsarische bedarf auch immer wieder der Taufe des Catilinarischen. Cäsar ist immer schon ein Erbe, der sich einer thronräuberischen Kraft in sich erinnern muß, um nicht in bloßer augustischer Legitimität zu verdorren; aber Catilina ist auch schon Cäsars Ahnherr und in den Ablauf der Dinge noch in der Empörung bereits legitim

---

[42] Ernst Bertram: *Nietzsche – Versuch einer Mythologie*, Leipzig/Berlin 1918, S. 1.
[43] Ernst Bertram: *Nietzsche*, S. 2f.
[44] Ernst Bertram: *Nietzsche*, S. 6.
[45] Ernst Bertram: *Nietzsche*, S. 2.

eingeordnet."[46] Daß jede, auch die 'verbrecherische' Rolle ihre eigene Legitimität besitze, entspricht ganz dem Mythosverständnis der Josephsromane; hier eine Vergleichsstelle: "Dies nämlich ist ein Teil des sphärischen Geheimnisses, daß vermöge der Drehung die Ein- und Einerleiheit der Person Hand in Hand zu gehen vermag mit dem Wechsel der Charakterrolle. Man ist Typhon, solange man in mordbrütender Anwärterschaft verharrt; nach der Tat aber ist man König, in der klaren Majestät des Erfolges, und Gepräge und Rolle des Typhon fallen einem anderen zu." (IV, 191f.)

Auch durch Nietzsches Tragödienschrift, Wagners Musikdramen und einige Momente der Schopenhauerschen Philosophie (v.a. die Ideen-Ästhetik u. manche Passagen des Kapitels 'Über den Tod' in W II) war Thomas Mann bereits mit mythisierenden Denk- und Kunstformen vertraut. Es erscheint allerdings fragwürdig, die spätere Entwicklung des Autors zum Mythischen in ganzem Umfang auf einen rigiden Schopenhauerianismus zurückzuführen, wie dies Manfred Dierks tut: "Volle Übernahme des Schopenhauerschen Systems führte zwangsläufig zu archetypischem Denken."[47] Dagegen hat Terence Reed eingewandt, der Interpret sollte "den Blick für weniger stark systemorientierte Interpretationsmöglichkeiten frei behalten", man sollte "das archetypische Denken Thomas Manns [...] eher auf sein vorsystematisches Urerlebnis typologischer Differenziertheit und schablonenhaft wahrgenommener Realität zurückführen, dessen Ausdruck in konsequenter Entwicklung von innen heraus sich vom Leitmotiv über Spurengängerei bis zum Mythos gesteigert hat".[48] Der Autor selber hat seine Mythos-Faszination, den 'Durchbruch' vom Typischen zum Mythischen nicht auf philosophische Einflüsse und Anregungen zurückgeführt, sondern, wie bereits angesprochen, immer wieder entwicklungspsychologisch begründet: mit zunehmendem Alter verstärke sich die Neigung, im Individuellen das Wiederkehrend-Allgemeine zu sehen. Der veränderte Blick auf das Leben findet dann selbstverständlich Rückhalt in der entsprechenden Lektüre, und Schopenhauer wurde in diesem Zusammenhang wieder zur philosophischen Interpretation des Mythischen und für metaphysische Spekulationen herangezogen. Die Entwicklungslinie zum Mythischen läßt sich jedoch ohne ihn ziehen; daß die theoretisch-philosophische Durcharbeitung des Phänomens in nicht unwesentlichem

---

[46] Ernst Bertram: *Nietzsche*, S. 11. – Bertram bezieht sich hier auf den Schlußsatz des 45. Abschnitts der "Streifzüge eines Unzeitgemäßen" aus Nietzsches *Götzendämmerung*; Werke in drei Bänden, Bd. 2, S. 1022.

[47] Manfred Dierks: *Studien zu Mythos und Psychologie bei Thomas Mann*, S. 101 u. 214.

[48] Terence J. Reed: *Thomas Mann und die Tradition*, in: TMHb, 95-136, hier S. 119.

Maß vertraute Schopenhauersche Denkbahnen benutzt, ist eine andere Sache.

Tatsächlich bestimmt das 'theatralische' Lebensverständnis, das in den Josephsromanen zu einer Konzeption des mythischen Rollenspiels und archetypischen In-Spuren-Gehens entwickelt wird, die Werke Thomas Manns seit den Anfängen in so entscheidendem Maß, daß die Annahme, es handele sich hierbei *nicht* um eine essentielle Grunderfahrung des Autors, sondern um die Wirkung einer Theorie, kaum überzeugen kann. Rollenbewußtsein und Rollenspiel, die Selbstkontrolle des Schauspielers kennzeichnen schon den Kaufmann Thomas Buddenbrook (vgl. I, 614); das *Krull*-Fragment wie auch der Roman *Königliche Hoheit* sind durch und durch geprägt von Theater- und Schauspielmotivik, ihre Helden sind professionelle 'Darsteller'. Gerade im letztgenannten Werk werden dann auch schon Existenz- und Erlebnisformen geschildert, die dem Mythischen der Josephsromane zumindest nahekommen. So zum Beispiel, wenn Herr von Knobelsdorf über die Weise spricht, wie sich verheißungsvolle Prophezeiungen in den Augen der Untertanen erfüllen: das Volk werde "reimen und deuten, wie es das immer getan hat, um erfüllt zu sehen, was geschrieben steht". (II, 35) Klaus Heinrichs Jahr an der Universität wird als "Brauch und schöne Umständlichkeit" bezeichnet (II, 116), mit ähnlichen Formeln umschreiben später die Josephsromane das 'festliche' mythische Dasein. Vor allem das einfache Volk ist an seinen Festtagen in den Darstellungen Thomas Manns seit je einem – allerdings dumpfen – mythischen Bewußtsein verhaftet, das ihm ermöglicht, "überall das Ungemeine und Traumhafte mit dichterischem Sinn zu erfassen". (II, 294) Und selbst eine Figur wie Tony Buddenbrook scheint, rückblickend von der *Josephs*-Tetralogie betrachtet, ein geradezu mythisches Rollenbewußtsein zu besitzen. Grünlichs Vorwurf, sie sei allzu luxuriös veranlagt, begegnet sie als 'Spurengängerin':

Tony bestritt dies durchaus nicht. Ganz ruhig zurückgelehnt [...] sagte sie mit keck vorgeschobener Unterlippe: "Ja... So bin ich nun einmal. Das ist klar. Ich habe es von Mama. Alle Krögers haben immer den Hang zum Luxus gehabt." – Sie würde mit der gleichen Ruhe erklärt haben, daß sie leichtsinnig, jähzornig, rachsüchtig sei. Ihr ausgeprägter Familiensinn entfremdete sie nahezu den Begriffen des freien Willens und der Selbstbestimmung und machte, daß sie mit einem beinahe fatalistischen Gleichmut ihre Eigenschaften feststellte und anerkannte... (I, 204f.)

Eine umfassende mythische Optik auf das Leben ist hier freilich noch nicht zu erkennen; daß sich Tony bis zum Schluß an die 'musterhafte' Existenzweise der Buddenbrooks zu klammern versucht, beweist nur ihre Naivität. Für Thomas Buddenbrook und Klaus Heinrich bedeuten das Rollenspiel und die Verpflichtung durch die 'Spur' Zwang, Last und Qual. Die Lebenswürde und Lebensfeier des Mythischen, durch die sich die Josephsromane vom pessimistischen Frühwerk unterscheiden, ist mit Schopenhauer offenbar gerade nicht zu gewinnen.

In der Rede *Freud und die Zukunft* (1936) beschreibt Thomas Mann den Gewinn, den die mythische Optik dem humoristischen Erzählen einträgt:

Kein Zweifel, die Gewinnung der mythisch-typischen Anschauungsweise macht Epoche im Leben des Erzählers, sie bedeutet eine eigentümliche Erhöhung seiner künstlerischen Stimmung, eine neue Heiterkeit des Erkennens und Gestaltens, welche späteren Lebensjahren vorbehalten zu sein pflegt, denn im Leben der Menschheit stellt das Mythische zwar eine frühe und primitive Stufe dar, im Leben des Einzelnen aber eine späte und reife. Was damit gewonnen wird, ist der Blick auf die höhere Wahrheit, die sich im Wirklichen darstellt, das lächelnde Wissen vom Ewigen, Immerseienden, Gültigen, vom Schema, in dem und nach dem das vermeintlich ganz Individuelle lebt, nichts ahnend in dem naiven Dünkel seiner Erst- und Einmaligkeit, wie sehr sein Leben Formel und Wiederholung, ein Wandel in tief ausgetretenen Spuren ist. (IX, 493f.)

Wiederholung und Wiederkehr sind demnach das zentrale mythische Geschehen, und diese Bestimmung macht plausibel, daß der Autor auch schon lange vor dem bewußten Schritt zum Mythischen, indem er mittels der Leitmotivtechnik Wiederholung zelebrierte, ein gewissermaßen mythisierender Erzähler war. "Daß das Typische auch schon das Mythische ist", darauf hat er selber hingewiesen. (XI, 492f.) Das typisierende Leitmotiv des Frühwerks machte ja auch das Charakteristische, die Rolle einer Figur augenfällig, nur war das Typische in dieser Verwendung alles andere als die "fromme Formel, in die das Leben eingeht". (IX, 493) Die Fixierung aufs Typenhafte war insbesondere bei den Nebenfiguren gleichbedeutend mit Erstarrung und komischer Beschränktheit.

Diese Form der Typisierung und Reduzierung entsprach natürlich der Desillusionspsychologie Nietzsches und Schopenhauers, die Intellekt und 'freies' Selbstbewußtsein der vitalen Basis unterordnete. Gerade wenn sich das Durchschauen schmeichelhafter 'Vorurteile' nicht Lust an der Kränkung, sondern der Wahrheitsliebe verdankte, mußte die Befürchtung entstehen, daß mit ihm auch die Fundamente der menschlichen Würde beschädigt wurden. Thomas Mann geriet früh in dieses Dilemma; der auf Aschenbach übertragene Lösungsversuch eines Erkenntnisverzichts in der Hinwendung zu einem neuen Klassizismus kam nicht ernsthaft in Frage. Das Erstaunliche ist nun, daß Momente, die aus der psychologischen Sicht Handlungsfreiheit nahmen und die Achtung vor einem Menschen oder einer dargestellten Figur verringerten, in der mythischen Optik erst ihre Würde ausmachen. Auch jetzt bleibt die Feststellung: "Der Charakter ist eine mythische Rolle, die in der Einfalt illusionärer Einmaligkeit und Originalität gespielt wird [...]." (IX, 494) Aber die Einsicht, daß der Mensch nicht freies Individuum ist, sondern Typisches reproduziert, ist in der mythischen "Kunstoptik" nicht bitter und degradierend, sondern geradezu erhaben. Sogar das Schlechte, Häßliche, Gemeine zieht als Reaktion nun nicht sogleich die 'Erledigung' durch Karikatur und Ironie auf sich, es gewinnt ebenfalls einen vertraulichen, feierlichen Aspekt. In jedem Fall darf der agierende Rollenspieler die Gewißheit haben, "etwas Gegründet-Rechtmäßiges wieder vorzustellen und sich, ob nun gut oder böse, edel oder widerwärtig, jedenfalls in seiner Art musterhaft zu benehmen. [...] Seine Würde und Spielsicherheit aber liegt unbewußt gerade darin, daß etwas Zeitloses wieder mit ihm am Lichte ist und Gegenwart wird; sie ist mythische Würde, welche auch dem elenden und nichtswürdigen Charakter noch zukommt, ist natürliche Würde [...]." (XI, 494).

'Würde' ist ein dauernd wiederholter Leitbegriff auf diesen Seiten des Freud-Essays, die in komprimierter Form das Mythoskonzept der Josephs-romane vorstellen. "Kann man würdiger leben und sterben, als indem man den Mythos zelebriert?" fragt der Autor (IX, 496), und während vormals das 'Leben' schnell mit 'unreiner' Wirklichkeit identifiziert wurde, ist jetzt von 'Lebenswürde' die Rede. Ein scherzhaftes Extrembeispiel dafür, wie diese Art von Würde, die auch dem letzten noch zukommt, als Übereinstimmung mit dem vorgeprägten Muster aussehen kann, bietet die Beschreibung der Walkknechte bzw. Masseure in *Joseph in Ägypten*: "Es waren zwar strohdumme Männer, ja, sie hatten die Dummheit geradezu bewußt in sich großgezogen, damit das Maß derselben recht sprichwörtlich mit ihrem derben Beruf übereinstimme und sie wirklich so dumm seien wie Walkknechte." (V, 1186) Dazu eine Vergleichsstelle aus dem *Zauberberg*: "Morgens trat nach mächtigem Anklopfen der Bademeister herein, ein nerviges Individuum namens Turnherr, mit aufgerollten Hemdärmeln, hochgeäderten Unterarmen und einer gurgelnden, schwer behinderten Sprechart, der Hans Castorp, wie alle Patienten, mit seiner Zimmernummer anredete und ihn mit Alkohol abrieb." (III, 265) Während diese Karikatur die Figur gekonnt als dumpf-bewußtlose Existenz herabsetzt, gesteht die mythische Optik auch den untersten Rollen ein Moment von souveräner Aktivität und rollenbewußter Selbstbestimmung zu (eine erstaunliche Restitution der 'Freiheit'); sie sieht gelegentlich die Verachteten sogar als Opfer ihrer 'Rollenpflicht': "bunt aufgeputzte Neger, von Lachsalven begrüßt, tanzten trommelnd, Fratzen schneidend und allerlei teilweise unflätige Späße treibend hinterdrein (denn sie wußten sich verachtet und benahmen sich närri-

scher, als es in ihrer Natur lag, um den grotesken Vorstellungen zu schmei-
cheln, die das Volk von ihnen hegte)". (V, 1242)

Hier deutet sich auch an, daß die 'Würde' und 'Feierlichkeit' des Mythischen kaum etwas zu tun hat mit der sterilen Würdenpose eines Gustav von
Aschenbach. Weil das 'Musterhafte' des Mythischen alle Menschen und Exi-
stenzbereiche umfaßt, eröffnen sich vielfältige Möglichkeiten einer lebens-
gesättigten Humoristik, bis zum Farcenhaften, ohne daß Entwertung und
Entwürdigung der Figuren die zwangsläufige Folge sind. Auch dieser
Aspekt wird in der Rede angesprochen: "Es gibt eine mythische Kunstoptik
auf das Leben, unter der dieses als farcenhaftes Spiel, als theatralischer Vollzug von etwas festlich Vorgeschriebenem, als Kasperliade erscheint, worin
mythische Charaktermarionetten eine oft dagewesene, feststehende und
spaßhaft wieder Gegenwart werdende 'Handlung' abhaspeln und vollziehen." (IX, 497) Zusätzliche Gelegenheit für humoristische Wirkungen bieten dabei noch die Momente, in denen das 'theatralische' Einverständnis
gewissermaßen aufgekündigt wird. Ein Beispiel dafür findet sich im vorletzten Kapitel von *Der junge Joseph*, das Jaakobs Trauer um Joseph schildert. In
seinem Schmerz hat Jaakob genug von 'schönen Geschichten' und sagt spottend zu Eliezer: "Da sieh, wie ich mit deiner Erbauung umspringe in meinem Elend! Ich war rein, aber Gott hat mich in den Kot getunkt über und
über, und solche Leute halten es mit der Vernunft, denn sie wissen nichts
anzufangen mit frommer Beschönigung, sie lassen die Wahrheit nackend
gehen. Auch daß dir die Erde entgegengesprungen sei, bezweifle ich hier-
mit. Es ist alles aus." (IV, 645)

2. Gegenfiguren: Esau und die Brüder Josephs

Mythische Farcen finden sich vor allem in den *Geschichten Jaakobs*, etwa in
den Stationen des 'musterhaft' durchgespielten Bruderkonflikts zwischen
Jaakob und Esau. Auch hier wird die Entgegensetzung 'fein' und 'gewöhnlich', wie bei Rahel und Lea, von der biblischen Vorlage nahegelegt. Schon
bei der Zwillingsgeburt ist Esau, im Gegensatz zum "glatten"[49] Jakob,
"rötlich, ganz rauh wie ein Fell"[50]; dementsprechend die spätere Entwicklung der beiden: "Und da nun die Knaben groß wurden, ward Esau ein
Jäger und streifte auf dem Felde, Jakob aber ein sanfter Mann und blieb in

---

[49] 1. Mose 27. 11.

[50] 1. Mose 25. 25.

den Hütten."[51] Jaakob und Joseph wird in den Josephsromanen die träumerische Mond-Sphäre zugeordnet, Esau und die Brüder Josephs sind dagegen sonnenverbrannte Männer "der Steppe, rot von Haut und rauh wie Böcke." (IV, 82) Vor allem Jaakob versteht die Unterschiede als Rangordnung. Aus dem Umstand, kein "von der Sonne geröteter Schollenbesteller" zu sein, zieht er Stärkung für sein mancherlei Demütigung ausgesetztes Selbstgefühl. (IV, 396) Der Erzähler läßt die 'Wirklichkeitsschwäche' des Träumers als Beweggrund der Abneigung gegenüber dem 'praktischen Leben' der Bauern, Jäger und Händler erkennbar werden. Sie erinnert an die Verachtung, mit der frühere Helden der Gewöhnlichkeit des Wirklichen begegneten. Dieser Komplex wird nun jedoch mit souveränem Abstand gestaltet, nicht der 'kalte' Blick auf die "Schollenbesteller", der Jaakobs Vorurteile dem Leser bestätigen könnte, sondern die humoristische Darstellung von Jaakobs verwickelten Gefühlszuständen steht an erster Stelle:

Was Jaakob betraf, so war er wenig berührt von der kalendermäßigen Freudenstimmung seiner Umgebung, der Ausgelassenheit der erntenden Bauern, in deren Mitte seine Leute das Ihre besorgten. Auf diese ging von seiner Haltung, die alljährlich dieselbe war, sogar ein gewisser dämpfender Druck aus, und zwar ohne daß er selbst auf dem Feld erschienen wäre. [...] Im ganzen [...] kümmerte Jaakob sich nicht um Staat und Mahd, sondern betrieb sein bißchen Landwirtschaft gleichsam ohne hinzusehen und nur aus Klugheit, nicht aus innerem Hange, von welchem eher das Gegenteil sein Verhältnis zu dieser Sphäre bestimmte, nämlich die Glaubensgleichgültigkeit, ja Abneigung des Mondhirten gegen den Schollendienst des roten Ackerbauers. Die Erntezeit schuf ihm geradezu eine gewisse Verlegenheit [...]. (IV, 502f.)

Obwohl Esau und die Brüder Josephs Jäger bzw. ebenfalls Hirten sind, werden sie von Jaakob und Joseph dem verachteten Lebensbereich der 'Scholle' zugeordnet, werden also gewissermaßen ausgestoßen: "[...] bist du wie Esau, dein Oheim [...] im wüsten Mittag?" fragt Jaakob in der Eröffnungsszene den am Brunnen sitzenden Joseph (IV, 82), um befriedigt das Gegenteil festzustellen: "Nein, sondern fromm bist du und ein Kind der Hütte, denn du bist Fleisch von meinem Fleisch [...]." (Ebd.) Von dem vergötterten Lieblingssohn kommt ihm bald ein Echo seiner Worte zurück: Das Antlitz des Vaters sei anzusehen wie das

des Mondes und wie Habels, des Hirten, dessen Opfer dem Herrn wohlgefällig war, und nicht wie Kains und Esau's, deren Gesichter sind wie der Acker, wenn ihn die Sonne zerreißt, und wie die Scholle, wenn sie vor Dürre rissig wird. Ja, du bist Habel, der Mond und der Hirt, und alle die Deinen, wir sind Hirten und

---

[51] 1. Mose 25. 27.

Schäfersleute und nicht Leute der ackerbauenden Sonne, wie die Bauern des Landes, die schwitzend hinter dem Pflugholze gehen [...]. (IV, 102)

Josephs "alle die Deinen" enthält eine boshafte Spitze: werden die Brüder doch nicht nur durch die Ahnentypologie (Kain-Esau), sondern auch durch die mythische Motivik von Sonne und Röte aus der Vater-Sohn-Gemeinschaft gedrängt. Die 'lockersitzende' Verachtung für den 'großen Haufen' steht am Ursprung des Konflikts. "Blinde Zumutung" (V, 681) und "Gleichgültigkeit gegen das Innenleben der Menschen" (IV, 485) bringen Joseph in die Grube; damit macht die Josephstetralogie zum Gegenstand problematischer Gestaltung, was in der hierarchischen Menschendarstellung früherer Werke unausgesprochene Voraussetzung war: Gleichgültigkeit gegen das Innenleben war geradezu das konstitutive Prinzip der dort vorgeführten Nebenfiguren. Auch die Figurenwelt der Josephsromane ist hierarchisch abgestuft, die Thematik der besonderen, 'erwählten' Existenz wird fortgeführt. Der Erzähler wendet psychologische Einfühlung jedoch auch der vernachlässigten Seite der Umgebungs- und Gegenfiguren zu und bringt deren Innenleben zur Darstellung.[52] Damit rückt die Konfliktträchtigkeit und die überindividuelle Problematik der zum Außerordentlichen berufenen Existenzform erst eigentlich ins Blickfeld. Die biblische Josephsgeschichte bot eine Handlungsführung an, in der sich der Held ständig in direkter Konfrontation mit der Umwelt auseinanderzusetzen und zu bewähren hat: Schon bei der Überzahl von elf Brüdern muß jeder Auserwähltenhochmut gefährlich werden. Joseph wird bestraft und in die ägyptische Zivilisation hinausgeführt, macht 'Dienst' und Karriere als Hausverwalter, wird in eine sensationelle und hochgefährliche Liebesgeschichte verwickelt, er erlebt die soziale Deklassierung zum Gefangenen, dann den erneuten Aufstieg an die Seite Pharaos, bewährt sich in staatsmännischer Tätigkeit; am Ende stehen die großen Wiedersehensszenen mit den Brüdern und dem Vater – ein Rückzug in die ästhetizistische Lebensdistanz ist hier ausgeschlossen, vielmehr muß vom Erzähler der Erwerb einer Reihe von 'sozialen Tugenden' halbwegs anschaulich gemacht werden: Einsicht in Fehlverhalten, Mitgefühl, Sympathieerwerb, Integrationsfähigkeit, Menschenführung, Versöhnungsbereitschaft. Damit kommt dem menschlichen Umfeld, das zwangsläufig agierend und reagierend ins Blickfeld gerät, das in fortwährender Auseinandersetzung mit dem Helden gezeigt werden muß, ein ganz anderes Gewicht zu als in früheren Werken, in denen es nur ausschnittartig, in den typischen 'Begegnungsszenen' dargestellt wurde. Eine

---

[52] Dies gilt ebenso für Spätwerke wie *Lotte in Weimar* und *Doktor Faustus*.

stärkere Herausarbeitung der Nebenfiguren, ihrer Gefühle und Motive, wird unvermeidlich. Insbesondere in den ersten Bänden zeigt der Roman die Schwierigkeiten, welche die eine Seite mit der jeweils anderen hat, der selbstgefällige Held mit seiner normalen, durchschnittlichen Umwelt, und umgekehrt. So kann der Leser sich einerseits nach wie vor, die Jaakob- und Josephperspektive teilend, über die Grobschlächtigkeit der 'Roten' amüsieren, andererseits dann aber auch wieder, im "oft kaum noch zu verdrängenden Mißbehagen an Josephs Superiorität"[53], den Standpunkt der gequälten Brüder einnehmen, für die der sich stets als "Vertreter und Sendling" des Vaters (IV, 398) aufspielende Joseph ein "unausstehlicher Bengel" ist. (IV, 393) Dem Spott über die Gewöhnlichen entspricht auf der anderen Seite der Blick Esaus auf die Bevorzugten: Sie "stolzieren [...] einher, den Segen ums Haupt, und verdrehen die Augen [...]". (IV, 149)

Esau hat die undankbare Rolle des Betrogenen, um den Segen Geprellten und dabei noch von den Zuschauern Verlachten zu spielen. Der Segensbetrug ist ein "Volksspott wie keiner mehr". (IV, 213) Der Vorgang kann als "der große Jokus" beschrieben werden, weil es sich ja nicht wirklich um einen Betrug handelt. (Vgl. IV, 201) Allen Beteiligten, auch dem 'Betrogenen' selbst, ist klar, daß der Erstgeborene in diesem Fall nur im Weg steht, daß Jaakob der Fortführer der geistlichen Linie ist und ihm der Segen 'rechtmäßig' zukommt, auch wenn die Erstgeburtskonvention dagegenspricht. Um diesen Eindruck des Rechtmäßigen zu erzeugen, gestaltet der Erzähler den Esau-Part als groteske Komödienrolle. Esau hat sich fortwährend als der Unmögliche, Unausstehliche unter Beweis zu stellen, der nun einmal beim besten Willen nicht in Frage kommt für den Segen und enterbt werden muß. Damit wird die "dreckige Büberei" des Betrugs (IV, 149) – so nur die Worte Esaus – zwar harmonisiert, dem Betrug wird aber, gemäß der Absicht, den Mythos zu psychologisieren, ein kompliziertes und komisches Familiendrama vorgelagert, von dem der biblische Bericht natürlich nichts weiß. Dort sind die elterlichen Sympathien gleichmäßig verteilt: "Und Isaak hatte Esau lieb und aß gern von seinem Waidwerk, Rebekka aber hatte Jakob lieb", heißt es in 1. Mose 25.28. Bei Thomas Mann ist Isaaks Liebe zum Erstgeborenen nur ein weiteres 'Muster', das in diesem Fall für Komplikationen sorgt, ein "kleiner Mythus innerhalb eines viel größeren, mächtigeren". (IV, 198) Angestrengt bemüht sich Isaak, seinen Verdruß über Esau zu beherrschen, um der "Übereinkunft" der Erstgeborenenliebe gerecht zu werden:

---

53 Eckhard Heftrich: *Geträumte Taten*, S. 123.

Mit dem Glatten, Zahnlosen da, sprach er und gab seiner Seele einen Ruck – denn um die kleine Person eben dieses Zweiten war es wie ein mildes Scheinen, und er lächelte gar klug und friedlich, während der Erste sich in unausstehlichem Gequarre wälzte und seine Augen dabei zu einer greulichen Arabeske verzog –, mit dem Glatten stehe es offenbar kümmerlich und wenig hoffnungsvoll, dagegen mache der Rauhe den Eindruck heldischer Anlage und werde es sicherlich weit bringen vor dem Herrn. Dergleichen äußerte er täglich fortan, mechanisch, in spruchhaft feststehenden Wendungen, wenn auch bald schon zuweilen mit bebend von innen her verärgerter Stimme; denn Esau verletzte mit seinem widerwärtigen Frühgebiß grausam Rebekka's Brust, so daß bald beide Zitzen völlig wund und entzündet waren und auch der kleine Jaakob mit verdünnter Tiermilch ernährt werden mußte. "Ein Held wird er sein", sagte Jizchak dazu, "und ist mein Sohn und mein Erster." (IV, 198f.)

Gegen allen Augenschein preist Isaak den Erstgeborenen, bis er schließlich notgedrungen die körperlichen Voraussetzungen für den Segensbetrug schafft: seine Blindheit ist psychosomatisch. Esau wird vom Erzähler der Josephsromane mit einer aufdringlichen, tierischen Körperlichkeit und Sinnlichkeit gezeichnet: "Rothaarig war er sofort gewesen über den ganzen Leib, wie der Wurf einer Bezoargeiß". (IV, 197) Der biblische Esau heiratet mit vierzig Jahren[54], bei Thomas Mann ist er "von tierischer Frühreife. Sozusagen im Knabenalter heiratete er ein übers andere Mal". (IV, 199) Natürlich handelt es sich durchwegs um verdrußbereitende Mesalliancen. Aber Esau ist mehr als eine Figur, die der Erzähler sich und seinem Helden mittels Karikatur vom Leibe halten will. Im Abschnitt "Esau", der die Wiederbegegnung der Brüder schildert, erscheint er als überzeichnete Schreckgestalt, die geradezu auf die Idiosynkrasien des Geistesmenschen hin angelegt ist. Dem apollinischen Träumer tritt der dionysische Bock gegenüber, als der Esau hier bis ins physiognomische Detail kenntlich wird:

Überdies tanzte Esau. Sein Pfeifenspiel am Munde, den Schießbogen auf dem Rücken und einen Fetzen Ziegenfell um die Lenden, sonst aber ohne Kleider, deren er wirklich auch nicht bedurfte, da er so behaart war, daß ihm das Vlies in grau-roten Zotteln buchstäblich von den Schultern hing, tanzte und sprang er mit seinen spitzen Ohren und seiner platt auf der nackten Oberlippe liegenden Nase über das offene Land hin zu Fuß [...] dem Bruder entgegen, blasend, winkend, lachend und weinend, so daß Jaakob, in Geringschätzung, Scham, Erbarmen und Abneigung, bei sich etwas dachte wie 'Allmächtiger Gott!' (IV, 147)

---

54 Vgl. 1. Mose 26. 34.

In der *Geburt der Tragödie* spricht Nietzsche von der "Synthesis von Gott und Bock im Satyr".[55] Jaakobs Gedanke "Allmächtiger Gott!" ist damit auf komische Weise mehrdeutig. Anruf des Vatergotts in bedrängter Lage, besitzt er als Ausdruck von Geringschätzung zugleich einen – in Zusammenhang mit dem Gottesträumer Jaakob komischen – profanen Klang; daneben ergibt sich der ironische Hintersinn, als würde Jaakob ungewollt dem 'fremden Gott' Dionysos Allmacht zugestehen. Für den hellen Gottessinn Jaakobs ist alles Dionysische bloß 'Kanaan'; der abgewehrte Lebensbereich, die 'Baalsnarrheit', die er gerne ins 'schamlose Ägypterland' projizieren möchte, rückt ihm in der vertrauten Gestalt des verachteten Zwillingsbruders so nah wie nur möglich, wie zur Mahnung, daß so leicht vom 'Unteren' nicht loszukommen ist. Der Satyr-Bock ist der "fremde Verwandte", mag er sich auch noch so "peinlich, hirnlos und liederlich" aufführen. (IV, 150)

Die Komik des Abschnitts ist gleichermaßen in den Beschreibungen Esaus wie in denen der mühsam beherrschten, zugleich schamvollen und verärgerten Reaktionen Jaakobs wirksam; das Zusammentreffen der kontrastierenden Lebenssphären erzeugt den humoristischen Effekt. Die komische Wirkung der Jaakob-Figur entsteht zudem aus dem Kontrast von Innerem und Äußerem: Den orientalischen Schmeicheleien, der Selbsterniedrigung steht das aufwallende 'Innenleben' gegenüber; immer wieder ist von seinem "Widerwillen gegen Esaus {...} Treuherzigkeit" (IV, 146) die Rede, für ihn ist der Bruder "noch immer der gedanken- und bedeutungslose, zwischen Geheul und tierischem Leichtsinn schwankende Naturbursch von ehemals" (IV, 146), der nun wieder mit seinem minutiös geschilderten Flötenspiel auf die Nerven geht. In Zusammenhang mit der Jaakob-Figur hat Thomas Mann vom "humoristischen Ineinanderfließen"[56] von Erniedrigung und Erhöhung gesprochen; das ist an dieser Stelle zu beobachten. Die Erinnerung an seinen gerade vorher errungenen "nächtlichen Sieg" – "War das ein Traum gewesen und eine Haupterhebung!" (IV, 143 u. 147) – benutzt Jaakob, um die Demütigung vor Esau zu bestehen, die kraß geschildert wird: "Wohl siebenmal, trotz seiner Schmerzen, warf er sich nieder, indem er die flachen Hände über das gebeugte Haupt erhob, und landete auch so zu Esau's Füßen, auf die er seine Stirne preßte, während seine Hände auf den von Zotteln überhangenen Knien des Bruders emportasteten und sein Mund immerfort die Worte wiederholte, die das Verhältnis trotz Segen und

---

[55] Friedrich Nietzsche: *Die Geburt der Tragödie aus dem Geiste der Musik*, "Versuch einer Selbstkritik", Werke in drei Bänden, 1. Bd., S. 13.
[56] *Meerfahrt mit Don Quijote*; IX, 461.

Fluch zu Esau's unbedingten Gunsten kennzeichnen [...] sollten." (IV, 147f.) Wiederholt kostet der Erzähler es vor dem Hintergrund der Antipathie Jaakobs geradezu aus, die Sinnlichkeit Esaus weiter ins Unappetitliche zu steigern: "Gewaltsam hob er Jaakob vom Staube auf, drückte ihn mit geräuschvollem Schluchzen an seine pelzige Brust und küßte ihn schmatzend auf Wange und Mund, so daß es dem Geherzten bald zuviel wurde." (IV, 148) Esau versucht, Jaakob davon zu überzeugen, daß auch die um den Segen gebrachten "Unterweltler" nicht "die Nasen hängen lassen": "Es liefern mir Gekröpf, die unter mir sind, und schicken mir Brot und Fleisch alle Tage und Geflügel, schon zugerichtet für meine Mahlzeit, und Wildbret habe ich [...] und Milchspeisen, daß mir aufstößt davon die halbe Nacht." (IV, 149f.) So läuft jede seiner Äußerungen auf eine Zumutung für den feinsinnigen Jaakob hinaus, noch ein überschwenglich wohlgesonnener Vorschlag erhält den Effet ins Indezente: "Brüderlich wollen wir miteinander leben als Zwillinge vor dem Herrn und wollen die Hand in dieselbe Schüssel tauchen [...]." (IV, 151) Aber auch Esau ist nicht so harmlos treuherzig, wie es scheint: Wie bei den Wagnerschen Zwergen (Mime z.B.), an die die unruhige, sprunghafte Rhythmisierung seines Sprechens anklingt, bringt seine Rede fortwährend das zum Ausdruck, was sie verschweigen oder von dem sie das Gegenteil behaupten möchte. "Alles vergessen! Alle Schurkerei soll vergessen sein", beteuert er so penetrant, bis niemand mehr daran zweifeln kann, daß sie es noch längst nicht ist. (IV, 148)

"Esau, der Tölpel" (IV, 194), erhält seine mythische Würde als dionysischer Satyr, als Typhon-Set-Wiederverkörperung, als der "rote Jäger", dem "Glut- und Wüstenwind", Sonnenbrand und Feuer symbolisch zugeordnet sind und dessen Sphärenentsprechung "am Himmel [...] niemand anderes als Nergal, der siebennamige Feind, Mars, der Rote, der Feuerplanet" ist. (IV, 190f.) In diesen Fußstapfen gehend, ist er für die mythische Optik auf das Leben eine gleichberechtigte Figur "in seinen Geschichten neben Jaakob, dem Angenehmen". (IV, 193f.) Der verächtliche, an die Perspektive Jaakobs gebundene Blick auf den 'unmöglichen' Esau wird dementsprechend in den kommentierenden Passagen korrigiert. Esaus Wesen und Taten sind in seiner festgelegten "Charakterrolle" begründet, er ist "auf seine Art ein ebenso frommer Mann wie Jaakob". (IV, 201) Auch er erfüllt dabei sein Schema nicht naiv und bewußtlos, der Erzähler weist ausdrücklich darauf hin, daß Esau sich "ebendieser Charakterrolle von jeher vollkommen bewußt gewesen war". (IV, 135) Daß er *mit* diesem Wissen und in der Ahnung des Ausgangs seine Rollenpflicht beim Segensbetrug "erhobenen Hauptes" erfüllt, verleiht seinem verlachten prahlerischen Auftreten eine Spur von Größe: auch "Geschichten kläglichen Ausgangs haben [...] ihre

Ehrenstunden und -stadien". (IV, 203) Komik und Elend regieren auch hier, aber gleichzeitig wird Esau in dieser Szene ein Bereich des emotionalen Spektrums zugewiesen, der sonst den Helden vorbehalten war: "Er murmelte die Formel des Gehorsams: 'Hier bin ich.' In seiner Seele aber dachte er: 'Jetzt geht es an!' Und diese Seele war voll von Stolz und Grauen und feierlichem Herzeleid". (IV, 202) An anderer Stelle ist von Esaus 'mythischer Bildung' die Rede: "Faßte man sein Verhältnis zu Jaakob gebildet auf – und das zu tun war Esau, seiner Rauhigkeit ungeachtet, immer bereit gewesen, so war es die Wiederkehr [...] des Verhältnisses von Kain zu Habel [...]." (IV, 135) Eckhard Heftrich sieht die Figur aus der abwertenden Jaakobsperspektive, wenn er schreibt: "Esau verkörpert den seiner Rolle ausgelieferten Typus."[57] Denn auch Esau besitzt einen Verhaltensspielraum und 'gestaltet' sein undankbares Schema, der Erzähler gesteht ihm gelegentlich einen durchaus verschmitzten Umgang mit der lästigen Rollenpflicht zu:

Kurzum, der rote, haarige Esau weinte und zeigte sich dem Verfolgungs- und Racheunternehmen entschieden abgeneigt. Er hatte gar keine Lust, den Habel-Bruder auch noch zu erschlagen und so ein Gleichnis auf die Spitze zu treiben, auf das die Eltern ohnehin das ganze Verhältnis von Anfang an hinausgespielt hatten. Als dann aber Eliphas sich erbot oder vielmehr glühend danach verlangte, [...] hatte er nichts dagegen zu erinnern und winkte Erlaubnis unter Tränen. Denn daß der Neffe den Oheim erschlug, bedeutete ihm eine wohltuende Durchbrechung des leidigen Schemas und war eine geschichtliche Neugründung, die späteren Eliphas-Knaben zum Gleichnis werden mochte, ihn aber von der Kainsrolle wenigstens im letzten entlastete. (IV, 136)

Solche Perspektivenwechsel, in denen auch die Gegen-Figuren und 'Nebenrollen' zu ihrem Recht, in denen ihre Konflikte zur Sprache kommen, sind ein Kennzeichen der Menschendarstellung in den Josephsromanen. Das wird auch an der Gestaltung von Josephs Brüdern deutlich. Der Erzähler beläßt es nicht dabei, sie aus der Sicht des selbstgefälligen jungen Joseph als Kollektiv von Gewöhnlichen zu zeichnen, zunehmend profilieren sie sich als Individuen, die in einzelnen Szenen oder Kapiteln dominierend hervortreten: der gutmütige, empfindliche Ruben, der durch den Widerstreit von Geist und Sinnlichkeit gezeichnete Juda, der zarte, von Lebens- und Todesängsten überschattete Benjamin, aber auch die aggressiven Zwillinge Schimeon und Levi. Gerade mit der Darstellung der Brüder wollte Thomas Mann im letzten Band 'menschenfreundliche' Akzente setzen: er hoffe, schrieb er am 31.10.1936 an Gottfried Bermann Fischer, "daß der vierte

---

57 Eckhard Heftrich: *Geträumte Taten*, S. 299.

Band den dritten an menschlicher Wärme (die Wiedersehensszenen!) über-
treffen wird".[58] (Br I, 427)

Vor allem die auf den offenen Konflikt zusteuernden Kapitel von *Der
junge Joseph* wahren eine darstellerische Balance zwischen dem 'Träumer' Joseph und den von seiner Eitelkeit behelligten Brüdern. Im Kapitel *Von Rubens Erschrecken* findet ein Gespräch zwischen Ruben und Joseph statt. Dabei
verwendet der Erzähler nicht für die Hauptfigur, sondern für den älteren
Bruder die Innenperspektive, den inneren Monolog bzw. das ausführliche
Gedankenzitat; gegenüber dem stichelnden Joseph gewinnt der sanfte, in
seinen Gefühlen hin- und hergerissene Ruben, der die Jaakobsgemeinschaft
vor Schlimmerem zu bewahren sucht, an Sympathie. Mit einfühlender Psychologie werden in diesen Abschnitten vor allem die Emotionen der leidenden Brüder beschrieben, mit dem vermeintlich unkomplizierten Gefühls-
haushalt des 'unbewußten und stummen Lebens' haben ihre Nöte nichts
mehr gemein: Die Worte Josephs erregen Ruben "dasselbe Grausen in der
Herzgrube, über das Bruder Gaddiel sich schimpfend beklagt hatte an Josephs Lager, – nur stärker war es in Ruben, eine tiefere Erschütterung und
zugleich Bewunderung, ein weiches zärtliches Entsetzen und Erstaunen".
(IV, 500) Komisch und rührend zugleich sind seine Vermittlungsanstren-
gungen. Er versucht stets, seine versöhnlichen Absichten den wütenden
Brüdern im Ton mundgerecht zu machen: "Hinweg von Joseph, dachte er,
damit kein Unglück geschähe. Doch sagte er's nicht, sondern wußte die
Maßregel gänzlich ins Licht stolz strafenden Protestes zu setzen." (IV, 522)
Die humoristische Schilderung dieses 'Protests' vor der Abreise nach
Schekem kann für den Standpunkt der Brüder einnehmen:

Noch diesen Abend redeten sie vor Jaakob und taten ihm kund, sie gingen. An
einem Orte, wo solche Träume geträumt würden, und wo man sie erzählen dürfe,
ohne eine andere Gefahr zu laufen, als allenfalls vielleicht, wenn es schlimm wurde,
etwas am Haar gezaust zu werden, – an einem solchen Ort sagten sie, blieben sie
nicht, sie hätten dort nichts verloren. (IV, 522)

Auch die rachebrütenden Beratungen der Brüder sind von einer Humoristik
bestimmt, die verhindern soll, daß der Leser "mit den Jaakobssöhnen zerfalle
und ihnen auf immer die Verzeihung verweigere". (IV, 562) Schon ihr ge-
quältes Hin- und Herwenden der Angelegenheit zeigt, daß die Zeit der sa-
genhaften Brudermorde "nach guter Kainsart" vorbei ist (ebd.), unerreichbar

---

[58] Ähnlich an Käte Hamburger: "In der Charakteristik des Joseph als eines Politikers des
Mythus und weltlichen Praktikus werde ich mich ziemlich weit vorwagen müssen; aber bei
der Wiederbegegnung mit den Brüdern werden die liebenswürdig menschlichen Seiten seiner Natur zur Geltung kommen." – Brief vom 4.7.1934; Br I, 359.

das Rächer-Vorbild Lamechs. Ruben möchte die Vergeltung Gott überlassen: "Denn die Rache muß von dem Manne genommen sein, sonst zeugt sie wild weiter, geil wie der Sumpf, und die Welt wird voll Blutes." (IV, 550) Dagegen steht unwiderlegbar der Einwand Sebuluns: "Aber ist denn auf Gott Verlaß und auf seine Gerechtigkeit, wenn er im Streite Partei ist und flößt selber dem nichtswürdigen Jüngling die Frechheit ein vermittelst abscheulicher Träume? Wir können gegen die Träume nichts tun." Ohnmacht und Scham der Brüder nehmen groteske Züge an: "Die Zwillinge ächzten und suchten die Fäuste zu ballen, doch ging's nicht." (IV, 552)

Die Beschreibungen der von Ratlosigkeit, Gewissensbissen, Verstörung und "Kindesfurcht vor Jaakob" (IV, 567) geplagten Brüder nach der Bestrafung Josephs folgt dem gleichen, hier mit leiser Ironie vorgetragenen Grundsatz wie die der vorhergehenden "Hassesqual" (IV, 573):

Wiederholt sei hier davon abgemahnt, die Jaakobssöhne für besonders verhärtete Burschen zu halten und ihnen jedwede Teilnahme zu entziehen: selbst die parteilichste Schwäche für Joseph (eine Schwäche der Jahrtausende, von der diese sachliche Darstellung sich frei zu halten sucht) sollte sich vor einseitiger Stellungnahme hüten [...]. (IV, 595)

Selbst Schimeon und Levi vergeht nach einer "Besinnungspause" die Lust auf vollendete Bluttaten. (Vgl. IV, 564) Indem der Erzähler jetzt die 'Kindlichkeit' der Brüder hervorhebt, wird Verständnis für ihre Motive geweckt; nicht so sehr das häßliche Ressentiment gegen den Bruder, sondern Jaakobs tief kränkende Vorliebe für Joseph und das verzweifelte Bemühen, die Vaterliebe zurückzugewinnen, bildete den Antrieb der Tat; gerade deshalb kann sie ihnen auch keine Erleichterung oder Befriedigung schaffen, sondern nur ein ausweisloses Dilemma heraufführen: "Die Versenkung Josephs konnte nur einem Zwecke dienen: das Hindernis zu beseitigen, das zwischen ihnen und dem Herzen des Vaters stand, um das es ihnen allen aufs kindlichste zu tun war; und die Wirrnis bestand darin, daß sie sich gezwungen gesehen hatten, diesem zarten und machtvollen Herzen das Äußerste zuzufügen, um es für sich zu gewinnen." (IV, 569) Das Dilemma schlägt sich nieder in peinigender Unruhe und dem Wunsch, das Geschehene rückgängig zu machen: es "war keiner unter den Brüdern, der nicht alle paar Stunden von diesem Wunsch bis zur Zappeligkeit wäre ergriffen worden. Aber war es denn möglich? Das war es leider nicht, – und der hastige Entschluß starb hin unter dem unerbittlichen Einspruch der Vernunft." (IV, 596) Für Joseph ist die 'Grube' eine nur vorübergehend schmerzhafte Lektion, sie ist die Voraussetzung nachfolgender 'Erhöhungen' – die eigentlich Leidenden sind bei dieser Gewalttat die Brüder selbst; der

Erzähler macht es deutlich, indem er den Begriff der 'Gefangenschaft' nicht auf den im Brunnen schmachtenden Joseph, sondern auf die "Zwicklage" der Brüder anwendet: Sie befinden sich in "einer dieser Gefangenschaften und ausweglosen Verlegenheiten, wie sie das Leben erzeugt und das Brettspiel in reinem Abbilde vor Augen führt". (IV, 596) Daß die Brüder nicht für eine dumpfe Bewußtseinslage stehen, zeigt schließlich am deutlichsten Judas Rede über die veränderten 'Zeitläufte', an deren Ende der 'humanere' Entschluß, Joseph zu verkaufen, mit dem Motiv der Augenöffnung verbunden wird: "Da fiel ihnen allen ein Stein vom Herzen, denn Juda hatte nach ihrer aller Gedanken gesprochen und ihnen die Augen vollends aufgetan [...]." (IV, 599)

Auf den letzten hundert Seiten des zweiten Bandes bleibt der Held im Hintergrund; sie beschäftigen sich vor allem mit der Psychologie der Täter und der Schuldigen – auch die Beschreibung der von tieferen Schuldgefühlen angetriebenen Klagen Jaakobs gehört hierzu. Dem schauspielerischen Pathos in seiner Trauer, dem "Drang nach krassen Kundgebungen des Elends" liegt der "unzugelassene und ins Dunkel gedrängte Verdacht" zugrunde, der eigentlich Schuldige zu sein. (IV, 642) Obwohl Joseph der Bezugspunkt dieser Szenen ist, liegt das Schwergewicht der Gestaltung doch außerhalb des 'Zentrums'. Wie die früheren Helden steht "zwar auch Joseph im Aktions- und Passionszentrum des Romans, aber gerade an ihren wichtigsten Wendepunkten wird seine Geschichte nicht mehr von ihm aus, sondern auf ihn zu erzählt, aus den Augen des Vaters und der Brüder, mit dem Stutzen und Staunen seiner ägyptischen Förderer und vor allem aus der rasenden Liebesphantasie der Mut-em-enet".[59] Es liegt auf der Hand, daß eine solche Erzählweise zur Lebendigkeit des Werkes beiträgt. Sie stärkt die Stellung der Umgebungsfiguren. Ohne eine Ausmalung ihrer Lebenskreise, ihrer Konflikte und Sichtweisen ist sie undenkbar. Die perspektivische 'Drehung' ist über den *Joseph* hinaus ein Kennzeichen des Spätwerks, sie wird geradezu zum Konstruktionsprinzip. In *Lotte in Weimar* wird Goethe bis zum siebten Kapitel ausschließlich aus der Perspektive der Umgebungsfiguren gesehen, im *Doktor Faustus* wird die 'Nebenrolle', wird die Helfer- und Zuträgerfigur Zeitblom zum Erzähler.

---

59 Reinhard Baumgart: *Selbstvergessenheit*, S. 244.

3. Laban

a) 'Unterwelt'

Auch Laban scheint eindeutig als Gegen- oder gar Negativfigur gekennzeichnet: Das ihn einführende Kapitel führt die Überschrift "Der Erdenkloß"
(IV, 231), später wird er "Unterweltsteufel" genannt, ein "Mann ohne Herz
und Sympathie". (IV, 267) Damit wird auch er dem niederen Bereich der
'Scholle' zugeordnet, die Unterweltlichkeit verbindet ihn mit anderen
"benachteiligten" (IV, 214), schlechtweggekommenen und 'segenslosen'
Figuren wie Esau; dieser bezeichnet sich ja selber als "Unterweltler" (IV,
149) und besucht Ismael häufig in dessen "Wüstenunterwelt". (IV, 192)
"Voller Mißtrauen" beobachtet Laban den gerade angereisten "angeblichen
Neffen" Jaakob (IV, 232), und das auf diese ersten Eindrücke folgende aus-
führliche Porträt Labans bestärkt zunächst das Negativprofil:

> Er trug ein Paar böser Zeichen zwischen den Augen, und das eine dieser Augen war
> blinzelnd zugezogen, während er doch gerade mit diesem fast geschlossenen Auge
> mehr zu sehen schien als mit dem offenen. Dazu kam, an derselben Seite, ein
> ausgesprochen unterweltlicher Zug um den Mund, ein gelähmtes Hängen des
> Mundwinkels im schwarzgrauen Bart, das einem sauren Lächeln ähnelte und den
> Jaakob ebenfalls bedenklich anmutete. Übrigens war Laban ein starker Mann,
> dessen volles ergrautes Haar noch unter dem Nackenschurz hervorquoll, angetan
> mit einem knielangen Leibrock, in dessen Gürtel eine Geißel und ein Messer steck-
> ten und dessen enge Ärmel die nervig hochgeäderten Unterarme frei ließen. Sie
> waren schwarzgrau behaart, wie seine muskulösen Schenkel, und breite, warme,
> ebenfalls behaarte Hände saßen daran, die Hände eines besitzhaltenden, in düster-
> erdhafte Gedanken eingeschränkten Mannes, eines rechten Erdenkloßes, wie Jaakob
> dachte. (IV, 233)

Eine bedrohliche Erscheinung. Labans Augen- und Mundpartien sind dämonisch gezeichnet. Augen sind die Wahrnehmungsorgane der Licht- und
Tagregion, dem unterirdisch-unterweltlichen Dunkelbereich entspricht die
Reduzierung des Lichtsinns; daß Laban mit fast geschlossenem Auge wahrnimmt, ist, wie die Hervorhebung seiner Hände, des haptischen Sinnesbe-
reichs, ein konsequenter Zug für den "Erdenmenschen" (IV, 262), der zugleich den Eindruck des mißtrauisch verschlossenen Mannes unterstreicht.
Die beunruhigende Physiognomie vereinigt sich mit körperlichen Eigenschaften, die einem den bösen Zeichen entsprechenden bösen Willen Nachdruck verleihen könnten: Sogleich fällt seine Stärke ins Auge, die offenbar
zugleich Körpermasse und Körperkraft meint, seine Vitalität und Virilität.

374

Dazu ist er mit einem Machtinstrument (Geißel) und einer potentiellen Waffe (Messer) versehen.

Beschreibung und Deutung gehen in diesem Porträt ineinander; deutend beschreibt der Erzähler, deutend sieht Jaakob. Die "Seele als Geberin der Gegebenheiten" (IX, 491): dieses Grundgesetz der Joseph-Romanwelt findet ja immer wieder auch seine Anwendung auf die Formen der menschlichen Körperlichkeit, es schlägt sich nieder in der Auffassung, "daß die Verquickung von Körper und Seele viel inniger, die Seele etwas viel Körperlicheres, die Bestimmbarkeit des Körperlichen durch das Seelische viel weitgehender ist, als man zeitweise zu glauben gewußt hat". (IV, 198) Die der Psychologie des 'In-Spuren-Gehens' entsprechende Physiognomik legitimiert feste typisierende Zuschreibungen, ohne von der Gefahr eines solchen Darstellungsverfahrens, der Verflachung und Simplifizierung der Romancharaktere, bedroht zu sein. Daß typisierende Beschreibungen nicht immer den Eindruck von Flachheit hervorrufen müssen, hat bereits E. M. Forster festgestellt, auf dessen *Ansichten des Romans* die Unterscheidung von 'flachen' und 'runden' Charakteren zurückgeht. Als Gegenbeispiel führt er Dickens an: "Fast jede Gestalt ist mit einem Satz zu fassen, und dennoch hat man das Gefühl menschlicher Tiefe."[60] Was bei Dickens durch die "ungeheure Vitalität" (ebd.) des Erzählens erreicht werde, dafür sorgt in den Josephsromanen der Kunstgriff der mythischen Optik, der durch die Typisierung der Gestalten gerade eine Tiefenwirkung erzeugt. Die Plastizität der Figuren[61] wird nicht zuletzt erzielt durch die Darstellung der Art und Weise, wie sie mit ihren Rollenvorgaben umgehen.

In der Beschreibung Labans gewinnt die dem Äußeren ablesbare Bedeutung zunehmend an Bestimmtheit: vom eher vagen ersten Eindruck des 'bösen Zeichens' zwischen den Augen über das 'ausgesprochen Unterweltliche' der detailliert beschriebenen Mundpartie bis zu jener Assoziation, die an die Zuschreibungsgewißheit der Lavaterschen Physiognomik denken läßt: Laban hat die "Hände eines besitzhaltenden, in düster-erdhafte Gedanken eingeschränkten Mannes". Das 'Unterweltsgesicht', das der Erzähler

---

[60] Edward Morgan Forster: *Aspects of the Novel*, London 1927, deutsch: *Ansichten des Romans*, Berlin/Frankfurt a. M. 1949, S. 81.

[61] In einem Brief an René Schickele vom 16.5.1934 verteidigt Thomas Mann wieder einmal das 'Plastische' seiner Gestalten: "Besonders freut mich, daß Sie das Malerisch-Bildmäßige an dem Buch so hervorheben. Man hat gesagt, die Konzeption sei zwar großartig, aber allzu geistig; es fehle das sinnliche Gegengewicht. Ist es nicht irgendwie doch vorhanden, – im Ausdruck, in der Art, die Dinge anzusprechen, im Atmosphärischen, auch in den Menschen, die, glaube ich, dreidimensional sind trotz ihrer typischen Gebundenheit?" (Br I, 360)

in den ersten beiden Sätzen entwirft, hat etwas Maskenhaftes. Dieser Eindruck verstärkt sich, wenn man sich vor Augen führt, daß beinahe dieselbe 'Unterweltsmaske' tausend Seiten später noch einmal Verwendung findet, bei der Beschreibung des dämonisch gepeinigten Oberbäckers, dem Joseph im Gefängnis den Todestraum deutet: "Ganz ausgesprochen unterweltliche Züge aber waren nicht zu verkennen in des Bäckers Gesicht: die längliche Nase stand ihm etwas schief, und auch sein Mund war nach einer Seite hin schief verdickt und verlängert; er hing dort mißlich herab, und zwischen den Brauen lagerte dunkel bedrängendes Fluchwesen." (V, 1334) Jaakob empfindet Labans sauer herabhängendes Lächeln als "bedenklich", Joseph bemüht sich dann, den ebenfalls als "bedenklich" bezeichneten Zügen des Bäckergesichts den gleichen "Schicksalsrespekt" entgegenzubringen wie den fröhlichen Mienen des Mundschenks. (V, 1335)

Maskenhafte Gesichtsbeschreibungen finden sich auch im Frühwerk Thomas Manns, z.B. die 'theatralische' Physiognomie Sigismund Goschs in den *Buddenbrooks*:

Sein glattrasiertes Gesicht zeichnete sich aus durch eine gebogene Nase, ein spitz hervorspringendes Kinn, scharfe Züge und einen breiten, abwärts gezogenen Mund, dessen schmale Lippen er in verschlossener und bösartiger Weise zusammenpreßte. Es war sein Bestreben − und es gelang ihm nicht übel −, ein wildes, schönes und teuflisches Intrigantenhaupt zur Schau zu stellen, eine böse, hämische, interessante und furchtgebietende Charakterfigur zwischen Mephistopheles und Napoleon... (I, 182)

Die 'Revolution' von 1848 bietet dem ansonsten als "liebenswürdige Erscheinung" (I, 182) geschilderten Makler die Gelegenheit, sein pathetisches 'Intrigantenhaupt' zur Groteskmaske zu steigern: "Das Gesicht des Maklers war in tausend tiefe Falten gelegt. Mit dem Ausdruck wilder Entschlossenheit schob sich sein Kinn fast bis zur Nase empor, sein graues Haar fiel düster in Schläfen und Stirn, und er hielt seinen Kopf so tief zwischen den Schultern, daß es ihm wahrhaftig gelang, das Aussehen eines Verwachsenen zu bieten [...]." (I, 191) Maskenhaft bis zum Karnevalesken ist auch das Gesicht Lobgott Piepsams in *Der Weg zum Friedhof*:

Zwischen den ausgehöhlten Wangen aber trat eine vorn sich knollenartig verdickende Nase hervor, die in einer unmäßigen und unnatürlichen Röte glühte und zum Überfluß von einer Menge kleiner Auswüchse strotzte, ungesunder Gewächse, die ihr ein unregelmäßiges und phantastisches Aussehen verliehen. Diese Nase [...] hatte etwas Unwahrscheinliches und Pittoreskes, sie sah aus wie angesetzt, wie eine Faschingsnase, wie ein melancholischer Spaß. Aber es war nicht an dem... (VIII, 188)

Das Maskenhafte ist hier das Unechte: Das Gesicht Sigismund Goschs entspricht nicht seinem Wesen, es ist eine angestrengte Stilisierung, die sich der fixen Idee des Maklers verdankt, kein liebenswürdiger Lübecker, sondern ein Intrigant zu sein. Der verzweifelte Piepsam muß wie zum Hohn mit der Faschingsnase herumlaufen. Generell hat der auf das kuriose Detail fixierte physiognomische Blick des Frühwerks die Tendenz, Gesichter ins Maskenhafte zu formen. Im *Zauberberg* möchte Settembrini Peeperkorn als Maske 'erledigen'. Er mahnt den von der Persönlichkeitserscheinung des Holländers beeindruckten Castorp:

Sie venerieren eine Maske. Sie sehen Mystik, wo es sich um Mystifikation handelt, um eine jener betrügerischen Hohlformen, mit denen der Dämon des Körperlich-Physiognomischen uns manchmal zu foppen liebt. Sie haben nie in Schauspielerkreisen verkehrt? Sie kennen nicht diese Mimenköpfe, in denen sich die Züge Julius Cäsars, Goethe's und Beethovens vereinigen und deren glückliche Besitzer, sobald sie den Mund auftun, sich als die erbärmlichsten Tröpfe unter der Sonne erweisen? (III, 810)

Nicht nur, daß der 'Mimetiker' Castorp hierauf zu einer kleinen Verteidigung des Schauspielers ansetzt (und einer entschiedenen Peeperkorns), er läßt sich auch von Settembrini nicht die Unterscheidung von Sein und Schein einreden; "das Körperliche geht ins Geistige über, und umgekehrt, und sind nicht zu unterscheiden", versichert er beinahe in der mythischen Tonlage der Tetralogie. (III, 809) Dort schließlich bedeutet das Maskenhafte nicht mehr Naturscherz und "Fopperei", es ist vielmehr das durchscheinende physiognomische Äquivalent der übernommenen Charakterrolle. Potiphar spricht einmal von der "Lebensmaske". (V, 1033) Der physiognomische Blick verändert sich entsprechend: nicht so sehr das unstimmige Detail, das ins Maskenhafte übertrieben wird, interessiert, sondern der 'sprechende', tiefer begründete Zug. Diese Durchsichtigkeit auf das Allgemeine, Musterhafte zeigt sich am deutlichsten in der maskenhaften Physiognomie Eliezers. Hier hat das 'Rollengesicht' gleichsam alles Individuelle aufgezehrt, es besitzt "etwas ruhig Allgemeines und göttlich Nichtssagendes", in das sich die Züge vergangener Eliziergestalten hineinlesen lassen:

Mit breitem Rücken senkte die engnüstrige Nase sich gegen den schmalen Schnurrbart, der, von den Mundwinkeln abwärtslaufend, dem weißgelben Barte des Untergesichts gleichsam *auflag* und unter dem [...] der rötliche Bogen der Unterlippe *hing*. Der Ansatz des Bartes an den Wangen, die ihn mit vielen Sprüngen in der Haut, überwölbten, war ganz *besonders ebenmäßig*, so daß man den Eindruck gewinnen konnte, *als sei dieser Bart an den Ohren befestigt und man könne ihn abnehmen*.

Ja, noch mehr, das ganze Gesicht erweckte die Vorstellung, es sei *abnehmbar* [...]. (IV, 399f.; Hervorh. d. Verf.)

Eine derart verfeinerte und abgeklärte Gestalt ist der erdhafte Laban natürlich nicht. Gerade die tellurische Unterweltsrolle nutzt der Erzähler für eine nuancierte Charakterdarstellung. Der erste Absatz des Porträts schien Laban als Negativfigur festzulegen: eine offenbar eher häßliche Physiognomie, dämonische Zeichen, dazu Muskeln und Messer. Jaakobs Assoziation des "Erdenkloßes" entschärfte das Bedrohliche am Ende allerdings schon durch einen komischen Akzent, die Wärme der Hände verlieh dem Erdhaft-Konkreten der Gestalt bereits eine leichte Wendung ins Positive. Dann wechselt die Schilderung und schlägt nun gleichsam die Gegenrichtung ein:

Dabei hätte der Ohm eigentlich schön sein können von Angesicht mit seinen dick aufliegenden, noch ganz schwarzen Brauen, der fleischigen, mit der Stirn in einer Linie verlaufenden Nase und den vollen Lippen im Bart. Die Augen hatte Rahel offensichtlich von ihm – Jaakob stellte es mit den gemischten Gefühlen des Wiedererkennens, der Rührung, der Eifersucht fest, mit denen man sich über die erbliche Herkunft und Naturgeschichte teurer Lebenserscheinungen belehrt: eine glückliche Belehrung, insofern sie uns in die Intimität solcher Erscheinungen dringen, uns gleichsam hinter sie kommen läßt, aber doch auch wieder auf eine gewisse Weise kränkend, so daß unser Verhalten zu den Trägern solcher Vorbildungen sich aus Ehrfurcht und Abneigung eigentümlich zusammensetzt. (IV, 233f.)

Ungewöhnlich die konjunktivische, vermutende Formulierung – die früheren Porträts von Gegen- bzw. Nebenfiguren kannten diesen abwägenden, den Ersteindruck relativierenden Gestus nicht: Laban "hätte [...] eigentlich schön sein können". In der Unterweltsphysiognomie gibt es etwas, was dort so gar nicht hinzugehören scheint: die Rahelsaugen, immerhin das "Hübscheste und Schönste", was Jaakob im Leben vorgekommen ist, "dieser Blick, in den, ohne Übertreibung gesagt, die Natur allen Liebreiz gelegt hatte, den sie einem Menschenblick nur irgend verleihen mag". (IV, 228) Weil "die freundliche Nacht ihrer Augen es ihm schon angetan" hat, erhält der fremde, abweisende Mann für Jaakob gleichzeitig etwas irritierend Nahes, Vertrautes. Der letzte Teil des Absatzes schildert die komplizierte Gefühlsreaktion, die ein Einblick in solche 'naturgeschichtlichen' Zusammenhänge hervorruft. Es ergibt sich eine Gefühlsmischung von Rührung und Eifersucht, glücklicher Belehrung und Kränkung, Ehrfurcht und Abneigung. Schon die Rede von den "Lebenserscheinungen" führt den konkreten Fall Laban ins Allgemeine, zu den 'Gesetzmäßigkeiten' einer Psychologie, die sowohl für mythische wie moderne Zeiten gilt; zugleich findet ein gleitender Wechsel des Subjekts statt, von "Jaakob" über "man" zu "uns". Der *Joseph* wurde von Thomas Mann gerne als "Menschheitsbuch" bezeichnet; solche unaufdringlichen Wechsel von der biblischen Ferne in die fiktive Leseraktualität gehören zu den vielen kleinen erzählpraktischen Mitteln, mit denen der große Anspruch umgesetzt wird.[62] Zudem wird eine Standpunktveränderung in der psychologischen Kommentierung deutlich: Vom Gestus einer Entlarvungspsychologie, die von hoher Warte auf ihr Objekt blickte und eine gemeinsame Basis des Erlebens und Verstehens, wie sie das Sprechen in der "Wir"-, "Uns"- und "Man"-Form impliziert, ausschließen mußte, wechselt der Erzähler zu einer Haltung, die Seelisches als menschheitliches Gemeingut versteht. Diese Psychologie wird von der mythischen Lebenssicht nahegelegt: Egal nach welcher 'Rolle' gelebt wird, die grundlegenden psychischen Prozesse der Musterbildung und des 'In-Spuren-Gehens' gelten für alle, für die Ausnahmefigur wie die Durchschnittsexistenz.

Der 'Unterweltler' Laban wird als mürrischer, düsterer und – dem ihm zugeordneten Erd-Element entsprechend – melancholischer Charakter gezeichnet, von der 'naturburschenhaften' Fröhlichkeit Esaus hat er nichts. Während der Segensbetrug nicht verhindert, daß Esau zu 'unterweltlichem' Reichtum gelangt, mit dem er vor Jaakob prahlen kann, ist Laban wirklich segenslos. Ein Fluch verdüstert sein Hauswesen (IV, 284), ihm fehlen Söhne, und bei aller Sparsamkeit und Bemühung ums Wirtschaftliche will sich kein rechter Wohlstand einstellen, so daß Jaakob beim ersten Blick auf die Viehbestände gleich zu dem Schluß kommt: "Das müssen mehr werden." (IV, 235) Grund für den Mangel ist zweifellos, jedenfalls aus der Perspektive Jaakobs, die religiöse Verirrung Labans: er hat sich eine tragische Fehlhandlung zuschulden kommen lassen, als er aus "falscher geistlicher Spekulation" sein einziges Söhnchen lebend in die Fundamente seines Hauses einmauerte (IV, 236f. u. 284), eine Tat, die für das Verharren bei dunklen und grausamen Gebräuchen fortan die Bezeichnung "labanmäßig" prägt; genannt wird so dann vor allem die 'ausrodende' Opfertat der Eltern Potiphars. (V, 881) Daß es sich beim "Labanmäßigen" um 'untere Greuel' handelt, nimmt die Erzählung buchstäblich: So wie der "Nimrod von Babel", gegen den

---

62 Natürlich erinnert diese Manier in der literarischen Psychologie wiederum an Marcel Proust und seine regelmäßigen Perspektivenwechsel von der personalen zur auktorialen Ich-Erzählung, von der beschreibenden Versenkung ins autobiographische Detail zu dessen psychologischer Durchdringung auf der 'Menschheitsebene' des "wir", "uns", "man". Zur 'Orientierung' an Proust während der Arbeit an den Josephsromanen später noch im Kapitel über Potiphar. – Vgl. auch Jürgen H. Petersen: *Erzählsysteme. Eine Poetik epischer Texte*, Stuttgart 1993, S. 72. Dort die Kritik an Franz K. Stanzels Typologie der Romanformen bzw. Erzählsituationen: Stanzel stellt "der Ich-Erzählung sowohl die auktoriale als auch die personale Erzählsituation gegenüber und kann dadurch das auktoriale Erzählverhalten eines Ich-Erzählers so wenig systematisch erfassen wie das personale. Beide Arten kommen aber vor."

Jaakob eine "vom Urwanderer her vererbte Ironie im Herzen" trägt, in einem von Laban nicht zufällig gerühmten "Palast mit klaftertiefen Unterbauten" lebt (IV, 343), so liegt auch die Begräbnisstätte des geopferten Sohnes, zugleich der Aufbewahrungsort für Labans Teraphim-Götzen, in einem nur durch eine Falltür erreichbaren Gelaß "unter dem Fußboden des Erdgeschoßzimmers". (IV, 252f.) Es handelt sich um eine Unterwelt in der Unterwelt, Jaakob ist froh, wenn er "aus dieser Unterwelt in die obere" zurückkehren kann (ebd.); ausgerechnet dieses Zimmer weist ihm Laban dann jedoch für die Hochzeitsnacht mit Lea zu. Ein Beispiel dafür, wie anschauliche 'Realie' und 'Bedeutung' bruchlos und mit humoristischem Zugewinn ineinandergehen, ist die Beschreibung der Identifizierung des Ortes durch Jaakob: "Es war der Raum, unter dem das Archiv und Grabgelaß mit den Teraphim und den Quittungen gelegen war; mit dem Fuß spürte Jaakob durch den dünnen Teppich hindurch, den man zur Hochzeit hier ausgebreitet, den Griffring der kleinen Falltür, durch die man hinabgelangte." (IV, 304)

Was seine Anschauungen betrifft, erscheint der "am Ursprunge sitzengebliebene Laban" (V, 880) als archaische Figur. Und genau so, als wäre er selber eine seinen Teraphim verwandte Götzenfigur, körperlich plump und rauschgetrübt, wird er bei seinem zweiten Auftritt, dem ersten längeren Gespräch mit Jaakob, auch gezeigt. Die Figur erhält jetzt grotesk-komische Züge:

Durch seinen Strohhalm hatte er mit starkem Saugen schon so viel Rauschtrank zu sich genommen, daß sein Gesicht dem abnehmenden Monde glich, wenn er spät in unheildrohender Dunkelröte sich zur Reise erhebt, und der Leib war ihm angeschwollen, weshalb er den Gürtel gelöst, den Rock von den Schultern gelassen hatte und im Hemde saß, die muskelschweren Arme über der halbentblößten, fleischigen und schwarzgrau gelockten Brust gekreuzt. Plump vorgebeugt, mit rundem Rücken, kauerte er auf seinem Bett [...].
Er atmete schwer durch den Mund vom Biere, und sein Oberkörper lastete schräg vornüber. Er richtete ihn auf, da schwankte er und sackte nach der anderen Seite. (IV, 240)

Während Potiphar sich später das Selbstgefühl vom Wein 'erhöhen' läßt, verleiht Laban das Bier noch zusätzlich ins 'Untere' ziehende Schwere, passend für seine düster-dämonische Prophezeiung: "'An dir wird es ausgehen', sagte Laban mit schwerer Zunge und wies mit dem schweren Arm, der schweren Hand auf den Neffen: 'Du hast betrogen, und du wirst betrogen werden, – Abdcheba, rege dein Maul und übersetze ihm das, Elender, [...] wenn du schläfst statt zu dolmetschen, so scharre ich dich auf eine Woche in den Erdboden ein bis zur Unterlippe, du Gauch.'" (IV, 242) Immer wieder

'Schwere' und 'Erde', dazu 'rückständige' Verwünschungen und ungeschlachte Grobheiten; diese 'rollenhaft' begründete Seite der Figur wird aber auch deshalb so anschaulich herausgearbeitet, um eine humoristische Kontrastwirkung zu ermöglichen. Auf der anderen Seite entwickelt der schwerfällige Laban im Gespräch mit Jaakob nämlich eine überraschende geistige Beweglichkeit. Vor allem: gerade dem archaischen "Erdenkloß" wird eine moderne, kurzangebunden-sachliche Redeweise in den Mund gelegt, unversehens geraten Formeln der kapitalistischen Gegenwart in die abgelegene, jahrtausendealte 'Unterwelt': "Du [...] bist Jaakob, mein Schwestersohn, das ist nachgewiesen. Laß dich herzen. Es ist aber aufgrund deiner Angaben die Sachlage zu prüfen und sind die Folgerungen daraus zu ziehen für dich und mich nach den Gesetzen des Wirtschaftslebens." (IV, 242) Jaakobs Bitte um verwandtschaftliches Mitgefühl wird schroff abgewiesen:

"Redensarten", antwortete Laban, "das sind die natürlichen Härten des Wirtschaftslebens, denen ich gewohnt bin Rechnung zu tragen. Die Bänker in Charran [...] fordern auch von mir, was sie wollen, weil ich ihr Wasser dringend benötige, [...] und wenn ich's nicht leiste, so lassen sie verkaufen mich und meine Habe und streichen ein den Erlös. [...] Du bist auf mich angewiesen, so will ich dich beuteln [...] du weißt nicht wohin und bist nicht der Mann, die Bedingungen vorzuschreiben, das ist die Sachlage." (IV, 243)

Thomas Mann selbst hat offenbar besonderen Gefallen gefunden an der plastischen Redeweise seiner Nebenfigur, jedenfalls zitiert er sie gerne, wie noch manch andere Formel der Tetralogie, in Briefen jener Jahre. So schreibt er am 15.11.1931 an die Tochter Erika: "In Chantarella hatten wir eine gute Zeit und werden gewiß wieder hingehen, wenn die Härten des Wirtschaftslebens sich nicht allzu sehr verschärfen, was ihnen allerdings zuzutrauen ist." (Br I, 303)

Als "wirtschaftlich verhärteter Mann" (IV, 254) befindet sich Laban natürlich in vertrauter Tradition: seit je gilt die Unterwelt als Ort der in Fronarbeit gehorteten Schätze, man denke an das unter der "Schwefelkluft" liegende Nibelheim Wagners, wo im übrigen ebenfalls "dunkelrother Schein"[63] herrscht. – Die Bierschwere Labans, seine Neigung zum "Rauschtrank" ist ein lebendiges Detail, zugleich kennzeichnet es ihn wiederum 'typisch' als 'Unterweltler'; auch in der südlichen 'Unterwelt' Ägyptens wird Joseph, der die "taumelnde Trübung" verabscheut, die "Liebe der Landeskinder zum Trunke" feststellen müssen: "Die Kinder Kemes kannten nichts Besseres, denn daß sie sich recht betränken, mit Bier oder Wein, bei jeder

---

63 Richard Wagner: *Das Rheingold*, in: *Die Musikdramen*, mit einem Vorwort v. Joachim Kaiser, Hamburg 1971, S. 550.

Gelegenheit, so Männer wie Weiber. [...] Aber es gab noch besondere Trinkgelage wie das große Bierfest zu Ehren der alten Geschichte, da Hathor, die Mächtige, die löwenköpfige Sachmet, unter den Menschen gewütet hatte", berichtet der Erzähler, nebenbei die Mut-em-enet-Geschichte präludierend. In diesem Zusammenhang ist gar, die unterweltlichen Motive koppelnd, von "gerötetem Blutbier" die Rede. (V, 964)

Indem sich Laban in den Dialogpartien als "ein in praktisch geschäftlichem Denken geübter Mann" profilieren kann (IV, 241), wird eine karikaturhafte Darstellung des 'am Ursprung sitzengebliebenen Erdenkloßes' vermieden. Jaakob erhält vielmehr einen gleichberechtigten Mit- und Gegenspieler, der "klug-gewandten Sinnes, mit Kunst und Weisheit, den Segensträger ans Haus zu fesseln" weiß. (IV, 284) Daß das von Laban gezeigte mißtrauische und abweisende Verhalten nicht seinen wirklichen Empfindungen entspricht, wird durch einen Blick hinter die schroffe Fassade deutlich: Im stillen lege Laban "dem Segen Jizchaks viel mehr Gewicht bei, als er sich im Gespräch mit seinem Neffen den Anschein gegeben, und es hieße seinen geschäftlichen Verstand unterschätzen, wenn jemand dächte, er sei sich nicht gleich und von vornherein bewußt gewesen, mit der Einstellung Jaakobs in sein Hauswesen einen guten Fang zu tun". (IV, 250) Schon am Ende der Begrüßungsszene wirft er Jaakob einen "zwar finsteren, aber hinter der Finsternis neugierig prüfenden Blick zu". (IV, 235) Solche neugierigen oder ahnungsvollen Blicke sind auch in den folgenden Bänden jedesmal der Initiationsmoment in den Beziehungen zwischen Joseph und seinen Mentoren bzw. 'Ersatzvätern'. – Später heißt es gar: Labans "geheime Hochachtung [für Jaakob] war fast grenzenlos; sie wurde durch Rahels Verschlossenheit nur wenig eingeschränkt. Man mußte den Mann walten lassen, und ein Glück nur, daß er an Aufbruch und Abwanderung kaum noch zu denken schien". (IV, 325) Wieder arbeitet der Erzähler mit einem Perspektivenwechsel; Labans Gedanke wird in der im Frühwerk weitgehend den Helden vorbehaltenen, Nähe zu einer Figur herstellenden Form der erlebten Rede mitgeteilt.[64]

---

[64] Erlebte Rede wird in den *Buddenbrooks* häufig bei der Darstellung der Gedanken Thomas Buddenbrooks verwendet. Beispiele finden sich u.a. bei Jürgen H. Petersen: *Erzählsysteme – Eine Poetik epischer Texte*, S. 70f. u. 75. – Petersen führt allerdings auch einen Fall erlebter Rede bei einer Nebenfigur an; nicht zufällig handelt es sich um Sigismund Gosch, eine der sympathischsten Umgebungsfiguren im Umkreis der Buddenbrooks. Bezeichnenderweise wird hier jedoch die erlebte Rede ironisch-parodistisch eingesetzt: "Herrn Gosch ging es schlecht; mit einer schönen und großen Armbewegung wies er die Annahme zurück [der in seiner Umgebung so fremde Gosch ist, wie Detlev Spinell, in einigen Zügen eine Vorläuferfigur Settembrinis, Anm. d. Verf.], er könne zu den Glücklichen gehören. Das beschwerliche Greisenalter nahte heran, es war da, wie gesagt, seine Grube war geschaufelt. Er konnte

Für Laban kommt der Segensträger wie gerufen. Zur Komik der Figur trägt auch der bald von Jaakob festgestellte Umstand bei, daß Laban zwar "alle Härten des Wirtschaftslebens finster billigte", ohne es jedoch "je recht verstanden zu haben, für sich selber Vorteil daraus zu ziehen". (IV, 273) Als die Wendung der Dinge zum Besseren dank Jaakobs Wasserfund endlich eintritt, reagiert er zunächst mit charakteristischer Schwerfälligkeit: "'Was heißt das?' entgegnete Laban lahm hängenden Mundes". Dann bricht die gestaute Ungeduld heraus: "Laban lief, wie er gelaufen war, als ihm Eliezer, der reiche Sendbote, gemeldet worden. Er war lange vor Jaakob, der ihm gemächlich folgte, an der sprudelnden Grube, stand und schaute. – 'Das ist Lebenswasser', sprach er erschüttert." (IV, 260) Die Reaktion Labans auf das Anbrechen der Segenszeit ist wieder typisch 'unterweltlich': Erschütterung, dann Schweigen. "Laban schwieg. Er umarmte den Gesegneten nicht, er fiel nicht vor ihm nieder. Er sagte nichts, stand, wandte sich und ging." Noch nach sieben Jahren außerordentlicher "Zunahme" bleibt sein Lob gedämpft und erdenschwer. Jaakob habe in seinem "Haus und Betriebe zu des Wirtschaftshauptes leidlicher Zufriedenheit" gedient. (IV, 302) Reaktionen mit seelischem Auftrieb, Freude, Dankbarkeit, sind den gezeichneten 'Unterweltlern' nicht möglich. Schon bei Wagner sind sie zur Freudlosigkeit, zu "Gram und Grimm"[65] verdammt: "Frühalt, fahl und bleich, / hass' ich die Frohen, / freue mich nie", singt Hagen zum Entsagungsmotiv.[66]

Humoristisch beschreibt der Josephsroman, wie Laban angesichts des sich ausbreitenden Segens schließlich doch aus dieser melancholischen Spur gerät, seine Düsterkeit sich zumindest vorübergehend aufhellt: "Labans schwerfälliges Herz war hoch erbaut. Der Mann strahlte, so gut es ihm ge-

---

abends kaum noch sein Glas Grog zum Munde führen, ohne die Hälfte zu verschütten, so machte der Teufel seinen Arm zittern. Da nützte kein Fluchen... Der Wille triumphierte nicht mehr... Immerhin! Er hatte ein Leben hinter sich, ein nicht ganz armes Leben. Mit wachen Augen hatte er in die Welt gesehen!" An diesem Punkt geht der Text dann allerdings wieder zu reiner Karikatur über. (I, 594f.) Petersen kommentiert: "In direkter Rede würden wir zwar Goschs Zentnerworte zur Kenntnis nehmen und uns leicht komisch finden; in erlebter Rede wird aber außerdem die distanzierte Haltung des Narrators sichtbar." (Petersen, S. 71) Dieses Beispiel widerlegt durchaus nicht die Auffassung, daß die erlebte Rede Nähe zu einer Figur herstellen kann. Gerade weil sie es im Regelfall tut, eignet sie sich *außerdem* auch für solche ironisch-parodistischen Anwendungen, die dann auf einer "Duplizität der Perspektiven" (ebd.), einer komischen *Gleichzeitigkeit* von Unmittelbarkeit und Erzählerdistanz beruhen. – Weitere Beispiele für die ironische Anwendung der erlebten Rede bei den Nebenfiguren im Frühwerk Thomas Manns finden sich in: Werner Hoffmeister: *Studien zur erlebten Rede bei Thomas Mann und Robert Musil*, London/The Hague/Paris 1965, S. 45-85.

[65] Richard Wagner: *Götterdämmerung*, in: *Die Musikdramen*, S. 780.

[66] Richard Wagner: *Götterdämmerung*, in: *Die Musikdramen*, S. 779.

geben war. Das gelähmte Hängen seines Mundwinkels verlor im Ausdruck an Sauerkeit und nahm das Gepräge satten und selbstgefälligen Lächelns an." (IV, 283) Zu positiven Formulierungen kann er sich allerdings immer noch nicht durchringen: "[...] die Wirtschaftslage ist nicht ausgemacht schlecht, sondern von mittlerer Gunst dank verschiedenen Umständen, unter denen Isaaks Segen, der mit dir ist, allenfalls auch wohl zu nennen wäre." (IV, 294) Für den Reiz der Dialoge sorgt nicht zuletzt das beiderseitige Taktieren mit allen "Druckmitteln" (IV, 262) und die gefühlmäßige Reserve, die sich die aneinander gebundenen Verwandten wechselseitig entgegenbringen; dem Interessenmenschen Laban ist sie naturgemäß, dem nicht weniger eigensinnigen Jaakob notwendig, da er "nur mit [...] eherner Ausnützung der Härten des Wirtschaftslebens" dem "Unterweltsteufel von Schwiegervater" beikommen kann. (IV, 351, 267) Da ihr Miteinander, nicht ohne Grund von einer Reihe von Abkommen und Verträgen geregelt, jedem in erster Linie dazu dient, auf *seine* Kosten zu kommen, ist beiden jedes persönliche, ungeschäftsmäßige Verhalten des Partners, sei es als Appell an den Familiensinn, sei es als plötzliche pathetische Großzügigkeit, nicht recht geheuer. Laban scheut, entgegen seinen Worten, noch bei der Inszenierung des Hochzeits-Betruges jede vermeidbare Ausgabe: "Also kam der Tag der vollen Schönheit heran und das Fest des Beilagers, und bei Laban [...] gab es ein Schlachten, Kochen, Braten und Brauen in Hof und Haus, daß es ein Dunst und Geprassel war und allen die Augen flossen vom beizenden Qualm der Feuer, die unter den Kesseln und Öfen brannten; denn Laban sparte an Holzkohle und heizte fast nur mit Dornen und Mist." (IV, 296) Die Erzählung bringt Laban hier in eine Doppelrolle: *auf* der Szene erscheint er im Komödienpart des geizigen Schwiegervaters, *hinter* der Szene als ihr 'unterweltlicher' Arrangeur. Gelegentlich werden beide Rollen zusammengeführt, so wenn er Jaakob sogar das Mittel und Instrument des späteren Betruges, den Schleier, als kostbares Geschenk anpreist. Hier läßt der Erzähler den beim untersten Götzenglauben 'stehengebliebenen' Laban berechnend zur mythischen Tonlage wechseln:

"[...] ein Schleier, daß sich die Braut verschleiere und sich der Ischtar heilige und sei eine Geweihte, du aber hebst ihr den Schleier. [...] Denn eine Makellose ist sie und soll sein wie die Enitu eine, gleich der Himmelsbraut, die die Priester alljährlich beim Ischtarfest zu Babel dem Gotte zuführen und führen sie hinauf vor allem Volk über des Turmes Treppen und durch die sieben Tore und nehmen ihr ein Stück ihres Schmuckes und ihres Gewandes an jedem Tore und am letzten das Schamtuch, und führen die heilig Nackende ins oberste Bettgemach des Turmes Etemenanki. Da empfängt sie den Gott auf dem Bette in dunkelster Nacht, und überaus groß ist das Geheimnis." – "Hm", machte Jaakob, denn Laban riß seine Augen auf und spreizte die Finger zu Seiten des Kopfes und tat so weihevoll, wie es dem Erdenkloß gar nicht zu Gesicht stehen wollte für des Neffen Sinn. (IV, 294f.)

Daß das 'überaus große' Geheimnis darin bestehen wird, daß Rahel Lea ist, diese Beschwerung der hohen Rede mit einem 'labanmäßigen' Doppelsinn, der sich nur dem Leser, nicht dem Opfer Jaakob mitteilt, gehört zu jenen Kunststücken des Betrugs, mit denen der Betrüger das Gelächter des Publikums auf seine Seite bringt. Laban gestaltet die Hochzeitsvertauschung, den "Gerechtigkeitsausgleich in Hinsicht auf Esaus Schicksal" (IV, 320), mit unterweltlicher Solidarität als würdiges Gegenstück zum "großen Jokus" des Segensbetruges.

b) Eine andere Psychologie

Immer wieder wird Laban als Mensch gezeigt, der nur auf sein Interesse bedacht ist. Dennoch spielt die in diesem Zusammenhang naheliegende Kritik durch 'Entlarvungspsychologie' keine wesentliche Rolle. Eine solche Wirkung bleibt schon deshalb aus, weil es nichts zu durchschauen gibt; noch vor allen Worten und Taten, schon mit dem ersten Porträt wurde ja die Rolle des "besitzhaltenden, in düster-erdhafte Gedanken eingeschränkten Mannes" (IV, 232) umrissen, schon im ersten Gespräch ließ der Erzähler Jaakob den Vorwurf äußern, daß Laban "rechtlich" spreche, "ohne der Gerechtigkeit das Salz der Liebe beizumischen" (IV, 243), und kaum eine Szene, in der Laban nicht mit Selbstverständlichkeit als berechnender Mann bezeichnet würde. Der Egoismus des 'Erdenmenschen' wird nicht aufgedeckt, er ist das offenliegende 'Muster' der Beschreibungen Labans. Hier ist der Unterschied zum Frühwerk signifikant. Bendix Grünlich, der erste Gatte Tony Buddenbrooks, ist ein berechnender und zugleich 'segensloser' Mann wie Laban, dessen Gedanken und Unternehmungen ebenfalls ausschließlich auf das Wirtschaftliche gerichtet sind und der sich mit Hilfe des Buddenbrookschen Vermögens sanieren will. Seine wohlkalkulierten Auftritte dienen der Beschönigung und Durchsetzung seiner eigentlichen Interessen; nacheinander kann er Tonys Eltern den distinguierten, christlichen Werten verpflichteten Geschäftsmann, den leidenschaftlich Verliebten, den zum Selbstmord Entschlossenen vorspielen. Erst als in einer grotesken Demaskierungsszene seine letzte Rolle scheitert – der "zerknirschte Sünder"[67] Grünlich fleht "Vater" Buddenbrook um Milde und Erbarmen an – gibt er

---

[67] Ernst Keller: *Die Figuren und ihre Stellung im 'Verfall'*, in: *Buddenbrooks-Handbuch*, hrsg. v. Ken Moulden und Gero von Wilpert, S. 173-200, hier S. 193.

mit gehässiger, verzweifelter Genugtuung seine 'niederen' Motive zu erkennen: "'Ha! Schön! Gut!' schrie er. 'Geh nur! Meinst du, daß ich dir nachheule, du Gans? Ach nein, Sie irren sich, meine Teuerste! Ich habe dich *nur* deines Geldes wegen geheiratet, aber da es noch lange nicht genug war, so mach nur, daß du wieder nach Hause kommst. Ich bin deiner überdrüssig ... überdrüssig ... überdrüssig ...!'" (I, 231) Der Leser verfügt allerdings von Anfang an über satirisch-entlarvende Hinweise des Erzählers, mit deren Hilfe er den Schwindler und 'gemeinen' Wirklichkeitsmenschen 'durchschauen' und Sein von Schein unterscheiden kann. Die unbändige Spott- und Karikierlust, wie sie im Roman Christian Buddenbrook zugeschrieben wird, bestimmt die Perspektive. Auch im Zusammenhang mit Laban gibt es eine Passage, welche die ihm gelegentlich eigene Art der "Beschönigung seiner Strebungen" analysiert (meist spricht er seine Absicht, zu "beuteln", ja offen aus):

Dies Labans Rede und Gedankengang, eine rechtliche Rede als Kleid rechtlicher Gedanken. Aber schon die Gedanken – und nicht erst die Rede – des Erdenmenschen sind nur ein Kleid und eine Beschönigung seiner Strebungen und Interessen, die er in rechtliche Form bringt, indem er denkt, so daß er meist lügt, bevor er spricht, und seine Worte so ehrlich kommen, weil nicht sie erst gelogen sind, sondern bereits die Gedanken. (IV, 262)

Das ist nicht so zu verstehen, als ob Laban sich willentlich etwas vormachte; seine Gedanken nehmen vielmehr von selbst die Form an, die der Strebung gemäß und günstig ist. Überraschend ist der Verzicht auf den Gestus des 'Entlarvens' und der fast beiläufige Ton, mit dem das beschrieben wird. Denn will man den Definitionen Thomas Manns glauben, so schafft sich der Erzähler hier eine ideale Vorgabe für die routinierte Anwendung von Entlarvungspsychologie: "Der Intellekt als dienendes Werkzeug des Willens: das ist der Quellpunkt aller Psychologie, einer Verdächtigungs- und Entlarvungspsychologie", heißt es in *Nietzsche's Philosophie im Lichte unserer Erfahrung.* (IX, 691) Offensichtlich hat der Autor hier das Interesse am Pathos des Durchschauens verloren: als 'rollengemäße' Eigentümlichkeit des 'Erdenmenschen' erhält auch Labans 'dienender Intellekt' seine mythische Rechtfertigung. Ein anderer Punkt kommt hinzu. Es ist ja nicht so, daß die triebhafte, interessengeleitete Verfaßtheit des Handelns grundsätzlich Anlaß zum 'Entlarven' oder gar zum 'Erkenntnisekel' gäbe; diese Auffassung, die allerdings immer wieder als Definition in der Sekundärliteratur anzutreffen ist, greift zu kurz.[68] Daß der Intellekt nur "dienendes Werkzeug des Willens" sei, bildet zwar den "Quellpunkt aller Psychologie", ihr spezifischer Weg zum 'Erkenntnisekel', zu jener 'Verachtung', die sich erzählerisch in der karikaturhaften Menschendarstellung umsetzt, ist damit jedoch noch nicht erklärt. Mit Recht stellt Helmut Haug die Frage: "War denn der junge Thomas Mann ein derart ausgepichter Idealist, daß ihn die Nietzschesche 'Götterdämmerung' an der Wurzel seiner Existenz hätte treffen müssen?"[69] Wie bei Nietzsche die psychologische *Leidenschaft* sich an einer bestimmten Ausprägung des dem Willen dienstbaren Geistes, dem Ressentiment, entzündet, sind es auch im Frühwerk Thomas Manns vor allem die Täuschungsmanöver der Schwachen, für die der Autor einen überempfindlichen Scharfblick entwickelt: die taktische Verschleierung vitaler Interessen und das Ausnutzen von Machtpositionen, um die eigene Schwäche an noch Schwächeren zu vergelten (die Lehrerfiguren in den *Buddenbrooks*, François Knaak im *Tonio Kröger*, Tobias Mindernickel). Es ist jedesmal etwas "Giftiges, Rankünöses" im Spiel. (IX, 691) Der häßliche Schlußauftritt Grünlichs ist ein solcher Fall: selber gedemütigt, versucht er sich noch an Tony schadlos zu halten, indem er das Offensichtliche hinausschreit: daß er sie nicht geliebt, sondern nur des Geldes wegen geheiratet hat.

Weil es an erster Stelle das an bestimmte psychologische Bedingungen geknüpfte 'niedrige' Motiv und nicht die grundsätzliche Triebgebundenheit des Denkens und Handelns ist, was im Frühwerk den 'Ekel' des Durchschauens und eine abwertende Menschendarstellung provoziert, bilden weder der Verzicht auf Psychologie, noch die Idealisierung menschlicher Motivationen die Voraussetzung eines 'menschenfreundlichen' Erzählens. Daß Thomas Mann dennoch vorübergehend – vor allem in den *Betrachtungen* – für einen solchen Psychologieverzicht plädierte, erklärt sich aus einer voreiligen Gleichsetzung von Psychologie mit Entlarvungspsychologie. Sie beruht auf dem negativen Lebensbegriff des Frühwerks, dem Komplex von 'Wirklichkeitsfeindschaft' und 'Wirklichkeitsreinheit'. *Jeder* Verweis auf das Menschlich-Allzumenschliche kann danach nur als Beschmutzung empfunden werden, muß 'entlarvend' wirken:

---

[68] Z.B. bei Hermann Kurzke: *Thomas Mann. Epoche – Werk – Wirkung*, S. 70, 101, 117. Dagegen sieht schon Helmut Haug das Unzureichende der schematischen Erklärung, nach der "es ohne jede weitere Differenzierung die Triebbedingtheit einer Handlung überhaupt" wäre, "die den Ekel des Durchschauenden provoziert". Es komme vielmehr darauf an, darzustellen, *unter welchen Bedingungen* es genügen könnte, 'einen Menschen zu verstehen, um ihn zu hassen'." H. H.: *Erkenntnisekel. Zum frühen Werk Thomas Manns*, Kapitel V: "Erkenntnisekel – Die Schule als Modell des Lebens", S. 65-88, hier S. 66. (Hervorh. d. Verf.)
[69] Helmut Haug: *Erkenntnisekel*, S. 57.

Aber Psychologie ist ja das Billigste und Gemeinste. Es gibt nichts Irdisches, worin sich nicht durch 'psychologische Analyse' Erdenschmutz entdecken und isolieren ließe, keine Tat oder Meinung, kein Gefühl, keine Leidenschaft. Man sage mir doch, welchen Nutzen Psychologie je auf Erden gestiftet hat! Hat sie der Kunst genützt? Dem Leben? Der 'Würde des Menschen'? Nie. Nützlich sein kann sie einzig dem Haß, der außerordentlich 'psychologische Kommentare' liebt, weil durch solche schlechterdings alles kompromittiert werden kann. (XII, 200)

Nicht die Möglichkeit eines Mißbrauchs von Psychologie, sondern die vermeintliche Stoßrichtung aller Psychologie ist Gegenstand dieser Kritik; Würde und Psychologie schließen sich demnach gänzlich aus. Es wird deutlich, daß die entlarvende Psychologie und die Komik des Frühwerks in der beträchtlichen Fallhöhe von einer unausgesprochenen 'idealistischen' Sehnsucht in den "Erdenschmutz" begründet ist. Thomas Mann ist jedoch nicht wie Aschenbach den Irrweg des Psychologieverzichts gegangen; stattdessen wird schon durch die Grundformel "Mythos und Psychologie" auch die Josephsgeschichte wieder einer genuin psychologischen Erzählweise unterstellt, *ohne* daß jedoch überall nur "Erdenschmutz" zum Vorschein käme. Ermöglicht wird dies nicht durch eine poetische Idealisierung der Wirklichkeit, die sich kaum mit psychologischem Erzählen vertrüge, sondern durch einen lebensverbundeneren Standort des Erzählers, von dem aus die Beschaffenheit des 'Irdischen' nicht kompromittierend und schmutzig erscheint. Von einer Idealisierung, die sich vermittelt durch die Entwertung des 'Irdischen' geltend macht, läßt sich dagegen eher in Zusammenhang mit dem 'wirklichkeitsreinen' Erzählerstandort des Frühwerks sprechen.[70] In den Josephsromanen wird die Macht der egoistischen Interessen und Triebe nicht beschönigt, wie das Beispiel Laban zeigt. Die von Nietzsche übernommene Manier der Dekadenzpsychologie, überall die vermeintliche Ranküne der 'Schwachen' aufzudecken, weicht jedoch einem weiteren Blick auf die "lebensvoll schwankenden Motive" – so das bereits zitierte Wort des *Zauberberg* (III, 832) –, sie weicht der gelasseneren Anerkennung und humoristischen Beschreibung der notwendig "lebenstrüben Mischung" der "Beweggründe" – so der Josephsroman. (IV, 616) Diese Formulierung findet sich in der Beschreibung von Rubens heimlichem Versuch, Joseph aus der 'Grube' zu retten. Daß bei dieser Absicht die Liebe zu Joseph bestimmend ist, daran kann angesichts des gutmütigen Charakters und der vorangegangenen Versöhnungs- und Beschwichtigungsversuche Rubens kein Zweifel

---

[70] Vgl. Helmut Haug: *Erkenntnisekel*, S. 62: "'Erkenntnis' bedeutete demnach für den, der sie hier mit 'Ekel' quittiert, nicht so sehr – im Sinne Nietzsches – die Entlarvung eines Ideals, als vielmehr die bittere Einsicht in die Unmöglichkeit, die Wirklichkeit einem Ideal – dem Ideal wirklichkeitsreinen Traums – zu unterwerfen."

bestehen; immer wieder wird sein weiches und erregbares 'Herz' erwähnt (z.B. IV, 563, 598, 615), sein nächtlicher Beschluß geschieht in "Angst und Liebe". (IV, 615) Unauflöslich ist dieser Absicht jedoch ein egoistisches Motiv beigemischt: die Rettung Josephs soll Ruben auch zur "Reinigung und Wiedererhöhung" dienen (IV, 615), zur Rückgewinnung seines Ansehens beim Vater – unvermeidlich auf Kosten der anderen Brüder. Aber auch diesem egoistischen Motiv ist noch ein anderes vorgelagert, das eher rührende als verächtliche Qualität besitzt: der muskelstarke Mann wird angetrieben von einem kindlichen Harmoniebedürfnis, das um jeden Preis den Familienfrieden wiederherstellen will. Ohne billig das Uneigennützige auf das Egoistische zu reduzieren, den reinen Anschein durch den 'Erdenschmutz' zu widerlegen, zeigt das psychologische Erzählen die komplexe Motivierung, die der Figur eher Sympathie als Abwertung einträgt. Allerdings hat der Autor seine psychologischen Ursprünge nicht vergessen: auch an dieser Stelle bezieht er die auf Kompromittierung abzielende Wertung des Entlarvungspsychologen in Form einer Frage mit ein, um sie dann 'lebensfreundlich' zu relativieren:

So schlecht also handelte der gute Ruben, indem er das Gute tat? Denn daß es gut und notwendig war, den Joseph zu retten, von dieser Gewißheit war seine Seele ganz voll, und wenn das Böse und Eigennützige mit unterlief, so mußte man's in den Kauf nehmen; das Leben mischte es also. Auch wollte Ruben schon noch das Böse zum Guten wenden, er traute sich's zu. Stand er nur erst wieder herrlich vorm Vater und ward der Erstgeborene wieder, so wollte er wohl auch noch die Brüder erretten und sie heraushauen aus der Drangsal: [...] so daß es ein großes Einsehen und gegenseitig Verzeihen geben und Gerechtigkeit walten sollte für immer. – So suchte Ruben sein pochendes Herz zu stillen und sich zu trösten ob der lebenstrüben Mischung seiner Beweggründe [...]. (IV, 615f.)

An anderer Stelle, doch im selben Zusammenhang wird der Erzähler noch deutlicher:

Wir geben uns nicht die Miene, genau über Rubens Dichten und Trachten Bescheid zu wissen, und wünschen nicht, die Motive seines Betreibens zu verkleinern. Aber verkleinern wir sie denn, wenn wir als möglich anheimstellen, er habe im stillen gehofft, das Rahelskind zugleich zu erretten und zu besiegen? (IV, 564)

Auch solche Bescheidenheitsformeln sind immer wieder anzutreffen: obwohl doch gerade die Darstellung der Nebenfiguren in psychologischer Hinsicht ungleich nuancierter ausfällt als im Frühwerk, verzichtet der Autor auf die dort üblichen Behauptungen eines leidensschweren psychologischen Wissens, auf die pathetischen Gebärden des Alleserkennens, denen meist nicht mehr folgte als die Demaskierung der Heuchler, die Entlarvung des Egoismus, die Karikatur des "unbewußten und stummen Lebens": "Sie [die Macht des Geistes; d. Verf.] schärfte seinen Blick und ließ ihn die großen Wörter durchschauen, die der Menschen Busen blähen, sie erschloß ihm der Menschen Seelen [...], machte ihn hellsehend und zeigte ihm das Innere der Welt und alles Letzte, was hinter den Worten und Taten ist." (VIII, 289f.) Angesichts dieses Anspruchs fällt im *Tonio Kröger* sogar ein Mangel an psychologischer Darstellung ins Auge. Die Nebenfiguren sollen das feststehende Urteil über das 'Leben' illustrieren; entsprechend beschränkt sich der Erzähler im Frühwerk gelegentlich gezielt auf "vorpsychologische, ja antipsychologische Mittel einer Charakterisierung".[71] Der geradezu konsequente Verzicht auf einen Blick hinter die Fassade wurde im ersten Teil dieser Arbeit anhand der Figur des Tanzlehrers Knaak deutlich. Psychologie als Mittel der Erzählung spielt hier nur eine untergeordnete Rolle, dagegen gibt die fortwährende Thematisierung einer "psychologischen Reizbarkeit, Hellsichtigkeit und Melancholie" (XI, 110) selber ein "psychologisches Problem ersten Ranges"[72] auf.

Fast alle späteren Werke Thomas Manns enthalten Passagen, in denen die Entlarvungspsychologie zumindest relativiert wird. Im *Erwählten* klagt sich die Fischersfrau vor Gregorius an: "Denn meine Augen hatten es wirklich mit Eueren Gliedern zu tun im Bettlersack und mit Euerem edlen Angesicht, und Buhlschaft lag dem zugrunde, was ich Euch Gutes erwies, ich Verworfene!" Darauf antwortet der neue Papst: "Das ist eine Kleinigkeit [...] und nicht der Rede wert. Selten hat der ganz unrecht, der das Sündige nachweist im Guten, Gott aber sieht gnädig die Guttat an, habe sie auch in der Fleischlichkeit ihre Wurzel. Absolvo te." (VII, 232) In *Lotte in Weimar* wird Lotte durch die überwachenden Blicke und die "humorlose Kritik" ihrer Tochter zum Nachdenken über 'Psychologie' veranlaßt:

Denn ein unangenehmer, ein kränkender Scharfblick ist das, ein Scheelblick vielmehr, der von den verschlungenen Motiven einer Handlung nur die zart verschwiegenen sieht und nur diese wahrhaben will, die präsentablen und sagbaren aber, so ehrenwert sie seien, als Vorwände verspottet. [...] – Haben denn sie, die Scharfblickenden, dachte sie, nichts zu fürchten? Wie, wenn man den Spieß umkehrte und die Motive ihres Spürsinns zutage zöge, die sich vielleicht nicht ganz in Wahrheitsliebe erschöpften. (II, 389)

---

[71] Hellmuth Karasek: *Königliche Hoheit*, in: *Thomas Mann Jahrbuch* 4 (1991), S. 29-44, hier S. 38. – Karaseks Beschreibung der Wirkungsweise der leitmotivischen Figurendarstellung, anhand des zweiten Romans exemplifiziert, trifft ebenso auf *Tonio Kröger* zu.

[72] Helmut Haug: *Erkenntnisekel*, S. 56.

Daß Handlungen sich aus "verschlungenen Motiven" ergeben, erscheint auch hier als bloße Selbstverständlichkeit, weder wird eine Rangordnung von "verschwiegenen" und "präsentablen" Gründen behauptet, noch werden jene zugunsten von diesen bestritten. Kritisiert wird die Entlarvungsroutine, die in jedem Fall die 'sagbaren' Motive mit wissendem Lächeln für vorgeschoben erklärt und darangeht, im Dunklen nach den 'eigentlichen' zu suchen. Vor allem aber wird die Inkonsequenz solcher Psychologie deutlich: sie zeigt stets auf die anderen und macht gleichzeitig für ihr eigenes Tun so konventionell 'idealistische' Antriebe wie Redlichkeit (Nietzsche) und "Wahrheitsliebe" geltend. Hier findet die Willensdienstbarkeit des Geistes offenbar ihre Grenze; nähme man sie in ihrer umfassenden Gültigkeit wirklich ernst, müßte ein bescheideneres Auftreten die Folge sein. Das Verhältnis von Intellekt und Wille – so Thomas Mann im Schopenhauer-Essay – schließt "viel Komik und demütigende Kläglichkeit ein, es beinhaltet die ganze Fähigkeit eines Menschen, sich etwas vorzumachen [...]". (IX, 539) Die Josephsromane reproduzieren solche Einsichten nicht als einseitig kläglicher Komik von Nebenfiguren; was bei einem Laban zur Rollencharakteristik des "Erdenmenschen" gehört, kann auch den vom 'Unteren' weniger getrübten Hauptgestalten widerfahren. "Die Fähigkeit des Menschen zum Selbstbetrug ist erstaunlich", heißt es über die verliebte Mut-em-enet (V, 1017); nirgendwo sonst wird im Roman so ausgiebig demonstriert, was ein 'dienender Intellekt' vermag. Abgewertet wird die Figur dadurch nicht.

Was bereits im Zusammenhang mit der Psychologie des mythischen Rollenspiels und der Kommentierungen in der 'Wir'-Perspektive festgestellt wurde, bestätigt sich hier: Die Psychologie der Josephsromane schafft 'menschliche Einheit', eine verbindende Sicht auf alle Figuren, ungeachtet ihrer Rangunterschiede. Wichtiger noch: das psychologische 'Durchschauen' selbst ist nicht den Wenigen, den stigmatisierten Vertretern von Kunst und Geist vorbehalten, es ist nicht länger ein auszeichnendes, die Überlegenheit über das 'unbewußte und stumme Leben' sicherndes Wissen, wie etwa in der Novelle *Die Hungernden*: "Durchschaue ich nicht lächelnd eure einfachen Seelen? Merke und bewahre ich nicht mit spöttischer Liebe jede naive Regung eurer Körper? Spannen sich nicht angesichts eures unbewußten Treibens in mir die Kräfte des Wortes und der Ironie, daß mir das Herz pocht vor Begier und lustvollem Machtgefühl [...]?" (VIII, 266) Hier besteht eine erhebliche Schieflage: auf der einen Seite Ironie, Kräfte des Wortes, 'Wissen', 'Erkenntnis' und immer wieder leidende Hellsicht, auf der anderen: 'einfache Seelen' und 'naive Regungen', die doch eines solchen Aufwandes nicht bedurft hätten.

Im Josephsroman sind auch die 'durchschnittlichen' Brüder psychologisch hellsichtig, Jaakob kann ihnen mit seinem theatralischen Jammer nichts vormachen: "Er machte Gebrauch von seinem Jammer, das sahen sie. Er lag so vor ihnen, um also fragen zu dürfen, damit die Argwohnsfrage auch allenfalls für eine Jammersfrage hingehen mochte, – sie verstanden's ganz gut. Menschen haben einander allezeit scharf erkannt und leidend durchschaut, auf jenem Zeitengrunde nicht schlechter als heute." (IV, 656f.) Die Psychologie der späteren Werke ist differenzierter und damit 'gerechter', sie ersetzt das 'kompromittierende' Entlarven durch die Darstellung gemischter Motive, vor allem aber besitzt sie nicht mehr den Stellenwert esoterischen Wissens, sondern den eines allgegenwärtigen Faktors im menschlichen Zusammenleben, allen Menschen wird eine gewisse Komplexität des Erlebens und Verstehens zugestanden. Zusammen ergeben diese Veränderungen eine Revision des im Frühwerk eingenommenen Standpunkts, eine Revision insbesondere hinsichtlich der *Bewertung* von Psychologie, die von der Thomas-Mann-Forschung kaum beachtet worden ist.[73] Gerade bei diesem Aspekt herrscht die Vorstellung ungebrochener Kontinuität. Eckhard Heftrich schreibt noch in *Geträumte Taten*: "Freilich die Psychologie Thomas Manns! Auch diese ist sich von früh an unter den Mentoren Schopenhauer und Nietzsche ziemlich gleich geblieben [...]."[74]

c) Sympathie für den Sympathielosen

Es ist gelegentlich beiläufig festgestellt worden, "daß die Figuren der Epik von den 'Buddenbrooks' bis zum 'Zauberberg' zwar schärfer umrissen, aber sozusagen zweidimensionaler gesehen sind als diejenigen der *Josephs*-Tetralogie".[75] Die perspektivische Erweiterung verdankt sich nicht zuletzt einem veränderten Gebrauch der Leitmotivik: ihrer zunehmenden Verlagerung vom Äußerlichen auf das Innere der Personen. Das in mythischer Optik

---

[73] Eine Ausnahme ist die Arbeit von Jean Finck: *Thomas Mann und die Psychoanalyse*, Paris 1973. Finck versucht jedoch gewaltsam, die Veränderungen in der psychologischen Darstellung auf die Grundidee seines Buches zu beziehen: Thomas Mann sei vom Hafen Nietzsches in den Freuds eingelaufen. Für Thomas Mann ist die Psychoanalyse jedoch kein Neuansatz, sondern eine Fortführung auf der Linie der 'Entlarvungspsychologie' im Sinne des neunzehnten Jahrhunderts. Gerade diese Ausrichtung der Psychoanalyse bestimmt seine Skepsis. Fincks Ansatz führt deshalb zwangsläufig dazu, die entscheidenden Umorientierungen und Akzentverlagerungen entweder zu übersehen oder zu verzeichnen.

[74] Eckhard Heftrich: *Geträumte Taten*, S. 114.

[75] Hermann Stresau: *Thomas Mann und sein Werk*, Frankfurt a. M. 1963, S. 166.

gesehene 'Lebensmotiv', die "fromme Formel, in die das Leben eingeht" (IX, 493), ermöglicht vielfältige Ausprägungen und Variationen; an der 'Unterweltsrolle' Labans ist das deutlich geworden. Die gleichbleibenden Züge des berechnenden Mannes erscheinen einmal als unmenschliche Härte, ein andermal als sachlicher Pragmatismus, dann wieder im Licht einer gewinnenden Komik.

So spricht der Erzähler angesichts der "Zumutung" an Jaakob und Rahel, die Ehe erst nach einer siebenjährigen Wartezeit eingehen zu dürfen, von "Labans Grausamkeit oder seinem Mangel an Einbildungskraft", sein Verhalten kennzeichne ihn "aufs neue und krasseste als Mann ohne Herz und Sympathie". (IV, 267) In der Hochzeitsszene scheint sich Laban dann jedoch wider Erwarten als Mensch mit Herz und Gemüt zu offenbaren, wenn er, natürlich mit 'unterweltlich' tiefer Stimme, die traditionellen Lieder mitsingt:

Er [Jaakob] sang nicht mit die hergebrachten Lieder, [...] und nur wenn Laban ihn in die Seite stieß, daß er den Mund auftue, summte er etwas. Laban aber sang mit in schwerem Baß und hatte die Lieder am Schnürchen, die süß und verliebt waren und von dem liebenden Paare handelten, von ihm und ihr im allgemeinen, die im Begriffe sind Beilager zu halten, und es beiderseits kaum erwarten können. Von dem Zuge war die Rede, in dem man wirklich ging: [...] Das war der Bräutigam, sein Haupt trug die Krone, seine Mutter hatte ihn mit greisen Händen geschmückt für seinen Hochzeitstag. (IV, 303)

Bis hierhin scheint es nur auf einen weiteren komischen Kontrast anzukommen: daß gerade der 'schwer'mütige Laban die süßen Liebeslieder 'am Schnürchen hat' und gewaltig mitsingt, der harte Mann, der, sobald Jaakob einmal von seinen verletzten Gefühlen als Verwandter oder Liebender spricht, das mit harscher Gebärde als "Grillen und überfeines Gefasel" (IV, 315) abtut und sich jede Sentimentalität verbittet. Darauf wird nun eine zweite Pointe aufgebaut; indem der Erzähler die Motive nachliefert, erscheint hinter dem scheinbar abweichenden Verhalten das vertraute 'Muster'. Nicht festtägliche Stimmung, sondern wiederum das Interessen- und Vorteilsdenken stimuliert Labans Singen:

Auf Jaakob paßte das nicht, seine Mutter war fern, er war nur ein Flüchtling, und es traf nicht zu auf seinen Sonderfall, was sie sangen, daß er die Geliebte führe ins Haus seiner Mutter, ins Gemach derer, die ihn geboren. Aber ebendeshalb, so schien es, sang Laban es so gewaltig mit, um das Muster zu Ehren zu bringen vor der mangelhaften Wirklichkeit und den Jaakob den Unterschied spüren zu lassen. (IV, 303)

Die Sympathie, die Laban in solchen Szenen, ungeachtet der vorhergehenden kritischen Bewertung, auf sich zieht, entsteht nicht dadurch, daß der Erzähler eine vermeintlich liebenswürdige Seite der Figur hervorkehrt, sondern durch die verwinkelte Motivierung, die das Singen des harmlosen Liebeslieds als wohlgezielten Seitenhieb gegen Jaakob erkennbar macht. Eine derartige, den 'Innenraum' der Figur erweiternde Motivierung ist seit je ein Kennzeichen humoristischer Menschendarstellung; man denke an den Onkel Toby im *Tristram Shandy*, an die Helden Jean Pauls. Einer "folgerechten Geschlossenheit des Charakters" – so eine Formulierung aus dem *Zauberberg* (III, 930) – hätte es auch entsprochen, wenn der "wirtschaftlich verhärtete" Laban (IV, 254) überhaupt nicht gesungen und die Gefühlsseligkeit finster den anderen überlassen hätte; diese allzu geradlinige Motivierung brächte die Figur nicht nur um die humoristische Wirkung, sondern auch um den Sympathiegewinn. Die Komplexität und damit auch die 'Menschenfreundlichkeit' einer Schilderung verdankt sich nicht einer inkonsequenten Vielfalt der Handlungsmotive, sondern den differenzierten Ausformungen im Verhalten, den Abwandlungen und Brechungen, die unter Umständen auch nur *ein* Motiv erfährt, indem es durch das Medium einer Persönlichkeit geht. Armut und Undifferenziertheit an diesem Punkt trägt fast immer zur Abwertung einer Figur bei, die karikierende Darstellungsweise nimmt hier die entscheidende Reduktion vor.

Die 'Sympathie' in der Darstellung Labans zeigt sich am deutlichsten im Vergeich: das Frühwerk hat die 'Männer des Wirtschaftslebens', jedenfalls als Nebenfiguren, ausnahmslos als Vertreter 'gemeiner' Wirklichkeit herabgesetzt. Der talentierte 'Schauspieler' Grünlich wird als Karikatur lächerlich gemacht, weil er seine Täuschungen nicht wie Felix Krull als traumhaftes, freies Spiel mit dem Illusionären betreibt, sondern als Wirklichkeitsmensch mit handfesten Interessen. Die "Kälte, Härte, Brutalität geschäftlicher Umgangsformen" dient in den *Buddenbrooks* als "Abbild"[76]; hier zeigt sich nur besonders kraß die Feindlichkeit der allgemeinen Lebenswirklichkeit. Dabei ist die beharrliche Abwertung weniger selbstverständlich, als es scheint, denn daß die Kälte und Härte des Geschäftlichen auch die Darstellung eines 'modernen Heldenlebens'[77] inspirieren kann, zeigt die Hauptfigur Thomas Buddenbrook. Möglich ist aber auch dies erst dann, wenn der Geschäftsmann insgeheim sein Standbein auf der lebenskritischen Seite hat und in heroischer Anstrengung, gegen seine eigene Natur, im 'Wirtschaftsleben' seine Pflichten erfüllt. – Schon im zweiten Teil des *Zauberberg* wird dann

---

[76] Klaus-Jürgen Rothenberg: *Das Problem des Realismus bei Thomas Mann*, S. 126f.

[77] Vgl. DüD I, 45.

gelegentlich ohne Ironie, ja mit positivem Akzent die Formulierung vom 'praktischen Leben' verwendet. In den Josephsromanen setzt sich diese Entwicklung fort; die gefühlsweiche, träumerische, selbstverliebte Lebensstimmung der Helden wird in pädagogischer Absicht mit der 'realistischen' Sphäre konfrontiert. Mit dem midianitischen Kaufmann, der Joseph nach Ägypten führt, dem Hausverwalter Mont-kaw und dem Gefängnisvorsteher und Arzt Mai-Sachme entwickelt Thomas Mann einen neuen Figurentypus. Vor allem in Zusammenhang mit diesen Mentorengestalten, von denen die biblische Vorlage wenig oder nichts zu berichten weiß, wird die mythische Josephsgeschichte zum 'Bildungsroman'.

Daß Laban ein Mann des – in seinem Fall recht kümmerlichen – Wirtschaftslebens ist und einen "geschäftlichen Verstand" besitzt (IV, 250), bedeutet im Josephsroman also keineswegs eine Vorab-Diskreditierung. Als "Ärgernis" erscheint lediglich seine lieblose Härte – nicht zufällig wird Laban gerade *Sympathielosigkeit* vorgehalten. Seine geschickte wirtschaftliche Ausbeutung des Jaakobssegens wird dagegen nicht kritisch gesehen; was den 'Erdenkloß' im Verlauf des Romans zu einem Beispiel für 'unterweltliche' Zurückgebliebenheit macht, ist seine Unfähigkeit, die Wahrung des ökonomischen Vorteils mit 'Gottesklugheit' zu verbinden wie Jaakob. Das wird eher im Ton des Bedauerns als in dem der Verachtung mitgeteilt. Auch Jaakob erweist sich gegenüber Laban ja als cleverer und nicht ganz 'sauberer' Geschäftsmann; daß er seine "Prellerei" mit "Frömmigkeit und mythischer Bildung" durchführt (IV, 357), hindert den Erzähler nicht daran, noch im letzten Band festzustellen: "[...] mit 'redlich' sind die Mittel, mit denen er dort {bei Laban} golden und silbern wurde, mehr als ungenau bezeichnet". (V, 1505) Und auch der "Ernährungs- und Ackerbau-Minister" Joseph ist ein gelegentlich "scharf" vorgehender 'Mann des Wirtschaftslebens', der die "verstockten Barone" zum Vergnügen des Volkes bis zur "schlichten Enteignung" 'beutelt' – so das wiederkehrende Labanswort. (V, 1495ff.) Auch im Zusammenhang mit Joseph wird der Segensbegriff humoristisch profaniert; so zum Beispiel, wenn der Zwerg Gottlieb ihn beim Obergärtner Glutbauch empfiehlt: Der "ausländische Käufling" habe "einen Zauber ererbt oder einen sogenannten Segen empfangen [...], nämlich einen doppelten: oben vom Himmel herab und aus der Tiefe, die unten liegt. Das sei doch genau das, was ein Gärtner brauche, und Chun-Anup möge den Burschen [...] doch einstellen." (V, 885f.) Was hier wie ironische Desillusionierung klingen könnte, ist nur eine weitere Umsetzung der Grundintention des Romans, den Mythos zu psychologisieren: Die menschliche Alltagswirklichkeit wird nicht im Hinblick auf die erhabene Welt des Mythischen stilisiert und vom 'Erdenschmutz' gereinigt, sondern der Mythos wird als Teil der Lebenswirklichkeit beschrieben und sympathisch-komisch profaniert.

Laban gehört zwar zu der Figurenreihe der wirklichkeitsverbundenen "Vatergestalten"[78] bzw. "Ersatzväter"[79], als Mentorfigur kann er jedoch schon aufgrund seiner 'Unterweltsrolle', seines Götzendienstes und Sohnesopfers nicht gelten. Dennoch gibt es einige Situationen, welche die spezifische Atmosphäre der späteren Mentorenbeziehungen vorwegnehmen. So wie der midianitische Kaufmann Joseph zur Bewunderung der ägyptischen Pracht mahnt, fordert auch schon Laban in Charran Jaakob "zu Äußerungen des Erstaunens über die Stadt und ihr lärmendes Getriebe auf" (IV, 250); wenn Laban ein andermal Einwände Jaakobs als "Quengeleien" mißbilligt, sie als "schief, überfein und mäkelsüchtig" bezeichnet (IV, 342), so erinnert auch dies an die Art und Weise, wie der Kaufmann den Dünkel Josephs in die Schranken weist. Der Betrug in der Hochzeitsnacht wird von Laban als verdiente "Lektion und Zurechtweisung" Jaakobs gerechtfertigt (IV, 313), mit seiner maßlosen Vorliebe für Rahel habe er das Vatergefühl gekränkt. Auch wenn es sich um eine 'labanmäßig' grobe Lektion handelt, sie trifft den entscheidenden Punkt: Jaakobs ungezügelte "Prädilektion" und "Abgötterei" (IV, 84 u. 320), die das antreibende psychologische Motiv des ganzen Romans ist. Der Erzähler schließt sich der Sichtweise Labans gelegentlich an. Wenn sich Lea bei Jaakob beklagt über "die Wunden, die mir deine Kälte schlägt" (IV, 327), heißt es anschließend: Jaakobs "Bekundung, auch sie sei ihm wert, trug offen das Gepräge mattester Höflichkeit. Man muß das tadeln. Konnte er sich denn nicht ein wenig überwinden zur Güte gegen die Frau, [...] und mußte er jedwedes warme Wort, das er ihr gäbe, sogleich für Raub an seinem teuren, gehätschelten Gefühl erachten?" (IV, 327) Schließlich kommt es auch zwischen Laban und seinem "Sohn" Jaakob (IV, 353) am Ende zu einem Bund; aus "allerlei Bergschutt und kleinem Geröll" wird ein "Gelöbnismal" errichtet, man trennt sich in — allerdings etwas gezwungener — Feierlichkeit. (IV, 375) Auch hier also, mit 'unterweltlicher' Gedämpftheit, Vorklänge zu den großen Abschieds-, Gelöbnis- und Bundesszenen der späteren Bände.

Je mehr sich die Vorteile zugunsten Jaakobs verschieben, desto deutlicher zeigt sich schließlich auch mitfühlende Erzählersympathie gegenüber dem nun ebenfalls in großem Stil und nach "Vorschrift" betrogenen Laban (IV, 370, 357): "So trafen sie ihr Abkommen, und Laban wußte nicht, wel-

---

[78] Käte Hamburger: *Thomas Manns biblisches Werk*, München 1981, S. 92.

[79] Helmut Koopmann: *Thomas Mann – Konstanten seines literarischen Werks*, Göttingen 1975, S. 63.

396

che Rolle er spielte und daß er vom Wirbel bis zur Zehe der betrogene Teufel war. Der schwerfällig berechnende Mann! [...] Der Erdenkloß!" (IV, 355f.) "Armer Laban!" (IV, 361) Labans aufreibende Suche nach seinen von Rahel gestohlenen und versteckten Teraphim-Hausgötzen entwickelt sich zur Demütigungsszene: "ungeschickt [...] vor Eifer und in dem dunklen Bewußtsein, daß es seine Rolle sei, sich lächerlich zu machen". (IV, 371) Gleichwohl bewahrt ihn die Erzählung vor vernichtender Lächerlichkeit; neben dem farcenhaften Geschehen schildert sie nicht weniger eingehend die Qual und Verzweiflung Labans, dessen Anhänglichkeit an die "Wahrsagemännlein" (IV, 253) hier nicht fortschrittlichen Spott, sondern eher einen Effekt der Rührung provoziert. Laban sucht

anfangs mit heftiger Gründlichkeit, dann aber, nach Stunden vergeblicher Mühe, langsam ermattend und verzagend; denn bei steigender Sonne ward ihm sehr heiß, und ob er auch ohne Obergewand suchte, im Hemde mit offener Brust und aufgestülpten Ärmeln, so troff ihm doch bald der Schweiß unter der Mütze hervor, und war sein Gesicht so rot, daß man hätte den Schlagfluß befürchten mögen für den schweren Alten - alles von wegen der Teraphim! Hatte denn Rahel kein Herz für ihn, daß sie ihn sich so quälen ließ und ihn so festen Auges zum besten hielt? (IV, 370)

[... er] suchte sich halb zuschanden bis in den Nachmittag, als die Sonne schon schräge fiel. Da kam er wieder zu Jaakob, schmutzig, erschöpft und aufgelöst und ließ seinen Kopf hängen. (IV, 373)

Im Frühwerk Thomas Manns fallen bei solchen Szenen gelegentlich Stichworte wie 'mitleiderregend' oder 'bedauernswert'. In gespielter Naivität, mit Wendungen, deren abgegriffene Münze schon einen Unterton von Ironie erzeugt, wird die gefühlsmäßige Anteilnahme versichert, die gerade ausgeschlossen erscheint durch die distanzschaffende Impassibilität des Stils, durch den Voyeurismus der an der Verzweiflung vor allem das theatralische Moment wahrnehmenden Beobachtung. Dazu noch einmal das Beispiel des letzten Auftritts von Grünlich, der hier, ungeachtet seiner Leidensrolle, schon mit komödienhafter Plötzlichkeit aus der Kulisse stürmt:

In diesem Augenblick wurden die Portieren auseinandergeschlagen, und in den Salon kam Herr Grünlich. Mit raschen Schritten, die Arme ausgebreitet und den Kopf zur Seite geneigt, in der Haltung eines Mannes, welcher sagen will: Hier bin ich! Töte mich, wenn du willst! eilte er auf seine Gattin zu und sank dicht vor ihr auf beide Knie nieder. Sein Anblick war *mitleiderregend*. Seine goldgelben Favoris waren zerzaust, sein Leibrock war zerknittert, seine Halsbinde verschoben, sein Kragen stand offen, und auf seiner Stirn waren kleine Tropfen zu bemerken. (I, 230; Hervorh. d. Verf.)

Die nach argloser Sachlichkeit klingende Infinitivkonstruktion ("waren [...] zu bemerken") – ein in den *Buddenbrooks* öfter verwendetes Mittel – offenbart den Standpunkt des Voyeurs, der kurz zuvor dem in Physiognomie und Verhalten geierhaften Bankier Kesselmeyer zugeschrieben wurde:

"Vater...", brachte Herr Grünlich hervor. Dem *bedauernswerten* Menschen liefen zwei große Tränen die Wangen hinab und in die goldgelben Favoris hinein. Herr Kesselmeyer verfolgte den Weg dieser beiden Tropfen mit dem größten Interesse; er stand sogar ein wenig auf, beugte sich vor und starrte seinem Gegenüber mit offenem Munde ins Gesicht. (I, 223f.; Hervorh. d. Verf.)

Das läßt bereits an die Groteskkomik und Traumkälte in den Romanen Kafkas denken. Mit ironischer Naivität läßt sich für einen Moment ein scheinbar bewegt kommentierender Erzähler vernehmen, dies fordert sogleich den Gegenzug der "boshaft kleinliche[n] Erzählweise"[80] heraus, die den Vorgang vom vermeintlich Erschütternden wiederum ins Komische wendet. Während der Autor Thomas und Hanno Buddenbrook seine ganze Einfühlsamkeit zuwendet, zieht die Erzählerstimme sich bei den Desastern der Nebenfiguren auf einen besorgt-amüsierten Rollentonfall zurück, dem gelegentlich noch, bei aller erstaunlichen Brillanz des jungen Epikers, die etwas schülerhafte Ironie des 'Gipperns'[81] anzumerken ist; am deutlichsten dort, wo die Betroffenheitsgebärde offen in Belustigung umschlägt. Das ist etwa in der bereits zitierten Beschreibung Lobgott Piepsams der Fall: Detail um Detail des von Natur häßlichen und durch Leid und Trunksucht zusätzlich entstellten Gesichts wird in Nahaufnahmen, die nicht dicht genug sein können, abgefahren, als letztes werden die "*jämmerlich* umränder[en]" Augen gezeigt, dann folgt der Satz: "Kurzum, es war ein Gesicht, dem man die lebhafteste Sympathie dauernd nicht versagen konnte." (VIII, 188f.; Hervorh. d. Verf.)

In den Josephsromanen besitzt der Autor eine größere Sicherheit und Bandbreite im Erzeugen verschiedener, d.h. abgestufter Gefühlswirkungen. An die Stelle der Impassibilität tritt der vermittelnde Erzähler, der sich nicht nur kommentierend und erläuternd, sondern auch mitempfindend ins Geschehen einschaltet. Die verschiedenen Erzählformen bzw. Arten des Erzählverhaltens besitzen natürliche Schwerpunkte in verschiedenen Bereichen des emotionalen Spektrums. Die Erzählung des 'objektiven', hinter seine Schöpfung zurücktretenden Autors Flaubertscher Provenienz kommt

---

80 Reinhard Baumgart: *Das Ironische und die Ironie in den Werken Thomas Manns*, S. 102.

81 Vgl. hierzu den bereits angesprochenen Essay Terence James Reeds: *Einfache Verulkung, Manier, Stil: die Briefe an Otto Grautoff als Dokument der frühen Entwicklung Thomas Manns*.

einem skeptischen, aggressiven Verhältnis zur dargestellten Wirklichkeit entgegen, sie eignet sich besser als jede andere zum Ausdruck des 'kalten' Gefühlsbereichs, zur Darstellung einer mit Spott oder Ironie gesehenen Figurenwelt. Der vor das Geschehen tretende, vermittelnde Erzähler würde sich dagegen durch den 'kalten Blick' selber diskreditieren. Die Ich-Erzählung wiederum, die subjektive Perspektive gewinnt gerade ihren höchsten Reiz, wenn es um die 'Menschlichkeit' der sprechenden Person in mancherlei Hinsicht fragwürdig bestellt ist, sie eignet sich besser als andere zum Ausdruck einer abenteuerlichen, abweichenden, abgründig schillernden oder auch kauzigen Individualität. Berühmte Beispiele sind Oskar Matzerath, Stiller, Nabokovs Humbert Humbert, Célines Ferdinand Bardamu, die Ich-Erzähler Thomas Bernhards, aber natürlich auch schon der Simplizius Grimmelshausens. Nicht zufällig wird das Leben des Hochstaplers Krull in die Form der Ich-Erzählung gefaßt. (Das tragische Reiseerlebnis in *Mario und der Zauberer* ist dagegen nicht in der Ich-Form, sondern in der das Ungeheuerliche durch Kontrastierung hervorhebenden, 'behaglichen' Wir-Form erzählt; eine interessante Individualität, die Aufmerksamkeit auf sich zieht, würde hier nur störend wirken.) Nicht zufällig tritt der Erzähler in den pessimistischen *Buddenbrooks* hinter die Kulissen und macht seine Stimme nur durch eine "Vielfalt stilistischer Ausdrucksmöglichkeiten"[82] geltend, während er in den Josephsromanen gewissermaßen vorne an der Rampe agiert. Die Fiktion epischer Mündlichkeit, bei der das Publikum ja auch gewonnen sein will, tendiert von sich aus zum 'warmen' Gefühls-bereich, zur Sympathie mit der dargestellten Welt. Daß der Erzähler in den Josephsromanen nicht selten als "humaner Mittler"[83] auftritt, wurde bereits am Beispiel der "Ehrenrettung"[84] der von der biblischen Vorlage abgewerteten Figuren deutlich. Auch der kommentierende Erzähler ist einbezogen ins humoristische Rollenspiel (Wissenschaftsparodie etc.); als Fürsprecher der Figuren ist er mit unverstellter Stimme zu hören. So wird er auch bei allen Vertretern der Mentoren-Reihe darauf hinweisen, daß sie unabhängig von den Zwecken und Aufgaben, die sie für die Hauptlinie der Geschichte, für Joseph erfüllen, als eigenständige Figuren Anteilnahme und Sympathie verdienen. Auch bei dem ja keineswegs vorbildlichen Laban findet sich am Ende bereits eine solche Passage:

---

82 Manfred Jurgensen: *Die Erzählperspektive*, in: *Buddenbrooks-Handbuch*, S. 109-127, hier S. 109.

83 Eckhard Heftrich: *Geträumte Taten*, S. 45.

84 So Thomas Mann in einem Brief an Agnes E. Meyer vom 13.5.1939; Br II, 92.

Und nur in einem Punkt schnob er wirklich Empörung und Wiederherausgabe: das war der Diebstahl der Teraphim. Unter den vagen und wirren Motiven seiner Verfolgungswut war dies das feste und handgreifliche: seine Hausgötzlein wollte er wiederhaben, und wer zu dem chaldäischen Geschäfts- und Vertragsmenschen trotz all seiner plumpen Härte ein wenig Neigung fassen konnte, den mag es noch heute kränken und wehmütig anmuten, daß er sie niemals wiederbekam. (IV, 367)

4. Der Ismaeliter

a) Praktische Weisheit

"Lustig versöhnendes Mittlertum" bestimmt vor allem den letzten Band der Tetralogie. Josephs wirtschaftliche Vorsorge vermittelt zwischen Dürre und Überfluß; sein System der Güterverteilung schafft vermittelnde soziale Gerechtigkeit. Er ist der (fast) überall beliebte Mittler zwischen Pharao und dem Volk, zwischen Ägypten und Israel, und nicht zuletzt bemüht er sich um eine synthetische Gottesvorstellung zwischen traditioneller Theologie, Jaakobs errungenem Religionsbegriff und den reformierten Gottesvorstellungen des jungen Pharao. Aus mythologischer Sicht entspricht Joseph damit seiner Hermes-Rolle. Das beantwortet aber nicht die Frage, wie der junge Egozentriker die Fähigkeit der Vermittlung erwerben konnte. Zwar liebäugelt er schon früh mit Synthese-Vorstellungen, und bereits im ersten Gespräch am Brunnen ist die Rede von seinem Talent zur "einnehmend[en]" und "vermittelnde[n] Rede" (IV, 98); dort entwickelt er auch schon eine kleine Theorie des Witzes als 'lustige Versöhnung' von Tages- und Nachtsegen. (IV, 108ff.) Die Wirkungen seiner Person sind dem allerdings noch entgegengesetzt: Josephs aufreizend eitles Gebaren bringt Unruhe, Haß und schließlich Schuld und Gewissensqual in die Jaakobsgemeinschaft.

Vor allem die erste Etappe seines ägyptischen Bildungsweges, die Reise mit den Ismaelitern, wird hier als Phase der Umorientierung geschildert. Als 'Mittler' sind die reisenden Kaufleute schon durch ihren Beruf gekennzeichnet. Leute werden sie genannt, die den "Austausch betrieben", indem sie "hin und her handelten zwischen den Völkern" (IV, 586f.), und schon im Wort 'Austausch' klingt mehr an als der bloße Transport und Tausch von Waren. Die Aufwertung des 'Wirtschaftslebens' setzt sich fort, seine Bildfunktion wendet sich ins Positive: Das Geschäftliche steht nun nicht mehr für geistlosen Wirklichkeitssinn und Härte des Lebens, es symbolisiert die Vermittlung zwischen den 'Sphären'. Der Witz, heißt es einmal, habe die

Natur des "gewandten Geschäftsträgers zwischen entgegengesetzten Sphären und Einflüssen". (V, 1754) Joseph bezeichnet sich vor Pharao schließlich selber als "Handelsmann zwischen den Sphären". (V, 1450) Er "gleitet [...] deutlich in eine Hermes-Rolle, die Rolle des weltlich-gewandten Geschäftsmannes und klugen Vorteils-Bringers unter den Göttern hinüber", bemerkt der Autor im Washingtoner Vortrag *Joseph und seine Brüder*. (XI, 664)

Der Anführer der Ismaeliter, "würdigen Alters" (IV, 586), weist in manchem die Züge Jaakobs auf, der mittlerweile selber "an siebzig Jahre" alt ist (IV, 635) und vom Erzähler als "frommer Alter" angesprochen wird. (IV, 662) Auch der nun an seine Stelle rückende Ismaeliter erhält in den meisten Fällen die familiäre Anrede "der Alte", die für Joseph mit dem prägenden, unvergeßlichen "Zustand und Bilde" der Vatergestalt verbunden ist: "der Alte am hohen, mit beiden Händen erfaßten Stabe lehnend, das über den Arm gebeugte Haupt, die innig träumerische Bitternis der Lippen im Silberbart [...]". (IV, 92) Tatsächlich führt der Ismaeliter das aus, was den verzweifelten Jaakob nur als theatralisch-komische Idee ankommt: nach dem mythischen Muster der Höllenfahrt Ischtars "in die Grube, das heißt zu den Toten hinabzusteigen *und Joseph wiederzuholen*". (IV, 649) Nichts läßt Jaakob aus, was seine Überzeugung stärken könnte, für die Rolle der rettenden Mutter bestimmt zu sein: "Sieh mich an, Eliezer – spielt die Gestalt meiner Brust nicht schon etwas ins Weibliche hinüber? In meinen Jahren gleicht wohl die Natur sich aus. Weiber bekommen Bärte und Männer Brüste. Ich werde den Weg finden ins Land ohne Wiederkehr, morgen mach' ich mich auf." (IV, 650) Der Ismaeliter erfüllt die Mutterrolle dagegen in einem fast buchstäblichen Sinn: "Weit von hier stieß ich auf einen dürren Brunnen, woraus es wimmerte. Da zog ich diesen zu Tage, der drei Tage im Bauch gewesen war, und gab ihm Milch ein." (V, 806) Vorher schon war die mythische Fundierung seines Rettungsdienstes erfolgt, als Joseph ihm aus dem Brunnen zurief: "Mutter, erlöse den Sohn!" (IV, 590)

Als der Ismaeliter zum ersten Mal spricht, fügt der Erzähler hinzu: "sagte der Alte mit Weisheit". (IV, 588) Weisheit läßt sich auch dem ausdrucksvoll sinnenden Jaakob nicht absprechen, und so scheint eine weitere Übereinstimmung der beiden 'Alten' gegeben. Tatsächlich besitzt Jaakobs Geist jedoch eine ganz andere Ausrichtung als der des Ismaeliters. Jaakob wird vom "Hang zur Gedankenverbindung" beherrscht: "Das war beinahe ein Leiden, aber nicht ihm allein zuzuschreiben, sondern sehr weit verbreitet, [...] so daß sich sagen ließe, in Jaakobs Welt habe geistige Würde und 'Bedeutung' [...] sich nach dem Reichtum an mythischen Ideenverbindungen und nach der Kraft bestimmt, mit der sie jeden Augenblick durchdrangen." (IV, 93) "Beinahe ein Leiden" kann diese Geistesart dann sein, wenn sie den Sinn für die Wirklichkeit beeinträchtigt: "Auf Schritt und Tritt wurde seine Seele durch Anklänge und Entsprechungen betroffen gemacht, abgelenkt und ins Weitläufige entführt, die Vergangenes und Verkündetes in den Augenblick mischten und den Blick eben dergestalt verschwimmen und sich brechen ließen [...]." (Ebd.)

Die Weisheit des 'Alten', die Joseph nun kennenlernt, ist eine andere als die ihm von Haus aus vertraute. Sie zielt darauf ab, die Wirklichkeit klug an ihren Zeichen zu deuten und 'praktisch' zu bewältigen. Jaakobs Geist arbeitet im Zustand "pathetisch vertiefter Abwesenheit" (IV, 91), die "in die Tiefe der Erinnerung und des Gedankens drängenden und sich wühlenden braunen Greisenaugen" sind dabei blind für die Außenwelt. (IV, 92) Dagegen nährt und bewährt sich die Weisheit des alten Ismaeliters an der geschärften Wahrnehmung seiner Umgebung. Er ist kein 'blinder' Weiser, der Innenschau betreibt, "aufmerksam rollende Augen" kennzeichnen ihn. (IV, 586, 588) Vor allen anderen entdeckt er den Ort, an dem Joseph schmachtet und wartet: "Der Alte sah es zuerst, mit schrägem Kopfe, [...] ließ halten und schickte den Jungen in der Kapuze hinab, den Ort zu erforschen; denn Reisende sind Forscher und neugierig ihrer Natur nach. Alles müssen sie ausschnüffeln." (IV, 588) Diese Neugierde auf das Erfahrbare, Diesseitige geht Jaakob ab. Die Welt außerhalb seines Lebenskreises interessiert ihn nicht, er ist in starken "Einseitigkeiten" über das "äffische Ägypterland" befangen und zeigt lange nicht die geringste Bereitschaft, sie zu korrigieren. (IV, 98 u. 97) Er ist auch "ohne Sinn für das Städtische" (IV, 250), im Gegensatz zu Joseph, dessen "Sympathie" für den Anblick der "bevölkerten Stadt" schon eingangs erwähnt wird. (IV, 78) Der Ismaeliter wird diese Jaakob nicht recht geheure Aufgeschlossenheit entschieden fördern.

Er entwickelt zunächst eine detektivische Kombinationsfähigkeit, um die Bewandtnisse des Brunnens aufzuklären: "Ist er verdeckt und versteckt, so wird es lohnen, ihn aufzudecken. Eifersucht scheint hier obzuwalten von Seiten der Landeskinder und einiger Geiz, so daß ich für möglich halte, der Brunnen habe ein Wasser von nicht alltäglicher Kühle und Schmackhaftigkeit – [...]." (IV, 588) Eine neue Wahrnehmung führt zu einer Differenzierung der Deutung: "Dieser Brunnen ist zwar verdeckt und versteckt, aber in reichlich schlumpigem Zustande. Die Landeskinder scheinen eifervoll und auch wieder achtlos. Indessen will ich noch nicht an der Güte des Wassers zweifeln, es wäre verfrüht." (IV, 589) Auffallend bei dieser Redeweise sind die abwägenden, vermutenden Formulierungen, die vielen konsekutiven, konditionalen, konzessiven oder restriktiven Konjunktionen. Auch der Ismaeliter findet überall 'Bedeutung', aber in der fast wissenschaftlich vorgehenden Hypothesenbildung mutet das an wie ein humoristisches Pendant zur 'Bedeutungsschau' Jaakobs. Als aus dem Brunnen Josephs Wimmern heraufdringt, stellt der 'Alte' zunächst eine Art Kontrolluntersuchung an: "Ich traue meinen Ohren nicht. Laßt uns durch vollkommene Bewegungslosigkeit tiefe Stille schaffen und lauschen, ob sich der Laut durch Wiederholung bestätigt." (IV, 589) Es wimmert ein zweites Mal, und er kommt zu dem 'Resultat': "Jetzt bin ich gezwungen, meinen Ohren zu trauen." (Ebd.) Auch die Söhne und Schwiegersöhne haben sich diese behutsame Empirie zu eigen gemacht; ihre Beschreibung des Brunneninhalts erfolgt schulmäßig vom Allgemeinen zum Besonderen: "'Ich sehe [...] ein Weißliches auf dem Grunde, das regt sich und scheint ein gegliedert Wesen.' – Kedar und Kedma, die Söhne, bestätigten diese Wahrnehmung." (IV, 589) Das sind Schlüsselworte auf diesen Seiten: "Wahrnehmung", "Scharfblick" (ebd.), "Ohren spitzen" (ebd.), "auskundschaften" (IV, 590), "irdischer Blickpunkt". (IV, 592) Der neue Geist zieht freilich nicht ohne Komik in die Josephsgeschichte ein. Wenn schon längst unzweifelhaft ist, daß ein Mensch im Brunnen hockt, zieht der 'Alte' den zutreffenden, aber der aufgeregten Situation doch nicht mehr angemessenen Schluß: "Ein Seil herbei, daß wir's hinabwerfen und das Wesen zutage ziehen, denn offenbar ist sein Aufenthalt ihm nicht angeboren." (IV, 590)

Die nun folgenden Äußerungen zeigen mit programmatischer Deutlichkeit die neuartige Sicht der Dinge. Zwar sei es unheimlich, so aus der Tiefe angeredet zu werden, gesteht der 'Alte' ein. "Doch muß man die Sache von ihrer praktischen Seite nehmen und ihr gerecht werden, insofern sie unsere Tatkraft herausfordert, denn das Wimmern klang mir nach äußerster Hilfsbedürftigkeit." (IV, 590) Sinn für das Praktische, nüchterne Einstellung zum Leben, daran hatte es auch dem Klöterjahn-Typus mit seiner unangekränkelten Lebenstüchtigkeit nicht gemangelt; hier vereinigt sich nun ein menschenfreundlicher Pragmatismus mit dem Sinn für das Subtile. Denn der Ismaeliter spürt gleich, daß es mit Joseph – mag er auch "besudelt und stinkend sein" nach drei Tagen im Brunnen (IV, 592) – Besonderes auf sich hat:

Ich bemerke, daß dieser Brunnenknabe mir [...] das Herz rührt und in eine Art von Annehmlichkeit taucht [...]. Denn es ist nicht Mitleid allein, noch auch das Geheimnis, das mit ihm ist. Sondern um jeden Menschen ist eine Umringung außen um ihn, die nicht sein Stoff ist, aber seines Stoffes dennoch, hell oder dunkel. Alte erfahrene Augen nehmen sie besser wahr als jugendblöde, welche zwar sehen, aber nicht schauen. Da ich nun diesen Jüngling unverwandt betrachte, scheint mir auffallend licht seine Umringung [...]. (IV, 593)

So hat bis dahin kein 'praktischer' Mensch, keine Nebenfigur, die dem kaufmännischen Bereich entstammte, im Werk Thomas Manns gesprochen. "Ein tüchtiger Mensch aber unterscheidet wohl zwischen den Sphären und Aspekten", heißt es über den Ismaeliter. (V, 684) Zu solchen Wahrnehmungen und Unterscheidungen war ein Klöterjahn nicht fähig; das gab ihn von vornherein der Lächerlichkeit preis. Als der 'Alte' einmal im Fluß des Gesprächs zu reden kommt auf das märchenhafte Schicksalsmuster des Erniedrigten, in die Wüste Geschickten, der dann wieder erhoben und zum "Retter der Menschen", zum "Bringer einer neuen Zeit" wird, hält er plötzlich inne "in stiller Betroffenheit" (V, 682f.) – er ahnt den Zusammenhang zwischen dieser Geschichte und dem vor ihm sitzenden Joseph. Der Erzähler bezeichnet sein "Stutzen" als das "schicklich-andächtige Einhalten des praktischen, aber gut gearteten Menschen vor dem Sinnig-Heiligen". (IV, 683) 'Praktisch', aber 'gut geartet': daß sich der Autor zu derartigen Klarstellungen veranlaßt sieht, als wäre üblicherweise das Gegenteil zu erwarten – nur darin läßt sich noch ein Nachhall des eingespielten, nicht leicht überwundenen Vorbehalts gegen den 'Wirklichkeitsmenschen' erkennen.

Auch gegenüber ästhetischen Eindrücken und Empfindungen ist der 'Alte' aufgeschlossen. Josephs lyrische Gute-Nacht-Wünsche sind ihm, wie später Mont-kaw und Potiphar, ein "Genuß", und die im Kapitel "Nachtgespräch" von Joseph überreichte Schriftrolle, ein Verzeichnis der mitgeführten Waren, wird ebenfalls unter ästhetischem Gesichtspunkt beurteilt: "Kein Klecks [...], das ist gut. Aber man sieht auch, daß die Zeichen gezogen sind mit Genuß und Schönheitssinn, und sind ein Zierat." (V, 686) Für Klöterjahn war die feinsinnige 'Schönheit', von der Spinell immerzu redete, "nichts als Bangebüchsigkeit und Duckmäuserei". (VIII, 257) Der Einfluß des Ismaeliters äußert sich allerdings weniger in der Anerkennung von Josephs Schönheitssinn als in der wiederum der 'Synthese' verpflichteten Mahnung: "[...] und sind ein Zierat. Hoffentlich stimmt es überein mit dem Wirklichen, so daß es nicht nur malerisch ist, sondern auch sachgemäß." Zur Fähigkeit, "zwischen den Sphären" zu unterscheiden, gehört hier auch das Vermögen, eigene Grenzen zu erkennen, ohne allem, was jenseits von ihnen liegt, mit ressentimentgeladener Ignoranz zu begegnen – um sich dann jedoch den Aufgaben zu widmen, für die man zuständig ist. Das drückt die zweite Hälfte der oben zitierten Passage aus: "ein tüchtiger Mann aber unterscheidet wohl zwischen den Sphären und wendet sich unschwer der praktischen Seite der Welt wieder zu." (V, 684) Das ist das Gegenteil von Klöterjahns dröhnender Borniertheit: "Ich bin ein tätiger Mann, ich habe besseres zu bedenken als Ihre unaussprechlichen Visionen..." (VIII, 256)

Der – niemals übertriebenen – Ehrfurcht vor dem Geheimnisvollen und 'Höheren', mit praktischem Verstand nicht zu Fassenden, entspricht auch die Haltung, die der Ismaeliter gegenüber dem Fremden einnimmt, den anderen Sitten und Gebräuchen, mit denen er als Reisender fortwährend konfrontiert wird. Aufgeschlossenheit verbindet sich dabei mit der nützlichen und notwendigen Anpassung des Händlers. Wenn Joseph ihn fragt, ob er denn gewisse kultische Ausschreitungen gutheiße, die er selbst mit seinem von Jaakob geprägten Gewissen nur als 'überständig' empfinden kann, so erhält er zur Antwort: "Ich? [...] Laß du den Alten zufrieden! Wir sind ziehende Kaufleute, Zwischenhändler, überall heimisch und nirgends, und für uns gilt das Leitwort: 'Nährst du meinen Bauch – ehr' ich deinen Brauch'." Und er fügt hinzu: "Merke es dir in der Welt, denn auch dir wird es zukommen." (V, 694) Diese Vorurteilslosigkeit, die sich am Nützlichen orientiert, ist eine gute Lektion für Joseph. Mit seinem undiplomatischen Überlegenheitsbewußtsein und der Neigung zur Besserwisserei ist er auf das Leben in der Fremde noch nicht vorbereitet. Die in die 'Grube' führende Schuld – das hat er inzwischen erkannt – ist "blinde Zumutung" gegenüber anderen Menschen gewesen. (V, 681) Die Händler führen ihm nun vor, wie wichtig es ist, mit den Gefühlen anderer Menschen zu 'rechnen' – nicht um sie zu übervorteilen, sondern zu einem Miteinander, bei dem alle Seiten 'auf ihre Kosten kommen'. In Per-Sopd, einer sterbenden Stadt des ägyptischen Nordens, in der ein "beiseitegedrängter, undeutlich gewordener", deshalb "ziemlich verbitterter" Gott verehrt wird (V, 729), achten die Reisenden gleichwohl die ortsüblichen Gepflogenheiten: "Kurzum, die eifersüchtige Kränkung der Sopd-Propheten durch den Wandel der Zeiten und den Vorglanz des Südens war offenkundig und die Ismaeliter, der Alte voran, ehrten die Empfindlichkeit und pflichteten ihr händlerisch bei [...]." (V, 731) Auf der nächsten Station der Reise, der "Katzenstadt" Per-Bastet, demonstriert die Erzählung, daß Joseph gelernt hat. Die Einwohner erzählen von ihrem traditionellen, von Rausch und Geißelungen erfüllten Fest, bei dem, "die Menge sich in echt altertümlicher Verfassung befand". (V, 732f.) Nicht schwer vorzustellen, was dem Sohn Jaakobs dazu einfällt. Indessen vermeidet er jeden Anstoß: er "hörte den Beschreibungen mit scheinbar achtungsvollen Augen zu, nickte höflich dabei und dachte an Jaakob". (V, 733)

Immer wieder warnt ihn der 'Alte' vor Überheblichkeit. Allerdings hat Joseph der tendenziösen Darstellung Ägyptens durch Jaakob schon immer mißtraut; "geistlicher Spott" ist für ihn jetzt vor allem eine Schutzhaltung, die verhindern soll, daß die "Neugierssympathie, die regelmäßig die Folge väterlicher moralisierender Warnungen ist", angesichts der "Lebenserlesenheiten" der ägyptischen Hochzivilisation zum haltlosen Staunen des fremden Hirtenjungen wird. (V, 691f.) Wenn der Ismaeliter ihn über Land und Leute unterweist, läßt Joseph keine Gelegenheit zu einem Einwand aus. "Ich sage dir, spöttle nicht in dem Lande, dahin ich dich führen will", mahnt ihn dann der 'Alte', "[...] und überhebe dich nicht tröpfisch vor den Meinungen seiner Kinder [...], sondern schicke dich fromm in seine Bräuche, sonst wirst du anlaufen heftiglich". (V, 698) Joseph wird sich später nicht fromm allen Bräuchen des Landes anpassen, aber als Korrektiv wirken diese Ermahnungen auf ihn ein, zusammen mit den neuen Erfahrungen des Reisens. Im "Nachtgespräch" wirft der Ismaeliter ihm noch vor: "Du sprichst vom 'Land des Schlammes', als wär's ein Dreckland, [...] gleich einem unausgemisteten Stall." (V, 690) Aber schon nach kurzer Zeit in Ägypten heißt es:

Auch die Zeit, zusammen mit dem Raum, schuf Einheit und Gemeinsamkeit des Aspektes der Welt und der Geistesform; das eigentlich Neue, dessen Joseph auf Reisen gewahr wurde, war wohl dies, daß er und seine Art nicht allein auf der Welt, nicht ganz unvergleichlich waren; daß viel vom Sinnen und Trachten der Väter, ihrer sorgenden Gottesausschau und inständigen Spekulation nicht so sehr ihre unterscheidende Vorzugssache gewesen war, als es der Zeit und dem Raum, dem Gebiet der Gemeinsamkeit angehörte [...]. (V, 736f.)

Daß im übrigen auch der Ismaeliter, bei aller berufsbedingten Neutralität, nicht mit allem, was Joseph als 'rückständig' bezeichnet, einverstanden ist, zeigt schon sein Ausweichen vor der persönlichen Stellungnahme, die Joseph ihm gelegentlich des 'Bespringungsfestes' zu Djedet abzufordern versucht. (V, 694f.) Hier ist deutliche Reserve herauszuhören, unabhängig vom affirmativen Charakter seiner Unterweisungen. Am deutlichsten bezieht der Ismaeliter Stellung in der Verkaufsszene. Natürlich klagt er die Brüder nicht offen an. Beschuldigungen sind angesichts der verworrenen Lage nicht zu erwarten. Aber die üblichen Schmeicheleien sind durchsetzt von arglos-höflichen Verdachtsäußerungen, mit denen er die Brüder in Verlegenheit bringt. Sie rechtfertigen die harte Brunnenstrafe mit der Behauptung, daß Joseph eine "Sammelstätte der Laster" sei, schuldig wegen "Diebstahls im Rückfall, Lüge, Lästerung, Raufsucht, Halsstarrigkeit, Hurerei und gehäufter Sittenverletzung". (IV, 607) Darauf die ironische Erwiderung des Ismaeliters: "Was hör ich, was hör ich. So ein Schelm ist er, dessen wir uns erbarmten und halfen ihm aus dem Loche im letzten Augenblick. Denn das muß ich sagen: Ihr triebt es ein wenig weit mit der Buße und bis zum Letzten." (IV, 608) Seiner Verwunderung darüber, daß der angebliche

"Niemandssohn" schreiben könne[85], begegnet Juda mit den Worten: "Er kann wohl eine Liste führen und Buch halten über Ölkrüge und Wollballen. Sagte er nicht mehr, so mied er die Lüge." "Möge sie allzeit gemieden werden", äußert darauf der Ismaeliter. (IV, 610) Nicht blinder Opportunismus, sondern eine Kunst der menschlichen Umgangs wird Joseph durch ihn nahegebracht.

b) Das humoristische Fundament

Über ihr einmal zugewiesenes Maß gelangen die Nebenfiguren des Frühwerks selten hinaus. Ein Wechsel der Perspektive, der dieselbe Person in veränderter Beleuchtung zeigt, sie in ihrer Lächerlichkeit *und* in ihrem Ernst, wechselnd in Komik *und* Würde auftreten läßt, findet kaum einmal statt. Lächerlichkeit und Würde werden, in strenger Relation zur Rangordnung, auf verschiedene Figuren verteilt. Für den Protagonisten Thomas Buddenbrook ist im ganzen Roman nicht eine einzige komische Szene vorgesehen, für seinen Bruder Christian keine andere. Die Reflexionen des Helden werden nicht ein einziges Mal ironisch unterlaufen; die ebenfalls breit geschilderte Selbstbeobachtung des Sonderlings Christian, immerhin ein Mitglied des zentralen Familienkreises, ist dann sogleich und durchgehend nur noch "die Karikatur echter Introspektion"[86], hier wird die ganze Palette ironischer, parodierender, distanzierender Stileffekte angewandt, die sich der Erzähler, solange er seinem Helden folgt, strikt verbietet. Bei einer Hauptfigur wie Jaakob kann der Erzähler das Komische dagegen mit dem Würdigen vereinbaren, und gerade diese Mischung läßt eine der gelungensten Gestalten des Gesamtwerks entstehen. Es handele sich um eine "hochpathetische Figur", erklärt der Autor in *Humor und Ironie*, und doch sei sie "zweifellos für das Gefühl jedes Lesers von einem eigentümlichen Humor umwittert. Selbst in einer Szene, die an und für sich durchaus tragisch sein müßte, wie der Klage Jaakobs um den vermeintlich zerrissenen Lieblingssohn, [...] selbst da ist Humor, den man nicht mit Ironie verwechseln kann, es ist etwas wesentlich anderes". (XI, 803)

---

85 Durch das Lob des Schreibens, das der Autor den Ismaeliter immer wieder aussprechen läßt, werden die früheren Gegenwelten des Künstlerischen und des Kaufmännischen ein weiteres Mal angenähert. Z.B. V, 686: "Die Ware ist fettig und harzig; der Kaufmann macht seine Hände nicht mit ihr gemein, er handhabt sie in ihrer Geschriebenheit. Die Dinge sind dort, aber sie sind auch hier, geruchlos, reinlich und übersichtlich. So eine Schreibliste ist wie der Ka oder geistige Leib der Dinge [...]."

86 Herman Meyer: *Der Sonderling in der deutschen Dichtung*, München 1963, S. 293.

Die Abgrenzung des Humors von der Ironie ist kennzeichnend für Thomas Manns spätere Bemühungen, dem Begriff des Humors jenen zentralen Platz zu verschaffen, den in den Selbstkommentaren zum Frühwerk die Ironie innehatte. Ebenfalls in *Humor und Ironie* äußert er, daß er sich "immer ein bißchen gelangweilt fühle, wenn die Kritik [s]eine persönliche Arbeit so ganz und gar auf den Begriff der Ironie" festlege. (XI, 802) "Tatsächlich fühle ich mich in erster Linie als Humorist", heißt es in einem Brief an Irita Van Doren vom 28.8.1951: "Humor, sollte ich denken, ist ein Ausdruck der Menschenfreundlichkeit und guter Erdenkameradschaft, kurz der Sympathie, welche es darauf absieht, den Menschen ein Gutes zu tun, sie das Gefühl der Anmut zu lehren und befreiende Heiterkeit unter ihnen zu verbreiten." (Br III, 220) Von der Menschenfreundlichkeit der Karikatur, der Satire, der Ironie zu sprechen, wäre dagegen kaum überzeugend. Ihnen fehlt die ethische Tönung des Humorbegriffs; nicht zufällig ordnet z.B. Kierkegaard die Ironie der ästhetischen, den Humor der ethischen Lebensstufe zu.

Gleichgültig, ob man das Humor erzeugende bzw. mit Humor beantwortete 'Inadäquatheitsverhältnis' mit dem Begriffspaar Geist und Leben zu umschreiben versucht (Thomas Mann), ob man es zwischen dem 'Endlichen' und 'Unendlichen'[87] (Jean Paul) oder dem 'Eigentlichen' und 'Uneigentlichen' ansiedelt[88] (Hamburger), ob man den Humor "auf einer subjektiven, aber ernsten und erhabenen Stimmung, welche unwillkürlich in Konflikt gerät mit einer ihr sehr heterogenen, gemeinen Außenwelt"[89] beruhen läßt (Schopenhauer) oder ihn in einer "Formproblematik" begründet sieht, "in die das Erzählen gerät, weil es besonders stark von dem problematischen Verhältnis zwischen Poesie und umstellender Wirklichkeit betroffen wird"[90] (Preisendanz): bei diesen Definitionen des Humors steht dem schwer Faßbaren des einen Spannungspols (Geist, das Unendliche, das Eigentliche, erhabene Stimmung, Poesie) die unstreitige Einigkeit hinsichtlich des anderen gegenüber: die 'realistische' Lebenswirklichkeit in ihrer offenbar unvermeidlichen Defizienz. Die entscheidende Pointe humoristischen Erzählens ist nun zweifellos darin zu finden, daß es nicht dabei stehenbleibt, die Realität bloß ihrer Unzulänglichkeit und Niedrigkeit zu überführen. Die Spannung zwischen den Polen besitzt vielmehr eine erotische Qualität. Diese

---

87   Jean Paul: *Vorschule der Ästhetik*, S. 125-129.

88   Käte Hamburger: *Der Humor bei Thomas Mann*, München 1965. Über die "Struktur des Humors" vgl. S. 11-52, insb. S. 24.

89   Arthur Schopenhauer: *"Zur Theorie des Lächerlichen"*, W II, 133.

90   Wolfgang Preisendanz: *Humor als dichterische Einbildungskraft*, München 1963, S. 16.

Wendung wird vom Erzähler der Josephsromane im Höllenfahrts-Vorspiel auf die erprobte Begrifflichkeit gebracht, mit poetologischen Implikationen: der Geist entwickelt eine "unerlaubte Verliebtheit" in die verweltlichte Seele und ihr "leidenschaftliches Treiben"; in "neigungsvollem Witz" gegen seine eigene Reinheit und Erhabenheit spricht er "zugunsten des Lebens und der Formen", die Worte drehen sich ihm "im Munde um". (IV, 43) Diese "Verliebtheit" und damit auch die Wirklichkeitstreue und die Detailversessenheit des humoristischen Erzählens müssen angesichts der durchgehend pejorativen Bewertung der Wirklichkeit in den traditionellen Humordefinitionen – vom 'Uneigentlichen' bis zur 'gemeinen Außenwelt' – als ein subtiler geistiger Masochismus erscheinen. Offensichtlich ist die Humordiskussion belastet durch theologisch-dialektische Denkmuster.

Im zweiten Teil dieser Arbeit ist dargelegt worden, daß die Entwicklung zur Lebens- und Menschenfreundlichkeit entscheidend mit einer veränderten Einstellung zum Endlichen, zur Vergänglichkeit zusammenhängt. An dem zentralen Sympathie-Erlebnis Hans Castorps und dem Essay *Lob der Vergänglichkeit* wurde eine Auffassung deutlich, die das Endlich-Vergängliche mit 'Rührung' betrachtet und es nicht als Entwertung des Lebens, sondern als Lebenswert begreift: "Im Gegenteil, meine ich, gewinnt es dadurch ungeheuer an Wert und Seele und Reiz; *gewinnend* gerade und Sympathie erweckend wird es als Episode [...]." (X, 383f.) Die von Thomas Mann angesprochene "gute Erdenkameradschaft", d.h. die positive Bewertung des 'Endlichen' selbst, ungeachtet seiner von den Humoristen peinlich genau geschilderten Unzulänglichkeiten, ist die Voraussetzung, durch die das Spannungsverhältnis von Eigentlichem und Uneigentlichem, Poesie und Wirklichkeit etc. die Qualität des Humoristischen erhält. Die Antithesenbildungen der traditionellen Humor-Diskussion behindern dagegen das Verständnis – zumindest im Fall der Josephsromane – durch ihre klaren Wertimplikationen, sie lassen die Bejahung des Endlichen, Uneigentlichen ja nur dann und insoweit zu, wie es die Spuren des Unendlichen, Eigentlichen an sich trägt.

Das den Ismaeliter einführende Kapitel von Josephs Rettung aus dem Brunnen läßt in aller Deutlichkeit die humoristische Konzeption der Josephsromane erkennen: die kontrastive Lebenssättigung des gedrängten, jedes 'überflüssige' Detail aussparenden mosaischen Berichts. Eine Gruppe alltäglich beschäftigter Menschen wird mit dem ganz und gar Ungewöhnlichen konfrontiert. Fern jeder Großartigkeit, "in kleinem Stil" (IV, 587) kommt ihre Handelskarawane dahergezogen, ohne jede Ahnung davon, daß sie sich gerade 'in einer großen Geschichte' befindet. Den Effekt auskostend, bereitet der Erzähler die Konfrontation vor, spricht vom Alltäglichsten, den kleinen Geschäften, die man machen konnte oder noch machen will, "vielleicht eine Kamelslast Pistazien oder Mandeln, zu vernünftigen Preisen". (IV, 587) Immer weiter reizt die Erzählung die Konstellation Gewöhnlich-Ungewöhnlich aus: da wird angesichts des Brunnens, in dem Joseph kauert, auf schmackhaftes Trinkwasser spekuliert. Mit akribischer Genauigkeit, die an sich schon in komischem Gegensatz zur schlichten mythischen Größe des Vorgangs steht, werden die Einzelheiten der Rettung veranschaulicht: "Es war kein Hanfseil, sondern ein ägyptischer Papyrusstrick, wunderbar geweicht, geklopft und geschmeidigt, unzerreißbare Ware; die Männer führten mehrere Rollen davon und handelten damit." (IV, 591) Man lese die Beschreibung des Rettungsseils vor dem Hintergrund der berühmten Stilcharakteristik, die Erich Auerbach im ersten Kapitel von *Mimesis* gegeben hat. Am Beispiel des Isaaksopfers erläutert er die bestimmenden formalen Merkmale biblischer Darstellung:

Undenkbar wäre es hier, ein Gerät, das gebraucht wird, eine Landschaft, die man durchquert, die Knechte oder den Esel, die den Zug begleiten, zu beschreiben, etwa die Gelegenheit, bei der sie erworben wurden, ihre Herkunft, ihr Material, ihr Aussehen oder die Brauchbarkeit rühmend zu schildern; nicht einmal ein Adjektiv ertragen sie; es sind Knechte, Esel, Holz, Messer, weiter nichts, ohne Epitheton; sie haben dem von Gott befohlenen Zweck zu dienen; was sie sonst sind, waren oder sein werden bleibt im Dunkel.[91] – [Es] wird nur dasjenige an den Erscheinungen herausgearbeitet, was für das Ziel der Handlung wichtig ist, der Rest bleibt im Dunkel; die entscheidenden Höhepunkte der Handlung werden allein betont, das Dazwischenliegende ist wesenlos; Ort und Zeit sind unbestimmt und deutungsbedürftig; die Gedanken und Gefühle bleiben unausgesprochen [...].[92]

Herkunft, Material, Aussehen und Brauchbarkeit: keine diese Eigenschaften des nebensächlichen Rettungsseils wird in der Beschreibung des Romans ausgelassen, die Gegenläufigkeit der Darstellungsweisen zeigt auch über dieses Beispiel hinaus in allen von Auerbach angesprochenen Punkten eine beinahe methodische Gründlichkeit. Daß Thomas Mann seinen die Phänomene wortreich umkreisenden "Additionsstil"[93] auf diese Vorlage anwendet, eröffnet eine reiche Quelle humoristischer Wirkungen. Die Sprachlust und die in alle Einzelheiten gehende Fabulierfreude der Tetralogie – der Autor hat sie wiederholt als reines 'Sprachkunstwerk' charakterisiert – entwickeln

---

91 Erich Auerbach: *Mimesis*, S. 11. – Zum Vergleich von Altem Testament und Josephsroman s. a. Christoph Jäger: *Humanisierung des Mythos – Vergegenwärtigung der Tradition. Theologisch-hermeneutische Aspekte in den Josephsromanen von Thomas Mann*, Stuttgart 1992.

92 Erich Auerbach: *Mimesis*, S. 14.

93 Werner Frizen: *Thomas Manns Sprache*, in: TMHb, 854-873, hier S. 856.

ihre Dynamik vor allem als Kontrafaktur. Seit den Anfängen hat Thomas Mann die erzählerischen Keime seiner Werke literarischen Vorlagen entnommen; das Übernommene stimulierte seine Erzählkraft stets mehr als das willkürlich Erfundene. Intertextualität ist schon im Frühwerk stillschweigendes Arbeitsprinzip. Hier ließ sich der Autor vor allem von Gestalten und Konfliktmustern anderer Werke anregen – so übernahm er z.B. für den *Kleinen Herrn Friedemann* die Figur des kunstsinnigen Apothekers Alonzo Gieshübler aus Fontanes *Effi Briest*[94], wie Friedemann ein melancholischer Buckliger, für *Luischen* die physiognomische Beschreibung und die 'seltsame Ehe' Ippolit Polosows aus der – in Motivik und Thematik überhaupt für Thomas Mann wichtigen – Turgenjew-Novelle *Frühlingsfluten*.[95] In den Josephsromanen wirkt darüber hinaus aber das zwischen Vorlage und eigenem Werk bestehende humoristische Spannungsverhältnis der Stillagen schon von sich aus als produktiver Anreiz. Daß die biblische Josephserzählung trotz all der von Auerbach genannten 'Undenkbarkeiten' und 'Unzuträglichkeiten', die Thomas Mann systematisch auf sie anwendet, nicht zerstört, d.h. lediglich parodiert oder travestiert wird, sondern in ihrer Größe bewahrt bleibt – auch dies verdankt sich in erster Linie dem veränderten, 'freundlichen' Lebensbegriff. Die irdische Realität höhnt und beschmutzt das Erhabene nicht, die 'Lebensschwere' zieht die 'hohe' Geschichte nicht herab.[96]

---

[94] Vgl. Hans Rudolf Vaget: *Thomas Mann und Theodor Fontane. Eine rezeptionsästhetische Studie zu "Der kleine Herr Friedemann"*, in: *Modern Language Notes* 90 (1975), S. 448-471.

[95] Vgl. Terence J. Reed: *Mann and Turgenev – A first Love*, in: *German Life and Letters* 17 (1964), S. 313-318.

[96] Vorab erhält das Werk damit eine humoristische Fundamentierung, wie sie Thomas Mann dann ja auch – auf den ersten Blick ähnlich – für den *Faustus*-Roman vorgesehen hatte: "[...] schon die Idee, die Erzählung des Lebens des Helden, des Komponisten Leverkühn, dem guten Humanisten Zeitblom in den Mund zu legen [...], schon dieser Einfall, das Dämonische durch ein ausgesprochen undämonisches Medium gehen zu lassen, schon diese Idee ist ein ausgesprochen humoristischer Einfall mit humoristischen Absichten, die sich, wenigstens in den ersten Teilen des Buches weitgehend, glaube ich, bewähren." (*Humor und Ironie*; XI, 804) Offenbar ist sich Thomas Mann der beabsichtigten Wirkungen hier weniger sicher als in den Kommentaren zu den Josephsromanen. Tatsächlich kommt man kaum umhin, bei allen sonstigen Qualitäten des späteren Romans, vom Scheitern des humoristischen Grundeinfalls des *Doktor Faustus* zu sprechen. Während die humoristische Fundamentierung der Josephsromane sogleich auch bei der sprachlichen Form, dem Stil, der Erzählweise ansetzt, schafft die "Idee" des *Faustus* lediglich eine – eher ironische – strukturelle Spannung. Die dieser Absicht dienende Erzählweise, die ihr entsprechende Stillage ist damit noch keineswegs bestimmt, sie stellt das eigentliche Problem dar. Denn die strukturelle Ironie ist paradox, d.h. sie entzieht sich, konsequent genommen, der Erzählbarkeit. Das undämonische Medium kann nicht vom Dämonischen erzählen, weil dieses Medium eben gerade dadurch bestimmt ist, daß es überhaupt keinen Sinn dafür hat. (Zur Problematik des

c) Komik und Würde

Der Wechsel von komischen und würdigen Aspekten, wie er die Jaakob-Darstellung auszeichnet, läßt sich auch an dem Ismaeliter beobachten: jede Szene verändert den Akzent, rückt andere Züge in den Vordergrund, so daß das Porträt von Kapitel zu Kapitel an 'Plastizität' gewinnt. Während er in der Brunnenszene noch inmitten der aufgeregten Menschengruppe gezeigt wird, tritt er im folgenden immer mehr aus ihr hervor. Im Kapitel "Der Verkauf" verhandelt nicht eine Gruppe mit der anderen, es ist der Kaufmann allein, der mit Josephs Brüdern spricht. Der Einzelne sitzt in gelassener Souveränität dem Brüderkollektiv gegenüber, das oft genug auch kollektiv reagiert: "'Wie das?' fragte Juda und steifte den Rücken. Zugleich taten es all seine Brüder." (IV, 605)[97] In den Gesprächen mit Joseph ist es

Erzählers im *Doktor Faustus* vgl.: Reinhard Baumgart: *Das Ironische und die Ironie in den Werken Thomas Manns*, S. 168f. u. Terence J. Reed: *Die letzte Zweiheit. Menschen-, Kunst- und Geschichtsverständnis im "Doktor Faustus"*, in: *Interpretationen – Thomas Mann. Romane und Erzählungen*, hrsg. v. Volkmar Hansen, Stuttgart 1993, S. 294-324, hier S. 302f.) Die Folge ist, daß entweder hinter dem schlichten, guten Bürgersmann als Erzählerfigur ein für das Dämonische sensibler Erzähler in Erscheinung treten müßte (sicherlich eine artistische Lösung, die humoristische Möglichkeiten eröffnet hätte) oder aber daß das "undämonische Medium" fortwährend aus Ton und Rolle fällt – wie es tatsächlich im *Doktor Faustus* zu beobachten ist. Nach eher mühsamen parodistischen Anfängen etabliert sich Zeitblom bald als zwar etwas umständlicher, aber kenntnisreicher und auch über die dämonischen Kunstdinge wohlinformierter, also bestens geeigneter Biograph – damit ist der beabsichtigte Humor verloren; wo sich im *Doktor Faustus* dennoch Humor geltend macht, hat er nichts zu tun mit jener 'humoristischen' Grundidee. Anders als die Ironie, die durchaus in der Struktur eines Werkes wirken kann, hat das humoristische Erzählen offenbar immer das menschliche Motiv zum Ansatzpunkt, wie es geradezu beispielhaft bei der Grundidee einer Psychologisierung des Mythos, der Lebenssättigung einer die Lebensdetails aussparenden Vorlage der Fall ist – der Unterschied zum "Einfall", das Dämonische durch ein undämonisches Medium gehen zu lassen, ist offensichtlich. Diese Auffassung findet ihre Bestätigung anhand jener Passagen, in denen auch die Zeitblom-Gestalt von Humor 'umwittert' ist. Das ist immer dann der Fall, wenn sich der Biograph, zwischen den Zeilen, in menschlich-allzumenschlichen Motiven zu erkennen gibt: etwa in seiner Gekränktheit und Eifersucht bei Zurücksetzungen, die er als nur eine der vielen besorgten, helfenden, zutragenden Figuren im Umkreis Adrian Leverkühns von diesem erfahren muß. Vor allem in der Konkurrenz mit Schwerdtfeger macht sich das geltend.

97 Gleichwohl werden auch hier die Brüder nicht als dumpfe Horde von 'Gewöhnlichen' dargestellt, wie das zäh geführte Verhandlungsgespräch zeigt; Juda und Dan entwickeln trotz der peinlichen "Zwicklagen" (IV, 608) eine Redegewandtheit, die es mit der des 'Alten' aufnehmen kann. Juda, der komplexeste Charakter unter den Brüdern, lebenslang gepeinigt vom Widerstreit von Geist und Sinnlichkeit, wird wegen Joseph später größte Gewissensqualen leiden; schon hier verrät er sich durch seine zwanghafte Wiederholung des Wortes Brunnen (wo er Joseph ja noch vermuten muß). Dieses Motiv zeigt nicht nur die effektvolle Handlungsführung des Erzählers, der die bedrängende 'Bruderfrage' kaum geschickter in das

dann umgekehrt der Ismaeliter, der sich durch Spott und Ironie aus der Ruhe bringen läßt. Vielen seiner Äußerungen haftet eine leise Komik an. Bei Klöterjahn oder Permaneder, aber auch zentraleren Gestalten wie Tony Buddenbrook wirkte der eng gezogene Gesichtskreis der Figuren belustigend, die alle Wechselfälle des Lebens mit den immergleichen fixen Maximen und Aussprüchen parierten. Auch die Reden der künstlerischen oder kunstsinnigen Gestalten wie Detlev Spinell oder Sigismund Gosch waren, bei einer grundverschiedenen Lebenssicht, von derselben Enge und Starre gekennzeichnet. Auffallend war das Unmittelbare, Direkte der Sprechakte. Eine Ebene hinter den Worten, Brechungen und Verschiebungen zwischen Sagen und Meinen, Zeichnung der Charaktere gerade durch das nicht Gesagte: diese Mittel, die zur perspektivischen Erweiterung einer Darstellung, zur Schaffung des personalen 'Innenraums' beitragen, sind dort fast nie angewendet worden. Bei den Schilderungen des Ismaeliters spielen sie eine wichtige Rolle. So versucht er vor Joseph immer wieder den Eindruck zu erwecken, als wäre diese Reise durch Ägypten nur eine der gewöhnlichen Handlungsreisen. Er versucht allem entgegenzuwirken, was Josephs Eitelkeit Zufuhr geben könnte. Die väterliche Sorge des Ismaeliters, der neue Aspekt, unter dem die Figur jetzt erscheint, äußert sich verstellt in seinem unwirschen, reservierten Gebaren. Die durch sein Reden und Verhalten hindurchscheinende Absicht produziert eine freundliche Komik. So soll sich Joseph nicht einmal auf seine gebackenen Fladen etwas einbilden; das zuvor ausgesprochene Lob – "sogar ausgezeichnet" sei das Gebäck – wird pädagogisch eingeschränkt: "Solche Fladen backe nur öfters, sie sind recht gut, wenn auch nicht außergewöhnlich." (V, 678 u. 685) Wenn er Joseph Unterweisungen gibt, stellt er anschließend klar: "Ich habe [...] ein paar Reden mit dir gewechselt zu meiner Zerstreuung, um die Zeit hinzubringen, denn ich bin schon betagt, und zuweilen flieht mich der Schlaf. Einen anderen Grund hatte ich nicht, mit dir zu reden." (V, 698) Obwohl an Josephs Gewitztheit kein Zweifel bestehen kann, gebärdet sich der 'Alte' so, als hätte er es mit nervtötendem Unverständnis zu tun: "Du redest wahrhaftig nicht besser als du's verstehst." (V, 693) "Du wirst viel lernen müssen, wenn du im Lande leben willst und willst bestehen vor ihm, sei es auch nur als unterster seiner Jungsklaven." (V, 693f.) Die Schroffheit der 'Ersatzväter' steht der Gefühlsverwöhnung durch Jaakob gegenüber: "Du bist ein Schwätzer!" (V, 678) "Geh nur, ich will gar nichts wissen von deinen Bewandtnissen

---

Geplauder von Händlern und Hirten über die jeweilige "Daseinsform" (IV, 602) hätte hineinspielen können, es trägt zugleich auch zur Charakterzeichnung der von "Fluch und strafende[m] Übel" bedrängten Juda-Figur bei. (V, 1542)

[...]." (V, 685) Nach dem kunstvollen Gutenacht-Wunsch aber heißt es: "Der Minäer schmunzelte. Und er dachte nach über Joseph." (V, 685)

Zwischen den beiden Gesprächspartnern findet eine Art humoristischer Gegenbewegung statt, bei der es den Anschein hat, als würde der Ismaeliter nicht merken, daß Joseph auch sein Spiel mit ihm treibt. Je mehr Joseph spottet, desto faszinierter zeigt sich der 'Alte' selbst von der ägyptischen Pracht. In der Königsstadt Weset beschreibt er die 'Sehenswürdigkeiten' mit einer schwärmenden Ausführlichkeit, die wie die Vorführung eines Bewunderungs-Reflexes wirkt, wie er von Menschen aus der Provinz – also auch von Joseph – erwartet werden kann. (Vgl. V, 772) Umso sicherer reagiert Joseph mit ironischen Untertreibungen: "Es ist mehr als nett." (Ebd.) Der Gegenbewegung entsprechend antwortet der Ismaeliter auf die Ironie völlig ernst, mit neuer Verärgerung: "'Nett', ereiferte sich der Alte, Worte wählst du mir aus dem Sprachschatz – lächerlich fehlgehende, das muß ich sagen [...].'" (V, 773)

Ganz anders die Konstellation im Kapitel "Die Feste Zel". Erneut arbeitet der Erzähler mit einer Gegensatzwirkung. Auf der einen Seite wird in breiter Anschaulichkeit, aus der Sicht der eingeschüchterten Reisenden, die gewaltige, vielfach gesicherte Grenzanlage geschildert. (Vgl. V, 715f. u. 718) Einschüchternde Sprechchöre schallen den Reisenden entgegen: "Es wird kein Gesindel ins Land gelassen!" (V, 719) Beredten Legitimierungsversuchen wird knapp begegnet: "Alles gelogen!" (V, 720) Der Überdimensionierung steht die Verkleinerung gegenüber. Der 'Alte' "sprach aber doch so viel davon, wie leicht es seiner vollendeten Unschuld fallen müsse [...], durchs Hindernis zu schlüpfen, [...] daß man den Eindruck hatte, er rede sich Mut zu." (V, 716) Gegen die Übermacht tritt er nun an mit 'ritterlicher' Unerschrockenheit, ausgerüstet nur mit einem längst veralteten Empfehlungsschreiben; auch dies ein Kontrast zur Monumentalität der Festung. "Habe ich nicht den Brief des Handelsfreundes zu Gilead überm Jordan? [...] Wohl, ich habe ihn, und ihr werdet sehen, er öffnet uns Tür und Tor. Nur darauf kommt es an, daß man Geschriebenes vorweisen kann und die Leute Ägyptens wieder etwas zu schreiben haben [...]." (V, 716) "Einen Brief! [...] Geschriebenes!" ruft er dann lächelnd zu den Soldaten hinauf, "wie man Leuten [...] den Namen der volkstümlichen Liebhaberei halb neckend, halb schmeichelnd zu hören gibt [...]." (V, 720) Die beinahe fixe Idee des Geschriebenen zeigt den Ismaeliter in einer weiteren komischen Perspektive; der ägyptischen Bürokratie ist sein listiger Realitätssinn doch nicht ganz gewachsen; was der Karawane schließlich die Tore öffnet, ist die Erwähnung der Handelsbeziehung zu Potiphar. Auch der Vorsteher begegnet dem 'Alten' und seinem Brief freundlich-amüsiert: "Du bringst mir immer denselben Brief, altes Freundchen [...]. Das geht nicht, du kommst damit auf die Dauer nicht durch. Dies Krickel-Krackel will ich nun nicht mehr sehen [...]." (V, 723) In den Augen von Vertretern des ägyptischen Großreichs erscheint der würdige und weise 'Alte' nun als "altes Freundchen", als kleiner Krämer, der sich über die Grenze mogeln will. Aber die 'ehrenwerte Gesinnung' (V, 719) der Figur bleibt unangetastet. Der Ismaeliter kann durch sein "klug[es] und sanftmütig[es]" (V, 723) Auftreten die Sympathien des Vorstehers gewinnen.

Das Zusammentreffen von Unerschrockenheit und Kauzigem verleiht dem Kaufmanns hier einen Zug von 'Donquijoterie'. Tatsächlich hat Thomas Mann während der Niederschrift des dritten *Joseph*-Bandes die atmosphärische Verwandtschaft des *Don Quijote* empfunden. "Lust, Poe wieder zu lesen, ebenso Don Quijote", notiert er am 7.8.1933 im Tagebuch. Am 2.9.1933 schreibt er: "Die Poe-Lektüre paßt besser zu der vorgesehenen Faust-Novelle, als zum Joseph, für den ich den Don Quijote lesen will." Die Lektüre des Cervantes-Romans zieht sich dann über ein Dreivierteljahr hin, das Tagebuch verzeichnet sowohl 'redliche Langeweile' (2.11.1933) wie "Bewunderung" (13.2.1934). 1934 entsteht der Essay *Meerfahrt mit Don Quijote*. Vorbildlich findet Thomas Mann, daß das Gelächter über den Helden Don Quijote "immer mit staunendem Respekt gemischt ist". (IX, 437) Vor allem die mit der Komik einhergehenden hochgesinnten Motivationen beeindruckten ihn: Daß Sancho "an seinem guten, absurden Herrn von Herzen hängt, ihn trotz allem Ungemach [...] nicht verläßt [...], sondern ihm aufrichtige, bewundernde Knappentreue wahrt, ob er ihn schon manchmal belügen muß, das ist wunderschön, es macht liebenswert auch ihn, erfüllt seine Figur mit Menschlichkeit und hebt sie aus der Sphäre bloßer Komik ins Innig-Humoristische". (IX, 438)

Auf der letzten Etappe des Weges ergeht sich der Ismaeliter "in Betrachtungen über die Weisheit des Lebens [...], in welchen fast immer die Vorteile und Nachteile dergestalt einander ausglichen und aufhöben, daß die mittlere Vollkommenheit eines Nichtallzugut und Nichtallzuschlecht sich herstelle". Diese Philosophie des Ausgleichs wird anhand der gegebenen Situation, der Schiffsreise, veranschaulicht: zwar müsse man gegen den Strom fahren, dies werde aber wettgemacht durch den günstigen Wind; stromab könne man sich dann zwar treiben lassen, dabei gerate das Schiff jedoch leicht außer Kontrolle und das Rudern und Steuern sei dann umso mühsamer:

So würden immer des Lebens Vorteile durch die Nachteile eingedämmt und die Nachteile durch Vorteile wettgemacht, also daß rein rechnerisch das Ergebnis null und nichts sei, praktisch aber die Weisheit des Ausgleichs und der mittleren Vollkommenheit, angesichts deren weder Jubel noch Fluch am Platze sei, sondern Zufriedenheit. Denn das Vollkommene bestehe nicht in der einseitigen Häufung der Vorteile, wobei andererseits durch lauter Nachteile das Leben unmöglich würde. Sondern es bestehe in der beiderseitigen Aufhebung von Vorteil und Nachteil zum Nichts, das da heiße Zufriedenheit. (V, 768f.)

Das sind sicherlich Auffassungen, denen die Lebenserfahrung des "in kleinem Stil" Reisenden zugrundeliegt (IV, 587), der Kosten und Unkosten abzuwägen gewohnt ist und bei seinen Geschäften auf lange Sicht weder verliert noch gewinnt. Aber diese Betrachtungen sollen nicht bloß ihren Sprecher charakterisieren. Hier werden Leitideen des Romans auch aus dem Lebenskreis einer Nebenfigur erschlossen und damit tiefer in die Geschichte eingebunden. Die Idee des weisen Ausgleichs findet sich später verwirklicht in Josephs Reformen, die auf ein Einpendeln der krassen materiellen Unterschiede zwischen den Armen und den reichen Fürsten abzielen, also die einseitig gehäuften Vorteile wie die das Leben unmöglich machenden Nachteile aufzuheben suchen; sie liegt auch der Vorsorge-Politik des späteren 'Ernährungsministers' zugrunde. Weisheit des Ausgleichs: darin klingt auch die tragende Formel vom doppelten Segen an. Josephs Mittlertum ist im Credo der Kaufleute vorgebildet: "Denn es ist die Zeit des Verkehrs und der Wechselgeschenke, und wir Reisenden sind ihre Diener und Priester." (V, 719) Die vom Ismaeliter angeratene "Zufriedenheit", die nichts mehr zu tun hat mit der geistlosen Behäbigkeit, die das Frühwerk karikiert, bringt dann auch eine Kapitelüberschrift des vierten Bandes zum Ausdruck, nun mit Bezug auf die Hauptfigur: "Joseph lebt gerne." (V, 1576) Die Idee der "Weisheit des Ausgleichs" durchzieht den ganzen Roman, sie umfaßt seine psychologischen, philosophischen, sozialen Bedeutungsschichten; von der 'lebensfreundlichen' Wirksamkeit der psychischen Ausgleichsprozesse war im zweiten Teil dieser Arbeit schon die Rede, u.a. in Zusammenhang mit der scheinbar unerträglichen Wartezeit Jaakobs und der Mitleidskritik. Auch aus den Betrachtungen des Ismaeliters ist die Ablehnung weltanschaulicher Einseitigkeiten herauszuhören, die Ablehnung eines "Jubel"-Optimismus, der nur die "Vorteile" sehen will, ebenso wie die des "Fluch"-Pessimismus, der grimmig die "Nachteile" zusammenrechnet.

Nicht nur der 'Alte' fühlt sich gegenüber Joseph zu Teilnahme und 'Vatersorge' aufgefordert, auch Joseph sieht im Verlauf der Reise in dem Ismaeliter nicht mehr bloß den ihm von höherer Stelle zugewiesenen Helfer, der in seiner 'Geschichte' eine Funktion zu erfüllen hat. Vor dem gefühlvoll in Szene gesetzten Abschied steht eine Passage, in der der Erzähler über die Stellung der Nebenfiguren reflektiert; wie später wieder im Zusammenhang mit Mont-kaws "Abdankung" ergibt sich eine 'doppelte Optik': "Die

Ismaeliter [...] hatten ihren Lebenszweck erfüllt, sie hatten abgeliefert, was nach Ägypten hinunterzuführen sie ausersehen gewesen". (V, 819) Neben solcher Funktionalität in Hinsicht auf die Hauptlinie der Geschichte soll aber auch die 'Eigenwürde' der Figuren zur Geltung kommen: "[...] hatte nicht des guten Alten Wunsch und väterlicher Antrieb, für den Findling zu sorgen und ihn unterzubringen im besten Haus, das er kannte, sein volles Eigengewicht an Würde in der moralischen Welt, mochte, anders gesehen, seine Laune auch nur ein Mittel und Werkzeug und ein Vehikel zu Zielen sein, die er nicht ahnte?" (V, 819f.) – Wenn die Ismaeliter nun von der Bühne des Geschehens abtreten, haben sie als 'Funktionsträger' die Geschichte verlassen. Viele Jahre später, auf dem Höhepunkt seiner Karriere, erinnert sich Joseph jedoch noch dankbar an die Kaufleute, die seiner Ungeduld die Fähigkeit gelassenen Wartenkönnens entgegensetzten: "Man muß sich nur gleichmütig der Zeit anvertrauen und sich fast nicht um sie kümmern – das lehrten mich schon die Ismaeliter, mit denen ich reiste –, denn sie zeitigt es schon und bringt alles heran." (V, 1641)

5. Mont-kaw

a) Diener und Herr

Auch der zweite 'Ersatzvater' Josephs ist ein Mann des 'Wirtschaftslebens'. Als Verwalter ist er zuständig für die Bewirtschaftung der Güter Potiphars und die Organisation der aufwendigen Haushaltung: ein mit Aufgaben überhäufter Mann. Aus den Zuwendungen Pharaos ergibt sich ein steter Überschuß an Waren, die verkauft werden müssen. So erscheint Mont-kaw zudem als Leiter eines großen Handelsgeschäfts, das alles Erdenkliche im Angebot führt, von Nahrungs- und Genußmitteln über Kleidung und Stoffen bis zu Tieren, Wagen und ganzen Schiffen. (V, 927) Dazu kommt eine Vielzahl von Handwerkszweigen, die alle seiner Kontrolle unterstehen. Die Betriebe produzieren offenbar in großem Stil, jedenfalls ist die Rede von "Vorarbeitern und Ressortschreibern". (V, 929) In der Darstellung der wirtschaftlichen Aktivitäten zeigt sich eine Tendenz zum Überhistorischen. Es wird eine Spätzivilisation geschildert, dabei mischt sich das Exotisch-Orientalische mit den Begriffen modernen Geschäftslebens. Joseph ist es, der – als seine erste Leistung im 'Wirtschaftsleben' – die 'industrielle' Fertigung kultischer Gegenstände einführt:

Denn da man große Mengen von Sykomorenfeigen [...] in die Stadt [...] verkaufte, wo man die Früchte für die Opfertische der Totentempel und als Grabbeigabe und Zehrung für die Verstorbenen massenweise benötigte, so verfiel Joseph darauf, von den Töpfern des Hauses in Ton gearbeitete Modelle und Nachahmungen der Frucht herstellen zu lassen, die in natürlichen Farben bemalt wurden und in den Gräbern ihren Zweck ebenso erfüllten wie die natürlichen Früchte. Ja, da dieser Zweck magisch war, erfüllten sie ihn als magische Andeutungen sogar noch besser, so daß drüben bald große Nachfrage nach den Zauberfeigen war, die den Erzeuger wenig kosteten und sich in beliebiger Masse herstellen ließen, also daß dieser Zweig von Potiphars Hausindustrie bald in Blüte kam [...]. (V, 930)

Nachfrage, Erzeugerkosten, Massenherstellung, Hausindustrie: hier wird der Abstand der Jahrtausende unbedeutend. Bei solchen Beschreibungen mag einem heutigen Leser die weltläufige ägyptische Zivilisation des Josephsromans weniger fremd und entfernt erscheinen als die kleinstädtische Bürgerwelt der *Buddenbrooks*; erst recht, wenn am Ende der 'Ernährer' mit Roosevelts New Deal Wirtschaftspolitik macht. Dies alles spricht jedenfalls gegen die Annahme, gemütvollere historische Bedingungen oder archaische ökonomische Verhältnisse könnten der Grund dafür sein, daß der vormals zum Banausentum verurteilte Geschäftsmann zum Vorbild und Mentor wird, dessen Schicksal besondere Beachtung verdient.

Ausdrücklich stellt der Erzähler ja heraus, daß Mont-kaw nicht nur wegen seiner 'Rolle' in Josephs ägyptischer Karriere interessiert: "Was kümmert uns Mont-kaw?" fragt er, als müßte einer ungeduldigen Zuhörerschaft begründet werden, warum die Josephsgeschichte seitenlang bei der Person des Hausmeiers verweilt. "Zu einer gemessenen Anteilnahme verpflichtet diese vom Schicksal ihm übertragene Rolle uns ohne weiteres. Aber rein von uns aus und von der Verpflichtung ganz abgesehen, haben wir Blick und Sinn für die einfache und doch feinsinnige, von einer anspruchslosen Melancholie umflossene Lebensgestalt des Mannes [...]." (V, 980) Immer wieder wird so das Zusammentreffen von Eigenschaften betont, die sich im Frühwerk niemals reimen wollten: "Wir sprechen mit einer gewissen Rührung von ihm, ohne viel mehr von ihm aussagen zu können, als daß er ein wissentlich schlichter, das ist: bescheidener, und ein redlicher, das ist: ein zugleich praktischer und gemütvoller Mann war." (V, 979)

Schon die Aufzählung der geschäftlichen Aufgaben zeigt, daß der bescheidene Meier immerhin ein Großunternehmer ist; die Situation im Haus Potiphars macht darüber hinaus deutlich, daß Mont-kaw Diener und Herr zugleich ist, jedenfalls derjenige, der die Verantwortung trägt. Er ist der "alleinherrschende Hauswart" (V, 926), der niemals daran denkt, diese Macht zu mißbrauchen. Potiphars "träge Vertrauensseligkeit" (ebd.) hinsichtlich der von anderen gespendeten Liebe und Fürsorge erinnert an den selbstherrlichen Glauben des jungen Joseph, daß jeder ihn mehr liebe als sich selbst. (IV, 574) Hier bleibt die Katastrophe vorerst nur deshalb aus, weil der einfühlsame Verwalter nicht nachläßt, Potiphar vor Schaden zu bewahren. Die Szenen, in denen er der leicht verletzbaren Eitelkeit seines Herrn schmeichelt, vermitteln den Eindruck eines eingespielten Bestätigungszeremoniells. Schon die allerersten Sätze Potiphars suchen die Anerkennung; es sei ihm beim Wagenlenken gelungen, zwei "äußerst feurige" Pferde unter Kontrolle zu halten: "Sie waren ungezogen, sie wollten mir durchgehen. Ich aber bin mit ihnen fertig geworden." Daraufhin schmeichelt Mont-kaw: "Nur du wirst das. [...] Es ist erstaunlich. [...] Es sind keine Pferde, es sind Dämonen. Du aber bezwingst sie. Sie spüren die Hand des Herrn, da beugt sich ihr Mutwille, und gebändigt laufen sie dir im Geschirr. Du aber, nach dem siegreichen Kampfe mit ihrer Wildheit, bist nicht etwa ermüdet, sondern springst, mein Herr, aus Deinem Wagen wie ein kühner Knabe!" (V, 814) Billige Belustigung darüber, daß sich der Kastrat mit schwappender Brust gerne als "kühner Knabe" und Rossebändiger bezeichnen läßt, stellt sich hier nicht ein. Der (mit seinem ritualisierten 'Ich aber – Du aber' freilich auch komische) Eingangsdialog über die wilden Pferde präludiert schon das Grundmotiv der Bändigung 'dämonischer' Mächte. Und tatsächlich erweist sich Potiphar am Ende als Herr der Lage, der mit der heiklen Situation fast spielend 'fertig wird'. Insofern ist die Huldigung Mont-kaws gerechtfertigt.

Der 'gute' Mont-kaw wird nicht etwa als Sprecher von milden Worten eingeführt. Beim Anblick der Händlergruppe gibt er sich "ziemlich unwirsch". (V, 796) Auch zu Joseph wird er zunächst nur – ein mittlerweile vertrautes Motiv – mit "angemessener Barschheit" sprechen. (V, 807) Sogleich weist er auf seine enorme Arbeitsbelastung hin: "[...] ich habe keinen Mangel, außer an Zeit, und die haben sie nicht zu verkaufen." (V, 797) Erst als er den Ismaeliter erblickt, wandelt sich das schroffe Gebaren zu scherzhafter Freundlichkeit: "'Nun, Alter, wie geht's? [...] Sieht man dich auch einmal wieder vorm Hause mit deinem Kram, daß du uns damit bemogelst?' – Sie lachten. Beide hatten in ihren Münden nur noch die unteren Eckzähne, die einsam wie Pfosten ragten." (V, 797) In jähem Übergang findet sich hier eine jener scharfen Detailaufnahmen, welche die späteren Werke Thomas Manns genauso kennzeichnen wie die frühen. Das im Vergleich Auffallende ist, daß solche kleinen Entstellungen, die Schikanen des Körperlichen, wenn sie auch weiterhin ohne Beschönigung gezeigt werden, gleichsam nur nebenherlaufen. Die Zahnlosigkeit Mont-kaws und des Ismaeliters, der von ihr selbst als "großes Leid" (VI, 433) empfundene

Haarausfall der Senatorin Rodde im *Faustus* etc. werden nicht mit Karikierlust vorgeführt; wenn sich hier ein Affekt des Erzählers ausdrückt, so ist es wiederum die *Rührung* über das Vergängliche, die sich mit humoristischer Darstellung verträgt. So wird im Goethe-Roman geschildert, wie Lotte versucht, die "rührende Alterserscheinung, das allerdings ungleichmäßig auftretende, zuweilen verschwindende, zuweilen recht auffallende Wackeln ihres Kopfes in einem freundlichen Zurück-Grüßen aufgehen und sich darin rechtfertigen zu lassen". (II, 702) Wenn Klaus-Jürgen Rothenberg in seiner Untersuchung der Beschreibungsprinzipien Thomas Manns wahllos aus allen Werken des Autors Beschreibungen 'entstellter' Körperlichkeit heranzieht, um daran das 'gestörte Wirklichkeitsverhältnis'[98] Thomas Manns zu belegen, seinen 'bösen Blick' oder gar die "Hinterhältigkeit"[99] seiner Darstellungsposition, übersieht er die unterschiedliche Präsentation solcher Details in den verschiedenen Werkphasen.

Wie schon der Ismaeliter zeigt Mont-kaw einen gewissen Widerwillen, den Zwecken Josephs allzu rasch entgegenzukommen. Die Verzögerung und der Entwicklungsspielraum, welcher der Nebenfigur durch sie gewährt wird, tragen ebenfalls bei zur Nuancierung der Darstellung. Eine weitere Gemeinsamkeit ist die Aufgeschlossenheit gegenüber 'Höherem'. Zwar heißt es immer wieder, Mont-kaw sei ein "nüchterner und natürlicher Mann" (V, 802), aber schon in der Verkaufsszene erlebt er beim Anblick Josephs einen Moment beinahe 'übernatürlicher' Ergriffenheit, der über zwei Seiten geschildert und kommentiert wird: das bereits vertraute Irritations-Motiv. (Vgl. V, 802f.) Wenn Gottlieb bei Mont-kaw auf eine Beförderung Josephs drängt, stößt er zunächst auf taube Ohren: "Das habe doch wahrlich keine Eile, und er, Mont-kaw, habe an andres zu denken." (V, 843) So kommt auch Josephs erster wichtiger Auftrag – 'stummer Diener' bei der Plauderstunde von Huji und Tuji – wiederum nur auf Drängen seines eifrigen Fürsprechers zustande. Mont-kaw habe dazu "nicht ja und nicht nein gesagt [...], er lasse es zu". (V, 851f.) Erst während der Garten-Szene, als Joseph mit Einfühlsamkeit vor Potiphar spricht und ihm Wohlgefallen erregt, "stark genug, daß man es Freude, ja Glück hätte nennen können" (V, 899), löst sich die abwartende Haltung des Meiers: Er "blickte mit seinen kleinen tränensackunterlaufenen Augen, die sich gerötet hatten, verblüfft, ungläubig, dankbar und mit einer Anerkennung, welche schon mehr der Bewunderung glich, in das redende Gesicht seines Käuflings [...]." (V, 899) Auf diese anrührenden Momente folgt wieder eine humoristische

---

98 Klaus-Jürgen Rothenberg: *Das Problem des Realismus bei Thomas Mann*, S. 148.

99 Klaus-Jürgen Rothenberg: *Das Problem des Realismus bei Thomas Mann*, S. 178.

Episode: Josephs Beförderung. Als schämte er sich seiner Empfindlichkeit und seiner Sympathie, bemüht sich Mont-kaw nun um einen Ton der Zurechtweisung, der die Auszeichnung wie eine Bestrafung erscheinen läßt:

"Jetzt ziehen wir der Leute andere Seiten auf und die Bummelei hat ein Ende. Du kommst in den inneren Dienst, ohne Federlesen. Du sollst der Herrschaft aufwarten im Speisegemach, sollst Schüsseln reichen und hinter dem Stuhle stehen vor Pharao's Freund. Man hat nicht vor, dich viel zu fragen, ob es dir recht ist. Lange genug hast du Allotria getrieben [...]." (V, 905)

Solche Szenen zeigen, daß die Figur mehr ist als ein blasses Abziehbild des Positiven, dem über der Güte und Selbstzurücknahme die Menschlichkeit verlorengeht. Schließlich wird auch Mont-kaw mit der Gestalt Jaakobs verbunden; wie zuvor von dem Ismaeliter wird auch von ihm gesagt, daß er nicht nur *wie* ein Vater sei: "Auch mit Mont-kaw, seinem Vater, arbeitete er zusammen im Sondergemach des Vertrauens". (V, 930)

Im Haus Potiphars kommt alles darauf an, "einander schmeichelhaft behilflich zu sein und mit schonender Liebesdienlichkeit seine hohle Würde zu stützen". (V, 904) In diesen Abschnitten des Romans wird ein "Konzept der Behilflichkeit" entworfen. (V, 883) Joseph gewinnt durch eine ungewohnte Rücksichtnahme das Vertrauen Mont-kaws. Beim Auftrag, Potiphar vorzulesen, erkundigt er sich: "Wer aber durfte vorlesen bis jetzt?" Er möchte "keines Mannes Grenzstein verletzen", indem er ihn aus einer angesehenen Position verdrängt. (V, 906) Mont-kaw ist zunächst "sehr angenehm berührt von dieser unerwarteten Bedenklichkeit" (ebd.). Sie ist jedoch nicht frei von Kalkül. In einem der darauffolgenden Kapitel erfährt der Leser: "[...] die zarte Bedenklichkeit, die er im Gespräch mit Mont-kaw wegen seines Vorgängers im Leseamt, Amenemuje, an den Tag gelegt, war in erster Linie auf den Meier selbst berechnet gewesen, in dem Bewußtsein, daß sie ihn angenehm berühren werde [...]." (V, 935) Es fragt sich also, inwieweit Josephs Verhaltensänderung bloße Taktik ist. Immerhin ist seine neue 'Einfühlsamkeit' erfolgreich, z.B. wenn es darum geht, den verdrängten Vorleser rhetorisch abzufinden. "Aber auch hinsichtlich Amenemuje's tat er sein Bestes, ging hin zu ihm und sprach zu ihm so höflich und bescheiden, daß dieser Schreiber am Ende ganz gewonnen war und aufrichtig gern seine Absetzung vom Leseamt in den Kauf nahm, um dessentwillen, daß sein Nachfolger so reizend zu ihm gewesen war". (V, 935) Daß es sich bei diesen Worten um freundliche Lügen handelt, wird spätestens offensichtlich, wenn Joseph sich als "radebrechende[n] Asiat[en]" bezeichnet und aus der Kleine-Leute-Perspektive ergänzt: "Der Herr aber widerrufe nur darum nicht seinen Befehl, weil ja die Großen nie zugeben wollten und durften, daß sie zu schnell und sich zum Schaden befohlen." (V, 935f.) Auch bei Joseph liegt eine 'lebensträbe Mischung der Beweggründe' vor (vgl. IV, 616); einer 'realistischen' Psychologie verpflichtet, konnte der Autor die Eitelkeit seines jungen Helden nicht zu reiner Selbstlosigkeit umbiegen. Entscheidend ist jedoch, daß Josephs Einsichten und die neuen Motive, die ihm durch das Beispiel Mont-kaws nahegebracht werden, zu einem veränderten Verhalten führen, in dem ein Ethos erkennbar wird, das auch durch das Kalkül nicht entlarvt wird: "Es ist an dieser Stelle, zur Steuer der Wahrheit, der Vorwurf kalter Spekulation von ihm abzuwehren, den vorschnelle Sittenrichterei nicht verfehlen wird zu erheben. Nicht so einfach lagen die Dinge dem moralischen Spruche bereit." (V, 882) Im übrigen läßt sich Mont-kaw von Joseph nichts vormachen: "Mir scheint, du bist rücksichtsvoll über deine Verhältnisse." (V, 907)

Bei Potiphar, in der Zusammenarbeit mit Mont-kaw, entwickelt Joseph seine Kunst und "Methode" der Menschenbehandlung. (Vgl. V, 922f.)[100] Dietmar Mieth sieht ein geradezu systematisches Vorgehen. Zunächst gewinnt Joseph Vertrauen, indem er erzählt: meist die jedermann beeindruckenden Mythen seiner Herkunft, die 'schönen Geschichten' der Jaakobsleute. Dann läßt er sich prüfen: "bei Ismael über seine Rede- und Schreibkunst, bei Potiphar über seine Gärtnerei, bei Mai-Sachme über seine Fähigkeiten als Aufseher, bei Pharao über Gott".[101] So wird Vertrauen durch Kompetenz gewonnen, nicht einfach zugemutet. Wichtig dabei die Einfühlung in das jeweilige Gegenüber; Voraussetzung dafür ist die mittlerweile erworbene Welt- und Menschenkenntnis, das psychologische Wissen. Ein zentraler Punkt ist schließlich die Aufheiterung derer, die Vertrauen gewähren sollen. Joseph gelingt es, den großen Gesprächen eine Atmosphäre von Freundlichkeit und Wohlwollen zu geben. Potiphar und Pharao werden von ihm zum Lächeln oder gar zum Lachen gebracht, auch der Ismaeliter lacht, als Joseph die Lösungszahlen der Prüfungsaufgabe geschickt in einer Geschichte versteckt. Humor ist damit nicht nur ein Kunstmittel des Erzählers, er wird auch im Romangeschehen selbst wirksam.

---

[100] Vgl. Dietmar Mieth: *Epik und Ethik. Eine theologisch-ethische Interpretation der Josephsromane Thomas Manns*, Tübingen 1976, S. 165.
[101] Dietmar Mieth: *Epik und Ethik*, S. 85.

b) Verteidigung der Bescheidenheit

Die positive Darstellung von Bescheidenheit, Selbstzurücknahme und Opferbereitschaft in der Figur des Mont-kaw ist für einen Autor, der entscheidende Eindrücke durch Nietzsche und Schopenhauer erhalten hat, nicht selbstverständlich. Sowohl für Schopenhauer wie für Nietzsche war Bescheidenheit alles andere als eine Tugend, ungeachtet der Hochschätzung der Askese bei dem einen, dem Lob der Redlichkeit beim anderen. In der *Welt als Wille und Vorstellung* heißt es: "Was ist denn Bescheidenheit anderes als geheuchelte Demut, mittelst derer man in einer von niederträchtigem Neide strotzenden Welt für Vorzüge und Verdienste die Verzeihung derer erbetteln will, die keine haben. Denn wer sich keine anmaßt, weil er wirklich keine hat, ist nicht bescheiden, sondern nur ehrlich."[102] Daß "der unverhältnismäßig laute Ruhm dieser Tugend"[103] daher rühren könnte, daß Bescheidenheit selber ein Vorzug sei, scheint für Schopenhauer gar nicht erst in Frage zu kommen. In der Auffassung, sie sei bloße Strategie, folgt ihm Nietzsche: "Es hilft nichts: man muß die Gefühle der Hingebung, der Aufopferung für den Nächsten, die ganze Selbstentäußerungs-Moral erbarmungslos zur Rede stellen und vor Gericht führen: [...] Es ist zuviel Zauber und Zucker in jenen Gefühlen des 'für andere', des 'nicht für mich', als daß man nicht nötig hätte, hier doppelt mißtrauisch zu werden [...]."[104] Das Ideal der Bescheidenheit wird von Nietzsche nur als Mimikry, sublimierte Grausamkeit, moralischer Selbstgenuß oder taktisches Mittel des Willens zur Macht empfunden.

Auch wenn die Attacke auf die Selbstentäußerungs-Moral nicht im Zentrum der frühen Werke Thomas Manns steht, so ist doch in mancher Charakterzeichnung die Nähe zu Nietzsches Psychologie deutlich. Freiwillige und ungezwungene Bescheidenheit kommt nicht vor, stattdessen werden vom 'Leben' gedemütigte Menschen geschildert, die über eine 'bescheidene', untergeordnete Rolle nicht hinausgelangen. Ihr Verhältnis zu den Erfolgreichen ist von Ressentiment gekennzeichnet. Verdeckt nehmen sie ihre Rache am 'Leben'. So Tobias Mindernickel, der aus seiner Niedergedrücktheit nur dann auflebt, wenn es anderem Leben schlechtgeht. Auch die drei unverheirateten Töchter Gotthold Buddenbrooks, Friederike, Henriette und Pfiffi, gehören zu jenen Mannschen Figuren, denen große Erwartungen ans Leben nicht zukommen. In ihrer Besorgtheit, der geschwätzigen Anteil-

---

[102] Arthur Schopenhauer: W I, 329f.

[103] Arthur Schopenhauer: W I, 329.

[104] Friedrich Nietzsche: *Jenseits von Gut und Böse*, Werke in drei Bänden, Bd. 2, S. 598.

nahme an den scheiternden Ehen der Tony, den Wachstumsstörungen der Erika Buddenbrook äußern sich kaum verhüllte Mißgunst und Schadenfreude. Eine Spielart der Bescheidenheit, von Nietzsche am heftigsten angegriffen, ist die in der christlichen Ethik motivierte Demut und Selbstverleugnung. Auch dieser Kritik schließt sich Thomas Mann an, Nietzsches affektgeladene Polemik durch Komik und Karikatur ersetzend. Bis zur Groteske gesteigert ist die Darstellung der frommen Gäste, die an den "Jerusalemabenden" das Haus Buddenbrook bevölkern. Da sind die salbungsvollen "schwarzen Herren", die wirkungsvoll mit "Tony Grünlichs spitzig sarkastischer Redegewandtheit" konfrontiert werden (I, 281f.), vor allem aber die Zwillingsschwestern Gerhardt, "zwei sonderbare alte Mädchen, die mit Schäferhüten aus dem achtzehnten Jahrhundert und seit manchem Jahr schon verblichenen Kleidern Hand in Hand in der Stadt umhergingen und Gutes taten. [...] in ihren kleinen, häßlichen verschrumpften Papageiköpfen saßen blanke, sanft verschleierte braune Augen, die mit einem seltsamen Ausdruck von Milde und Wissen in die Welt schauten..." (I, 280) Die beiden sind durchdrungen von jener Selbstlosigkeit, die schon fest damit rechnet, daß die Letzten die Ersten sein werden: "Aber dann küßten sie ihre elegante Freundin {die Konsulin}, welche die Weltdame nicht verleugnen konnte, nur auf die Stirn... mit der ganzen nachsichtigen, liebevollen und mitleidigen Überlegenheit des Geringen über den Vornehmen, der das Heil sucht." (I, 280)

Bescheidenheit ist im Frühwerk immer einem Verdacht ausgesetzt; zweifelhafte Motive werden fast überdeutlich sichtbar gemacht. Es ist nun auffällig, wie der Erzähler des Josephsromans Mont-kaw von allen diesen Verdachtsmomenten freizuhalten sucht. Mont-kaw ist kein in die Bescheidenheit gezwungener, sondern ein "wissentlich schlichter" Mann. (V, 979) Immer wieder setzt der Autor zu weiteren Formulierungen dieser Art an, damit das Verdienstvolle und Edle der Selbstlosigkeit Mont-kaws nicht verkannt werde. Nicht "Bedientenhaftigkeit und Speichelleckerei" sei ihr Motiv, "– denn Mont-kaw schien ein biederer Mann, weder grausam nach unten noch kriecherisch nach oben –, sondern wenn hier von Liebedienerei die Rede sein sollte, so war das Wort nach seinem untadeligen Grundsinne zu nehmen und einfach so zu verstehen, daß der Vorsteher seinen Herrn liebte und in aufrichtiger Dienertreue [...] seiner Seele behilflich zu sein wünschte". (V, 847f.)

Durch seinen Vater werden Mont-kaw früh gute Bildungsmöglichkeiten eröffnet. Die höhere Gelehrtenlaufbahn wird von ihm später ausgeschlagen, und der Erzähler beeilt sich zu unterstreichen: "nicht weil er zu dumm gewesen wäre, sondern aus Bescheidenheit und weil er von Anfang an mit aller Entschiedenheit sich im Mäßig-Anständigen zu halten entschlossen war und um keinen Preis hoch hinauswollte." (V, 980) Der Vater hätte gerne gesehen, daß er etwas 'Höheres' geworden wäre, "Gottesprophet, Zauberer oder Sternbeschauer", während der Sohn jedoch "schon als Knabe bescheiden entschieden sich der geschäftlichen Praxis des Lebens bereitstellte". (V, 981) Daß Mont-kaw schließlich doch über die Stellung des Aktenschreibers hinausgelangt, ist kein Zeichen eines heimlichen Ehrgeizes: "sogar dies schon geschah fast gegen seinen Willen; denn seine Lehrer und Vorgesetzten empfahlen ihn [...] und brachten ihn auf den schönen Posten ohne sein Zutun, bewogen von der Achtung, die seine Gaben zusammen mit seiner Zurückhaltung ihnen einflößten." (V, 981) Ein wichtiger Unterschied zu all den Zurückgestuften des Frühwerks besteht also darin, daß Mont-kaws Bescheidenheit – bei aller Bedeutung, die dem 'Verzicht' in diesem Leben zukommt – nicht gleichbedeutend ist mit Rückzug und Ausgeschlossenheit, daß sie nichts zu tun hat mit dem stillen Vorwurf des Schlechtweggekommenen.

c) Schicksalsfähigkeit: Mont-kaw und Aschenbach

Eine überraschende Verwandtschaft besteht dagegen zu den Leistungsethikern und asketischen Künstlern des Frühwerks. Während sie das bürgerliche bzw. soldatische Ethos ihrer Vorfahren auf die sublimen Bereiche der Kunst und Literatur richten, scheint umgekehrt etwas von ihrer Verfeinerung, ihrer künstlerischen Disziplin auf die nüchterne, diesseitige Lebenspraxis des Mont-kaw abzufärben. Manche Formulierungen besitzen deutliche Anklänge an die Aschenbach- und Tonio Kröger-Welt. Im Zusammenhang mit Tonio Kröger heißt es, "daß, wer lebt, nicht arbeitet, und daß man gestorben sein muß, um ganz ein Schaffender zu sein". (VIII, 291f.) In seiner Sterberede spricht Mont-kaw einen ähnlichen Gedanken aus: "Denn wer verzichtet hat, taugt zur Dienstschaft." (V, 992) Über Tonio Kröger liest man: "Aber in dem Maße, wie seine Gesundheit geschwächt ward, verschärfte sich seine Künstlerschaft, ward wählerisch, erlesen, kostbar, fein, reizbar gegen das Banale und aufs höchste empfindlich in Fragen des Taktes und Geschmacks". (VIII, 291) Fast gleichlautend die Sätze über Mont-kaws Krankheit, "ohne deren den Lebensmut zwar still herabsetzende, aber das Gemüt verfeinernde Wirkung er kaum der delikaten Eindrücke fähig gewesen wäre, die er bei Josephs erstem Anblick gewonnen hatte". (V, 982) Wenn es heißt, daß gegen eine durch die Krankheit bedingte "tiefe Mattigkeit, Unlust und Niedergeschlagenheit [...] Mont-kaw seine tägliche Arbeitsleistung in stillem Heldentum durchzusetzen gewohnt war" (V, 983), so liegt die Erinnerung nah an die in zäh und heroisch in "kleinen Tagwerken aus aberhundert Einzelinspirationen" emporgeschichteten Werke Aschenbachs, dessen Lieblingswort "Durchhalten" ist. (VIII, 451f.) In der Beschreibung der zur tödlichen Krankheit führenden Erkältung Mont-kaws hält sich der Erzähler schließlich an das Stilmuster des *Tod in Venedig*:

Allezeit war dieses Sichanstecken am Tode, das sogenannte 'Mitgenommenwerden' von einem, dem man in zugiger Friedhofshalle die letzte Ehre erweist, etwas sehr Häufiges [...]. Es war Sommer und sehr heiß, dabei aber [...] recht windig, – eine gefährliche Verbindung, da der fächelnde Wind die Verdunstung der Hauttranspiration zu fortwährend jäher Abkühlung beschleunigt. Mit Geschäften überhäuft, hatte der Meier sich im Hause versäumt und sah sich in Gefahr, zu den Feierlichkeiten zu spät zu kommen. Er mußte eilen, er schwitzte, und schon bei der Überfahrt über den Strom gen Westen, im Gefolge der Leichenbarke, fror den nicht warm genug Gekleideten bedenklich. (V, 984f.)

Eine Reihe von Stileigentümlichkeiten erinnert an den Ton der Novelle:
– Das substantivierte Partizip bzw. Adjektiv anstelle der Namensnennung oder eines Pronomens: "den nicht warm genug Gekleideten" (im *Tod in Venedig* häufig verwendet: "der Reiselustige", "der Heimgesuchte", "der Betörte", "der Verirrte", "der Enthusiasmierte" usw.
– Die Verwendung der satzwertigen Partizipialkonstruktion, die hohen Klang und einen gespannten Satzbogen erzeugt: "Mit Geschäften überhäuft, hatte der Meier sich im Hause versäumt [...]" – eines der auffälligsten syntaktischen Merkmale des *Tod in Venedig*: "Ermüdet, betäubt von dem Wirbel dieses seltsamen Vormittags, ließ er sich, nachdem er den Inhalt seiner Handtasche im Zimmer verteilt, in einem Lehnstuhl am offenen Fenster nieder." (VIII, 485)
– Die in klassischer Manier den Einzelfall sogleich aufs Allgemeingültige beziehende Redeweise: "Allezeit war dieses Sichanstecken..." – im *Tod in Venedig* durchgehendes Stilprinzip; ein beliebiges Beispiel: "Mäßig hochgewachsen, mager, bartlos und auffallend stumpfnäsig, gehörte der Mann zum rothaarigen Typ und besaß dessen milchige und sommersprossige Haut." (VIII, 445)
– Der hohe Ton, die solenne Rhythmisierung, der gerade auch das naturalistische Detail unterworfen wird: "da der fächelnde Wind die Verdunstung der Hauttranspiration zu fortwährend jäher Abkühlung beschleunigt". – *Tod in Venedig*: "Binnen wenigen Stunden verdorrte der Kranke und erstickte am pechartig zähe gewordenen Blut unter Krämpfen und heiseren Klagen." (VIII, 513)

426

– Die gehobene Wortwahl: 'Hauttranspiration' statt Schweiß, 'sich versäumen' statt verspäten, 'sich in Gefahr sehen' etc.

– Die federnde Anapher, dem klassischen Stilvorbild Goethes abgeschaut: "er mußte eilen, er schwitzte..." – vor allem im letzten Kapitel des *Tod in Venedig* verwandt: "Er sah, er traf ihn überall: [...]." (VIII, 488) "So dachte der Enthusiasmierte; so vermochte er zu empfinden." (VIII, 491)

Möglicherweise hat sich die signifikante Häufung der Stilparallelen durch die inhaltlichen Assoziationen ergeben: Sichanstecken, Tod, zugige Friedhofshalle, Sommer, Hitze, Wind ('scirocco'), Überfahrt über den Strom, Leichenbarke. Der hohe Stil dient dazu, die Mont-kaw-Figur aufzuwerten, dem Sterbekapitel Würde und Feierlichkeit, den Aspekt des Tragischen zu verleihen; das Schicksal der so bescheidenen wie verdienstvollen Nebenfigur, die nun Joseph Platz machen muß, wird mit Darstellungsmitteln geschildert, die früher dem Heldenleben eines Gustav von Aschenbach vorbehalten blieben. Dieser Abschnitt widerlegt besonders deutlich die Behauptung, daß im *Gesamtwerk* Thomas Manns die Nebenfiguren "ehrlos [...] am Rande" zurückbleiben: "[...] es fehlt diesen Figuren die klassische Fallhöhe. Sie sind schicksallos, ohne Aussicht auf Katastrophe oder Bewährung. Lange können sie den Erzähler selten interessieren. Als große Ausnahmen bestätigen nur Tony Buddenbrook und die Rahel im Josephsroman diese elitäre Regel."[105] Gerade diese Zusammenstellung überzeugt nicht. Die zwar liebenswürdige, aber eben auch penetrant naive Tony bewahrt sich ihre Phrasen und ihre immergleiche Kindlichkeit, unangefochten von allen Schicksalsschlägen, bis zum Ende des Romans: von einem durch Katastrophe und Bewährung gehenden Schicksal, gar von 'klassischer Fallhöhe' kann nicht die Rede sein. Im Vergleich mit dieser 'Unberührtheit' – immerhin einer Hauptfigur! – zeigt sich dagegen die Aufwertung zur Schicksalsfähigkeit bei einer ganzen Reihe von Nebenfiguren in den Josephsromanen: sie betrifft nicht nur Rahel, sondern genauso Mont-kaw, in weniger aufwendiger Inszenierung auch Mai-Sachme und Thamar, Ruben, Juda und Benjamin.

d) Sterben und Tod in "Buddenbrooks" und "Joseph und seine Brüder"

Joseph empfindet Sorge und Schuld beim Sterben Mont-kaws. Er weiß, daß dieser Tod "eine Veranstaltung zu seinen und seines Wachstums Gunsten"

---

[105] Reinhard Baumgart: *Thomas Mann von weitem*, in: Ders.: *Literatur für Zeitgenossen*, Frankfurt a. M. 1966, S. 157.

ist. (V, 987) Aber es fänden sich Gründe, eine Verantwortung abzustreiten. Schließlich geht es um die "Pläne Gottes" (ebd.) und nicht um ein vorsätzlich-böswilliges Ausschalten des Vorgängers, bei dem es sich ja zudem um eine zur 'Abdankung' bereite Person handelt. "Aber das half nichts, er machte sich doch ein Gewissen aus des Freundes Opfertod und sah wohl, daß, wenn hier überhaupt von Schuld die Rede sein konnte, sie auf ihn, den Nutznießer, kam, denn Gott kannte keine Schuld." (V, 987f.) Joseph fühlt sich verpflichtet zum "Gegenopfer" (V, 988), er pflegt Mont-kaw "hingebungsvoll" Tag und Nacht (V, 988), verzichtet auf Schlaf, magert ab – die Zügelung der Egozentrik kommt hier zum Ausdruck. In Zusammenhang mit der komplizierten Schuldproblematik beim Sterben Mont-kaws entwickelt Joseph eine große heilsgeschichtliche Perspektive: "Der Mensch trägt Gottes Schuld, und es wäre ihm nicht mehr als billig, wenn Gott sich eines Tages entschlösse, unsere Schuld zu tragen. Wie er das anfangen wird, der Heilig-Schuldfremde, ist ungewiß. Meiner Ansicht nach müßte er geradezu Mensch werden zu diesem Zweck." (V, 988)

Das ganz der Nebenfigur gewidmete Kapitel "Bericht von Mont-kaws bescheidenem Sterben" ist ein bewegender Höhepunkt des dritten Joseph-Bandes; am 3.2.1936 schreibt der Autor im Tagebuch: "Korrektur gelesen: Das Mont-kaw-Kapitel das schönste des Bandes." Schon einige Wochen zuvor hatte er nach einer öffentlichen Lesung in Bern notiert: "Zu Fuß durch die Lauben zum Großratssaal, der voll besetzt war. Trotz der Zahnschmerzen las ich gut und intensiv. Langer Beifall. Begeisterung [...] über das Mont-kaw-Kapitel. Wieder das Beste." (13.12.1935) Und bereits am 28.5.1935 heißt es: "Dann bei mir Vorlesung des Mont-kaw-Kapitels. [...] Ich liebe diesen Abschnitt." – Auf dem Totenbett wird der wortkarge Hausverwalter, angesteckt durch Josephs Erzählen aus dem Historien- und Anekdotenvorrat seiner Herkunft, plötzlich selber "vom epischen Geiste ergriffen" und legt "mit vom nahenden Tode erregter Miene tastend die Hand auf Joseph, als sei er Jizchak im Zelt, der die Söhne befühlte." (V, 991) Tatsächlich verfällt Mont-kaw – mit wörtlichen Wiederholungen – in dessen erzväterliche Redeweise: "'Laß mich sehen mit sehenden Händen', sprach er, das Gesicht zur Decke gerichtet, 'ob du Osarsiph seiest, mein Sohn, den ich segnen will vor meinem Ende [...]'." (V, 991; vgl. IV, 208) Die Stationen seiner Ehe erinnert er in seiner Sterberede immer mit Bezug auf Jaakob und Rahel; so teilt sich der knapp skizzierten Liebe von Mont-kaw und Beket etwas mit vom Gefühlsaufwand der goßen Liebesgeschichte. Auch wenn Mont-kaw die eigenen Gefühle gegenüber denen Jaakobs immer wieder 'be-

scheiden' zurückstuft – nirgendwo ist die Darstellungshierarchie mehr ein-
geebnet als in diesen Passagen des Josephsromans.[106]

Verändert hat sich, gegenüber dem Frühwerk, die Todesdarstellung. In
den *Buddenbrooks* erscheint der Tod zum einen, vor dem Hintergrund 'deka-
denter' Lebensschwächung und schließlich der Lebensunlust Hannos, als
erlösende Macht. Inspiriert ist diese Auffassung vom Erlebnis Wagners und
der offensichtlich noch selektiven, mit der todessüchtigen Einheitserotik
Wagners verquickten Schopenhauerlektüre. Das 41. Kapitel des zweiten
Bandes, "Über den Tod und sein Verhältnis zur Unzerstörbarkeit unseres
Wesens an sich", ist im übrigen ja, wie die *Aphorismen zur Lebensweisheit*, eher
eine Abzweigung von der Hauptlinie der *Welt als Wille und Vorstellung*. Wird
dieses Kapitel isoliert betrachtet oder als "Hauptsache", das "eigentlich
Wichtige" verstanden – so der schnell zu ihm hinblätternde Thomas
Buddenbrook (I, 655) –, kann es leicht zu einem Mißverständnis oder einer
Verzeichnung der philosophischen Hauptabsichten Schopenhauers kommen,
die Lektüre Thomas Buddenbrooks ist das deutlichste Beispiel dafür. Der
Tod wird von Schopenhauer hier als die sich "von selbst öffnende
Zuflucht"[107] des Bedrängten, als freundlicher 'Bruder des Schlafes' beschrieben – "auch der gewaltsame Tod kann nicht schmerzlich sein".[108]
Nicht der Tod selber als "Ende des Lebens" könne dem Menschen Schrecken
und Klage verursachen, sondern 'nur' die "Zerstörung des Organismus",
deren Qualen von dem sonst jedes Leiden mit empörter Vehemenz schil-
dernden Schopenhauer in diesem Kapitel erstaunlicherweise relativiert und
geradezu verharmlost werden: "Und nun endlich gar der eigentlich natur-
gemäße Tod, der durch das Alter, die Euthanasie, ist ein allmäliges Verschwinden und Verschweben aus dem Dasein auf unmerkliche Weise."[109]
Dieses Kapitel will metaphysischen Trost bieten; üblicherweise stellt
Schopenhauer dagegen gerade die Todesqual und die Todesfurcht, den
"unaussprechlichen *horror mortis*"[110], der vom Phänomen des Todes untrenn-

---

[106] So erscheint es nicht verwunderlich, daß Golo Mann sich gerade auf dieses Kapitel berief, um den Kälte-Vorwurf zurückzuweisen: "Neulich las ich wieder im dritten Band
'Joseph' den 'Bericht von Mont-kaws bescheidenem Sterben'. Da sprechen dann die Kritiker
[...] von dem kühlen, selbstischen Ironiker! Ach du großer Gott! Wie schön ist das, wie tief
und reich an Menschenkenntnis, Menschenfreundschaft [...]." Golo Mann: *Menschenkenntnis,
Menschenfreundschaft*, in: Marcel Reich-Ranicki (Hrsg.): *Was halten Sie von Thomas Mann?
Achtzehn Autoren antworten*, S. 110.

[107] Arthur Schopenhauer: W II, 599.

[108] Arthur Schopenhauer: W II, 598.

[109] Arthur Schopenhauer: W II, 599.

[110] Arthur Schopenhauer: W II, 311.

bar ist, als einen Hauptposten seiner Unglücksbilanz heraus und kommt zu dem Schluß: "Denn daß Tausende in Glück und Wonne gelebt hätten, höbe ja nie die Angst und die Todesmarter eines einzigen auf."[111] Mag ein vom Leben Gequälter schließlich sogar den Tod als Erleichterung empfinden, die strenge philosophische Betrachtung schließt eine Erlösung durch den Tod aus: "nur mit falschem Scheine lockt [...] der finstere kühle Orkus als Hafen der Ruhe."[112] Eine Schopenhauer-Rezeption, die in Einklang bleiben wollte mit Wagners Beschwörung der einigenden, von den 'Lügen' des Tages befreienden Todesnacht im zweiten Tristan-Akt (vgl. VIII, 245) – konträr zu den eigentlichen Remedien der Schopenhauerschen Philosophie, der Anschauung der Ideen, der tapferen Entsagung, der Willensverneinung – mußte zwangsläufig das 41. Kapitel 'Über den Tod' vom Rand ins Zentrum rücken. An seiner Todesauffassung findet Thomas Buddenbrook vorübergehenden Trost, und auch der Geist des sterbenden Hanno wandelt, so wird einmal in Aussicht gestellt, den "fremden, heißen Weg [...] in den Schatten, die Kühle, den Frieden". (I, 754)

Metaphysische Perspektiven sind das eine, die "Lebenswahrheit, auf die der Dichter vor allem verpflichtet ist", das andere. (IX, 857) Die Todesphilosophie wirft keinen verklärenden Schein auf die Sterbe- und Todesdarstellungen der Buddenbrooks. Die "Zerstörung des Organismus" wird nicht als die empirische Außenseite eines befreienden Geschehens nebenbei abgehandelt, mit dem Vorzeichen des 'nur', sie ist das Eigentliche. Die subjektive Perspektive, die allein den Tod als sanftes "Verschwinden und Verschweben" zeigen könnte, wird dagegen konsequent ausgeschlossen; bestimmend ist der naturalistisch genaue Blick auf den von Krankheit und Tod überfallenen und zugerichteten Körper, das grausame Detail. Selten zuvor ist eine Hauptfigur – Hanno – so abrupt und scheinbar unbeteiligt beseitigt worden, indem lediglich die Symptome des Typhus aufgelistet werden. Die für fast alle frühen Todesdarstellungen kennzeichnende Plötzlichkeit ist hier besonders auffällig; im folgenden Kapitel wird dann beiläufig mitgeteilt, daß "der kleine Johann [...] ungefähr seit sechs Monaten" tot sei. (I, 755)

Ohne Vorbereitung und mildernde Umstände werden die Figuren aus dem Leben gerissen. Thomas Buddenbrook wird auf das schmutzige Pflaster "geschmettert" (I, 680), er stirbt in der folgenden Nacht. Ratloses Dabeisitzen und Phrasen kennzeichnen die Situation der Familie. Tonys peinlicher Gesang bleibt "jämmerlich" stecken: "Jedermann im Zimmer wartete und zog sich zusammen vor Geniertheit." (I, 685) Der Gegensatz zu den

---

[111] Arthur Schopenhauer: W II, 737.
[112] Arthur Schopenhauer: W I, 388.

feierlichen und rührenden Sterbeszenen der Josephsromane könnte nicht größer sein. – Das Gesicht des verbittert sterbenden Lebrecht Kröger verzerrt sich zu einer "schwachen, schiefen, hängenden und blöden Greisengrimasse". Als er gleich darauf vor seinem Haus zusammenbricht, wobei "der hängende Unterkiefer mit klapperndem Geräusch gegen den oberen schlug", heißt es lakonisch: "Lebrecht Kröger, der à la mode-Kavalier, war bei seinen Vätern." (I, 197) Mit dem jähen Kapitelschnitt überspringt die Erzählung wieder einen langen Zeitabschnitt, der auf die Todes-Feststellung folgende Satz zeigt Familie Grünlich beim Frühstück auf Stühlen, "von denen ein jeder fünfundzwanzig Kurantmark gekostet hatte". (I, 198) Selbst die mit den Verstorbenen beschäftigten Gespräche, wie sie im *Zauberberg* an Totenbetten geführt werden, sind hier undenkbar, der Hilflosigkeit der Lebenden angesichts der häßlichen 'Natur' des Todes entspricht die Art, wie die Erzählung unvermittelt zur Tagesordnung übergeht. – Mit größter Lakonie wird auch der Tod Johann Buddenbrooks geschildert, den es beim Ankleiden zu einem Spaziergang erwischt. Das Hereinbrechen gewaltsamer Natur wird durch die glanzvolle Beschreibung einer drückenden Gewitterschwüle und den jäh in die Anspannung 'herniederbrechenden' (I, 248) Regenschauer verdeutlicht. Die Szene im Landschaftszimmer erinnert an die *manière noire* Flauberts. Line ist herbeigeeilt, um vom beängstigenden Zustand des Konsuls zu berichten, sie ringt mit den Worten: "Line's ausdruckslose blaue Augen waren weit aufgerissen und ihre Kinnbacken arbeiteten eine Weile vergebens..." Tony vermutet in der ihr eigenen Hausbackenheit: "Nun hat sie wieder Stücke gemacht! Wahrscheinlich aus gutem Porzellan! Nein, Mama, dein Personal...!" Thomas schreit nach dem Arzt. Kühl beendet der Erzähler das Kapitel: "Aber Johann Buddenbrook war schon tot." Beinahe höhnisch fährt der Roman danach fort: "'Guten Abend, Justus', sagte die Konsulin. 'Geht es dir gut?'" (I, 249f.)

Es läßt sich ein werkübergreifender Zusammenhang zwischen Dekadenz und Todesart feststellen: Der 'Dekadente' wird durch einen würdelosen, überfallartigen Tod beseitigt, musterhaft im Fall James Möllendorpfs:

James Möllendorpf [...] starb auf groteske und schauerliche Weise. Diesem diabetischen Greise waren die Selbsterhaltungsinstinkte so sehr abhanden gekommen, daß er in den letzten Jahren seines Lebens mehr und mehr einer Leidenschaft für Kuchen und Torten unterlegen war. Doktor Grabow [...] hatte mit aller Energie [...] protestiert, und die besorgte Familie hatte ihrem Oberhaupte das süße Gebäck mit sanfter Gewalt entzogen. Was aber hatte der Senator getan? Geistig ungebrochen, wie er war, hatte er sich in einer unstandesgemäßen Straße [...] ein Zimmer gemietet, eine Kammer, ein wahres Loch, wohin er sich heimlich geschlichen hatte, um Torte zu essen... und dort fand man auch den Entseelten, den Mund noch voll halb zerkauten Kuchens, dessen Reste seinen Rock befleckten [...]. (I, 407)

Die "widerlichen Einzelheiten dieses Todesfalles" werden "von der Familie nach Möglichkeit geheimgehalten", dennoch bilden sie bald den klatschhaften "Gesprächsstoff an der Börse, im Klub, in der 'Harmonie', in den Comptoirs, in der Bürgerschaft und auf den Bällen, Diners und Abendgesellschaften". (Ebd.) Der "groteske" Tod des Kuchenessers ist eine entwürdigende 'Heimsuchung' für die ganze Familie Möllendorpf. – Auch in den Josephsromanen wird einmal in beiläufigem Ton der jähe und würdelose Tod eines Dekadenten mitgeteilt. 'Er, Sohn Judas und erster Gatte Thamars, ist für ihn bestimmt durch seine "jugendliche Entnervtheit", die sich "keiner ernsthaften Lebensprobe gewachsen" zeigt:

Man tut am besten, dem Beispiel der Überlieferung zu folgen und barsch und bündig mitzuteilen, daß Juda's 'Er ganz kurze Zeit nach der Hochzeit starb [...], daß der Herr ihn tötete – nun ja, der Herr tut alles, und alles, was geschieht, kann man als seine Tat bezeichnen. In Thamars Armen starb der Jüngling an einem Blutsturz, der wohl seinen Tod herbeigeführt hätte, auch wenn er nicht am Blute erstickt wäre; und mancher wird es noch tröstlich finden, daß er nicht ganz allein starb, wie ein Hund, sondern in seines Weibes Armen, obgleich es auch wieder beschwerend ist, sich diese gefärbt vom Lebens- und Sterbensblute des jungen Gatten vorzustellen. Mit finsteren Brauen stand sie auf, wusch sich rein und verlangte Onan, Juda's Zweiten, zum Manne. (V, 1560)

Von dieser Ausnahme abgesehen, gestalten die Sterbe- und Todeskapitel der Josephsromane zeremonielle Abschiedsszenen. Die mythische Lebenssicht mit ihrer Einbindung des Todes steht dem Sterben weniger hilf- und sprachlos gegenüber als das bürgerliche Leistungsdenken der *Buddenbrooks*, wo man das Körperliche, Naturhafte durch dezente Umgangsformen fernzuhalten sucht, in der Ahnung, daß schließlich doch alles unter dem "nahen und durchdringenden Auge des Todes [...] zunichte" wird. (I, 652) Vor allem diese gezielte Verdrängung ist die Voraussetzung für den hämisch und häßlich triumphierenden Tod. Der Mythos stellt dagegen Denk- und Umgangsformen bereit, die es mit der 'Formlosigkeit' des Todes aufnehmen können: "Tammuz ist der schöne Jünglingsgott, der jedes Frühjahr stirbt wie das Samenkorn, das in die Erde gelegt wird und als fruchtbringende Pflanze wieder aufersteht."[113] Das heißt nicht, daß das Sterben beschönigt wird. Rahel stirbt nach grausamen Qualen bei der Geburt Benjamins 'am Wegesrand'. Im "Bericht von Mont-kaws bescheidenem Sterben" verhindert

---

[113] Hermann Kurzke: *Mondwanderungen*, S. 97.

das Reden von 'Abdankung', 'Gottesabsicht' und 'Opfertod' nicht Beschreibungen von moderner klinischer Genauigkeit:

> So erlitt Mont-kaw – unbeschadet der Namen, mit denen seine Pfleger diese argen Erscheinungen benannten [...] – nach- und nebeneinander eine Brust- und Bauchfell-, eine Herzbeutel- und Lungenentzündung; und dazu kamen noch schwere Hirnsymptome, als da waren: Erbrechen, Blindheit, Kongestionen und Gliederkrämpfe. Kurzum, der Tod fiel ihn von allen Seiten und mit allen Waffen an, und es kam einem Wunder gleich, daß er ihm [...] noch wochenlang Widerstand leistete und die Einzelkrankheiten zum Teil noch wieder überwand. (V, 987)

Wie beim Typhustod Hanno Buddenbrooks macht der Autor medizinische "Exzerpte für das neue Kapitel (Nierenpathologie)". (TB, 7.1.1935) Auch hier wird der Tod als eine den Menschen 'anfallende', grausam 'bewaffnete' Macht personalisiert. Wenn die Erzählung dann aber übergeht zu den feierlichen Sterbe- und Trostreden, so ist das auch als Triumph des Menschlichen über die stumme Macht zu verstehen. Das Plötzliche, Besinnungslose, womit die Darstellungen der *Buddenbrooks* die völlige Fremdheit des Todes gegenüber der Lebensform zum Ausdruck brachten, weicht einer innehaltenden Ausführlichkeit. Der Tod einer Figur bildet nicht mehr einen schlagartigen Kapitelschluß, ihm werden lange Kapitel eingeräumt, die der Autor selber als Höhepunkte seines Erzählens empfand.

Auch Rahels Tod kommt nicht mit niederstreckender Plötzlichkeit, sie stirbt nicht besinnungslos: "Sie [...] wollte den Jaakob behutsam nötigen, beizeiten Fühlung zu nehmen mit dem, was ihres Wissens herankam, damit es ihn nicht träfe als jäher Schlag und er den Verstand verlöre." (IV, 387) Nicht eine forciert 'kalte' Beschreibung der Symptome und Entstellungen des Körpers ist bestimmend, sondern die erzählerische Einfühlung in die Leidende und die Mitleidenden. In dieser Perspektive kann der Tod, wenn auch nicht als "allmäliges Verschwinden und Verschweben aus dem Dasein", so doch auch als Erleichterung erfahren werden: "Wie ist doch alle Last von mir genommen, Kindeslast, Lebenslast und es wird Nacht", sagt Rahel am Ende. (IV, 389) Auch dem sterbenden Mont-kaw bringt der Tod neben Leiden eine freudige Erregung darüber, "abdanken" zu können. (V, 994) Josephs letzte Trost- und Einschlafrede verheißt ihm 'selige Ruhe': "Aus ist's mit Plack und Plage und jeglicher Lästigkeit. Keine Leibesnot mehr, kein würgender Zudrang noch Krampfesschrecken. Nicht ekle Arznei, noch brennende Auflagen, noch schröpfende Ringelwürmer im Nacken. Auf tut sich die Kerkergrube deiner Belästigung." (V, 998) Diese "Entlastung" hat aber wenig gemeinsam mit Hannos stummem "Verschwinden" aus dem "brutalen Getriebe" des Lebens. (I, 754) Mont-kaw wehrt sich, bei aller

Bereitschaft zur 'Abdankung', gegen den Tod bis zuletzt: "Er war ein kräftiger Kranker; aber so gut er sich hielt und sein Leben verteidigte – durchaus sollte er sterben." (V, 987) Seine "Freude" beruht dann gleichermaßen auf der "Entlastung" wie auf der Gewißheit, im Leben 'das Seine' getan und mit der Schulung Josephs zum Nachfolger gute Vorsorge betrieben zu haben, so daß er "getröstet dahingehen [kann] von wegen des Hauses und aller Geschäfte". (V, 994) Die Rede von "Belästigung" und "Leibesnot" ist nicht zu verwechseln mit einem pessimistischen Urteil über das 'nichtige' Dasein, das man nun endlich hinter sich lassen kann. "Und auch von dir gehe ich schwer, Jaakob, Geliebter, denn wir waren einander die Rechten", sind die letzten Worte der Labanstochter. "Ohne Rahel mußt du's nun sinnend ausmachen, wer Gott ist. Mache es aus und leb wohl." (IV, 389) Der Tod wird nicht – schopenhauerisch – als bewußtloses Zurücksinken in den "Schoß der Natur"[114] begriffen; mit der Schwere des Abschieds versöhnt schließlich die Vorstellung einer offenbar an Nietzsche orientierten 'ewigen Wiederkehr', verstanden als eine Art 'gemeinsamer Verewigung'.[115] Joseph sagt zu Mont-kaw: "Immer wirst du über den Hof kommen mit deinem Knebelbart, deinen Ohrringen und mit den Tränensäcken unter deinen Augen, die dir mutmaßlich geblieben sind von den Nächten her, die du heimlich-bescheiden um Beket geweint hast, das Ölbäumchen, und wirst fragen: 'Was ist das? Was für Männer?' und reden: 'Seid so gut! Meint ihr, ich kann euch schwatzen hören die Tage des Rê?' Denn da du Mont-kaw bist, wirst du nicht aus der Rolle fallen [...]. Fahr denn wohl, mein Vater und Vorsteher! Im Lichte und in der Leichtigkeit sehen wir uns beide wieder." (V, 999) Auch hier ist ein 'amor fati' zu erkennen, das dem Pessimismus der *Buddenbrooks* ganz fremd ist. Weder dem geschwächten Thomas Buddenbrook mit seiner jähen, kurzen Hoffnung auf ein Weiterleben in stärkeren, 'gelungeneren' Existenzen, noch gar Hannos Verlangen nach Auslöschung hätten solche Reden ein Trost sein können.

Vorsorge, Rückblick, Lebensresümee, große, ein Leben abrundende, in die Zukunft hineinwirkende Sterbereden (Jaakob), Abschied, Trauer: das Sterben wird dadurch gewiß nicht einfach, aber doch erleichtert, es verliert das Groteske, Höhnische, Fremde. Vor allem: die unfaßbare 'Naturgewalt' des Todes, die in den *Buddenbrooks* ausschließlich die Darstellungen be-

---

[114] Arthur Schopenhauer: W II, S. 599.

[115] Am 13.12.1935 schreibt Thomas Mann im Tagebuch: "Im Mont-kaw-Kapitel geheimnisvolle Vertiefung des Wiederkehr-Gedankens: 'Das wirst wissen vom vorigen Mal –' 'Im Lichte und in der Leichtigkeit sehen wir uns wieder –' d. h. wir gehören zusammen, bleiben zusammen und werden im Bilde zusammen verewigt sein. – Nachdenklich."

stimmte, wird durch menschliche 'Formen' gebändigt, die mehr sind als Verlegenheit, Schein, schales Arrangement gegenüber einer übermächtigen 'Willensnatur'.

6. Potiphar

a) Hohlheit und Würde

Mit der komplizierten Balance im Haus Potiphars hat Thomas Mann eine jener heiklen Konstellationen gestaltet, die schon in seinen früheren Werken so häufig die Ausgangslage des Geschehens bestimmten: ein "bedingtes Glück der Fassung" (V, 1083), in dem die Katastrophe aber schon untergründig angelegt ist und nur auf den Auslöser wartet. Sie wird bei den Zentralgestalten, ungeachtet parodistischer Untertöne wie im *Tod in Venedig*, als Tragödie der Entwürdigung abgehandelt, bei den Nebenfiguren, dem Personal der Novellen, kann sie zur grausamen Burleske geraten.

Die Umstände im Haus Potiphars ließen nun erwarten, nimmt man die Themenbehandlung des frühen Thomas Mann zum Maßstab, daß die Erzählung diese zweite Richtung einschlägt. Ein fettleibiger, beinahe monströs proportionierter Eunuch als 'Herr', der sich 'keines Dinges annimmt', stattdessen sich in Ersatzhandlungen wie der Flußpferdjagd seiner Männlichkeit zu versichern sucht, sein 'Selbstgefühl' vom Wein 'erhöhen' läßt, die pflichtschuldigen Preisungen seiner Person mit "triumphierende[m] Lächeln" (V, 848) entgegennimmt und ansonsten bei der kleinsten Anforderung verstimmt um 'Schonung' bittet – eine unbefriedigte Ehefrau, ruhiggestellt durch vornehme Verpflichtungen; die komisch hinfälligen, stets kurz vor dem 'Verseufzen' stehenden "heiligen Eltern vom Oberstock" (V, 852) als die eigentlich Schuldigen an der Misere, auf der Szene gegenwärtig, aber in ihrer Greisenehre unantastbar, und schließlich ein kränkelnder, resignativ gestimmter Hausverwalter, der mit unerhörter Dienstfreigkeit und jederzeit paraten Schmeicheleien den Hausfrieden sichert – kein Zweifel, dieses Szenarium hätte im Frühwerk groteske Zuspitzungen herausgefordert. Umso bemerkenswerter, daß sie weitgehend vermieden werden. Die Figuren erscheinen auch in prekären Momenten nicht lächerlich oder würdelos.

Die Darstellung des Rechtsanwalts Jakoby in *Luischen* – auch diese frühe Erzählung schildert eine heikle Ehe zwischen einem eunuchenhaften Mann und einer Frau "von ungewöhnlichen Reizen" (VIII, 168) – besitzt im Äußerlichen einige Ähnlichkeiten mit der des Potiphar:

Er war beleibt, der Rechtsanwalt, er war mehr als beleibt, er war ein wahrer Koloß von einem Manne! Seine Beine [...] erinnerten in ihrer säulenhaften Formlosigkeit an die eines Elefanten, sein von Fettpolstern gewölbter Rücken war der eines Bären, und über der ungeheuren Rundung seines Bauches war das sonderbare graugrüne Jäckchen, das er zu tragen pflegte, so mühsam mit einem einzigen Knopfe geschlossen, daß es nach beiden Seiten hin bis zu den Schultern zurückschnellte, sobald der Knopf geöffnet wurde. Auf diesem gewaltigen Rumpf aber saß, fast ohne den Übergang eines Halses, ein verhältnismäßig kleiner Kopf mit schmalen und wässerigen Äuglein, einer kurzen, gedrungenen Nase und vor Überfülle herabhängenden Wangen, zwischen denen sich ein ganz winziger Mund mit wehmütig gesenkten Winkeln verlor. Den runden Schädel sowie die Oberlippe bedeckten spärliche und harte, hellblonde Borsten, die überall die nackte Haut hervorschimmern ließen, wie bei einem überfütterten Hunde [...]. (VIII, 169)

In dieser Art geht es noch einige Zeilen weiter. Eine Lächerlichkeit wird an die andere gereiht, wobei jedes neue Detail das vorhergehende noch überbieten soll. Kontraste erzeugen keine Spannung, sie dienen lediglich zur Steigerung der Groteskwirkung ("Koloß" – "kleiner Kopf" – "ganz winziger Mund"; ungeheurer Bauch – "Jäckchen"). Das geläufigste Mittel der Karikatur, der Tiervergleich, wird gleich viermal angewandt; herabsetzend dabei vor allem die Reihenfolge: von Elefant über Bär und Schwein ("wässerige Äuglein", "Borsten") zum überfütterten Hund. Durch diese Überinstrumentierung scheint sich die Beschreibung zu verselbständigen, die Effektsucht eines Brillierstücks anzunehmen; solcher Übermut des Erzählers erzeugt natürlich den Eindruck von 'Kälte', ja 'Grausamkeit' angesichts des hier beschriebenen Menschen: einer entstellten, traurigen, einer gequälten und, wie es gleich darauf heißt, sich selbst widerlichen Existenz. – Auch die 'kolossale' Figur des Potiphar reizt den Erzähler zu detaillierten Beschreibungen; es ergibt sich jedoch ein bis zum letzten ausgereiztes Spannungsverhältnis kontrastiver Merkmale und Wesenszüge, eine Vereinbarung des scheinbar Unvereinbaren. Das Porträt der "überfette[n], doch stolzen Gestalt" (V, 816) nimmt dabei einen ähnlichen Verlauf, vom gewaltigen Leib zum "ganz" kleinen Kopf:

Joseph mußte an Ruben denken angesichts dieser Säulenbeine [...]; doch war diese Leibesmassigkeit ganz anderer Art als die des heldischen Bruders: sehr fett nämlich überall, besonders aber in Gegend der Brust, die [...] beim unnötig unternehmenden Absprung vom Wagen nicht wenig geschwappt hatte. Ganz klein war der Kopf, im Verhältnis zu dieser Höhe und Fülle, und edel gebildet, mit kurzem Haar, kurzer feingebogener Nase, zierlichem Munde, einem angenehm vorspringenden Kinn und lang bewimperten, stolz verschleiert blickenden Augen. (V, 813)

Während alle weiteren Einzelheiten der Jacoby-Darstellung nur den ersten Eindruck einer karikaturhaften Existenz bestätigen, nimmt das Porträt Potiphars am Ende eine beinahe jähe Wendung ("und edel gebildet"). Die Kontrastwirkung kann hier die innere Problematik und die Geschichte einer ernstgenommenen Figur versinnbildlichen. Jakoby besitzt dagegen in diesem Sinn weder eine Problematik noch eine Geschichte: Die einführende Beschreibung spielt ihm bereits übel mit, sich selbst verachtet er, in der Ehe mit Amra erscheint er lächerlich degradiert als "gutes Tier", das sich über die "Borsten" streichen läßt (VIII, 172), das Finale steigert die Motive noch einmal effektreich zur öffentlichen Beschämung und Vernichtung.[116]

Die Schilderung der "Leibesmassigkeit" Potiphars wird im folgenden nun keineswegs, der Würde des neuen 'Ersatzvaters' zuliebe, zurückgehalten und stattdessen allein die edle Gesichtbildung vor das Auge des Lesers gerückt. Nicht deutlich genug kann der Erzähler auch bei den späteren Beschreibungen den fast nackten Körper mit seinen Disproportionen vorführen, um dann doch immer die Eindrücke von Feinheit, Vornehmheit und Haltung Oberhand gewinnen zu lassen. Was sonst kaum langer Rede bedürfte, die aristokratische Bedingtheit eines obersten "Würdenträgers" (ebd.), wird so erst eigentlich beschreibenswert, ja bewunderungswürdig:

Doch gestattete er seiner Haltung keine lasse Bequemlichkeit, sondern saß aufrecht durchaus, die kleinen Hände, fast winzig in der Tat gegen die Massigkeit des Körpers, vor sich im Schoße ausgestreckt, sehr gerade getragen den ebenfalls im Verhältnis so zierlichen Kopf mit dem vornehm gebogenen Näschen, dem feingeschnittenen Mund, und blickte, ein fettes, doch nobles und würdig gesammeltes Sitzbild, die gewaltigen Unterschenkel gleichstehend wie Säulen, die Arme wie die einer dicken Frau, die Brüste gepolstert vortretend, aus sanften, langbewimperten braunen Augen vor sich hin [...]. (V, 1023)[117]

Es scheint, als wollte der Autor ausprobieren, wieviel er der Figur zumuten kann, ohne daß sich Lächerlichkeit einstellt. Denn der Vergleich mit einer "dicken Frau", überhaupt die konsequente Feminierung aller Details liegt fern von jenem Enthusiasmus des Androgynen, der in der Mondmotivik, einer Vielzahl von Reflexionen und der Darstellung Josephs zum Ausdruck

---

[116] Gerade im Vergleich mit der Turgenjew-Vorlage erscheint der Rechtsanwalt als ausgesprochen 'flache' Figur. Auch die Darstellung Polosows setzt mit der Karikatur ein, entwickelt die Figur aber in den folgenden Szenen und Dialogen weiter, es entsteht eine Spannung zwischen Rätselhaftem, Abgründigem und komischer Erscheinung. – In anderer Hinsicht mag man der *Luischen*-Novelle jedoch "kompromißlose Vorzüglichkeit" bescheinigen; vgl. Hans R. Vaget: *Die Erzählungen*, in: TMHb, 534-618, hier S. 562.

[117] Die Abbildung der Vorlage zu dieser Beschreibung findet sich bei Hermann Kurzke: *Mondwanderungen*, S. 76.

kommt: "Die Mannweiblichkeit, die beide Geschlechtsmächte in sich vereinigte, war göttlich wie des Niles Gestalt mit einer Weibbrust und einer des Mannes und wie der Mond, der Weib war der Sonne, aber männlich der Erde [...]; und sie verhielt sich nach Josephs Rechnung zum Höflingstum wie zwei zu null." (V, 881f.) Das Androgyne wird, wie schon im zweiten Teil des *Zauberberg*, als Vollkommenheit, als "Vermenschlichung"[118] durch die Aufhebung bzw. Vermittlung der Geschlechts-Einseitigkeiten verstanden, dem "verstümperten" Potiphar (V, 883) fehlt dagegen beiderlei "Geschlechtsmacht", seine 'Weiblichkeit' ist bloße Entstellung, der Erzähler bezeichnet ihn mehrmals als geschlechtliche "Null". (V, 882) Die Beschreibung macht aber deutlich, wie selbst eine ganze Reihe wenig schmeichelhafter Detailaufnahmen, mit denen sich eine Figur 'erledigen' ließe, mühelos neutralisiert wird, wenn der Erzähler durch einige positiv wertende Attribute seine Achtung vor der dargestellten Person zu erkennen gibt.

Hier kann der Defekt sogar zur Erhöhung und Aufwertung der Figur beitragen. Für den vom Auftreten Potiphars und der Dienertreue Montkaws beeindruckten Joseph ergibt sich eine aufsteigende Assoziationsreihe: von Verstümperung über geschlechtliche 'Nullenhaftigkeit' zu "Außermenschlichkeit" und schließlich Gottähnlichkeit. (Vgl. V, 883) Das Mitleid ("Armer Potiphar!"; V, 882) läßt sich so mit der "Idee des Herrn und Höchsten" vereinbaren, die "für Joseph von Natur und von alters ein Element liebesdienstlicher Schonung" einschließt. (V, 883) In der Darstellung Potiphars werden die sich scheinbar ausschließenden Motive von Hohlheit und Würde "miteinander verschlungen".[119] Es ist jedoch nicht bloß eine zweifelhafte "hohle Würde" gemeint, auch wenn mit dieser Formel der Zustand des "peinlichen Segenshauses" bezeichnet wird. (V, 904; vgl. V, 848) Echte, wenn auch stets gefährdete Würde zeigt und entwickelt sich gerade durch die Art, wie Potiphar die für mancherlei Verlegenheit und Spott geeignete "Hohlheit" bewältigt, überspielt, sie empfindlich, aber mit Haltung und Fassung zu nehmen versteht; insofern gestaltet die Erzählung die "Hohlheit" als Voraussetzung, nicht als Minderung der Würde.

Eine Spannung schafft in den meisten Beschreibungen Potiphars die Kontrastierung seiner standbildhaften Unbeweglichkeit mit der Lebendigkeit, Wärme und Schwermut des Blicks; so bei der Begegnung mit Joseph im Baumgarten:

---

[118] Vgl. *Über die Ehe*; X, 194.
[119] Eckhard Heftrich: *Geträumte Taten*, S. 145.

Rahels Augen [...] begegneten in beträchtlicher Höhe rehbraunen, sanften und etwas traurigen Augen, die, lang bewimpert, in stolzer Verschleierung, aber mit gütigem Forschen, in jene blickten. Potiphar stand vor ihm, groß, fett und aufs zarteste gekleidet, die Hand auf der Stützscheibe seines hohen Wandelstabes [...]. Gamaschen aus Leder schützten seine Schienbeine. Aus Leder ebenfalls, waren die Schuhe, auf denen er stand [...]. Sein zierlich geschnittener Kopf [...] war lauschend gegen Joseph geneigt. (V, 891; Hervorh. d. Verf.)

Potiphars würdige Haltung wird konfrontiert mit der Würdenpose, dem kalten Stolz und dem Hochmut des Amunspropheten Beknechons; bei ihm erscheint gerade das Gesicht starr und unbewegt:

Beknechons war hochgewachsen und trug sich außerdem noch sehr stolz und strack aus den Rippen emporgereckt, die Schultern zurückgenommen, das Kinn erhoben. [...] Des Oberpriesters sorgfältig vom Bart gereinigtes, gemeißelt-ebenmäßiges und unbewegtes Gesicht [...] hatte eine Art, über Menschen und Dinge hinwegzublicken, die mehr als hochmütig war, denn sie kam der Ablehnung alles gegenwärtigen Weltwesens gleich, einer Verneinung und Verurteilung des gesamten Lebensfortganges seit Jahrhunderten [...]. (V, 944)

Potiphar läßt sich "verleugnen", wenn der Besuch Beknechons' ins Haus steht (V, 943), er verspottet ihn als finstern "Altertumsbold". (V, 1044) Aber es ist nicht nur ein Bedürfnis nach Sanftheit, das ihm Widerwillen verursacht, sondern auch sein Blick für die Realität. Der 'allen Sachen fremde' Titelämtling besitzt nichtsdestotrotz, wie die anderen 'Ersatzväter', einen "gesunde[n] Sinn für die praktisch ihm zugewandte Seite der Wirklichkeit". (V, 903) Das Gerede von "urfrommer Volksordnung" (V, 1043) erscheint ihm lächerlich angesichts der Tatsachen: "Pharao hat viele Soldtruppen, asiatische, lybische, nubische und sogar einheimische. Sie mögen das Szepter hüten, solange das Schicksal es ihnen erlaubt. Wir aber wollen aufrichtig leben." (V, 1044)

Die Beschreibung edler Gesichtszüge und nobler Haltung machen die Potiphar-Figur noch nicht zur großen und überzeugenden Darstellung eines gefährdeten 'Würdenträgers'. Die vom Erzähler aufgewendeten Mittel sind komplexer. Zunächst fällt eine gewisse Parallele zur Darstellung der Clawdia Chauchat-Figur im *Zauberberg* auf. Der Eindruck geheimnisvoller Attraktivität wird bei der Russin weniger durch direkte Darstellung erzeugt als durch die Tatsache, daß überall von ihr die Rede ist, daß sich Settembrini, dessen Wertungen vor allem zu Clawdias 'Dämonisierung' beitragen, zunehmend als ihr Gegenspieler verhält, daß sie stets den geheimen Bezugspunkt der Forschungen Hans Castorps und seiner 'organischen' Plaudereien mit dem Hofrat bildet usw. Die nur selten auftretende Clawdia ist dennoch omnipräsent, und dieses indirekte Verfahren ist wirkungsvoller als jede laszive Beschreibung; der Erzähler gewinnt damit sogar die Freiheit, sich in den direkten Darstellungen auf irritierende Details konzentrieren zu können. Auch die schonungsbedürftige Würde Potiphars wird zu einem großen Teil auf indirekte Weise vermittelt: Während Potiphar meist im Hintergrund bleibt, zeigen die von wenigen Eindrücken ausgehenden, aber doch fortwährend mit ihm beschäftigten Gedanken Josephs, zeigt vor allem das Verhalten Mont-kaws, daß der scheinbare Truppenoberst, der Träger zahlreicher "leere[r] Gnadentitel" alle ihm entgegengebrachten "Stärkungen, Tröstungen, Entschädigungen" (V, 849f.) verdient. Seine problematische 'Wirklichkeitsreinheit', seine 'Außermenschlichkeit' und Verletzlichkeit werden am eindrucksvollsten von den Sterbereden Mont-kaws gezeichnet:

"Fremd, zart und stolz ist er, der Titelämtling, vor allem Menschengeschäft, daß es einen sorgend erbarmt um seinetwillen, denn er ist gut. Ist er nicht zu mir gekommen und hat mich besucht in meiner Krankheit? Hierher an mein Bett hat er sich bemüht, während du bei den Geschäften warst, um sich nach mir umzutun, dem kranken Manne, in der Güte seines Herzens, ob man ihm schon anmerkte, daß er fremd und scheu auch vor der Krankheit stand, denn er ist nie krank, wiewohl sich der Mensch besinnen würde, ihn gesund zu nennen oder zu glauben, daß er sterben wird, – ich kann es kaum glauben, denn man muß gesund sein, um krank zu werden, und leben, um zu sterben. Mindert das aber die Sorge um ihn und die Notwendigkeit, seiner zarten Seele behilflich zu sein? Eher im Gegenteil!" (V, 992f.)

Und auch hier gewinnt der Erzähler schon bald genug Freiraum, um in der direkten Darstellung Potiphars auch dessen 'allzumenschliche' Schwächen zu zeigen, ohne das Format der Figur zu drücken: vor allem die extreme Selbstbezogenheit. Dem kranken Mont-kaw sagt er: "Auf ihn [Joseph] will ich deuten, wenn du wirklich verscheiden solltest, was mir recht leid täte [...]. Er erregt mir das Wohlgefühl des Vertrauens, mehr noch, als sogar du es getan hast zu deinen Lebzeiten [...]. Auch wird er mich eher noch weniger hintergehen als du in deiner Redlichkeit, denn er weiß von Hause aus, was die Sünde ist [...]." (V, 994f.) Das sind gegenüber dem Mann, der ihm stets mit Schmeicheleien 'behilflich' war, der ein Leben für den 'Herrn' geführt und ihn *niemals* hintergangen, ihm schließlich auch den Nachfolger Joseph herangezogen hat, wenig schmeichelhafte Worte. Nicht von dem Sterbenden, sondern von sich selbst und seinen Gefühlen spricht Potiphar, von Dankbarkeit keine Spur; stattdessen zitiert er ausführlich ein ihm selbst geltendes Kompliment Josephs: er habe einen Willen "gleich schwarzem Granit". (Ebd.)

Würde verleiht Potiphar vor allem auch sein Sprechen, die ruhige, meist abwartende, mit Fragen anhebende und immer wohlgesetzte Redeweise; die

Werte und Maßstäbe, zu denen er sich bekennt: "die Ehre gesunder Vernunft, der Stolz der Klugheit" (V, 1058) bleiben nicht Worte und Behauptungen, das Denken und Reden der Figur wird von ihnen durchformt. Der Tonfall Potiphars ist meist gehoben, gelegentlich von der Künstlichkeit der Wagnerschen Stabreimverse. So 'bedankt' er sich gegenüber Dûdu: "'Ernstlich danken muß ich dir, [...] was du da für mich eruiert' ('eruiert' war ein babylonisches Fremdwort) [...]." (V, 1191) Zu den 'herrschaftlichen' Insignien zählt, wie hier sichtbar, auch Potiphars Ironie, die in der Regel den Heldenfiguren vorbehalten bleibt. Ihr Ausdrucksspektrum reicht vom scherzhaften Wohlwollen (so im Gartengespräch, wo Potiphar Bemerkungen Josephs mit "lauschender Ironie" begegnet; V, 894) über die trockene, scharfsinnige Bemerkung bis zum gespannten Zorn und zum Höhnenden angesichts der Denunziationen Dûdus: "Tritt näher, mein Freund! [...] Tritt so nahe du willst und es dich gut dünkt für das, was du mich wissen zu lassen wünschest, denn es scheint etwas zu sein, wobei es nicht ratsam wäre für dich, fern von mir zu stehen, so daß du schreien müßtest, – eine Sache vielmehr, die uns einander zu gedämpfter Vertraulichkeit nahebringt, was ich ihr zum Vorzug anrechne, wie immer sie sonst beschaffen sei." (V, 1187) "Furchtbar wollen wir über sie kommen – du, lieber Zwerg, und ich [...]." (V, 1195) Die Ironie ist ebenfalls Ausdruck des Realitätssinns: sie durchschaut den falschen Schein und wendet ihn gegen den Urheber; der sonst keineswegs einfältige Intrigant Dûdu versteht sie nicht und kann nicht angemessen reagieren.

b) 'Französische' Psychologie

Realitätssinn zeigt sich auch im feinem Gespür für psychologische Hintergründe. Zur Wiedergabe der sensiblen Erlebnisperspektive Potiphars und seiner psychologischen Reflexionen bedient sich der Erzähler eines für Höhepunkte reservierten Kunstmittels: im Kapitel "Die Gatten" wechselt die Darstellung immer wieder hinüber zum Inneren Monolog.[120] Mut-em-enet fordert Josephs unverzügliche Entlassung und Entfernung, weil seine Karriere im Haus angeblich "heftigen Ingrimm und verbreiteten Mißmut" (V, 1051) erregt habe, ein Vorwand der Verliebten, ausgiebig und "heimlich beseligt" über Joseph reden, die "mystischen Silben" seines Namens offen aussprechen zu können. (V, 1046) Der Dramaturgie der Geschichte entsprechend, kann der Erzähler Potiphar die Reden der 'Gattin' nicht auf diesen

---

[120] Wie im Schopenhauer-Kapitel der *Buddenbrooks* und im 7. Kapitel von *Lotte in Weimar*.

leidenschaftlichen Hintergrund durchschauen lassen; abgesehen davon gestattet er ihm eine ganze Reihe von Tiefenblicken; einige von Potiphars Deutungen entsprechen dabei dem Muster der früheren Entlarvungspsychologie. Aufschlußreicher noch als die 'Enthüllungen' selber ist wiederum die Art, wie er mit ihnen umgeht. Er fühlt sich von dem, was ihm die psychologische Hellsicht aufdrängt, eher bedrückt als in den Stand der Überlegenheit versetzt. Er verzichtet darauf, seine Beobachtungen im Gespräch zu verwenden; die menschenfreundliche 'Schonung', die er selber erwartet, bringt er auch Mut-em-enet entgegen. Während er die "verschwiegene[n] Dinge" (V, 1040) ruhen lassen, ein "Ziergespräch" führen möchte (V, 1053), irritiert die exaltierte Mut ihn durch wohlgesetzte Spitzen und kalkulierte Wut- und Tränenausbrüche ("Mut ließ die Tränen in ihren Augen stehen und von selber trocknen, als wüßte sie nichts von ihnen"; V, 1042):

'Sie sieht mich klein und in Angst um des Hauses Ruhe', dachte er, 'und nutzt es aus so gründlich wie möglich nach Frauenart. Sie ist mehr Frau im allgemeinen, als sie besonders die eine und meine ist, und es ist [...] ein wenig peinlich immer, das allgemein [...] Weibliche an dem eigenen Weibe einfältig-schlau sich bewähren zu sehen. Fast kläglich und lächerlich ist es um dies Ding und übt einen ärgerlichen Reiz auf den Geist, es unwillkürlich wahrzunehmen [...], wie einer nach eigenem Kopf und eigener Schläue zu handeln und sich zu verhalten wähnt und nicht merkt, daß er nur das beschämend Gesetzmäßige wiederholt. Aber was nützt mir das jetzt? Es ist etwas zum Denken und nicht zum Sagen.' (V, 1042)

Vor allem aber wendet Potiphar die Psychologie auch gegen sich selbst:

'Sie ist schön in dem dichten Gewande, das sie vor mir trägt aus demselben Grunde, weshalb ich es hell machen lasse in der Halle [...]. Ich liebe sie, soweit meine berechtigte Selbstsucht es zuläßt; hier aber liegt erst der eigentliche Widerspruch, denn ich hasse sie auch, hasse sie unausgesetzt etwas um des Anspruches willen, den sie selbstverständlich nicht an mich stellt, der aber in unserem Verhältnis allgemein beschlossen ist. Aber ich hasse sie nicht gern, sondern wollte, daß ich sie lieben könnte ohne Haß.' (V, 1029)

Der "Kunstbau" dieser Ehe wird nirgends anschaulicher als in der gepflegten Plauderstunde, in der die beiden 'Gatten' ihre unruhig bedrängten Innenwelten fast gänzlich voreinander verschlossen halten, nichts beim Namen genannt wird, das angestrengte Bemühen um Schonung dem nicht minder angestrengten Bemühen um den Vorwand gegenübersteht und doch der Konflikt und die beiderseitige Verletzung nicht vermieden werden. Die 'apollinische' Gesprächskultur – am Ende behauptet Potiphar, daß es "alles in allem doch eine liebliche Stunde" gewesen sei (V, 1060) – kann den Aufruhr der Emotionen nur mühsam bändigen. Da ist unter anderem die

Rede von Beunruhigung (V, 1027), Erröten (1032), Peinlichkeit und Grausen (1040), verzerrten Mienen (1041), Entsetzen und Angst (1042), heimlicher Beseligung, Erschrecken und Tränen (1046), unbeschreiblichem Entzücken (1050), Bitterkeit (1052) und ärgerlicher Bestürzung (1053). Das heikle eheliche Arrangement beruht auf dem Zusammenspiel der beiderseitigen 'Schwächen'. Mut-em-enet ist "gewöhnlich zu stolz", denkt Potiphar, "mir irgend etwas anzusinnen, und so begegnen sich ihr Hochmut und meine Bequemlichkeit in ehelicher Übereinstimmung". (V, 1028) Diese Übereinstimmung ist gefährdet, wenn die stolze, hochmütige Haltung der selbstvergessenen Leidenschaft weicht.

Ein Reiz des Kapitels besteht darin, daß die psychologische Kommentierung nicht nur gelegentlich eingeschaltet wird, sondern daß hier zwei Ströme, der des Gesagten und der des Verschwiegenen, in nahezu gleicher Breite nebeneinanderlaufen und sich immer wieder gefährlich nahe kommen. Dabei erfolgt die psychologische Kommentierung wiederum in einer scharf getrennten Doppelperspektive: hier der Innere Monolog des Potiphar, der zugleich sich selbst und das Verhalten und Sprechen Mut-em-enets analysiert, stets in Hinblick auf das problematische Eheverhältnis und seine eigene Schonungsbedürftigkeit (obwohl ihm die eigentlichen Motive verborgen bleiben müssen, sind seine Deutungen doch fern von den hier möglichen komödienhaften Mißverständnissen und Fehlinterpretationen) – dort der Erzähler, der die Psychologie der Verliebten dazuliefert, in Kenntnis der verschwiegenen Beweggründe Mut-em-enets. Die Kommentierung enthält nicht nur Reflexionen über 'beschämende' Gesetzmäßigkeiten, über Liebe, Haß und ihre Vermischung, sondern – insbesondere auf dieser zweiten Linie – psychologisch ausgeleuchtete Details:

Es kostete sie weniger, so von dem schon rettungslos Geliebten zu reden, als man glauben sollte. Sie tat es völlig mechanisch, indem sie gleichsam eine Person reden ließ, die nicht sie selber war, und ihre Sangesstimme nahm einen hohlen Klang dabei an, der der Starrheit ihrer Züge, der Leere ihres Blickes entsprach und sich als Lügenklang gar nicht verleugnen wollte. (V, 1051)

Im Zusammenhang mit diesem Kapitel taucht wieder der Name des Autors auf, der Thomas Mann als heimlicher Maßstab für minuziöse Psychologie in der modernen Epik gilt: Marcel Proust. In der unmittelbaren Vorbereitungszeit des 'Liebesromans' nahm Thomas Mann auf eine Vortragstournee durch Mitteleuropa "je einen Band Puschkin und Proust" mit. (TB, 18.1.1935) An René Schickele schreibt er dann am 25.7.1935: "Ich habe jetzt gerade eine große Szene vor zwischen Potiphar und seiner Frau; Klaus meinte, sie hätte etwas von Proust." Einen Tag später spricht er, im

Anschluß an eine weitere private Lesung aus dem entstehenden Roman, mit Golo Mann und Ferdinand Lion "über die französische Psychologie des Kapitels[121], die mit dem spätzeitlichen Charakter des Milieus und der Mut korrespondiert". (TB, 26.7.1935) Wieder einen Tag darauf nimmt Thomas Mann eine neue Begleitlektüre auf: "Begann gestern die 'Herzogin von Guermantes' zu lesen." (28.7.1935) Nach einer erneuten Privatlesung des Gatten-Kapitels am 6. August wird dieser Entschluß bekräftigt, dazu die Verbindung zum eigenen Werk gezogen: "Das Außerordentliche und Groß-artige des Werkes stark empfunden, das mich auch anhält, mich lesend dabei nur mit Großem (Faust, Proust) zu beschäftigen." Am 31.10.1935 – inzwischen sind zwei weitere, ganz auf die Leidenschaft Mut-em-enets konzentrierte Kapitel entstanden ("Dreifacher Austausch", "In Schlangen-not"), ein drittes in Arbeit ("Das erste Jahr") – heißt es dann wiederum in einem Brief an René Schickele: "Zur Zeit hat die arme Herrin viel zu leiden, wobei sie mir psychologisch leicht von Proust beeinflußt scheint, der mich nun auf einmal fesselt. Er ist von einer phantastischen Müßigkeit, die mich verblüfft und anzieht. Und Dinge wie der 'Tod meiner Großmutter' in der 'Herzogin von Guermantes', mit den Blutegeln im Haar, sind doch unvergeßlich." (Br I, 402) Damit weist Thomas Mann – neben der Ver-wandtschaft im Psychologischen – auf eine weitere Gemeinsamkeit hin, stellt sich gewissermaßen neben den Franzosen. Denn in eben diesem Brief hat er wenige Zeilen vorher über das Mont-kaw-Kapitel geschrieben: "Ein Todesfall, darin bin ich nun einmal stark."

Oben wurde dargelegt, wie sich im *Zauberberg* die Beschreibung einer 'steigernden' Liebeserfahrung durchsetzt gegen die Motivik 'asiatischer' Triebdämonie, wie die mythische Lust- und Schreckensvorstellung des Sinnlichen einer freundlicheren Sichtweise Platz einräumen mußte; am Ende der Liebesgeschichten Hans Castorps und dann auch Mut-em-enets und Josephs steht, ungeachtet aller Drohungen, nicht die Vernichtung, sondern die Verschonung, schließlich die 'dankbare' Erinnerung. Trotz der Wieder-aufnahme des Heimsuchungsmusters, so wurde deutlich, weicht die Mut-em-enet-Geschichte im Entscheidenden ab von den 'metaphysischen' Vor-aussetzungen der früheren Untergangsnovellen. Das Tagebuch gibt nun Aufschluß darüber, daß sich der Autor zu Beginn der Arbeit an dieser Heimsuchungsgeschichte offenbar noch nicht ganz im klaren war, ob sie eher den dämonisch-mythischen oder den psychologisch-erotischen Verlauf nehmen bzw. welcher Akzent das Hauptgewicht erhalten sollte:

---

[121] Gemeint ist hier das vorhergehende Kapitel "Die Öffnung der Augen".

Schrieb nachmittags das Traum-Kapitel zu Ende und las die beiden letzten Abschnitte nach dem Abendessen K. [...] vor. Das Lesen der Kapitel beruhigte mich einigermaßen über den Charakter, den ich ihnen gegeben und der mit der Gestalt der Frau zusammenhängt, wie sie sich mir ergeben hat. Die dazwischensprechende Idee, daß sie märchenhaft-dämonischer hätte gemacht werden sollen, hatte mich in den letzten Tagen beunruhigt. Nun ist ein Element von moralisierendem französischem Roman eingedrungen, das sich aus ihrem Charakter als 'elegante Heilige' ergibt. Es muß so gehen und ist vielleicht für mich und das Buch das Rechte. Der Traum ist gut, und die Frau wird einen erbarmen; das ist etwas. (16.4.1935)

Moralisierend: das meint nichts anderes als psychologisch im Sinne jener französischen Traditionslinie, die seit Montaigne und den Moralisten des 17. Jahrhunderts über Flaubert bis hin zu Proust das Nachdenken über die menschliche Psyche, die nüchterne Beschreibung der Eitelkeiten und Leidenschaften, der 'Irrwege des Herzens', mit einer stilistischen Präzision verbindet, die ihren gleichsam handwerklichen Ursprung in der von Nietzsche gerühmten "Kunst der Sentenzen-Schleiferei"[122] hat. Prousts Sätze haben zwar selten die zündende Kürze von Sentenzen; daß er an diese Tradition anschließt, steht gleichwohl außer Frage: "Wer allgemeine sittliche Wahrheiten suchte, mußte sie unweigerlich bei dem bedeutendsten Moralisten finden, den Frankreich seit dem 17. Jahrhundert hervorgebracht hat."[123] Die Grundformel des Josephsprojekts, 'Mythos und Psychologie', bekommt in diesem Zusammenhang wieder eine spezifischere Bedeutung: das Mythisch-Dionysische wird mit dem "Element von moralisierendem französischem Roman" versetzt. Daß Thomas Mann während der Arbeit an der zweiten Hälfte von *Joseph in Ägypten* "nun auf einmal" von Proust gefesselt ist, dessen Einfluß auf das eigene Werk – der hier auch nicht überschätzt werden soll – feststellt bzw. sich bestätigen läßt, mit den Zuhörern seiner privaten Lesungen über die "französische Psychologie" eines Kapitels diskutiert: all dies hat den Sinn, der mythischen Dämonie der 'Heimsuchung' das Gegengewicht des Psychologischen zu verschaffen. Und auch hier ist, wie die zitierte Tagebucheintragung zeigt, eine 'menschenfreundliche' Absicht leitend: "Der Traum ist gut, und die Frau wird einen erbarmen: das ist etwas."[124]

---

[122] Friedrich Nietzsche: *Menschliches – Allzumenschliches*, Abschnitt 35, Werke in drei Bänden, Bd. 1, S. 475.

[123] André Maurois: *Auf den Spuren von Marcel Proust*, Frankfurt a. M./Hamburg 1964, S. 274.

[124] An Agnes E. Meyer schreibt Thomas Mann am 13.5.1939: "Man muß doch zugeben, daß mein Bild der Frau des Potiphar die *Ehrenrettung* eines von aller Welt als liederliche Verführerin angesehenen Weibes durch die Leidenschaft ist." (Br II, 92)

c) 'Einige Bosheit' und Ressentiment: Potiphar und Dûdu

Auch im "Gatten"-Kapitel wird Potiphar nicht idealisiert. Allzu bequem verläßt er sich auf die Selbstlosigkeit der anderen, spricht er von seiner "berechtigte[n] Selbstsucht" (V, 1029), reagiert er beleidigt und gekränkt, wenn die Umgebung einmal ein wenig mit der 'Schonung' nachläßt. Mut-em-enet müsse doch wissen, "wie sehr es mir, dem besonderen und heiligen Manne, darauf ankommt, in Ruhe gelassen zu werden und mich keines Dinges annehmen zu müssen". (V, 1028) Die einmal aus der gewohnten Spur des "Ziergeprächs" geratene Unterhaltung versucht er mit vornehmer Ignoranz zurückzudrängen zum Nichtssagenden, zu den "schmuckhaften Schnörkeln" (V, 1034), dem Reden auf "schöne, unnötige Weise" (V, 1030) und beendet seine Ausführungen unmißverständlich mit dem Satz: "So viel zur Steuer meiner Selbstzufriedenheit." (V, 1034) Die Selbstsucht Potiphars wird keineswegs in den Hintergrund gerückt, aber ihre Darstellung ist humoristisch. Was der Figur auf der moralisch-ethischen Linie des Romans einen Tadel einbringt – "Allzu sehr pochte und baute Potiphar auf die [...] tiefgerührte Ergebenheit, die jedermann seiner heiklen und heiligen Verfassung [...] entgegenbringen mußte" (V, 926) – sichert andererseits die Lebendigkeit der Gestaltung. Die Kunst und vor allem die Humoristik verlangt die Brüche im Bild des 'heiligen Mannes': "Das Reine, Heilige [...] ist künstlerisch tot", schreibt Thomas Mann in dem zum Umfeld des *Joseph* gehörenden Essay *Leiden und Größe Richard Wagners.* (IX, 392)

Noch weniger einnehmend ist Potiphars gelegentliche Neigung zum Mißbrauch seiner Sonderstellung, ja zur Bosheit: "Dieser Große Ägyptens war ein edler und würdiger Mann von zarter Seele und gütig nach Josephs Bedünken; denn daß er es darauf anlegte, die Leute um ihn zittern zu lassen, mußte man seiner Verfassung als Opfer geistlicher Unbelehrtheit zugute halten: Das Recht auf einige Bosheit, fand Joseph, war ihm wohl zuzubilligen." (V, 882) Die Menschenfreundlichkeit der Josephsromane läuft nicht auf 'Menschheitsschmeichelei' hinaus. Eine Figur kann gelegentlich boshaft sein, *ohne* dadurch den Überhang zum Negativen zu bekommen und die 'Erledigung' durch Karikatur und Satire herauszufordern.

Die Darstellung Potiphars zeigt Thomas Manns Selbständigkeit gegenüber der Psychologie Freuds, nicht zuletzt aber auch gegenüber den im Frühwerk angewandten Denkmustern Nietzsches. Auch wenn im Gespräch mit der 'Gattin' das Verschwiegene die Dramaturgie bestimmt – das Freudsche Konzept des Unbewußten, die Verdrängungstheorie ist hier nicht am Platz. Das subtile psychologische Denken Potiphars beweist das Gegenteil von Verdrängung: unbeirrtes Bewußtsein all dessen, was um "der Ruhe des

Friedens des Hauses willen" (V, 1041) überspielt, von schönem Schein verdeckt wird. Wenn Potiphar bei manchen Äußerungen Mut-em-enets 'Grausen' davor überkommt, daß "unterste, schonend verschwiegene Dinge schrecklich und lebenzerstörend zur Sprache" kommen könnten, so ist auch hier das genaue Wissen von diesen untersten Dingen und darum, was mit ihrem Zur-Sprache-Kommen auf dem Spiel steht, vorauszusetzen.

Vor allem ist Potiphar eine Kontrastfigur zur Gestaltenreihe der 'asketischen Priester' in Thomas Manns Werk, er ist gewissermaßen die kritische Gegenprobe auf Nietzsches Psychologie des Ressentiments. Zweifellos gehört der Kastrat nicht zu den von Nietzsche gepriesenen "seltnen Fälle[n] der seelisch-leiblichen Mächtigkeit", den "Glücksfällen des Menschen"[125], er gehört eindeutig zu den "von vornherein Verunglückten, Niedergeworfenen, Zerbrochenen – sie sind es, die Schwächsten sind es, welche am meisten das Leben unter Menschen unterminieren".[126] Auch darüber, wie nach Nietzsche die Psychologie einer solchen Figur auszusehen hätte, kann kein Zweifel bestehen: "Das sind alles Menschen des Ressentiment, diese physiologisch Verunglückten und Wurmstichigen, ein ganzes zitterndes Erdreich unterirdischer Rache, unerschöpflich, unersättlich in Ausbrüchen gegen die Glücklichen und ebenso in Maskeraden der Rache, in Vorwänden zur Rache."[127] Aber es ist wohl kaum als Zugeständnis an Nietzsche zu verstehen, wenn Potiphars Bosheit angesprochen oder mit hintergründiger Psychologie bemerkt wird, daß seine Sympathie gegenüber Joseph auch etwas mit dessen Enthaltsamkeit zu tun hat:

Selten ist Vertrauen unter den Menschen; aber bei Herren von Potiphars Fleischesbeschaffenheit, Titel-Herren mit einer Titel-Herrin an ihrer Seite, bildet ein allgemeines und unbestimmt eiferndes Mißtrauen gegen alle, denen nicht wie ihnen geschehen, sogar alles Lebens Grund, daher denn nichts so geeignet ist, sie mit dem ungewohnten und darum desto beglückenderen Gefühl des Vertrauens zu beschenken, wie die Entdeckung, daß einer aus der beeiferten Gesamtheit ein strenges Grün im Haare trägt, welches seine Person des üblichen beunruhigenden Charakters tröstlich entkleidet. (V, 923)

Daß der Impotente Beunruhigung durch die geschlechtliche Normalität empfindet, daß er an diesem Punkt ein "Mißtrauen gegen alle" entwickelt, entspricht der psychologischen Plausibilität; wäre es nicht so, müßte man von Verdrängung sprechen. Das "Recht auf einige Bosheit" gesteht ihm

---

[125] Friedrich Nietzsche: *Zur Genealogie der Moral*, Werke in drei Bänden, Bd. 2, S. 863.

[126] Friedrich Nietzsche: *Zur Genealogie der Moral*, S. 863.

[127] Friedrich Nietzsche: *Zur Genealogie der Moral*, S. 865.

Joseph aber gerade deshalb zu, weil Potiphar ansonsten eben nicht ein vom Ressentiment Vergifteter, sondern ein gütiger, "edler und würdiger Mann von zarter Seele" ist. (V, 882) Wörtlich spricht Nietzsche von der "Gerechtigkeits-Tartüfferie der Impotenz".[128] Auch wenn 'Gerechtigkeit' tatsächlich ein Leitwort Potiphars ist – ohne Spur von Heuchelei läßt Thomas Mann ihn "gesunde Vernunft", "Klugheit" und "Billigkeit" hochhalten (V, 1058) und gestaltet ihn als überzeugenden Vertreter dieser Werte.

Giftige Ranküne beweist dagegen eine Figur, an deren 'vollwertigem' Sexualleben sie selbst und der Erzähler keinen Zweifel lassen: der die Wollust preisende (vgl. V, 1146), intrigante Zwerg Dûdu. Freuds – und auch Nietzsches – geradlinigen Schlüssen von der Basis der Sexualität auf den Überbau der Moral hält Thomas Mann nicht nur die Güte, Menschlichkeit und Gerechtigkeit Potiphars entgegen, die nichts mit einem kompensierenden Zwangskomplex zu tun haben, auch das Zwergenspiel kehrt das psychologische Klischee um: Der freundliche Zwerg Gottlieb, der doppelten Grund zum Ressentiment des 'Zukurzgekommenen' hätte, bleibt frei von ihm. Die ressentimentfreie 'Menschlichkeit' einer Figur ist offenbar aus dem Quantum ihrer Triebbefriedigung nicht ableitbar. An Harry Slochower schreibt Thomas Mann am 27.11.1937: "Es handelt sich bei den beiden Kleinen, dem fürchterlich normalen und dem vom Geschlecht reinen, um eine gewisse Sexualsatire, die sich in den geistigen Gesamtkomplex drollig genug einfügt. Daß der potente Zwerg den ägyptischen Nationalismus vertreten hilft, Gottliebchen aber fremdenfreundlichen Ansichten huldigt, gehört auch zu den kleinen Pointen dieser Erfindung."

'Würde' ist wiederum ein Leitwort des "grundsatzfromme[n] Zwerg[es]". (V, 837) Gottliebs Berichte führen Joseph anschaulich vor Augen, wie Dûdu "im gestärkten Schurz vor der Gebieterin stand, das Dach seiner Oberlippe würdevoll über die untere schob und sich mit seinen Stummelärmchen entrüstet gebärdete, indem er mit möglichst tiefer Stimme zur Herrin emporredete über den Anstoß und über das Ärgernis". (V, 946) Wie schon bei den Beschreibungen Beknechons wird die posenhafte Würde der würdigen Persönlichkeitswirkung Potiphars entgegengestellt. Potiphar vermeidet die Begegnung mit Dûdu, wie er Beknechons aus dem Weg geht: Er "mochte den Ehezwerg nicht leiden; seine Würde und Wichtigkeit war ihm in der Seele zuwider, und ohne sich für berechtigt zu erachten, ihn seines Amtes zu berauben, hielt er ihn sich tunlichst vom Leibe [...]". (V, 976f.) Diesem Widerwillen entspricht auf der anderen Seite die besondere Häme, mit welcher der "mannhafte Ehrenwächter" (V, 1183) seine Spitzen gegen

---

[128] Friedrich Nietzsche: *Zur Genealogie der Moral*, S. 896.

Potiphar setzt, sie sind das Gegenstück zu Josephs schonender Redekunst: "Wir müssen uns klar darüber sein, großer Herr, daß Mut-im-Wüstental eine betteinsame Frau ist [...]." (V, 1189) Die Ehre, für die Dûdu in seiner "Klage" zu streiten vorgibt, ist der zentrale Begriff des 'falschen' Würdeverständnisses. Hier entwickelt sich die Konstellation Joseph – Mut – Potiphar, über den Aspekt der Impotenz hinaus, als Variation auf das Dreieck Hans Castorp – Clawdia Chauchat – Peeperkorn. In diesem Fall ist der Betrogene der Ältere; entsprechend wird Potiphar nun Hans Castorps Antipathie gegen das 'Hahnenmäßige' und den 'Ehrenstandpunkt' zugeteilt, gegen jene "geblähte" Auffassung von Männlichkeit, der Thomas Mann im Essay *Über die Ehe* das baldige 'Abhandenkommen' wünschte und die hier von Dûdu verkörpert wird.[129] Auch die Emphase in der Entgegensetzung von 'Herz' und formaler 'Ehre' an dieser herausgehobenen Stelle erinnert an die Begründung der Lebensfreundlichkeit im *Zauberberg*, an die Bedeutung, die das Herz-Motiv als Wegweiser für Hans Castorp hatte:

Die Ehre. Peteprê hatte gar keine Ehre. Sie ging ihm ab im Fleische, er verstand sich nach seiner Verfassung nicht auf dies Gockelgut, und es war ihm entsetzlich, wenn andere, wie offenbar dieser Ehrenknirps, für ihn ein groß Wesen davon machen wollten. Dagegen hatte er ein Herz, und zwar eines, das der Gerechtigkeit, das ist: des Sinnes für das Recht anderer fähig war; ein verletzliches Herz aber auch, das [...] unterm Verrate bitter zu leiden geschaffen war. (V, 1184)
    Nach Gerechtigkeit also trachtete Peteprê, der Eunuch, [...] was immer ihm hier beigebracht werden sollte von ehraufhetzerischer Seite. Gerechtigkeit ist etwas Geistiges im Gegensatz zur Fleischlichkeit der Ehre, und da er dieser ermangelte, wußte er sich auf jene angewiesen. (V, 1185f.)

Auch wenn Dûdu als negative Kontrastfigur zu Potiphar dargestellt wird, so spielen seine 'niedrigen' Motive für die Dramaturgie der Geschichte doch eine zentrale Rolle und erfahren eine breite Ausgestaltung. Mit seinen Zuträgereien und Intrigen beweist er boshafte Raffinesse. Mag die "Sexualsatire" den Ehezwerg auch ins Lächerliche ziehen, als ernstzunehmender Gegenspieler Josephs, der vor allem Mut-em-enet geschickt zu manipulieren versteht, erhält er 'Format' – ungeachtet aller Beleidigungen und Abfälligkeiten, die er einzustecken hat. Sie ungerührt über sich ergehen zu lassen, gehört zu seiner Rolle. Allen Schmähungen haftet etwas Machtloses an angesichts der unbeirrt fortwirkenden Demagogie Dûdus, seiner Inanspruchnahme sowohl durch Mut-em-enet wie Joseph und schließlich auch Potiphar. Sie müssen ihm immer wieder Raum für sein böses Spiel geben, ihn reden lassen; in dieses Spiel verstrickt, bleibt ihnen nichts anderes als der

---

[129] Vgl. III, 811f. und X, 194f.

Ausdruck des Widerwillens. Mit heimtückischer Beredsamkeit leitet Dûdu seine Klage vor Potiphar mit einem Lob Josephs ein: wie "schön" es sei, daß man "an der Spitze des Hauses einem Jüngling begegne entschieden bedeutender Art", er rühmt die "bestechenden und blendenden, ja für manche verwirrenden Eigenschaften des fraglichen Jünglings". (V, 1181f.) Dem ist nichts entgegenzusetzen. So bleibt wiederum kein anderes Mittel, als den redenden Zwerg durch eine Beleidigung auf Distanz zu halten. Es folgt ein Aperçu, das sich mit der Motivation Potiphars beschäftigt, dann wechselt die Erzählung bezeichnenderweise nicht etwa zur distanzierten Beobachtung der Reaktion Dûdus, sondern zur Innenperspektive mit erlebter Rede.

"Trottel!" murmelte Pêtepre auf seinen verschränkten Armen, denn es kommt uns nichts dümmer vor als Lobsprüche auf einen Gegenstand, dessen wahre Schätzung wir uns ganz allein vorbehalten möchten. – Dûdu überhörte es. Es konnte sein, daß der Herr "Trottel" gesagt hatte, aber er wollte davon nichts wissen, da er Mut und Stimmung hochhalten mußte. (V, 1181f.)

In der "zähflüssig" stagnierenden (V, 1147), den 'Vorhalt' schier endlos dehnenden Liebesgeschichte ist der schürende, arrangierende, zwischen den Hauptpersonen agierende Zwerg das dynamische Element, das dafür zu sorgen hat, daß "endlich die Handlung vorankomme". (V, 1149) Seine 'Anschläge' können mit dem gespannten und amüsierten Interesse des Lesers rechnen. Mit dem boshaften Dûdu hat Thomas Mann eine der gelungensten Negativfiguren seines Werkes geschaffen. Im Frühwerk dagegen werden die Gegenfiguren zu karikierten Randgestalten degradiert, im *Zauberberg* und *Doktor Faustus* fehlt ihnen weitgehend die 'plastische' Gestaltung (Naphta, Breisacher, Kridwiß-Kreis).

Zugleich ist der böse Zwerg – neben der liebevollen Wagner-Parodie – allerdings auch eine Märchenfigur, deren Kinder mit Märchenlogik "lang, aber garstig" geraten mußten. (V, 939) Auch Dûdu besitzt eine mythische 'Rollenwürde', die seiner Darstellung humoristische Züge verleiht. Eine der zentralen und meistzitierten Äußerungen Thomas Manns zum Mythoskonzept – aus dem Essay *Freud und die Zukunft* (vgl. IX, 493f.) – ist nichts anderes als ein abgeschriebener und leicht variierter Erzählerkommentar zur Dûdu-Figur:

Auch Dûdu, der kernhafte Zwerg, spielte unterdessen seine kernhafte Rolle, wie sie im Buche steht: die Rolle des arglistigen Meldegängers und auf Verderben spekulierenden Zubläsers, der hin- und hergeht zwischen zweien, die sündigen möchten, hier blinzelt und winkt, dort zwinkert und deutet, sich zu dir stellt, das Maul verschiebt, und, ohne die Lippen zu öffnen, aus dem Mundwinkel einen

Beutel macht, woraus er entnervende Kuppelbotschaft schüttet. Er spielte die Rolle, ohne seine Vorgänger und Nachfahren in ihr zu kennen, sozusagen als erster und einziger, wofür jeder in jeder Lebensrolle sich halten möchte, gleichsam nach eigener Erfindung und auf eigenste Hand, – dennoch aber mit jener Würde und Sicherheit, die dem gerade obenauf gekommenen und am Lichte agierenden Spieler nicht seine vermeintliche Erstmaligkeit und Einzigkeit verleiht, sondern die er im Gegenteil aus dem tieferen Bewußtsein schöpft, etwas Gegründet-Rechtmäßiges wieder vorzustellen und sich, wie widerwärtig auch immer, so doch in seiner Art musterhaft zu benehmen. (V, 1105f.)

d) Humoristisches Gericht

Potiphar erhält schließlich am Ende von *Joseph in Ägypten* seinen großen Auftritt. Wenn die lange erwartete 'Heimsuchung' über ihn kommt und den "schönen Bann des Friedens und zarter Schonung" zumindest "vorübergehend" bricht (V, 1267), gerät er nicht außer Fassung, verliert nicht die Würde, wie es sonst üblich war, sondern befestigt sie durch seine noble Gestaltung dieser "peinlichste[n] Feststunde". (V, 1262) Hier nun läßt er sich nicht mehr vertreten. Der Titelämtling nimmt sich einer wirklichen Sache an und bewährt sich. Für seine Übersicht über die Vorgänge spricht, daß sein Urteil an erster Stelle den Zuträger und Anheizer Dûdu trifft, er also eine Gerechtigkeit übt, die über den bloßen Tatbestand hinaussieht. Daß sich Huji und Tuji den von ihnen mitzuverantwortenden Geschehnissen zu entziehen versuchen, läßt nun auch Potiphar die Schonung gegenüber den Greisen vergessen: "Aber ihr Sohn, der Herr, ward zornig, stampfte sogar mit dem Fuße auf und verlangte, daß sie sich unbedingt herstützen ließen, wie sie da seien; denn wenn sie zu verseufzen gedächten, so sei die Stätte, wo Mut [...] klagend und Recht heischend sitze, gerade die passende dafür." (V, 1266)
Das Kapitel ist ein weiteres Beispiel für die verschiedene Beleuchtung der Figuren. Der lange scheinbar ahnungslos im Hintergrund gebliebene Potiphar steht bestimmend im Vordergrund und spricht ein entschiedenes Urteil. Mit diesem Hervortreten wird eine besondere Größenwirkung erzielt. Potiphar redet in beinahe alttestamentarischem Tonfall: "Lange schon, sage ich, fraß in der Stille das Übel, verborgen der Mehrzahl, aber nicht verborgen dem Auge des Herrn, welcher Vater und Mutter zugleich ist dem Hause, denn sein Blick ist wie der Mondesstrahl, der da schwängert die Kuh, und seines Wortes Hauch wie der Wind, der den Fruchtstaub trägt von Baum zu Baum zum Zeichen göttlicher Fruchtbarkeit." (V, 1268) Das Pathos erscheint allerdings sogleich auch schon komisch gebrochen: nicht

nur, weil die 'Affäre' Mut-em-enets bereits Stadtgespräch war, sondern vor allem, weil Potiphar gerade bei diesem Anlaß Sätze des 'Übeltäters' Joseph aus dem Gespräch im Baumgarten zitiert.

Zusätzliches Format – so Eckhard Heftrich[130] – verleiht Potiphar in der Abschlußszene ein weiteres Wagner-Muster: die Klage des König Marke aus dem *Tristan*. Ohne Zweifel hat die große Szene des zweiten Aktes auf die Darstellung der Gerichtsstunde eingewirkt: "Sieh ihn dort, / den treuesten aller Treuen; / blick auf ihn, / den freundlichsten der Freunde: / seiner Treue / freiste Tat / traf mein Herz / mit feindlichstem Verrat! [...] Mir dies? / Dies, Tristan, mir? / Wohin nun Treue / da Tristan mich betrog?" Die Regieanweisungen für den tieftraurigen König lauten: "nach tiefer Erschütterung mit bebender Stimme" – "mit tiefer Ergriffenheit". (*Tristan und Isolde*, II, 3) Nicht Zorn, Wut, Empörung, sondern gefaßte Trauer ist auch die erste Reaktion Potiphars auf die Eröffnungen und Anschuldigungen Mut-em-enets: "Peteprê stand gebeugten Hauptes und schwieg. Dann seufzte er auf und sagte: – 'Das ist eine tieftraurige Geschichte.'" (V, 1264) Siebenmal fallen die Schlüsselworte[131] "tieftraurig", "traurig", "Tieftraurigkeit". So wie Tristan dem König Marke das Herz 'fühlsamer schuf' (*Tristan und Isolde*, II, 3), füllte auch die schmeichelnde Redekunst Josephs das Herz des Potiphar "mit Stärkung [...] in Ansehung meiner, so daß ich mich fühle...". (V, 1059)

Aber auch die Anlehnung an Wagner findet sogleich ihre Grenze in der humoristischen Erzählweise des Romans, die in diesem Schlußkapitel noch einige Glanzlichter setzt. Ganz so abgründig wie die des König Marke ist die 'Trauer' Potiphars dann doch nicht. Denn zur Verwunderung und zum Ärger Mut-em-enets – die schon mit der Bezeichnung der von ihr rachsüchtig dramatisierten Geschehnisse als 'tieftraurig' alles andere als zufriedengestellt ist – fährt Potiphar sogleich fort: "Und gerade heute abend [...] muß dieses Schrecknis mich treffen – am Abend des schönen Tages meiner Erhebung zum Einzigen Freunde, da ich nach Hause kehre, um Pharao's Liebe und Gnade mit einer kleinen Gesellschaft zu feiern, zu der demnächst die Gäste erscheinen werden. Gib zu, daß das hart ist." (V, 1264f.) Auch in seiner Gerichtsrede vor versammeltem Hofvolk findet er gerade diesen Umstand hervorhebenswert: "Tieftraurig [...] ist das zu nennen, um so mehr, als gerade an dem Tage das Übel ruchbar werden muß, an dem Pharao's Liebe und Huld mich mit dem Rang und Titel eines Einzigen Freundes zu schmücken geruhte [...]." (V, 1267)

---

[130] Eckhard Heftrich: *Geträumte Taten*: "'Mir dies?' – Potiphar als König Marke", S. 316-336.

[131] Vgl. Eckhard Heftrich: *Geträumte Taten*, S. 319f.

Wegen des anstehenden Festes gebietet Potiphar Eile. Dieser Motivierung zur Kürze entspricht zugleich eine erzähltechnische Notwendigkeit. Nach Hunderten von Seiten der hingehaltenen Liebesqual, einer beinahe auf der Stelle stehenden Geschichte, konnte nur die rasche Abwicklung des 'Strafgerichts' den wirkungsvollen Schlußakkord bilden. Wie Jaakob ist auch Potiphar auf diesen Seiten eine "hochpathetische Figur", die zugleich "von einem eigentümlichen Humor umwittert" ist. (XI, 803) Es schadet dabei seiner 'Größe' keineswegs, wenn er vor allem an die Aufrechterhaltung seiner Bequemlichkeiten zu denken scheint, wenn er den Umstand, daß er zunächst über Dûdu richtet, als Strafverschärfung für Joseph – durch 'künstliche Verlängerung der Wartezeit' – verstanden wissen will, wenn seine 'Gerechtigkeit' schließlich mit eindeutiger Bevorzugung einhergeht:

"Item, da du im Handholz steckst, so verlangt die Gerechtigkeit, daß man auch Dûdu mit einem solchen versehe, wenn nämlich ein zweites vorhanden ist. Ist aber nur eines da, so soll Dûdu es tragen. – Ich habe gesprochen. Das Hausgericht ist beendet. Ein jeder trete an seinen Posten zum Empfange der Gäste!" (Ebd.)

7. Mai-Sachme

a) Physiognomik

Der Amtmann über das Gefängnis ist der letzte Vertreter der Figurenreihe der 'Ersatzväter' bzw. Mentoren. Die Spannung der angenehmen "Schicksalsmischung" des "Weh-Froh-Menschen" prägt sein Gesicht:

[...] als er sein Angesicht wieder [...] erhob, war es dem Joseph, als sei es mehr als eines Mannes Angesicht, nämlich das Bild düsterer Umstände mit durchschlagendem Gotteslicht und geradezu die Miene selbst, die das Leben dem Weh-Froh-Menschen zeigt; denn seine schwarzen Brauen waren drohend zusammengezogen, und dabei spielte ein Lächeln um seinen kleinen Mund. Doch beseitigte er beides gleich wieder aus seinem Gesicht, Lächeln und Düsternis. (V, 1304)

Dieser letzte Satz ist bemerkenswert: in den Porträts des Frühwerks kommt es nicht oft vor, daß sich die Darstellung wie hier ganz auf den flexiblen *Ausdruck* eines Menschens konzentriert, der dann "gleich wieder aus seinem Gesicht" verschwindet. Normalerweise werden die beschriebenen Details als *feststehende* Zeichen behandelt, in gleichsam stillgestellten Momenten tastet der Erzähler die 'charakteristischen' Merkmale des Gesichts mit geradezu steckbriefhafter Genauigkeit ab. Der Autor betreibt 'umgekehrte' Physiognomik: zu den Eigenschaften, dem Charakter, der Geschichte und der Bedeutung einer Figur erfindet er (oder findet in Bildvorlagen) die 'stehenden' Gesichtsmerkmale, etwa die "hohe, zerklüftete und gleichsam narbige Stirn" des Kunst-Märtyrers Aschenbach. (VIII, 457) Bedeutungsvolle "physiognomische Durchbildung" – so ein Stichwort aus der Aschenbach-Beschreibung – kann als das Arbeitsprinzip der Porträts gelten, egal ob die Tendenz ins Große oder ins Lächerliche geht. Gerade das Frühwerk verwendet dabei, vor allem zur Zeichnung von Nebenfiguren, auch das physiognomisch Sprichwörtliche:

> Sievert Tiburtius war ein kleiner, schmaler Mann mit großem Kopfe und trug einen dünnen, aber langen blonden Backenbart [...]. Seinen runden Schädel bedeckte eine Unzahl ganz kleiner wolliger Ringellöckchen. Seine Ohrmuscheln waren groß, äußerst abstehend, an den Rändern weit nach innen gerollt und oben so spitz wie die eines Fuchses. Seine Nase saß wie ein kleiner, platter Knopf in seinem Gesicht, seine Wangenknochen standen hervor, und seine grauen Augen, die gemeinhin eng zusammengekniffen ein wenig blöde umherblinzelten, konnten in gewissen Momenten sich in ungeahnter Weise erweitern, größer und größer werden, hervorquellen, beinahe herausspringen... (I, 283)

Durchaus in Verwandtschaft mit der Totalanalogie der Lavaterschen Physiognomik wird das Körperliche hier zur bis in die Einzelheiten bedeutsamen Signatur des Charakterlichen, Seelischen. Physiognomisch wird die 'dekadente' Lebensschwäche des Pastors vergegenwärtigt: er erscheint zerbrechlich, unmännlich (klein, schmal, dünner Bart, Überproportioniertheit des Kopfes, "Ringellöckchen"), jedoch ohne die typischen Attribute der geistigen Verfeinerung (stattdessen 'blonder Backenbart', wiederum die 'Löckchen', die unschöne, 'platte' Knopfnase). Gleichzeitig aber ist Tiburtius ein 'listiger Fuchs' – sein Heiligenname in diesem Sinn eine Andeutung seiner 'scheinheiligen' Absichten. Seine 'blöde' umherblinzelnden Augen erzeugen dabei nicht einmal den Eindruck besonderer Cleverneß; bestimmend ist vielmehr die Gier des sich plötzlich vergrößernden, aggressiv herausspringenden Blicks; ein Blick, den Tiburtius auch hat, als er Clara um das Jawort bittet. (Vgl. I, 286) Er hat es abgesehen auf das Erbe der Lebensunwilligen, und es sagt alles über den Zustand der Familie Buddenbrook, daß das Manöver *dieses* Mannes gelingt, daß man ihm nach dem baldigen Tod Claras eine beträchtliche Summe auszahlen muß, "hundert-sieben-und-zwanzigtausend-fünf-hundert Kurantmark!" – so die entgeisterte Feststellung Thomas Buddenbrooks. (I, 433)

Thomas Manns physiognomische Imagination kommt nicht nur in seinen zahlreichen exakten Gesichtsbeschreibungen zum Ausdruck; physiognomische Profile, die stets für bildhafte Anschaulichkeit sorgen, finden sich oft auch unerwartet an Stellen, wo es nicht um Figurendarstellung geht. In einem Brief an Otto Grautoff vom 8.11.1896 beschreibt Thomas Mann italienische Reiseeindrücke: "Neapel ist pöbelhafter, – aber von einer naiven, lieben, graziösen und ergötzlichen Pöbelhaftigkeit. Es hat nicht das kühne und hoheitsvolle Cäsarenprofil Roms, es hat eine Physiognomie mit etwas aufgestülpter Nase und etwas aufgeworfenen Lippen, aber sehr schönen, dunklen Augen... Ich betrachte sie seit vier Tagen aufmerksam diese Physiognomie [...]." In den *Betrachtungen* ist Thomas Mann der Auffassung, daß nicht jedem "demokratische Gesundheit [...] zu Gesicht" steht: "Hat man breite Schultern und starke Zähne, heißt man Zola [...] oder Roosevelt, so mag sich eine harmonische Wirkung ergeben. Kam man aber ein wenig alt und nobel zur Welt, mit einem natürlichen Beruf zum Zweifel, zur Ironie und zur Schwermut; ist die Lebensröte, die man zur Schau trägt, hektisch oder angeschminkt, [...] dann hat die Sache ihr ethisch Anstößiges". (XII, 427) In *Von Deutscher Republik* ist davon die Rede, daß die politische Reaktion "ihre brutale und unvernünftige Physiognomie unter der imposanten Maske des Gemütes, der Germanentreue etwa, zu verstecken sucht". (XI, 818) Immer wieder finden solche Umsetzungen in anschauliche Gesichts- und Körpervorstellungen statt, gelegentlich mit einem Zug ins Allegorische: "Deutschland, die Wangen hektisch gerötet, taumelte dazumal auf der Höhe wüster Triumphe", heißt es am Ende des *Doktor Faustus*. (VI, 676) "Heute stürzt es, [...] über einem Auge die Hand und mit dem anderen ins Grauen starrend, hinab von Verzweiflung zu Verzweiflung."[132] (Ebd.) Wenn Thomas Mann in der Zeit seiner Wagner-Krise um 1910 dem Komponisten einen "schäbigen Charakter" attestiert, so spiegelt sich ihm auch in diesem Fall sogleich das Innere, Moralische physiognomisch in der äußeren Gestalt: Wagner verzerrt sich zur häßlichen Karikatur, zum "schnupfenden Gnom aus Sachsen mit dem Bombentalent und dem schäbigen Charakter". (Br I, 91) Der Essay *Leiden und Größe Richard Wagners* beschreibt und deutet dessen Körperstatur dann wieder nach dem Muster des überbürdeten Helden: "Diese Schöpfungslast nun liegt auf Schultern, die keineswegs die eines Christopherus sind, einer Konstitution, so hinfällig dem Anschein und dem subjektiven Befinden nach, daß niemand es gewagt hätte, ihr zuzutrauen, sie werde lange aushalten und eine solche Bürde zum Ziele tragen." (IX, 387)

Die ausführliche physiognomische Gesichtsbeschreibung scheint Unmögliches anzustreben. Sie versucht das, was als das per se Individuelle

---

[132] Bildvorlage für diese Beschreibung ist Michelangelos "Jüngstes Gericht". Vgl. Hans Wysling (Hrsg.): *Bild und Text bei Thomas Mann*, S. 392f.

empfunden wird, das menschliche Gesicht, mit den allgemeinen Ausdrücken der Sprache zu erfassen. Und dies kann sie zudem nur, indem sie das Gesicht in eine Reihe von Merkmalen zerlegt und von der Phantasie des Lesers eine schier undurchführbare Syntheseleistung verlangt: die im sprachlichen Nacheinander gelieferten Einzeleindrücke zum Nebeneinander eines Vorstellungsbildes zusammenzufügen. Das Dilemma des Dichters beim Beschreiben von Gesichtern hat schon Lessing auf den Punkt gebracht: "Er fühlt es, daß diese Elemente nach einander geordnet, unmöglich die Wirkung haben können, die sie, neben einander geordnet, haben; [...] daß es über die menschliche Einbildung gehet, sich vorzustellen, was dieser Mund, und diese Nase, und diese Augen zusammen für einen Effekt haben, wenn man sich nicht aus der Natur oder Kunst einer ähnlichen Komposition solcher Teile erinnern kann."[133] Mit dieser Problematik beschäftigt sich ein Brief Thomas Manns an den Zeichner und Illustrator Wolfgang Born, von dem eine Mappe mit neun Lithographien zum *Tod in Venedig* stammt, die 1921 in Buchform erschien; der Brief Thomas Manns ist dort als Vorwort abgedruckt. Born hatte nach der physiognomischen Beschreibung Aschenbachs ein Bild geschaffen, das offenbar wieder erstaunliche Ähnlichkeit mit der ursprünglichen Vorlage, der Fotografie Gustav Mahlers aufwies. Thomas Mann schreibt dazu:

Denn weder hatten Sie Mahler gekannt, noch war Ihnen von mir über jenen heimlich-persönlichen Zusammenhang etwas anvertraut worden. Trotzdem – und dies ist es, worüber ich beim ersten Anblick fast erschrak –, zeigt der Kopf Aschenbachs auf Ihrem Bilde unverkennbar den Mahler'schen Typ. Das ist doch merkwürdig. Heißt es nicht [...], daß die Sprache das Individuelle und Spezifische garnicht ausdrücken könne, und daß es daher nicht möglich sei, verständlich zu sein, wenn der andere nicht dieselbe Anschauung habe? [...] Aber da Sie [...] auf mein Wort hin das Individuelle trafen, so muß die Sprache also nicht nur in unmittelbarer Wirkung von Mensch zu Mensch, sondern auch als literarisches Kunstmittel [...] suggestive Kräfte bewähren können, die eine Übertragung der Anschauung ermöglichen. Das scheint mir so interessant, daß ich bei dieser Gelegenheit nicht ganz darüber schweigen möchte." (Brief vom 18.3.1921; Br I, 185f.)

Thomas Mann kann das 'fast erschreckende' Vorkommnis als Legitimation seiner detaillierten Gesichtsbeschreibungen verstehen. Die grundsätzliche Problematik der Unbeschreibbarkeit des menschlichen Gesichts könnte es ja geraten erscheinen lassen, bei der Darstellung einer Figur auf Anstrengung im Detail zu verzichten, um stattdessen der Phantasie des Lesers mit wenigen markanten Adjektiven einen Anstoß zu geben und ihr dann den Rest zu

---

[133] Gotthold Ephraim Lessing: *Laokoon*, Werke, Bd. 6, S. 129.

überlassen. Die schmeichelhaft genaue Zeichnung Borns nimmt Thomas Mann jedoch als (offenbar ersehnte) Bestätigung dafür, daß seine "literarischen Kunstmittel" – gegen alle traditionellen Einwände – durch ihre "suggestiven Kräfte" *dennoch* die "Übertragung der Anschauung" ermöglichen. Daß der Autor die geheimnisvolle suggestive Kunstwirkung gerade seinen Gesichtsbescheibungen zuspricht, bestätigt ein weiteres Mal ihren herausgehobenen Stellenwert.

In jedem Porträt ergänzen sich physiognomische und pathognomische Züge. Im Frühwerk überwiegt dabei meistens der physiognomische Anteil – das Protokollieren bzw. Konstruieren der feststehenden, zeichenhaft ausdeutbaren Formen und Merkmale. Das physiognomische Deuten steht freilich, seitdem es durch Lavater im letzten Drittel des achtzehnten Jahrhunderts zur Modewissenschaft geworden war, vor allem dann seit seiner Anwendung als Kriminalanthropologie (Lombroso)[134], im Ruf der Pseudowissenschaft. Die Physiognomik trage nicht bei zur 'Beförderung der Menschenliebe' – so der im Untertitel des Werks erhobene Anspruch Lavaters –, sondern zur Menschenverachtung und Menschenrichterei (Lichtenberg). Lavater verstand seine Deutungen der "unwillkührlichen Natursprache im Antlitze" allerdings als Entzifferung eines "göttlichen Alphabeths"[135], seine Untersuchungen galten dem menschlichen Gesicht (und überhaupt der Physis) als einem "Spiegel der Gottheit, dem herrlichsten aller ihrer uns bekannten Werke".[136] Die physiognomischen Analogieschlüsse als Kurzschlüsse und Fehldeutungen zu bezeichnen, ihnen überhaupt die Wissenschaftlichkeit abzusprechen – weil der unterstellte systematische, bis ins kleinste wirksame Zusammenhang zwischen Körperform und Seele nicht nachweisbar sei –, dies hieße in den Augen Lavaters, der Gottheit eine unleserliche Schrift unterstellen, die "ewige Ordnung zur willkührlichsten Ta-

---

[134] Cesare Lombroso: *L' uomo delinquente*, Mailand 1876, deutsch: *Der Verbrecher*, übers. v. M. O. Fraenkel, 2 Bde., Hamburg 1887/1890; der erste Band beschäftigt sich mit den physiognomischen Anomalien des Kriminellen. – Vgl. Umberto Eco: *Die Sprache des Gesichts*, in: Ders.: *Über Spiegel und andere Phänomene*, München 1990, S. 71-82, hier S. 78f. – Eco führt als Beispiel Untersuchungen von Gerichtsakten aus den letzten Jahren des neunzehnten Jahrhunderts an, aus denen zu ersehen sei, "wie tief die Gerichtsgutachten der Verteidigung und der Anklage, vermittelt durch den Einfluß Lombrosos, von Lavaterismen durchdrungen waren".

[135] Johann Caspar Lavater: *Physiognomische Fragmente zur Beförderung der Menschenkenntnis und Menschenliebe*. Eine Auswahl mit 101 Abbildungen, hrsg. v. Christoph Siegrist, Stuttgart 1984, S. 10.

[136] Johann Caspar Lavater: *Physiognomische Fragmente...*, S. 33.

schenspielerin" zu machen, "die immer etwas anderes zeigt, als sie sehen lassen will".[137]

Sobald der harmonische theologische Untergrund der Lavaterschen Wissenschaft jedoch verlassen wird, erhält die Konzentration auf die 'zufälligen' physischen Formen der Gesichtsbildung zur Erfassung der Wesens- und Geistesart eines Menschen etwas Anmaßendes, Degradierendes. Ein schiefes Kinn, ein schielender Blick, eine 'Knopfnase' oder 'Fuchsohren' werden angesichts der von Lavater behaupteten Harmonie von moralischer und körperlicher Schönheit ("Je moralisch besser; desto schöner – Je moralisch schlimmer; desto häßlicher"[138]) zum entlarvenden Zeichen der Minderwertigkeit. Daß solche Deutungskunst tatsächlich eher auf das Gegenteil von Menschenkenntnis hinauslaufen kann, macht eine kritische Bemerkung Jakob Friedrich Abels zur physiognomischen Mode seiner Zeit deutlich: "Seit dem der vortreffliche Lavater das Studium der Physiognomik rege gemacht hat, schwazen Kinder und Weiber von bedeutungsvollen Augen und Stirnen [...]. Man fängt an auf die Nase eines Mannes mehr aufmerksam zu seyn, als auf seine Handlungen, und verzeiht ihm wohl eher die Verführung der Unschuld oder die Lästerung eines guten Namens, als einen schiefen Blick oder eine schlechte Stirne."[139] Bei aller Kritik kann jedoch über die Bedeutsamkeit des physiognomischen Schließens kein Zweifel bestehen. Mit Recht kann Lavater anführen: "Alle Menschen, (so viel ist unwidersprechlich) urtheilen in allen, allen, allen – Dingen nach ihrer Physiognomie, ihrer Äußerlichkeit, ihrer jedesmaligen Oberfläche. Von dieser schließen sie durchgehends, täglich, augenblicklich auf ihre innere Beschaffenheit."[140] Über die Zuverlässigkeit solcher Schlüsse ist damit jedoch nichts gesagt. Mit gleichem Recht wendet deshalb Lichtenberg gegen das Argument Lavaters ein: "Fast lächerlich ist der Beweis für die Zuverlässigkeit der Physiognomik, den man aus der täglichen ja stündlichen Übung derselben herleiten will. [...] Wir urteilen stündlich aus dem Gesicht und irren stündlich. [...] Wollten wir die Leute, von denen wir nach dem ersten Anblick urteilen, alle durch jahrelangen, genauen Umgang prüfen, ich glaube, es würde der Phy-

---

137 Johann Caspar Lavater: *Physiognomische Fragmente...*, S. 33.

138 Johann Caspar Lavater: *Physiognomische Fragmente...*, S. 53.

139 J. F. Abel: *Ueber das Daseyn, Nuzen und Methode der Physiognomik*, in: Ders.: *Sammlung und Erklärung merkwürdiger Erscheinungen aus dem menschlichen Leben* [Tl. 1], Frankfurt/Leipzig 1784, S. 165-201, hier S. 165. Hier zitiert nach Wolfgang Riedel: *Die Anthropologie des jungen Schiller. Zur Ideengeschichte der medizinischen Schriften und der "Philosophischen Briefe"*, Würzburg 1985, S. 149.

140 Johann Caspar Lavater: *Physiognomische Fragmente...*, S. 34.

siognomik ärger ergehen, als der Astrologie."[141] Der vermeintlichen Entsprechung von Schönheit und Tugend – so willkürlich wie andere physiognomische Klischees, die von der körperlichen Schönheit auf Dürftigkeit des Geistes schließen oder sie als "Maske des Bösen"[142] sehen wollen – begegnet Lichtenberg mit Witz: In der Schönheit, gar nach Winkelmannschem Ideal, werde "bis ans Ende der Welt jeder ehrliche deutsche Bauer [...] von jedem neapolitanischen Dieb übertroffen werden".[143]

Die anhaltende und irritierende Faszination der Physiognomik liegt nicht zuletzt darin begründet, daß jeder sie tatsächlich 'stündlich' praktiziert, während gleichzeitig der Versuch einer wissenschaftlichen Fundierung und Systematisierung selbst in den Grundzügen ausgeschlossen erscheint. Obwohl die 'natürliche' Physiognomik ein selbstverständlicher Teil des Alltags ist, sie überall – in der Karikatur, der Werbung, dem Film, der Literatur – auch gezielt eingesetzt wird, gilt eine wissenschaftliche Physiognomik dem kritischen Bewußtsein als Scharlatanerie wie die Astrologie. – Eindrucksvoll hat auch Schopenhauer das Phänomen beschrieben: "Daß das Äußere das Innere darstellend wiedergebe und das Antlitz das ganze Wesen des Menschen ausspreche und offenbare, ist eine Voraussetzung, deren Apriorität und mithin Sicherheit sich kundgibt in der bei jeder Gelegenheit hervortretenden allgemeinen Begier, einen Menschen, der sich durch irgend etwas im guten oder schlimmen hervorgetan oder auch ein außerordentliches Werk geliefert hat, zu *sehn* oder, falls dies versagt bleibt, wenigstens von andern zu erfahren, *wie er aussieht* [...]."[144] Schopenhauer ist von der grundsätzlichen Richtigkeit der Physiognomik überzeugt: "Alle gehen stillschweigend von dem Grundsatz aus, daß jeder *ist*, wie er *aussieht*: dieser ist auch richtig; aber die Schwierigkeit liegt in der Anwendung [...]."[145] Wie nah physiognomisches Urteil und Vorurteil beieinanderliegen wird dann auch in den eingestreuten Invektiven des Schopenhauerschen Werks besonders deutlich: "Daher möchte ich meinen scharfsinnigen Landsleuten raten, daß, wenn sie einmal wieder Belieben tragen, einen Alltagskopf dreißig Jahre lang als großen Geist auszuposaunen, sie doch nicht eine solche Bier-

---

[141] Georg Christoph Lichtenberg: *Über Physiognomik; wider die Physiognomen. Zur Beförderung der Menschenliebe und Menschenkenntnis*, Schriften und Briefe, hrsg. v. Wolfgang Promies, Bd. 3, Darmstadt 1972, S. 283. Vgl. auch Ders.: *Wider Physiognostik*, ebd., S. 553-562 u. Ders.: *Bericht von den über die Abhandlung wider die Physiognomen entstandenen Streitigkeiten*, ebd., S. 563-568.

[142] Vgl. Umberto Eco: *Die Sprache des Gesichts*, S. 74.

[143] Georg Christoph Lichtenberg: *Über Physiognomik*, S. 292.

[144] Arthur Schopenhauer: "*Zur Physiognomik*", P II, 744.

[145] Arthur Schopenhauer: P II, 745.

wirtsphysiognomie dazu wählen mögen, wie *Hegel* hatte [...]."[146] Die Eigenart der Assoziation des Betrachters, seine Einstellung und sein Geschmack scheinen die physiognomische Deutung mehr zu bestimmen als das Angeschaute.

Die berühmte Kritik Lichtenbergs zielt vor allem auf den Umstand, daß Lavater die festen und unbeweglichen Teile und Formen des Gesichts für die aussagekräftigsten hält – gemäß der Auffassung einer vorab gegebenen Entsprechung von innen und außen, einer 'göttlichen' Schrift. Stirn, Nase, Kinn werden anhand von Schattenrissen gedeutet und beurteilt. Deutbarkeit gesteht Lichtenberg aber nur den mimischen Lebensspuren zu: Die vom Gesichtsausdruck gespiegelten, tausendfach wiederholten Affekte und Gemütsbewegungen, die für die seelische Aktivität eines Menschen charakteristisch sind, graben sich im Lauf der Jahre in die *beweglichen, weichen* Gesichtspartien ein: "Je feiner und folgsamer der Ton desto richtiger und wahrer der Abdruck."[147] (Ganz ähnlich wird dann Schopenhauer vom "langsame[n] Bildungsprozeß des bleibenden Gesichtsausdrucks durch unzählige vorübergehende charakteristische Anspannungen der Züge" sprechen.[148]) – Der Physiognomik Lavaters stellt Lichtenberg eine "Pathognomik" als "Semiotik der Affekte", "Kenntnis der natürlichen Zeichen der Gemütsbewegungen" gegenüber.[149] Aber auch diese Semiotik möchte er nur mit Behutsamkeit angewandt wissen; er setzt eine doppelte wissenschaftliche Absicherung voran: "Selbst den dauernden Spuren ehemaligen pathognomischen Ausdrucks auf dem Gesicht, von dem noch das wenige sichere abhängt, das die Physiognomik hat, ist nur in den äußersten Fällen zu trauen, wo sie so stark sind, daß man die Leute gezeichnet nennen möchte, und auch alsdann nur, wenn sie in Gesellschaft mit anderen Kennzeichen stehen, die schon eben das weisen [...]."[150] Der Grund für diese Vorsicht ist zum einen die Unsicherheit der Zeichen selbst, zum anderen aber auch das Bemühen, alle Spuren, die nicht vom Subjekt zu verantworten sind, auszuschließen: "So steht unser Körper zwischen der Seele und der übrigen Welt in der Mitte, Spiegel der Wirkungen von beiden; erzählt nicht allein unsere Neigungen und Fähigkeiten, sondern auch die Peitschenschläge des Schicksals, Klima, Krankheit, Nahrung und tausend Ungemach, dem uns

---

[146] Arthur Schopenhauer: P II, 752.

[147] Georg Christoph Lichtenberg: *Über Physiognomik*, S. 287.

[148] Arthur Schopenhauer: P II, 747.

[149] Georg Christoph Lichtenberg: *Über Physiognomik*, S. 264.

[150] Georg Christoph Lichtenberg: *Über Physiognomik*, S. 290.

nicht immer unser eigner böser Entschluß, sondern oft Zufall und oft Pflicht aussetzen."[151]

Die ganze Physiognomik-Debatte des 18. Jahrhunderts steht unter dem Vorzeichen deklarierter und bestrittener 'Menschenfreundlichkeit'; nicht nur die Physiognomik Lavaters, auch die kritische Abhandlung Lichtenbergs trägt die Absicht "zu Beförderung der Menschenliebe und Menschenkenntnis" im Titel. Der modernere Lichtenberg gibt dabei repräsentativ die Bedenken wieder, welche ein aufgeklärter Standpunkt, der in den festen Gesichtsformen nicht vorab den Abdruck eines "göttlichen Alphabeths" erkennt, sondern eher das Zufallsprodukt der Natur, der Physiognomik entgegenbringt. Offensichtlich liegt seiner Kritik eine sensible Vorstellung von der Autonomie des Subjekts zugrunde. Nur die Spuren, die durch eine Vermittlung von Seelischem mit Körperlichem zustande kommen, nur die perennierenden Abdrücke seelischer und geistiger Aktivität gelten Lichtenberg als aussagekräftig. Die körperlichen Grundformen, auf die das Subjekt keinen Einfluß hat, als Beurteilungsgrundlage eben dieses Subjekts heranzuziehen, empfindet er dagegen als Mißbrauch der Physiognomik, als kränkend und menschenfeindlich. Es gebe eine "Korruptibilität" des Körpers, deren "Grenze man nicht kennt" und die mit der Zufallslaune zusammenspielt: "Die Falte die sich bei dem einen erst nach tausendfacher Wiederholung derselben Bewegung bricht, zeigt sich bei dem andern nach weniger; was bei dem einen eine Verzerrung und Auswuchs verursachet, den selbst die Hunde bemerken, geht dem andern unbezeichnet, oder doch menschlichen Augen unbemerkt hin."[152] Das erinnert an die Worte, mit denen der Aufklärer Settembrini den von Peeperkorn physiognomisch beeindruckten Hans Castorp warnt. Er spricht von "jene[n] betrügerischen Hohlformen, mit denen der Dämon des Körperlich-Physiognomischen uns manchmal zu foppen liebt". (III, 810)

Für den Erzähler ist die physiognomische Analogie eines der wirkungsvollsten Mittel zur Erhöhung oder Abwertung einer Figur. Die Effektivität der erzählerischen Physiognomik birgt allerdings zugleich Gefahren: auf der einen Seite tendiert sie leicht zum Trivialen (oder zum Edelkitsch; z.B. in den 'Meister'-Porträts von Stefan Zweig[153]), auf der anderen zur Karikatur. Ob die physiognomischen Analogien zutreffend sind, spielt in der Fiktion zwar zunächst keine Rolle, sie können nicht widerlegt, durch bessere Kenntnis der Person als trügerisch erwiesen werden. Gleichwohl kann sich

[151] Georg Christoph Lichtenberg: *Über Physiognomik*, S. 266.

[152] Georg Christoph Lichtenberg: *Über Physiognomik*, S. 266f.

[153] Vgl. hierzu: Peter von Matt: *...fertig ist das Angesicht*, S. 199-207.

auch die literarische Physiognomik – nicht nur von seiten der unfreiwilligen 'Vorbilder' – schnell den Vorwurf mangelnder 'Menschenliebe' einhandeln: je ausschließlicher der Porträtist nämlich seinen Blick an die festen Formen heftet bzw. je mehr er all jene Zeichen und Spuren in den Vordergrund rückt, die mit der seelischen Aktivität, den "Neigungen und Fähigkeiten" des Subjekts für das moderne Empfinden nichts zu tun haben. Die literarische Figur erscheint entwürdigt und lächerlich gemacht, wenn ihr Gesicht – der 'Spiegel der Seele' – keineswegs die Seele spiegelt, sondern lediglich die meist häßlichen Signaturen der 'Naturlaune' oder der 'äußeren Welt' zur Schau trägt, und wenn diese Zeichen *dann doch* im Sinne einer unproblematischen physiognomischen Analogie für die innere Verfassung der Figur stehen sollen. Daß Thomas Mann vor allem bei den Nebenfiguren des Frühwerks mit einer solchen Physiognomik gearbeitet hat, ist an einer Reihe von Beispielen, zuletzt am Porträt des 'fuchshaften' Erbschaftsjägers Tiburtius deutlich geworden. Darüber hinaus zeichnet das Frühwerk mit Vorliebe gerade Physiognomien, die von den "Peitschenschlägen des Schicksals" gezeichnet sind (Piepsam, Jakoby etc.); diese 'Peitschenschläge' werden aber kaum jemals Gegenstand einer problematischen Darstellung, denn gerade durch ihre Deformierungen werden die Figuren schon vorab dem minderen Bereich des Komischen, problematischer Gestaltung nicht Würdigen zugeordnet.

Nicht zuletzt auf diese Momente ist wohl die lange Beschwerdeliste zurückzuführen, die in der 'übergenauen' Menschendarstellung des Autors einen 'kalten Blick', den 'kalten Künstler' am Werk sieht. Thomas Mann ist sich über den oft herabsetzenden, entwürdigenden Effekt solcher physiognomischen Analogien, ja überhaupt des direkten Zugriffs auf die Gesichtsdetails im klaren gewesen. Zum einen spricht dafür die genau kalkulierte Stellung der Gesichtsbeschreibungen in den Texten; daß etwa das physiognomische Porträt Aschenbachs erst ganz am Ende des zweiten Kapitels steht, erst auf die Vorstellung der Werke, der Persönlichkeit und die Rekapitulation der Lebensgeschichte folgt, ist kein Zufall. Noch bezeichnender ist hier ein Umstand, auf den Peter von Matt beiläufig hingewiesen hat: die Tatsache, daß der "Kultur breithinwachsender Gesichtsbeschreibungen beim *Erzähler* Thomas Mann [...] eine fast peinliche Zurückhaltung beim *Essayisten* Thomas Mann gegenübersteht".[154] Die Lesbarkeit des Gesichts, die im fiktionalen Werk gelten mag, könnte hier, in deutungsfreudiger Anwendung auf die Berühmtheiten der Literaturgeschichte, kaum erzeugen. Einige Essays verzichten deshalb auf physiognomische Gesichts-

---

154 Peter von Matt: *...fertig ist das Angesicht*, S. 224.

beschreibungen (z.B. über Wagner, Schopenhauer und Nietzsche), andere bieten nicht mehr als eine kurze Anmerkung: "Heinrich von Kleist [...] war ein junger Mann mit einem Kindergesicht." (IX, 823) Meist fällt das Höfliche, Konventionelle dieser knappen Beschreibungen auf: Angesichts der in einem besprochenen Briefband enthaltenen Abbildung ist die Rede von dem "prachtvollen, fest, gütig und fröhlich dreinschauenden Greisen-haupt" Fontanes (IX, 10), ein andermal wird Fontane, den Anfang des *Stechlin* zitierend, ein 'Bismarckkopf' bescheinigt. Schiller präsentiert sich "umflossen von männlicher Idealität", mit "Heilandsblick" und einer "von Gedankenwürde geadelten Stirne". (IX, 872f.) Theodor Storm ist ein "ver-geistigter Schifferkopf" mit "Wetterfältchen in den Winkeln der zugleich träumerischen und spähenden blauen Augen", Turgenjews Gesicht drückt "slawische Künstlermelancholie" aus: "es fehlt nicht die Stirnlocke, das Auge grau, weich und tief verschwimmend". (IX, 247f.) Undenkbar, daß hier, anstatt der Augen, die Nasen als Seelenspiegel erwähnt würden. Das Detail dient dazu, den *Gesamteindruck* einer Künstlerpersönlichkeit anhand der 'sprechenden' körperlichen Einzelheit suggestiv zu befestigen.

Von hier aus ergibt sich eine Perspektive auf die veränderte Menschen-darstellung der späteren Werke. Der oft vage, aber suggestive 'Gesamt-eindruck' als Mittel des Porträts fällt ja auch in den Beschreibungen der Josephsromane auf: "Etwas erbschlau Bäuerliches und wieder humoristisch Schiffsmannsmäßiges war in Mont-kaws Physiognomie [...]." (V, 797) Es liegt auf der Hand, daß ein solches Verfahren vorteilhafter wirkt als das Herausstellen von Knopfnasen, dünnen Backenbärten oder anderen kurio-sen Details. Nicht an erster Stelle die physiognomische Analogie, sondern das Lesen des *Ausdrucks* ist in der späteren Porträtkunst Thomas Manns bestimmend; meist wird mit ihm ein 'freundlicher' Akzent gesetzt. Auch das Wort *Ausdruck* kehrt in den Gesichtsdarstellungen nun formelhaft wieder: Mai-Sachmes Gesicht ist "von eigentümlich ruhigem, ja schläfrigem, dabei jedoch klugem Ausdruck". (V, 1304) Die Darstellungen untergeordneter Randfiguren, etwa der Handwerker, machen hier keine Ausnahme. Über den Gärtner Glutbauch heißt es: "Das Gesicht des untersetzten Mannes war kräftig gefärbt und mit nicht unfreundlichem Ausdruck in sich zusammen-gezogen [...]." (V, 885) In der Großstadt 'Menfe' begegnet Joseph dem Bäk-ker Bata: "Sein Haar lag kurz und glatt am runden Schädel, und seine glasig gewölbten Augäpfel traten gutmütigen Ausdrucks noch mehr hervor, wenn er den wohlgeformten, rasierten Mund laufen ließ in der Rede." (V, 759) In beiden Fällen wird die Ausdrucksbeschreibung wiederum mit sympathie-lenkenden, positiv wertenden Attributen versetzt und damit ein degradie-render Effekt der nach wie vor oft komischen Details vermieden; auch bei dem weich- und warmherzigen Ruben überwiegt auf diese Weise der 'Ausdruck' alle Details vierschrötiger Körperlichkeit: "[...] Re'uben, ein neunundzwanzigjähriger Mann zur Zeit, groß und schwer, die gewaltigen Beine mit Lederriemen umwunden, in einem Fellschurz, mit rasiertem, fleischig-muskelstarkem, gerötetem, bärbeißigem Gesicht von stumpfem Profil und verlegen-würdevollem Ausdruck [...]." (V, 491) Selbst auf eindeutige Negativfiguren wie Beknechons wird dieses Darstellungsverfahren angewandt: "Sein eiförmiger Kopf mit dem niemals bedeckten, glattrasierten Schädel war bedeutend und nach seinem Ausdruck gänzlich bestimmt durch ein tief und scharf eingeschnittenes Zeichen zwischen seinen Augen, das immer da war und an Strenge nichts einbüßte, wenn der Mann lächelte, was [...] immerhin vorkam." (V, 944)

Das von der pathognomischen 'Weh-Froh'-Spannung gekennzeichnete Gesicht Mai-Sachmes ist damit nur *ein* Beispiel für die Revision des physiognomischen Verfahrens. Eindrücke, die sich auf pathognomische 'Spuren' beziehen, erhalten Vorrang gegenüber der Physiognomik der festen Formen, sie bestimmen die Färbung des Porträts, die Bewertung des Porträtierten; an die Stelle des vergrößerten, die dargestellte Figur komisch dominierenden Details tritt die Ausdrucksbeschreibung. Deutlicher als in den von naturalistischer Zurückhaltung geprägten frühen Werken wird die Darstellung des Äußeren mit Charakterzeichnung verwoben.

b) Gelassene Tätigkeit

Wieder gibt es eine Reihe von Zügen, die Mai-Sachme mit seinen Vorgängern, dem Ismaeliter und Mont-kaw, verbinden. So geht ihm der Ruf voraus, "daß er ein Mann sei, mit dem man nicht spaße". (V, 1302) Wie bei den anderen Mentoren verhindert aber Mai-Sachmes nüchternes, diesseitsgewandtes Denken und Handeln nicht ein "untrügliche[s] Gefühl" des "guten Mannes für die göttliche Huld". (V, 1325) Auch Mai-Sachme erlebt die schon bekannte Irritation beim Anblick Josephs, äußerlich kaum merklich allerdings, wie es einem Mann entspricht, der vor allem charakterisiert wird durch seine gelegentlich schon von Schläfrigkeit bedrohte Gelassenheit. Die Wiederholung solcher 'musterhaften' Situationen gibt dem Erzähler die Möglichkeit, die Charaktere durch verschiedene Reaktionsweisen anschaulich werden zu lassen. Hier ist es bereits Josephs "Ich bin's", die "Formel des Mythus" (vgl. IX, 496), das "urdramatische Wort des Sich-zu-erkennen-Gebens", was Mai-Sachme "ganz ausnahmsweise, in einem ganz weiten und ungenauen Sinn hatte erschrecken lassen, so daß er selbst gefühlt hatte, daß er um die Nasenspitze herum etwas blaß geworden war". (V, 1324)

Bei Mont-kaw wurde die ausführliche Darstellung der Nebenfigur sowohl mit der Genauigkeit des Erzählens wie auch mit der Sympathie für die "einfache und doch feinsinnige" Gestalt des Hausvorstehers begründet. (V, 979f.) Ganz ähnlich heißt es jetzt über Mai-Sachme:

Es war ein eigentümlich ansprechend temperierter Mann, in seiner Eintönigkeit, und nicht umsonst hat die alles ableuchtende Erzählung es im vorigen so wenig eilig gehabt, ihren Lichtkegel von seiner ein für allemal gedrungenen Gestalt wieder wegzuheben, sondern ihn lange genug auf ihr ruhen lassen, daß ihr Muße hattet, euch seine bisher so gut wie unbekannte Menschlichkeit einzuprägen [...]. (V, 1318f.)

Der Verlauf des Ankunftsgesprächs könnte jedoch kaum unterschiedlicher sein. Während der von Krankheit geplagte Mont-kaw auf Eile dringt, unterbricht Mai-Sachme die Einweisung des neuen Gefangenen immer wieder durch bemerkenswerte Abschweifungen. Die Haupteigenschaft des Amtmanns, durch nichts zu beirrende Ruhe, wird so nicht nur behauptet, sie bestimmt die Struktur des Kapitels. Aber trotz seines etwas schläfrigen Gesichtsausdrucks und seiner Klagen über "äußerste Langeweile" (V, 1305) geht das überlieferte und mit solchen Eindrücken nur scheinbar bestätigte Vorurteil, der Amtmann habe sich 'keines Dinges angenommen', in die Irre:

Mai-Sachme dagegen war ein durchaus zuständiger Mann, der sich mit Wärme, wenn auch sehr ruhig, einer Menge Dinge, namentlich aber der Menschen annahm; denn er war ein eifriger Arzt, der jeden Tag früh aufstand, um zu besehen, was aus dem After der kranken Soldaten und Züchtlinge abgegangen war [...]; und sein an gesicherter Stelle gelegenes Dienstzimmer [...] war ein rechtes Laboratorium von Stampf- und Reibegeräten, Herbarien, Phiolen und Salbentiegeln, Schläuchen, Destillierkolben und Verdampfungsbecken, wo der Hauptmann, mit demselben schläfrig-klug blickenden Gesicht [...] seine Sude, Pillen und Umschlagbreie [...] bereitete [...]. (V, 1320)

So ein Auschnitt aus dem seine Tätigkeiten aufzählenden Satzgefüge, das beinahe dieselbe Überlänge erreicht wie der über eine ganze Buchseite gestreckte 'Joseph'-Satz zu Beginn der "Höllenfahrt". Bei aller Ruhe ist Mai-Sachme, der Entwicklung Josephs entsprechend, der geistig lebhafteste der Mentoren. Egal ob das Gespräch das Medizinische oder den Strafvollzug betrifft, die Baukunst oder die Literatur, die Liebe oder Psychologisches – es gibt keinen Gegenstand, der von ihm nicht sogleich reflektierend hin- und hergewendet und auf seine Hintergründe befragt würde. Auch wenn immer wieder gesagt wird, daß Mai-Sachme im "gleichmäßigsten Tonfall" (V,

1311) spricht, "gelassenen Mundes" (V, 1315), die "Lippen mäßig [...] bewegend" (V, 1311), so drängt es ihn doch zur Mitteilung und zu geistreichen Abschweifungen. Dabei handelt sich um einen ausgesprochen 'plastischen' Zug, der der Figur szenische Präsenz verleiht. Auf die Frage, ob er die Sprüche des "heiligen Imhôtep" kenne, antwortet Joseph, er habe sie "unzählige Male gelesen", und die Erzählung fährt fort:

Aber der Hauptmann, obgleich er Antwort gewollt hatte, hörte nicht hin. – "Das war ein Mann", sagte er, gegen seinen Begleiter, den Hausbetreter, gewandt, "ein guter Gefährte des Lebens, Imhôtep, der Weise! Arzt, Baumeister, Priester und Schreiber, das alles war er [...]. Ich verehre den Mann [...]. Ein Heilkundiger war er zumal und Adept der Natur, ein Kenner des Festen und Flüssigen, von lindernder Hand und allen, die sich wälzen, ein Ruhespender. Denn er selbst muß sehr ruhig gewesen sein und nicht gemacht, zu erschrecken." (V, 1306)

Seinesgleichen gebe es 'heute' nicht mehr, meint Mai-Sachme, aber natürlich hat er in aller Bescheidenheit auch eine Beschreibung seiner selbst gegeben. Auch er ist ja zugleich Arzt, Apotheker, Offizier, Kerkermeister und, in seiner freien Zeit, Schriftsteller. Mit der Vielfalt seiner Tätigkeiten und Interessen ist auch er das Musterbeispiel eines praktischen Menschen, der der borniertn Fixierung auf seinen Geschäftsbereich entgeht. Die Idee des 'weisen Ausgleichs', eines befruchtenden Verhältnisses zwischen verschiedenen 'Sphären' bestimmt die Äußerungen Mai-Sachmes über sein Vorbild:

"Heilkunde und Schreibtum borgen mit Vorteil ihr Licht voneinander, und gehen sie Hand in Hand, geht jedes besser. Ein Arzt, von Schreibweisheit beseelt, wird ein klügerer Tröster sein den sich Wälzenden; ein Schreiber aber, der sich auf des Körpers Leben und Leiden versteht, auf die Säfte und Kräfte, die Gifte und Gaben, wird viel voraushaben vor dem, der davon nichts weiß. Imhôtep, der Weise, war ein solcher Arzt und ein solcher Schreiber." (V, 1306)

Der Amtmann ist ein Pragmatiker. Nicht zufällig heißt das Buch, das er zur Herstellung seiner Medizin zu Rate zieht "Zum Nutzen der Menschen". (V, 1320) In seinem Gefängnis soll der Gefangene nicht theatralisch in Ketten schmachten, sondern sich nützlich machen: "Bindet ihn los, Dummköpfe! Hier wird hart gearbeitet für Pharao, in dem Steinbruch oder am Neubau, und nicht gefesselt herumgelegen. Was für ein Unverstand!" (V, 1307) Ein Vorteil für Joseph, die Lösung der Fesseln, wird von Mai-Sachme befohlen, als handelte es sich um eine zusätzliche Erschwernis der Haft; auf dieselbe Weise hatte Mont-kaw Joseph die Beförderung mitgeteilt, Potiphar die Strafe verkündet. Als Arzt ist Mai-Sachme überaus erfolgreich. Die größte therapeutische Wirkung erzielt er durch seine charismatische Ruhe, die sich auf den Patienten überträgt, "so daß er nicht mehr vor seiner Krankheit erschrak, was nur schädlich war, sondern aufhörte sich zu wälzen und unwillkürlich des Hauptmanns eigenen Gesichtsausdruck annahm: die gerundeten Lippen leicht geöffnet und die Brauen in klugem Gleichmut emporgezogen." (V, 1323) Auf die Moribunden übt er den wohl bemerkenswertesten Einfluß aus; er nimmt ihnen die Angst vor dem Tod: "[...] und selbst wenn schon Leichenfarbe eines Mannes Gesicht bedeckte, ahmte er noch, bei befriedeten Händen, die gelassene Miene des Arztes nach und blickte ruhigen Mundes, unter verständig erhobenen Brauen, dem Leben nach dem Leben entgegen." (V, 1323)

Mai-Sachmes Aktivitäten stehen im Zeichen einer unverkrampften Aufklärung. Der 'Wepwawet-Priester', mit dem der 'materialistische' Mediziner wegen 'rückständiger' magischer Praktiken in Konflikt geraten könnte, ist sein Freund und Brettspiel-Partner. Mai-Sachme unterhält ein diplomatisches Verhältnis zur Magie. Der Humor dieser Passagen rührt u.a. daher, daß auch der Erzähler gewissermaßen diplomatische Zugeständnisse an die magischen Praktiken macht, dadurch 'Sympathie' für *beide* Seiten bewahrt. Die Heilmethoden des Priesters

waren immer allzu einseitig auf Zauberei und Sprüche-Wesen ausgerichtet gewesen, ein zwar notwendiges Element, insofern die Erkrankung eines Organs [...] unstreitig auch darauf zurückzuführen war, daß seine besondere Schutzgottheit diesen Körperteil gern oder ungern verlassen und einem feindlichen Dämon das Feld geräumt hatte, der nun darin sein zerrüttendes Wesen trieb und durch treffende Beschwörung zum Auszuge genötigt werden mußte. Dabei hatte der Hausbetreter mit einer Brillenschlange [...] gewisse Erfolge, die auch Mai-Sachme bestimmten, sich das Tier zuweilen von ihm auszuleihen. Im ganzen aber war dieser der erprobten Überzeugung, daß die Magie ganz für sich und in reiner Absonderung selten durchzugreifen vermöge, sondern eines stofflichen Anhalts profaner Mittel und Kenntnisse bedürfe [...]." (V, 1320f.)

Die diesseitsbezogene, wirklichkeitsgerechte Wahrnehmungs- und Denkweise, die Joseph zuerst durch den Ismaeliter kennengelernt hat, begegnet ihm hier auf höherer, gelehrter Stufe. Auffällig ist Mai-Sachmes 'wissenschaftliche' Art des Schlußfolgerns, er will stets über das Einzelne hinaus zum Allgemeingültigen gelangen. So bezeichnet er die Auffassung, das Gefängnis sei ein Ort des 'gefesselten Herumliegens' nicht nur als Irrtum, sondern bemüht sich, diesem Irrtum auf den Grund zu gehen. Er erkennt in ihm ein allgemeineres Problem: ein die Wirklichkeit verfehlendes Wörtlich-Nehmen von bildhaften Ausdrucksweisen. Als nächstes wird der 'soziologische' Aspekt dieser Realitätsschwäche angesprochen: "Solche Verwechslung von Ausdrucksweise und Wirklichkeit ist meiner Meinung nach ein Hauptmerkmal der Unbildung und des Tiefstandes. Ich habe sie oft gefunden bei

Gummiessern des elenden Kusch und auch bei den Bäuerlein unserer Fluren, doch nicht sowohl in den Städten." (V, 1307f.) Ton und Denkstil erinnern hier an einen anderen 'gelassenen' Selbstdenker und Humanisten, Michel de Montaigne, der wie Mai-Sachme die Neigung zur Literatur mit nüchternen Amtsgeschäften vereinbaren konnte. Daß Mai-Sachme "sein an gesicherter Stelle gelegenes Dienstzimmer im Zitadellenturm" eingerichtet hat, ist eine Anspielung auf den berühmten Turmbewohner.[155] (V, 1319) Hier folgt nun die Einschränkung, daß das Wörtlich-Nehmen des bildhaften Ausdrucks allerdings eine gewisse, wenn auch einfältige Poesie besitze. An diesem Punkt setzt sogleich die nächste Reflexion an: eine nähere Bestimmung der Dichtkunst, wobei wiederum die Idee des 'weisen Ausgleichs', der gegenseitigen Förderung Gewicht erhält:

Es gibt, soviel ich sehe, zwei Arten von Poesie: eine aus Volkseinfalt und eine aus dem Geiste des Schreibtums. Diese ist unzweifelhaft die höhere, aber es ist meine Meinung, daß sie nicht ohne freundlichen Zusammenhang mit jener bestehen kann und sie als Fruchtboden braucht, so wie alle Schönheit des oberen Lebens und die Pracht Pharao's selbst die Krume des breiten, bedürftigen Lebens braucht, um darüber zu blühen [...]. (V, 1308)

Beispielhaft ist Mai-Sachmes lebenskluger Umgang mit Menschen, wie ihn das Kapitel "Die Herren" vorführt. Es geht wieder darum, zu 'vermitteln', eine produktive Atmosphäre der Bereitwilligkeit zu schaffen. Über den Umgang mit den beiden 'hohen' Gefangenen sagt Mai-Sachme:

"In allen Stücken ist ein mittleres Entgegenkommen zu zeigen und die Andeutung zu pflegen." (V, 1332) - "Solche Herren bedürfen der Form, und wenn man sie nur nach ihren Wünschen *fragt*, so ist ihnen schon wohler, und weniger wichtig ist's dann, ob auch die Wünsche erfüllt werden. [...] Meine Leutnante hier wären entweder zu grob oder zu unterwürfig mit ihnen. Und doch gilt es, die rechte Mitte zu halten. Eine düster gefärbte Ehrerbietung wäre nach meiner Meinung am Platze."

---

[155] Die lautliche Ähnlichkeit beider Namen (drei Silben, neun Buchstaben, 'M' am Anfang) mag Zufall sein. - Montaigne dient bereits in dem frühen Essay *Der Künstler und der Literat* (1913) als Modell für eine positive Zeichnung des Literaten: "Der Literat ist also Moralist in doppeltem Sinne: Er ist Seelenkundiger und Sittenrichter, und er ist beides aus Künstlertum. Sein Kunsttrieb macht ihn zum Psychologen, denn wo fände sein Talent [...] köstlicheres Genüge, wo sein expressives Virtuosentum erlesenere, schwierigere, sublimere Aufgaben, als in den Wirrnissen des Menschenherzens." (X, 65f.) Montaigne beeindruckt vor allem durch sein Ethos: "Reinheit, Edelmut und Tiefe", die "edle Haltung seines Stils", die "innere Gebärde der Generosität" (X, 66), zitiert wird von Thomas Mann eine Abhandlung aus dem dritten Buch der Essays, "Vom Nützlichen und vom Rechten". Das Französische gilt Thomas Mann in stehender Wendung als die "Sprache Montaignes, Voltaires und Flauberts". (XIII, 234) - Dem assoziativen Vorgehen Montaignes ähnelt die Art, wie Mai-Sachme seine Gedanken entwickelt.

"Verlangen sie Gänsebraten, so gib ihnen einmal einen gerösteten Storch. Verlangen sie Kuchen, so gib ihnen gesüßtes Brot." (V, 1331f.)

Mit genau dieser sowohl die Grobheit wie die Nachgiebigkeit vermeidenden Strategie des mittleren Entgegenkommens erzielt später die Politik des "Ernährungs- und Ackerbau-Ministers" (V, 1495) Joseph ihre Erfolge, z.B. bei der Organisation der Steuern: "Man kann nun sagen, daß Josephs Verwaltung hier vom ersten Tage an die Zügel sowohl straff anspannte wie auf der anderen Seite auch lockerte: nämlich dadurch, daß sie alles Gewicht auf den Getreidezins legte, die anderen Schuldigkeiten aber dagegen sehr milde ansah." (V, 1499) Josephs Politik ist, ein "zusammengesetztes System von Ausnutzung der Geschäftslage und Mildtätigkeit, von Staatswucher und fiskalischer Vorsorge, wie man es noch nicht erlebt hatte, so daß es in seiner Mischung aus Härte und Freundlichkeit jedermann, auch die von der Ausnutzung Betroffenen, märchenhaft und göttlich anmutete [...]." (V, 1578)

c) Erotische Entsagung

In der Bereitschaft, die Nebenfiguren nicht nur als Demonstrationsobjekte und Statisten zu behandeln, zeigt sich am überzeugendsten die Sympathie des Erzählers mit dem 'Menschlichen'. Dabei sind die Gestalten der Josephsromane nicht weniger einprägsam als die der *Buddenbrooks*. Nach wie vor werden die Eigenheiten oder gar Eigenartigkeiten einer Figur – z.B. die außerordentliche Ruhe Mai-Sachmes – bei jedem ihrer Auftritte vor Augen geführt. Es sind aber zum einen meist keine Schwächen oder Lächerlichkeiten, sondern positive Qualitäten mit lediglich komischen Aspekten, die leitmotivisch wiederholt und variiert werden. Ihre humoristische Behandlung vermeidet das penetrant Vorbildliche. Zum anderen spielt bei den Beschreibungen der Josephsromane – ungeachtet des überall wirksamen Mythisch-Typischen – die *reduzierende* Typenkomik kaum noch eine Rolle, vielmehr wird die individuelle Gestaltung der Rollenvorgaben herausgearbeitet. Klöterjahns dröhnende Ausdrucksweise läßt ihn als exemplarischen Vertreter des borniertes Wirklichkeitsmenschen erscheinen, Mai-Sachmes ruhiges, aber geistig lebhaftes Sprechen charakterisiert nur ihn selbst.

Was früher auf zwei oder drei 'typische' Gestalten verteilt worden wäre, findet sich nun innerhalb des Spektrums einer Figur. Im Frühwerk gab es, jeweils zugespitzt, auf der einen Seite den nüchternen Wirklichkeitsmenschen, auf der anderen den schönheitstrunkenen, dilettantischen Dichter ohne überzeugende Produktivität. Mai-Sachme ist dagegen ein nüchterner, praktischer Mensch, der *zugleich* mit liebenswürdiger Hartnäckigkeit seine Schriftstellerei verfolgt. Er, der als Arzt so pragmatisch und erfolgreich arbeitet, kommt hier aufgrund verschiedener Bedenklichkeiten nicht zum Zug. Vor den schwersten Krankheitsfällen 'erschrickt' er nicht, aber die Suche nach der geeigneten Erzählperspektive bedeutet eine "Anstrengung [...], vor der ich zurückschrecke, obgleich ein Soldat vor keiner Anstrengung zurückschrecken sollte". (V, 1316) Die Erzählung der "drei-einigen" Liebesgeschichte ist die längste Abschweifung während des ersten Gesprächs mit Joseph. Hier, wo es um das leidenschaftlichste Erlebnis seines Lebens geht, wird das Ruhe-Motiv ins Absonderliche gesteigert: "Und mit gelassener, ja schläfriger Miene, die Arme verschränkt [...], begann Mai-Sachme vor Joseph und seinen Wächtern, vor dem Wepwawet-Priester und einer Anzahl herumstehender und näher herzugetretener Soldaten im gleichmäßigsten Tonfall zu erzählen." (V, 1311) Das Zusammentreffen von intimer Mitteilung und scheinbarer Gleichgültigkeit erregt auch bei den Zuhörern Befremden: "'Das ist wirklich ein merkwürdiges Herzensvorkommnis', sagte der Hausbetreter, indem er über die Seltsamkeit, daß der Hauptmann hier diese Geschichte mit soviel Ruhe und Eintönigkeit zum besten gab, gleichsam schonend hinwegging." (V, 1314)

Aus der Liebesgeschichte geht hervor, daß auch Mai-Sachme ein 'Bescheidener' ist, der in seiner 'Sphäre' bleibt – was seinen späteren Aufstieg an der Seite Josephs nicht ausschließt. Von dem Priester auf die Möglichkeit der Verwirklichung seiner erotischen Wünsche angesprochen, erwidert er: "Nicht doch, [...] ein so reiches und schönes Mädchen und ein Remonte-Schreiber gedrungener Konstitution, wie reimte sich das wohl zusammen?" (V, 1315) An der Mai-Sachme-Figur wird deutlich, daß die Lebensfreundlichkeit des Werks nicht, wie öfter zu lesen, auf Harmonisierung angewiesen ist, auf die Entrücktheit seiner Schauplätze in eine angebliche "Welt des Überflusses, wo der Betrüger dem Betrogenen kein Leid zufügt, wo der Raub [...] Räuber und Beraubte gleichermaßen beglückt und wo [...] die Konflikte märchenhaften Charakter annehmen".[156] Wie nicht wenige Fi-

---

[156] Burghard Dedner: *Mitleidsethik und Lachritual*, in: *Thomas Mann Jahrbuch* 6 (1993), S.31 – Eine ähnliche Einschätzung vertritt Børge Kristiansen: *Ägypten als symbolischer Raum der geistigen Problematik Thomas Manns*, ebd. S. 9-36. Auch Kristiansen übersieht, daß bei allen Syntheseversuchen, die der Roman unternimmt, die in ihm dargestellte Lebenswirklichkeit wohl kaum als "heile und gänzlich mit sich ausgesöhnte Welt" bezeichnet werden kann. (Kristiansen, S. 26) Ein versöhnlicher Romanschluß macht noch keine heile Welt. Die "disharmonischen und dissonanten geschichtlichen und existentiellen" Erfahrungen, die Kristiansen für den *Zauberberg* und den *Faustus* reserviert, sparen auch die Josephsromane nicht aus, die Darstellung von Konflikten dient aber nicht länger dazu, eine pessimistische Weltsicht zu bestätigen, vielmehr nimmt ihnen die lebensfreundliche Optik die 'fatalistische'

guren des Frühwerks kennt auch Mai-Sachme die "kalte Enttäuschung" (V, 1312) einer unglücklichen, unrealisierbaren Liebe und den Zwang zur Entsagung. Sie ist jedoch nicht gleichbedeutend mit der Flucht in eine 'apollinische' Existenzform, die fortan die leiseste Berührung mit der abgewehrten Triebnatur zu fürchten hätte. Die Wiederkehr der Liebe wird von Mai-Sachme stattdessen – ganz unabhängig von jeder Möglichkeit der Erfüllung – auch als die Wiederkehr eines unvergleichlichen "Glücksgeschmack[s]" (V, 1314) erlebt, der fortan sein von Dienstpflicht an 'langweiligem' Ort bestimmtes Leben mit der Zuversicht überhöht, daß die Reihe der "wiederkehrenden Herzenserfahrungen", bei denen sich "die Eingeweide aufhoben vor Freude", ihre weitere Fortsetzung finde. (V, 1314f.) Eine Desillusionierung wird vom Autor hier ebensowenig in Aussicht gestellt wie die dionysische Heimsuchung. Was mit Schopenhauer nur als 'unerleuchtete' Verfallenheit an 'Trug' und 'Chimäre' negativ bewertet werden könnte, die Ausrichtung des Lebens auf Erwartung und Sehnsucht, wird dargestellt als eine der 'Verwirklichung' nicht nachstehende, ja ihr vorgezogene Glücksmöglichkeit; Mai-Sachme erlebt intensiv, noch einmal mit Georg Simmel formuliert, die "oft bezeugte Tatsache" eines "Glücks der unglücklichen Liebe".[157] Dieser Entsagung ist der Stachel genommen; sie gewinnt eine paradoxe Doppelbödigkeit. Insgeheim ist sie auch eine Strategie des Erotikers, in deren Dienst nicht zufällig auch die Schriftstellerei des Amtmanns steht: die langen Beratungen über die Erzählperspektive der Liebesgeschichte, die planende Arbeit an dem aus gutem Grund stets vor der Vollendung bewahrten Werk sind in ganz buchstäblichem Sinn 'Liebhaberei'; das Frühwerks-Problem des unproduktiven Dilettantismus auf Mai-Sachme zu beziehen, wäre ganz verfehlt.

Tendenz. Für Kristiansen wird nun gerade dieser nicht-resignative Charakter des Romans zum Indiz, daß sich Thomas Mann "von der Zeitproblematik der eigenen Epoche [...] resignierend abgewandt" habe. Indem Kristiansen umstandslos den "Versöhnungsgedanken[n]" als strukturellen Extrakt, als "Sinnmitte" von 1800 Seiten Erzählung bestimmt und "Versöhnung" sogleich mit "heiler Welt" identifiziert, gilt ihm die Tetralogie als "ästhetizistisches Refugium". Durch diese unterstellte eskapistische Tendenz – so die unausgesprochene Konsequenz – kann sie nicht den Rang des *Zauberberg* erreichen, wo demnach die weiterhin gültige Bestimmung der Zeitlage und die wahrhaftigere und mutigere Auseinandersetzung mit Leben und Wirklichkeit – "in völliger Deckung mit der pessimistischen Lebensdeutung Schopenhauers" – zu finden wären. (*Thomas Manns "Zauberberg" und Schopenhauers Metaphysik*, S. 303) Es mutet allerdings seltsam an, daß der Interpret, der der Auffassung des *Zauberberg* als eines "Zeitromans" seine metaphysische Deutung im Zeichen Schopenhauers entgegengestellt hat, im Joseph ausgerechnet die Auseinandersetzung mit der "Zeitproblematik der eigenen Epoche" vermißt.

[157] Georg Simmel: *Schopenhauer und Nietzsche*, S. 130.

Mit Schopenhauer hat solche Entsagung nichts zu tun. Sie findet vielmehr einen 'lebensmöglichen', sogar subtil genießerischen Weg zwischen der Tortur des 'grimmigen Willensdranges' und der Selbstpeinigung der Askese, die in der Philosophie Schopenhauers, nicht zu vergessen, mit einem tiefgefühlten "Abscheu"[158] vor dem Leben verbunden ist. Die freundliche Entsagung Mai-Sachmes ist damit das Gegenteil einer Willensverneinung als Konsequenz des Mitleids und der pessimistischen 'Einsicht' in die Nichtigkeit allen Strebens: "Der Wille wendet sich nunmehr vom Leben ab: ihm schaudert jetzt vor dessen Genüssen, in denen er die Bejahung desselben erkennt."[159] Wenn Mai-Sachme schaudert, dann in belletristischem Behagen über die Geschichten der Leidenschaft; der neue Gefangene, Joseph, ist ihm vor allem als "Züchtling der Liebe [...] interessant – welchem Gebiet, das ja auch den Haupttummelplatz alles erfreulichen Schrifttums bildet, der Kommandant eine warme und tiefe, wenn auch ruhige Anteilnahme entgegenbrachte". Natürlich ist auch "die Geschichte von Potiphars Weib" ein "Gegenstand von Mai-Sachme's belletristischer Sympathie", auch diese Geschichte "hätte er gern im Geist des erfreulichen Schrifttums zu Papier gebracht und unterhielt sich oft mit Joseph über die Mittel und Wege, wie es am besten anzustellen sei". (V, 1327f.) Beim Abschied, der nur vorübergehend ist, bezeichnet Joseph Mai-Sachme als "mein Freund" und "Bruder [...] in der Erwartung". (V, 1368) Hier, kurz vor dem entscheidenden Karrieresprung Josephs, aus der 'Grube' an die Seite Pharaos, wird sein letzter Mentor zum freundschaftlich verbundenen Partner.

Die Mai-Sachme-Figur, mit der sich 1940 nach erheblichen Anfangsschwierigkeiten die Arbeitslust am Josephsroman wieder einstellte, ist offenbar weitgehend eine erzählerische 'Improvisation'. Ihr Modell ist der aus Deutschland emigrierte jüdische Arzt Martin Gumpert, den Thomas Mann 1937 in New York kennenlernte und als "Hausfreund und Berater schätzte".[160] Als Thomas Mann daranging, den 'Amtmann über das Gefängnis' zu gestalten, war Gumpert häufig bei der Familie Mann zu Gast. Wie Mai-Sachme war Gumpert nebenbei Schriftsteller, 1934 hatte er ein Buch über Samuel Hahnemann (1755-1843), den Begründer der Homöopathie, veröffentlicht. 1938 erschien seine Biographie *Dunant* (über den Gründer des Roten Kreuzes) – vielleicht eine Anregung zu Mai-Sachmes Vorbild Imhôtep, dem "guten Gefährten des Lebens". Bereits 1934 hatte Bermann Fischer das in seinem Verlag erschienene Buch *Hahnemann* Thomas Mann zugeschickt;

---

[158] Arthur Schopenhauer: W I, 516.

[159] Arthur Schopenhauer: W I, 515.

[160] Hermann Kurzke: *Mondwanderungen*, S. 88f. – Dort auch ein Photo Gumperts.

dieser antwortete am 2.11.1934: "Was ich aber von Anfang bis zu Ende mit ganz seltener Anteilnahme durchgelesen habe, ist Gumperts 'Hahnemann', ein Leben, von dem ich kaum etwas wußte und das mich in dieser Darstellung tief ergriffen hat."[161] – Offenbar war auch Gumpert, wie Mai-Sachme, ein Mann reger Projekte, die von Thomas Mann wohl nicht immer ganz ernst genommen wurden: "Gumperts Film-Pläne, amüsant." (TB, 27.9. 1940) Vor allem aber entstammt Mai-Sachmes 'drei-einige' Liebesgeschichte der Biographie Gumperts: "G. erzählte drollig von seiner ersten Verliebtheit als 12jähriger und wie er sich später unwissentlich in die Tochter der Damaligen verliebt", notiert Thomas Mann am 21.9.1940 im Tagebuch.[162] In diesen Tagen bereitet ihm der wiederbegonnene *Joseph* steten Verdruß: "Vormittags am Joseph, sehr unlustig." (23.9.1940) "Etwas am Roman geschrieben, unlustig." (27.9.1940) "Am dritten Kapitel geschrieben u. umgeschrieben, unlustig." (28.9.1940) "Nach dem Frühstück gearbeitet, aber gegen Trägheit und Unerfindsamkeit. Deprimiert." (29.9.1940) Am Nachmittag des 29. kommt Gumpert wieder als Gast "zum Thee"; möglicherweise ist dies der Anstoß, den Freund für die Gestalt des Amtmanns zu 'verwenden', mit der es nicht vorangehen will. "Etwas lichter und weniger geistig träge", notiert Thomas Mann am nächsten Tag, und am 4.10.1940 heißt es schließlich: "Gearbeitet am Kapitel, amüsiert von dem Portrait G.'s." Zwei Tage später, am 6.10. zieht Thomas Mann die Bilanz eines Arbeits-Sommers, wieder fällt das Stichwort der 'Erfindung': "Ich schloß die indische Novelle ab, so gut es eben ging, schrieb den neuen Vortrag, der gelang [*War and Democracy*], und bin in den 'Joseph' wieder eingetreten, der ein wenig abgestanden ist, und zu dem ich mir Lust und Liebe erst wieder 'erfinden' muß." Am nächsten Tag folgt eine aufschlußreiche Erinnerung an *Joseph in Ägypten*: "Idee, Mai-Sachme zum Haushofmeister zu machen. War erinnert an den Beschluß in Sanary: 'Zwei Zwerge'." Auch dies ist ein Hinweis darauf, daß die Schreibfähigkeit durch 'Improvisation' wiedergewonnen wird; sieben Jahre zuvor, am 8.8.1933 hatte Thomas Mann im Tagebuch notiert: "Überlasse mich improvisatorischer als sonst den Geschehnissen und der Erfindung von Figuren: Die Eltern Potiphars, der Zwerg." Mit der Beschreibung der Mai-Sachme-Figur kehren die 'Lust und Liebe' zum letzten Band *Joseph* zurück, wird die lähmende 'Unerfindsamkeit' überwunden. Nach der ersten Lesung des

---

[161] Thomas Mann: *Briefwechsel mit seinem Verleger Gottfried Bermann Fischer 1932-1955*, hrsg. v. Peter de Mendelssohn, Frankfurt a. M. 1975, S. 88.

[162] Diese Liebesgeschichte ist nachzulesen in Martin Gumperts Autobiographie: *Hölle im Paradies. Selbstdarstellung eines Arztes*, Stockholm 1939, Reprint Hildesheim 1983, S. 45f.

Kapitels notiert der Autor befriedigt: "Nachher im Studio Vorlesung des Mai-Sachme-Kapitels zu großer Heiterkeit. Heinrichs Anteil an der Figur und ihrer sympathischen Lebendigkeit." (26.10.1940) Das Gefühl des Gelingens begleitet den Autor noch durch den folgenden Tag: "Nachklänge der gestrigen [Vorlesung]. Offenbar ist eine neue originelle Figur entstanden."

Als 'Improvisation' hat Thomas Mann dann auch das novellistisch geschlossene Thamar-Hauptstück bezeichnet. Eingeschoben zwischen erzählerisch eher trockene Kapitel über 'Joseph, den Ernährer' und das zweihundertseitige Finale, bietet es an einer Stelle, wo dem Autor nur noch das 'Fertigmachen', das allmähliche Zusammenführen und Abschließen der langausgezogenen Erzähllinien zu bleiben schien, noch einmal einen Anfang, eine ungewohnte Perspektive auf die Jaakobsgemeinschaft, eine neue, reizvolle Figur, die an die großen Frauenrollen der vorhergehenden Bände, Rahel und Mut-em-enet, anschließen kann. Die Thamar-Einschaltung sorgt gerade an dem Punkt, wo es das Romanwerk am nötigsten hat, für die Auffrischung des "alten, übertragenen Stoff[es]".[163] Am 17.2.1943 schreibt Thomas Mann an Agnes E. Meyer, seine einflußreiche und selbstbewußte amerikanische Gönnerin, deren Züge in die Darstellung der entschlossenen Thamar eingegangen sind: "Ein Trost ist mir, daß Ihnen "Thamar" auch beim Lesen so gut gefallen hat. Es ist merkwürdig, wie in einem Buch die garnicht vorgesehenen, improvisierten Dinge, oft am besten gelingen. Ich habe mich sehr spät entschlossen, die Episode einzufügen." (Br II, 299)

Solche Bemerkungen verdienen gegenwärtig, angesichts der Vorstellung vom systematisch 'konstruierten' Werk, Hervorhebung: Das Nicht-Vorgesehene, 'Improvisierte' kann sich reizvoller gestalten als das von langer Hand Beabsichtigte, bei dem sich die Erzählfreude gelegentlich nur noch schwer gegen den Überdruß am "nachzuholende[n] und aufzuarbeitende[n] Tagewerk und Pensum" durchsetzt. (Vgl. TB 12.4.1919) Das 'Beste' findet sich gerade in einem Monumentalroman wie dem *Joseph* oft abseits der vorgezogenen Strukturlinien, abseits der offiziellen Höhepunkte. Daß sich die 'Improvisationsstücke' – zu ihnen gehört ja auch das erzählerische Nachspiel zum Josephsroman, die Novelle *Das Gesetz* – bei Thomas Mann nicht im Chaotischen oder Belanglosen verlaufen, sondern klare Themen und Motive umspielen, versteht sich von selbst.

---

[163] DüD II, 233.

Literaturangaben

a) Abgekürzt zitierte Titel

Br I-III   Thomas Mann: Briefe 1889-1936, 1937-1947, 1948-1955, 3 Bände, hrsg. v. Erika Mann, Frankfurt a. M., 1961-1965.

DüD I-III   *Dichter über ihre Dichtungen: Thomas Mann*, 3 Bände, hrsg. v. Hans Wysling u. Marianne Fischer, Zürich/München/Frankfurt a. M., 1975-1981.

TB   Thomas Mann: *Tagebücher*. Zehn Bände, hrsg. v. Peter de Mendelssohn und Inge Jens, Frankfurt a. M. 1977-1995.

TMHb   *Thomas-Mann-Handbuch*, hrsg. v. Helmut Koopmann, Stuttgart 1990.

TM-HM   *Thomas Mann-Heinrich Mann: Briefwechsel 1900-1949*, hrsg. v. Hans Wysling, erweiterte Neuausgabe Frankfurt a. M. 1984.

W I   Arthur Schopenhauer: *Die Welt als Wille und Vorstellung I*. Sämtliche Werke, hrsg. v. Wolfgang Frhr. von Löhneysen, Stuttgart/Frankfurt a. M. 1960-1965, Band 1.

W II   — *Die Welt als Wille und Vorstellung II*. (Werke, Bd. 2)

P I   — *Parerga und Paralipomena I*. (Werke, Bd. 4)

P II   — *Parerga und Paralipomena II*. (Werke, Bd. 5)

b) Thomas Mann

Thomas Mann wird zitiert nach der inzwischen weitverbreiteten Taschenbuchausgabe der *Gesammelten Werke in dreizehn Bänden*, Frankfurt a. M. 1990 (römische Bandzahl, arabische Seitenzahl). Leider weicht die Seitenzahl bei *Joseph in Ägypten* und *Joseph, der Ernährer* (= Bd. V) leicht von der früheren dreizehnbändigen Werkausgabe ab. Den in der vorliegenden Arbeit ausgewiesenen Seitenangaben sind bei diesen Werken jeweils drei (*Joseph in Ägypten*) bzw. vier Seiten (*Joseph, der Ernährer*) hinzuzuzählen.

Frage und Antwort. Interviews mit Thomas Mann 1900-1955, hrsg. v. Volkmar Hansen und Gert Heine, Hamburg 1983.

Thomas Mann: *Notizbücher 7-14*, hrsg. v. Hans Wysling und Yvonne Schmidlin, Frankfurt a. M. 1992.

Thomas Mann: *Aufsätze, Reden, Essays 1919-1925*, hrsg. v. Harry Matter, Berlin/Weimar, 1986.

Thomas Mann: *Für das neue Deutschland*, Essays, Bd. 2, 1919-1925, hrsg. und kommentiert v. Hermann Kurzke und Stephan Stachorski, Frankfurt a. M. 1993.

Thomas Mann: *Ein Appell an die Vernunft*, Essays, Bd. 3, 1926-1933, hrsg. u. kommentiert v. Hermann Kurzke und Stephan Stachorski, Frankfurt a. M. 1994.

Die Briefe Thomas Manns, Regesten und Register, 5 Bände, bearbeitet und hrsg. von Hans Bürgin, Hans-Otto Mayer, Gert Heine, Yvonne Schmidlin, Frankfurt a. M. 1976-1987.

Thomas Mann: *Briefwechsel mit Autoren*, hrsg. v. Hans Wysling, Frankfurt a. M. 1988.

Thomas Mann: *Briefe an Paul Amann 1915-1952*, hrsg. v. Herbert Wegener, Lübeck 1959.

Thomas Mann: *Briefwechsel mit seinem Verleger Gottfried Bermann Fischer 1932-1955*, hrsg. v. Peter de Mendelssohn, Frankfurt a. M. 1973.

Thomas Mann an Ernst Bertram, Briefe aus den Jahren 1910-1955, hrsg. v. Inge Jens, Pfullingen 1960.

Thomas Mann: *Briefe an Otto Grautoff 1894-1901 und Ida Boy-Ed 1903-1928*, hrsg. v. Peter de Mendelssohn, Frankfurt a. M. 1975.

Hermann Hesse – Thomas Mann: *Briefwechsel*, hrsg. v. Anni Carlsson, Frankfurt a. M. 1968.

Thomas Mann – Karl Kerényi: *Gespräch in Briefen*, hrsg. v. Karl Kerényi, Zürich 1960.

Briefwechsel Thomas Mann – Heinrich Mann 1900-1949, hrsg. v. Hans Wysling, erweiterte Neuausgabe, Frankfurt a. M. 1984.

Thomas Mann-Agnes E. Meyer: *Briefwechsel 1937-1955*, hrsg. v. Hans R. Vaget, Frankfurt a. M. 1992.

Literatur über Thomas Mann

Adorno, Theodor W.: *Zu einem Porträt Thomas Manns*, in: Ders.: *Noten zur Literatur*, Gesammelte Schriften, Bd. 2, hrsg. v. Rolf Tiedemann, Frankfurt 1974.

Alt, Peter-André: *Ironie und Krise. Ironisches Erzählen als Form ästhetischer Wahrnehmung in Thomas Manns "Der Zauberberg" und Robert Musils "Der Mann ohne Eigenschaften"*, Frankfurt a. M. 1989.

Banuls, André: *Thomas Mann und sein Bruder Heinrich – "eine repräsentative Gegensätzlichkeit"*, Stuttgart 1968.

Baumgart, Reinhard: *Das Ironische und die Ironie in den Werken Thomas Manns*, München 1964.

– *Selbstvergessenheit. Drei Wege zum Werk: Thomas Mann, Franz Kafka, Bertolt Brecht*, München/Wien 1989.

– *Thomas Mann von weitem*, in: Ders., *Literatur für Zeitgenossen*, Frankfurt a. M. 1966, S. 151-162.

Baeumler, Marianne, Hubert Brunträger u. Hermann Kurzke: *Thomas Mann und Alfred Baeumler. Eine Dokumentation*, Würzburg 1989.

Bellmann, Werner: *Erläuterungen und Dokumente: Thomas Mann – Tonio Kröger*, Stuttgart 1986.

Böhm, Karl Werner: *Zwischen Selbstzucht und Verlangen. Thomas Mann und das Stigma Homosexualität*, Würzburg 1991.

Borchmeyer, Dieter: *Musik im Zeichen Saturns. Melancholie und Heiterkeit in Thomas Manns "Doktor Faustus"*, in: *Thomas Mann Jahrbuch* 8 (1995), S. 123-161.

Brunträger, Hubert: *Der Ironiker und der Ideologe. Die Beziehungen zwischen Thomas Mann und Alfred Baeumler*, Würzburg 1993.

Buddenbrooks-Handbuch, hrsg. v. Ken Moulden und Gero v. Wilpert, Stuttgart 1988.

Bulhof, Francis: *Wortindex zu Thomas Mann: Der Zauberberg*, programmiert von Barry Gold, University of Texas in Austin, Xerox University Microfilms 1976.

– *Transpersonalismus und Synchronizität, Wiederholung als Strukturelement in Thomas Manns "Zauberberg"*, Groningen 1966.

Busse, Carl: *Literarische Monatsberichte*, in: *Deutsche Monatsschrift für das gesamte Leben der Gegenwart* (Berlin) 4 (1903).

Dedner, Burghard: *Entwürdigung. Die Angst vor dem Gelächter in Thomas Manns Werk*, in: *Heimsuchung und süßes Gift. Erotik und Poetik bei Thomas Mann*, hrsg. v. Gerhard Härle, Frankfurt a. M. 1992, S. 87-102.

– *Mitleidsethik und Lachritual*, in: *Thomas Mann Jahrbuch* 1 (1988), S. 27-45.

Dierks, Manfred: *Die Aktualität der positivistischen Methode*, in: Hermann Kurzke (Hrsg.): *Stationen der Thomas-Mann-Forschung*, S. 190-209.

– *Kultursymbolik und Seelenlandschaft: "Ägypten als Projektion"*, in: *Thomas Mann Jahrbuch* 6 (1993), S. 113-131.

– *Studien zu Mythos und Psychologie bei Thomas Mann. An seinem Nachlaß orientierte Untersuchung zum "Tod in Venedig", zum "Zauberberg" und zur "Joseph"-Tetralogie* (= Thomas-Mann-Studien II), Bern/München 1972.

– *Thomas Manns "Doktor Faustus" unter dem Aspekt der neuen Narzißmustheorien (Kohut/Kernberg – Lacan)*, in: *Thomas Mann Jahrbuch* 2 (1989), S. 20-40.

– *Traumzeit und Verdichtung. Der Einfluß der Psychoanalyse auf Thomas Manns Erzählweise*, in: *Thomas Mann und seine Quellen. Festschrift für Hans Wysling*, hrsg. v. Eckhard Heftrich u. Helmut Koopmann, Frankfurt a. M. 1991, S. 111-137.

– *Über einige Beziehungen zwischen psychischer Konstitution und 'Sprachwerk' bei Thomas Mann*, in: E. Heftrich u. H. Wysling (Hrsg.): *Internationales Thomas-Mann-Kolloquium 1986*, (= Thomas-Mann-Studien VII), Bern 1987, S. 273-290.

– *Der Wahn und die Träume in "Der Tod in Venedig". Thomas Manns folgenreiche Freud-Lektüre im Jahre 1911*, in: *Psyche* 44 (1990), S. 240-268.

Fechner, Frank: *Thomas Mann und die Demokratie. Wandel und Kontinuität der demokratierelevanten Äußerungen des Schriftstellers*, Berlin 1990.

Fest, Joachim: *Die unwissenden Magier. Über Thomas Mann und Heinrich Mann*, Berlin 1985.

‒ *Wunderlicher Lebenstraum, bald ausgeträumt. Das verborgene Weltabschiedswerk: Zum letzten Band der Tagebücher Thomas Manns*, in: *Frankfurter Allgemeine Zeitung* vom 5.12.1995, Literaturbeilage, S. 1f.

Finck, Jean: *Thomas Mann und die Psychoanalyse*, Paris 1973.

Frizen, Werner: *Thomas Mann ‒ Bekenntnisse des Hochstaplers Felix Krull*, München 1988 (= Oldenbourg Interpretationen 25).

‒ *Thomas Manns Sprache*, in: TMHb, 854-873.

‒ *Zaubertrank der Metaphysik. Quellenkritische Überlegungen im Umkreis der Schopenhauer-Rezeption Thomas Manns*, Frankfurt a. M. 1980.

Grimm, Alfred: *Joseph und Echnaton ‒ Thomas Mann und Ägypten*, Mainz 1992.

Gutmann, Helmut: *Das Musikkapitel in Thomas Manns "Zauberberg"*, in: *German Quarterly* 47 (1974), S. 405-425.

Hamburger, Käte: *Der Humor bei Thomas Mann*, München 1965.

‒ *Thomas Manns biblisches Werk*, München 1981.

Hansen, Volkmar (Hrsg.): *Interpretationen. Thomas Mann. Romane und Erzählungen*, Stuttgart 1993.

‒ *Thomas Mann*, Stuttgart 1984.

Harpprecht, Klaus: *Thomas Mann. Eine Biographie*, Hamburg 1995.

Hasselbach, Karlheinz: *Thomas Mann ‒ Doktor Faustus*, München 1988 (Oldenbourg Interpretationen 24).

Härle, Gerhard (Hrsg.): *Heimsuchung und süßes Gift. Erotik und Poetik bei Thomas Mann*, Frankfurt a. M. 1992.

Haug, Helmut: *Erkenntnisekel. Zum frühen Werk Thomas Manns*, Tübingen 1969.

Heftrich, Eckhard: *Geträumte Taten. Über Thomas Mann*. Bd. III, Frankfurt 1993.

‒ *"Joseph und seine Brüder"*, in: TMHb, 447-474.

‒ *Der Totentanz in Thomas Manns Roman "Der Zauberberg"*, in: Schriften zur Literaturwissenschaft, Bd. 8: *Tanz und Tod in Kunst und Literatur*, hrsg. v. Franz Link, Berlin 1993, S. 335-350.

‒ *Vom Verfall zur Apokalypse. Über Thomas Mann*. Bd. II, Frankfurt a. M. 1982.

‒ *Von jeher gerade hindurchgekommen. Thomas Mann und das gute Gewissen der Nachgeborenen: Zwei schreibfreudige Biographen suchen eine Moral*, in: *Frankfurter Allgemeine Zeitung* vom 3.6.1995, Beilage "Bilder und Zeiten".

‒ *Die Welt "hier oben": Davos als mythischer Ort*, in: *Das "Zauberberg" ‒ Symposium 1994 in Davos*, hrsg. v. Thomas Sprecher, Frankfurt a. M. 1995, S. 225-248.

‒ *Zauberbergmusik. Über Thomas Mann*, Frankfurt a. M. 1975.

Heller, Erich: *Enterbter Geist. Essays über modernes Dichten und Denken*, Frankfurt a. M. 1981.

‒ *Thomas Mann. Der ironische Deutsche*, Frankfurt a. M. 1975.

Hochhuth, Rolf: *Thomas Mann oder Undank vom Urenkel*, in: *Der Spiegel* Nr. 24/1975, jetzt wiederabgedruckt in: R. H.: *Täter und Denker. Profile und Probleme von Cäsar bis Jünger*, mit Essays von Marcel Reich-Ranicki und Albert von Schirnding, Hamburg 1990, S. 311-324.

Hoffmeister, Werner: *Studien zur erlebten Rede bei Thomas Mann und Robert Musil*, London/The Hague/Paris, 1965.

Ibel, Rudolf: *Thomas Manns "Deutsche Ansprache"*. *Eine Entgegnung*, in: *Der Kreis*, Jg. 8, H. 1, Hamburg 1931.

Jäger, Christoph: *Humanisierung des Mythos – Vergegenwärtigung der Tradition. Theologisch-hermeneutische Aspekte in den Josephsromanen von Thomas Mann*, Stuttgart 1992.

Jens, Inge und Walter: *Die Tagbücher*, in: TMHb, 721-741.

Jendreiek, Helmut: *Der demokratische Roman*, Düsseldorf 1977.

Jonas, Klaus W.: *Die Thomas-Mann-Literatur*. In Zusammenarbeit mit dem Thomas-Mann-Archiv Zürich, zwei Bde., Berlin 1972/1978.

Joseph, Erkme: *Nietzsche im "Zauberberg"*, Frankfurt a. M. 1996 (= Thomas-Mann-Studien XIV).

Jurgensen, Manfred: *Die Erzählperspektive*, in: *Buddenbrooks-Handbuch*, S. 109-127.

Karasek, Hellmuth: *Königliche Hoheit*, in: *Thomas Mann Jahrbuch* 4 (1991), S. 29-44.

Karsunke, Yaak: *"...von der albernen Sucht, besonders zu sein." Thomas Manns "Der Tod in Venedig" – wiedergelesen*, in: *Text und Kritik. Sonderband Thomas Mann*, München 1976, S. 85-93.

Karthaus, Ulrich: *"Der Zauberberg" – ein Zeitroman (Zeit, Geschichte, Mythos)*, in: *Deutsche Vierteljahresschrift* 44 (1970), S. 269-305.

– *Thomas Mann – "Der Zauberberg"*, in: *Deutsche Romane des 20. Jahrhunderts. Neue Interpretationen*, hrsg. v. Paul Michael Lützeler, Königstein 1983, S. 95-109.

Keller, Ernst: *Die Figuren und ihre Stellung im »Verfall«*, in: *Buddenbrooks-Handbuch*, S. 173-200.

Kesting, Hanjo: *Thomas Mann oder der Selbsterwählte. Zehn polemische Thesen über einen Klassiker*, in: *Der Spiegel*, Nr. 22 (1975), S. 144-148.

Kiesel, Helmuth: *Thomas Manns "Doktor Faustus". Reklamation der Heiterkeit*, in: *Deutsche Vierteljahresschrift* 64 (1990), S. 726-743.

Koopmann, Helmut: *Die Entwicklung des 'intellektualen Romans' bei Thomas Mann. Untersuchungen zur Struktur von "Buddenbrooks", "Königliche Hoheit" und "Der Zauberberg"*, Bonn 1962.

– *Der klassisch-moderne Roman in Deutschland. Thomas Mann – Alfred Döblin – Hermann Broch*, Stuttgart 1983.

– *Die Lehren des "Zauberberg"*, in: Thomas Sprecher (Hrsg.): *Das "Zauberberg"-Symposium 1994 in Davos*, S. 59-80.

– (Hrsg.): *Thomas-Mann-Handbuch*, Stuttgart 1990.

– *Thomas Mann – Konstanten seines literarischen Werks*, Göttingen 1975.

– (Hrsg.): *Thomas Mann. Wege der Forschung* (Bd. CCCXXXV), Darmstadt 1975.

Koppen, Erwin: *Nationalität und Internationalität im "Zauberberg"*, in: *Thomas Mann 1875-1975. Vorträge in München – Zürich – Lübeck*, hrsg. v. Beatrix Bludau, Eckhard Heftrich und Helmut Koopmann, Frankfurt a. M. 1974, S. 94-106.

– *Vom Décadent zum Proto-Hitler. Wagner-Bilder Thomas Manns*, in: *Thomas Mann und die Tradition*, hrsg. v. Peter Pütz, Frankfurt a. M. 1971, S. 201-224.

Kristiansen, Børge: *Ägypten als symbolischer Raum der geistigen Problematik Thomas Manns. Überlegungen zur Dimension der Selbstkritik in "Joseph und seine Brüder"*, in: *Thomas Mann Jahrbuch* 6 (1993) S. 9-36.

479

– *Freiheit und Macht. Totalitäre Strukturen im Werk Thomas Manns. Überlegungen zum "Gesetz" im Umkreis der politischen Schriften,* in: E. Heftrich u. H. Wysling (Hrsg.): *Internationales Thomas Mann Kolloquium 1986 in Lübeck,* Bern 1987, S. 53-72.

– *Das Problem des Realismus bei Thomas Mann. Leitmotiv – Zitat – Mythische Wiederholungsstruktur,* in: TMHb, 823-835.

– *Schopenhauersche Weltsicht und totalitäre Humanität im Werke Thomas Manns,* in: *Schopenhauer-Jahrbuch* 71 (1990), S. 97-123.

– *Thomas Manns "Zauberberg" und Schopenhauers Metaphysik,* 2. Aufl., Bonn 1985.

– *Zur Bedeutung und Funktion der Settembrini-Gestalt in Thomas Manns Roman "Der Zauberberg",* in: *Gedenkschrift für Thomas Mann 1875-1975,* hrsg. v. Rolf Wiecker, Kopenhagen 1975, S. 95-135.

Kurzke, Hermann: *Auf der Suche nach der verlorenen Irrationalität. Thomas Mann und der Konservatismus,* Würzburg 1980.

– *Ästhetizistisches Wirkungsbewußtsein und narrative Ethik bei Thomas Mann,* in: Ders. (Hrsg.): *Stationen der Thomas-Mann-Forschung,* S. 210-227.

– *Dostojewski in den "Betrachtungen eines Unpolitischen",* in: *Thomas Mann und seine Quellen.* Festschrift für Hans Wysling, hrsg. v. E. Heftrich u. H. Koopmann, Frankfurt a. M. 1991, S. 138-151.

– *Die Hunde im Souterrain. Die Philosophie der Erotik in Thomas Manns Roman "Joseph und seine Brüder",* in: *Heimsuchung und süßes Gift. Erotik und Poetik bei Thomas Mann,* hrsg. v. Gerhard Härle, Frankfurt a. M. 1992, S. 126-138.

– *Mondwanderungen. Wegweiser durch Thomas Manns Joseph-Roman,* Frankfurt a. M. 1993.

– *Die politische Essayistik,* in: TMHb, 696-706.

– *Die Quellen der "Betrachtungen eines Unpolitischen". Ein Zwischenbericht,* in: E. Heftrich u. H. Wysling (Hrsg.): *Internationales Thomas-Mann-Kolloquium in Lübeck,* Bern/München 1987, S. 291-310.

– (Hrsg.): *Stationen der Thomas-Mann-Forschung. Beiträge seit 1970,* Würzburg 1985.

– *Thomas Mann. Epoche – Werk – Wirkung,* München 1985.

– *Thomas Mann Forschung 1969-1976. Ein kritischer Bericht,* Frankfurt a. M. 1977.

– *Wie konservativ ist "Der Zauberberg"?,* in: *Gedenkschrift für Thomas Mann 1875-1975* (= *Text und Kritik,* Sonderreihe Bd.2), S. 137-158.

Kruft, Hanno-Walter: *Thomas Mann und die bildende Kunst,* in: TMHb, 343-357.

Lehnert, Herbert u. Eva Wessell: *Nihilismus der Menschenfreundlichkeit. Thomas Manns "Wandlung" und sein Essay "Goethe und Tolstoi",* Frankfurt a. M. 1991 (= Thomas-Mann-Studien IX).

– *Thomas Manns Erzählung "Das Gesetz" und andere erzählerische Nachspiele im Rahmen des Gesamtwerks,* in: *Deutsche Vierteljahresschrift* 43 (1969), S. 515-543.

– *Thomas Manns Josephstudien 1927-1929,* in: *Jahrbuch der Deutschen Schillergesellschaft* 10 (1966), S. 378-406.

– *Thomas Manns Vorstudien zur Josephs-Tetralogie,* in: *Jahrbuch der Deutschen Schillergesellschaft* 7 (1963), S. 458-520.

Lublinski, Samuel: *Die Bilanz der Moderne,* Berlin 1904.

Maar, Michael: *Geister und Kunst. Neuigkeiten aus dem Zauberberg*, München 1995.

– *Die Stewardeß berühmte Jodlerin. Thomas Manns Tagebücher der Jahre 1951 und 1952*, in: *Frankfurter Allgemeine Zeitung* vom 7.12.1993, Literaturbeilage, S. 9.

Mann, Golo: *Göttliche Komödie*, in: *Was halten Sie von Thomas Mann? Achtzehn Autoren antworten*, hrsg. von Marcel Reich-Ranicki, Frankfurt a. M. 1986, S. 59-61.

– *Menschenkenntnis, Menschenfreundschaft*, ebd., S. 109-111.

Matter, Harry: *Die Literatur über Thomas Mann. Eine Bibliographie 1898-1969*, 2 Bde., Berlin/Weimar 1972.

Mayer, Hans: *Thomas Mann*, Frankfurt a. M. 1980.

Mendelssohn, Peter de: *Der Zauberer. Das Leben des deutschen Schriftstellers Thomas Mann. Erster Teil: 1875-1918*, Frankfurt a. M. 1975.

– *Nachbemerkungen des Herausgebers*, in: Thomas Mann, *Buddenbrooks*, Gesammelte Werke in Einzelbänden, Frankfurt a. M. 1981, S. 675-812.

Mieth, Dietmar: *Epik und Ethik. Eine theologisch-ethische Interpretation der Josephsromane Thomas Manns*, Tübingen 1976.

Muth, Karl: *Vom kalten Künstler*, in: *Hochland* (München) 2, 1904, S. 614-616.

Ohl, Hubert: *Thomas Manns Frühwerk und die Wiener Moderne. Eine Revision*, Freiburg i. Br. 1995.

– *"Verantwortungsvolle Ungebundenheit". Thomas Mann und Theodor Fontane*, in: *Thomas Mann 1875-1975. Vorträge in München, Zürich, Lübeck*, hrsg. v. Beatrix Bludau, Eckhard Heftrich u. Helmut Koopmann, Frankfurt a. M. 1977, S. 331-348.

Pikulik, Lothar: *Die Politisierung des Ästheten im ersten Weltkrieg*, in: *Stationen der Thomas-Mann-Forschung*, hrsg. v. Hermann Kurzke, Würzburg 1985, S. 61-74.

Prater, Donald A.: *Thomas Mann. Deutscher und Weltbürger. Eine Biographie*, München 1995.

Pütz, Peter (Hrsg.): *Thomas Mann und die Tradition*, Frankfurt a. M. 1971.

Reed, Terence James: *Einfache Verulkung, Manier, Stil: Die Briefe an Otto Grautoff als Dokument der frühen Entwicklung Thomas Manns*, in: *Thomas Mann und seine Quellen. Festschrift für Hans Wysling*, hrsg. v. E. Heftrich u. H. Koopmann, S. 48-65.

– *Die letzte Zweiheit. Menschen-, Kunst- und Geschichtsverständnis im "Doktor Faustus"*, in: *Interpretationen – Thomas Mann. Romane und Erzählungen*, hrsg. v. Volkmar Hansen, Stuttgart 1993, S. 294-324.

– *Mann and Turgenev – A first Love*, in: *German Life and Letters* 17 (1964), S. 313-318.

– *Thomas Mann. The Uses of Tradition*, London 1974.

– *Thomas Mann und die literarische Tradition*, in: TMHb, 95-136.

– *Von Deutschland nach Europa. Der "Zauberberg" im europäischen Kontext*, in: *Auf dem Weg zum "Zauberberg". Die Davoser Literaturtage 1996*, hrsg. v. Thomas Sprecher, Frankfurt a. M. 1997, S. 299-318.

– *"Der Zauberberg" – Zeitenwandel und Bedeutungswandel 1912-1924*, in: *Stationen der Thomas-Mann-Forschung. Aufsätze seit 1970*, hrsg. v. Hermann Kurzke, Würzburg 1985, S. 92-134 (Übers. eines Kapitels aus *The Uses of Tradition*).

Reich-Ranicki, Marcel: *Thomas Mann als Kritiker*, in: TMHb, 707-720.

– *Thomas Mann und der Alltag*, in: Ders.: *Nachprüfung. Aufsätze über deutsche Schriftsteller von gestern*, München 1984, S. 94-128.

– *Thomas Mann und die Seinen*, Stuttgart 1987.

– (Hrsg.): *Was halten Sie von Thomas Mann? Achtzehn Autoren antworten*, Frankfurt a. M. 1986.

Reiss, Gunter: *"Allegorisierung" und moderne Erzählkunst. Eine Studie zum Werk Thomas Manns*, München 1970.

Rothenberg, Klaus Jürgen: *Das Problem des Realismus bei Thomas Mann. Zur Behandlung von Wirklichkeit in den "Buddenbrooks"*, Köln/Wien 1969.

Rudloff, Holger: *Pelzdamen. Weiblichkeitsbilder bei Thomas Mann und Leopold von Sacher-Masoch*, Frankfurt a. M. 1994.

Sandberg, Hans Joachim: *König Midas und der Zauberer oder die Weisheit des Silenos. Von der "Sympathie mit dem Tode" zum "Lob der Vergänglichkeit": Knut Hamsun und Thomas Mann*, in: E. Heftrich u. H. Wysling (Hrsg.): *Internationales Thomas Mann-Kolloquium 1986 in Lübeck*, Bern 1987, S. 174-212.

Sauereßig, Heinz: *Die Bildwelt von Hans Castorps Frosttraum*, Biberach a. d. Riß 1967.

Scharfschwerdt, Jürgen: *Thomas Mann und der deutsche Bildungsroman*, Stuttgart 1967.

Schmidt, Christian: *Bedeutung und Funktion der Gestalten der östlichen Welt im dichterischen Werk Thomas Manns*, München 1971 (= Slavistische Beiträge Bd. 52)

Scholdt, Günter u. Dirk Walter: *Sterben für die Republik? Zur Deutung von Thomas Manns "Zauberberg"*, in: *Wirkendes Wort* 30 (1980), S. 108-122.

Schröter, Klaus: *Thomas Mann*, Hamburg 1977.

– (Hrsg.): *Thomas Mann im Urteil seiner Zeit*, Hamburg 1969.

– *Vom Roman der Seele zum Staatsroman. Zu Thomas Manns "Joseph"-Tetralogie*, in: *Text und Kritik. Sonderband Thomas Mann*, München 1976, S. 94-111.

Schweizer, Ronald: *Thomas Mann und Theodor Fontane. Eine vergleichende Untersuchung zu Stil und Geist ihrer Werke*, Zürich 1971.

Seidlin, Oskar: *Ironische Brüderschaft. Thomas Manns "Joseph, der Ernährer" und Lawrence Sternes Tristram Shandy*, in: *Thomas Mann. Wege der Forschung*, Bd. CCCXXXV, hrsg. v. Helmut Koopmann, Darmstadt 1975, S. 140-164.

– *Der junge Joseph und der alte Fontane*, in: *Festschrift für Richard Alewyn*, hrsg. v. Herbert Singer u. Benno v. Wiese, Köln 1967, S. 384-391.

Siefken, Hinrich: *Thomas Mann. Goethe – "Ideal der Deutschheit". Wiederholte Spiegelungen 1893-1949*, München 1981.

Sontheimer, Kurt: *Die Emanzipation aus der Sphäre des Unpolitischen*, in: *Thomas Mann und München*, Frankfurt a. M. 1989, S. 51-77.

– *Thomas Mann und die Deutschen*, München 1961.

Thomas Mann und München. Fünf Vorträge von Reinhard Baumgart, Joachim Kaiser, Kurt Sontheimer, Peter Wapnewski und Hans Wysling, Frankfurt a. M. 1989.

Sprecher, Thomas (Hrsg.): *Auf dem Weg zum "Zauberberg". Die Davoser Literaturtage 1996*, Frankfurt a. M. 1997 (= Thomas-Mann-Studien XVI).

– *Davos im "Zauberberg". Thomas Manns Roman und sein Schauplatz*, Zürich 1996.
– *Davos in der Weltliteratur. Zur Entstehung des "Zauberbergs"*, in: *Das "Zauberberg"-Symposium 1994 in Davos*, S. 9-42.
– *Kur-, Kultur- und Kapitalismuskritik im "Zauberberg"*, in: *Auf dem Weg zum "Zauberberg". Die Davoser Literaturtage 1996*, S. 187-249.
– *"Une promesse de bonheur" – Thomas Manns Neigung zum Œuvre Ludwig von Hofmanns*, in: *Jahrbuch 10 der Bayerischen Akademie der Schönen Künste* (München), Schaftlach 1996, S. 147-178.
– (Hrsg.) *Das "Zauberberg"-Symposium 1994 in Davos*, Frankfurt a. M. 1995 (= Thomas-Mann-Studien XI).
Stresau, Hermann: *Thomas Mann und sein Werk*, Frankfurt a. M. 1963.
Vaget, Hans Rudolf: *Die Erzählungen*, in: TMHb, 534-618.
– *Thomas-Mann-Kommentar zu sämtlichen Erzählungen*, München 1984.
– *Thomas Mann und James Joyce: Zur Frage des Modernismus im "Doktor Faustus"*, in: *Thomas Mann Jahrbuch* 2, 1989, S. 121-150.
– *Thomas Mann und Theodor Fontane. Eine rezeptionsästhetische Studie zu "Der kleine Herr Friedemann"*, in: *Modern Language Notes* 90 (1975), S. 448-471.
Virchow; Christian: *Medizin und Biologie in Thomas Manns Roman "Der Zauberberg" – Über physiologische und biologische Quellen des Autors*, in: Thomas Sprecher (Hrsg.): *Das "Zauberberg"-Symposium 1994 in Davos*, S. 117-172.
Walser, Martin: *Ironie als höchstes Lebensmittel oder: Lebensmittel der Höchsten*, in: *Text und Kritik. Sonderband Thomas Mann*, hrsg. von Heinz Ludwig Arnold, München 1976, S. 5-26.
– *Selbstbewußtsein und Ironie. Frankfurter Vorlesungen*, Frankfurt a. M. 1981.
Wessell, Eva: *Der "Zauberberg" als Chronik der Dekadenz*, in: *Interpretationen – Thomas Mann. Romane und Erzählungen*, hrsg. v. Volkmar Hansen, Stuttgart 1993, S. 121-150.
Wiecker, Rolf (Hrsg.): *Gedenkschrift für Thomas Mann 1875-1975*, Kopenhagen 1975 (= *Text und Kritik*, Sonderreihe Bd. 2)
Wilpert, Gero von: *Die Rezeptionsgeschichte*, in: *Buddenbrooks-Handbuch*, hrsg. v. Ken Moulden und Gero v. Wilpert, Stuttgart 1988.
Wißkirchen, Hans: *Der Einfluß Heinrich Manns auf den "Zauberberg"*, in: *Auf dem Weg zum "Zauberberg". Die Davoser Literaturtage 1996*, hrsg. v. Thomas Sprecher, Frankfurt a. M. 1997, S. 143-164.
– *"Ich glaube an den Fortschritt, gewiß." Quellenkritische Untersuchungen zu Thomas Manns Settembrini-Figur*, in: *Das "Zauberberg"-Symposium 1994 in Davos*, hrsg. v. Thomas Sprecher, Frankfurt a. M. 1995, S. 81-116.
– *Thomas Manns Romanwerk in der europäischen Literaturkritik*, in: TMHb, S. 875-924.
– *Zeitgeschichte im Roman. Zu Thomas Manns "Zauberberg" und "Doktor Faustus"*, Bern 1986 (= Thomas-Mann-Studien VI).
Wysling, Hans (Hrsg.): *Bild und Text bei Thomas Mann. Eine Dokumentation*, Bern, 2. Aufl., 1989.
– *"Buddenbrooks"*, in: TMHb, 363-384.

- *Wilhelm Meisters Wanderjahre*, Hamburger Ausgabe in 14 Bänden, hrsg. v. Erich Trunz, Bd. VIII, München 1981.

Grabes, Herbert: *Wie aus Sätzen Personen werden... Über die Erforschung literarischer Figuren*, in: *Poetica* 10 (1978), S. 405-428.

Grawe, Christian: *Fontanes neues Sprachbewußtsein in "Der Stechlin"*, in: Ders.: *Sprache im Prosawerk*, Bonn 1974, S. 38-63.

Grunberger, Belá: *Vom Narzißmus zum Objekt*, Frankfurt a. M. 1976.

Gumpert, Martin: *Hölle im Paradies. Selbstdarstellung eines Arztes*, Stockholm 1939, Reprint Hildesheim 1983 (= Exilliteratur Bd. 17).

Hamsun, Knut: *Segen der Erde*, übers. v. J. Sandmeier und S. Angermann, Berlin 1979.

Herring, Phillip F.: *Zur Textgenese des "Ulysses". Joyces Notizen und seine Arbeitsmethode*, in: *James Joyces "Ulysses". Neuere deutsche Aufsätze*, hrsg. v. Therese Fischer-Seidel, Frankfurt a. M. 1977, S. 80-104.

Hofmannsthal, Hugo von: *Erzählungen – Erfundene Gespräche und Briefe – Reisen*, Gesammelte Werke in zehn Einzelbänden, hrsg. v. Bernd Schoeller, Frankfurt a. M. 1979.

Jauß, Hans Robert: *Zeit und Erinnerung in Marcel Prousts "A la recherche du temps perdu". Ein Beitrag zur Theorie des Romans*, Frankfurt a. M. 1986.

Jean Paul: *Vorschule der Ästhetik*. Nach der Ausgabe v. Norbert Miller hrsg. u. eingeleitet v. Wolfhart Heckmann (= Meiner Philosophische Bibliothek Bd. 425), Hamburg 1990.

Jolles, Charlotte: *"Der Stechlin": Fontanes Zaubersee*, in: *Fontane aus heutiger Sicht. Analysen und Interpretationen seines Werks. Zehn Beiträge*, hrsg. v. Hugo Aust, München 1980, S. 239-257.

Keller, Gottfried: *Der grüne Heinrich*, Sämtliche Werke und ausgewählte Briefe, Bd. 1, hrsg. v. Clemens Heselhaus, München/Wien 1958.

Kessler, Harry Graf: *Walter Rathenau. Sein Leben und sein Werk*, Gesammelte Schriften in drei Bänden, hrsg. v. Cornelia Blasberg und Gerhard Schuster, Bd. 3, Frankfurt a. M. 1988.

Kiener, Franz: *Empirische Kontrolle psychoanalytischer Thesen*, in: K. Gottschaldt, Ph. Lersch, F. Sander, H. Thomae (Hrsg.): *Handbuch der Psychologie*, Bd. 8, *Klinische Psychologie*, 2. Halbband, Göttingen 1978, S. 1200-1241.

Kohut, Heinz: *Die Heilung des Selbst*, Frankfurt a. M. 1981.

Krüger, Peter: *Die Außenpolitik der Republik von Weimar*, Darmstadt 1985.

Lavater, Johann Caspar: *Physiognomische Fragmente zur Beförderung der Menschenkenntnis und Menschenliebe*. Eine Auswahl mit 101 Abbildungen, hrsg. v. Christoph Siegrist, Stuttgart 1984.

Lessing, Gotthold Ephraim: *Kunsttheoretische und kunsthistorische Schriften*, Werke, hrsg. v. Herbert G. Göpfert u. a., Bd. 6, München 1974.

Lichtenberg, Georg Christoph: *Über Physiognomik; wider die Physiognomen. Zur Beförderung der Menschenliebe und Menschenkenntnis*, Schriften und Briefe, hrsg. v. Wolfgang Promies, 3. Bd., Darmstadt 1972, S. 256-295.

- *Wider Physiognostik*, ebd., S. 553-562.

– *Bericht von den über die Abhandlung wider die Physiognomen entstandenen Streitigkeiten*, ebd., S. 563-568.

Lombroso, Cesare: *L' uomo delinquente*, Mailand 1876, deutsch: *Der Verbrecher*, übers. v. M. O. Fraenkel, 2 Bde., Hamburg 1887/1890.

Luchins, A. S.: *Primacy-Recency in Impression Formation*, in: C. I. Hovland (Hrsg.): *The order of Presentation in Persuasion*, New Haven 1957, S. 33-61.

Lukács, Georg: *Die Theorie des Romans*, Frankfurt a. M. 1971.

Maurois, André: *Auf den Spuren von Marcel Proust*, Frankfurt a. M./Hamburg 1964.

Mann, Golo: *Deutsche Geschichte des 19. und 20. Jahrhunderts*, Frankfurt a. M. 1958.

– *Erinnerungen und Gedanken. Eine Jugend in Deutschland*, Frankfurt 1991.

Mann, Heinrich: *Ein Zeitalter wird besichtigt*, Studienausgabe in Einzelbänden, hrsg. v. Peter Paul Schneider, Frankfurt 1988.

– *Geist und Tat*, in: Ders.: *Macht und Mensch. Essays*, Studienausgabe in Einzelbänden, hrsg v. Peter-Paul Schneider, Frankfurt a. M. 1989, S. 11-18.

– *Zola*, in: *Die weißen Blätter* 2, 1915, S. 1312-1382, auch in: Ders.: *Macht und Mensch*. Essays, Studienausgabe in Einzelbänden, hrsg v. Peter-Paul Schneider, Frankfurt a. M. 1989, S. 43-128.

Mann, Katia: *Meine ungeschriebenen Memoiren*, hrsg. v. Elisabeth Plessen u. Michael Mann, Frankfurt a. M. 1976.

Matt, Peter von: *...fertig ist das Angesicht. Zur Literaturgeschichte des menschlichen Gesichts*, München/Wien 1983.

Meinecke, Friedrich: *Werke II*, Darmstadt 1958.

Meyer, Herman: *Der Sonderling in der deutschen Dichtung*, München 1963.

– *Das Zitat in der Erzählkunst*, Stuttgart 1961/1967.

Müller, Wilhelm: *Die Winterreise*, in: Werke – Tagebücher – Briefe, hrsg. v. Maria-Verena Leistner, Gedichte I, Berlin 1994

Musil, Robert: *Der Mann ohne Eigenschaften*, hrsg. v. Adolf Frisé, Hamburg 1978.

– *Tagebücher, Aphorismen, Essays und Reden*, hrsg. v. Adolf Frisé, Hamburg 1955.

Die neuen Narzißmustheorien: zurück ins Paradies?, hrsg. vom Psychoanalytischen Seminar Zürich, Frankfurt a. M. 1981.

Nietzsche, Friedrich: *Werke in drei Bänden*, hrsg. v. Karl Schlechta, München 1966.

Masson, Jeffrey: *Against Therapy*. With a foreword by Dorothy Rowe, London 1990.

– *The Assault on Truth – Freud's Suppression of the Seduction Theory*, New York 1984.

Petersen, Jürgen H.: *Erzählsysteme. Eine Poetik epischer Texte*, Stuttgart 1993.

Platon: *Symposion*, Sämtliche Werke, Bd. 2, in der Übs. v. Friedrich Schleiermacher hrsg. v. Walter F. Otto, Ernesto Grassi u. Gert Plamböck, Hamburg 1957.

Preisendanz, Wolfgang: *Humor als dichterische Einbildungskraft. Studien zur Erzählkunst des poetischen Realismus*, München 1963.

Proust, Marcel: *Auf der Suche nach der verlorenen Zeit*, übers. v. Eva Rechel-Mertens, Siebter Teil: *Die wiedergefundene Zeit*, Frankfurt a. M. 1984.

Rathenau, Walther: *Schriften aus der Kriegs- und Nachkriegszeit*, Berlin 1929.

– *Von kommenden Dingen*, Berlin 1916.

Riedel, Wolfgang: *Die Anthropologie des jungen Schiller. Zur Ideengeschichte der medizinischen Schriften und der "Philosophischen Briefe"*, Würzburg 1985.

– *"Homo Natura": Literarische Anthropologie um 1900*, Berlin/New York 1996.

Roth, Joseph: *Radetzkymarsch*, Werke 5, Romane und Erzählungen, hrsg. v. Fritz Hackert, Köln 1990.

Safranski, Rüdiger: *Schopenhauer und Die wilden Jahre der Philosophie – Eine Biographie*, München 1987.

Schäfer, Hans Dieter: *Das gespaltene Bewußtsein. Deutsche Kultur und Lebenswirklichkeit 1933-1945*, Frankfurt-Berlin-Wien 1981.

Scheidt, Jürgen von: *Narzißmus-Theorie*, in: *Psychoanalyse. Ein Handbuch in Schlüssel begriffen*, hrsg. v. Wolfgang Mertens, München/Wien/Baltimore 1983.

Schings, Hans-Jürgen: *Der mitleidigste Mensch ist der beste Mensch. Poetik des Mitleids von Lessing bis Büchner*, München 1980.

Schlegel, Friedrich: *Über Goethes Meister*, Schriften zur Literatur, hrsg. v. Wolfdietrich Rasch, München 1985, S. 260-278.

Schulin, Ernst: *Walther Rathenau. Repräsentant, Kritiker und Opfer seiner Zeit*, Göttingen 1979.

Simmel, Georg: *Schopenhauer und Nietzsche*, Hamburg 1990 (= Sammlung Junius 11).

Spierling, Volker: *Die Drehwende der Moderne. Schopenhauer zwischen Skeptizismus und Dogmatismus*, in: Ders. (Hrsg.): *Materialien zu Schopenhauers "Die Welt als Wille und Vorstellung"*, Frankfurt a. M. 1984, S. 14-83.

Stanzel, Franz K.: *Typische Formen des Romans*, Göttingen/Zürich 1987.

Strelka, Joseph: *Methodologie der Literaturwissenschaft*, Tübingen 1978.

Stückrath, Jörn: *Figur und Handlung*, in: *Literaturwissenschaft. Ein Grundkurs*, hrsg. v. Brackert, Helmut u. Jörn Stückrath, Hamburg 1992, S. 40-54.

Sulloway, Frank J.: *Freud – Biologe der Seele. Jenseits der psychoanalytischen Legende*, Hohenheim 1982.

Tormin, Walter: *Die Weimarer Republik*, 13. Aufl., Hannover 1977.

Wagner, Richard: *An Mathilde Wesendonck – Tagebuchblätter und Briefe 1853-1871*, 7. Aufl., Berlin 1904.

– *Die Musikdramen*, mit einem Vorwort v. Joachim Kaiser, Hamburg 1971.

Wahl, Heribert: *Narzißmus? Von Freuds Narzißmustheorie zur Selbstpsychologie*, Stuttgart 1985.

Wandrey, Conrad: *Theodor Fontane*, München 1919.

Weimer, Wolfgang: *Schopenhauer*, Darmstadt 1982.

Wilde, Harry: *Walther Rathenau*, Hamburg 1971.

Zimmer, Dieter E.: *Tiefenschwindel. Die endlose und die beendbare Psychoanalyse*, erweiterte Ausgabe, Hamburg 1990.

Personenregister

Thomas-Mann-Register: Werke und Figuren

(wo nicht durch die Überschriften ausgewiesen)

494